"十三五"国家重点图书出版规划
中国现代政治学经典

陈之迈文集

主　编　张小劲　谈火生
执行主编　刘猛

清华大学出版社
北京

本书封面贴有清华大学出版社防伪标签，无标签者不得销售。
版权所有，侵权必究。举报：010-62782989，beiqinquan@tup.tsinghua.edu.cn。

图书在版编目（CIP）数据

陈之迈文集 / 张小劲，谈火生主编；刘猛执行主编 . —北京：清华大学出版社，2021.11
（中国现代政治学经典）
ISBN 978-7-302-59417-8

Ⅰ.①陈… Ⅱ.①张…②谈…③刘… Ⅲ.①政治学 – 中国 – 文集 Ⅳ.① D6-53

中国版本图书馆 CIP 数据核字（2021）第 212835 号

责任编辑：王巧珍
装帧设计：贺维彤
责任校对：王荣静
责任印制：朱雨萌

出版发行：清华大学出版社
  网　　址：http://www.tup.com.cn, http://www.wqbook.com
  地　　址：北京清华大学学研大厦 A 座　　　邮　　编：100084
  社 总 机：010-62770175　　　　　　　　　邮　　购：010-62786544
  投稿与读者服务：010-62776969, c-service@tup.tsinghua.edu.cn
  质量反馈：010-62772015, zhiliang@tup.tsinghua.edu.cn
印 装 者：小森印刷霸州有限公司
经　　销：全国新华书店
开　　本：185mm×260mm　　印　张：26.5　　字　数：464 千字
版　　次：2021 年 11 月第 1 版　　　　　　印　次：2021 年 11 月第 1 次印刷
定　　价：135.00 元

产品编号：074828-01

"中国现代政治学经典"编委会

主　　编：张小劲　谈火生
执行主编：刘　猛

编委会成员：
　　张小劲　景跃进　任剑涛　应　星
　　谈火生　刘　瑜　苏毓淞　于晓虹
　　孟天广　刘　猛　曲　甜　赵　娟

总　　序

对那些既向往政治昌明，又钟情学术探究的个人来说，两全其美的选择莫过于修业、治学以及授教政治学。学无止境，知也无涯，穷毕生之力亦可自明通达；种学织文，诲人不倦，乐在得天下英才而教之；知世则哲，学优则仕，当可奉献智识于国家与社会。

历史无疑厚待了这些自知且欲的知世者。一百多年前，一场革命的爆发、一个朝代的终结与一所现代大学的诞生交错在一起，为这个已有五千多年历史的古老国度带来了新思想的激荡和新学术的萌生。传统的政治智慧与治国术理，西洋的政治思维与制度创设，时下的政治运作与治理实践，汇集成了一个名曰"政治科学"的现代学科，成为可传授的知识、可研究的学问和可求解的主题。

在这所最初被叫作"清华学堂"的现代大学里，"政治学"成为最早开设的课目，"政治学会"成为最早组建的校园社团，"政治学系"更是学堂改制为大学时首批开办的学系之一。在相当长一个时期里，从清华园启程远涉重洋、留学海外的青年才俊，以政治学为志向者不在少数。成立未久的政治学系不仅接纳了诸多学成归国的政治学人，而且吸引了清华园里最多数量的学生。借由这些师生的发奋蹈厉，清华政治学系迅速崛起为首屈一指的中国现代政治学研究重镇。其先生师长，建树丰厚，享有学界显赫声名；其后进学生，撒播八方，讲学从政致用其长。

清华政治学系因1952年院系调整而取消，历经五十余年之后得以复建，再十年后又有重组。由是之故，政治学在清华，一如其他社会科学和人文科学，中道崩裂的场景似多于弦歌不辍的情形，原本辉煌的片段久蒙积年累月的尘埃。然而，历史毕竟仍是慷慨大度的。当我们这一代政治学人再度聚集清华园时，系史的原始档案以及前辈学人的行藏著述无疑成了政治学系师生共同必修的功课。历史既展现了西方政治学引入中国并渗透本土知识的融会进程，又记述了仁人志士企盼民富国强且为之付出心血的前尘往事。不欺名于先人，不湮没于事功，历史记载着事实与真相。追念前辈，追比先贤，更是历史所宣明的道理和主张。

在完成这门功课的过程中，寻觅的艰辛与发现的快乐，对于名师高徒的羡慕与恨不同行的慨叹，关乎学问的体悟与期许未来的责任感，始终交织在一起。由此我们更加确信，在推进政治昌明、追寻良治善政的路途中，政治学必是能够取之汲之、惠我惠众的知识源泉。

本套丛书即是这门功课的初步作业，丛书收录数位学者的学术经典之作。这些学者在中国现代政治学发展史上素有一代宗师的美誉。他们的学术经历和教学生涯，他们的治学态度和学业理路，他们的创新成就和知识贡献，构成了现代中国政治学发展的实体内涵和无形财富，成为当代中国政治学的历史传统和学术道统中最宝贵的组成部分。而他们的学术文字更是中国现代政治学发展史上的宝库。

从知识社会学的角度无疑可以更清晰地揭示1920年代末至1930年代这一代政治学人的学术共同点。这些学者身上的共同点，既涉及家国命运和时代特点，又包括个人遭遇和生命历程。

首先，他们有着同样极其特殊的教育经历和学术背景，而这种教育经历和学术背景也是这一代政治学者所独有的。他们大都幼年接受中国传统教育，对中国传统文化有着广泛精深的理解；少年时代进入现代大学接受教育；其后远涉重洋，前往欧洲或美国，再接受高度系统化的科学训练。在他们身上，中国文化的底蕴与西方学术的造诣并存而相长。

其次，他们同样处在近代中国一个极其特殊的社会环境中，这种社会环境从1920年代中后期至1930年代中后期。在这段时期里，国家形式统一，局势相对稳定，但平静背后暗藏的困难和挑战，给予这代学人时不我待、时不再来的急迫感，迫使他们珍惜时间、用功学术。

再次，他们胸怀着共同的学术抱负，在治学中强调引入现代政治学专业知识和先进文明的政治智慧，整理中国丰富的历史资料和复杂的现实素材，以系统化和体系化的方式与世界先发文明对话交流，进而面对中国的问题探寻出路和办法。这种学术抱负既潜藏于中华民族传统文人积淀和传承的伦理之中，又前所未有地融入了现代学术的思维要素和科学态度。更具体地说，"天下兴亡，匹夫有责"以及"为大多数人求福祉"

是他们走上政治学研习道路的理性依据和情感依托，随着专业知识的积累，他们的学术期待演化为以学术强国、以教育救亡的现实选择，意图用自己的所学所长救国家于即倒、拯万民于水火。环境容许，他们着力于学术；一旦有所需求，他们甘愿放弃学术而以自身所长直接介入现实政治。总之，书生报国，对他们而言不是两可之间选择，而是生存的样式本身。

一如吕文浩所言："从人事的网络来说，早期养成清华习气的那批毕业生陆续返校执教，形成以后实际左右校政方向的所谓'少壮派'。这批人以及有意无意援引的教授大抵具有相似的文化背景，工作和生活在同一个清华园内，自然容易形成相似的学风，也就是学界所称道的'清华学派'。"尽管他们钻研的问题有所不同，但他们之间相互尊重，最终都在清华共同推进着现代政治学的发展；更确切地说，这是在古老中国创立现代政治学的伟大事业，是以中国素材所提炼的政治智慧培养中国的人才，以现代科学方法重新认知中国的尝试；清华政治学人的工作在某种程度上就是使中国接近和融入世界先进文化，接触和汲取世界先进文明的功业。

从学术史的视角，老清华的政治学系表征了民国时期政治学的学术水准，成为中国现代政治学上的典范。鉴于前辈学者学术成果所具有的学术价值和历史意义，特整理出版"中国现代政治学经典"，为往圣继绝学，为学术传薪火，为中国现代政治学的发展贡献一份力量。

"中国现代政治学经典"编委会

导　言
陈之迈：中国政治制度研究的开创者

陈之迈，祖籍广东番禺，1908年7月27日生于天津。其曾祖父是清末广东大儒陈澧。其父陈庆龢，工于词章，而又兼取西学，陈之迈自幼浸染极深。[1] 出生之后，陈之迈跟随在北洋政府做官的父亲来到北京，后就读于基督教美以美会创办的北京汇文中学，学习刻苦，成绩卓越。中学毕业后，陈之迈同时考取了协和医科预备班和清华留美预备班，但他最终选择了就读清华学校。[2]

在清华学校，陈之迈与已立意选修政治学专业的张汇文、何义均、谌志远、张彝鼎等人，共同经历了清华学校改制为大学、政治学系成为大学首批建系的学术机构的整个过程。1928年8月，陈之迈作为清华旧制部的最后一期赴美学生启程赴美，到达北美大陆之后，陈之迈首先进入了美国俄亥俄州立大学，插入本科四年级就读西洋史，并于次年获文学学士学位；随后即转入哥伦比亚大学，攻读政治科学专业，并于1934年获得博士学位。[3] 在攻读博士学位期间，陈之迈选择当时正在兴起的"委任立法制 (delegated legislation)"为主攻课题。[4]

1934年，陈之迈返回国内，任教清华。此时的清华政治学系，正值其黄金发展时

---

[1] 《民国人物小传：陈之迈》，载《传记文学》(台湾)，第34卷第2期，1979年；沈云龙：《追忆爱国书生大使——陈之迈先生》，载《传记文学》(台湾)，第34卷第1期，1979年。
[2] 《儒林第一美男子陈之迈》，载程靖宇：《近代中国史料丛刊续编第96辑 新文学家回想录》，123页，台北，文海出版社，1983年。
[3] 《民国人物小传：陈之迈》，载《传记文学》(台湾)，第34卷第2期，1979年。
[4] 孙宏云：《中国现代政治学的展开：清华政治学系的早期发展：1926—1937》，206页，北京，生活·读书·新知三联书店，2005年。

期。他主要担任"宪法""不列颠帝国""近代政治制度"等课程的讲授,并且开设了"议会制度""中国政府""独裁政治"等新课程,曾负责政治系研究所专为研究生开设的"政治制度专门选读与研究"课程。在钱端升转赴中央大学之后,他还曾接替钱端升讲授"各国政府"课程。[1]也许是因为年富力强、精力充沛,陈之迈不仅授课著文,而且还参与了教育部长王世杰负责的中小学教科书的编写工作,负责主编"公民课"的课本。[2]作为一个学者,陈之迈不仅教书育人,而且积极地参与议政论政,他归国未久就成为《独立评论》的主要撰稿者之一,后来还加入独立评论社,并曾与吴景超一起代编《独立评论》长达数月之久。[3]胡适对陈之迈青睐有加,称其"文笔、思想都不坏,是今日学政治的人之中的一个天才"。[4]

陈之迈的学术成果和工作业绩果然受到清华的充分肯定和赞赏。从1934年9月入职到1935年年底,陈之迈在政治学系做讲师和专任讲师,而在1936年1月召开的聘任委员会会议上,出席者经讨论,一致同意陈之迈升任为清华教授。[5]

1936年夏天,在蒋廷黻的安排下,陈之迈与另一位大学教授共同接受行政院行政效率研究会的聘请,实地考察东南各省行政督察专员制度,回来后写成报告,发表于1936年的《行政研究》第1卷第1期。[6]这次以"客卿"身份介入政府事务,实际上也是陈之迈以书生报国而登上政治舞台的"序曲"。1937年7月,日本侵华的威胁日益加剧之际,陈之迈与清华同人梅贻琦等同时收到蒋介石召集的庐山座谈会邀请柬。此时,抗日局势已进入举国阶段,清华大学已准备南迁长沙作为战时临时校址。庐山谈话之后,陈之迈乘粤汉路火车,与陈岱孙结伴而行,自武昌入湘到长沙。在陈之迈到达长沙之后,偶然遇到了黎锦熙,而后又得以结识黎锦熙之女黎宪初。黎锦熙闻陈尚未婚配,大喜过望,便请梅贻琦及其他老友做媒,提出将女儿嫁与陈之迈,而陈也折服于黎宪初的才华风貌,欣然同意了这一婚事。[7]就这样,陈之迈在茫茫然中找到了自己的天定姻缘,并于1938年1月15日在昆明与黎宪初完婚,成就了抗战初期战

---

[1] 《儒林第一美男子陈之迈》,载程靖宇:《近代中国史料丛刊续编第96辑 新文学家回想录》,136页,台北,文海出版社,1983年。
[2] 蓬莱市历史文化研究会主编:《杨振声编年事辑初稿》,152页,济南,黄河出版社,2007年;《忆沈从文》,台北《联合文学》第27期。
[3] 《民国人物小传·陈之迈》,载《传记文学》(台湾),第34卷第2期,1979年;《儒林第一美男子陈之迈》,载程靖宇:《近代中国史料丛刊续编第96辑 新文学家回想录》,136~138页,台北,文海出版社,1983年。
[4] 《胡适日记全集(第七册)》,206页,台北,联经出版事业股份有限公司,2004年。
[5] 蔡仲德:《冯友兰先生年谱初编》,165页,郑州,河南人民出版社,1994年。
[6] 陈之迈:《研究行政督察专员制度报告》,载《行政研究》,第1卷第1期,1936年。
[7] 《儒林第一美男子陈之迈》,载程靖宇:《近代中国史料丛刊续编第96辑 新文学家回想录》,139~141页,台北,文海出版社,1983年。

乱中的一抹亮丽。

陈之迈成婚后，只在西南联大上过两个月课即受蒋廷黻之邀，于1938年5月任职行政院，负责办理地方行政事务，1939年11月又任行政院参事兼第一组主任。在处置政事之余，陈之迈更关注于创刊发言和著述立说。1938年11月，他与蒋廷黻等在重庆创办《新经济》半月刊，仍仿照独立评论社，以社员身份，同人常常聚会，共同讨论战时与战后之政权建设，然后各自分头撰文。[1] 陈之迈也常常亲自操刀，先后发表了《地方政治论》《宪政与地方自治》《百年的政治》《西班牙与慕尼黑》《美国的外交》《行政机关的设置》《斯大林》等文章，成为《新经济》最积极的供稿者之一。此外，他在这一时期还撰写了许多学术论文，散见于《东方杂志》《新民族》《世界政治》《外交研究》等学术刊物之中。

在写作论文的同时，陈之迈还发表了许多专著、译著。1938年春夏之交，陈之迈与陶希圣、吴景超一同编辑"艺文丛书"，希望"每册三万至六万字，对于我们国家民族过去及现在各方面的具体问题作一种有系统的研究与分析"。[2] 这套丛书收入了蒋廷黻的《中国近代史》和高叔康的《战时经济建设》等著述，而陈之迈对丛书的组稿和编辑倾注了极大的精力。作为丛书中的一种，陈之迈本人也撰写了《中国政制建设的理论》一书。次年6月，他翻译的《欧洲近代战争小史》由重庆独立出版社初版。而他最有分量的一本研究专著《中国政府》也于此时杀青并于1944年交由商务印书馆出版。同时，他还积极编写政治学基本知识及研究方法的教科书用以指导青年。如1945年中国文化服务社出版了由他主编的《读书指导》一书，内中有他所撰写的《如何研究政治学》一文。1946年，他所编写的《政治学》作为青年基本知识丛书之一亦由正中书局出版，这是专供政治学初学者阅读的入门读物。此外，在重庆任职期间，他还曾在中央政治学校兼授"中国政府""比较宪法"等课程，其教学之认真和态度之负责，得到诸多学生的赞赏。

作为政治学家，陈之迈开创了对现代中国政府与政制的研究，提出了对中国政制发展的独到见解，并从学理上厘清了民主政治的要义。作为在千年未有之变局中的学人，陈之迈感受到了中国自鸦片战争以降的近百年历史是中国开始迈向现代化的征途，此中百年政治的演进之失在于没有创建一个适宜于中国自身环境的政制；[3] 因而他研

---

[1] 《民国人物小传：陈之迈》，载《传记文学》（台湾），第34卷第2期，1979年。
[2] 《艺文丛书总序》，见陈之迈：《中国政制建设的理论》，长沙，商务印书馆，1939年。
[3] 陈之迈：《百年的政治》，载《新经济半月刊》，第1卷第10期，1939年。

究论域关切的中心问题，乃在于中国如何才能建设一个良善的政制。在美留学期间，他即以研究西方委任立法制为中心探讨民主政制为适应环境变化而呈现的演进特征；回国之后又将研究重点放在中国政制上，其中有对中央政制的结构与运行分析，有对行政机构职能的专门分析，也有对地方政制和地方自治发展的经验研究，同时也对中国民主政制之发展途径作出自己的判断。总体而言，陈之迈将中国政制的改革视作研究政制的中心问题，而他的以改革的态度而非革命的态度对待政制演进、以适宜中国环境来构造政制形态的思想观点，他以民主宪政为归宿、以政制动态演进为取向的政制构想道路，实可以说已经超出了那时许多人的认识范围。就这点而言，他可以称得上是一位敏锐的政治学家。同时，陈之迈接受西方政治科学的训练，却力主用科学的精神研究中国的事实，从中国大量的经验材料中探索中国的政治学。在他看来："我们生在现在，而研究政治学我们只能做汇集事实的功夫，以为将来发现真理的根据；我们生在中国，而研究政治学我们最好是做这个功夫，因为中国的事实可汇集可整理的实在太多，正可为我们毕生之力的对象。"[1] 从他多种著作之中，我们均可看到这种研究精神之所在。

作为陈之迈研究中国政制最具代表性的著作，《中国政府》也是他耗费时日最长、所花精力最大的一部著作。全书分为三册，1944年后由商务印书馆陆续出版，并多次再版。据陈之迈在该书前言所说，十年之前他在清华大学开始任教时便开始搜集有关中国政府的第一手资料，从政之后更是对政府组织的内部运作有了更加直观的认识；在价值估定与事实描述都有了一定的基础之后，他才得以在耗时三年多的时间里写出这样一部民国政府研究的开创性著作。[2]

较之于其同事，钱端升主持写作的《民国政制史》更注重政制沿革之历史脉络的理路，《中国政府》一书将研究重心放在了对国民政府"实际情形的描绘"上[3]，虽然其间也包括组织机构的历史发展梳理，但重要目的是如作者所说，"在帮助事实的了解"。陈之迈根据国民政府的"法令法规、文书档案以及各种政府机关的报告及改革拟议"[4]等文献资料，加以自己在国民政府任职中的经验观察，展现了五权宪法下的各级政府机构与组织的实际运行全景，其中法律法规之定约、政府内部之构成、政治程序之操作、制度实行之效果都有加以学理阐释。从内容编排而言，

---

[1] 陈之迈：《政治学》，184~185页，上海，正中书局，1947年。
[2] 陈之迈：《中国政府》（第一册），序1页，上海，商务印书馆，1946年。
[3][4] 陈之迈：《中国政府》（第一册），序2页，上海，商务印书馆，1946年。

全书共分为三册：第一册对国民党党治的理论、国民党组织构成及五权宪法下国民政府组织的形成有深入分析；第二册则主要是对五种治权即行政权、立法权、司法权、考试权、监察权的组织与运用作出非常细致的描绘，如其中对行政权的分析囊括了行政权的意义、各种行政组织的不同及其职能、行政效率等，并且以比较视野将行政组织在中国政制上的地位与特质作出评估；第三册对地方制度加以讨论，通过运用地方政府的一手文献和作者的经年观察，"用概括的方式"[1]，对地方政制中比较重要之问题如省制、县制、市制、地方自治等均有精到的分析。

此书体现了陈之迈用科学的方法研究中国政制的一种探索，虽然"著者尚受着两种限制，一则许多资料因为时机未到而不予利用，一则因事涉机微而避免深入探讨"[2]，但此书是国内较早根据一手的文献资料对中国政府所进行的经验归纳研究，其学术价值自然不言而喻。同时，此书又处处显现作者比较政制的学术视野，在分析过程中无不将中国政制与西方政制相对照，而从中得以深切理解中国政府的真正特质。

陈之迈另一部有影响的著作是1947年由正中书局发行的《政治学》。这是陈之迈为"青年基本知识丛书"而撰写的一本公民教育启蒙读物，"它的目的就在供给中国的青年以政治学的基本常识……希望不在鼓励人去做政治学者而在希望他们能对于政治的环境发生兴趣，从事研究，担负他们做公民的责任，成为国家的一个健全分子"[3]。此书写成于抗战之中，以激励青年保卫建设国家成为中心之旨，因而全书以国家的理论与形态为中心要义，而又兼采中西历史与理论发展，实为一部十分通俗又清晰的政治学入门读物。

在陈之迈看来，"政治学的研究对象就是国家，政治学就是研究国家之学"[4]。所以他认为，"政治学一方面研究国家过去的演变经过，一方面分析国家的现状，更一方面则探讨国家应具有的理想形态。因此政治学至少应具备四方面：（一）历史的，研究国家的渊源与演进；（二）理论的，以哲学的眼光来探讨国家的根本观念；（三）分析的，研究现代国家的形形式式；（四）实践的，研究指导实际政治的本则，及政府职能的运用"[5]。这本《政治学》也即在此种体例之下编著，无论从总体的目次还是每章节中的内容，都无不囊括历史、理论、分析与实践。全书首先介绍了国家的性质、要素，现

---

[1] 陈之迈：《中国政府》（第三册），序1页，上海，商务印书馆，1946年。
[2] 徐义生：《陈之迈著中国政府》，《社会科学杂志》，1937年第9卷第1期。
[3] 陈之迈：《政治学》，序，上海，正中书局，1947年。
[4] 陈之迈：《政治学》，1页，上海，正中书局，1947年。
[5] 陈之迈：《政治学》，2页，上海，正中书局，1947年。

代国家的沿革,民族与国家的关系,实际指出了缔造现代民族国家是历史发展之趋向。而后,陈之迈以立国精神为划分国家类型的标准,他认为国家与人民之间权力大小分配准则就是国家的立国精神,[1] 而以立国精神即各种主义划分,国家则可分为自由主义国家、共产主义国家、法西斯主义国家、三民主义国家。但此书并没有停留在这种国家形态的思想层面,而是将思想与制度相连接,进而对政治制度的类型及其政府组织的实际运行情况进行论说,其中民主政治的特质和民主政制的类型、独裁国家的政制、中国的政制,乃至地方政治制度与自治都有相当全面的展现。

总体来说,陈之迈在《政治学》一书中展现了在中国建立现代国家的期望,他所理想的国家是一个政治法律与制度健全而有条不紊运行的现代化国家。同时,在他看来,政治学者的任务则是用科学的精神搜集资料以增长知识,"降至现代,政治学者的使命更不在构造一套的思想的系统或描绘一个理想国来供人悬想,而在脚踏实地汇集整理人类社会政治活动的事实来增加我们对于我们自己的知识,这是研究学问的真实态度;增加充实人类的知识是每一种学问庄严神圣的使命"[2]。

由商务印书馆初版于1939年的《中国政制建设的理论》,则是陈之迈"抗战期间在长沙、武汉和重庆断断续续写成的"[3],作为专门分析抗战中国问题的艺文丛书的一种,是一本"从理论上谈中国的政治建设"的小册子,其目的是要回答"我们究竟要什么样的政府,要这个政府做些什么事情"[4]。在陈之迈看来,"在这抗战建国的时期来谈中国政治的改革是一个适当的时机。这个时期是一个急剧发动的时期,改革者所遇到的可能的恶势力的阻碍现在是比较的不敢贸然抬头。抗战建国必须同时并进。抵抗外侮需要坚甲利兵,同时也需要一个健全的政治社会"[5]。因而,写作于抗战期间的《中国政制建设的理论》实际也是一本对中国未来政制建设途径进行构想的理论专著,全书以政制建设途径为中心问题,分别阐述了革命与改革的理论、政制特质的认识、中国立国的精神、政制设计的道路、民主与独裁、中国政制的类型六个问题,每个问题之间都有层层递进关系,实际上呈现出陈之迈严密的理论思维。

在这本小册子中,陈之迈认为,中国政治之发展、国家之强盛离不开政制的改进,而中国政制建设又不能采取革命的方式,只能采取改革的方式寻求中国自己的独特道

---

[1]　陈之迈:《政治学》,27页,上海,正中书局,1947年。
[2]　陈之迈:《政治学》,173~174页,上海,正中书局,1947年。
[3][4]　陈之迈:《中国政制建设的理论》,序1页,长沙,商务印书馆,1939年。
[5]　陈之迈:《中国政制建设的理论》,11~12页,长沙,商务印书馆,1939年。

路。[1] 显然，对陈之迈而言，中国政制是具有可建设性的，他深受亚里士多德思想的影响，[2] 而认为政制建设必须是根据中国自己的实际情形和立国精神来设计政制道路。陈之迈反对那种照搬西方政治学说的做法，而认为必须"对于中国特殊的情形及其需要先得有清楚的认识"[3]，"对于五花八门的西方学说成规先得有清楚的认识"，"有这两重认识的配合，政制建设便可以走上平坦康庄的道路"[4]。通过对中国立国精神的分析，陈之迈认为只能按照三民主义的建国理想"来谋建国的事业"。而具体到政制形式，民主是中国政制建设的归宿，而独裁是中国任何时候均不能采纳的，正如他所说："中国的国家要建为三民主义的国家，仍然是要向民主的道路走。我们不走独裁之路而走民主之路，但也绝对不存在不近事理人情的一步登天的奢望。"在训政过渡时期需要必要的集权，"集权的政府是近代国家所必需的，是中国所必需，它并不与民主的理论冲突，且为真正民主理论必然的结论，兼为世界上一致的潮流"[5]。这些立论实际上是他自从博士研究之始，经对中国政制之切身观察和体验而得出的结论。

尽管在初入政府之际，陈之迈尚能兼顾政务与学术，笔耕不辍。但后来就不得不放弃学术而专务政府实务。1944年6月，经蒋廷黻推荐，陈之迈就任驻美大使馆参事，随新任驻美大使魏道明处理馆务。1946年1月，陈之迈转任中国出席联合国善后救济总署的副代表，实际负责具体事务并出席该署的中央委员会。在此期间，陈之迈在美四处奔走，呼吁救济中国。随后，陈之迈又兼任了出席国际紧急粮食理事会及其附属稻米、谷类、肥料、茶叶、油脂等委员会代表，又出任了中国驻联合国粮食农业组织的代表。1948年，陈之迈出任国民政府驻美公使，在随后的近两年时间里陆续卸除其国际紧急粮食理事会及其附属各物资委员会的中国代表职务以及"联总"中央委员会及"粮农组织"的代表职务。[6] 正是在美任职期间，中国发生巨变，远隔重洋的陈之迈多少已经意识到此生终究难以重返清华园了。

---

[1] 陈之迈：《中国政制建设的理论》，长沙，商务印书馆，1939年。
[2] 陈之迈在一篇书评中说："亚里士多德说政治学上的结论是相对的而不是绝对的。政制的形式只能参照它们的环境来判断。我们不能去订下一个绝对最优良的政制的典型。一个国家在一个时期里，如果它的政制最能促进及达到政制的目的，那种政制，对于那个时期的那个国家，便是最优良的。政制的目的，据亚里士多德说，是使每个人都能够得到人类所能得到的最高的人生。我们也许不能同意于他所谓的政制目的，因为政制的目的也可以随时随地的变易——自由的、自治的、最懒的、最有效率的、听其自然的、为社会服务谋福利的，都曾为某一国某一时期的理想。但我们却不能不承认亚里士多德所提出的政制认识是不可磨灭的真理。"（见《Marriott, Dictatorship and Democracy; Woolf, Quack, Quack!; Brooks, Deliver us from Dictators!》，载《社会科学》，1936年第1卷第3期。）
[3] 陈之迈：《中国政制建设的理论》，43页，长沙，商务印书馆，1939年。
[4] 陈之迈：《中国政制建设的理论》，44页，长沙，商务印书馆，1939年。
[5] 陈之迈：《中国政制建设的理论》，94页，长沙，商务印书馆，1939年。
[6] 《民国人物小传：陈之迈》，载《传记文学》（台湾），第34卷第2期，1979年。

离开大陆之后，陈之迈继续其"外交生涯"，他于1950年接替魏道明出任"台湾驻美使馆大使"，后又历任驻菲律宾"大使"、驻澳大利亚"大使"、驻新西兰"大使"，以及驻日本、罗马教廷和马耳他的"大使"。清华和留美的背景也使得陈之迈在入职"外交部"之后获得"西式外交"强人的称谓。1978年，陈之迈终于退出现职，受聘台湾"外交部"顾问暨国际关系研究所研究员。也许是积劳成疾，也许心神衰竭，退职归家并未给陈之迈带来悠闲的生活，就在同一年的11月8日，陈之迈因心脏病病逝于台北，终年70岁。[1]

---

[1]《民国人物小传：陈之迈》，载《传记文学》（台湾），第34卷第2期，1979年。

目　录

政治学理论 /1

　　英国宪法上的两大变迁——"委任立法制"及"行政司法制" / 3

　　专家立法商榷 / 16

　　民治主义的演变 / 31

　　独裁政治的兴起 / 39

　　国际民治主义 / 82

　　论宪法的目的 / 93

　　行政机关的运用 / 105

比较政制与中国政府 / 125

　　监察院与监察权 / 127

　　公务员惩戒机关 / 158

　　一年来关于政制改革的讨论 / 187

　　民国二十年国民会议的选举 / 200

　　中国的官 / 222

　　国民党的政治委员会 / 250

　　中国政制建设的理论 / 271

　　地方政治论 / 312

　　抗战两年来的政制 / 356

民主政治在中国的前途 / 364

最近五十年中国政治的回顾 / 369

省县行政机构的组织与运用 / 383

中国行政改革的新方向 / 393

编后小记 / 403

- 英国宪法上的两大变迁——"委任立法制"及"行政司法制"
- 专家立法商榷
- 民治主义的演变
- 独裁政治的兴起
- 国际民治主义
- 论宪法的目的
- 行政机关的运用

政治学理论

英国宪法上的两大变迁
——"委任立法制"及"行政司法制"*

一

英美及欧陆诸国对于立法权的行使有两种不同的理论，因理论之不同，遂有两种迥异的制度。[1] 英美公法学家的意见以为立法机关应包办一切的立法事业，其它机关绝对不容置喙。[2] 欧陆的公法学家则认为立法权应分为两部，一为"立法权"（法人所谓"le pouvoir législatif"），一为"命令权"（法人所谓"le pouvoir réglementaire"）；前者应由立法机关一手包办，后者则不妨由行政机关行使。[3] 因为这个分别，英美的法律，本身非常复杂，举凡立法时意料所能及的一切问题均由法律详细规定。欧陆各国则只作原则上的立法，法律内容至为简单，而于法律之末附以条文授权行政机关颁发必需的命令以利该法的执行或补充该法之不足。这种命令法人称"Ordinances supplémentaires"，德人称"Ergänzungsverordnungen"。

英美及欧陆诸国对于司法权的行使也有两种不同的理论，因理论之不同也有两种迥异的制度。按照英美的理论，在真正的法治主义之下，官吏及平民应同受一种法律的制裁，遇有诉讼时应受同一种法院的审理。[4] 欧陆诸国（比利时除外）则认为

---

* 原载《清华学报》第九卷第四期，1934 年 10 月。
[1] 参看 Sir Courtenay Ilbert 所著三书，(1) "Legislative Methods and Forms"(London, 1901);(2) "Methods of Legislation" (London, 1912); (3) "The Mechanics of Law Making" (N. Y. 1914)。
[2] A. V. Dicey, "Law of the Constitution" (London, 1915), pp. 49–50.
[3] A. Esmein, "Eléments de Droit Constitutionnel" (Paris, 1928), Vol. ii, pp. 76–77; Léon Duguit, "Manuel de Droit Constitutionnel" (Paris, 1907), p. 1031.
[4] 英国法治主义提倡最烈的要算 A. V. Dicey 教授，前书第二编。

平民与平民间的诉讼应受普通法院的审理，官吏与官吏间或平民与官吏间的诉讼则应由一种特设的行政法院去审理。故在英美只有一种法院，在欧陆则有"普通法院"（"Ordentlichen Gerichte"）与"行政法院"（"Verwaltungsgerichte"）之设。行政法院滥觞于法国拿破仑时代，现在最高的行政法院（参政院 Conseil d'état）已有极高的权威。[1] 德国新宪不特规定中央政府应有行政法院之设，即各邦亦必须设立这种法院。[2]

英美人认为他们对于立法权及司法权的见解是三权分立精神正确的表现，是充分保障人民权利唯一的法门，欧陆人不但认为他们对于立法权的见解未违反孟特斯鸠的原则，并且认为他们对于司法权的见解才是该原则逻辑上的结论，才能给人民权利以最大的保障，这两种不同的理论引起了许多争论，而两方均用三权分立原则为攻击的武器。

近年英美诸国对于他们以往的立法权及司法权的理论及所行的制度均有重要的改变，指示他们亦逐渐走上欧陆诸国的道路上去，这种改变在立法方面系立法机关往往授权行政机关去行使部分的次要的立法权，在司法方面系立法机关往往授权给行政机关或特设的机关去审理特种的诉讼案件。前者普通称为"委任立法制"，[3] 后者为"行政司法制"。[4] 本文的目的在说明此两制在英国目前的状况，及赞否各方面的理由。美国及英属自治殖民地中同样的趋向，因篇幅关系，本文不能顾及，容后或当另文说之。[5]

二

"委任立法制"在英已有比较悠久的历史。[6] 但因范围颇狭，内容不重要，及数量不多，故只有少数公法论者注意及之，一九二九年保守党政府中卫生部长张伯伦氏（Neville Chamberlain）向国会所提出极复杂的地方政府法案（The Local Government

---

[1] 关于法国行政法的典籍，浩如烟海，不能列举，可参看钱端升《法国的政府》所附的参考书目。
[2] 参看钱端升《德国的政府》所附的参考书目。
[3] 英人对于这个制度有许多名称，最普通的是"delegated legislation"。
[4] 英人对于这个制度的名称极不一致，用"administrative law"的较多，作者以为这个名称易与普通所谓"行政法"相混，而所谓"行政法"亦无确定的范围，故似不妥，即使"行政法"系指欧陆各国的"droit administratif"而言，英国的制度尚在幼稚时代，亦未能与欧陆的制度同日而语，故称之曰"administrative justice"比较适宜。
[5] 关于美国的"委任立法制"可看 J. P. Comet, "Legislative Functions of National Administrative Authorities" (N. Y. 1927). 关于"行政司法制"在美尚无专著，可看 W. H. Pillsbury, "Administrative Tribunals", 36 Harvard Law Review, p.207 及 F. J. Port, "Administrative law" (London, 1929) 中关于美国一章。
[6] 历史的叙述见 C. T. Carr, "Delegated Legislation" (Cambridge, 1921) 及 John Willis, "Parliamentary Powers of Government Departments" (London, 1933).

Bill, 1929），请求国会授予卫生部长以极为广泛的命令权，"委任立法制"遂大引起了国会的注意。劳工党议员当时极力攻击该法案授权的各条，伦敦时报亦著社论畅述该制的弊害。[1] 同时，向不应多说话的最高法院院长赫瓦爵士亦破除惯例著书申述"委任立法制"的危险性。[2] 在这本书中，它不但攻击此制，并且用谩骂的声调来阐明"行政司法制"的坏处。他认为这两种制度，系行政机关推翻英国主权国会及法治主义的工具，系行政机关阴谋独霸政府的武器。如果不急谋节制的方法，英国宪法便要崩溃，英国人民权利的保障便归乌有。

因为赫瓦爵士的地位极为崇高，他的言论当然大受一般人的注意。他所提出的问题，便成了报章杂志及社会讨论的资料，英国当时的内阁，亦鉴于国内舆论沸腾，于一九二九年秋间指派了一个"部长权力研究委员会"来研究这两个问题。[3] 经过多次的讨议，到享有"委任立法"权及"行政司法"权的各部署搜集了许多的材料，又请对于该两问题素有专门知识的人出席作证，于一九三二年刊印了一本薄薄的报告书，及两本庞大的副刊。[4] 这部报告书将这两个制度的实施情形及利弊加以明晰审慎的分析，并举出了几条建议。在委员会审议期间，英国报章杂志中亦有许多讨论的文字，有的肆意谩骂，有的极力拥护，争辩异常激烈。[5]

英国至十九世纪末年尚行所谓自由主义，在这个主义之下的国家职权范围甚小，大致可说只限于"保境安民"（Defense and Police），除此两职以外，均取"少管闲事，听其自然"的态度（这是 Laisser-faire, laisser-passer 的试译），政府国会所注意的只是带有普通性的政治问题。[6] 自一九〇六年自由党政府上台以后，受了社会主义的影响，励行社会立法，建造所谓"社会福利国家"（"Social Welfare State" 即德文所谓 "Wohlfahrtsstaat"），将国家的职权广为扩大，从前国家所绝不染指的问题现在却处处受法律的规定，[7] 人民日常生活，处处受政府的统制。因之政府为制定及执行这些法律，

---

[1] "The London Times", Feb. 1, 1929.
[2] Lord Hewart, Lord Chief Justice of England, "The New Despotism" (London, 1929).
[3] "The Committee on Ministers Powers" 初由 Lord Donoughmoro 担任主席，后由 Sir Leslic Scott 担任主席。委员不分党派，俱为对宪法有研究的人。伦敦大学政治教授 H. J. Lasiki 亦为委员之一。
[4] Report of the Committee on Ministers' Powers, Cmd, 4060/1932 及两本副刊，一为 Memoranda of Public Departments, 一为 Minutes of Evidence, 出席作证者有现任国会顾问（Parliamentary Counsel）Sit William Graham-Harrison, 现任立法委员会秘书及 Delegated legislation 作者 C. T. Carr, 伦敦大学教授 William A. Robson, 英国财政部法律顾问 Sir Maurice Gwyer, 及衙署中有经验的公务员，公共团体的代表，等等。他们出席作证时均有内容丰富的备忘录，并答复委员的问题，极为详尽。
[5] 关于此两制度的书籍及报章杂志里的论著可参阅拙著 "Parliamentary Opinion of Delegated Legislation" (N. Y. 1933) 书末所附的参考书目。
[6] 如宗教问题，人民参政问题，爱尔兰自治问题，等等。
[7] 参看 H. Finer, "Theory and Practice of Modern Government" Vol. i, Cha. iii-iv.

职务也大为加增，旧时政府固有的机关便有应付维艰之苦。这种苦处，关于国会的不外下列四端：

（一）国会感觉到立法时间上的不充裕。为社会谋福利所制定的法律，牵涉极广，所引起的问题繁多而复杂，广大的国会欲将这些法案逐条加以详密的辩论，势必发生时间上的恐慌，一八八零年国会虽然采用了种种限制辩论及停止辩论的方法，但事实上因这种方法，用得不严便不能补救时间的不足，用得太严便失去了辩论的原旨，故亦于事无济。

（二）国会感觉到专门智识的缺乏。近世立法，内容往往极为专门，绝非只具有常识的议员所能了解。请专门家到国会里解释固可稍事补救这种缺憾，但时间上又不免发生问题。

（三）国会制定的法律非经国会不能变更或修改。日常政府行政往往遇到不测情形或例外状态，非国会立法时意料所能及，如政府拘于法律的规定，不能谋变通的办法，行政效率不但要减低，人民权利亦将受重要牺牲。换言之，法律苟不具有相当的弹性，行政便不能达到完美的境地。

（四）国家遇到紧急及非常的局面，必需急谋补救及预防的方策。国会立法程序极为迟钝，致使政府不能立刻筹划救济之方，或防患于未然。这种紧急局面爆发之时，政府因法律之不备，遂有束手无策任其燎原的危险。小者如植物、畜类及人类的瘟疫流行，[1] 大者如劳资争斗，[2] 大战爆发 [3] 及世界的经济恐慌。[4] 凡在此种紧急局面之下，政府不能待国会来仔细地讨论应付的方略，它一切的命令也不能一一交与国会去审议。

职此四种原因，六百多人组成的国会不能不自认自己不是应付目前国家诸种问题最适宜的机关。国会代表人民，它是主权的享有者，但在不违背这两条原则之下，它亦不得不稍事让步，用授权的方式，授予应付这种问题及状态比较适宜的机关以一部分次要的立法权，使它得颁发命令来补充国会立法之不足，或应付不测或非常的局面。在国急期中，委任立法便扩大到主要的地位，因为现行的行政各部可以任意增设，不受呆板立法程序的束缚，且有许多专门人材，对于执行法律具有丰富经验，对于国家需要亦有明确认识，故国会授权时便授与行政各部。

为社会服务谋福利的立法内容复杂专门，既如上述，社会保险事业等等又往往引

---

[1] 如 Cholera Act, 1832, 及许多 Diseases of Animals Act。
[2] 如 Emergency Powers Act, 1920。
[3] 如 Defense of the Realm Act, 1914。
[4] 如 1931 年的 Gold Standard Act, National Economy Act, 1932 年的 Import Duties Act。

起无限的诉讼，这种诉讼如交由普通法院审理，必有下列诸种困难情形：

（一）法院平时的案件本已堆积如山，大有应付不暇之势，再添上许多新的案件，时间上必发生剧烈的问题。

（二）判决这类案件时往往需要专门智识，并要参考专门家及富有行政经验者的意见，方能维持正义，达到立法者的目的。普通法院的法官虽经训练，学识较议员似乎渊博，但亦不能具有一切需要的专门智识，且亦缺乏行政上的经验。苟请专门家作证，时间上又感困难。

（三）法院的诉讼费用颇巨，普通的案件所争的问题泰半极小，所关的钱数甚微，诉讼人因诉讼费用之昂，往往有宁愿牺牲不去诉讼的情事，如此未免有失保障人民权利的原意。

职此三种原因，国会又不得不谋补救之方，将审理某项诉讼的职权授予时间比较充裕，专门智识比较丰富，诉讼程序比较简单，诉讼费用比较轻微的行政各部或特设的机关去行使。

由此可见"委任立法"及"行政司法"两种制度实产生于"社会福利国家"。十九世纪末叶以来，国家的职权日益扩展，"保境安民"的国家已成历史上的陈迹。许多国家鉴于英国式的议会政治过于迟钝，不足以应付国家目前的问题，故采行了独裁政治，集中政权于行政机关。英国人向称保守，且为议会政治的首创者，不愿遽尔抛弃议会政治而励行独裁，差幸英国宪法弹性甚大，将原有的制度加以部分的变更并不困难，"委任立法制"及"行政司法制"便是英人使旧时的制度适应目前的环境的方法。如果英国不毅然走上独裁政治的路上去，为适应社会的要求，这两种制度将必更为重要，只要英国不将议会政治根本推翻，只要"社会福利国家"一日存在，这两种制度便有一日的生命。

过去数十年行政机关受国会委任所颁发的命令的数目，实足惊人。据加尔氏的计算，[1] 自一八九四年至一九二九年，这种命令共有五万二千余条，每年的平均数为一三七九条。但这个数目包含"普遍性的"及"地方性的"两种，后者占一大部分，内容并不重要。"普遍性的"命令每年为数不过在五六百条之间，但细考这种命令，内容异常详细复杂，虽然为数不能算多，所包括的范围则极为广大。至行政各部所审理的案件现尚无完备的统计，但由政府各机关的报告书中可窥些片鳞只爪的数字。例

---

[1] C. T. Carr, "Committee on Ministers' Powers: Minutes of Evidence", Vol. ii. p. 204.

如，一九一九年至一九二零年，卫生部报告书中说，由一九一九年老年恤养金法律引起上诉的案件在一年中共计八千二百十一件。[1]上诉的便如此之多，全体必数倍于此。一九二三年至一九二四年的数目系七千八百九十三件。[2]失业保险法律一九二五年中平均每月引起的案件有一万二千件之多，上诉每月亦有二三百件。[3]此种数字已大足惊人，全部的统计当可想而知。

英国一切制度向以无系统著名，"委任立法制"及"行政司法制"亦非例外。国会于授权某部颁发命令时，或授权某部审理某种案件时所采用的方式及名目均极凌乱。关于"委任立法制"的方式可简单归纳成下列各种：[4]

（一）寻常的。在这种方式之下，国会的原意极为显明，行政部立法的范围颇小，既不能作原则上的立法，亦不能征税，更不能修改或变更已有的法律。例如一九三零年的道路法授权运输部长制定关于车辆行驶的速率，何种道路不准何种车辆行驶等等。

（二）非常的。这种方式，比较重要，因行政各部立法的范围甚为宽大，攻击"委任立法制"亦多攻击这种特别的方式。特别的方式可分四种如下：

（甲）授权作原则上的立法，甚至于征收租税；

（乙）授权以命令修改授权的法律或其它法律；

（丙）国会所授之命令权过于空泛，以致不知何者为越权，国会的原意安在；

（丁）国会授权法律中规定依该法律所颁发的命令等同该法律之一部，与该法发生相同效力，致事实上使法院失却审查该项命令是否合法的权力。

关于寻常的方式，因授权法律中限制至为明显，内容亦属行政上的小问题，与英宪原则无伤，故无攻击的余地。至于非常的方式则显然与英宪传统的原则发生冲突，致成众矢之的。立法机关至少应能作原则上的立法，才能尽它立法的职责，今并原则亦授予行政机关去制定，当然与宪法的精神不符。英国国会经长时期的奋斗才取得了整个的财政权，一般人认为财政权之取得为国会势力的渊源，亦为人民权利的保障，决不应轻易放弃丝毫。授权行政机关征收租税自然与这种理论冲突。法律应具有一定性，变更或修改法律之权应完全属于制定法律的机关。行政机关不能以命令变更法律或修改法律为早年向皇室争得的至宝，亦为各国宪法中普遍的禁条。今授予行政

---

[1] "First Annual Report of the Ministry of Health", 1919—1920, Cmd 13, pp. 30–31.
[2] "Fifth Annual Report of the Ministry of Health", Cmd, 2218, p.104.
[3] W. A. Robson, "Justice and Administrative Law", pp. 264–265.
[4] 载 "Committee on Ministers, Powers" 的分析。

机关以此种权力，无异根本打消这种禁条。授权行政机关的法律应将所授予的命令权的界限划清，方不致被行政机关滥用，法院解释法律时方能知道命令是否超越所授予的权力。今授权法律中的范围不清，自属不当。法律与命令不同，前者应居主要后者应居次要的地位，两者冲突时当以前者为依归。苟命令与法律具有同等效力，负有解释法律职责的法院便无所适从。今授权法律中竟规定命令与法律有同等效力，法院不特因之丧失审定命令是否越权的能力，在命令与法律发生冲突时法院实有不知所从之苦。

虽然国会于授权法律中有上述种种非常的方式，使"委任立法制"成为一种与英宪精神相左的制度，但这种法律中亦规定了许多保障的方法。这种保障的方法构成行政机关的限制，同时亦为人民权利的保障。此类保障方法可别为三种：

（一）一八九三年的命令刊行法（The Rules Publication Act）规定行政机关于制定某种命令时需作公开的调查。带有普通性的命令并须在政府刊物中发表。自一八九零年至今每年刊行一册。[1] 一八九六年及一九零四年并曾经审慎的整理。欧战时的紧急命令并且印有单行本出售。[2] 于每一条命令颁发后即在《伦敦公报》（London Gazette）发表。这种刊物均广大无比，内容包括政府各部的行政，无怪法律专家都有望洋兴叹之感。

（二）国会在授权法律之中亦往往限制行政各部，保障它们不致滥用。这种保障可分数种：

（甲）规定行政各部所颁的命令必须送交国会，经国会正式决议接受时方得有效。这种办法，过于迟钝繁难，有失"委任立法"的原意，故例子甚少。

（乙）规定这种命令，一经颁发即生效力，但必须送交国会审查。[3] 在相当法定时期以内（二十日至一百日不等），如有议员对某命令认为不当时可提出讨论，如多数同意时，可决议请英皇用"枢密院令"，[4] 将该命令撤销或修改。事实上英皇对这种请求照例不拒绝颁发。这种保障的方法最为普通，因一方面可使行政各部随时颁发命令，这种命令即生效力，一方国会亦能对它们加以相当制裁。

（丙）规定行政部的命令权只能在法律限定的时期内行使，过了这个时期便不能

---

[1] 名为"Statutory Rules and Orders"，由英国皇家印刷局（His Majesty's Stationery Office）印行。
[2] 名为"Manuals of Emergency Legislation"。
[3] 审查的办法，系将这些命令"放在桌子上"（"Lay on the Table"）；所谓桌子，即国会图书馆内的桌子。国会每星期印一种刊物，列出这些命令，议员可以取观（并不人人分发）。
[4] "Orders in Council."

再发命令了。[1]

（丁）规定相当的标准，行政部的命令必须与这个标准相合，否则法院便可宣告命令无效。[2]

这四种国会授权法中所规定的保障，是否能保持国会的立法专利权，为赞成及反对"委任立法制"两方争执最激烈之点。如果认为这种保障足以保持国会的立法专利权，则英宪的基本原则——国会独享有立法权的原则——并未受损失，"委任立法制"便非英宪的敌人；如果认为这种保障不足，则英宪便受了重大的打击，享有立法专利权的国会便失去了它的地位，英国宪法的根本便已动摇。所以认为这种保障不充足的人便提倡加重这种保障的方法，最普通的便是使命令非经国会正式决议接纳不生效力。其实颁发命令的机关系对国会负责的内阁，在行使"委任立法权"时，处处都要小心，以免受国会或民众的指责。因此多年的经验，甚少请求撤销命令或修改命令的决议。[3]之所以少的原因是由于行政机关行使命令权时小心所致，抑由于这种保障的方法欠妥所致则无从得知。

（三）英国法律规定行政机关所颁发的命令要严密限于授权法律所划定的范围以内，苟有第三者以诉讼方法对一条命令提出疑问，而法院认为该命令超出了授权法律所划定"委任立法权"的范围，法院便可宣告该命令"越权"（"Ultra vires"）因而无效。[4]换言之，即法院于有诉讼案件发生时可以审查行政机关所颁发的命令是否合法，如认为不合法时可以拒绝执行之。晚近国会授权法律中往往有"依此法所颁发的命令效力与本法律相等"，或"等同本法律之一部"的条文。英国法院虽可宣告命令因"越权"而失效，却不能宣告国会所制定的法律无效。今法律既说在法律下所颁发的命令即等同法律本身，法院自然失去审理命令是否"越权"的权力，故上述非常方式中的（丁）项事实上实使法院失去审查命令之是否合法颁发的权力。英国法院的法官及习法的学者对法院宣告"越权"权力的丧失最为伤心，故对于授权法律中规定命令与法律有同等效力的条文抨击亦最为激烈。他们认为这种条文实令行政机关可以不应法律上的限制颁布命令，法院既无从出头干涉，人民的权利亦失去有效的保障，无怪赫瓦爵士认此为新的专制虐政了。

---

[1] 这种保障方法当是应用于紧急命令。
[2] 所谓"标准"即英文所谓"Standard"，例如，规定面包制造应当清洁，"清洁"即标准。
[3] 上引拙著第37页小注第75有此统计。
[4] F. J. Poxt 与 Lord Hewart 的意见相左，见 Port 书第151页及 Hewart 书第96页。Port 的意见似非为一般学者所采纳。

三

"行政司法制"的原因系国会鉴于普通法院案件的拥挤,法官专门智识的缺乏及诉讼手续的繁难,故将审理某项案件的职权移交特别的法院去,已如上述。这种特别法院,大约可分为三种:

(一)各部的部长。这种部长于审判案件时往往以部中的法律顾问或高级行政官吏为辅助,或竟令其代庖。

(二)各部部长所指派的审判机关。这种机关的组成往往有专门家及普通法院的代表。

(三)特别的审判机关。由法律去组成,或系已经存在但没有司法权的机关。[1]

"行政司法制"在英国已实行多年,经这许多年的演进已有比较稳固的地位。目前的现状,极为错综复杂,因各个享有审判案件权力的机关不但组织方面彼此不同,即行使司法权时所采用的手续及方法,亦各有差别。简要言之,可作如下的分析:

从法律方面来看,现在享有司法权的诸种行政法院的司法权完全系由国会授予,故它们法律上的地位自是不容置问的。英国普通法院中的最高法院——贵族院——已在 Board of Education vs. Rice(1911) A. C. 179 判例中很清楚地承认一个享有行政司法权的机关,只要不超越授予的权限,可以作案件最终的审判,并且不只关于案中的事实问题并且是关于法律问题。[2] 这可算是普通法院承认侵犯他们职权的"行政司法制"的主要文献了。在另个主要判例之中——Local Government Board vs. Arlidge (1915)A. C. 120——贵族院进一步声明行政法院在审判案之时不一定要采取普通法院中所习用的诉讼程序。换言之,即诉讼人不得因为行政法院所采用的诉讼程序与普通法院所采用的不同而向高级普通法院上诉。

英儒戴西(A. V. Dicey)在他的名著之中,[3] 倡说在英国法治主义之下没有如法国所设的行政法(droit administratif),他说英国的人民,无论何人,只在一种法律之下生存,只受一种法律的裁判。换言之,即英国的制度系德文所谓 Justizstaat 而非 Verwaltungsstaat。惟是自经贵族院这两个判例以后,即戴西氏亦不能不变更他的论调,

---

[1] 这种特别法院的组成可在下列两书中见到:F. J. Port, "Administrative Law", Ch. 5 及 W. A. Robson, "Justice and Administrative Law", Chs. 3 and 4.

[2] W. A. Robson, "Justice and Administrative Law", p.143. 参看 A. V. Dicey, "The Development of Administrative Law in England", Law Quarterly Review, April, 1915.

[3] "The Law of the Constitution", 8 th, ed, (1915) ch. xii.

而一九一五年竟刊一文其标题为"英国行政法的发展"了。演进至今,"行政司法"的存在已为绝不可掩的事实。但习法律者意见向趋保守,往往不肯因时制宜而放弃其固有的地位,故关于"行政司法制"的攻击不遗余力。赫瓦爵士的严厉批评,[1]爱兰教授的吹毛求疵,[2]及麦利奥特议员打倒专制拥护自由的论调,[3]俱足以表现他们的精神及观点。反之,鲁迅教授[4]及古依尔爵士[5]则不特对于这种趋势不设法阻止反极力提倡英国应立即创设一种行政法院,走上 Verwaltungsstaat 的路上去。关于"委任立法制"学者及政论者泰半已默认该制的必然性(惟赫瓦一流尚思取缔不准法院干涉的那一种方式),其主要争执已不在原则而在保障方法之是否充足。关于"行政司法制"则学者及政论者仍在争论基本原则的时期,尚有人认为这种制度根本不能存在或不应存在。兹将批评该制的理由选列于下,并以作者所搜得"行政司法制"实际运用上的材料附于每条之后,以资参考。[6]

(一)行政司法不公开。按照普通司法行政的惯例,为免除司法者的舞弊,一切诉讼的程序,须完全公开,判决全文并即公布,使社会知道法院判决的理由。"行政司法制"既系由行政机关或特殊机关行使审判权,这些机关又不为普通法院中的诉讼程序所约束,故于审理时往往不准旁听,判文亦不必一定公布,因亦不公布判决的理由。这种不公开的情形显与普通法院的情形不同,赞成普通司法程序者遂以此为攻击"行政司法制"的理由。

关于旁听,英国卫生部出席"部长权力研究委员会"作证的代表自认该部于调查时虽然公开,任一切有关系的人出席说明利害及发表意见,在审理案件时,除少数例外,却不公开。[7]关于判文的公布,该部代表说,关于公共卫生保险的上诉案件每年刊行报告,关于地方政府的上诉案件于每年该部的报告书中亦有发表。惟是这种报告非特未将所有判决的案件包含在内,它们的内容亦只有零星的数字及简单的分析,并无判决的全文,亦未附判决的理由,故不得与法院所发表的报告相比拟。

---

[1] Hewart, "The New Despotism".
[2] C. K. Allen, "Bureaucracy Triumphant" (1928).
[3] J. A. R. Marriott, "Law and Liberty", Fort Rev. July, 1928.
[4] Robson. op. cit.
[5] Sir Maurice Gwyer, 在 "Committee of Ministers' Powers: Minutes of Evidence", Vol. ii. pp. iff. 的备忘录中。
[6] 关于"行政司法制"实际运用上的材料,英国的政府及公私团体的报告书虽浩如烟海,作者曾费两年有几的时间,在美国的国会图书馆中,哥伦比亚大学的图书馆中,及伦敦博物院的图书部中仔细寻找,但所得者,仍极片断凌乱,未有有系统的报告及统计。因此这种材料只可作为例子,而决不能藉以证明什么事实,更不能由它们造出什么结论来。
[7] "Committee of Ministers' Powers: Minutes of Evidence", Vol. ii. p.127.

（二）行政司法无确定的法律为根据。普通法院经数百年的演进已造成一部颇为完备的判例法，行政司法既无悠久的历史，判决时亦不一定参照以前的判例，更不必一定引用以前的判例，故法律缺乏一定性，致使人民无从得悉法律的规定若何。这种情形，一方面使诉讼无意识地增加，一方面使人民对法律抱怀疑的态度。

考实际的情形确系如此。为免除此弊，赞成行政司法的人倡议英国应积极仿照欧陆各国立即创设真正的行政法院，俾得渐次造成一部完备的判例法。他们说法国的参政院（即最高行政法院）初时亦无确定的法律，嗣经多年的演化，判例渐多，法律遂亦确定，人民亦能知道法律的规定若何。[1]

（三）行政司法无人负责判决。在普通法院之中判决案件的法官署名于判决文之上，使被判决者知何人负责。在"行政司法制"下，判决者名义上虽往往系各部的部长，但事实上他决难兼顾，故往往由部中法律顾问或高级官吏代庖。目前的情形确系如此，诉讼者不知何人判决他们的诉讼，因亦不能对判决者有如对法官那样的尊视。

（四）行政司法判决者缺乏法律的智识与训练。普通法官均经过长时间的训练，对于审理案件有一种特殊的心理作用，务使得到公平的判决。各部中虽有法律顾问，但审理案件时决不能如普通法院法官那样审慎从事。而且审理者又往往系部中的官吏，他们更谈不到什么法律知识及训练。

（五）行政司法审理时不能强迫索要证明文件及证人出席。普通法院可以强迫索要证明文件，亦可命人宣誓出席作证。行政司法机关无此能力，故调查事实问题时未免不周。在目前的情形之下，虽然大部如此，但亦不无例外。卫生部于审理特种案件之时，曾屡次命人宣誓出席作证，亦未闻有拒绝出席的情事。

以上五端系批评"行政司法制"者的主要理由。除（一）、（五）两项有些少例外的情形外，这些理由均有事实的根据。兹再将赞成者的主要理由选列于后，以资比较。

（一）行政司法诉讼费用轻微。普通法院诉讼费用之浩大为公认的事实。行政机关所行使的司法权系兼顾性质，经费有限，在诉讼时因不必有辩论，律师亦可有可无，故费用可大为减少，予人民以极大的便利。据卫生部说，一件恤金案件的费用，有调查者平均约费六镑八先令，无调查者只二镑七先令，较之普通法院实节省得多。[2]

（二）行政司法极为便捷。行政机关既无繁重的程序，可免去许多形式，故甚便捷。

（三）行政司法的审理者具有专门智识与经验。行政机关虽无法律智识与训练，

---

[1] Robson 及 Gwyer 为主此意见最有力的人。
[2] 这是卫生部代表出席"部长权力研究委员会"中的答案。

但对于行政方面诸种问题却有特长。[1] 各国法官向趋守旧，拘泥于固定的思想不愿适应新的潮流。他们往往亦不甚明了目前的需要，而使政府比较前进的政策不能见诸实行。行政机关因同时亦系法律的拟定者及执行者，当是比较适宜审理的地方。

（四）行政司法具有弹性。普通法院颇为呆板，为判例所约束，即在例外情形之下亦不肯轻易推翻判例。行政机关无此约束，故遇例外情形即可变通办法应付，处在特殊状态下的人民不致因通例不便更改而蒙损失。

凡此四端均系"行政司法制"的优点。按目前英国的状况而观，完全恢复到往时法院包办一切诉讼的旧制，或竟毅然设立纯粹的行政法院均为不可能的事实。故唯一的方法系改良目前的制度，矫正其弊端，将其制度划一，使"行政司法制"成为一个有系统的制度以应付目前的需要。"部长权力研究委员会"报告书中的建议即属此类。

四

照以上的解释，"委任立法制"及"行政司法制"似乎系两种制度，彼此漠不相关，其实它们却有相当的关系。第一，国会授权行政机关审理某种诉讼，这种诉讼所应用的法律往往系行政机关所颁发的命令。普通法院既有权在审判诉讼时宣告命令"越权"无效，今审判诉讼之权已不属法院而属行政机关，法院审查命令是否"越权"的权力自然即随之失去。第二，有许多负有审理诉讼的特殊机关的组织，不由国会用法律制定，而由国会授权予行政机关用命令来组织。第三，享有"委任立法"及"行政司法"权的机关同为行政各部，是制定法律者同时亦为审理该项法律的引起的诉讼的机关。第四，反对这两种制度者的主要原则上的理由大致相同，即两者均被认为推翻神圣的三权分立原则，危害人民权利的保障，造成带有独裁臭味的行政机关，并养成专门家把持政府的风气。

讨论"委任立法制"及"行政司法制"的学者及政论家，大都默认这两个制度为绝不可免的。他们承认在二十世纪复杂社会之中，旧有的政府机关实在不能应付目前的问题。故比较守旧的论者只主张对于"委任立法制"加以较严的保障方法，并令国会极力避免"非常式"的"委任立法"；对于"行政司法制"则主张设法使它公开，并使不服判决的诉讼者能上诉于普通法院。除此种建议外，几乎无人提倡将这两种制度

---

[1] 审理行政司法诉讼的机关往往系由专门家所组成，例如，Railway Rates Tribunal，等等。

根本取消。

但我们却不能不承认这两种制度对于英宪实有重要的更变。往时包办立法的国会现在已不能垄断一切，往时包办司法的法院亦不能如前此的唯我独尊。我们看出在立法方面，在司法方面欧陆的理论与制度均较英美的能适应现代的要求，故英美亦不得不逐渐走上欧陆的道路上去，它们的理论与制度已渐趋一致。这种变迁当然为留心西洋政制者所极应注意的。施崔齐氏（Lytton Strachy）说英宪系智慧与偶然事实的产物，"委任立法制"与"行政司法制"的产生绝非偶然，殆为智慧的产物欤？

专家立法商榷 *

近五十年来，国家职权的范围有很大的扩充，十九世纪以自由主义，个人主义，放任主义为基础的国家职权观念，一变而为以替社会服务，为社会谋福利的国家职权观念。[1] 因为国家职权的扩充，国家日常所处理的事务便日趋繁重，复杂，专门起来。这种新添的职务，国家旧有的机关，均有应接不暇，和不够资格应付的痛苦，而同时它们所勉强弄出来的结果，又每每不能令人满意，因此随着国家职权观念的改变，又发生了对于政府各机关——尤其是立法机关——许多严重的批评和攻击，甚而至于进而怀疑民主政治的本身。为对付这种批评和攻击，先进的议会制政府及一般留心政治制度的人，便设法改善旧有的制度，来应付这种既变的环境。在诸种提议的方案之中，我们想提出专家立法一种来稍加分析及讨论。

"社会服务国家"兴起后的一个现象是政府事业的日趋专门。本来十九世纪的议会，并不是一种专家的汇合体；反之，它们的目标是在代表普通一般人民。那时的理论是希望议会成为一面良好的镜子，可以把社会的各种意见，各种阶级反映出来。一位美国的作家说：[2]

> 我们并不希望立法者变成制法的专家。我们并不以为议员应该能够调查很复杂的问题，考查法律上的专门问题，草拟法案，或对于法律细则加以判断……因此，

---

* 原载《民族》第三卷第四期，1935年4月。

[1] 以自由主义，个人主义为基础的国家，英文称之曰："Laissez-faire State"或"警察国家"（"Police State"），因其职务只在行使警察权；以为社会服务，为社会谋福利的国家，英文称之曰："Socials Service State"或"Social Welfare State"，德文则称之曰"Wohlfahrtsstaat"。近年刊行的政治学书籍中，关于此层，均多论列，最详尽者当推 H. Finer, "The Theory and Practice of Modern Government", Vol. I. Chs., iii-iv。

[2] John A. Lapp, "Making Legislators Law Makers", Annals of the American Academy of Political and Social Science, March, 1916。

我们一日有代议政治，我们只能够希望议会的议员是没有专门智识的平常，有脑筋的人。

赞成比例选举制度的人，反对单选区制，因为他们认为单选区制不能使议会包含社会各式各样的意见，和这些意见所组成的政党政派。法国大革命时的领袖之一米拉布（Mirabeau）曾说：[1]"代议机关可以此作地图，它应该把一国的各组成部分，按照原来的比例，反照出来，并不应该让比较上大的部分，压住了比较上小的部分。"弥尔（J. S. Mill）也说：[2]"在一个真正平等的民主政治之下，每一个或所有的部分都是有代表的，并且代表数目不是不比例的，而是比例的。"英国的政治家波克（Edmund Burke）也认为，一个议会应该是一个国家的镜子。[3]同时，赞成职业代表制度的人，又何尝不是觉得，在同一地域里居住的人，并不一定有共同的利害，在各种职业团体里，组成的份子才有共同的利害，会议能反照出各种享有共同利害的人的意见，才是良好的议会。[4]总之，他们都是希望议会能做社会最准确的反映，亦即社会的一个缩影，他们却并没有希望这些议会变成一个专家的集合体。

然而社会大多数的人民都是很庸碌的，很平凡的，所以如果我们真正组成一个反映着社会的议会，议员也便是大多数很庸碌，很平凡的了。说议会庸碌平凡是近世很时髦的一种说法，由批评议会往往进而批评民主政治的本身。英国法学大师墨音（Sir Henry Maine）倡说于前，许多很知名的作者传颂于后。他们认为议会的议员，大都缺乏智识，易于受感情的冲动，并且往往嫉视有才干能力的人，仇视领袖人物，想把他们压制下去，来给自己留地位。法人法该（Emile Faguet）并且把民主政治和无能两者混而为一。[5]我国批评议会的，首推孙中山先生，在他五权宪法演讲里曾对于美国选举时的弊病，讲得异常动听。近一年来我国主张独裁政治的人，对于民主政治，以及议会制度，亦多所批评。[6]其实，许多赞成民主政治，赞成议会制度的人，也往

---

[1] J. F. Williams, The Reform of Political Representation, p. ii 引用此语。此书中收集了许多别人赞成比例选举制的意见。
[2] John Stuart Mill, Representative Government, Ch. vii.
[3] Speech to the Electors of Bristol.
[4] Haurion, Précis de Drolt Constitutionnel (1923), p. 616 ff 及 Esmein, Eléments de Droit Constitutionnel (1921), T. I. pp.49–60.
[5] 批评议会制度的书，浩如烟海，研究这种思想的著作最简明的为 F. W. Coker, Recent Political Thought. Ch.iii. 及 Malcolm M. Willey. Some Recent Critics and Exponents of the Theory of Democracy, in Merriam.Barnes et al. Political Theories, Recent Times, Ch. ii. 中文的可读钱端升：《德谟克拉西的危机及将来》，《武汉大学社会科学季刊》，一卷一号。
[6] 例如，钱端升：《民主政治乎？集权国家乎？》，《东方杂志》，三十一卷一号；丁文江：《民主政治与独裁政治》，天津《大公报》二十三年十二月十八日星期论文，转载于《独立评论》，一三三号。

往承认这些缺点：主张设立两院制立法机关的人，便是很明显的例证。[1]

议会的庸碌平凡，既为许多人所不满，他们便觉得有放弃前此认议会应明确反映社会的主张，而增高一般议员的程度。在目前国家问题日趋繁复专门之时，这种提议更属趋时。其实提倡职业代表制度的人，便往往以为由职业团体选出的代表，是比较专门的，因而比较上能对于目前的问题，胜任愉快。我们姑且不问他们的假设是否有事实的根据，他们的出发点却是毋庸否认的。[2]

孙中山先生对于外国的议员，既有不满，他因而也是主张设法提高议员程度的。五权宪法里的考试权，不但要普及于一般的官吏，并且要普及于由人民选举的议员。孙先生说：[3]

> 依兄弟想来。当议员或官吏的人，必定是要有才有德，或者有什么能干，才是胜任愉快的。如果没有才，没有德，又没有什么能干，单靠钱来作议员，或官吏，那末将来所做的成绩，便不问可知了。但是有这种才德和能干的资格之人，只有五十人，便要照这种资格的人来选举。我们又是怎样可以断定他们是合格呢？我们中国有个古法，那个古法就是考试。

照孙先生这种说法，我们知道他主张用考试的方法来提高议员的程度，使得议员

---

[1] 两院制立法机关的理论最初的具体发挥是在美国一七八八年的制宪会议，那时的制宪者不但赞成应该以一个上院来代表各邦，并且是想用一个比较持重的机关来防止民选议会的过失，因为自从革命成功以后，各邦里的议会异常鲁莽胡为，以故当时实有不得不设立上院的情形。这种拥护两院制的理论散见于 Hamilton, Madison, Jay et. al, The Federalist 的诸论文中。关于论两院制的书籍，可参阅 J.A. R. Marriott, Second Chambers, James Bryce, Modern Democracies, Vol. Ⅱ Ch. Lxiv; Lees Smith, Second Chambers in Theory and Practice; H. Tewperley, Senates and Upper Chambers; H. Finer, The Theory and Practice of Modern Government Vol. Ⅰ, Ch. Xvii.。Harold J. Laski 是最反对两院制的，见其所著 Law and Politics, ch. iv。他的意见大致重见于邱昌渭，《议会制度》，第二章，第六节。John Stuart Mill 曾说："凡关于代议政治的一切理论，除两院问题外，从未见有其它问题生出如许之争论……两院问题常为主张限制民主派，和主张无限制民主派之识别标准。"Representative Government, Ch. Xiii 第一段。

[2] "欲使议会富有专门人才，以应付今兹日趋艰难复杂之立法职务，亦不能不采纳职业代表制：此层意见，似亦为主张职业代表制者所公认之一种意见，他们以为在现今诸国地域代表制之下，议会决难吸收众多之专门人才：盖一个地方区域中选民，既含有从事种种职业之选民，则为其代表者，自亦不能不注意各方面之问题，而不能专心于特种事业，或特种问题，以是之故，议会之议员，往往便非一种富有专门智识或经验之人才，而常为一种缺乏专长之'政客'。至于从事专门事业之人才，或因其不愿于本己事业之外，更向普通民众为普通的政治活动，或因其无充分余暇，向普通民众为此活动，其能列席会议者，遂绝无而仅有。此实现今议会制之危难问题。盖现今立法职务，实日趋于复杂艰难之境，议会之中，如果长此缺乏专门人才，则议会制度之陵夷，恐属无可挽救。但有些论者，对于职业代表制足以增加议会专门知识这一层理论，亦不甚表赞同：他们以为各职业团体所选出之代表，虽然各是一个具有专门经验或知识的人才，而甲职业团体的代表初不必能了解与乙职业团体有关之立法问题，因此，在职业代表制之下，议会中议员之大多数，对于任何立法问题，都或不免缺乏基本之理解力；任何立法事项，只有与各该立法问题有关系之职业代表能了解。如是则职业代表制亦未必能使议会对于今兹复杂艰难之立法工作，较能胜任愉快。譬如拉斯奇（Laski, 见所著 Grammar of Politics, pp. 72–73）氏便抱如斯见解。但议会中既然含有各种职业团体之代表，则对于任何立法问题，议会中必有一部分具有充分之理解力与评断力。如是，任何法案将皆不能逃脱议会的注意与批评。这于法律内容的精密，应有所补益。"王世杰：《比较宪法》，pp. 275–276。

[3] 《五权宪法演讲》，《总理全集》，第一集，第八三二页。

都是比较上有才有德有能干的人。基于孙先生"权"与"能"的区别,以及"政权"和"治权"的区别,我们又知道他主张利用专家来作统治者,即他是主张施用技术政治的;而且不但行政司法各机关要由考试及格的人去组成,即立法机关也是同样的。这种主张自然有驳不倒的理由,虽则主张议会反映社会的人对此不能同意。有一个人问:[1]

> 我们只要在水准的人制定法律和统治我们吗?我们不去拣选在水准的医生来救我们的命,在水准的牧师来解释圣道,也不去叫在水准的裁缝,厨司,木匠来为我们做衣服,造饭,或建房子啊。

另外一个人说:[2]

> 在组织一个股份公司的时候,没有人会认定,管理该公司的人,只要能反映出一般股东对于商业的知识,是一个合理的原则。全世界都承认的原则是把权力赋予有特殊智识及能力的人,然后叫他们对于他们的成绩负责。在公共事业管理里,初无二致。

这种理论,虽然无懈可击,但事实上却有许多困难。我们可以服膺孙中山先生的主张,因为我们知道他所说的,不过是稍为提高一些立法者的程度,使得他们的程度不致降到太低,假如我们不迷信前此所谓"反映"的学说,不信美国翟克逊时代的所谓人人绝对平等的理论,我们便不得不赞成孙中山先生的主张。但是我们需知专家是不能专靠考试得来的,他们一定要有长期的训练,研究和经验,因此孙中山先生所主张的可以说是要求不奢,是事实上很容易办到的。

但是如果我们想更进一步,使立法机关的人员,不但要经过普通考试合格才能膺选,并且都是名副其实的专家,[3] 那便完全是另外一件事,并且是最困难的一件事。

第一,专家只是对于一个小问题有特殊专长的人,我们一定要想,怎样能把他们会聚起来组织一个立法机关,而能应付一切的问题呢?我以为这是一个绝无方法解答的困难。譬如立法机关里有一位土地问题专家,一位货币问题专家,一位水利问题专家。遇到土地问题需要立法,我们只有两条路可走:第一,我们可以请土地专家来制定法律,别人不去参预。这是不可能的事实,因为如此例等同一个人在那里立法,而不是立法机关在那里立法,收不到集思广益的效果。第二,我们可以请土地专家拟定法案,交全体讨论,但是我们怎能够希望货币专家和水利专家也能懂得土地问题呢;[4]

---

[1] John R. Commons, Proportional Representation, p.164.
[2] H. J. Ford, Representative Government, p.148.
[3] 陈之迈:《专家与政治》,《独立评论》,第一二六号。
[4] 这正和对于职业代表制的批评一式,见王世杰:《比较宪法》,275—276 页。

假如我们让别人任意修改专家的法案，自然收不到专门知识的好处，如果我们不许别人修改，那又等于走到第一条路上去。所以我觉得纯粹由专家来组织立法机关来制定一切的法律，是不可能的。

有人说立法机关不妨由学习法律的人来组织，他们是一般法律的专家，当然能够胜任愉快。在英国的法律史里，律师并且有最光荣的成绩。一位最有权威的英国法律史家说：[1]

> 在我们（英国）法律史的各时期里，立法良好的效果是由律师的合作而得到……的；因此我们的法律史似乎证明，要民立法事业成功，律师是一定要和立法机关合作的。因为律师们耗去他们一生的时间来执行及引用法律，他们比起一般的人，对于一种立法建议所应取的形式，使其有效所应有的条款，以及它和现存的原则吻合的方式，都有比较清楚的观念。

英国国会里向来是律师很多的，譬如在一九二零年的英国会里，律师在六百十五席中占有一百零二席，约当全数六分之一。[2] 法国议会里律师亦往往很多：例如，一九二八年的众议院里，律师竟占有一百三十二席，比起任何其它职业均多一倍。[3] 美国国会业有律师大本营的称号；譬如一九二四年的国会下院里，在四百三十五席中，竟占二百六十二席之多；在九十六人的参议院中，竟占五十八席。[4] 在美国各邦里，他们更是充斥。"现在五分之三以上的议员都是律师"一语，诚非虚诞。[5]

我们如果想知道律师是否立法专家，他们立法的成绩若何，最好是看看美国的立法成绩如何，虽然我们知道，第一流的律师往往不肯去做议员而去做法官或大企业的法律顾问，但是这也是不可避免的事实。美国联邦国会以及四十八邦的邦议会，据可靠的人说，立法的成绩，在量的方面，虽足惊人，[6] 在质的方面，则颇恶劣，不但不能符合我们的理想，并且连颇受訾议的英法等国訾会都比不上，并且偶然还闹出很大的

---

[1] William S. Holdsworth, Some Lessons of Our Legal History, p.50. 著者的 History of English Law 内更发挥得详尽。

[2] 见 H. J. Laski 的分析，载 "Mr. George and the Constitution", The Nation（London）, October 9, 1920.

[3] 见 American Political Science Review, Vol. XXII, p.669.

[4] 见 Lindsay Rogers 的另析，载 "Where Statesmen Come From", New Republic, July 30, 1924.

[5] Robert Luce, Legislative Assemblies, p.230. 另外一种计算是三分之二以上，见 Orth and Cushman, American National Government, p.428。

[6] 每一届议会平均有二万条法案或决议案提出于国会。Orth and Cushman, 前书, p.430。美国第一届（1789）的议会不过通过了二十六条法律，占三百二十页四开本，在一九二三年则通过了九百九十三条法律，占一千零十四页两开本。Felix Frankfurter, The Public and Its Government, Ch.iv. 美国四十八邦的邦议会每届平均制定三万页的法律。William B. Munro, The Government of the United States, Rev. ed. 9, p.474.

笑话。[1]

我们深知那些被选入议会的人，很少对于法案的草拟和讨论有特别的准备，并且极少有资格来研讨立法事业中的经济，工业和法律上的诸种问题。[2]

这种情形是值得赞成由律师来组成议会，而希望它能给予我们专家立法的效果者，熟思深虑的。

律师同时常被目为最守旧，最不能倡导新事业的，他们不但想不出新的立法原则来，别人提出的他们还要肆力反对。英人某曾说："国会的意见是昨天的意见，律师的意见则是前天的意见。"[3] 法律贵乎有一定性，不易性，律师受了法律的训练，存有这种守旧的习尚，自然是他们的好处，但在瞬刻万变的社会之中，这种态度往往对于人民有不良的影响。英小说家威尔斯（H. G. Wells）对于律师有很激烈的批评，他说：[4]

> 目前我们一大部分的统治不是由人民为人民来统治，而是由律师为律师来统治。律师立下了我们政治生活的形态。并且因为他们是属于最专门，受过最特殊训练的一种职业，因为他们所受的训练，和创造的艺术家以及施用统制来做试验的科学家的创造精神，根本冲突，因为他们的职务在寻求证据，寻求利益，和这些证据和利益灵巧的运用，而不是在谋理解和同情，他们是受过教育中最缺乏政治家风度的，因之他们给予我们政治生活的形态，和我们很重大及迫切的社会需要，大相悬殊，为我们所不能意想得到的。

威尔斯这种见解，虽然未免过激，却很能代表英国一般人的心理，尤其是对于现状思有所改善等一班人的心理。而证诸事实，英国也有许多必要的改革，均因律师的反对而未成，或既形成之后，仍遭受他们的攻击。所以用律师组织立法机关，不但不能得到专家立法的好处，并且有障碍社会进展的危险。因为有上述诸种问题，立法机关纯粹由名副其实的专家来组成，也只是一种理想，而无在事实上实现的可能，并有重大的流弊。

第二，专家往往是眼光很狭小，意见很坚强，专门智识虽很丰富，普通常识反很缺乏的人。他们有很高傲的心理，他们看不见国家整个的政策，而只看见他们所研究的一点点小问题"。他们对于自己的意见，往往过于重视，丝毫不肯让步。他们只能看见事实问题，而看不到价值问题。他们只知事实的真相，而不知应付这些事实所应

---

[1] Munro 在前书中举出了许多趣味很浓的例子来，p.474。
[2] Haines and Hains, Principles and Problems of Government, p.305.
[3] John Morley, Politics and History, Ch.i.
[4] H. G. Wells, Social Forces in England and America, p.59.

取的方策。他们彼此间的意见往往冲突，而因为他们不肯让步折衷的态度，往往演成僵局。[1]

这种批评是很普遍的，并且常有事实的根据。欧西各国的行政机关里，虽然充满了许多名副其实的专家，他们对于政府，也有绝对不可埋没的贡献，但外国却很少让他们来当负责的部长，因为他们以为部长不但负有统筹全部事务的责任，他们并且要将他本部职责所图的事项，和别的部署，以及整个政府的政策，连贯联系起来，叫专家来充任部长便不能收到这种效果。[2] 因此在外国有所谓"常人政治"的理论，论断最精的首推白芝浩（Watter Bagehot）。[3] 这种理论，虽然也常受人批评，例如，斯基维克（Henry Sidgwick）便不能相信，无论任何事业的主脑指挥人物，没有充分的智识和经验，能使哪种事业办得最好。[4] 但是英美法等国，却始终不肯放弃这种思想。英国各部部长往往对于部务是茫然不知的。波尔麻士顿爵士（Lord Palmerston）被任为殖民部长的时候，竟不知英属殖民地在哪里，加尔逊（Sir Edward Carson）做了多年的律师，忽然被任为海军大臣，崔尔求（Randolph Churchill）做了财政大臣，连预算案里的小数点都不懂。[5] 法国的情形更是相类，并且有过之而无不及。平均不到九个

---

[1] H. J. Laski 说 "Expertise ... sacrifices the insight of common sense to intensity of experience. It breeds an inability to accept new views from the very depth of its preoccupation with his own conclusions. It too often fails to see round its subject. It sees its results out of perspective by making them the center of relevance to which all other results must related. Too often, also, it lacks humility; and this breeds in its possessors a failure in proportion which make them fail to see the obvious which is before their very noses. It has, also, a certain caste-spirit about it, so that experts tend to neglect all evidence which does not come from those who belong to their own ranks. Above all, perhaps, and this most urgently when human problems are concerned, the expert fails to see that every judgment he makes not purely factual in nature brings with it a scheme of values which has no special validity about it. He tends to confuse the importance of his facts with the importance of what he proposes to do about them"。"The Limitations of the Experts", Harpers Magazine, December, 1930。外国人对于专家大都抱一种怀疑甚至恐惧的态度，而因为他们的专家大都集中于行政机关，他们对于行政机关亦多所畏忌。专家的态度及其所演成的结果英文称之为 Bureaucracy，批评这种制度的书籍很多，例如 Walter Bagehot, The English Constitution, pp.260 ff; Ramsay Muir, Peers and Bureaucrats, Pt. Ⅱ; Joseph Barthélemy, Le Probleme de la compétence dans la démocratie; Lord Hewart, The New Despotism; C. K. Allen, Bureaucracy Triumphant; Jowes M. Beck, Our Wood erland of Bureaucracy; Laski, "Bureaucracy", in Encyclopedia of Social Science, Vol. Ⅲ. 苏俄对于帝俄所遗留下来的 Bureaucracy 也极力铲除，见 S. N. Harper, Civic Training in Soviet Russia. Bureaucracy 这个名辞，很难翻译，有试译为"衙署制度"者，有试译为"官僚政治"者，但均不甚恰当，盖我国向来便没有这个观念。

[2] 这种理论见 Ramsay MacDonald, Socialism and Government, Vol. Ⅱ, pp.34–35; S. and B. Webb, A Constitution for the Socialist Commonwealth of Great Britain, pp.66–68; F. A. Ogg, European Government and Politics, pp.144–145; Sidney Low, The Governance of England, Ch. xi, "Government by Amateurs"，其曾曰："我们要下级的官吏对于他所管辖的事业具有相当的专门智识，但这种智识对于负责的长官却并不需要。一个青年一定要经过一次算学考试及格才能充任财政部里的二次书记；但是一个财政大臣也许是一个中年饱经世故的人，早已把他在中学及大学所学的一点算学忘记……一个年轻的军官，如果不懂得一些战略或军事历史，便不能升为连长；但是一个军事部长却可以是一个赞成和平的人（我们有过这样的），反对一切军事，并且绝不想学些军事智识。" pp.201–202。

[3] The English Constitution, Chs. i, vi-ix.

[4] The Elements of Politics, p.423.

[5] Michael MacDonagh, The Pageant of Parliament，叙述此类趣事甚多。

月的内阁更迭往往会换汤不换药的改组。一九三三年十一月二十三日，沙劳（Sarraut）内阁倾倒，二十七日萧丹（Chautemps）的"公安内阁"组成，在前阁的外长彭古（Boncour）继任，前阁总理沙劳则调任海军部长，而当时的总理萧丹则是前阁的内政部长。虽然法国也有久于其位的白利安（Briand）外长，尤之英国有久于其任的格兰斯东（Gladstone）财长，但这都是例外的情形。往时法国尚例以海陆军中人担任海陆部长，近年则除白丹（Petain）将军外，很少例子了。然而英法的人士，却并不以这种情形为怪，更不因此而攻击政府组织不良。

行政机关如此，立法机关又何独不然？美国立法专家某曾说：[1]

> 调和折衷是立法事业的精义，一个专门家是不容易肯调和折衷的人……一个由专门家来组织的立法机关，常有演成惨剧的危险。

立法事业的精义在调和折衷，这是最扼要的观察。我们制定一个法律，不能专问它的理论是否站得住脚，并且要问它能否行得通，行不通的法律，即便理论十分完美也是徒劳无功，且有损法律的威信。我们只消一看我国民国以来所制定的宪法，约法等等，虽然有时我们深知理论上亦很有疵病，但大体上总不算太坏，然而它们却都次第消沉，使我国的法纪荡然。我们的民法，刑法，何尝不代表很完美的理论，然而它们也从没有好好实行过。外国的经验亦不乏相同的例子：欧战后德国的威马宪法以及其它新兴各国的宪法，美国的禁酒修正条文，理论上的完备并未能使它们有效。反之，德国一八七一年的宪法，法国一八七五年的宪法，理论上都很欠缺，然而它们却都能持久。立法必须顾到事实，不能专凭理论，各方面的意见都要顾到，绝对不能行的应当删除，然后方能得到最大的效果，法律尊严才能维持。这种调和折衷的态度，不是专家所具有的。

常识对于法律是很有关系的。拿破仑法典制定之时，由四位法学专家主其事，但拿破仑却不断出席，贡献意见。许多人以为这是武人多事，干涉制法，但历史告诉我们，拿氏丰富的常识，往往足以启发那些专家。因之，拿破仑法典的完备，及今日在欧陆法律系统中所占的崇高地位，拿氏实有不可埋没的功绩。[2]

---

[1] Robert Luce, Legislative Principles, pp.263–264.
[2] "民法的草案是由一个四位法学家组成的委员会草定的，在未曾送交立法机关时，曾交法院审查，并曾在参政院里逐条详细讨议。拿破仑在此审查工作上，差不多半数出任主席，时延长至八九小时。在此他最清楚的表现出他政治家的风度。他自己不是法学家，法律智识亦颇有限，但他却给予那些辩论'坚实的常识及明确的眼光'。他不从'法理去着想，而从事实去着想，永远顾虑到国家的利害。'他看出原则应用到实际的眼光是那样的尖锐，因而对于讨论永远有价值的贡献。因此，那部制定的法典，是很便宜的叫做拿破仑法典，因为是他的天才所组合的，并充分表现在里面。" James E. Gillespie, A History of Europe, 1500–1815, p.557.

第三，以专家来组成立法机关最大的困难是一件事实问题，即如何产生这个机关的问题。这种困难正和职业代表制的困难一样，我们容易立下原则，我们却不能拿出具体的方案来。[1] 也许是因为这个原故，除孙中山先生的要求不奢的主张外，据作者所知，没有人曾提出过一个具体的方案来，虽则他们的理论高唱入云，娓娓动听。

其中的困难是可以意想得到的。我们叫专家和现在的候选人一样，去向民众竞选吗？这显然是最不妥当的。第一，我们应当承认普通一般民众对于专家是没有判断高下的能力的，假如他有，以前批评选民无知的理论便根本无根据。从前英国的哲学家弥尔（T. S. Mill）曾经去竞争过选举，他却一败涂地，还受到了种种的羞辱。[2] 极端民主政治论者，主张法官由人民选举，然而试行的成绩却很令人失望，以是论法官选择方法的人，大都赞成由行政机关指派，而施用这种指派方法的国家，如英，美联邦政府，法等国，却能产生良好的结果。[3] 人民既不是判断法官能力高下适宜的人，专家则更不用说。因此，我们的专家立法机关是不宜于由人民来选举的。第二，专家当为学者之流的人物，择举往往要对没有什么智识的民众去做竞选运动，这种勾当是许多专家所一定不去做的。即使去做，他也会成为孙中山先生所说的博士与车夫的竞选一样。[4] 因此如果我们去请人民来选举专家，恐怕我们得不到第一派的专家来组成议会。第三，民选的一个必要发生的情形是政党政派的组成，[5] 专家来组政党，作党争，我们恐怕收不到专家立法的效果；专家而不去作党争，则民众又何从选起？这都是很根本的事实问题，值得赞成专家组织议会者的注意的。

我们叫政府去指派专家来组织议会吗？这其中也有最大的困难，因为那便等于行政机关产生立法机关，不但违背了民主政治及三权分立的原则，并且一定授予行政机关很大的能力操纵这种选择。法西斯党下的意大利足资殷鉴。我们如果叫人民的代表机关去产生专家组成的立法机关，有如近来颁布的宪法草案，用国民大会来产生立法院，那也有困难，因为假如立法院既产生之后，便不受监督及指导，不对任何机关负责，

---

[1] "On the Subject of functional representation. It is less difficult to philosophize than to specify." McBain and Rogers, New Constitutions of Europe, p.119.
[2] 英国政治史上有许多这种例子，见 Seymour and Frary, How the World Votes, Vol. I, Ch.v.。
[3] "反对法官由人民选举最大的理由是一个法官，在其它的条件以外，一定要有相当的专门智识和经验。无论他的人格如何高尚，常识如何丰富，商业及政务如何熟悉，他还要对于法律及诉讼程序有专门的智识。叫人民去判断一个律师的专门智识是否充足，和叫他们去判断一个工程师，医生或音乐家的专门智识，一样的不适宜……，专门技术的判断只是少数人够资格来做的事。" W. MacDonald, A New Constitution for a New America, pp.182–183. 法官之应由行政机关指派已成无可异议的原则，见 H. J. Laski, Law and Politics, Ch. viii.。
[4] 见《五权宪法演讲》。
[5] Ostrogorski 便持此论，见所著 Democracy and the Organization of Political Parties.

那便等同一个权力至高无上的机关，会滋生上面我们所说的种种流弊；如果仍受监督指导，并对产生该院的机关负责，那末这些专家便会对于他们的职位时时顾虑。有如现今的民选议会，亦多不妥。

加之，专家既产生之后，他们是如同法官一样，地位受法律的保障呢，还是时常改选呢？如果采用前者，使他们任期终身，我们的立法机关一定很难与时俱进，采取最新的思想来立法，并且不会徇人民的需要。法官执行的不过是死板的法律，于应用上尚不免时代落伍之讥，立法机关则更有这种危险。况且终身的任期，必将造成少数人把持局面，新进的专家定很难插足，而对于社会新问题有特殊研究的人便将因此不能为国效用。最后，这班专家既膺选之后，日日从事于立法事业，对于研究便要荒废，亦不宜令其久留。如果我们采用定期改选，任期的长短，自属要紧，而他们既有改选，对于地位，将又时刻顾虑。凡此都是实际问题，为赞成专家组织议会者所必须完满解答的。不能解答这些问题，即使原则讲的天花乱坠，亦属徒然。

以上种种，都是说明由专家来组织立法机关的不可能，及其将引起的流弊。专家立法似乎是一个可以叫得很响亮而不可以实现的东西。拉斯基（H. J. Laski）曾说：[1]"以专家来统治将要变成为专家而统治……这样来的结果，不是百事停滞，便是社会的冲突。"

然而不用专家，我们又当怎样解决繁杂，复难，和专门的立法问题呢？英国一位立法专家曾说：[2]"用专家来统治是一件事。用专家来帮同统治，则又是一件事。"而他反对前者而承认后者是不可少的。本来政制理论家是往往赞成立法机关的职责，不一定是要把一切法律细则都一一制定的。它如果能把立法的原则制定，而将权力委托给适当的机关去制定细则，施行细则，甚至于相机变通，它已可说是尽了它的职责[3]。在一般迷信"国会主权""三权分立"过深的英美人，这种理论，容或未能接受。[4] 英美议会之所以迟迟不肯将"委任立法"演成一种确立的制度便是为此，但即在英美，明眼的政制理论家早已看出这是无可如何的，并且是很合理的办法。英人弥尔（John Stuait Mill）便是主张这种办法的，在他的名著《代议政治》第五章里，有最透澈的言

---

[1] The Limitations of the Expert, Harpers Magazine, December, 1930.
[2] Sir Courteney Hbert, The Mechanics of Law-Making, p.76.
[3] 这便是赞成"委任立法制"（Delegated Legislation）者所通持的理论，见 Cecil T. Carr, Delegated Legislation；C. M. Chen, Parliamentry Opinion of Delegated Legislation, ch. i. 及所举参考书籍；陈之迈：《英国宪法上的两大变迁》，《清华学报》，九卷四期。
[4] A. L. Lowell, Government and Parties in Continental Europe, Vol. I, p.44; L. Oppenheim, The Future of International Law, pp.26–36; John P. Comer, Legislative Functions of National Administrative Authorities, p.11; Sir Courteney Hbert, Methods of Legislation, p.49.

论。他以为立法是一件很专门的事业，最需要有学识，有经验的人才，最需要准确精审的考察，以及最明确的条文。这些工作，一个喧嚣的，嘈杂的，数百人的议会，是绝不能胜任的。所以他主张设立一个立法专家委员会，去草定一切的法律，这些既草定的法案，送交国会去通过或否决。他以为国会只可以建议给委员会去修改法案，国会本身却无修改之权。自然，在国会感觉到关于某事有立法的必要时，可以请委员会去草拟法案。总之，据他的意见，除了纯粹属于政治性质的立法以外，一切的立法事业，将交给专家去办理，国会只留下最后决否的权力。[1] 英宪法学者戴雪（A. V. Dicey），虽是倡说"国会主权"学说的人，也是主张国会只应立下立法的原则，而令行政机关去以命令补充的。[2]

欧洲大陆上的国家，是部分的实行这种办法的。在那些国家里，议会往往只将立法的大原则加以讨议通过，而于法律的末端，用条文将补充细则及施行方法的权力，授予行政机关。法国人是最迷信议会高于一切的，最怕行政机关独裁的，但他们却并不以为这是对于立法权的侵蚀。[3] 以喧嚣嘈杂，政派分歧的法国议会之所以能制定令人满意的法律，正是因此，不过法国尚未走到弥尔所希望的极端而已。

英国实行这种办法的地方亦甚不少。英国的预算制度，是很负时誉的，而它正是现有各种制度中，最近似弥尔的理想的。按照那种制度，预算编制的全权均在内阁，编制好后，送交国会讨议，国会照例只有权削减某项支出，却绝不能提议增加；但事实上因为提议削减，便即成为议会对于内阁的信任问题，如削减提议成立，内阁即须辞职，或解散国会，故如国会无推翻内阁，诉诸选民的决心，绝不轻易更动内阁所提出的预算案的内容。因此，英国的预算制度，实和弥尔的理想，相去甚近，而英国的预算制度，则又为各国之冠，较之美国的，实优良多多，这正是弥尔理想所以能的完美成绩的一个例证，也正是不由专家统治，而用专家来帮同统治的一个好榜样。[4]

中国目前的立法系统，有许多地方也能符合弥尔的理论。在训政时期约法和国民政府组织法之下，立法院并不是一个最高的立法机关。在民二十制定约法的国民会议第二次大会里，国府主席蒋中正先生曾很明白的申说立法院并非最高立法机关，中央

---

[1] 同意于 Mill 的又一名著是 A.J.Ford, Representative Government。该书之第二编系发挥 Mill 的主张最详尽的。
[2] A. V. Dicey 的"国会主权"论，往往被引为反对这种办法的根据，殊不知他本人却是赞成的，见所著 Law of the Constitution, 8th ed., pp.49–50。
[3] A. Esmein, Éléments de Droit constitutionel, francaise et comparé. (1928), Vol. Ⅱ, pp.76–77; Léon Duguit, Manuel de Droit Constitutionnel, p.1031.
[4] 英国的预算制度论著甚多，可参看 Stourm The Budget 及 Willoughby, Willoughby and Lindsay, Financial Administration of Great Britain. Ford 前书便是说英国预算制度近乎 Mill 的理想，p.225。

政治会议实等同共和国里的立法机关，民十七公布的"立法院议事规则"，第十三条明说："中央政治会议交议之事件，只得为内容之审议"；同年公布的"立法程序法"第一条即说："中央政治会议得议决一切法律"；民二十一的"立法程序纲领"则更为确定。[1] 该法规定法律案之提出有四种机关，立法院委员不过其中最末一种（第一条）。第四条说：

> 一切法律案，除政治会议自行提出者，由政治会议自定原则外，第一条所列各提案机关提出者，应由原提案机关拟定法案原则草案，送请政治会议决定。

> 立法院对于政治会议所定之原则，不得变更；但立法院有意见时，得陈述意见于政治会议。

> 各种法律之原则，除秘密政治军事外交等法案外，政治会议得先交立法院审议后，再送中央政治会议，为最后之决定。

按这些法律，可见在目前中国的立法系统之下，我们曾部分的施用弥尔的理论。中央政治会议的职权，很明显的便是他所谓国会的职权，立法院的职权，很明显的便是他所建议的立法专家委员会的职权。这是一个极饶兴味的事实及试验。所不同的是中央政治会议并不是弥尔所最赞成的代议机关，惟是我们现在正在训政的时期，自然又当别论。

英国法案的草拟往往借重专家。大多数的重要法案，在提出以前，往往指派一个委员会去做调查的工作。这些委员会大都由专家组成，在调查的时候，亦征询专家所能供给的事实，和他们的意见。在审查各方的材料以后，造成一部报告书，详叙事实的真相，并附以建议。"差不多一切重要的改革法案，在制定之前，都曾有过皇家委员会，或国会委员会，或各部委员会，或各部长的调查。"[2] 这种办法，美国也常用过，胡佛（Hoover）总统任内，则更畅兴，致有"以委员会统治"之讥。[3] 其实在这些国家里，大部分的法案都是由行政机关提出的，行政机关里均有许多专家，故亦能利用他们，不过在行内阁制的国家里，议会很少对法案加以重要的修正，而在总统制下，则议会有时，竟把原案修改得体无完肤而已。

一个法案，在经过议会时，必要经过委员会的审查，在审查的期间，委员会亦例必征求专家的意见。这种办法是普遍于一切议会政治上了轨道的国家的，毋庸多赘。

---

[1] 均根据《中华民国现行法规》，廿三年。
[2] 除普通论英国政制的书籍外，参看 Harold F. Gosnell, "British Royal Commissions of Inquiry", Political Science Quarterly, March, 1934; 此语出自 E. Troup, The Home Office, p.38。
[3] 见 S. Bent, "Mr. Hoover's Sins of Commissions", Scribner's Magazine, July, 1931.

英国近更有一种新办法，那便是在各部署受委任颁布命令之时，亦往往把命令草案预先公布，征求各方的意见，部署听取了之后，尽量采纳，然后才正式公布出来，据熟悉内幕者言，这种办法亦颇著成效。[1]

利用专家之又一方法是在立法机关里加入一些专门人才以备随时贡献意见。大凡一个议会里都有一些对于特殊问题有专门智识经验的，自然可以帮忙，但那都是偶然的，并非确实的制度。[2] 我国民二十三年十月所公布的宪法草案却把它列成一种制度。该草案所规定的立法院，是由国民大会选举的，当是一个间接民选的机关，立法委员也并不要经过考试才能膺选。但该草案第六十八条第二款规定，有一部分委员，"由立法院院长择有专门学识经验者，提出候选人名单，于国民大会选举之，其名额不得超过前款总额（即由各省，蒙藏及华侨所选出者）三分之一"。这当然也是一个很有兴趣的试验，但是专门委员与其它委员的关系，和专家的地位，尚无明确的规定。

近来各国一个很普遍利用专家的方法，是设立许多机关，由专家去组织，随时备政府的咨询。一个很明显的实例是近世所畅兴的经济院的组织。据国联一位专家的调查，现在有四十个国家，（包含一切重要的国家）都有经济院的组织，而除了意大利的"职团联合会"外，均属于备政府咨询的性质。[3] 研究这种制度很深的英国人范诺（Herman Finer）列举了许多创设这种经济院的理由，其中之一项如下：[4]

> 议会不够专门智识来应付目前社会及经济的立法事业。这种情形引起了由官吏统治的情形，而各种团体，用代表请愿及游说议员（Lobbying——此为美国特有情形）等方法，都能影响到社会性的立法。然而内阁及官吏也缺乏专门智识。他们的训练及选任的方法不能使他们看透各种工业的详细需要，也不能使他们对于整个经济活动的组织，作普遍的观察。现代政府一大部分的工作是把广泛的原则，用命令很琐细地应用到个别情形之上，而这些命令，往往因为议会没有时间，便成为法律，影响到人民身上，且无适宜的修改机会。

因为想补救议会，内阁以及官吏智识的缺乏，所以有经济的组织（这是其中的一个重要原因），希望集合现代国家里很重要的经济势力，来随时贡献专门意见，或备

---

[1] 例如，1929 年《地方政府法》下所颁发的《牛奶条例》（Milk Circuiars）。这种事实是一位英国卫生部的专家亲告作者的，现在尚未见有具体的研究论文。

[2] 晚近一种趋势使没有官职的议员，即英人所设 Private Members，发言之机甚少。专家既非阁员或国务员，自然机会也少。

[3] Lederer, A Review of the Economic Councils of the Various Countries of the World, Geneva, 1933, League of Nations Publications, pp.89–96.

[4] The Theory and Practice of Modern Government, Vol. II, p.888；参看他的 Representative Government and a Parliament of Industry.

政府咨询。蒲莱士（James Bryce）曾以为近世议会衰落的一个原因是这些职业团体势力的膨胀，请求他们合作也正是提高议会地位的一个方法。[1] 德国一九一九年八月的威马宪法是并设经济院的一个先锋，该宪法第一百六十五条第四段说：

> 政府在提出有基本重要性质的政治社会及政治经济法案的草案以前，应送交全国经济院去考虑。全国经济院本身有权提出这种法案的草案。如果政府不同意，政府亦应把它们，随同政府的意见，送达国会。

由这一条看来，德国经济院（Reichwirtschaftsrat）的咨询性质是很明显的。然而德国始终没有产生正式的经济院，但早已成立了一个临时经济院（Vorlaüfige Reichwirtschaftrat），对于政府亦有许多重要的专门智识贡献，虽则论者对于它的成绩未能有一致的定评。[2] 自希特拉登台以后，这种组织亦已不复存在。

法国的全国经济院（Conseil National Economique）在一九二五年设立。它的目的是"研究国家经济生活的诸种问题，寻求解决方法，并建议给政府施行"。这个机关创设的理由也是想借此供给政府及国会专家的意见。[3] 英国亦有特设的研究委员会（Committee of Civil Research），由专家组成，备政府咨询，及经济建议会（Economic Advisory Council），特别关于经济事项，作专门研究，并备政府咨询。[4] 我国的全国经济委员会，虽然不是由专家组成，但亦"得组织各种专门委员会，研究各项专门问题，并得派专门人员，视察或指导各种计划之实施"[5]。总之现在各国的经济院和经济委员会，均为专门研究的机关，或由专家所组织，对于政府各种有关经济的事项，贡献意见，备政府咨询，它们对于立法的补助，当是很明显的。立法事业借重专家，此为重要的例子。至于其他各种附属于政府，或国民政府，或行政院的各种委员会，亦类有专家在内，职务也和经济委员会初无大异。

专家对于立法还有一层值得讨论。一个法律的草拟是一件很专门的事业，不但它要把立法者的原意用简单，明晰，准确，不能被曲解的言句条文表示出来，并且它要避免与以前的法律发生冲突，这种工作是需要最专门的人才的。[6] 英国远在一八六九

---

[1] James Bryce, Modern Democracies, Vol. Ⅱ, ch. 1viii, "The Decline of Legislatures".
[2] Finer 上列二书对于临时经济院的工作成绩，极为推许，Herbert Kraus, The Crisis of German Democracy 则认为该院没有什么成绩，只是摆着好看的东西。
[3] 见 Finer, Modern Government, Vol. Ⅱ, pp.899–901.
[4] 同上，pp.901–904.
[5] 《全国经济委员会组织条例》，民国二十年六月六日，载《中华民国现行法规》，民二十三。
[6] Montesquieu 与 Austin 均对于草拟法案认为是一件最专门事业。见 Esprit des Lois, Bk. XXIX, chs. xvi-xix 及 Jurisprudence, 1136. I will venture to affirm that what is called the technical part of legislation is incomparably more difficult than what may be styled, as the ethical. In other words, it is far easier to conceive justly what would be useful law, than so construct the same law that it may accomplish the design of the law giver.

年便有利用这种专门智识的机关，名曰"国会顾问"（Parliamentary Counsel），专司草定法律的工作。[1] 美国在一九一八年也在参众两院各设了一个"立法顾问（Legislative Counsel），专司草拟法律。[2] 在德法两国现在还没有专司其事的人或机关，虽则法国的参政院（Conseil d'état）对于特种事件是常被咨询的，我国法令条文的言语字句，往往有很欠缺的地方，当为习法者所素知的。在法治尚未完全确立以前为害尚小，在法治已经确立的时候，希图违法的人往往便可以借措辞不当的法令，实行破坏法律。因此，这种草拟法令的专门人才，实有急速养成的必要，因为养成这种专门人才，尤其是首创者，是一件极费时间的事。目前英国的国会期间，例有一二青年，随同学习，以备日后升任，实有类于我国手工业中的学徒。这种习练，恐为造成这种人才唯一的方法，因为这种专门智识是不能在学校或书籍中求得的。我们主张利用专家帮同立法，一方面固应充分利用专家来帮同制定法律的内容，但一方面也应利用专家来使我们所产生的法律，在字句上完全无疵，因为非如此不能使法律达到我们所希望达到的目的。

本文商榷专家立法问题，即止于此，我们知道近代的立法事业是极专门的，没有专门智识的议员，即使有最丰富的常识，决不能应付目前的立法问题。但是毅然把以前的制度，一笔勾消，而令议员完全由专家充任，虽然理想上或许完美，事实上是办不到的。孙中山先生所提倡的办法，事实上虽是完全可能，但我们知道无论如何专门的考试，都不能令我们得到名副其实的专家，专家是既不能考人，亦不能被考的。因此我们只得放弃这种理想，而去寻求可能的办法：这种办法是利用专家来帮同立法。这种方法不但事实上可能办到，各国及我们目前也有很多例子，尽可参考，并且能够避免纯粹以专家来组织立法机关所能滋生的许多流弊。一件有意义并极饶兴味的事实是在我国训政时期中的立法系统，很具有一位政制理论家所提议的专家立法的立法系统形式。我们现在实行此制的经验及成绩，是值得负有制定我国将来宪法者的仔细参详，并择尤采纳的。

二十年，三，十八。

---

[1] Hbert, Legislative Methods and Forms 讨论最详细，作者为第二任的"国会顾问"，创者为 Lord Thring（著有 Practical Legislation, 1877），现任者为 Sir William Graham-Harrison。英国国会同时还有一个整理法律的委员会（非议员担任）名 Statute Law Committee，现即和"总统顾问"合作，该委员会同时亦负登记整理各种命令的工作。

[2] Lee, "The Office of the Legislative Counsel", Columbia Law Review, April, 1929.

民治主义的演变 *

十九世纪的世界发现了两个当时人认为不可磨灭的真理，两条人类进化的途径：资本制度与民治主义。美法的革命是将这两个真理置于实现的先声。继美法之革命，世界的四隅风起云涌，一方面来开发天然的财源使得人人都能得丰衣足食并且享受高度物质的供奉；一方面来建造民治的政治制度，高悬个人自由主义，政府无为主义，为经济发展的基础。资本制度是一种经济社会组织的方式，民治主义是一种政治社会组织的理想。这两种原则虽似漠不相关，其实是有最密切的关系的。经典派的经济学鼻祖亚当·斯美士（Adam Smith）在经济学上提倡极端的个人主义，在政治上他也主张政府的职务惟应保境安民，绝对不容干涉个人的行动。斯美士提倡经济社会的分工，政治学里孟特斯鸠（Montesquieu）也提倡政府的权力应该分开为行政、立法、司法三种，彼此不相统属，彼此相互牵制均衡。他们两个都认定自由为人类至高无上的幸福，经济及政治社会的组织均应以不侵害人民的自由为天经地义。其后的许多思想家都是异口同声地阐发这种思想。整个十九世纪里人们天天在争取自由；争取自由便是提倡个人主义；提倡个人主义便是建造民治的政制，以便经济资本制度得以不受政府的牵制而顺利地发展。

十九世纪的展望是最乐观的。有人称之为"进化的世纪"（The Century of Progress），有人称之为"希望的世纪"（The Century of Hope）。资本制度大体上顺利的进行使得每个人都有立致巨万的希望。多少的经济权威都由贫贱起家。普通一般人虽然不能每个都成为百万的富翁，但每个人的收入都因资本制度的发展而加增，物质的享受亦因之而倍增舒适。美国前总统荷佛（Herbert Hoover）倡言每个美国的家庭

---

* 原载《东方杂志》第三十三卷第十七号，1936 年 9 月。

都应有一部福特汽车，一所精致的浴室，正是十九世纪普遍的希望。同时，自从美法的革命以后，民治主义的潮流亦曾传播到世界的四隅。一八三二年英国的政治改革是英国走上真正民治的第一步；一八四八年欧洲各国的革命怒潮使得许多王室的根本动摇。到了一八八〇年欧洲各国除帝俄外都有了带有民治色彩的宪法。加之，民治主义的潮流并不限于欧洲一隅。拉丁美洲（中美、南美）的西班牙及葡萄牙属殖民地在一八三〇年前后先后向其母国宣布独立，建立民治式的政府。日本的明治维新，帝俄一九〇六年的革命，中国的辛亥革命，都是民治主义的胜利。到了欧洲大战之时，威尔逊（Wilson）提出作战的目的是"使得民治主义在世界上安全"，大战之结果是专制国家（德帝国，奥匈联合王国，土耳其帝国，保加利亚王国，俄罗斯帝国）的惨败倾圮，同时是民治国家（英、美、法，等等）的胜利。因此在停战协定签定之后，战败的国家里都发生了民治的革命，结果产生了最民治化的宪法。在一九二〇年的时候，民治主义可以说是得到了最普遍的胜利，除了极端落后的国家以外，一切都是民治主义的领土。

我们现在可以把这个风靡一百多年传播到世界四隅的民治主义加以一番较根本的分析，以期对于这种主义得到一种比较深刻的认识。我们问十九世纪的民治主义究竟是一种什么样的主义呢？它的根本精神为何呢？这个问题可分数点来回答：

第一，民治主义者相信"通常人"的潜力。这便是英国人所谓"The Myth of the Common man"。这种信念的出发点是平等的观念。他们相信无论张三李四都是可以发展成有政治能力的人的，只是他们的机会不好，环境恶劣，所以他们的潜力无由发展，所以他们只是"通常人"。如果给予他们以发展的机会，改善他们的环境，这些"通常人"便都能成为最有用的国民。"通常人"在政治上往往表现他们的愚昧笨拙，他们时常使情感支配其理智，对于他们所要判断的人物与事实缺乏深切的认识，所以他们所决定的政策时常流于矛盾冲突。他们往往受政客的愚弄而使政府不得适当的人选。这是批评民治主义者最普遍的一种观念，即极端民治主义者亦难否认。对于这种批评民治主义者提出"通常人"的潜力为答复。他们说："通常人"的愚昧不是因为他们根本愚昧不可救药，而是因为他们没有受教育的机会，所以民治不一定是不良好的政治。如果人民受到高度的教育，他们自然便能有判断的能力，政治自然良好。西谚说："我们现在找到了国家的主人了，我们第二步的工作是教育这个主人使得他能做主人。"但教育主人不是请一个教员来教育他。换言之，这种的教育不是孙中山先生之所谓"训政"。这种教育是以实验为方法的：他们叫人民来试作主人，在这试验中人民便能获得做主人的本领："民治的养成惟有实行民治。"十九世纪既然以民治为最高的理想，民治的试验因此亦得风靡世界。白芝浩（Walter Bagehot）认为英国国会的功用之一便是教育的（Educative）；白莱斯（James Bryce）也认为地方自治能使人民得到政治的训练。如果这种训练教育能够长期不断地进行，"通常人"便能得到发展其潜力的机会；"通常人"的潜力发展了，民治的政治便能得到完满的结果。这是民治主义的一个信条为一般民治主义者所遵守的。

第二，民治主义者所谓"良好的政府"就是"自治的政府"（Good government is self-government）。只要一个政府是人民自治的，那个政府便是良好的政府。民治主义者不悬善政效率等等来批评一种政制的标准（下详）。他们只注意去看一国的政府是否由人民自治的。他们看一个国家有无地方自治的机关，人民有无直接产生政府，更换政府，监督政府的权力，人民的选举权是否受财产，性别，教育程度等等的限制。到了后来更进一步地看一国的政府有无瑞士等国所通行的创制复决权，即所谓直接民权。若果一个国家这些条件都具备了，那个国家便有最良好的政府。换言之，在民治主义者看来，民治是他们的目的，而不是达到另外一种目的的方法。民治主义者的理想只是人民的自治，只要人民自治了，不管成绩好坏，都算是达到了他们的理想。欧洲十九世纪一般人争取选举权，事事取决于大多数的人民，所谓人民应用最广义的解释，选举权只有幼童，精神病者，及罪犯不能行使。如果一国的政府是基于这样的一个选民团体，这个政府没有问题地是最优良的政府。我国清末的变法运动以及民初的国会组织，驯至近年的自治法规，都是出发于这种的信念。我们深知中国的芸芸众生，没有政治的兴趣，无自治的能力，但是我们却继续不断地制定法规令其自治，以期产生一个真正民治的政府。同时我们的民治主义者攻击选举权的限制，反对一切的专政。他们的出发点是欧西传来的："最好的政府就是自治的政府。"

第三，民治主义者批判政府既专以是否民治为原则，他们除此而外便再没有批判的标准。换言之，他们自并不以效率成绩等等为批判政府的标准。其实真正的民治主义者并不祈望政府能够有效率及有成绩。他们至高无上的理想便是将政府的权力范围缩小至最低的限度。他们为达到这个目的曾提出几种方法，已为十九世纪所普遍适用。

（一）他们为反对专政，限制政府专权，故提倡用一部"最高的法律"（"The supreme law of the land"美国宪法上的名辞），即宪法，来严密地范围政府的权力。

（二）他们提倡法治主义，即尊重法律的精神，使得政府不能超越宪法上所划定的政府权力范围。

（三）他们竭力发展舆论机关，如人民选出的国会，新闻纸，无线电，等等，而认定人民的舆论机关，时常监督政府，并能于政府违反宪法时罢免政府，实等同普通法律上的制裁。

（四）他们反对政府的权力集中，事权统一，因为如此便易流于专制，所以他们发明许多政制的机构，如三权分立相互制衡的总统制，受国会严密监督的内阁制，多头的委员制，两院议会制，创制复决，等等办法来箝制政府，使得政府的事权分散，事事掣肘，不能发挥权力，欲发挥权力而不能。其实一切传统的民治政制机构都足以限制政府专权为目的者，即人民选举的机关亦受其它的人民选举机关节制，很清楚地表示提倡呼吁民治者根本亦不相信人民选举的机关不致流于专制。这是很显然的自相矛盾，适足以证明民治主义者的希望是"无为的政府"（The Negative State），"放任的政府"（The Laissez-faire State）在先，民治的政府在后。

（五）他们在宪法上规定有繁复的人民权利保障条文，如人身保障，言论集社自由等等，其用意在用法律为人民划出一个政府权力无论如何不许侵入的范围，其用意初不在保障人权而在防杜专制。

以上所举的五点都是以限制政府为目的之方法。无权力的政府，只能"保境安民"（Defence and Police）而不能扰民的政府，是民治主义者的理想政府。这种理想下的结果当然是缺乏工作效率的政府，没有施政成绩的政府。有效率，有成绩的政府容易侵犯人民的自由，容易扰民，容易流于专制，所以不是民治主义者的理想。

自从民治主义者倡行以来，许多人对于民治主义者所建设的政府表示不满意。他们不满意于政府的理由很多，其中之一便是民治的政府不能发生效率，没有施政成绩。这些批评从事实上看来是极对的，但从理论上看来是冤枉了民治主义的，因为民治主义者的理想，前已说过，并不靳求有效率，有成绩的政府，他们所希望的只是不侵犯人民，毫无权力的政府。我们批评民治主义的政府缺乏效率及成绩是责民治主义政府以其所向未靳求的理想，这是极端冤枉民治主义政府的。

第四，民治主义者相信一切问题取决于大多数，即英文所谓 The majority principle。在问题取决于人民的原则下，我们不能希望全国的人民的意志都是一样的。民治主义者主张给予人民以充分发挥意见的机会，使得一种意见能够说服别人。但是在此种情形之下也没有全国一致的可能。这是完全在意料之中的。民治主义者对于这个问题是应用取决于大多数的方法。在意见已获充分发表机会之后，他们用一种取决的方法如举手投票等等，而以大多数所赞成的为采取的政策。其实这种办法是在事实上没有办法中的办法，因为全体一致是绝对不可能的。但民治主义的学者却为这种取决于大多数的办法创出许多理论的根据，他们也并不以此为真正的理想。

第五，民治主义的一种表现民治的方法是代议政治。主张民治者认为这是发挥民治的一种良好方式，学者亦为代议政治创出学理的根据（如 John Stuart Mill-Representative Government）。其实代议政治并不是绝端民治主义者的最高理想。他们仍然希望古代希腊的全民大会，瑞士少数邦的全民大会（Landesgemeinde），或美国新英格兰的市集的市民大会（New England Town Meeting）。亚理士多德曾说民治只能在一个人说话全国都能听见的小国家里才能实行，便是所谓真正民治的理想。然而在庞大的国家里这是绝对不可能的，故只能采用代议的办法。这也是没有办法中的办法。后来有的国家发明一种新的办法，即所谓"直接民权"，用创制复决的办法来救代议政治之穷。瑞士行之最久，而瑞士人便认为这是"真正的民治"（如 Felix Bonjour, "Real Democracy in Operation."）。

上述五点都是民治主义者的理想，十九世纪的正统派政治思想所奉为圭臬，所认为不可磨灭的真理。这些理想处处表现它们是十九世纪经济环境的反映。十九世纪的经济理想是以个人主义及放任主义为基础的资本制度。个人主义及放任主义的出发点是人民自由的保障，是向中世纪政府干涉经济的一种反抗。为便利资本制度的自由发展，一定得禁止政府去干涉阻挠个人的行动。因此民治主义者主张限制政府的权力至于最低的限度，用严密的法律保障人民的自由，用种种的机构来防杜政府权力的膨胀。所以他们叫人民来自治：人民绝对不致赞成政府的自由，所以由他们产生，可以由他们更换，时时受他们监督的政府，便没有流于专制之可能，便能令个人自由主义的资本制度顺利的发展。

战后资本制度与民治主义受了极重大的打击。社会主义在一个国家里得到了政权，在别的国家里掀起巨大的波浪。同时在战败及新兴国家里有一种强烈的反民治政治出现。独裁政治在许多国家里建立起来，并且受到人民热烈的拥戴。他们主张事权集中，指挥统一的集权政府剥削人民的自由，倡议一党的，个人的，或"超人"（Elite）的独裁政治。这种运动引起了许多人的赞赏，他们攻击民治主义的言论为许多人所信服。同时，在民治国家里，有许多人对于传统的民治亦表示极端的不满意，他们提出许多政制改革方案，对于十九世纪时所奉为金科玉律的民治主义信条肆意批评。这种讨论成为近年来政论的中心："民治抑独裁""民治主义的危机""民治主义的前途"等题目引起了无数的论战。不消说，论者的意见是最纷歧的，几乎每一个人有一种特殊的意见，讲到具体的方案则更是言人人殊。

我们分析这种种的批评与攻击,可以发现其中颇有一部分是根据民治主义实行的事实而发的。我们即使是最赞成民治主义的,亦得承认一部分的批评与攻击是正确中肯的。为讨论便利起见,我们可以就上述的五点来一一说明近世对于民治主义的批评与攻击。

第一,民治主义者相信"通常人"的潜力,现在的人说"通常人"是并没有潜力的。一般的"通常人"总是对于政治漫不经心的,他们总不能对于政治发生研究的兴趣,他们的判断不是准确的。远在一八八六年英国的法律学大师墨恩(Sir Henry Maine)在其所著《民治政府》(Popular Government)一书里便已提出这种看法,其后许多的论政者亦持相同的见解。加之,即使每个人都能有准确的判断能力,在群众集合之中,组织群众的各个人便失却了其判断的能力。这是法国心理学家莱旁(Lebon)所谓"群众的心理"。教育并不能补救这种缺憾。现在的人已经失却对于教育的信仰。教育并不能使人获得准确的判断能力。英国人尤其看清此点。英国的民治主义者最常用教育普及为提高民治成绩的方法。在英国教育未曾普及以前,这种说法无事实来加以驳斥。现在英国的教育可谓达到极为普及的境地。一位英国人说(见 Pink: The Defence of Freedom, p. 79):

> 一般持传统自由主义见解的报纸(如伦敦《时报》的社论)及论政者,在讨论表议政治的前途时,一定冠冕堂皇地说:民治主义真正的保护者是有政治教育的选民团体。如果我们承认了民治主义的前提,这种主张的逻辑是无置疑余地的。但事实如何呢?一般希望用教育来保持民治主义,来保持自由的论者,是在希望一个绝无可能的东西。他们假定"通常人"是能在政治里尽一分职务的,或经过相当训练后便能如此的。但这是不对的。用科学方法来研究过人类的潜力的学者以及平时客观地留心社会的人,早已知道一般的人类,既没有智力,也没有参加政治的兴趣,故无对于政治贡献其才能的可能……(近年来)教授的方法大加进步了,十六岁以上的人受教育的成分也大为增加了。其实现在的人是曾经享受过极优良的教育的。但我看不出现在的人与他们的前一代在智力上有什么差别。

这种看法代表一种新的看法。他们的理论有了事实的根据:教育已经普及了,但一般群众何尝表示什么政治能力的加增呢?换言之,他们以为"通常人"是没有潜力的,即使有之亦是无从发生的。这种态度使人对于民治主义的前途悲观。

第二,民治的政府便是良好的政府一种说法已不为一般人所承认。现在的人认为政府是要为社会服务，为社会谋福利的。为社会服务，谋福利是政府存在的理由。换言之，现在的人不复悬民治为目的；他们所靳求的是一个能做事的政府，一个有为的政府。保障自由不是政府存在唯一的目的，或完全不是政府存在的目的。"文明许多方面之一可以说是自由的限制。"社会越趋文明，自由的限制越加增多。消极地保障自由并不足以使人民对于政府满意；政府更要积极地进行举办各种社会事业，以尽其为社会服务，为社会谋福利的职责。政府的目的更换了，我们便不能专以一个政府是否民治为批判政府的标准。民治的政府能为社会服务吗？对于这个虚玄的问题，意见自然是分歧的，但一般论者的答案则都是反面的。人民既然没有自治的能力，人民产生的政府怎能做出良好的社会事业呢？

第三，现在的人希望政府做事，随着当然希望政府把事情做好。从前专讲保障自由的时候，政府的事权分散是当时的理想。现在为社会服务了，当然得事权集中，指挥统一，然后才有效率及成绩可期。政府办事有无效率，有无成绩成了批评政府好坏的标准。这个标准是与从前绝对不同的。悬起这个新的标准来评量政府机关的组织，便能发现从前政府与人民间，政府本身的各部门间的牵制均衡，支离割裂的局面是最不满意的组织方案。有效率，有成绩可期的政府一定要是事权集中的政府，这是一般人赞成独裁集权的理由，这当然是对于传统政府组织方法的攻击。

第四，现在的人不能明白为什么一切问题都须要取决于大多数。人民只有数量的多寡，没有质量的高下吗？威尔士（H. G. Wells）提倡制定一种方案使得有智力，有道德的人能被擢用为国效劳。这里提出的便是一种质的选择。我们讲到质的选择时便得放弃传统的大多数取决的原则，同时也便放弃了民治主义一个基本的精神。

第五，现在的人不能相信代议政治是一种适宜的政治。代议士的选举是很令人不满意的。一般的人民既不感觉到政治的兴趣，亦无判断的能力，故在竞争选举时候选人唯以献媚群众的"政棍"行为博取人民的选票，人民的选择也一以其"政棍"行为为选择的标准。所以加莱尔（Thomas Carlyle）早就怀疑，会在群众前面叫嚣喧闹的人便是政治的天才吗？便能统治人民吗？英国史上有一段笑话，最拥护代议政治的弥尔（John Stuart Mill）始终不能当选为英国会的议员，在他向群众演说时人民用死猫来掷他。孙中山先生早已看出美国选民之缺乏选择能力，而述说一位博士与一位汽车夫的竞选为例。这种的选举能产生有效率，有成绩的政府吗？

总上所述，足见现代人对于传统民治主义的基本信条都是怀疑的，这种怀疑造成民治主义的没落，造成独裁政治的兴起。这一场政治理论与制度的大混乱是有特殊原因的。这个特殊原因是欧战后的社会理想与欧战前的理想的冲突。

本文首段曾论及政治理论及制度与经济社会的发展是息息相通的。目前的混乱是经济社会组织系统变迁的反映。上文曾述说各种民治主义的信条，其出发点是自由主义及放任主义。自由放任的经济社会需要自由放任的政治社会，民治主义是自由放任主义最妥实的保障。现在的经济理想不同了，我们很容易看出现在的趋势是集体主义的经济社会。所谓集体是集中于政府。人民希望政府为社会服务，为社会谋福利。只要能达到这个目的，人民不惜牺牲其本身的自由，而靳求一个事权集中，有工作效率，有施政成绩的政府。这样的政府，传统的民治主义是不能产生的，因为这些条件不是民治主义所靳求的理想。民治主义所能适合的自由放任经济社会已经消灭了，民治主义也只有日趋没落之一途。此是民治主义没落的根本原因。

二十世纪的经济社会采取一种什么样的形态，现在还未可知。各国的经济现在还在急剧的变动之中，二十世纪经济社会还未到达形成一种典型的阶段。因此哪一种的政制能够适合现代的经济还是一个无可捉摸的问题。二千三百多年前"政治学的鼻祖"亚理士多德曾说，政制本没有绝对的优劣标准，要看其能否适合一时一地的环境。这是政制的真认识。我们中国的经济还是"中古式的经济"，在这种经济的社会上，我们应建起一种什么样的政治制度更是当前最迫切的问题。我们生灵涂炭，民不聊生的经济社会供给得起一套繁复的自治机关吗？现在中央当局所提倡的"管教养卫"的"四位一体"的地方制度是不是比较欧美传来的地方自治能适合中国的环境呢？这些问题有待于我们的解决。

二五、八、一，南京。

独裁政治的兴起 *

一　绪论

二　罗马的独裁制度

三　历史上的各种独裁政治

四　分类与定义

五　几种解释独裁兴起的学说

六　一个政治史上的解释

　　（甲）放任主义的理想

　　（乙）主权学说的演变

　　（丙）民治主义的缺点

七　独裁政治的引诱性

八　传统民治国家的抵抗力

九　正名

一　绪　论

从政治制度的眼光来看，现在的世界是民治与独裁平分秋色的世界。从政治思想的眼光来看，民治抑独裁是政治论坛上最时髦的问题。我们在这个歧路上徘徊，似乎除此二者以外便无第三条路可走。这一个极端严重的问题牵涉到社会的转变方向甚至于人类文明的前途。我们的这"抉择的时期"似乎应有一番慎重的考虑，这种考虑应

---

* 原载《社会科学》第二卷第二期，1937年1月。

从设法明了民治与独裁的真谛及其兴起的原因为肇端。

大凡一个政治学里的名辞，一经成为政争的焦点，便失却了它的真确意义，令人无从知道这个名辞究含何义，究何所指，独裁这个名辞便是一个例子。

二 罗马的独裁制度

独裁这个名辞，刱始于古代的罗马共和国。自西历纪元前第六世纪至第三世纪，独裁制度是罗马的一种政制：自纪元前五〇一年至纪元前二〇〇年，罗马共和国一共有过八十八位独裁者。[1] 这些独裁者有合法的方式产生，有合法的方式消灭，他们的权力有限制，他们的任期最多六个月，他们的任务在"保持国家不蒙受损害"。

> 在国家的完整受外战或内乱之威胁时，一个独裁者便被指派出来。指派的权力是在执政们手里的。有的时候两个执政共同商议独裁者的人选；有的时候两个执政彼此抽签抽定一人为独裁者。同僚或护民官的异议是毋须顾虑的。照宪法的规定，长老院是不容置喙的……但长老院往往对于推举独裁者之需要与否加以讨论，并设法寻求该院适意的人选。[2]

罗马的独裁制度受到许多人热烈的推崇，其中最堪注意的是"近代政治学的鼻祖"马克维里（Machiavelli）与卢梭（Rousseau）。马克维里认为：

> 在严重的危机中，规定政府中的一员行使绝对的权力，殆为一切共和国所必需的。……独裁制度为罗马共和国宪法中最重要的特色，且为对于该国最有贡献的特色。在紧急时期，民治政府特别需要敏捷与有效率的行动，因为它的行政机关在平时是多种意志合作的，因此是迟滞软弱的。如果宪法上不规定着必要的权力集中方法，一遇危机，宪法便将倾圮，因为行政机关一定不去遵守宪法以期采取应付危机必要的行动……因此罗马的独裁制度，既有精密的产生及废止方法，是一切自由政府的模范。[3]

在《民约论》里，卢梭也特辟一章讨论罗马的独裁，他说：[4]

> 法律如果缺乏弹性，致令其不能顺应环境，在某种情形下，足以酿成惨剧，在危机当前时，足以使国家灭亡……因此一种政制若果是固定到不能暂时停止运

---

[1] Spencer, "Dictatorship", Encyclopedia of the Social Sciences, Vol. v.
[2] Homo, *Greek Political Institutions*, p. 181.
[3] *Discourses on Livy* (Thomson Translation), pp.34 ff., Cf. Dunning, *Political Theories,* Vol. I, pp. 319–320.
[4] *Social Contract,* Bk IV, Ch. 6.

用的程度，是一种错误的设计……如果增高政府的权力便能补救，权力便可集中到政府里一二人的手中：在此项情形下，法律的权威并没有改变，只法律执行的形式改变而已。反之，如果当前的危机性质使法律的遵守反而障碍法律之保存，其解决的方法是推举一个最高的统治者，使他停止一切法律的效用，暂将主权搁浅……第一种方法是罗马的长老院所采用的：在庄严神圣的仪式下，长老院责令执政保持共和国的安全。第二种方法是由两个执政之一推举一个独裁者时采用（这种推举在夜间秘密举行，好像把一个人置于法律之上是可耻之事）……无论这个重要的付托如何授予，最重要的是它的任期应限于很短的时期，并且绝对不许延长。在危机紧迫到非要独裁不可的时候，国家不是在短期内灭亡，便在短期内救生：在当前的危机过去之后，独裁不变成暴政便陷入无事可做之境地之中。罗马的独裁者只任职六个月，大多数在任期未满便行卸职。[1] 如果他们的任期规定得太长，他们一定去设法使之更为延长……独裁者应该仅够时间去应付产生独裁的危机：他不能还有时间去想别的计划。

卢梭的杞忧——独裁者任期之延长——在纪元前第一世纪成为史实了。纪元前八十二年苏拉（Sullu）乘罗马内部争斗之际，以武力攻取罗马，以修改宪法为名，自立为独裁者。他不受任期的限制，一直到西历纪元前七十九年才自行引退。纪元前四十八年，凯撒（Caesar）在蹂躏宪法之余，自立为独裁者，任期一年；四十六年改为任期十年；四十四年改为任期终身；在那时他便遇刺身死。[2] 这两个人都强奸了罗马宪法，把那个举世推崇的独裁制度破坏践踏无余。他们不是独裁者而是破坏独裁制度的人，他们受后世的唾骂。

以上所说是独裁最早的出现。我们可以名之曰经典式的独裁。

三　历史上的各种独裁政治

在罗马的制度下，独裁制度与"凯撒主义（Caesarism）"是相反的，是彼此冲突的。但是后人却把这两个名辞随便乱用。独裁这个名辞曾被应用到许多迥不相同的政治形态上。文艺复兴时代，佛罗兰斯市米的奇（The Medici's of Florence）的统治及米兰市

---

[1]　501 B.C. 至 200 B.C. 的八十八位独裁者均在六个月内卸职。
[2]　这一段记载根据 Homo, op. cit.; Marriott, *Dictatorship and Democracy,* Chs. iv.-v.; Ferrero, "Dictatorship in Ancient Times" in Forst de Battaglia (ed.), *Dictatorship on Its Trial.* Ch. i.

斯佛查（The Sforza's of Milan）的统治，有人称之为独裁；[1] 英国的条多（Tudor）皇朝诸帝——特别是亨利第八世——也有独裁之称；[2] 法国的主教瑞西利（Richelieu），马札兰（Mazarin）是独裁者，格林威尔（Cromwell）的"护国制度"（Protectorate）也应称为"独裁制度"（Dictatorate）；[3] 法国革命恐怖时期的罗比斯比儿（Robespierre）是独裁者，拿破仑更是当之无愧，[4] 美国南北战争时林肯（Lincoln）是独裁，[5] 大战时威尔逊也是独裁，[6] 希特拉更对人说罗斯福才是独裁者，他自己却不是。[7] 至于中美，南美各国的当政英雄，如墨西哥的狄阿子（Diaz）及班收·维拉（Bancho Villa），以及他国此扑彼继的武人政客，则更是些数不胜数的独裁者。在我们东方，日本的幕府，今日的军人，我国昔日的宦官，民国的袁世凯，段祺瑞，张作霖，蒋介石，亦都有'狄克推多'的徽号。

驯至世界大战以后，独裁政治风起云涌，弥漫世界，享有独裁者之称的人物更是有如过江之鲫，不胜枚举。一般讲来，苏俄的列宁、斯大林；意大利的墨索里尼；德国的希特拉；西班牙的瑞维拉（Rivera）；波兰的皮尔苏斯基（Pilsudski）；土耳其的凯末尔（Kemal）；葡萄牙的卡莫那（Carmona）；奥国的多尔福斯（Dollfuss）及现在的舒斯尼格（Schuschnigg）；匈牙利的白士兰（Bethlen）与甘保斯（Goemboes）；希腊的潘卡罗斯（Pangalos）；利吐安尼亚的瓦德马拉斯（Valdmaras）；犹歌斯拉夫的齐科维其（Zhivkovitch）及亚力山大帝（Alexander）；波斯的瑞查（Riza）；保加利亚的巴拉提安奴（Bratiana）；埃及的马木特（Mahmud）等等，都是雄视其本国的超人或英雄，大权独揽，博得独裁者的美称。

这些都是指一个人的统治，目一个大权独揽的人为独裁者至少从独裁这个名辞顾名思义，想亦没有不恰当的地方。但独裁政治并不是限于一个人的统治。马克思主义提倡的是"无产阶级的独裁"。马克思说一八四八年法国二月革命时带领着军队冲散了工人所组织的"民族工厂"的卡瓦那克将军（Cavagnac）所代表的是"资本家的独裁"[8]；一八七〇至一八七一年巴黎城里的"市集运动"（The Paris Commune）是"无产阶级

---

[1] Mehlis, "Dictatorships in the Middle Ages and in Modern Times", in Forst de Battaglia, op. cit.; ch, ii.
[2] Marriott, op. cit., ch, vii..
[3] Carlyle 的说法见 Marriott, "Dictatorship and Democracy", *Quarterly Review,* October, 1934.
[4] Gillespie, *A History of Europe.* 1500–1815, pp. ch. xxv.
[5] Bryce, *The American Commonwealth.* Vol. I, p. 51.
[6] Rogers, "The Presidential Dictatorship in the Unites States", *Quarterly Review,* Vol. ccxxxi, pp. 34 ff.
[7] 说见 Kantorowicz, "Dictatorship", *Politica,* August, 1935.
[8] Marx, 18 *Brumaire* 一书里的序文，一八六九年六月二十三日作。

的独裁"。[1] 英国的自由党人说现在的英国有"内阁的独裁"[2],法国有人说法国的政制是"六百多人的独裁"[3]。这便异常纷乱了。说一个阶级可以独裁,那便是说千万人可以独裁。并且这个独裁的阶级是全体国民的大多数。这样苏俄固是独裁,事事取决于大多数人民的民治国家也可以说是独裁的国家;如此便没有一个国家不能目为独裁的国家了。政治名辞的杂用此为其极。

四 分类与定义

我们分析现在的所谓独裁国家,也可以将它们稍为加以分类。这种分类当然不能使我们彻底了解独裁的真谛,但对于独裁的认识似亦不无补益。按一个作家的分析,现在的独裁可以大别为四种:[4]

(一)"自由派社会主义者的宪政独裁",如克林斯基(Kerensky)之于俄,布宁(Brüning)之于德;

(二)"共产主义者的独裁",如列宁之于苏俄,自拉·龚(Bela Kun)之于匈牙利;

(三)"反革命的白色独裁",如皮尔苏斯基(Pilsudski)之于波兰;

(四)"法西斯的独裁",如墨索里尼之于意大利,希特拉之于德国。

这种的分类方法是以他们所提出的政纲来作区别的标准。但这并不是唯一可能的标准。此外可以采用的标准很多。例如,我们如果从独裁者的人数多寡来区分,我们便能分出三种独裁来,正如亚里士多德在区分政体时采用当政者的人数多寡为区分政体,便分出一个人的(君主),少数人的(贵族),多数人的(民治)的政体来。现在有一个人的独裁,如墨索里尼或希特拉;少数人的独裁,如日本的军部或中国国民党;多数人的独裁,如理论上的"无产阶级"。又如,我们如用独裁者的来历来做区划类别的标准,便能分出:(一)皇帝的独裁,如犹哥斯拉夫的亚力山大帝(Alexander);(二)贵族的独裁,如皮尔苏斯基;(三)军人的独裁,如瑞维拉(Rivera);(四)社会主义者,如列宁,墨索里尼。虽然马克思认定法国一八四八年二月革命的时候,有所谓"中等阶级"或资本家的独裁,现在的人却认为"中等阶级一个独裁者都没有产生

---

[1] Engels 为马克思所著的一本书 *Addresse des Generalrals liber den Brügerkrieg in Frankreich* 所作的序文。
[2] 此说已极普通,如 Muir, *How Britain Is Governed* 一书便作如是观。
[3] Lafue, *Le President Doumergue nous dit,* quoted in Gooch, "Constitutional Reform in France", *American Polilcal Science Review,* February, 1935.
[4] Lerner, "The Pattern of Fascism", *Yale Review,* Winter, 1935.

过"。独裁者不是社会主义者，军人，便是贵族。[1]

从这些分类我们固然可以把现代独裁的背景稍为使之明了，但分类只是分类，其功用最多不过是使得研究这个题目者系统可以比较清明，或为叙述的便利，究竟不能令人对于独裁政治得到什么清楚的认识。

清楚的认识似乎也不能从定义得来。我们不能为独裁政治下一个无瑕可击的定义，虽则为之下定义者却所在多有。最透澈的一个定义是列宁制的，列宁说：[2]

> 独裁政治是一种政府的形状，其直接的根据是武力而不是法律。

另外一个研究独裁的人说独裁政治是：[3]

> 政府的一种形状，在其下国家里的一个人或少数人，公开地，有秩序地统治整个社会，它的统治权是由暴力把固有一切权利推翻而得来的，它的统治并没有得到政府以外的人的同意。

一位社会学家的定义，据他自己说，是"政治的，技术的，历史的"。这个定义是：[4]

> 我们认为一个政府是独裁的，如果那个政府是专制的；以命令来统治的；但被统治者仍然未曾忘情于一个不如是专制，不如是不自由的制度。

以上三种定义不过是随手举出来的。记熟了这些定义并不能使我们对于独裁政治得到什么深切的认识。要了解何谓独裁，似乎还得在定义之外另想办法。

五　几种解释独裁兴起的学说

我们要求对于独裁政治比较清楚的认识的一个方法是去研究为什么在世界大战之后，许多国家在制定了簇新的民治宪法之后，忽然转了方向，相继地走上独裁政治的一条路上。我们要问：为什么在近年来独裁政治有如雨后春笋一般？大约研究或观察近代政治者对于这个问题多有一种答案。我们不妨提出这些互不相同的答案来，稍加研究及评价。

第一种解释这个现象的理论是：独裁政治都发生于自治经验比较肤浅的国家里。一位美国人说：[5]

---

[1] Forst de Battaglia, op. cit, p. 365.
[2] 见 Spencer, op. cit.
[3] Forst de Battaglia, op . cit., 355.
[4] Kantorowies, op. cit.
[5] Rogers, *Crisis Government*. pp. 35–36.

> 这些国家（即独裁的国家）大都没有或很少自治的经验。他们不能处理其它有经验的民治国家都不能处理的问题，有什么奇怪呢？西班牙与意大利似应自备一格。他们的国会都是早就设立了的。他们的皇帝都是君主立宪的皇帝。但即在这些国家里，代议政治亦只有其表面而无其实质。

这里指明西班牙与意大利，虽早已有了民治的形式，民治却未曾确立根基，故独裁政治在这些国家里兴起。其它的独裁国家，"大都没有或很少自治的经验"，所以也有独裁政治之出现。仔细的讲来，缺乏自治经验的国家也可以分两种：[1]

> 从数量来说，近年来独裁政治的例子……都是在比较上未成熟的社会里（大半在地中海，巴尔干及波尔的海），这些社会没有充足的经验来担待自由的负担。还有一类是所谓 Pronunciamiento 制度，[2] 它们时时在不安定及频年革命的国家里兴起，例如，卡利边海的附近。因为苏俄的"无产阶级独裁"是特别的，它是另当别论。

在欧洲大陆上，具有悠久自治经验的国家是很少的。现在没有实行独裁政治的国家，英国，法国，比利时，荷兰，瑞士，捷克，丹麦，挪威，瑞典等国，就一般人的看法，都是所谓民治的国家。但是我们一定指定这些国家都是有丰富自治经验的国家也很难说，因为有的国家如捷克，它的自治的历史似乎是远在意大利或西班牙以后的；它们的自治有形式而无实质，捷克在建国之前则连形式都没有。所以这种看法，虽然大体切近事实，是不一定靠得住的。

第二种解释的理论是：独裁政治发生于农业化的国家，工业化的国家趋向于民治。从历史看来，这个说法容或是不错的。我们不必笃信经济史观也得认定民治主义是随着资本制度而发达传布的。但是近人有用统计的方法来证明：农业国家大都是独裁的国家，工业化的国家大都是民治的国家。在欧洲大陆上，据一个人的看法，农业国家与工业国家的界限是很清楚的。如果我们划一条线，自瑞典的京城起，经过丹泽（Danzig）而到匈牙利的国都，然后西转经过意大利的北部到西班牙的巴萨龙那（Barcelona），经过该国的毕尔波阿（Bilboa）直北到爱尔兰的白尔发斯特（Belfast），经过苏格兰的南部到白尔根（Bergen），从此折回瑞典京城。在这个圈子里的国家都是所谓工业化的国家。[3] 希特拉在德国登台以前，这个圈子里，除了一点点匈牙利，意

---

[1] Spencer, op. cit.
[2] Coup d'etat 在西班牙文叫做 pronunciamiento，但似专指军人的 coup d'état 而言，见 Araquistain, "Dictatorship in Portugal," *Foreign Affairs*, October, 1928.
[3] Delaisi, *Les Deux Europes*, passim.

大利，与西班牙之外，尽是民治的国家。

如果我们将欧洲的国家，按照其人民是否百分之五十以上均以农业为生产方式，而排列起来，便可看出（除希特拉外）独裁政治都是在这些国家里兴起的。[1] 独裁政治的国家，另外一个人说：

都是根本上农业的社会，工业及矿产的开发，都是最近由外国人举办的。[2]

农业的国家在国际贸易上是不发达的。以国际贸易的数量，依人头的比例来计算，独裁的国家的数字最低；以文化的程度来计算，文盲的数字最高的也是独裁的国家；以每人收发邮件的数量来算，它们亦居最后；再以人口的死亡率来计算，最高的也是这些国家。根据于这些统计，有人便说这种情形与独裁政治似有密切的关系。[3]

农业的社会里，所谓中等阶级是不重要的或没有的。民治主义本来便是中等阶级的要求。所以独裁政治是不会在中等阶级势力膨涨的国家里兴起的。"中等阶级向未曾产生过一个独裁者！"他们都来自社会主义者（穷人）军队或贵族阶级。[4] 德国虽是一个很工业化的国家，但它"向来便没有一个自由的中等阶级"。[5] 缺乏一个中等阶级也是独裁兴起的原因。

这些解释从前容或是对的。在希特拉登台以后，便不免令人深切怀疑。德国是一个极端工业化的国家：它全国都在上述那个圈子以内。它的国际贸易统计只在法国之下；文盲的比例德国最少；人口死亡率德国极低；邮件数量德国颇大。除了说德国没有中等阶级以外（这个说法也觉牵强），[6] 上述的种种都不能应用到德国上。但是一九三三年三月后的希特拉最彻底，最暴烈，最凶恶狰狞的独裁，雷厉风行，凌驾于其它独裁政治之上。在今日我们还能相信这种学说吗？崇信这种学说的人现在是还有的。他们的注意点当然集中在德国，因为德国构成这个学说的主要例外，并有推开这个学说的可能。他们认为德国既是工业化的国家，理应是民治的国家，但是国际的纷扰将其逼迫到独裁政治上去。且看他们说：

---

[1] Rogers, op. cit., p.39.
[2] Forst de Battaglia, op. cit., pp. 376-377.
[3] Cambo, *Les Dictatures,* Ch.iv., "Dans quels pays apparaissent les dictatures?" 一章里列举数字来证明此点。但这些数字所标示的，纵然正确，却非将德国除外不可。
[4] Forst de Battaglia, op. eit., p. 365.
[5] Neumann, "The Decay of German Democracy," *Politiclal Quarterly,* October-December, 1933.
[6] 别的人与这个看法不同。例如——"法西斯主义与国家社会主义真正力量的来源，不在崇信世袭专制政体或崇信贵族政治的人士，而在现代社会里处于资本家及劳工阶级间的那一大部分人士。意大利的法西斯主义的主干势力在都市里的小资产阶级及农民；德国的国社主义的努力亦在于此，虽则因为德国工业化的程度较高，偏重于都市里的中等阶级。这个中等阶级的运动是最重要的，它的目的在挽救资本制度不要陷入社会主义或共产主义。" Cole, "Fascism and the Socialist Failure", *Current History.* June. 1933.

很明显的……德国国会政府制失败的原因大部分是由于国际间缺乏一个能够运用的组织。布宁（Brüning）的下野是因为贵族，工业家与军官都反对他；但是他如果能在外交上获得一些成功，他便能抵御得住这种反对。布宁是在停付赔款协定成立后十一个月后下野的，因为在这近一年中，他在外交上简直做不出事来。[1]

研究国际政治的柏克·姆门（Parker T. Moon）同意这个意见。他列举事实来证明希特拉之得胜与国际的纷扰有密切的关系。

一九二九年的杨格计划（Young Plan），不顾事实，强迫着德国"进贡"五十九年，不特使德国的国家主义者忿恨，并且使德国的国际信用消失。瓦尔街（Wall Street）的恐慌和商业的不景气使得情势更为严重。一九三〇年间商业很快地很猛烈地倒闭。一九二九年九月至翌年九月，德国失业人数加增一倍。拥戴希特拉者亦有同等数量的加增。一九三〇年九月十四日之总选举国社党得到第一次惊人的胜利，得到六百多万张票，较之一九二八年加增了八倍。这是一个"恶圈子"值得注意：希特拉的胜利吓住了投资者使其立刻将资本由德国提取出来；这样自然使得失业的人数加增，也使得德国人民对外的仇恨心理转剧，也便添长了希特拉主义的气焰。……

也许是受了极端国族主义的潮流的影响，一位手腕不大灵活的德国外长，在一九三一年冒险的试了一次带有浓厚国族主义臭味的把戏，把德奥缔结关税同盟的意愿宣布了。法国与"小协商国"把这个梦想给阻止了，国社党人遂多一层理由来揭櫫其肆无忌惮的国族主义的独裁政治……驯至一九三二年三月，德国失业数量加增至六百万的巨数（一九二八年只百五十万）。在该月里希特拉在总统选举中竟得到一千一百万票；他的拥护者在十八个月内几加增一倍。一九三二年中，经济的情形日趋恶劣，德国废约运动也遇到新的阻力。是年七月间罗桑会议中，德国所提出取消赔款及"战罪"赦免两项要求，均归失败；而日内瓦裁军会议中，德国要求军备平等的提案亦遭否决。在此一月中，国社党在国会选举中几获得一千四百万票。[2]

由这两段文章看来，国际风云的变幻与战胜国对德的压迫，是国社主义——狭义的国族主义——的主要造因。因为国际险恶的环境与德国处的困难，所以德国的人民眼看布宁的政府没有应付这种环境的能力，施崔斯曼（Stresemann）与战胜国

---

[1] Rogers, op. cit., p. 40.
[2] Moon, "Threats to World Peace", *Current History*, May, 1933.

妥协合作的政策已经完全失败，所以不得不铤而走险，受希特拉极端国族主义的引诱，而热烈拥护独裁政治了。换言之，德国是一个工业化程度极高的国家，按理是不会建立独裁政治的；只是因为国际环境的压迫，日暮途穷，不得不冒险地作孤注之一掷，看看希特拉有什么办法。我们看希特拉自上台以后，在内政上纵然没有什么特殊的建树，在外交上却接二连三获得胜利，退出国际联盟，退出裁军会议，莱因非武装地带驻兵，在在都使德国人民兴奋，而每一着的胜利都是针对着施崔斯曼的妥协合作政策的，故希特拉的独裁便愈形根深蒂固了。希特拉的成功是国际环境造成的，国际环境养育的；在一般的独裁国家里构成一种例外的状态；既构成一种例外状态，上述解释独裁政治兴起的理论是依然站得住脚的。这是解释独裁政治兴起第二种理论的讨论商榷。

第三种解释可以说是归咎于世界大战的。四年多的空前大战造成了独裁政治的基础。持这种学说最力的人是意大利前驻华公使及前驻法大使斯佛查爵士（Count Sforza），虽然他的祖宗曾被人目为一种独裁者，他却是近代意大利自由主义的主干人物，墨索里尼上台后便流落到异邦以攻击法西斯主义的著作及讲演度日。他认为独裁政治的兴起可以用心理的变态为解释，而心理的变态的造因是四年多的世界血战。他说这种心理归纳起来可分三种：

（一）专制暴政对于民治主义的报复心理；这是造因于战争期间的心理习惯。

（二）地主与工业家名义上对于共产主义的侵害实际上对于一切社会主义劳工运动的压制心理；这泰半是恐惧苏俄世界革命的结果。

（三）反犹太的心理：这虽然不大普遍，但经一个独裁者的指挥后居然在从无反犹太心理的意大利出现的。

除此三者以外，尚有两个附属的理由：第一，对于议会政治的愤懑；第二，战事把优秀青年都扑杀了。

我们太容易忘记，在那残暴的四年里（一九一四至一九一八年），欧洲青年的花都摧残殆尽了：这朵花是最慷慨仗义的，最纯洁无瑕的，最勇敢有为的！我们常会忘记，四年的血战遗留给未死去者（至少其中一部分），一个可恶的教训：不顾一切的残暴行为是应尽的义务，精神上及行为上盲目的服从是民族的道德。[1] 我们似乎不能否认世界大战的阵亡者都是世界最优秀的青年；我们也不能否认在

---

[1] Sforza, *European Dictatorships*, pp.1-2.

军事紧急的社会里自由的思想是绝不容发达的。这两种情形合起来为独裁政治造成了勃兴的基石：一般庸碌的人民不加思索地被独裁者以"纪律""服从"等等的口号愚弄支配。按斯佛查爵士的看法，这是独裁政治的造因。

第四种解释独裁政治勃兴的理论可以说是文化的。用罗素的说法，它是"向理智的反抗"。柏克（Burke）曾说：

> 政治不应该以理智为基本而应该以人性为基本；在人性里，理智不过是一部分，并且不是最大的部分。[1]

现在的独裁政治便是由理智回到人性的政治。理智既不过是人性的一小部分，独裁政治便能向人性去宣传而得到一种情感上的拥护。

> 在讨论自由的将来之时，我们根本上是在讨论一个文化的问题，我们现在享受着的自由是心理上的一个结果——这个心理的又一方面是希望人事能用理智来解决。思想自由观念的蜕变与科学头脑本是一件事的两方面。所以我们可以说，思想及政治行动自由的维持与社会政治问题用理智来解决的信念是相依为命的。如果我们不再相信人事是可以用理智来解决的，我们便只有相信革命及暴力统治的政治学说。[2]

反理智的学说曾有悠久的历史。"这个潮流的作家包括菲许特（Fichte），卡莱尔（Carlyle），马子泥（Mazzini），尼采（Nietzeche）——拥护者有柴士克（Treitschke），奇布令（Kipling），张伯令（Housten Chamberlain），柏格森（Bergson）。"[3] 但这些不过是反理智思想的巨子，其它尚有许多别的较近代的反理智思想家，他们的学说使得现代的文化进入一个反理智的时期，因为这些思想家的范围并不是囿于政治社会里而是遍及于文化的各方面。一位英国人曾把这些反理智的思潮作了一个极简括的叙述。他认为反理智思潮的一个主要原因是近代心理学：佛罗德（Freud），雍格（Jung），阿德勒（Adler）等人的学说。他们以为"理智不但不是我们行为的主宰并且是我们下意识的奴隶"；"意志的自由只是一种幻想"。在哲学里，柏格森的思想是与十九世纪科学运动的思想家斯宾塞（Spencer）针锋相对的，因为他认定近世科学的发明出于理智者少而出于直觉者多。这种思想浸润到文学美术及文化的各方面而造成一种反理智的潮流。[4]

---

[1] Burke, "The Present State of the Nation", *Works*, Vol. I, p. 280.
[2] Pink, *The Defence of Freedom,* p.17.
[3] Russell, "the Revolt against Reason", *Political Quarterly,* January-March, 1935.
[4] Pink, op. cit., pp. 24–42. 这一段是近世反理智思潮极好的描写，值得细读。

这个反理智的潮流是近世独裁兴起的一个主因。近世的独裁政治利用神秘的直觉来吸引人民的拥护，使其用感情将理智埋没起来。法西斯主义，据吴尔夫（Leonard Woolf）说，[1] 是反对理智主义的主义。自由主义，社会主义，共产主义等都是科学昌明时代的产物。但法西斯主义则是以本能为根据的，用巧妙的方法来冲动人类的感情作用，以一个领袖——半神化领袖——为感情集中的代表。这样是把文化的发展倒退到野蛮时代，使人类重新再去深信幻术，礼拜一个神的化身的领袖。"法西斯主义是近代回复到野蛮迷信幻术时代最优的代表。"[2]

总结起来，这些人认为独裁政治的兴起是因为现在有一种反理智的潮流普及现代文化的各方面，造成了一个丰腴的园地为独裁政治的勃兴。

六　一个政治史上的解释

我们探求独裁政治兴起的解释还可以在这四种学说的以外去寻途径。我们觉得从历史上一贯地来观察，在国家内忧或外患或内忧及外患交迫的时候，或在国家方才兴起根基未曾牢固的关头（或可说在建国的过程之中），一般的人民是渴望着一个统一集中政权之出现的。我们也许可说这种要求是心理上的作用，但从历史上看来，独裁政治往往便在这种时期里发生。我们曾述说过罗马共和国的独裁制度：它是宪法上一种救急的方法。罗马的人民在天下升平海内晏安的时候不需要一个统一集中的政权而建立一个双头的执政制，但在"共和国感受到威胁时"双头的执政制度便变成了单头的独裁制度。这是一个显明的例子证明上述的一种看法是无讹的。

欧西后来的政治发展也在在有例子证明这种看法。在封建社会崩溃近代国家建立的时代，欧西各国都有专制政体的兴起。十九世纪迷信民治的历史家也许不肯相信专制政体能成为人民热烈拥戴的政体，但这只是一种偏见。近世初年的专制政体是受到人民热烈拥戴的，虽则在专制的淫威之下中古时期的一点点自由也被剥夺无余。

> 历史上一件人所共知的事实是专制政体的确立将人民从封建制度的许多压迫下拯救了出来；但是一件普通人不大注意的事实是专制政体的确立是为人民所热烈拥护的。中古时期各地的许多集议机关在人民的心目中都是带有阶级性的剥削机关，所以人民极热烈的拥护一切铲除这种机关的势力。专制不但不是君主攫取

---

[1] Woolf, *Quack, Quack!*.
[2] Ibid., p. 37.

侵占政权的结果，许多君主是被这种潮流强迫着去实行专制的。专制的威权是人民硬逼着君主接受运用的。[1]

历史上充满着这种例子：一四一二年法国的人民诋毁君主无为而强逼着他行使专制权力；一六一四年法国的第三等级硬宣布君主专制政体的成立；一六六〇年丹麦的工商业者关起城门来强迫君主专制。他如英国条多皇朝（Tudor Monarchy），法国的亨利第四世路易第十四世，都是人民热烈爱戴的人物，不待繁言。到了十八世纪以后，专制君主政体已经被认为是最优良的政体，不复足以怀疑。专制政体已成为"文明的政治组织最后的成功"。[2] 在近代国家建立的过程之中，专制政体有其历史上的使命，是无足置疑的。这一层历史事实亦适足以证明，在纷乱及建国的过程中人民是渴望一个统一集中的政权的。

但是在建国的程序已经达到了相当的阶段的时候，专制的使命便可以算是完成了。在这种专制的使命业已完成的时候，专制政体便失去了其存在的理由，人民拥护专制的情绪便成了打倒专制的情绪。在国泰民安的时候人民便不要统一集中的政权而去侈谈放任自由了。从一方面来看，这未始不是一幕专制君主的悲剧，英国的查利第一世，法国的路易第十六世都是这一幕悲剧的主角；过去时代的专制君主只有在断头台上作时代的牺牲。

建国完成的国家推翻专制，倡导自由，也有其经济的原因。对于因地理发现，科学发明所新兴的工商业者，专制政体是替他们铲除封建制度下种种障碍的一种工具。用时髦名辞来说，专制君主能够为工商业者消灭"封建残余"。但是中古时期封建制度下的残余专制的君主纵然铲净灭绝，新的障碍又产生出来。所以工商业者的势力逐渐膨涨之后，他们不复拥护专制而一变揭橥自由主义了。这种自由主义寖成十九世纪的怒潮。

（甲）放任主义的理想

十九世纪自由主义有一个基本的要求：这个要求可以用放任主义（Laissez-faire）为中心思想。放任主义有两个方面：其一是经济的；其二是政治的。而在这两个方面之间，经济的方面无疑的是占据比较重要的地位，甚至可说政治的方面是由经济方面

---

[1] Ford, *Representative Government*. pp.299–300.
[2] Sidgwick, *The Development of European Politics*, p. 318.

而产生的。放任主义的开山鼻祖是亚当·斯美士（Adam Smith）：在他一个人的学说里经济及政治两方面他都兼筹并顾到了。斯美士的学说提倡分工，提倡国内的自由竞争，提倡国际的自由贸易。这种学说是十九世纪正统派经济学所倡导不遗余力的，曼车斯特学派（Manchester School）的思想和政治活动，以及功利派的政治学家，都是倡导这种学说的健将，等到达尔文（Darwin）的"天演论"发表时更给予这个学说自然界里有力的证明。[1] 十九世纪资本制度的特质便在厉行这个放任主义。

经济的放任主义需要政治上的放任主义为其辅助方能顺利的推行。中古时期遗留下来许多的障碍需要利用政治的力量将其扫除。这种障碍的一种是"昌明的君主"（Enlightened Despots）时代的"保育政策"（Paternalism），另外一种是维持谷价的谷律（The Corn Laws）。对于这些障碍放任主义者是切心痛恨的，因为它们直接地影响到他们所代表的阶级的利润，何况那时的统治者还是昏聩糊涂的呢？[2] 他们因此是主张消除一切的障碍（自由的束缚）而厉行政治上的放任主义，即建立"无为"的政府。亚当·斯美士说政府只应有三种权力：保护国家不受外族的侵略；维持国境以内的秩序与安宁；办理私人举办无利可图的事业，除此三项以外，政府是不必做事的，不应做事的，亦不许做事的。[3] 他所要求的是一个绝对放任的政府；他所最怕的便是多方干涉限制私人活动的政府，所以他说"法律的四大目的"是"正义，警察，征税，军备"。[4] 这些是政府惟有的职权，其他任职个人的"昌明的自利心"去发展，国家自会富强起来。放任主义的真谛便在束缚政府使其无权可以干涉私人的行动。"国家应时时警惕不要做多了事"；"工业者对于政府唯一的要求就是政府不要干涉他们"；"懒的国家应认为是最好的国家"；"国家应该努力使其本身无用以备其消灭。"这些都是放任主义者的理想。[5]

在政治方面，放任主义的表现是自由的保障。孟德斯鸠认为自由乃是人类最高的幸福。人类应力求保障自由。保障自由便等同限制政府的权力，因为自由有了保障，政府便不能胡作非为。所以自由主义者与放任主义者是一鼻孔出气的，他们要保障自由为的是保证政府要采行放任政策。他们举出许多动听的理由来说明为什么自由需要保障；[6] 但这些理由并不能遮盖着他们的真意——放任主义之倡行。

---

[1] Russell, *Freedom Versus Organisation,* Pt Ⅱ, Sec. B., Chs. viii-xiv..
[2] Ibid., pp. 109-111.
[3] Smith, *The Wealth of Nations,* Bk IV, Ch. ix.
[4] Smith, *Lectures on Justice, Police, Revenue and Arms* (1763).
[5] 这些话都是 Humboldt, Bentham, McCulloch, Simon (Jules) 等自由主义者说的。
[6] 最著名的如 Mill (J.S.) *On Liberty*; 近来的如 Joad, *Liberty Today.*

自由主义者怕政府不去实行放任主义，所以还要用许多政制机构来使政府不得不实行放任主义。他们提倡一部最高的宪法来限制政府的权力（即保障人民的自由）；提倡法治主义来强人履行法律；同时政府所仅有的一点点的权力他们并且要分割开来，成为三权，更制定层层的节制均衡的机构，使得"权力是权力的节制"，这样可以防止"享有权力的人滥用他的权力"，这样保障人民的自由。[1] 所以法国革命的人权宣言说："凡社会而尚无权利妥实的保障及分权明确的规定者即尚无宪法。"[2] 法国一七九一年的宪法规定："分权是自由政府的第一个条件！"[3] 布拉克斯东（Blackstone）认为，"在一个人或同一个机关又制定法律又执行法律的地方一定不会有自由"；[4] 华盛顿认为，"人类的侵占心使得权力都集中在一起，这样的结果便是暴政"；[5] 汉米尔顿（Hamilton）则以为，"裁判权如果与立法及行政权合并起来便没有自由"；[6] 麦迭生（Madison）"对于暴政的定义便是集中权力的制度"。[7] 所以分权的目的能减少政府专权的可能，政府不能专权自由便有保障，自由有了保障，放任国家便可以建造起来。

　　总之，提倡民治的人也是放任主义者及自由主义者。初年提倡民治者并不以民治为最终的目的。他们提倡民治一方面为的是对抗专制，一方面为的是能加入统治的集团。[8] 但自由主义者并不相信由人民产生的政府便一定不会滥权，一定不会蹂躏自由，所以他们在提倡民治之余，匪特要制定宪法，提倡法治主义以保障人权，并且要制定一种宪法使得民选的政府机关彼此节制均衡起来，为的是强迫着政府实行放任主义。责任的政府，两院制度，创制复决罢官等等民治的机构，无一不是在防止政府专擅，无一不是保证放任主义。

　　总之，民治主义者的根本要求是在建造并且保证放任的国家。工业革命的影响使得这个总是成为工业家最主要的要求，他们最怕的是政府出来干涉其行动，尤其怕的是政府用法律来限制所谓职业或契约的自由。[9] 我们不必相信经济史观也得相信放任

---

[1] 这些都是 Montesqnieu 的话。
[2] 第十六条。
[3] Tit. III, Ch. iii. see. 4.
[4] *Commentaries of the Laws of England* (5th ed.) Vol. I, p. 146.
[5] Farewell Address.
[6] Quoted in Pollard, *The Evolution of Parliament.* p. 236.
[7] *The Federalist.* No. 46.
[8] 功利主义者虽然也赞成民治主义，但是极有限制的。"财产在他们心目中是很重要的，所以他们不能赞成一大班没钱的人来投票。他们都认为一八三二年的改革法不彻底，但极少人要求普及男子选举，只有三数人主张女子选权。" Russell, op. elt., p. 111.
[9] 我们试读 Commons, *The Legal Foundation of Capitalism* 及 Webb and Webb, *History of Trade-Unionism* 等书便能看出此语的根据。Taff Vale Cese 是二十世纪的定案，便是一个明证。

主义，自由主义，民治主义的勃兴是工业革命后的结果。拉斯基（Laski）说：[1]

> 我们的法律大部分是财产所有者制定来保护其利益的；所以法律的性质一定是对于他们较对于比他们穷的人有利……这只是因为在一个时代里把持国家的人一定把他们自身的利益看作公共的利益。

由此我们可以不带感情作用地认定：民治主义的真谛是放任的国家。

但是这个放任国家的要求，在政治运动将其传播成为政治上的事实以后，特别是在英国曼车士特学派（Manchester School）的自由贸易运动在一八四六年达到了取消谷律的目的以后，已成为一种既成的事实，不复需要积极的提倡。然而中等阶级在倡导自由主义时所喊出的民治口号，下层社会却信以为真而随声附和起来，法国革命时的巴黎群众真的相信，中等阶级所提出"自由，平等，博爱"的口号是都要件件做到的，殊不知中等阶级所注重的只有他们本身的自由，连全体人民的自由都谈不到，遑论"平等"与"博爱"。这种解释可以在一七九一年的宪法里看得出来。[2] 英国的人民也受到了民治的迷信，以为中等阶级所喊的自由口号是包括全体人民的，故发为那时一般人都认为过激的"宪章运动（The Chartist Movement）"，居然要求全民的政治。究竟那时英国的中等阶级的平等观念到什么程度，可以从一八三二年的改革法案看得出来。"法律之下人人平等"的选举法一直到一九二八年才算达到，而至今民治主义的一个主要策源地的法国还没有妇女选权。在中等阶级支配之下，他们是不愿意全民政治的，[3] 因此一方面徒尚空谈趋向于全民政治的机构，如比例选举，妇女参政，创制复决罢官等等；一方面则尽力提倡权力的彼此节制均衡，责任政府之建立，两院制度，司法独立等等，以图维持其所主张的放任主义。这些历史的事实不能不令我们相信十九世纪的民治主义其着重点在自由而不在平等，在放任主义而不在人民的主权。

然而这种态度是不为社会主义者所容纳的，中等阶级的自由主义者不明白的说明他们的真意，他们只在讴歌自由，颂扬他们所已踌躇满志的代议政治及分权制衡机构，反复的研究怎样使全民政治实现的方法，但迄不将其实行出来。社会主义者对于这种态度是不肯忍受的。在经济，政治两方面他们都看出了所谓民治的弱点，而加以猛烈的抨击。他们有的认为这一套东西都是朋比为奸的，故主张以武力的革命方式将其一

---

[1] Laski, *Law and Politics,* p. 280.
[2] Spabr, *Readings in Recent Political Philosophy,* pp. 40 ff.
[3] 例如，Bagehot 便反对一八六七年之改革，见 *The English Constitution,* Introduction to the Second Edition。

起打倒，温和缓进些的则提出新的自由来，[1] 要真的达到人人平等的境界。中等阶级对于这些革命运动固然认为是洪水猛兽，加以多方的遏止，对于他们所提出的新自由，新平等权利亦兀自不肯让步。一直要到世界大战以后，欧洲大陆的社会主义者才把新自由，新平等容纳到民治主义之中；世界大战后新兴及战败诸国的新宪法没有采用美国式的分权机构正是看轻放任主义，比美国人对于民治有较深切的信仰的一个证明。

（乙）主权学说的演变

从纯粹的政治思想来讲，我们可以把主权学说演变为线索以探求放任国家的性质。在中古时代是无所谓主权论的，因为近代的"地域国家（The Territorial State）"还没有兴起。"终中古之世，与人类同其命运的基督教领域（Christendom）是被认为一个普遍全球的社会的，由上帝创造由上帝统治的。"[2] 那时全欧洲（亦即全世界）都是一个神圣罗马帝国，这个帝国由上帝的两个代表来统治：教皇管精神方面的，皇帝管物质方面的。[3] 在中古时期,这个理论便已不大与事实相符；[4] 在近世的"地域国家"兴起以后，这个理论更是根本摇动；在宗教改革之后，这个理论便趋于消灭："崇信新教的君主认为他们是其国境里教会与国家双方的主宰。"[5]

在这个时候，新式的主权论遂应既变的环境而孳生。法国的君主用条约从教皇那里取得许多支配教会的权利。[6] 西班牙的国家完全支配了教会，它竟能利用教会的铲除异端的方法（Inquisition）来巩固其政权。[7] 这种专制政体的普遍趋势使得新式的"地域国家"的主权论成熟：倡说这个主权的便是法国的布丹（Bodin）。

布丹的《国体六论》不只是一部政治理论的名著，并且是一部比较宪法及公共行政的名著。"从其范围之广及其才料之丰而论（这部书）只能与亚利士多德的《政治论》

---

[1] Laski, *Foundations of Sovereignty,* pp. 245–246.
[2] Gierke, *Political Theories of the Middle Ages,* (Maitland's Translation), p. 10.
[3] 这个结论也是经过多少年的明争暗斗，多少次的流血惨剧，方才达到的。中古时代的宗教与政治混乱的历史大都以这个问题为中心，而所谓国家与教会的冲突在许多国家要到二十世纪才相当的解决。拿破仑与墨索里尼都是这个问题的功臣。
[4] 物尔德先（Voltaire）的名言——"神圣罗马帝国是既不神圣，又非罗马，更非帝国。"但这个理论还能与事实凑合——"在实际上这个冲突是不太难调解的。封建社会的理论须要一个集中点来使其完整。这个集中点可以在皇帝的普遍统治中得到；所以在地权的封建关系上，虽然复杂到包括到皇帝，君主与农奴，可以找到一个系统，一方面切合神圣罗马帝国的理论，一方面把统治者与其五花八门的被统治者联系起来。但在物质方面，这个中古时期的中心理论是与当时的事实绝不相符的；在地域国家渐次建造起来之后，这个理论越来越不切合事实以致于荒诞了。" Holdsworth, *Some Lessons From Our legal History*, p. 113.
[5] 同上，p. 116.
[6] Esmein, *Histoire du Droit Francais,* pp. 713–717; Figgis, *Divine Right of Kings,* pp. 109–110.
[7] Ranke, *Turkish and Spanish Monarchies* (Kelly's Translation), p. 62.

及孟德斯鸠的《法意》相比拟。"[1] 但布丹最主要的贡献在其主权学说。按照他的理论，国家的精义在于其统治者的主权。[2] 一个组织是否有一个主权的统治者规定这个组织是否国家；[3] 以统治者之是一个人，少数人，或许多人为标准，我们将各种国家加以分类。[4] 但主权虽然是可以在一个以上的人手里，主权在一个人手里时究竟容易显露出它的威势来，"只有在君主政体下主权的观念才容易为一般人所了解"[5]，所以布丹认定君主政体为最完善的政体。[6] 在十六世纪举世要求稳定政权，专制政体普遍设立之时，这种见解是理所必然的。[7]

在十七及十八世纪之中，君主政体到处设立起来；布丹的主权学说，虽与群主政体无必存的关系，却是不容易被人分开的。在法国革命的时候，这个主权问题发生了摇撼。洛克，卢梭，以及美洲各英属殖民地的宪法，都要求人权的保障。要求人权保障便是割裂了君主的主权。但布丹主权论的精义是主权之不可割裂；割裂了便再无所谓主权。法国的革命者看出了这个逻辑问题，而不能遽加解决。

幸而后来有人发现，只消换上几个字眼，君主政体下的主权论可以摇身一变而适合那些哲学家及美洲革命后宪法的理论。他们只消把皇帝一个名辞，以民族[8] 一个名辞来代替便能自圆其说了。从前的皇帝是一个法人，一个权力的对象，一个主权的享有者；同他一样，民族也可以成为一个法人，一个权力的对象，一个主权的享有者。皇帝的主权是整个的，不可割裂的，不可割让的，不可范围的；民族的主权也可以一样。所以人权宣言及一七九一年的宪法果断地宣言："主权的一切渊源根本在民族……主权是整个的及不可割裂的，不可割让及不可范围的。主权属于民族。"[9]

但这个说法纵然清楚明白，究竟不容易与人权的要求相调和。君主政体下的主权论虽然能够摇身一变而应用到自由放任的国家之上，这种改变究竟是不大自然的。法国的革命者要求人权的保障，他们的要求即是画出一个范畴来，不许政府侵犯干涉。

---

[1] Janet, *Histoire de la science politique,* Vol. II, p. 114.
[2] 布丹此书的第一句是国家的定义 —— 国家是 —— "Un droit gouvernement de plusieurs mesnages, et de ce qui leur est commun, avec puissance souveraiue."
[3] 布丹说 —— "La Rèpublique sans puissane souveraine qui unist tous les members et parties d'icelles, et tous les mesnages, et colleges en un corps, n'est plus Rèpublique." Bk. I, Ch. ii. p. 9.
[4] 同上，Bk. VI, Ch. iv. p. 713.
[5] Figgis, *Divine Right of Kings,* p.91.
[6] Bk. VI, Ch. iv. p. 737.
[7] 见本文后端。
[8] 这里所谓"民族"是 Nation。
[9] Duguit, *Law in the Modern State* (Laski's Translation), p. 11.

如这个范畴是大到可以包括一切的，政府便不能有一丝一毫的权力，政府便根本不能存在。"这是无政府的国家"（Anarchical State）。但法国的自由主义者并不希望完全消灭政府的存在。这些人的财产是须要政府来替他们保护的，所以亚当·斯美士在提倡放任之余，还叫政府来做三件他们自己不能做的事。[1]他们并且甘心情愿供给政府以财源来做这三件事。一个安内攘外的政府对于自由主义者的财产是有极大保护功用的；为达到这个功用，他们竟肯牺牲一些宝贵的金钱。他们认为向政府纳税是一种投资，投资后自会有其收获。但是承认了政府的存在，畀予政府以相当的权力，便是割裂了"民族"的主权。这个主权不复是整个的及不可割裂的了。主权既被割裂，主权便渐次的消失了其地位，而坐令人民权利占了上风。这样放任的国家便走进了一个口头上仍说主权在民而实际上找不到主权的局面。

这个现象是讲理论的人所不大看得通快的。在最初的时候，浩布士（Hobbes）在英国提倡主权论，已经与英国当时的权利观念不大适合（他的主权论被当时的政治家如克莱伦敦（Clarendon），法律家如荷莱（Hale），及一切的宗教家所反对，因为浩布士的学说对于他们的权利——中古时代遗留下来的权利，是一体推翻的）[2]，到了洛克（Locke）便索性不要主权了。洛克认为政治社会存在的理由便是保障自由；所以不以保障自由为职志的组织简直不应被认为一种政治社会。政府并不是在人民之上的，政府的功用只在保护人权，不能保护人权的政府便应该打倒。[3]在这里显然是没有主权论的。

但主权的争论初不因洛克之排击而消失其作用，从伯拉斯东（Blackstone）时，英国的人又在寻找主权的所在，而说它寄托在"国王与国会（King in Parliament）"之中，这个主权是"国家的绝对最高权力"。[4]这个观念是不大容易弄清楚的，因为主权之寄托所在便根本很不清楚。同时，伯拉斯东是步孟德斯鸠的后尘而崇信三权分立的；政府权力分立了，主权的所在是看不清的，恐怕也是找不到的。到了后来，立法部渐渐成为政治的中心，有人便认为国会是主权的享有者。这样功利派的分析派的法学家奥斯丁（Austin）又出来倡说他的法律主权观念，但是演绎的结果仍然是不易成为清晰的系统；[5]到了戴雪（Dicey）则呈现着极度混乱的状态。戴雪一方面倡说国会

---

[1] Smith, *Lectures on Justice, Police, Revenue and Arms* (1763).
[2] Maitland, *Collected Works*, Vol. I, pp. 9–11.
[3] Locke, *Two Treatises on Civil Government*, Bk II, Sec. 90; 93; 149.
[4] Blackstone, *Commentaries of the Laws of England*, Vol. I, p. 147.
[5] Holdsworth, *Some Lessons From Our Legal History,* p. 131.

之主权论；[1] 一方面又倡说其以保障人民权利为最高职志的法治主义，[2] 同时则又提倡法律（主权者的命令）要切合舆论的要求致令人不敢相信国家应该（有道德上的权利）来强制执行一条与舆论冲突的法律。[3] 所以他的主权论便陷入区分"法律上的主权（Legal Sovereignty）"与"政治上的主权（Political Sovereignty）"的混乱状态，[4] 而他的法治主义也成了"放任主义"的护身符，[5] 扑朔迷离，莫衷一是了。这种主权论的混沌是否定主权的多元论的导线；因为多元论者所要求的自由平等是远较十九世纪的自由平等为多的，所以便不得不回到洛克而根本怀疑主权了。[6]

美国的主权论当然是更复杂的。美国的联邦制度，联邦与各邦主权论的争论，酿成一个四年余的大血战。美国的三权分立宪法，各种政府机关的相互节制均衡制度，使得美国人简直看不出主权究竟在哪里寄存。这种情形使得美国的政治思想家及公法学家不知绞尽了多少的脑汁，而迄未能得到完满的解决。他们说主权在修改宪法的机关里——在国会的三分之二及四分之三的各邦政府不特是一个过于虚渺的所在，这四分之三的邦政府也是可以时常转移的，更贻游移不定之讥。[7] 同时又有的公法学者认为美国"法律上的主权"是在解释宪法的联邦大理院，因而不免违反了三权分立原则。[8] 还是法国的公法学者通快，杜骥（Duguit）索性举出事实来说明"主权不过是一个假的东西"，不过是几个人想出来的东西，不应强迫别人接受。法国政治近年的发展，如国家也有义务，现代国家做许多为公共利益的事情，地方上组织有相当的独立性，人民权利现在有较妥实的保障，使得杜骥相信国家是没有权力来命令人民的，国家的命令"既无力量亦无法律的价值"。[9]

以上所述的一般政治学说，是希望说明主权论在近代民治国家里的地位，希望能够证明在自由放任及民治主义勃兴之后，主权陷入极度纷乱混淆的状态之中。一般国家的主权不复如在专制政体下那样眉清目醒：正统的主权学说与放任国家的特质形成了不能调和的现象。本文的后段将要说明现代独裁政治的一种引诱性便是提出眉清目醒的主权寄托所在来；我们将要证验"法西斯主义的精义在主权"一句话之不虚。

---

[1] Dicey, *An Introduction to the Law of the Constitution*, Pt. I.
[2] Ibid., Pt. II.
[3] *Law and Public Opinion in England During the Nineteenth Century*.
[4] Dicey, *Law of the Constitution*, p. 425.
[5] Jennings, *Law and the Constitution*, Appendix.
[6] 拉斯基（Laski）所要求的自由权利包括：（1）言论自由；（2）最低工作工资；（3）适当的教育；（4）适当的闲暇；（5）组织社会活动的自由。*Foundations of Sovereignty*, pp. 245–246.
[7] 关于美国主权所在的争辩，参看 Ogg, *Introduction to American Government*, 5th ed., pp. 120–125.
[8] Dickinson, "A Working Theory of Sovereignty", *Political Science Quarterly*. December, 1927.
[9] Dugnit, *Law in the Modern State* (Laski's Translation), passim.

（丙）民治主义的缺点

放任国家的特质既为：（一）经济上的自由竞争；（二）政治上的自由保障，前既言之，放任国家的实际运用造成了许多严重的问题未能得到解决。在工业革命的初期富有人道精神的人，便已慨叹批评自由竞争制度下的工厂工人非人生活的情形而思有所补救；[1] 工业革命的逐渐走入垄断阶段时更有人看出自由竞争结果是使得竞争得不到自由。这些人有的主张用法律来补救工人的工作状况，[2] 有的则主张组织工会来将工人团结起来以期与资本家争取权益。资本家在这种情形下也逐渐放弃了他们前此所主张的绝对放任主义；政府逐渐出来制定社会立法来补救种种惊人的弊端。这样他们把一个极端放任的政府改变了而成为"社会服务"的政府；同时他们也把一个无事可做的"警察国家"变成了一个职务繁重的"社会福利国家"。[3] 但是这种转变，虽则是部分的放弃了放任主义的原则，却不是一种根本的改变。"社会福利国家"究竟还不是一个"集体国家"。

同时民治主义的渐次完成也暴露了民治主义的缺点。从很早起便有人怀疑民治：有的人认为十九世纪的民治根本便不曾达到理想的民治；[4] 有的人认为十九世纪的自由保障太不彻底；有的人认为民治的实行证明人民是感情用事昏聩胡涂的；有的人认为人民的意志总是趋尚于保守的致改革无由推行；更有的人认为民治的政府缺乏行政效率不能临机应变。这些都是近代政治思想里很普通的学说了，用不着仔细条举。[5]

十九世纪的初年，资本制度正在蓬勃盛兴之时，自由放任的要求是一件理所当然的事，资本制度勃兴的国家，即工业发达的国家，都是经过多年专制的国家，建国程序已经走完了一个重要的阶段，故能发为自由放任的要求。自由放任主义在这些国家里比较上有悠久的历史，他们正是上文所说有自治经验的国家，亦即是上文所说的工

---

[1] Russell, *Freedom Versus Organisation,* Ch. vi.
[2] Russell, op. Cit., p. 126 说："英国的中等阶级在一八三二年得到政权以后，自然要修改法律来加增他们的财富。有两种法律是当时所需要来使国家进步的：第一种是改善工厂里及矿区里工人生活状况的法律，第二种是取缔阻碍工业发展的法律。只有第二种法律是与工业者的利害相等的。但是这第二种法律中最主要的一点——谷律的废止——是与农业地主阶级的利害相左的，所以贵族阶级极力反对取消谷律。所以当工业者宣传面包价高之弊害时，地主们便宣传工人工作时间太长及童工的弊害。结果是两方面都把不良的法律取消了：Lord Shaftesbury 运动通过了他所提倡的工厂法，Cobden 把自由贸易运动成功了。这个地主与工业家的争斗结果是很好的，因为每方都得向一般的人道主义者去宣传。"
[3] 参看 Finer, *The Theory and Practice of Modern Government,* Vol. I; Chs. Ii, iii, iv.
[4] 我们须知马克思，列宁，墨索里尼，希特拉等人，政见虽判然不同，却一致地批评民治，而在批评的时候并不否定民治的本身而只否定从前已行的民治，他们并且都主张建立一种新的民治，即较前此的民治更优美彻底的民治。本文后端当细说此点。
[5] 参看 Coker, *Recent Political Thought,* Pts. Ⅱ & Ⅲ.

业化的国家。但是有的工业化的国家建国的程序是很晚才开始走的：英国的条多皇朝在十五世纪，法国的布朋皇朝在十七世纪，便已用专制的方法来统一了国家及政权，德国，意大利要到十九世纪中叶以后才完成建国的大业。他们未曾经过英法那样的建国程序便感受到自由放任主义的熏陶，贸然在工业化未曾达到相当程度的地方实行起工业化的国家所提倡的主义来了。他们的国基未曾坚牢稳固（我们不要忘记意大利，德意志都是在十九世纪后半叶才完成不甚健全的统一的），近世的劳资争斗又时常造成一种杌陧不安的环境，国际的风云又是变幻莫测的，所以有许多国家总是常在风雨飘摇之处境之下。经过了四年的大屠杀，继之以震撼整个世界的经济恐慌，他们的放任国家便支持不住了。我们欲明了俄，意，德等国为什么走上了独裁政治之路，最好是看看他们的情形。请先看俄国：

俄帝国在世界大战当中虽然是属于协商国集团，理应是战胜国之一，但是自从谭能堡（Tannenberg）一役之后早已将国家的元气丧失净尽。所以不到大战告终，俄国早已不能继续支持作战，人民早已情愿牺牲一切为和平的代价，后来"Peace at any price"的口号早已切中当时俄国的心理。在几年的战事当中，帝俄政府充分暴露其弱点，简直无法维持。有一位英国作家描写当时的情形说：[1]

一九一七年三月前的俄国政府，是一个血脉全不流通的政府；它的统治既无本事又鲜力量，它的政策犹疑不定，一时做了一时反悔；它的政策是盲目的乱干；它的方针时时捕风捉影；它在十二年以内接二连三在东西两方向军事都受了巨创；它在最后坐令首都发生饥荒（这个饥荒也不是因为食粮缺少而是措置失当）；它是头重脚轻，好像一个基石腐烂了的石像一样，轻轻一推便整个倒塌下来；所以它一倒塌便烟消云散了。

一种无政府的状态是其惟有的遗产。因为人类社会恐惧无政府状态好像自然界的恐惧真空一样，帝俄政府一倒塌之后，最大的问题是立刻寻找一个恢复秩序的政权。自由主义者出来尝试过一番；但这个尝试是失败的，因为在这种情形下自由主义永远不会成功。"白色"的努力——复辟的势力——也出来尝试了一番，但也遭失败。在这个时候，一种新奇而特别的政权在各种势力的拥护下慢慢地兴起，这个新的政权是由一班新的人物来领导着的。

帝俄的倾覆造成了一个无政府状态，如水就下一般，共产的势力便膨涨起来，进

---

[1] Oliver, *Politics and Politicians*, pp. 45–46.

而把握了俄国的政权。共产党第一个动人的口号便是牺牲一切来换取和平。他们提出具体的政纲来建造坚强的政府，这个政府对于国内的一切纷乱状态加以彻底的解决。在经济政治两方面他们主张用打倒资本主义树立无产阶级独裁的方法来扫除那时的无政府状态。共产主义之所以在最不适宜于实行共产主义的帝俄成功，因此而否定了马克思主义的预料，其原因似乎不在共产主义本身对于俄国人民有什么特殊的引诱性，而在共产主义那时的确供给俄国人民一个有权力的政府。共产主义在俄国之成功不在其经济的思想等等而在其主张建立独裁一点之上。

意大利的情形也是与此仿佛。自从卡柏瑞图（Caperetto）一役之惨败后，意大利的人民对于其放任自由主义的政府早已失却了信仰。政府在重大损失之余，虽然名列战胜国家之林，但在凡尔赛和会中外交着着失利；《伦敦密约》中协商国应允给意大利的好处大都没有能够履行。财政的赤字年复一年地加增，货币贬价三分之一，而生活程度则六七倍于战前。同时社会主义者应运而生，他们把三分之一的市集政府（Commune）用暴力抢夺过来，用工团主义（Syndicalism）的"直接行动"促成罢工的狂潮。他们把六百多个工厂强占过来自己管理。[1] 在这种极端纷乱的情形之下，意大利的政府当局仍然采取那个传统的放任政策。在工人强夺工厂这时，季奥利蒂（Giollitti）首相躲在山居里兀自不肯出来。他的回忆录说：[2]

> 这次变乱国最初发作的时候，我（季奥利蒂首相自称）便认清只有任令工人自己去体会他们的错误才能挽救这个危难……我坚决相信政府的策略应该是让这个运动自己发展到相当的地步，然后才能使得工人相信他们的目标是不能达到的，以期他们的领导者不要埋怨别人破坏了他们的运动。

历史哲学家也许会判断这个政策是一个最有眼光的政策。也许意大利的工人运动只有用这个消极的方法才能遏止。例如一位意大利的自由主义者说：[3]

> 一般人都以为俄帝国是在一九一七年倾覆的。这是一个错误的见解。俄帝国的末日是在一九〇五年，因为在那年帝俄政府命令军队向罢工的群众开枪射击，致使圣彼得堡的街道染上了工人的血迹。如果我们（指意大利政府）也这样做，我们是替罢工暴动的群众造成一个纪念及一个宗教以为号召。

---

[1] Langsarn, *The World Since 1914*, pp. 310 ff. Burns. (F.L.), *Europe Since 1914*, p. 416. 说："法西斯主义……其实是战后意大利的苦境很自然的结果，虽则不一定是必然的结果，因为在停战协定后数年中，一大部分的意大利人民感觉到当时的政府，对外不能为国家争取其应得的权利，对内不能维持内部的安宁秩序及一个有效率的政府。"

[2] Quoted in Sforza, *European Dictatorships,* pp. 46–47.

[3] Ibid., p. 47.

但是积极地开枪射击与消极地躲避两个极端之间还有许多别种的处置方法。但不论处置的方法为何，从一般的意大利人民看来，季奥利蒂的政府，如此的躲避责任，束以待事件的发展及消灭，造成一种纷乱及无政府状态，是一个极端懦弱无能的政府，这个政府使得人民蒙受极大的损害。从参加强占工厂的工人看来，季奥利蒂的政策也许是手段极辣的政策，是使其不能造成"一个纪念及一个宗教以为号召"有效的政策，但从一般人民看来，政府的处置方法，只是姑容无政府状态的养成。有政府在那里面无政府状态还能造成，这样的政府要它做什么呢？等到墨索里尼的法西斯黑衫棒喝团出来，积极地用种种方法（正式的暴力，倒灌泻油，剃光了头来油漆国旗在头上等等的方法），将工人运动压制了，意大利的人心是归向墨索里尼而越离季奥利蒂越远的。等到法西斯与共产党在意大利的各处——特别是北部的工业区——时时发生冲突时，在罗马继季奥利蒂而起的法格塔（Facta）政府更是手足无措，简直不能动作。这样是更加促成了人民对于墨索里尼的信仰，而使其"罗马进攻"一举而成，软弱无能的政府不必费一卒一弹便被墨索里尼推翻，"好像一个基石腐烂了的石像一样，轻轻一推便整个倒塌下来"，一倒塌后便也"烟消云散了"。怪不得人说"在乱世之中自由主义是永远不会成功的"。

德国的情形与此亦是大同小异的。一九一九年战事惨败之后，继之以革命。这个革命所产生的政府是一个"社会民主"的政府，所制定的宪法是十九世纪宪法理论结晶的宪法。在这部宪法里人权得到了最完美妥实的保障，在自由主义的自由外还加上了社会主义者所提倡的自由。虽然制宪者写上了第四十八条，这一条也大半时间都在引用，但是政府在内政外交上迄是毫无建树之可言。这种情形是为德国的人民所不能忍受的。一位极敏锐的英国观察家写了一本书叙述评论德国的革命[1]，他这样说：[2]

> 世纪大战以前的德国是整齐到传为笑柄的。军队的纪律浸润到整个社会；社会是严格的分开阶层；社会的风尚比较任何欧洲的国家都谨严；行政机构之有效率及清廉是举世闻名的。如果你给铁路的员司一点小账便会闹出乱子。公务员的俸给虽低，但是他们甘心情愿，因为他们的社会地位是崇高的，他们愿以低的俸给为奖章及官衔的代价。
>
> 在战后这一切都变了。社会地位不重要了；政府也不颁发奖章及官衔了。但

---

[1] Greenwood, *The German Revolution*, 这本书里所谓的"德国革命"是指一九三三年希特拉把握德国政权的革命，而不是一九一九年推翻帝制建造共和的革命。

[2] Greenwood, op. cit., pp.49–50.

俸给却低减到不能维持生活的程度。一班新贵完全改变了官吏的精神。他们没有做过官吏，也不容易拒绝贿赂的引诱。虽然战前遗留下来的官吏仍然能够保持着固有清廉之风，地方行政人员却是贪污充斥的。一连发生了多次惊人的舞弊案件，件件都与新贵有关。战前是没有这样的事的，所以一般人对于新贵是厌恶的。

从社会的风尚来讲，所谓"威马制度"不能切合德国的国情。外力的压迫，特别是赔款的榨取，动摇了德国经济社会的基础。在马克贬价的狂潮息止以后，德国重新走入一度的繁荣；但是这一度的繁荣不旋踵便陷入一九三一年的经济恐慌及解体。这个解体的主要原因据说是因为一九二八年赔款协定，[1]但是我们所要注意的是在这个解体发生以后：

> 商业金融界的领袖，正统派的经济学者，都一点办法没有；他们只说这个危机只有用节衣缩食的办法来坐等危机自然的收拾。就是马克思派的社会民主党和工会的领袖都没有能提出可行的救济办法来；他们自己也承认他们所提倡的"统制经济"不过是一种宣传，他们衷心只有期望经济恐慌自然的好转。就是共产党也只有祷告上帝。这种完全失望的心理慢慢地便酿成革命。[2]

从政治方面来讲，这种失望的心理使得一般德国人民渴望着"真正的统一"。德国的历史可以说是吃尽了分裂的苦痛的。德国从中古时期以来受尽了种种的分割与蹂躏，"三十年战争"使得德国的统一迁延到十九世纪的后半方起始完成。德国人爱好秩序整齐，但俾士麦所造的德帝国是"一双雄狮，几头狐狸，一大群老鼠"[3]的勉强凑合。在这个局面下德国方始走上秩序整齐之路，"威马制度"又抄袭了不合德国国情的自由制度重新使国家分裂开来。理论上无瑕可击的比例选举制度使得德国的政党数目加多到惊人的数目，能相当稳定的组合内阁几不能组成。自由变成了放荡，在布宁治下德国政府派两个警察伴着一个共产党游行，为的是保障共产党的自由。但是希特拉的党军到处与社会党冲突之时，在暗杀之风披靡全国之时，布宁只是束手无策。这样的国家是分崩离析的国家，这样的政府是懦弱无能的政府。这里有一个真空状态。德国的人民渴望着空气来填满这个真空。"威马制度"到了这时也"好像一个基石腐烂了的石像一样，轻轻一推便整个倒塌下来"，一倒塌后便也"烟消云散了"："在乱世之中自由主义是永远不会成功的"。[4]

---

[1] Ibid., p.72.
[2] Ibid., p.83.
[3] A. Lawrence Lowell 语。
[4] 参看 Coker, *Recent Political Thought*, p.486.

上文所述的种种，望能够说明，在世界大战及经济恐慌当中，俄，意，德等国的政府，不但是不足以镇压国家的内部纷乱，并且是束手任凭无政府状态的养成。战事既然是节节失利以致于一败涂地，外交的折冲又了无成绩可言，而国家的内部则更因过激势力的活动而陷入极度纷扰的状态之中，暗杀械斗肆无忌惮的风靡全国，实使一般人民对于当时的政府不能发生信仰，而渴望着一个强有力的政府出来，不特是即时镇压着纷乱的状态，并且能保证着相当的稳定。他们要求强固的政权来填补无政府状态的空虚。

七　独裁政治的引诱性

为的是填补这个空虚，俄，意，德诸国以及许多别的国家都接二连三建树独裁政治。欲明了这些国家为什么趋向独裁，最好是先看看这些独裁势力所标榜的是些什么主张，探求他们用什么引诱来适应人民的心理要求。社会主义，法西斯主义，国家社会主义，虽然是根本不同的主义，他们所引为根据的势力虽然大相径庭，[1] 我认为在反对自由放任主义所代表的国家观念一点上，这三种主义所标榜的救济方法都是完全相同的。不特此也，就是别的没有鲜明主义的形形色色的独裁政治，也是有相同的观点，这个观点构成其所以能成功的理由。拙见以为解释独裁政治普遍兴起的原因就在于独裁政治提出了一个强有力的国家观念来代替前此的放任国家观念，以主权鲜明的政府来代替主权割裂的政府，以一般浓厚的空气冲进真空的状态里面。为讨论便利起见，不妨分开数方面来说明。

（一）它们都绝对反对传统的民治主义。社会主义者根本不承认他们能利用民治国家的机构来达到革命的目的。他们说在所谓资本主义的民治国家里，到处都能看到真正民治的限制。在选举权的限制上（如居住年限，男女不平等），在代议机关的运用技术上，在集会自由的限制上，在资本家把持着的舆论机关上，四方八面都有层层的限制使得穷苦的人民简直不能积极的参政。[2] 国立的学校，国立的教会，国家津贴的舆论机关，都是替资本家愚民的机构。[3] 因此这种政治是应该立刻推翻的。但是他们对于民治并不是不相信的，他们只是认为传统的民治不是真正的民治，他们所

---

[1]　大部分人都以为社会主义是以阶级为基础的，法西斯主义以民族为基础，国社主义以种族为基础。例如，Rogers op. cit., p. 51, 及 Mirkine-Guetzevitch, in *Political Quarterly.* October-December, 1933。
[2]　Lenin, *State and Revolution,* pp. 89–90.
[3]　Buharin & Preobrazhensky, *the A B C of Communism,* p. 44.

要建设的"无产阶级民治"才是真正的民治。他们说英国的政治——最民治化的政治——"不过是让那些被压迫者每数年来决定一下那一班压迫他们的人做他们的代表到国会去压迫他们而已"。[1] 这种的政治哪能称得起民治的政治？

墨索里尼的理论是一式的。他认为"民治的政制",[2] 不过是偶尔欺骗一下人民，说他是主权的享有者；其实真正有效的主权是在少数隐藏着不负责任的人手里。民治政制表面上没有皇帝，[3] 其实是有许多的皇帝，他们比起暴君来还专制，还暴虐，还富有破坏性。

所以他反对传统的民治主义。他的反对理由虽表面上看来不是同社会主义者的理由一样，在骨子里却是如出一辙的，因为他主张铲除的仍是那一班凭藉民治而强奸民治的人，把持民选机关而实行专制暴政的人，操纵民治机构而谋求其本身利益的人。故此他说法西斯主义可以被认为是"一种有组织的，集中的，有威权的民治国家"[4]，法西斯主义的民治才是名副其实的民治政治。

希特拉的国社主义也是反对传统民治而建造其新式的民治的。他沿袭了许多反对传统民治主义者的学说，肆意地攻击民治。[5] 虽则他在暴动夺取政权失败后，是利用威马宪法下的民治制度而渐上把握政权之路的，在利用种种通常民治主义的政客所不屑用的"政棍"方法来夺取政权以后［希特拉的《我的奋斗》(*Mein kampf*)一直是描写他政棍行为的成功］，他却主张打倒"威马制度"的民治，而建立所谓"日尔曼的民治"(Germanic Democracy)。他们要把无产阶级吸收到国家里来藉此而打倒社会主义者阶级斗争的学说，然后以纯种族为基础产生一个伟大的领袖来，不像传统民治一样尊崇人民多数的意见而倡议一切都应取决于这个领袖，而认定这个领袖的意见就是全体人民的意见，这种民治才是理想的民治，这个国家便是"第三莱希"(Das Dritte Reich)。[6] 虽然歌颂他的部属曾说"伟大的领袖不是选举出来的，他永远是在他应在的地方的"，希特拉于屡次参加竞选之余更两次举行全体人民的总投票，并且务求出席投票人数之多，赞成人数之众，亦即是企图表现所谓"日尔曼民治"的精神的。[7]

---

[1] Marx 语 Quoted in Lenin, op., cit., p. 90.
[2] Mussolini, "The Political and Social Doctrine of Fascism", (Translated from the article in the *Enciclopedia Italiana*) *Political Quarterly,* July-September, 1933.
[3] 这里所用的"皇帝"字样是代表统治者的意思，并不一定是君主政体下的皇帝。
[4] Mussolini, op. cit. Gentile 也说法西斯主义是 "Democracy par excellence"，说见 "The Philosophical Basis of Fascism", *Foreign, Affairs*, January, 1928.
[5] Heuss, "National Socialism", *Encyclopedia of the Social Sciences,* Vol. ix.
[6] Schuman, "The political Theory of Fascism", *American Political Science Review,* April, 1934.
[7] Zurcher, "The Hitler Referenda", Ibid., February, 1935.

综看这三种主义虽则是根本主张各异，在政制上反对传统民治，提倡更民治化的民治，是大家都一样的。上文说到在世界大战之后，一般的人民厌恶的传统的民治，终年累月地参加无谓的选举而无补于事实的好转，政党的芜杂纷歧使得组合政府无从组成，组成后亦无从做事，这三种主义一致的排击人民所早已厌恶的东西，当然投合当时的心理，而获到极大多数人民同情的爱戴。

（二）它们都绝对反对与传统民治息息相通的自由放任主义，而揭橥一种统一集中有威有权的国家为其理想。社会主义者虽然以建造无阶级无国家的社会为其终极的理想境界，在过渡时期里他们要有一个权力完全集中的无产阶级独裁，[1] 在这个时期里匪特国家要存在，并且将为一个最强有力的国家。[2] 虽然这个国家存在最主要的标的在"剥夺剥夺者"及训导群众走向"阶级意识"的道路，故从无产阶级看来并不是一个压迫他们的国家，然而自从共产党掌政以后，这个广漠的无产阶级独裁浸成一个人的独裁，国家因励行五年计划的原故演为"极权国家"的现象。因为无产阶级是一个包罗极广的阶级，其势无"独裁"的可能；在这个阶级中"阶级意识"强烈的程度亦可以分成若干的层叠。在社会主义者的口里有"群众""农民""工人""共产党员""共产党干部""共产党领袖"等等名称，依照这个次序定立他们的"阶级意识"的强烈性：因为"群众""农民"缺乏"阶级意识"，故用"工人"来领导他们；因为工人也不尽能领悟"阶级意识"，故又用"共产党"来领导他们；因为"共产党"自列宁以降均采取所谓"民主集权（Democratic Centralism）"的组织系统，"干部""领袖"又成了支配的势力。这样"无产阶级的独裁"一变而成了列宁，斯大林的独裁。[3] 社会主义诅咒传统的民治主义是假的民治，我们可以说无产阶级独裁也是假的无产阶级独裁，无产阶级里的一般人民同传统民治主义里的一般人民一样地是被人假借了他们的名义而统治他们了。民治国家里的一般人民其实并不反对假借名义的统治（只有社会主义者喊着替他们反对），我们不必去替他们伸冤：一般的无产阶级不去排击假借其名义的统治，我们又何必去替他们抱屈？但我们要注意的是假借着无产阶级的名义来统治的共产政府，因为是一个权力极度集中的政府，正投合了反自由主义的心理，不特不为他们所反对，抑且为他们所极度欢迎。

墨索里尼是"极权国家（Totalitarian State）"观念的创始者。他说：[4]

---

[1] 参看列宁对于独裁政治所立的定义，见 Spencer, op. cit.。
[2] Stalin, *Leninism*, pp. 27–28.
[3] 参看 Batsell, *Soviet Rule in Russia,* Passim.
[4] Mussolini, op. cit.

法西斯主义要使得国家成为一个强有力的有机体，同时以广泛的民众拥护为基础。法西斯国家要连经济的活动都包括在内；凭借着社会的教育的职团，将国家的威权传布到民族生命里的每一个部门，包含民族政治的经济的及精神的各种势力。[1]

所以法西斯的国家是"一个有组织的集中的有威权的民治国家"。这种观念是与放任国家正正相反的，墨索里尼说：[2]

我们代表世界上一个新的原则：我们明白的，绝对的，无条件的反对一切与民治有关的东西！我们反对法国革命所代表的一切一切！

这个新原则不特是反对法国革命所代表的一切一切，它也代表一个簇新的国家观念："一切都包括在国家之内，没有东西在国家之外，没有东西与国家对立！"[3] 这个国家管辖到过去的，现在的，未来的意大利人！个人的责任是把他自己渐渐与民族的意识融合起来，个性与民族意识应该化而为一。[4] 换言之，他们自己以为是解决了社会与个人的根本问题。

希特拉沿袭了墨索里尼的"极权国家"观念。国家社会主义是以 Gleichschaltung 为骨干的；国家应该是"包括一切的一统"。"政党，人民与国家是合而为一的"；[5] 国家的管辖范围极度扩充，直到包括人类生活的各方面。

雇主的会社，职业团体，慈善团体，体育会，社交会，全社会里一切一切的组织……都要受国社党的指挥，他们的组织里不许有犹太人或有社会主义嫌疑的人。[6]

整个国家的各方面都受一种势力的支配，国家高于一切，政府与国家是一而二二而一的。

（三）这种国家的观念是最适合于发挥主权的。"法西斯主义的精义在于国家的主

---

[1] Gentile 说："法西斯制度不是一个政治制度，但其重心则在政治。法西斯主义是应战后意大利许多严重问题而孳生的。它是一种政治方法。但在解决应付政治问题之时不得不顾到道德的，宗教的，哲学的问题，因此而表现出它的'包罗万有'性质（"Totalitarian character"）。我们非得先把握住它的政治性质后不能明白它所指示出的人生哲学，这个人生哲学是它的基础，它从此而孳生。法西斯主义的政治原则不是它的全部，只不过是它最特出最有兴味的一方面而已。" op. cit.
[2] Speech, April 7, 1926, quoted in Mirkine-Guetzevitch in *Political Quarterly,* October-December, 1933.
[3] "Tutto per lo Stato, niente fuori dello Stato, ne contro lo Stato!" Speech to the Chamber, May 26, 1927.
[4] Rocco 说明法西斯主义"把自由民治主义对于个人与社会关系整个反转过来：不是'社会为个人'而是'个人为社会'。" *The Political Doctrine of Fascism,* International Conciliation Pamphlet, No. 223, 1926. 关于这个主张的思想背景参看 Trentin, *La transformation récentes des droit public italien,* 及 Von Beckerath, "Fascism", *Encyclopedia of the Social Sciences,* Vol. VI.
[5] Goebbels 语。
[6] Greenwood, *The German Revolution.* p. 158.

权。"[1] 上文说到在放任主义的国家观念下，主权是一种看不清楚抓不稳当的东西。在升平的时候，一切事务循着常轨走去，主权就是分裂割碎不易运用是没有关系的。在乱世之中，情形便不同了。危疑震荡的局面使得一般人渴望着主权有力有效的运用，不然便好像茫茫然失却了凭依。险恶的环境需要有力量的应付。找不到力量之所在往往便造成了恐慌，恐慌一来使得环境更趋于险恶。

上文描写过俄，意，德三国在世界大战后一般的情形。那里都有一种真空的状态，一种无政府的状态。自由主义者出来应付了一番。但自由主义是最不合这种环境的：他们的制度精神是主权的割裂；他们的好处在产生懦弱无能的政府。这种办法不是安定人心的办法。反之，它使得险恶的环境更险恶起来。独裁者便应这个机运而孳生。他们把主权很鲜明地提示出来，这个主权是一个目所共见耳所共闻的"领袖"。从纯粹理论来说，苏俄的独裁是阶级的；意大利的政府有民族的观念为基础；国社党是根据于种族的。从实际政治来看，列宁，斯大林，墨索里尼，希特拉是主权的把握者运用者。正如路易第十四世一样，他们就是国家，就是主权。这样他们宁静了人心，在纷乱的无政府状态之下，造成了强有力的政府。在这一点上独裁政治有了它的引诱性。利用着乱世的情绪他们博得了人民的拥戴，把握着漫无边际的政权。

（四）一个强有力的政权可以保障"政治社会的安宁"，同时它也要保障"工业社会的安宁"；政府要解除政治社会分崩离析的局面，同时也要免掉经济社会里的劳资斗争。劳资不断的冲突是放任主义所造成的结果，它演成一种激烈的纷乱。[2] 昌明的独裁者应该提出具体的方案来解除这个分裂的状态。苏俄的共产主义者对于这个状态是有彻底解决方案的。在共产主义下可以不必再怕劳资斗争；这个斗争之一方是已被消灭了的，共产主义的目的：

> 是达到协调与统一，其方法是把每个人（包括农民）都尽力的变成了"无产阶级"，它是绝不折衷的。无产阶级的意识形态，无产阶级的人生哲学都得要全部的成功。凡是反对这种思想的都得被"解决"。待到这个完全平等的状态达到了之后，阶级间的嫉恨所引起的问题当然不会再存在了。[3]

---

[1] Von Beckerath, op. cit.

[2] 关于劳资问题 Rocco 这样说："我们不要采用社会主义者所提倡解决劳资问题的方法，但这并不是说我们便不去解决这个问题。我们要解决这个问题，不但是因为从正义的立场这个问题须要解决，并且是因为这个问题在放任自由的国家里成为一个扰乱公共治安，危害国家威权的问题。阶级间无止境无限制的自卫，时常有罢工及工厂封闭，怠工及破坏工作，一定要造成一种无政府状态。" op. cit.

[3] Greenwood, op. cit., p. 169.

墨索里尼的法西斯主义在初对于这个劳资问题是没有具体解决方案的。墨索里尼曾演说：[1]

> 我们的政纲是简单的：我们要统治意大利。大家问我们要政纲；现在的毛病是政纲太多了。我们不是缺少政纲来挽救国家，缺少的是救国的人及救国的意志。

从此一段话看来，足征那时还是一位作家所谓"政治上实除主义的反抗"[2]。在法西斯主义发轫之初，法西斯的党徒是只用"棒喝"的手段来压制社会主义的。法西斯主义的成功一半也是因为这些"棒喝"者把披靡全国的社会主义给压制下去了。[3] 但是后来法西斯主义者也渐渐孕育出了解决这个劳资问题的办法来。[4]

> 法西斯主义最得意之作是把劳资斗争，以民族为代价的长期破坏的斗争变成了社会的调和，使得劳资双方均能合作为民族效力。这是一个新机运。这个新机运是法西斯主义的意大利首创的……生产的合作而不是分配的竞争将成为主要的经济信条。[5]

墨索里尼所想出的一套解决劳资问题的方案便是所谓"职团制度（Corporativism）"。在法西斯蒂下只有阶级的合作没有阶级的斗争。利用"职团制度"他们希望能把劳资问题根本解决。[6] 但所谓"职团国家"只不过是"极权国家"的一方面。

> 意大利的职团不是独立的经济组织而是国家的机关。意大利职团的工作人员是法西斯党的工作人员……所以意大利的职团制度只应被目为独裁政治下的一种现象。这些职团与民治国家下的工会是不可同日而语的：职团不过是法西斯党组

---

[1] Speech at Udine, September 20, 1922.
[2] Elliott, *The Pragmatic Revolt in Politics*.
[3] Mussolini 曾被称为 "the Bulwark against Socialism"，这种看法现在一般人是不能承认的。有人发现一个事实证明他本人在一九一九年在 Dalmine 地方曾劝工人去强占工厂，但是到了一九二〇年九月他便不去参加了。说见 Spencer, *Government and politics of Italy*, p. 88. 又有人翻出 Mussolini 在他所办的报纸 *Popolo d'Italia* 里，在"罗马进攻"的十五个月前，他自己说："我们若果再说共产主义现在这是意大利的一个可怜的势力，那便是以恐慌与事实混淆。共产主义已经打倒了！" Sforza, op. cit., p.51，一般的观察家都不承认墨索里尼是拯救意大利于共产主义的人。"法西斯主义者，并不像许多宣传品所说，把'意大利从社会主义的虎口挽救出来'，因为远在墨索里尼的政变前，社会主义革命的可能性已消失；法西斯主义者所做的是把意大利从一个无政府状态拯救了出来。" Cole & Cole, *A Guide to Modern Politics*, p. 166. 这一段最后一句话正是本文的主要论点。
[4] 关于"职团"制度的孕育，我用 Finer 的话来说："职团的观念是偶然孳生孕育出来的。起初因为要应付工业界里时常发生的具体问题，所以有人想到这个办法。一直到最近几年，这观念才渐渐成为一套有理论的制度，作为批评资本生产制度者的总答复。它的渊源是墨索里尼对于无产阶级'阶级'性组织的憎恶，他的国族主义及社会秩序的观念，以及一个专制政府必然有的压制自主组织的情绪，即压制工人的组织，使得它们没有交换智识，讨论问题，与团结外的机会。" *Mussolini's Italy*, p. 493.
[5] Spencer, op. cit., p. 249.
[6] Schneider, *Making the Fascist State*, passim.

织的，受该党指挥的国家机关，其原则是根据于党的独裁制度……民治国家是不能希冀模仿这种制度的。[1]

因此意大利的"职团制度"与通常所谓职业代表制度是不可同日而语的，与美国罗斯福总统所提倡的"公平竞争规约（Fair Competition Code）"也不可相提并论。马克思所谓的劳资斗争是遵守自然法则的，墨索里尼所谓劳资协调是遵守墨索里尼的法则的。脱离了独裁政治"职团制度"便非复其本质与精神。我们固然可以理想一种与独裁政治不发生直接关系的"职团制度"，但这就不是墨索里尼所谓"职团制度"了。晚近论说此制的书籍论文多如恒河沙数，但大都未能清楚地标出此点来，未免有失此制的真纯意义。

希特拉与墨索里尼一样的嫉恨阶级斗争。破产后的德国经济似乎不能不用一种新奇的方法来救济：徒然坐候资本制度的自然恢复而任令六百万失业工人为社会主义者所引诱是不应该的。希特拉在登台之时究竟有多少关于经济的具体方案是很难说的。一九二〇年被宣布为国社党永久政纲的"二十五条"也语焉不详。[2] 正如墨索里尼一样，他也在用应付实际问题的方法来摸索试探，国社主义的经济政策可以说是还在试验时期。

国社主义既然以社会民主党（Sozialdemokratische Partei Deutschlands，所谓SPD）为其政争主要的劲敌，它第一步便是推翻了德国的工会，因为工会是社会民主党背后的势力。他宣布工会自此以后不应为一种阶级斗争的工具而应为国家的工具。[3] 希特拉的政治运动既然以农民及中等阶级为其骨干，所以他的问题不能是打倒了中等阶级；除了犹太资本家以外，他是不主张打倒资本家的。但是经济的复兴不能依赖资本家的放任。马克贬价后，中等阶级早已变成了无产阶级；然而这个"无产阶级化"的中等阶级依然维持着中等阶级的意识形态，企望着恢复其固有的地位。希特拉既不能像苏俄一样把一切都无产阶级化了，只有用国家的力量把极富的节制，把极贫的提高起来；在极贫的未曾提高以前利用一种国家的组织来消除阶级的意识。这两种方法是希特拉近年来所同时采用的。对于资本家，希特拉是相当节制的。虽然有人认为希特

---

[1] Mirkine-Guetzevitch, "The Corporative and Parliamentary State", *Political Quarterly,* July-September, 1934. 自从这个"职团制度"发明以后，有不知多少书籍文字来描写解释其组织运用。但是这些书籍文字大都只重其皮毛的法律系统而忽略了其根本的意义。

[2] Feder, *Hitler's Official Programme,* 本文上面曾引了一段墨索里尼的话，说他不主张有政纲。但是希特拉却不作如是观。有一位人报告，德国某戏院的侍者被政府送到监狱去，因为该侍者曾问希特拉有 *Programme* 没有。Greenwood, op. cit., p. 114.

[3] Schuman, op.cit.

拉的国家社会主义，社会主义的成分极少，国家主义的成分极多。有人又以为希特拉运动受到资本家的资助故不敢于轻易实行其社会主义化的政策，因此而说国家社会主义——纳粹主义——不过是资本主义的最后挣扎。但近数年事实之演变似乎不能证明这种批评与诅咒是站得住脚的。在"国家"的立场之下，希特拉的确是节制了资本。"在今日的状况下，'国家'是德国工业的主宰，它正式利用'经济部'，非正式利用各级党部，来实行编制工业。"同时，他又提倡利用"劳动阵线"来调和阶级间的冲突，使得在社会地位上收入的多寡并不构成地位的高低。[1]

怎样能够把中等阶级及劳工阶级联系起来呢？怎样能把各阶级打成一片呢？只有把阶级观念根本消除……使得社会里各阶层各职业均能安于其本分之事业……他们都是平等的，进取的机会应是绝对平等的……这是所谓"只有等级（Stande）没有阶级（Klassen）"的意义。其目的是一个没有阶级的社会。在社会里虽然还有私有财产，还有不均平的收入，但这并没有"解决"资本阶级的必要。在党军，党部，"劳工营"里，一种新的社会生活渐渐养成了。这里没有阶级之分，没有以收入多寡为标准的阶级观念。

凭着团体生活陶冶，希特拉希望将社会主义者所认为必然的劳资阶级斗争变成了劳资阶级的和谐。如同一家人一样，在工作的时候顾主是顾主，佣工是佣工，在社会的交往上顾主与佣工便捐弃一切的畛域之见而平等相互对待了。

我们所应特别注意的是"国家"在这个系统里所占的绝对重要的地位。节制资本的是国家，组织"劳工营"的也是国家。国家在这里是凌驾一切的。纵然正式的国家机关如经济部一时未能专断一切，其所不能专断的均用党部来补充起来；而党部的势力又是那样的专断蛮横，实令人不敢不低首从命。同墨索里尼的"职团制度"一式纳粹的经济也是国家的经济，与独裁政治仍然是唇齿相依不可分离的。

国家的经济是三种独裁政治所共有的特色。这三种独裁政治对于经济所提出的方案虽然相去霄壤，其共同目的则皆为谋求"工业社会的安宁"，终极的境界都是一个"没有阶级的社会"。这种祈求是针对着十九世纪资本制度下的劳资问题而发的。劳资的纷斗扰乱了"工业社会的安宁"，工业社会的争议暴动震撼了"政治社会的秩序"。独裁政治者针对着这种现象而提倡一个诊治的方案。不论这些方案为何，对于厌乱已久喁喁望治的人民，这些都是一种救时的良药。

[1] Greenwood, op. cit., p.222.

（五）独裁政治者提倡的超人主义与领袖制度。他们虽然在讴歌真纯的民治，他们却认定一般人民的统治是不会良好的。民治的弊病早已有人倡说过，从墨恩（Sir Henry Maine）到卡莱尔（Thomas Carlyle），萧伯纳，尼采，与利必蔓（Walter Lippmann），多少人都在批评民治，认定人民是昏聩糊涂的，是极端保守的，是感情用事的，是违反理智的。

我们不必去叙述这些人的学说，因为它们是早已周知的。一件近事倒不妨举出来作为例证，那便是一九三三年的世界经济会议。在一九三一年十二月，日内瓦的国际银行的专门顾问委员会作了一个报告，严重警告各国政府应立刻设法对于赔款及战债作一个协议以期挽救经济的危机。各国于接到这个警告后，半载未作丝毫的举动，因为法，美两国的舆论不能接受任何关于赔款及战债的协定。法国的政府知道如果他提议取消德国的赔款他便立刻塌台；美国胡佛总统知道美国中部的舆论绝对不容取消战债。待到翌年六月，他们在罗桑集会了，集会的结果是决议召开世界经济会议。但是这个会议不能立刻召开，因为美国的当时正在举行大选；而大选后新的总统又须过四个月的工夫方能就任。

> 明显的事实是：在这个工业文明最危急的时期，各国的国际政策是被昏聩的偏见所支配，完全与专家所一致主张的相反……一个严重的问题（只是失业的人数便有三千万）因此便一再延搁了。[1]

独裁政治所提倡的是超人的政治（Government by the elite）理想是自古便有的，原不是一个新奇的主张，但是近代独裁者受了索瑞尔（George Sorel）的影响是提倡得更为有力及具体，并且见之实行。

民治主义将主权交给了人民，这便是说，交给了群众。法西斯主义认为主权应该在合法组织的国家里面。民治主义将一个国家的政府交给了群众令其为其本身的利益而运用之；法西斯主义者坚决主张将政府付托在能超越自身利益而见到整个社会利益的人的身上，他们能看到一个社会的统一性，能贯通过去及未来社会的联系。因此法西斯主义不但摒弃人民主权的学说而主张国家主权的学说，它并且明白地宣告一般的人民是不能提倡整个社会的利益的，因为超越自身眼前的利益而认清社会历史的使命的人物是属于极少数的。天生的智慧与教育的熏陶是造成这种人物极重要的因素。但更重要的恐怕是大智大贤的优越的直觉性，他们

---

[1] Pink, *The Defence of Freedom*, pp. 66–67.

的传统主义及其遗传下来的天才。[1]

超人的理想在政治制度上的表现是一个组织极为紧密，纪律非常严明的政党。在这个政党里一切都听命于一个权力绝对集中的党魁，他的命令就是法律。这个党魁是一个超人，他能见人所不能见，他是一个领袖，他是 Il Duce, Der Fuchrer。

在苏俄的情形之下，这个领袖制度的理论是"阶级意识"。因为一般的群众不是绝对有阶级意识的，所以都市里的工人占着特别优越的地位。都市里的工人，有的已加入共产党，有的尚未加入，加入了的当然是阶级意识比较强烈的，所以共产党员占着特别优越的地位。这个共产党实行的民主集权的组织系统，所以权力又集中到一个党魁的手里；这个党魁是阶级意识最强烈的人，所以他可以支配一切。

意大利的情形当然不同。那里有一种对于民族的观念，包括着过去现在与未来的意大利民族。最能看清这个民族历史使命，最能顾虑到这个民族的整体的是一个领袖，这个领袖便是独裁者，同时当然也是法西斯蒂的党魁。

德意志的根基是种族。日尔曼种族在历史上有它的使命，领导着这个种族去完成它的使命的便是德意志的领袖，就是希特拉。

阶级意识，意大利民族的使命，日尔曼民族的使命究竟是什么？当然是一个不容易解答的问题。一般的人都是一些庸碌之辈，他们日日竞竞于私利的谋求，根本缺乏眼光，缺乏直觉的能力，看不见历史的演变，看不见将来。惟有超人，惟有领袖才能见人所不能见，才能领袖群伦向着光明的使命的大路去走。换言之，承认了这些使命意识等等便得承认这并不是人人所能知的，人人所能见到的，可以用理由来证明或反驳的。领袖说什么，你便得听什么，领袖叫你做什么，你便得做什么。领袖是先知先觉，你承认了这一点，你便只应服从。[2]

这种的说法是富有神秘性的。你既不是先知先觉，你便不能去怀疑先知先觉所指示的道路。绝对的服从造成了优美的纪律，[3] 不能怀疑造成了反理智的思想。在这种政治之下你不得运用你的理智来批评政府的设施，因为政府的设施并不一定是基于理智的。领袖看到了你所看不到的，所以你不许批评领袖。这样造成的局面是极严明的纪律，举国上下都是随着一个指挥者而动作。[4]

民治的一个通病是庸人的政治，前已言之。所谓庸人的政治便是不能以国内最优

---

[1] Rocco, op. cit.
[2] *Woolf, Quack, Quack!* Pt. I.
[3] 这种服从纪律当然受了军事组织的影响，见 Sforza, *European Dictatorships,* pp. 1-2。
[4] Woolf, op. cit., Pt. II.

秀的人才为国效用。民治是嫉妒领袖人才的；一个领袖人才在民治国家里掌政后一定遇到许多的阻碍——一切防止政府专擅的阻碍，而不能尽量的发挥其效用。民治用理智来计算一切的问题，评论其得失利弊，往往使得良好机会交臂错过。在危机紧迫的时候，民治的政府不能运用灵敏其以保证放任政策为鹄的的机构，经过长期的讨论才能得到结论，故往往坐让事体扩大，缺乏果断的抉择。民治政府下的社会是基于个人主义的，故形成散漫的局面，缺乏严明的纪律。[1]

独裁政治的引诱性便针对着这些弊病而加强。许多国家的人民，眼看着他们的民治政府有上述的各种弊病而感觉到有改良的必要。独裁政治出来把这些弊病都矫正了，当然是具有强烈的引诱性。独裁者利用反理智的宣传，充分的表现他们的神秘性，利用如长江大河一样的口才勾引起人民的情绪，利用人民天性中的种种弱点来唤起其心情，这样他们便能一举而成功。

以上数项，都是独裁政治者所提倡的主张。每一项都针对着他们所要推翻的对象的弱点而肆意攻击，并且提出鲜明的补救方案来吸引人民的拥护。世界大战后许多国家陷入一个瓦解崩溃的现状之下，政治上是无政府的状态，经济上是破产及劳资斗争的局面。它们的内部有一种空虚，空虚是须要立刻填补的。独裁政治之所以成功便在立刻填补这个空虚。

八　传统民治国家的抵抗力

本文所提到的独裁政治只限于苏俄，意大利与德意志三个国家，其他国家未遑顾及。这并不是因为我们只知注意强大的国家，而是因为这三个国家可以被目为独裁政治的代表。其它的国家所励行的独裁政治之兴起一样的可以用以所举的几种理论加以解释。其他的国家在世界大战之后大都尝试过一番颇走极端的民治政治，这些民治政治大都是根基很薄弱的，因此在政治上时常也陷入无政府的状态。它们的经济组织大都只在工业化的初期，根基未能稳固，同时又早受社会主义的激荡，工潮时常搔扰社会的安宁。加之，它们不是因战败而疆土受战胜国层层束缚的国家，便是从奥匈帝国，俄帝国，德帝国，或土耳其帝国固有的疆域分割出来的国家，面积极蹙，强邻环视，处境极度的困难。波兰便是这种处境困难最显明的一个例子。总之，它们都是内忧外

---

[1] Pink, op. cit., Ch. iii.

患交相煎迫的国家，而所建立的政治制度则是以保证放任主义为目的，故产生不出强有力的政权的政治制度，在这个危疑急迫的环境里，揭櫫鲜明集中政权的独裁政治便都能投合他们的心理，往往不费一卒不耗一弹便能将政权抢夺过来，建设强有力集中的独裁政治。如果我们以一般的独裁而论，其兴起的重要原因，倒不是这些独裁政治所资以号召的主义及政策，而是它们所提出的反民治的集中政权。苏俄之所以能实行共产主义固不是因为俄国的人民真的相信马克思的高深而又不切合他们环境的经济政治学说，墨索里尼，希特拉辈在登台之前则连鲜明的政治经济主张都没有，墨索里尼甚至以没有具体政纲为光荣。至于他国荣任独裁者的一般武人政客，除了标榜强烈的集中政权外，更无足资号召的政治经济政策可言。在一个国家内忧外患紧迫的时候，在国家内部纷乱扰攘的关头，他们只叫人民信仰他们，能授大权给他们来拯斯民于水火，嗯嗯望治的人民也便俯首听命，不宁愿再去忍受民治主义下的那种无政府的状态了。这是独裁政治兴起的普遍原因。

解释独裁政治兴起的原因虽然如上所述，我们还须明白为什么在现在的世界上还有不是独裁政治的国家屹然存在。明了为什么独裁政治在俄，意，德及其他国家兴起的原因并不曾明了为什么独裁政治在英，美，法等国似乎没有兴起的希望。解释这一个现象是相当困难与复杂的，但是这个现象却是现代政治里一个极端重要的问题，也许是现代政治里的中心问题。[1] 我们不敢对于这个问题作一个肯定的理论上的答复。每一个时代都有它的政治学经典来解释那个时代的政治。二十世纪初半的政治学恐怕便将以这个问题为经纬。这部经典之作还没有出现，此时恐亦未到出现的时机。以下所讲的不过是一种浅薄的推敲，聊以帮助这个问题的了解。

我们须要牢记现在仍然维持着民治政治的国家在世界大战里都是战胜的或中立的国家。这件事实是讨论民治与独裁的著作所时常忘却的，但它却是一件绝不容忘却的事实。战胜了的国家或保持中立的国家在战后都经过一度相当的繁荣，美国的繁荣则更为显著。这个繁荣时期使得这些国家里的问题比较上简单，一直要到一九二九年来的经济恐慌后才日见繁复。这一度的繁荣使得一般人民依旧保持着十九世纪对于世界前途的希望，一般人仍然是相当乐观的。在一个经济繁荣的时期里一般的人民是趋向于稳定的。他们不肯以其自身的利益安危为冒险的赌博。一般穷苦的人民也不轻易于兴风作浪，因为他们仍然保持着一种环境改善的希望。纵然他们是在失业的队伍之

---

[1] 近数年来关于这个问题的书籍已多得不可卒读，杂志里的论文更是不可胜数。*Politica*, August 1935. 有一个参考书目似乎相当详尽。

间，他们也宁愿暂时领受着政府所给予他们的救济金生活费而祈求着机会之来临。这一群国家都是工业化程度比较高的国家，国家的财源比较旺盛，也能利用大批的金钱为救济失业工人的费用。英，美等国的失业群众一般的意向只是要求政府来救济他们，并不要求推翻政府。英国的劳工党主要的政纲并不在于实行社会主义而在用大量的经费作为救济失业群众之用。美国的所谓劳工运动也只限于向政府要求救济经费，罗斯福的花费巨额金钱建设的政策便能投合一般群众的心理。无论共产主义者如何的煽惑宣传，迄未能搔着英美工人的痒处，故在这些资本主义最发达的国家里共产主义反而根基异常薄弱。那些国家的人民并不厌恶他们的政府，只要政府来救济他们。所以急剧的革命思想始终未能深入人心。政府对于当前的问题确有办法（虽非根本的办法），那里并没有一个无政府的状态，故无建立强烈政权的要求。

战胜或中立的国家在外交上也没有了不得的困难。它们近十数年来的外交，不是在执行战后诸种条约来维持其极端优越的国际地位，便是在谋求其本国的拓展。它们没有外国来压迫或威胁，战后的几个重要国际问题，如国联问题，如裁军问题，都不是使得英美法等国本身感受威胁的问题。最近虽然有意德破坏和平撕毁条约的暴动使得它们疲于奔命，但意德等国的举措又何尝影响到英美法等国的根本？在外交不发生严重问题的情形之下，一般的人民并没有要求强烈政权来蛮干硬干的理由。这样使得它们仍然能够保持着其固有的政治制度。

为的是明了英美法等国在战后优美的环境最好是与意德等国比较一下，意大利是一个工业化程度很低因而被认为是农业化的国家。它的政府财源在大战破产之余实不能够花费巨额的金钱来换取工业社会里的安定。德国虽是一个工业化极高的国家，但是协约国赔款的要求——用武力为后盾的赔款榨取，使得它的政府绝无余力来救济失业。说者或有谓德国的社会民主党当政后背叛其所标榜的主张而不去解决工业社会里的恐慌。拙见以为这是很冤枉该党的，因为那时的经济状况实无此余裕。同时，它们的外交也在极度困难之中，上文已经说过。在这种环境之下，它们的处境当然是困苦万状，简直是无从去解决其国内外的种种问题，与英美法等国的环境实不可同日而语。因为它们没有应付国内外问题的办法，国家便日趋于纷乱之一途，这个纷乱的状态正正造成了独裁政治的机运。我们研究德国的威马制度，不但是应该认定它不能切合当时的环境，并且应该惊叹该制寿命竟能绵续到一九三三年。[1]

---

[1] Rogers, *Aspects of German Political Institution*, 便作如是观。

英美法等国都是民治主义根深蒂固的国家，他们经多少年的宣传及渲染，早已对于民治有极深切的信仰。民治的制度是他们的祖宗破头颅洒鲜血换取得来的。他们有光荣的民治革命历史，造成他们历史背景的中坚部分。我想稍通英美等国国情的人一定能体会这些国家的人民对于他们的民治以及民治的一切典章制度是如何的宝贵，如何的爱护。他们早已养成了民治的习惯，自由早已成了他们的天经地义，不可磨灭的真理。在十九世纪里，民治主义与资本制度双双成了他们的最高理想，同时也带给他们一段最繁荣的时期。他们绝对地相信只要保持着这个理想，保持着这个制度，前途实有无限的光明。无论反对民治的，或批评那时的民治不是纯粹民治的学说怎样动人听闻，怎样的有声有色，兀自不能动摇他们的坚决信仰，使得他们对于其祖宗所遗留下来的光辉提出彻底的攻击。历史的背景是不轻易能够铲除消灭的，所以反民治的宣扬在这些民治经验丰富的园地总不能发芽孳长。加之民治与资本制度以及昌明自然科学都是纯粹理智主义的产物。多年的理智教育使得一般人民惟能相信理智，对于理智万能是绝不怀疑的。他们经过长期的渲染，使得他们不能够打开胸襟来接受带有浓厚神秘性的宣传。他们看了近代反理智主义的作品只有愤怒与反抗，不能自已的发为谩骂，认为是荒谬绝伦。他们不能相信有预言家或真知真觉的可能，故不免将这些预言家的言论加以逻辑的分析，用历史事实来指明其荒诞。墨索里尼的那篇论法西斯主义的文章便被人一条一条分析过，分析的结果使得它一无所有，全是一套空言，并且前后矛盾，武断含糊。[1] 这些人用的是理智主义来批判反理智主义的作品，宜乎格格不入，但是理智主义在若干国家里并没有留下很深的痕迹。意大利的人受马奇尼（Mazzini）的影响甚深，他便不是一个十九世纪的理智主义者。德意志在中古时代遗留下来的浪漫主义仍然很深。

现代德意志的文化潮流所受的瓦肯罗德尔（Wackenroder），挪瓦利士（Novalis），及施莱格尔（Schlegel）兄弟所领导的运动的影响之深是极足惊人的。现在仍然有怀疑自由主义理智及思想崇拜的态度，他们不相信民治主义及政棍的行为，不相信世界的国际主义；他们仍然注重情感及感觉，仍然祈求在文学美术宗教及哲学里把民族的精髓表现出来。挪瓦利士与赫尔德（Herder）一样，把中古时期看得非常神圣，而认定中古时期是"信仰的时期"，十九世纪是"理智的时期"，而无疑的赞成前者。菲得瑞许·施莱格尔（Friedrich

---

[1] Finer, *Mussolini's Italy* 及 Woolf, op. cit., 均作过这种分析，Finer 尤为详尽。

Schlegel）翻译莎士比亚的戏剧，提倡莎士比亚带有诗味的宇宙观而与近世倡说进步的学说相对比，这样使得莎士比亚的戏剧受到德人的传诵较受英人的钦赏尤为普遍。他的兄弟痛诋法国革命，受柏克（Burke）的影响，倡议国家是一个长期存在的道德上的社会，是现在的人与过去的人及未来的人一个共同的组织。[1]

所以反理智的情绪在德国是继续不断的自中古时期遗传到现在的。这种浪漫情绪之存在使得十九世纪的理智主义及其一切典章制度始终未能深入德国的人心，同时也使得希特拉运动的神秘性能投合德人的心理。试看哥必挪（Gobineau）及张伯伦（Houston Stewart Chamberlain）的种族学说，虽然是违反科学精神的假科学，却能为德国人所信服，而发为蓬勃激烈的反犹太的运动。[2] 他们反对犹太固是一种蛮性的找"替死羊"的心理，同时也是因为犹太人在德国所代表的是为一般的德国人所不齿的理智主义。理智主义既为德意等国所未曾全部接受的精神，它们遂缺乏英美法等国抵抗带有神秘性的思想与运动。[3] 英美法人士所认为荒诞不经的思想到了德意等国便能发为潮涌一般的运动。

同时，从政治制度一个狭的方面来说，英美法等国的民治政治机构里，经长时期的运用，有一种应付危机的相当有效的方法，为缺乏民治经验的国家所不会运用的。本文开端时曾叙述过罗马共和国时代的独裁制度，所谓"经典式的独裁制度"。这个制度的运用等于设立一种机构使得政制的一部分可以暂时停止运用来挽救政制的全身。这个制度是受到许多政治思想家的推崇，我们也可以名之曰"政制上的保险盒"。[4] 马克维利与卢梭对于罗马共和国制度的推崇，本文上端已经征引了。洛克（Locke）对于这个办法也是极端赞成的。他虽然没有明白征引上古的例子，但他主张行政机关应有"特权（Prerogative）"以便在紧迫时期施用"裁决（Discretion）"，俾使以谋求社会幸福的法律不致变成危害社会的法律。[5] 在一般的民治宪法里也多有规定应付危迫环境的条文，这种条文是与罗马共和国的制度一式的。例如，美国联邦宪法便规定"人身保护状（Write of Habeas Corpus）"得在国家遭遇叛乱或侵略时，或公共安全失掉保障时，停止应用之。戴雪（A.V. Dicey）虽然认为在民治国家里军法不应存在，近十数

---

[1] Greenwood, op. cit., p. 232.
[2] 阐述此二人学说之作甚伙，比较深刻的是 Steed, *Hitler, Whence and Whither*? Ch.i.
[3] 所谓 "Persecution Complex"。
[4] 套 Bagehot 语，彼曾认无限制册封英国贵州以制胜贵族院的办法为 "safety-valve"。
[5] *Two Treatises on Civil Government.*, BK. II, Ch. xvi.

年来纷乱的状况下军法是常常施用的。欧陆各国一致承认"戒严状态（Etat de siège）"的原则，并且宪法或法律详为厘定。西班牙一八七六年宪法第十七条，德共和国威马宪法第四十八条，都是鼎鼎大名的条款。此项规定的用心是在国家危急的时候，暂时的，部分的停止宪法全部的应用，以期保存宪法永久的，整个的安全，亦即是避免牵一发而动全身的意思。晚近几个主要民治国家都曾应用这种制度而收到显著的效果。世界大战期间英国路易·乔治（Lloyd George）的"战争内阁（War Cabinet）"，美国威尔逊（Wilson）的"总统独裁"，法国的"神圣同盟（Union Sacré）"，都是相当的违反了寻常的习惯的。至后来经济恐慌期间，各国也都有非常的政府出现。诸如英国麦克唐纳（MacDonald）的"国民政府"（National Government），法国杜美格（Doumergue）内阁，美国罗斯福（Roosevelt）推行所谓"新政"的政府，都相当的破坏通常的法轨而招致主张泥守固有习惯的人士的非议。[1] 然而不论偏爱自由的人士如何的诋毁这种政制，它们却是使得民治的政制能够在狂风暴雨的袭击下巍然维持的变革。崇信自由主义的国家在危难当前的时候，竟能放弃其固有的典章制度，正是民治健全的表现。它们平时虽然政权分散，主权湮没，到了全部受胁之时，都能改变成为政权集中，主权清显的局面。这类改变当时都能受到人民的拥护：例如一九三五年英国的大选，一九三六年美国的大选，政府博得人民热烈的拥戴，正足以征明一般的人民，在紧迫关头，是宁愿割舍自由以建立权力集中的政权主权的。如同罗马的独裁一式，此种不走极端的态度正是民治健全的表现。

德国在战后虽亦曾制定了宪法第四十八条，并且屡屡引用这一条来应付种种难关，但是不幸，德国民治的经验究竟薄弱，国家的问题究竟过于险急，使得政府不得如英法美一样自如的处置。德国的第四十八条所造成的是总统的独裁，但是在总统之下执行法律的国务院则迄不能成为英法美等国那样的举国一致。坚持着政党政治的原则，德国既不能得到一个占绝对多数的政党，也不能造成一个多党的精诚团结的政府。在其它民治的政府里这种办法可以成功，在德国不幸便归于失败。[2] 诚如上面征引的一段话的说法，国际险恶的环境，虽非唯一的原因，要为其失败的一个重要因素。

这种政制的实际有效的运用端赖政府能够认清它是责任的政府。

> 专制与宪政的根本区别，不在权力的限制，而在享有权力的机关能负责任。在危机之时果断有力的施政是最重要的；因此在这种危机当前的时候，一切别的

---

[1] 拙作《非常时期的政府》一文，对于这些制度曾较详细的述说，载《民族杂志》，四卷五期。
[2] Heneman, *The Growth of Executive Power in Germany,* Passim.

计虑都可不顾。在事实上这种情形亦所在多有。政治组织而不认清此点是没有前途的。一个纯正的代议政治是避免这个毛病的。它并不设法或提倡行政权之分割，除了责令其对于施政成绩负责任外，不将行政权分割。[1]

这是一位论政制者的理想。但他所提出负责一点是重要的。如果当政者获取权力之后便自由处置起来，企图把大权永远把持不放，那便是违背了负责的政府。罗马共和国独裁制度之成功在于三百年间八十八位独裁者都在六个月里下台了。如果有一个人到限期不肯下台，那便是破坏了独裁制度而是"凯撒主义"。英法的内阁，美国的总统，到了限期都得选举，不去选举便是把这个制度推翻了。他们之所以到期还肯去举行选举，选举失败后还甘愿下台，这是多少年宪政实施所养成的习惯。人民的反感造成了一种绝不可遏的潜力，使得政府不敢于完全违背民意。因为民意的潜力是如此的伟大，所以欧美的"危机政府"还能不流于凯撒主义，仍然维持着以民为主的真精神。这个原因使得许多民治经验根深蒂固的国家，一方面能产生出果断有为的政府，一方面却仍然能够维持着负责政府的真髓，不致流于专制的暴政，或凯撒主义化的现代独裁。也是因为这个原因，所以人说有民治经验的国家，有运用自由习惯的国家，虽在危机当前之时一样的要求积极的政治，一样的祈求集中的有主权的政府，它们却不必去走到专制独裁的极端，仍然保持着负责政府的精义，而积极的政治及集中的政权却还能够产生出来，用敏捷果断的手段来应付紧迫的危机。它们能产生这样的政权可以解释它们没有走上专制独裁的事实。

上面的一段分析镕汇了本文前部许多解释独裁政治的理论。我们要明了独裁政治的兴起，这些理论是都得注意的。我们以为独裁之所以现在为雨后春笋般的蓬勃茂盛是因为在世界大战后紧迫的环境使得人民渴望强有力的政权之出现。他们要求政府享有鲜明的主权。他们企盼政府能用敏捷果断的手段来拯救人民及国家。民治经验丰富的国家都能在不违反责任政府的原则下供给他们的需要，民治经验薄弱的国家便只有流入独裁。因为民治经验丰富的国家恰好都是战胜或中立的国家，政治经济问题都比较上容易处置，故都能够维持着民治的根本。其它国家的问题比较复杂繁难，民治的基础又极为薄弱，遂接二连三地励行独裁。我们没有事实来断定如果民治国家战败了，或问题比较复杂繁难的时候，它们人民集中政权的强烈要求是否竟能产生出一个凯撒来把以前一切的典章制度一扫而净。或许我们可以说，近十数年民治势力的成绩以及

---

[1] Ford, *Representative Government,* pp. 304–305.

所感受的威胁，使得这个可能有减少的趋势。至少近十数年来的经验使得许多人热烈的讨论民治的根本，几乎一致地放弃了十九世纪人士民治即放任的看法，加强政府的职权，集中政府的力量，使得从前十九世纪民治制度的弱点，亦即倡议独裁的各种主义对于民治制度的攻击的弱点，渐次的泯除改善，使得罗马独裁制度的真精神以及许多政治思想家的理想，能够重新实现于二十世纪。这样修正后的民治，便是切合福特（Ford）的理想的政制，也许是终于战胜了现代独裁狂潮的一种预兆。在民治与独裁对峙争霸的现状之下，一种政制理想也许是慢慢地孕育出来。美国罗斯福的第二任里，苏联新宪法草案实施后的演变，也许便是这个政制理想的模型。

九　正名

"名不正则言不顺"一句古语是早应该应用到政治学上的。本文上面曾举出了几种独裁政治的定义，并且略为描写了一下现在这个名辞被滥用的情形。经过了一番讨论之后，我们似乎还是不能肯定的替独裁政治立一个精确的定义，除非我们使得这个定义完全虚玄抽象。立定义不过是帮助我们了解，了解的方法并不一定需要定义。如果我们把实际事实分析清楚，我们也便有相当的了解。如果我们说：

（一）罗马式的独裁可以说是"经典的独裁"；

（二）现代民治国家里的"危机政府"是与"经典的独裁"一样的；

（三）意大利，德意志以及别的国家的现制，不是"经典的独裁"而是破坏"经典的独裁"的"凯撒制度"；

（四）"凯撒制度"与专制君主的区别只在前者不是世世传袭的，而后者则是。

我们对于这个名辞的滥用情形，若不可以完全消灭，至少可以改善许多。

国际民治主义 *

威尔逊在世界大战中"使民治主义在世界上安全"的口号是有两方面的：他希望欧洲以至世界的国家都推翻专制暴政而建立民治的政府；他同时希望这些民治国家要按民治的原则联系起来组织一个维持永久世界和平的国际联盟。威尔逊的理想境界是一个完全民治主义的世界。

在一九一九年的左右，威尔逊的世界观是颇有成为事实的可能的。虽然在巴黎和会里他对于违反他的理想的主张有相当的让步，但是国际联盟毕竟是组织起来了；虽然帝俄的倾覆所造成的，不是一个自由主义的俄罗斯，但是共产主义的国际革命理想，经过数度的尝试，终归是失败了，在德，在奥，在匈所建造起来的仍旧是民治主义化的政制。虽然威尔逊本国没有加入国际联盟，但是美国毕竟是一个民治主义的重要壁垒，终久是要捐除偏见而与世界的一切民治国家联合起来的。世界大战胜利的国家，不是统一集中的专制政府而是民治的政府。世界大战的胜负是民治和专制的胜负。无怪乎迷信民治主义的人，在那个时候，是踌躇满志，极端乐观的。

然而曾几何时，这个乐观的景象便烟消云散了。在一九二二年的冬间，意大利的自由民治政府倾圮了，而让渡给一个法西斯的独裁。翌年的春间，西班牙的自由民治政府的政权被一个武人抢夺去了。接二连三的，极端理论化的民治政治——的倒塌下来，代之而兴的是各式各样的独裁政治。这些独裁政治蹂躏人民的自由，摧残议会的机构，践踏神圣的宪法，它们造成了不负责任的政府。

又曾几何时，国际联盟的机构在处理国际间的纠纷，次第的暴露其软弱的特质。一个独裁国家公开地占领了别一个国家的岛屿，开炮轰击而伤害别一个国家人民的生

---

* 原载《民族》第五卷第二期，1937 年 2 月。

命财产。这便是著名的哥府（Corfu）事件，主其事的是法西斯主义的墨索里尼。国际联盟在创设之初，居然能和平地解决若干的国际争执；但那些争执牵涉的都是些弱小的国家。现在国联遭遇到一个强大的意大利欺凌一个弱小的希腊，国联的机构开始暴露了它的弱点。正在国联庆祝它的十二生辰的那一年，一个蛮横强悍的国家把它的军队派遣到一个邻国，用暴力占领了邻国的土地。被侵略的那一个国家向国联去请求救济，但是强国的军队依然占领着邻国的土地，国联发出一次息战的劝告之后，强国便多占一块土地，终于兼并了领国的四省而威胁到全国。这便是与我们有切肤之痛的东北的丧失。又过了三年，一个国联会员国的法西斯国家派遣举国的军队进侵另外一个国联会员国，那个被侵略的国联会员国，一方面全国动员誓死作战，写成一页可歌可泣的抗战史；一方面则根据《国联盟约》对于会员国的保障的条款，大声呼吁，请国联去制裁它所受到的侵略。这一次国联大胆了些，居然引用了盟约第十六条的一部分，施用了经济的制裁。这次盟约制裁条款的施用，在国联的历史上是第一次的创举；它引起了一切崇信国联的人士极度的乐观。但是待到经济制裁要施用到煤油的时候，许多国家便受资本家的怂恿而不肯禁止煤油输运；等到经济制裁显然不能遏止侵略的时候，各国更无心作进一步的制裁而施用盟约第十六条所规定的军事制裁。这样意大利鲸吞了亚比西尼亚，建造成第二个罗马帝国。

国联的失败助长了法西斯主义的威风，唆使另外一个法西斯国家敢于励行其所谓"勇猛的外交"，把国际条约一条一条撕毁扯碎，怒目瞪着整个世界而世界竟把它无可如何。希特拉的"纳粹主义"外交，一反斯崔斯曼的"履行政策"。他了然于履行条约实不足以使德国解除其层层的束缚，所以祈求德国的复兴惟有冲破战后和平的机构。希特拉把《凡尔赛条约》撕毁了，把《罗加诺条约》扯碎了；他领导着德国退出了国联，退出了裁军会议。这样国联便失却了它的意义，世界史上最有希望的一次和平机构试验似乎又归失败了。

威尔逊的民治主义有两方面，前已言之。在独裁政治普遍兴起，在国际联盟日趋没落的时候，当然便是民治主义在世界上最不安全的时候。我们处在这个狂风暴雨的关头，不只是纯从学术眼光，就是从实际政治眼光来看，自然有将国内的及国际的民治主义重新加以一番探讨的必要。我们要祈求明了为什么独裁政治在欧战之后，在许多国家里如同雨后春笋般的蓬勃起来；同时也要试行解释国联为什么急剧地陷入没落的境地；为什么现代的独裁政治对于一般人民有这种重要的引诱性；为什么民治政制这样容易便被墨索里尼，希特拉等人践踏推翻；为什么国联所代表的国际民治主义如此的脆弱，这样容易便被野心的国家破坏摧残。这样的去考求究问，不是提议一种根基牢固的国内或国际政制，而是研讨国内的及国际的民治主义失败失效的主要原因：我们不是在开药方而是在诊断病理。如果对症下药是医学上的不易格言，这种诊断自然也是诊治的先决条件。

我们认为国内及国际民治主义，同是出发于一式一样的根本原则；民治主义的根本原则有了毛病，所以民治主义国内的国际的双方面均陷于没落。国内的民治主义与国际的民治主义既然都是民治主义，共同具有相类的原则，原则若果有了缺憾，其表现的两方面当然同时趋于破产。这个假设的证明是本文的主旨；我们认为民治主义的原则需要一番新的估价。国内的及国际的民治主义既是一种主义的两个方面，我们不妨分开来讲。（关于国内民治主义，我曾写过两篇观点不大相同的文字，其一题曰《民治主义的没落》，载《东方杂志》，廿五年秋季号；其二题曰《独裁政治的兴起》，载清华大学《社会科学》，二卷二期，有许多那里发挥过之点，此处从略。其实本文注重民治主义的国际方面，亦可目为对于民治主义的另外一个观点。）

民治主义的一个重要基础是社会单位的自由。在国内民治主义的原则下，一个政治社会根本的基石是自由的保障。因为民治主义勃兴之时正是资本经济发达之日，而资本经济的根本社会组织单位又是个人，所以自由的享有者享受者便也是个人。在这种民治主义之下，个人享受着充分的自由，以自由竞争为原则，去发展其个人的事业。在这种社会思想支配之下，政府应行采取极端放任政策；透澈言之，政府虽然存在，但实质者应该是等于没有政府。民治主义与放任主义实在是表里相依的。这一点是晚近论民治主义者所早已详言的，毋待详细申述。

需要详细申述的是国际民治主义一样的以自由为其理想。这一点其实显而易见，只是未经阐发道出而已。我们试看国际联盟的盟约中所规定的国际组织，处处表现其以维护会员国的主权为其理想，支持国联的几个主要国家都是民治国家，他们几乎认定国家的主权是神圣不可侵犯的天经地义。这些民治国家，在其本身的政治组织中，不免将布丹所阐述的主权支离割裂（只有少数冥顽不灵的宪法学者还不肯看清这个清显的事实），但是一经推到国际上去，便死守着布丹主权的定义，一丝一毫不肯放松。它们要求保持着绝对的主权，也就是要求保持着绝对的行动自由。它们对于国际组织绝对不肯作毫厘的主权割舍，它们死守着其绝对的自由而不放。在国内的政治组织中，如果每一个人民都保持着绝对的自由，这个社会便是一个无政府的社会。在国际社会中，每一个国家都要保持着绝对的自由，国际社会也便是"国际的无政府状态"（G.L.

Dickenson: *The International Anarchy* 一书是描写世界大战前的国际社会的，但现在又有人用这个名辞来描写现在的国际社会了）。在这种情形下，绝对没有组织"世界政府"或任何有效的国际组织的可能，正如在人人都享受绝对自由的社会里没有组成政府的可能一样。在一个没有政府的国家里，如同在浩布思等政治思想家所描写的自然状态一式，完全是弱肉强食的局面，蛮横强悍的盗贼世界。这个自然状态不是恰恰符合现在的国际社会吗？一位英国政论家尝说："文明的进步便是自由的限制"。自由受到限制文明便有了进步。保持着主权自由正是维持野蛮状态的方法，正是阻碍文明进步的途径。十九世纪的民治主义讴歌自由，但是爱自由如洛克也没有进到完全抛弃了政府。现在的国际便是爱自由爱到抛弃了政府，根本不许政府有产生可能的局面。

在另一篇文字里（《独裁政治的兴起》）我曾用许多引证希望说明，近代独裁政治兴起的主因是处在纷乱世界的人民不能忍受畴昔极端放任的政府。世界大战后各国人士要求一种维持世界和平的机构，也是因为身尝世界大战的人民希求纠正战前的"国际的无政府状态"。一种"极权国家"（Totalitarian State）及极端的"划一主义"（Gleichschallung）由于人民的要求而孳生，造成今日法西斯主义的狂飙；法西斯主义之所以成功是因为意，德等国的人民勇于放弃他们的自由。国际联盟之所以失败是因为在这个危机紧迫的关头，各会员国匪特不捐弃一些主权自由来建设一个有效的"世界政府"，反而越来越趋于死守主权自由而不放。

民治主义自由的观念之另一个表现是平等的观念。稍通民治主义发展史的人一定晓得，平等的观念虽早已成为一般在野者的要求，但平等云者始终是限于要求平等者的自身，在实际政治上从来便没有过政治理想家所理想的绝对平等。法国大革命时代提出了平等的口号，但是那时之所谓平等，绝对不是理想的平等，就是"法律之下人人平等"的境地都没有达到。《人权宣言》虽然是一篇最响亮的政治宣言，但一七九一年的宪法却并没有把平等的观念用法律来表现出来。美国初年的选举权利有绝对的限制；那时的政治思想里公然承认惟有有财产的人才应该享有政权。这种情势要到后来才一步一步的改善。英国在一八三二年的选举改革法以前，选举权利之受严格限制，固为周知的事实；即在日后逐渐扩充，匪特未能逃出财产限制的窠臼，并且每经一次的扩充，均遭一番的反对。以后政治上的平等在法律上相当完备的时候，资本经济所提倡的自由竞争也到了一个严重的关头。十九世纪后期，一般期求真纯民治主义的人渐次得到两个重要的结论：其一，在选举权利演到普及的时候，政党的操纵成为必然的现象，所以多数人的民治主义毕竟还是少数人的寡头政治；其二，在资本集中的情况之下，法律上的平等并不足以促成经济上的平等，经济上的不平等现象更不能用提倡自由竞争的方式期其实现。这两个相互有密切关系的结论促成一种反抗的运动，其最动人听闻的便是社会主义的运动。社会主义的理想可以说是一种打翻现状谋求真正平等的政治经济运动。总而言之，民治主义的平等观念，经过实际应用的结果，只得到了一种法律上（即形式上）的平等，现实社会中竟造成了极度不平等的局面，这个局面招致热烈与严重的反抗。

国际民治主义与此颇有可以比附的地方，一般拥护国际民治主义的人都期望国联能够维持一种国际平等的局面。他们祈求一个庞大帝国与一个蕞尔小邦都能为国际联盟的会员国，利用国联的组织保护弱小国家的安全。但是这种期望只不过是"法律之下人人平等"的信念，论到实际应用，徒成一个虚幻的梦想。在显然不平等的情况之下，强者与弱者的态度遂致根本不同。在国联的历史中，一般弱小国家都是国联的忠实拥护者，而强大的国家则往往顾全到其本身的利害，遇到与其本身利害相冲突的事件发生时，不惜破坏践踏国联以期其利益之获得。在强大的国家间，有的国家早已居于满意的地位，故乐于利用国联的机构来保持其优越的形势；有的国家则企求扩张其版图或改善其地位，故不热心于拥护国联，甚而不惜蹂躏国联以图其扩张之成功。这种现象由于不平等的状况所造成，当是极显然的事实。我们既然没有使得国际绝对平等能够达到的可能，国联的这个弱点便终无根本补救的方法。

但是国内政治上矫正不平等情形的方式，殊有参考的价值。极端社会主义者认为经济上显然不平等的情况只有用暴力革命的方式，将一切"剥削"的阶级全然推倒，剩下来的只有"无产阶级"，当然便没有不平等的现象。社会主义革命只在苏联成功，现在世界上别的国家已在做别的试验，希望不用这样彻底的方法而可以达到了矫正不平等现象的目的。法西斯主义者的"职团主义"，国家社会主义的"劳工阵线"，甚至罗斯福的"新政设施"，精神及方法虽然和社会主义相去千里，其间亦迥异其趣，但是他们同是矫正社会上不平等现象方法的试验，当为有目共睹的事实。我们姑毋论这些方法究竟能否达到其预料的目的，有一点亟应注意的是它们——从苏联到美国——所采取的方式则一律是政府权力极度的提高。它们利用着一个威权无上的政府来纠正社会上的不平等，调解因不平等所造成的纠纷，强迫着纠纷双方或各方的让步。这样它们纵然是牺牲了不少的自由，在迷信传统放任主义的人士看来实是一种大逆不道的行为，然而这样正是促进平等的方法。放任的自由既然造成了不平等的局面，为的是祈求平等，自由便得感受到束缚或牺牲。自由与平等殆已成了势不两立的理想，为的是促成平等，自由便要受到损失。

若果这个原则应用到国际社会上，我们似乎也可以得到一个结论。国际间的不平等既是酿成纷争破坏和平的原因，矫正不平等的方法当然成了避免纷争及保持和平的根本要图。这个矫正的方法有二种可能的途径：其一是联合一切感受到不平等苦痛的国家，共同起来"打倒帝国主义"；其二是设法创造一个具有切实威权的调解纠纷机构，强力地用和平方法矫正不平等的状况。第一种方法类似于社会主义的革命方法，第二种类似于罗斯福的设施。但是无论哪一种方式为我们所赞同，它们都假定了一个强有力的世界政府；弱小国家如果不能密切联合起来组织一个强有力的政府，帝国主义不特不容易打倒，即使帝国主义一推即覆，亦无妥实的方法保证它们不再复苏，何况联合一群弱者来推翻一团强者是一件极端困难的大事。如果采用强力的和平方法来调解纠纷，当然更需要一个具有威权的调解机构。所以上述的两条途径的无论哪一条，一样地需要一个具有实际力量的"世界政府"。其实我们既然要矫正"国际的无政府状态"，其途径当然是建造一个"世界政府"。

在上文里已经提到，自由与平等，与其说是相互表里的，毋宁说是彼此冲突的。我们要矫正国际间不平等的状态，所以要建造"世界政府"。建造了"世界政府"，而它又具有相当的威权，使得它能运用和平的方法来调解国际的纠纷，改造了"国际间的无政府状态"，其势不能不侵损各别国家相当的自由。各别的国家，应当同成立"社会契约"时的人民一样，共同了解政府之必需，然后割舍其一部分的自由，使得政府能够成为事实。英国的一位历史文学家曾说："人类社会恐惧无政府状态正如自然界恐惧真空状态一样。"我曾为文说明在近代国内政治里这是一句得到事实证明的名言。近代史初期的专制政体之成立，近十数年来独裁政治的兴起，胥能以恐惧无政府状态的反应为其解释。我说在海内晏安的情况下，一般人是爱自由因而反对万能政府的；但在纷乱恐怖的时候，一般人便舍自由而爱政府。俄国的人民不是受到马克思—列宁主义的宣传而拥戴无产阶级的独裁；独裁一个名辞本身对于一班嗯嗯望治的人民便有其强烈的引诱性，不问这个独裁的权力标榜的是什么社会政策。在欧洲大战之后，一般论国际组织的必要的人，自威尔逊以至贩夫走卒，都是迷信民治主义的人。他们虽然恐惧憎恶"国际的无政府状态"，但是他们的民治主义总脱离不了自由主义、放任主义的窠臼，所以他们虽然宣传着建设国联，他们总不能同情于一个强有力的"世界政府"。他们的思想，虽然绝对不是强烈的国家主义或侵略主义，但他们却得到助长国家主义，侵略主义的结果。他们始终不能造成一个强有力的"世界政府"来制裁国家主义，侵略主义者的野心。在放任主义，自由主义日趋没落之今日，也许要经过第二次世界大战的惨痛教训，一般国际主义者也许便能有一种强烈恐惧憎恶"国际的无政府状态"的心理，也许便能将"世界政府"的需要切实地认清。那时他们也许便能看出，国际的不平等状态是陷灭世界文明的主因，而矫正不平等状态的途径，不是在死守着现状而无法维持现状，而是在建造一个有威权的"世界政府"，利用着这个政府的威权来强迫调解纠纷。现在各国在国内政治上已经了然于"法律之下人人平等"的规定并不切合事实，不平等的事实是致乱的主因，故须用威权的政府来矫正这种不平等的状态。这种了解象征自由放任主义的没落。如果国际的自由放任主义也趋于没落了，世界文明便有不被战争毁灭的曙光。

民治主义的又一方面是法治主义。英国的人最喜欢自诩说他们的政治纠纷是不必用暴力来解决的；他们以法律代替暴力为解决政治上的争端。自从十七世纪中叶的"清净教革命"以来，他们至今未曾有过流血的革命，但是他们政治的昌明是举世所景仰的。他们的著作家喜欢说："英国人早已坚决相信暴力的革命与内战是没有功用的，因为政治上的问题是不能用暴力革命与内战的方法来解决的。"有的人更进一步说："暴力革命与内战的特征是参加者不肯以调和的折衷的方法来解决他们的纷争；但政治本身的定义便是调和与折衷；所以诉诸暴力，顾名思义，便不是政治的解决；而是政治解决失败的证验。"这种说法好像是从前一位政治思想家所说的："战争是外交的失败；战争所未能解决的问题要用外交来解决，外交解决而无效便只有诉诸战争。"英国人既然坚决相信暴力是不足以解决问题的，因此一切纠纷便都以政治的方法来谋求解决。

政治解决的法门是法律的解决。法律是调解社会纠纷的工具，法律存在的意义即在乎此。法律维持着国家内部的安宁，因为法律惩治破坏社会秩序的犯人，法律解决人与人间的纠纷。为的是保障社会的安宁，为的是谋求纠纷和平的解决，所以主张政治解决的人也是提倡法治主义的人。法律的反面是暴力：暴力足以破坏社会的秩序，暴力是法律以外的解决纠纷方法。提倡法治便是反对暴力：暴力与法律殆成势不两立的纠纷解决方式。英国人既然不相信任何暴力应该用作解决纠纷的方法，所以英国人是提倡法治主义最有力的人。

这种哲学有一个根本的假定：这个假定是一切纠纷的双方都抱持相同的见解，如果纠纷的双方有一方不同意于法律的解决，国家能用它的威权来强迫他服从法律的裁判。一个扰乱社会秩序的犯人应受国法的制裁，他如施用暴力来拒绝国法的制裁，国家只有用更大的暴力来制服他的暴力。两个互争财产的兄弟如果采用血斗（Blood feud）方式来争夺财产，国家也只有用"血斗"的方式强迫着他们屈服于法律的裁判。所以法治主义虽然是一种和平主义，这个主义的背后始终是蕴储着暴力的。国家的背后若果没有暴力为后盾，国家便不能维持它的尊严，国家便不能完成它的使命，法治主义的提倡便亦归于失败。

然而这个浅显的道理有时竟为一般人所忘却。提倡法治主义的英国人有时过分的看重了和平而忘却了国家的暴力背景。十八十九世纪英国政治舞台上的争方——贵族阶级与工商业阶级——的确没有用暴力来争夺政权。十七世纪的流血大内战早已使得英国的贵族阶级凛然于其地位之不得不日趋于低落。他们的阶级基础亦因工业革命的前进而渐次融化于工商业阶级之中。所以他们的政策只求力尽人事，在新兴阶级的要求到了不能遏止的地步，他们便找最有利的方法下台。这个原则可解释一六八八年的"光荣无血革命"，以及后来一八三二年的选举制度改革，一八四六年的谷律取消，直到一九一一年的议会制度修正。十九世纪当中，贵族阶级早成强弩之末，争雄于政治的保守，自由两党根本便没有什么不能调和折衷的争端，它们对于社会的根本组织原则——资本制度——迄无相异的见解，所不同者只是政策的方面而已，所以更无酿成急剧内战的可能。同时一般人守法的习惯，以及国家暴力背景之无上威权，未免使得一般人竟忘却了暴力的功用，以致流为彻底的和平主义论者。他们竟然相信一切问题都能用和平的方法，用法治的方法，来谋求解决，而不知法律解决只能用之于没有根本冲突的争端之上，而不能解决利害绝不相容的争端，更不知法律解决的背后根本便有暴力的阴影，这个阴影一旦不存法律便立刻消失了其解决问题的功用。这种误解使得英国人深受无条件保持和平的影响而陷入极端苦闷的心理状态。

这个苦闷的心理状态最好以当代政治学家拉斯基（Harold J. Laski）为例子。在他的近著里，他在规划他所信仰的社会主义在英国实行的策略。他是一位相信和平的人，所以他绝对不能赞同社会主义者应用暴力革命的方式来夺取政权。既然如此，他所以提倡用选举竞争的方式争取国会大多数的议席（这种策略正是希特拉在一九二三年十一月九日的暴力政变失败后所采取的策略，当极显明）。待国会的大多数议席为社会主义党得获之后，社会主义党当然依照宪法组织清一色的社会主义内阁，这个内阁便实行社会主义的政纲。他们既然拥有大多数的议席，一切设施当然能够以法律表现出来。但拉斯基氏不免有许多顾虑。例如反对社会主义的势力，在感受到社会主义者的威胁时，贸易破坏宪法而暴力制止社会主义党竞争选举，社会主义党当如何应付？换言之，如果现在拥有英国政权的资本势力，不学德国从前社会民主党一样姑容希特拉运动的扩大,而学希特拉胜利之后的办法以暴力解散一切的政党,社会主义党是否将用暴力革命的手段以期应付?又例如假定社会主义党在把持了政权励行其社会主义政策之时,资本势力拒绝接受此项政策而暴力革命起来,社会主义党的政府是否将用暴力将其压制?换言之,如果英国资本势力学西班牙的旧势力一样暴力反抗合法左派政府的设施,左派政府是否将出面应战而使英国陷入西班牙的惨境?这些问题是无条件维持和平方法解决纷争的主张者所不能解决的问题。

因为这些问题不是绝对和平主义者所能解决的问题,所以内战终是一种不可避免的方法。美国在建国之初,何尝不是希望用法治来代替暴力的国家?但是到了十九世纪的中叶,终于因为南方与北方所代表的主张是根本冲突的,其根本性使其超出法律解决的可能以外,所以不得不诉诸暴力而卒将问题彻底解决了。法国大革命时期,革命的势力何尝不想仿效英国一六八八年的办法与布旁皇室作一种折中的调和(一七九一年的君主立宪宪法是这个调和的代表)?但是冥顽不灵的布旁皇室,不特不肯接受这个调和,并且勾结外力以抑压革命,革命者遂亦不得不走到极端而用纯粹暴力解决皇室了。这些例子适足以征验无条件的和平方法,是有极严重限度的。在问题相当根本的场合之下,和平的方法便失却了它的功用。我们在风雨飘摇之今日,与其"坚决相信暴力之无用",毋宁"坚决相信暴力是唯一无二的法门"。

施用到国际政治之上,这种发现与结论也有其应用的地方。国联的机构是相信法治的,但是国联机构的草拟者早已认清一个和平解决国际纷争的组织,如同一个国家一样,绝对需要暴力为其背后的制裁。因此国联的盟约,在规定了种种调解纠纷的机构及设立国际法庭之外,还写下了盟约第十六条的制裁条款。这是很高明的见解,与上述的发现及结论在理论上是如此一辙的。国联在组成之后,一再的拒绝施用这个条款是国联失效最主要的原因,早已为有识者的定论。

我们细考支持国联的几个重要国家之所以不敢应用这条的制裁,固然由于种种复杂的原因,不能认清暴力是维持法治的工具究为其最根本之一点。我们现在所要指出的,不是几个主要国家的当局缺乏高远的胆识(他们之缺乏高远的胆识尚何劳指出),而是说明一般爱护和平者,因为各政府当局之不敢施用制裁,竟然转而歌颂无条件的和平。现在高谈国联改组方案的人,以及一般讴歌国际和平的人,他们的论点,经过这多次的教训,不特不去督率他们的政府明了国联或任何维持和平的机构背后必须具有暴力的后盾,不特不去宣传维持国际的法治惟有采用严峻的暴力制裁,他们反而主张废弃国联盟约上根本的条款,反而歌颂无条件的和平主义。他们竟然梦想和平是没有代价的，和平是唾手可得的。在中日问题及意亚战争酣热的时候，各国的政府当局忸怩不决，泰半的原因也是因为在几个主要国家中，一般的舆论均受那些以宣传和平为职业的人所左右，而这些人的观点则始终是主张无条件的和平，他们爱和平而竟不肯为和平偿付毫厘的代价。这种人的观点是错误认识的结晶。他们愈有力宣传和平而和平愈容易破坏。他们的意见正是减损和平阵线力量的意见，正是强梁野心的强心剂。

　　在中日危急及意亚战争的时候，一般和平主义者尝反对他们本来便无胆识的政府的一点点制裁设施。他们说美国人不能替中国人抵抗日本，英国人不能替亚国人抵抗意大利。他们说严厉的制裁当然要引起战争，战机一启便是和平的破坏，而和平是他们所绝对要维持的。这便是等于说，国家用警察来捕捉盗犯是不对的，因为国家的职务是维持境内的和平，用警察来捕捉盗犯免不了盗犯暴力拒捕，这便是破坏了境内的和平。这种看法用之于国际居然有人不以为荒谬，用之于国内便觉是无稽了。这也可见国际和平思想现在进步到一种什么样的程度。如此而祈求世界和平之降临岂非是缘木求鱼么？

　　中国人是身尝侵略的人，我们不会成为国际和平的乐观主义者。但我们似乎不应该因此而对于这个问题完全不感觉兴趣。世界大战后的十数年中，世界上有范围最广的国际和平运动；我们中国人是这个和平运动错误途径的一个牺牲者。虽然我们不能抵御外侮只有自己埋怨自己，我们只能坚强自己的壁垒使得我们不继续不断的牺牲，但是我们也不妨对于以民治主义精神为基础的国际和平主义加以一番诊断，研究为什么在国内民治主义普遍失败之时国际民治主义也不得屹然独存。这种诊断给我们一种国际政治的认识，使得我们看清在国家的威权在国内日渐提高才能应付急迫的环境之时，国际社会如欲收到真正和平的美果，似乎也得建造一个有威权的"世界政府"。

　　上面所说的一套，不过是理智的推论。自古以来，理智在政治上总归战胜不了情感。自从十八世纪的圣·彼儿（Abbé de Saint Pierre），后来的康德（Kant），马克思，威尔逊，威尔士（H. G. Wells）都在梦想着一种世界和平而终无成就。教育终归没有方法战胜反理智的情感：世界的工人总不肯联合起来。我们讨论"世界政府"不禁联想起卢梭（Rousseau）批评圣·彼儿的"世界和平计划"的一段话来，卢梭说：

　　　　人是很少受其理智支配的，他时常受情感的冲动。我们很容易证明，一个暴君的真正利益在服从法律；这个结论已经三十年无人怀疑了。但谁受这个真正利益的引导呢？如果有圣人的话，他大概相信。你们以为暴君都是圣人。朋友们！你们应该让我告诉你们，你们太相信你们的理智了，太看轻人类的情感了。为乌托邦，你的提议是最好不过的；为亚当的子孙，你的提议是不值一钱的！[1]

威尔士以为世界大多数的人民已经到了接受"世界政府"理想的时候了。阻碍着"世界政府"降临的不过是：

> 心理上的症结，自私自利心，错误的口号标语，不好的思想习惯，下意识间的恐惧避忌，坦率的虚伪。[2]

但这些就是现在世界政治的现实，就是现代政治的原动力，多么彻底的教育，多么响亮的宣传，恐怕都不能把它们压下去的。明明看着危崖而偏向危崖去走，爱好世界和平的人又当怎么办呢？[3] 我们既然不能坚决的相信理智终于可以战胜情感，我们是不是要设法把爱好和平变成了一种情感呢？我们能不能相信理智推论的结果也能变成情感的对象呢？这便是说，我们能不能用优美的情感去战胜卑劣的情感呢？这些个问题值得我们去熟思深虑。

---

[1] "A lasting Peace Through the Federation of Europe", Introduction, p. 16.
[2] H. G. Wells, "Experiment in Autobiography", Vol. II, p. 821.
[3] 参看 James T. Shotwell, "On the Rim of the Abyss".

论宪法的目的 *

关于中国制宪运动的书籍，近年来确有层出不穷之概。除了几本已成普通已嫌陈旧的如吴宗慈，陈茹玄，和几本毫无出版理由的讲义翻印本外，近见的有杨幼炯的《近代中国立法史》，吴经熊，黄公觉合著的《中国制宪史》，及王世杰，钱端升合著的《比较宪法》（其中第六编题曰"中国制宪史略及现行政制"，占了一百七十一页）。我国现在正在制宪，论者每谓时人对于政府这件艰巨的工作，不发生兴趣，但此项书籍之层出不穷，却是这种看法的反证。如果我们再参看立法院"宪法初稿审查委员会"编印的一大本《宪法草案初稿意见书摘要汇编》和俞仲久编，吴经熊校正的两大本《宪法文选》，更可证明国人对于我国立宪运动的热烈情绪。德国在一九一九年制宪时，有人谓当时的政府实令全国人民学了半年的比较宪法，其宣传实足惊人。近年苏联的宪法草案，也是张贴于全国各处，请人民阅读，批评及建议。我国虽未曾做到这种惊人的地步，但在中国的情况下，历次宪法草案稿也是相当受人注意的。这些书籍文章之多正是立宪运动受人注意的明证。

在半年以前，我在《民族杂志》也曾为文批评过国民政府二十五年五月五日所公布的《中华民国宪法草案》（第四卷第八期）。在写那篇文章的时候，我想到"单单批评宪草而不及根本问题是没有意义的"[1] 但终以篇幅的限制及编者的命题所限而未及立宪运动的根本问题。近日来又读到许多新书，它们启发了我许多思想，《民族杂志》的编者又来催稿，所以把我对于我国近年来立宪运动比较上根本的问题——宪法的目的，试一论之。

---

* 原载《民族》第五卷第五期，1937年5月。
[1] 钱端升先生语，见《评立宪运动及宪草修正案》，《东方杂志》，第三十一卷第十九号。

一

中国近年来之所以要立宪，动机在哪里是不清楚的。我以为这是一般人对于宪法草案意见纷歧的一个总因，其实我们对于宪法的目的根本便很模糊。研究社会科学的一个重要的方法是把一件事情的目的弄清楚，然后去讲求达到这个目的的典章制度。因为一个时代，一个地方的目的并不相同，所以典章制度也没有绝对的优劣标准。这个浅显的道理二千三百年前古希腊人亚理士多德已经说过了，只是后来要把社会科学变成物理，化学一样的科学的人把这个浅显的道理撇开不讲，而在社会现象里去寻求如同"牛顿三律"一样固定的，一样能够中外古今普遍应用的法则。

二

自来讲宪法的都认为宪法是一部限制政府权力的法律：因为政府权力必须限制（所以立宪与专制不同），因为限制政府权力是宪法至高无上的目的，所以想出许多方法来使政府的权力事实上得到限制。在承认了宪法的最高目的在政府权力的限制之后，这些方法才值得讨论。如果我们不承认宪法最高的目的在政府权力的限制，这些方法便只有学术上的价值。因为自美法革命以来，直到世界大战，各国风起云涌的立宪运动都以限制政府权力为目的，所以传统的"宪法学"里所讨论的大都是诸家所提倡的，诸国所采用的，贯彻限制政府权力的方法。因为这些方法都是我们的教科书——如王钱合著的《比较宪法》——所详述过的，我们只须将其标列出来便能证明其为限制政府权力的方法。兹请将诸种比较重要的限制政府权力的方法标列出来：

（一）人民权利的保障。这是最要紧的政府权力的限制，其旨趣在用法律划出一个范畴来不许政府权力伸张到这个范畴以内。自来讲宪法者都认定人民权利保障条文是宪法——良好的宪法——必须具备的条件。洛克认为自由的保障是政府存在的唯一理由，不以保障自由为职志的组织简直不应被认为一种政治社会，这种组织便应当打倒。[1] 保障自由的方法之一是把人民权利条举在宪法里头而成为一个"权利宣言"（A Bill of Rights）。

一个"权利宣言"：将自由的保障神圣化了，借此可以劝诱人民在自由的祭坛前

---

[1] Locke, Two Treatises on Civil Government, Book II, Sections 90, 93, 149.

礼拜。[1]

　　从前《中华民国临时政府组织大纲》没有保障人权的条文，论者便认定"该大纲对于国民的基本权利义务，毫无规定，是其最大之缺点"。[2]法国一八七五年的宪法未列人民权利的保障条文，公法学者，或则认该法未臻完备不足当"宪法"之尊称，或则倡说一七八九年的《人权宣言》，依旧有效。

　　（二）分权的规定。哲学家康德曾说："共和政体的原则是行政与立法权的划分，暴政是国家执行它自己制定的法律。"（Perpetual Peace）法国的《人权宣言》认为一部宪法而不规定权力的划分，施用那部宪法的国家不能算是一个立宪的国家。孟特斯鸠三权分立相互制衡原则的用意便在使得政府懦弱无能，因为他们以为懦弱无能的政府才是自由最妥实的保障。欧洲十九世纪的宪法并不一律仿效美国的模型，更未走到美国各部宪法的极端，但是分权并不一定限于三权的划分而尚有其他的方法，如两院制的议会。其实分权机构之普遍适用最足证明立宪主义者并不是真心的民治主义者：一个真心相信人民能治的人绝对不肯让同是人民产生的政府机关彼此牵制起来，绝对不说人民选举的代表机关会卤莽用事而提倡用上院制来牵制下院的行动。真心的民治主义者，照选辑上推论起来，只应求政府由人民产生，绝不应求政府权力之限制。但十九世纪的立宪者却绝不如此。

　　（三）宪法至高或至根本主义。他们主张宪法应高于一般的法律，其效力高于普通法律，其修改异于普通法律，使得只有权制定普通法律的政府，不能用普通法律来扩充其权力至宪法所划定的范围以外，不能侵犯到人民的自由。他们甚至于设立所谓"护宪机关"使得宪法不受侵害。

　　（四）法治主义。宪法的目的既在政府权力的限制，为保证政府不侵害宪法越出其权力限制之外起见，他们提倡严格的法治主义，倡言宪法必须遵守，诋詈破坏宪法者为国家之敌人。他们以法治主义来号召人民为破坏宪法者的制裁。民国初年袁世凯蹂躏《临时约法》，破坏国会，其行动超越了《约法》所赋予总统权力的范围，我国遂听到一片的法治主义喊声。

　　（五）革命权利论。如果法治主义的倡导并不足以制裁政府权力的扩充，人民遂不惜用武力来制裁破坏宪法的专制魔王。近人常向外国宣传：孟子的吊民伐罪哲学与美国自由主义者翟非生（Thomas Jefferson）的革命权利论一式。所谓革命权利便是人

---

[1] Laski, Liberty in the Modern State, p. 52.
[2] 杨幼炯：《近代中国立法史》，页八〇。

民保留着推翻专制政府的权利；民国初年赣宁之役可谓革命权利论的事实表现；法国一八三〇年及一八四八年的革命更是周知的显例。这是威胁当政者不敢破坏宪法的一种武器，是破坏宪法者的一种制裁。

以上这五点说明十九世纪一般人对于宪法的观念，以及他们达到宪法限制政府权力的目的所提倡，所采用的诸种方法。那时，一般人对于政府权力之需要限制，自由之需要保障，是全部承认的；同时，一般人都认为限制政府权力，保障人民自由的良好方法是制定一部宪法。他们所讲求的，因此只是如何能令宪法有效的达到这个目的，所以他们所讨论的只是种种限制政府权力，保障人民自由的机构。在这个传统的宪法观念下，"宪法学"所讲求的，以及论政治制度者所研讨的，总逃不出这个范围。总而言之，他们有了一个共同承认，无人怀疑的大前提（或称中心思想），在其下他们辩论达到这个大前提的方法。

然而政府权力的限制，人民自由的保障，不能走到了极端；走到了极端，便成了无政府主义。无政府主义虽有人认为是理想的境界，是自由发展终极的目标，但是最爱自由的人，如亚当·斯美士，也承认政府有存在的必要，如果没有一个政府为一个社会做"保境安民"的任务，则自由亦无从发展。所以讲政府的人，一方面主张自由需要保障；一方面又认为自由不能流为放荡。即一方面要限制政府的权力；一方面又不愿将政府根本取消。他们的问题，诚如柏直斯（Burgess）所说，归根是"政府与自由的调和"[1]，始终是追求一个中庸之道，使得不偏向于专制，亦不流于过度的自由。

政府演变的全部历史正如一个钟摆一样，有时摆向自由，有时摆向专制，一视时代的要求如何。但无论它摆到哪个极端，迟早是要摆回来的。[2]

在专制的政治下，自由失却了其地位，"放任的专制"是一个自相矛盾的名辞。对待蹂躏或禁止自由的专制的方法是采用限制政府权力，保障人民自由的方法，十九世纪澎湃汹涌的立宪运动的意义便在于此。换言之，立宪运动是钟摆走向自由一端的表现，虽则并未走到了极端。无政府主义及其他多元的政治思想并未获到实际的试验。这是传统的宪法观念，至今尚为一般书籍讨论的主题。

---

[1] 见柏直斯所著 *The Reconciliation of Government with Liberty*。
[2] Sir Charles Petrie, *the Story of Government*.

三

孙中山先生的宪法观念是属于这一类的。孙先生对于宪法曾为两个定义：

（一）"宪法就是把一国的政权分作几部分，每部分都是各自独立，各有专司的"。[1]

（二）"宪法者，国家之构成法，亦即人民权利之保障书也。"[2]

这两种定义文字虽不相同，都表现着孙先生对于宪法的目的是一致的（虽则第一个定义中所用"政权"一个名辞，在政权与治权之分一点看来，颇不恰当）。权之所以要分，人民权利之所以要保障，是一件事的两方面。因为赞成人民权利需要保障，所以主张分权；分权是造成一种权力有限制的政府，其用意正在保障人民的权利。如果此说属实，则根据于这两个定义，孙先生对于宪法的定义证明其系是属于洛克及孟特斯鸠的。

孙先生后来说：

> 我们要想把中国弄成一个富强的国家，有什么方法可以实现呢？这个方法就是实行五权宪法。[3]

从前西洋主张放任主义，提倡自由保障的人，即要求推翻专制政体建立立宪国家的人，尤其是亚当·斯美士正统派的经济学家，也认为立宪——限制政府权力，保障人民自由——是臻国家于富强的方法。所以孙先生这种说法并不与前此的定义冲突；反之，这个系统是完全一致的。

然而孙先生并不觉得中国在专制时代缺乏自由。《民权主义》第二讲里，对于中国往时之不缺乏自由述说极为详尽。近年来中国人之崇信孙中山先生者，在阐述其主义之时，往往说孙先生不主张个人自由而主张民族的自由，正是根据此点而发（第一次全国代表大会宣言中所说的，因当时特殊的环境，似又当别论）。但这一点并不如此简单。孙先生反复说明中国人从前享受着自由，因此并不宝贵自由。

> 中国人民老早有了很大的自由，不须去争的，因为不须去争，所以不知道去宝贵。比方我们呼吸空气，是生活上最重要的一件事，人类在空气里头生活，好比鱼在水里头生活一样。鱼离了水，不久就要死，人没有空气，不久也是要死的。我们现在这个房子里头，因为空气很充足，呼吸

---

[1]《五权宪法演讲》，页一。
[2] 吴宗慈：《中华民国宪法史》，孙序。
[3]《五权宪法演讲》，页七。

很容易，所以不晓得空气的宝贵。但是把一个人闭在不通空气的小房子里头，呼吸不灵，他便觉得很辛苦。一到放出来的时候，得了很好呼吸，便觉得舒服，便知道空气的宝贵。欧洲人从前受不自由的痛苦，所以要争自由；中国人向来很自由，所以不知自由。[1]

这一段话说得最清楚，可为《民权主义》第二讲的综述。其中表现着孙先生是一个最爱自由的人，最爱个人自由的人。他认定自由之于人类，犹之于空气之于人类，犹之于水之于鱼。孙先生之爱自由，正如西洋人之爱自由；他说中国人不知自由之可爱，而谆谆说明自由是最可宝贵的。这种自由的观念，同上述的宪法定义，分权的目的，自由保障之必要，是由一个出发点而来的。

但是孙先生的问题，同西洋政治思想家的问题一样，不是一个绝对自由境界的追寻者。他所寻找的公式还是"政府与自由的调和"的公式。此项公式在中国的特殊环境下，还有其特殊的意义。在帝国主义的压迫下，在强邻环伺的局面下，徒讲自由是不可能的，其另外的一方面是把中国"一片散沙"的人民组织起来，团结起来，先争民族的自由，民族先有了自由，再谈个人的自由。组织团结是需要政府的，政府权大自由便得牺牲。他说：

> 外国革命的方法是争自由，中国革命便不能说是争自由。如果说争自由，便更成一片散沙，不能成大团体，我们的革命目的，便永远不能成功……我们的革命主义，便是集合起来的士敏土，能够把四万万人都用革命主义集合起来，成一个大团体。这个大团体能够自由，中国国家当然是自由，中国民族才真能自由……"所以"个人不可太过自由，国家要得完全自由，到了国家能够行动自由，中国便是强盛国家，要这样做去，便要大家牺牲自由。[2]

亚当·斯美士讲自由可以致国家于富强，但他同时要政府来做"保境安民"的工作；中国政府根本未做到"保境安民"的工作，所以先得从"保境安民"做起，等到国家民族达到与外国自由平等的地步，自由便能臻国家于富强。所以孙中山先生的宪法观念是施用于"宪政时期"的；"宪政时期"之前不平等条约是早已废除，中华民族是早已有了国际上的自由平等的。总而言之，孙中山先生的宪法观念，同上述的欧美系统是一致的，但是这个观念的实施，有一个先决条件，那便是民族之自由平等；民族之自由平等有赖于人民之组织与团结，而组织与团结总不免要牺牲相当的自由。

---

[1]《五权宪法演讲》，页八。
[2]《民权主义》，第二讲。

然而这是一个暂时的不得已的牺牲，其程度不宜走到重反专制的境地。意大利，德意志等国提倡民族自由平等先于个人自由平等，其立论正复与孙先生的立论相同。但是孙先生如果在世，他一定不能是一个法西斯主义者。孙先生既是一位最知宝贵自由，最能看出自由重要（如空气之于人，如水之于鱼一样重要）的人，他当然是不能赞成过分的无谓的剥削自由。孙先生在其革命之方略中，显然承认训政时期亦应颁布"约法"，在这个"约法"之中要"规定人民之权利义务"；人民在训政时期中既有权力可言，便使得它不能同意、德等"极权国家"相提并论了。由此论断，我们推演孙中山先生的宪法观念属于美法革命以来的系统，也就是那时最主要的宪法观念系统。

四

法国一八七五年的宪法为宪法的观念创立了一个新的事例。在军事紧急外患未泯之时，他们不能解决他们的团体问题，因而仓促之间写了三条极平凡的法律。那时的人以为这三条法律当不起宪法的尊称，最多不过是将来宪法之一部。但事实却证明了这寥寥三条法律都有最长的寿命，较之前此许多首尾俱全，理论完备的宪法还固定得多。这不过是一件偶然的遭遇，但却具深长的意义。宪法学者尽管批评它只是一个"目录"（A Table of Contents）——并且是不完全的一个"目录"，但其出乎意料之外的持久性却引起了宪法观念的根本问题。这个问题使人能想到英国演变了数百年的"不成文宪法"，由此而孕育出一个宪法的观念来。

英国是完全没有宪法来保障人民的权利的，但是良好的法律机构使得英国人享受大量的自由，但是法国一七九一年宪法上娓娓动听的《人权宣言》（按即一七八九年的《人权宣言》，后来附于第一部宪法之上），却因为缺乏人民能用来保障自己权利的有效救济，所以法国人的权利竟受到近代史上稀有的剥削。[1]

我们的目的虽然只在保障自由，但是保障自由是否必须用传统的宪法方式却成了极大的疑问。一部首尾俱全，理论完美的宪法，究竟是否自由保障最有效的方法，革命权利论的威胁，法治主义之提倡，究竟是否有效的制裁，都成了不易解答的问题。有的地方，如美国，完备的法律的确达到了政府权力的限制及自由的保障；但别的地方，如法国，完备的宪法却未达到预期的效果，革命权利竟须时常的应用才能保持着部分的自由；更有的地方，如英国，法律根本残缺简陋，然而自由保障之完备竟到了

---

[1] Zechariah Chafee Jr., "Liberty and Law", in Kallen, Freedom in the Modern World, p. 83.

举世无匹的地步。宪法的功用究竟是那样的伟大吗？

中国人对这些疑问更有充足反省的事实。从赣宁之役起，为《临时约法》，为《天坛宪法草案》，制宪者曾流离千里，为"护法"而奋斗的战士曾洒其鲜血于沙场，但是争来争去而差强人意，民国十二年的《中华民国宪法》（即所谓"曹锟宪法"）竟未得一日的应用。民国十九年间，为训政时期约法问题，曾闹得党国领袖的乖离，酿成死伤十数万的中原大战。后来《训政时期约法》经国民会议制定公布而施行了，但该《约法》里的条文有一条是在切实施行的吗？我们披读中国制宪运动扰扰攘攘二十余年的历史：尤其是读到王世杰先生争论训政时期应有约法的文章，[1] 不免要令人感觉到我们为争取一部宪法所作的牺牲之浩大；观于宪法制定后而竟不得一日一条施行的惨状，更不免令人栗然于宪法本身之了无功效，而读了一部争论宪法内容的文章（如俞仲久编，《宪法文选》），更不免深深嗟叹这班文人之无聊。如果再去看传统宪法学者登峰造极的宪法起草杰作——德国一九一九年的宪法及西班牙一九三一年的宪法——的悲惨命运，读到那继续已半载有余死人已八十余万的西班牙内战，及观察欧洲大战后各国宪法的此仆彼继，当然更令我们感觉到处在今年今日，注意一纸宪法的条文，争论其字句的得失，披读讨论宪法论著，又于我何益？

五

英法两国的经验，对于酷爱自由的人有其深长的教训，对于不甚注意自由或虽知自由宝贵而认定宪法并不足以保障自由的人，亦有其严重的意义。中国一般人现在相当注意宪法，但不甚注意自由的保障。平时我们不大听到舆论督责政府去执行《训政时期约法》保障自由的条款；《危害民国紧急治罪法》施行于民国二十年三月一日，虽有人吁请废止（例如二十四年三月间上海律师公会的通电），但未能成为普遍的运动，而一般论宪法草案的书籍及文字则大都注全力于政治制度的厘定。这个注意政治制度的特色代表一种对于宪法的观念。他们以为一国政治的得失，常视其政治上否"轨道"。所谓"政治轨道"便是政权更替有固定不变的方式。换言之，政权之更替，须根据于宪法上的规定，不得用劳力内战的方式来争夺政权。宪法的功用，不在保障自由，而在规定政权更替的常轨；凡有心从事于政治的人必须依此常轨为争取政权的手段，不得超越宪法的制度而为"越轨"的行动。我国一般人士多言中国政失常轨，

---

[1] 王钱合著：《比较宪法》，页六〇七，页六二三及其后。

所谓政失常轨的意义便是政权的更替缺乏或不依宪法的规定。今制定一部宪法，审度目前国家的状况，参照人事的分野，建筑一个政权更替的常轨，则对于中国政治的推进必有极大的效用。例如，钱端升先生便如此主张。他说：

> 从理论上讲起来，中国这时候如能有一宪法，将政府各机关的组织及职权，及彼此间的关系，有一扼要的规定，则公法方面的法治必可较有把握……如为树立法治而立宪，则所立宪法，第一须切合现时的国情，第二须简要，庶几遵守实行俱没有问题……这里所说的宪法，不是德国一九一九年的宪法，也不是英国的不成文宪法。这里所说的宪法实不够宪法的资格，而仅是一个或几个组织法。好像法国一八七五年的三个宪法法律，能简要，能切合国情，不涉及理想，也不夸大。为实在起见，我们最好不将它们叫做宪法。[1]

钱先生因此并不主张现在应有一部首尾俱全，理论精到的宪法，他的着重点在一个政治制度的厘定。换言之，他主张的并不是再来一部如同《训政时期约法》那样的"宪法"，而是一部修正好了的《国民政府组织法》。如果《国民政府组织法》能够加以适当的修正，并且能相当的维持恃久，则有无宪法均成无关宏旨的了，但是中国政权之更替却有了常轨可循。这又是一种对于宪法的观念，认为宪法的主要目的，并不在保障人民权利，而在规定一个政权更替的常轨。

六

苏俄（一九一八年），苏联（一九二四年及一九三六年）的宪法，代表宪法的另一种典型，对于中国发生了深切的影响。苏联的法学家有一套特殊的哲学，可以说是唯物史观的法律哲学，他们以为法律（包括宪法在内）只是一种统治者的工具（Instrument），用来贯彻无产阶级的独裁。他们说在资本主义的国家里，法律永远是被资本家劫持着来剥削劳农的。现在劳农得到政权了，他们的工作不在改变法律的性质使其不为剥削压迫的"工具"，而在利用法律来"剥削那些剥削者"。法律总归是有利于统治阶级的，不管治者阶级是资本阶级抑是劳工阶级。英国的法律一向便大都是为有资产的阶级的利益而制定的。一位英国的政治学家说：

> 我们的法律大部分是资产所有者制定来谋其自身的利益的，所以法律的性质当然是顾全有资产阶级的利益而抑制穷人的。我得郑重声明，这并不是因为有资

---

[1] 《评立宪运动及宪草修正案》，《东方杂志》，第三十一卷第十九号。

产阶级特别自私。这只是因为一时享有政权者自然以为他们的利益便等于公众的利益,而这个观念很自然与其本身的政权维持发生密切关系。[1]

苏联的公法学者更有明快的说法:

> 法律只是国家的一种势力,国家所有的一种强制力量,其运用是谋当权阶级的利益,是为当权阶级的利益来统制社会全部的行动。[2]

因为如此,所以"当权阶级的利益是国家的积极原则,是国家的基本法条"。关于宪法的目的:

> 苏联宪法与其他国宪法迥不相同……它的目的只在宣传与政治活动……国家不是一个合作,均衡,及融洽的象征,它所表现的是治者的权力与被治者的屈服……国家权力的代表就是暴力。[3]

在这样一个宪法下,宪法只是统治者的一种工具,统治者利用着这个工具来维持其统治者的地位。在统治者的地位未臻稳定时,当然谈不到自由:

> 在资本主义行政法中所讲的个人自由,在苏维埃公法中,除了从保障革命政权的观点外,是不必谈的……苏维埃国家的法理里,根本不顾虑到国家权力的限制,因为一个独裁国家是不能与权力限制相容的……所以在苏维埃的法律理论中无所谓人民权利的保障。[4]

去年苏联公布了一部新的宪法,其内容与前此的颇有出入。一方面因为这部宪法经苏联政府广事宣传;一方面因为这部宪法的内容的确有许多令人惊奇之处,一般论政者对于这部宪法的目的颇多揣测之辞。有的人以为这部宪法的目的纯粹在国内及国际的宣传,有谓其目的在吸收集体农场中农民的拥护;有谓其目的在解决民族问题;有谓其为苏联当政权力稳定的表现,不一而足。有一位美国人说:

> 从整部看来,苏联的新宪法是一个伟大国家向自治之路走去的重要步骤。其中许多自由的及民治的规定并不是证明共产党的独裁政治已形放松,更不是证明无产阶级的独裁政治将为传统的资本民治主义所替代。但从另一方面看来,权利的保障,选举制度的改革,以及走向议会政治的趋势,也不能认为是骗人的,用来引诱俄国的人民,并吸引民治国家的帮助来作打倒法西斯主义及帝国主义的准备。苏联的自由主义运动表示该国的当政者已经有了把握,所以能够放松其自革

---

[1] Laski, *Law and Politics*, p. 280.
[2] Dembsky, La Morale of le droit au point de une du matérialisme historigue, p. 81.
[3] Gourvitch, Les principes de la constitution sovietigue, p. 12.
[4] Elistratov, The Administrative Law of the R. S. F. S. R.

命以来所采用的抑制政策。国内的敌人已经没有复燃的力量了，所以现在便利用机会来吸引其对于当政者的拥护。苏俄共产主义者所追求的，同历史上一切独裁者所追求的是一样的——政权之保持及被治者自动表示的同意。[1]

如果从宪法的目的来讲，苏联新宪法的目的同往时的学说并无二致。宪法仍然是一种宣传与政治活动的工具，它的目的仍然是维持统治者的政权。从英美各国的观点来看，自由的保障也还是拥护当政政权者的权利，并不是法律之下人人平等的权利。当然，在第二个五年计划励行之中，更绝对谈不到任何的放任主义，就在将来也永无走到放任主义之一日。

七

苏联宪法——早年的和现在的——一样具有一个特色，它们都将该国的社会理想，清楚标揭于宪法之中。英美法等国的宪法，每一条的意义都在切实的立刻的实行，不能实行的法条他们认为是不应制定的。因为制定而不能实行的法律，匪特非有裨于法治，抑且是法治致命之伤。但是苏联的宪法却并不如此：它们将当政者全部的政治主张——主义及政纲——都写到宪法之内，并不顾虑到这种政纲能否切实的立刻的施行。"美国宪法没有一个废字"，是美国宪法学者的格言：大理院便根据这个格言来解释宪法。但是苏联宪法中废字却是很多，很大一部分根本无立时实行之望。然而他们并不以此为不当：宪法在他们眼中是一个社会理想的表现，其用意在作"宣传及政治活动"的标的，初不期其即时实行起来。

这个对于宪法的认识在中国近年来曾发生显著的影响。十八十九年间国民党中一部分人士主张"确定总理遗教为训政时期中华民国最高根本法"，认定"总理遗教为中华民国所由创造之先天的宪法"。国民党后又起草现在实行的《训政时期约法》由国民会议制定公布施行。"总理遗教"之全部现在固无切实立刻实行之可能，《约法》中大部分的条款也都是理想的主义及政纲，绝无立刻切实实行之希望。但是他们不论是否主张在训政时期颁布《约法》，他们都一致承认宪法或约法并不一定是"没有一个废字"的；反之，他们主张将当政者全部的理想写在宪法或约法之中，而并不期其实行，只不过是高悬一个社会的理想而已。这种主张，这种对于宪法或约法的认识，

---

[1] Starr, "The New Constitution of the Soviet Union," American Political Science Review, December, 1936.

虽不能说是完全与上述苏联的认识相同，但与之则颇多类似之处；至少这种办法绝对不是英美系统下的宪法观念所容许者，则彰彰明甚。

八

综上所述几种宪法的目的，代表几种对于宪法的几种功用的观念。这几种观念之不同使得宪法的内容大相径庭，当亦为显而易见之事实。我们自开制宪以来，对于这几种可能的宪法目的及观念。均曾一一试行采用。《临时约法》及十九年的《太原约法草案》可以视为第一种典型的代表，即其主要的目的在保障人权，后者采用所谓"直接保障制"，直追美国宪法，尤为显著。清末的《十九信条》，虽为清廷最后的挣扎，可以目为第二种典型的代表；《训政时期约法》未颁布前的《国民政府组织法》当亦可视为此种典型的实例。《训政时期约法》以及立法院近年来的《宪法草案》则可以看作第三种典型之代表，因其实将国民党的主义，政纲要行包括于其条文之中，目前并无切实施行之希望与可能。教育部长王世杰曾为一文曰"《〈训政时期约法〉与最近教育工作》，"其结论说：

> 我深深相信，在过去的五年期间，全国从事教育工作的人，对于《约法》是绝对忠实的。我们限于财力或限于环境，《约法》所规定的工作，有的或不过做到了一半，有的还只刚刚开始。[1]

我们相信教育工作人员的"忠实"，因为我们相信其财力与环境的限制；但此一点最足证明《约法》是一部不能实行的宪法，而说明其属于苏联宪法的系统。

观于近三十年来的立宪经过，我们实将宪法目的的诸种典型都一一实验过了。现在我们又在制宪了。在举国都注意这个问题的时候，在讨论宪法条文颇热烈的时候，我们不禁要问，这次制宪究竟做什么呢？我们将用哪一个宪法目的为我们宪法的目的呢？解决了这个问题后，我们当然便有前提来仔细批评宪草：我们便能从详研究每一条每一种制度，是否达到宪法的目的之道路。从宪法草案的条文看来，从这次立宪的文献看来，我们看不出这次立宪究竟以哪个目的为目的。这一层我在前一篇文已述说过了。因为我们根本不知为什么立宪，推敲条文之得失是没有根据的。所以我将比较上根本的问题提揭出来，所以我同情于张佛泉先生"宪草不必详评，根本便有问题"的主张，虽则张先生所谓根本问题与我这里所说的不同。

---

[1]《大公报廿五年国庆特刊》。

行政机关的运用 *

上

在十九世纪中,西洋许多论政治者赞美英国的内阁制度。在赞美当中,他们常以之与美国的总统制比较,认定美国的制度是如何的笨重而不合理。其中最著名的一个人便是英国人白芝浩(Walter Bagehot),他所著的一本《英国宪法》(The English Constitution)便反复说明内阁制是如何的优良,总统制又是如何的不妥。这种论调支配了关于政治制度的理论凡几十年,至今还在传诵。清末及民国初年我国的政论,以及上一次世界大战后欧洲各国的政论,亦均受了此种思想的影响。

但是在十九世纪当中,即有一位英国人白莱士(James Bryce)精心研究美国的政制,著成《美国联邦》(The American Commow Wealth)两巨册,他虽然不处处恭维美国的总统制,然而他却郑重指出,有了美国这样爱护自由的人民,任何民主的政制也都是可以运用自如的。这种论调也正是注重实际运用而不注重制度形式的论调。至少在美国过去一百五十余年的经验,白莱士的观察是相当准确的。如果我们不会运用政治制度,则无论它的设计如何精当,终无产生修明政治的可能。以往若干论中国政治者常问:为什么西洋优良的政治制度到了中国便成为逾淮之橘?这个问题,似乎可以在运用的方面着眼来寻求答案。我们于讨论行政机关之设置和调整之后,因此还须进而讨论行政机关的运用。

行政机关所运用的是行政权,就我们所已发明的运用行政权的方式,不外:(一)

---

* 原载《新经济》第八卷第九期、第十一期、第十二期,1943 年 3 月 1 日、4 月 1 日、4 月 16 日。

决定行政政策，（二）厘定法规来表现行政政策，（三）执行法规以求政策之实现，与（四）考察法规执行的效果。在实际上政策之决定与法规之厘定可以并为一件事情，因为法规不过是政策具体的表现。由此说来，以上所举的也可以并为设计，执行，考核三端，亦实即，蒋委员长所倡导的行政三联制中所举的三"联"。

现在先就设计一端而说，在以先我们曾指出，在中国目前的制度下，政策的决定机关是在党的系统中的国防最高委员会，而不在"负实际政治责任"的行政院，亦不在制定法律的立法院。我们认为这是中国当前政制的一个特色。然而在政策既经厘定之后，许多实现政策的方法也是需要厘定种种法规与章则的。这种行政法规大都由行政机关订定，比较重要的要经过立法程序，由国民政府公布，次要的由国防最高委员会或国民政府"备案"，再次要的经行政院会议通过，即由行政院颁行，仅属施行性质的则可以由各部，委员会或署以及省市政府制定并由行政院"备案"，此外更有连行政院备案一层手续都可以免除的。此中的区别似乎是相当重要的，区别的标准自然是法规的性质及其重要性。现行法律中，如"立法程序法""法规制定标准法"等曾规定有相当的标准。然而一考实际，则过去的事例使得其中的标准相当的模糊。

在实际上，现在有许多法规，明明是影响人民权利义务的，但却未经过立法院审议。一种法规的制定究竟应当适用上述的几种程序的哪一种，委实难说。一个机关有一个机关的"作风"，甚而一个单位或一个主办人员都有它的"作风"，彼此之间没有严格的标准。例如，有的省政府是很喜欢办文来请示中央的，有的省政府则不大向中央行文，有的部或委员会，可以将明明法律授权它办的事情也来行政院请求核定，其他的部会也许不如此办理，有的时候情形也很费周张。例如，现行的户籍法规定该法的施行细则由内政部订定。在此种场合之下，自可不再送到行政院来核定，但是内政部将其送到行政院了。行政院可以根据法律不必管这件事情，但是仔细一看，内政部所拟订的户籍法施行细则有若干地方是与户籍法本身相冲突的。行政院又可以依法指令内政部说施行细则是不能与母法冲突的，将其驳回，但是内政部在来文中又声述了许多理由，说明在目前环境之下，完全依照户籍法的规定，是事实所不容许的，例如，法中所订的许许多多表册，在目前人力物力条件之下，绝无齐备的可能，故请求"变通"办理。行政院很同情内政部所声述的理由，因为现在真能办户籍的人太少，经费又极有限,纸张既劣且昂,填造那许多表册是不可能的。但是户籍是行政上的基本要政，例如，我们的户籍办好了，兵役，工役，粮政等均可大加改良。中国之所以不能顺利推行计口授粮，重要原因之一，即是没有户籍之基础。此事因此不好留待人力物力条件具备后再办，如此可以请立法院修改户籍法。但是户籍法内容是极精到的，真想有科学的户籍，是非有那许多表册不可的。户籍法是长久之计，未便因一时环境的限制而修正。所以内政部所拟的施行细则，的确是一个补救当前困难的办法。但是内政部固不能以施行细则而变更法律，行政院也无此权力。所以行政院只得将施行细则，由行政院会议通过后，送国防最高委员会备案。户籍法的施行细则，法律上明明是由内政部自订的，现在却非得上述国防最高委员会不可。这种程序也均是具有充足理由的。

一个机关的办事细则，本来是各个机关自订的，上级机关可以不加干涉，过去本来也是如此的。但是行政三联制中有分层负责制的规定，此事由国防最高委员会主持办理，所以在目前每一个机关分层负责之章则，实即其办事细则，都要层层转到国防最高委员会备案。

以上两个例子，说明当前制定行政法规的手续，何以在某种情形下，不能完全依照法定的程序办理。没有一个机关，没有一个主办人，是故意不遵守法定的程序的。其所以如此，自有其特殊的理由。但是我们却无可讳言，中国的官吏，有的委实不大喜欢严格的遵守各种的程序，遵守程序还不曾成为一种习惯。他们甚或不明了法定的程序是如何的，故上文说他们可以各有其"作风"。西洋的政论家批评政治常讥讽行政程序之繁琐，认这些繁琐的公文周转[英文所谓 Red Tape 是"官僚主义"(Bureaucracy)]的一个特征，应在铲除打倒之列，帝俄时代有人说一个政府机关的火炉用坏了，六个月后请领的手续才办完，苏联的领袖对于，"官僚主义"曾发动了大规模的打倒运动。西洋的行政效率低落，一般人均认为是手续与程序在作祟，中国的情形似乎略有不同。从某一方面而言，中国行政手续之繁，也是委实可惊的，例如，我们现在追加预算的手续，仅仅使得追加案核定之时，物价已大涨，核定之数早已不敷，于是又得追加，如是循环不已，没有止境，这种手续似乎是增加国库及人民的负担的。在另一方面而言，中国的行政机关又有太无依照手续程序办事的习惯，办一件事没有一定的标准轨道可循，不经过法定的手续，政府机关可以不自觉的影响了人民的权利，或则加重了人民的义务。这个问题是相当重要的，而其解决之道，似乎是如何可以极力减少各种的程序，使得政府的行动可以比较敏捷，然后责令所有的政府机关严格的遵守这个业已简化了的程序，不准稍有逾越，行政权的有效运用这是一个起码的改革，太繁复的程序是应当打倒的，不要一切程序恐怕会弄得天下大乱。反对"官僚主义"最热烈的人也不曾作此过激的主张。

西洋人对于"官僚主义"的另一个攻击的对象，是那些浩如烟海的行政法规。本来每一个政府在想办一件事情时,最先便是制定种种法令规章,由行政机关来执行。这是必然的。不过中国现在的行政法规也有待于切实整理,因为这许多法规是由许多不同的政府机关,在不同的时间,应各种事实的要求,而一一厘定的,彼此之间,可以有许多矛盾冲突的地方,同一件事情,可有几种不同的法令规定,甚而同一名辞,例如户籍行政中之"户",有诸种不同的定义。

产生这种现象的原因很多。现代政治的职务十分繁琐,迥非无为而治的时代可比。为了完成此项任务,政府自不得不多方面来管理,故法令规章要大为加增。战争期间有许多事是一时性的,故法令也只有增加,凡此均是无可避免的现象,原无可非议,行政法规数量之剧增已成为现代政府一般的现象,初非限于我国一国。不过,在我国现状之下,有几点是很特别的。

第一,我国现当大改革的时期,整个社会正在急剧变动之中,有许多事不但是无成规可循,而且有许多不同的意见与政策,所以法令可以前后发生矛盾。我们的主政者,一般而言,时常认为前一任的政策有不妥当的地方,而思有以改正。例如,关于地方自治及行政制度,几位内政部部长都有根本厘定一套新制度的抱负,于是旧的法规要修改,新的法规又要产生,前后未必衔接,地方行政及自治一再改制。又如,编辑中小学的教科书,教育部已从事多年,几经易手,但尚未完成。政策之过于缺乏连续性,过分勇于改革,也是法规繁复的一个大原因。西洋民主国家,若干政党交替主政,他们政策似乎比我们还是有连续性。我们不是提倡少谈改革,但是英国保守主义中一个信条也值得注意:这个信条是"在现行制度没有证明确实失败以前,不轻言更张"。用中国一句古语来说,便是不要"朝令而夕改"。主持一个机关的人似乎不可以假定前任的人所作所为一概是要不得的。如此法令可以减少至相当的程度。

第二,我们现在有的法律内容陈义过高,不易于推行。负有推行责任的人,于此只有另想办法,制定许多临时的法令规章。这种事例最多,在战时或非常时期尤为显著。县各级组织纲要之于县组织法,"土地政策战时实施纲要"之于土地法,上述的户籍法施行细则之于户籍,均是显例。这也是法令多的一个重要原因。

第三,我们现行的重要法律过于硬性,或说太缺乏弹性,在一个幅员广阔的中国不易推行,法律的内容包括到极其琐细的事情,执行机关受其束缚过甚,以致不得不另想补救的办法。西洋国家现在盛行所谓委任立法的办法(英文称之为 Delegated Legislation),在立法机关制法时,明白授权行政机关颁订必要的补充法令。此种办法在欧洲大陆诸国实行甚多,在英美亦有与日俱增之势。多采用这个办法,也许不能减少多少法令，但因为法律太乏弹性而产生的恶果自可消除，因而行政法规不致于凌乱矛盾。

第四，我们现在制定法律的技术太差，现在制订法律者，一个习惯是每想办一件事情便制订一种法律，适用"后法优于前法"，以及"特别法优于普通法"的原则，企望其可以通行。其实现行法律对于国家各部门的行政规定本已相当的详密，要办什么事情本可以适用，如有不妥亦尽可以加以修改，根本不必另外定一种或几种新法律，而置原有者于不顾，因为我们对于旧的法律，一般均不甚清楚，起草者为迅速交卷起见，有时也懒得去仔细考查，索性在法律上写上"除法令别有规定外依本法之规定"，复在法后加上"其他法令与本法不相抵触部分仍适用之"。这种办法在制法者本身是很便利的，他可以不问有些什么其他法令，也更可不问哪些法令中哪些规定"与本法抵触"——但是负有执行法令的人便异常之苦，简直可说是无所适从。上述"除法令别有规定"一语是根本不妥的。命令不能变更法律，是立法的天经地义。"本法"如果是法律，则其它的"命令"根本没有将其变更的可能，同之，其它命令与"本法"抵触者亦绝无生效之理。现在又常有"本法如有未尽事宜得随时呈请修正之"的语句出现于法律之中，其实宪法都是随时都可以修改的，没有法律是不能修改的，此种语句简直可说是赘疣，凡此都使我们的行政法规十分凌乱，没有一个场所可以将它们搜集完全。坊间所刊的"法规大全"是不全的。

第五，我们现在制订行政法规的机关还有一个趋势，是不喜欢废止旧法，亦不甚愿意修正现法。他们很勇于施用"后法优于前法"的原则而省略了废止或修正现法的程序。这种不良的习惯，至少有两个弊端：（一）无谓的加强法规的数量，（二）使法令特别繁杂矛盾。

第六，在我国法规中组织法规占了极大部分。这一类法规在全部法规所占的成分，恐较一般西洋法规为多。政府无论设什么机关都喜欢制定一部组织法规，规定其职权与人员的名额。这件事的关键在任职人员的铨叙，没有组织规程的机关，其中的人员是无法铨叙的。不能取得官资的事情，除非待遇特别优厚，是不易罗制人员的。组织法规之多，是我国一个独具的特色。

行政权的运用得当，不是一件容易的事情，因为机关设置的复杂，因为种种法定手续的繁复，每办一件事情便要费去许多的时间往返商量，召集无止境的会议，一再审查研究，因为行政法规的庞杂矛盾，使负有执行责任者不知所从。而且时时更换政策与办法，朝令而夕改，有许多极重要的事情都没有得到彻底实行的效果，这种种行政权运用的方式，是应当审慎研拟改革的。

关于政府机构的繁复，厘定鲜明的调整方案，固是一种根本的办法。但是因为造成今日现象的原因很多，鲜明的调整方案，委实不易厘定，即使厘定了，也不见得遂能完全施行，此一点似乎可以搁而不谈。一种治标的方法，似乎是在技术上着眼，就现在环境而加以改良。

为了减少行政法规的数量及改善其内容以增加行政的效率，下列的几件事情似乎是可以立刻做到而不生什么问题的。第一，行政院是许多法规必经的途径，行政院应当对于一切经过行政院的法规切实予以审核，决定其性质及其应经的程序。有许多国家内阁的法制局是相当重要的机关。我国的行政院虽非内阁可比，但是它的内部如果可以有一个审核法规的机构，负责审核所有一切应行提出行政院会议的法规，则许多问题均可以获得解决。如果主持此事的人是一位行政的专家，对于法规的内容及其应行经过的程序必可为之决定，达到完美的地步，如果它发现新法与旧法抵触，便可以建议废止或修改旧法，不必另定新法而置已有者于不顾。如果它发现有越权颁发命令的情事，自可由行政院予以撤销，如果这个机构取得相当的信仰，行政院会议便可省去许多条文的工作，国防最高委员会及其法制专门委员会，以及立法院及其相关的审查委员会，均可省去许多事情，而立法的手续可以丝毫不乱，不致各有各的"作风"。慎之于始，自是引导我们走上法治大道的好办法。

第二，为了使现行的法规臻于完善起见，政府应当予以切实的整理。整理现行法规不免要牵涉到政治问题而不易解决。不过今兹我们所提倡的是偏重于技术方面的，将法规中矛盾冲突的地方一一指陈出来，拟议整理的意见。这件艰巨的工作，无论如何是必须要做的，行政院及立法院，尤应对此多负责任，而由国防最高委员会总其成。

第三，关于各种组织法规是最难整理的，因为它最易引起机关职权及人事问题，因而同时与政府机构及人事制度有关。我们的感觉是，现在许多组织法规对于职权的规定过于琐细，一一列举，而且分配在各组成单位之中，而不是以整个机关为对象。例如，内政部组织法中没有规定内政部有什么职权，而是规定民政司有什么职权，警政司有什么职权。外交部的各司一部分是以地域来分的，欧洲司，美洲司，亚东司，亚西司，等等。他们所办的都是外交，不过只是对象不同，何必一一列举在各司的职掌之中，而不说外交部可以分四司分别办理对各国的外交？各部的总务司职掌都是相同的，何必每一部的组织法都照例列举一次？较小的机关是分科的，每科的职掌也得一一列举。这种硬性的分析的规定，使得每遇些小的变动，均须修改一次组织法，何等费事？现在对于较小的机关，行政院已采用了以机关为规定职权对象的办法，这是立法技术上的一种进步。

至于人事问题，我们似乎也可采用笼统的办法，用普通适用的法律规定文官，技术人员等等的名目，不许各机关自创新名目，这样可以省得在各机关组织法规中一一列举。同时，组织法中则只规定这一个机关可以有多少简任人员，荐任人员，委任人员，聘派人员，及雇员，这些是"官"，而司长，科长等等是"职"，两者分开。如此办理，则不但组织法规可具有极大的弹性，机关长官对于人事的调度，也可获得较大的自由。一位部长可以派一位简任人员任科长，科长之"职"不致于影响其为简任之"官"。人与事配置之得宜，是加增行政效率的一个最大的因素，而法规之灵活，尤为行政权运用的基础。

行政权的运用，行政法规之优良是一个重要的因素，所以我们首先讨论这个问题。有了优良的行政法规，其次的问题便是如何执行这许多法规使其发生预期的效果，和如何考核法规执行的实效，当于下文分别详述之。

中

行政机关为运用其所保有的行政权，既然制定了许多行政法规，其第二步的工作当在如何执行这些法规，使其发生预期的效果。行政法规本身之良否固有关系，如何能够贯彻法规制定之原旨，当为最重要的一个问题，行政学中一大部分的理论，从事实际行政者所旦夕以求的，是如何可使法规能够贯彻，国家的意志能够表现出来。

一

行政机关为了完成现代国家繁复的使命，必须有极端庞大的组织，任用大批的行政人员。如何可以组织完善，是十分困难的。关于此点我们在"行政机关的设置"一节中已予以简略的讨论。现在再就每一个机关的本身来加以探讨。

就一个机关本身而论，为了顺利推行它的事务起见，必须有相当的分工。所以每一个机关必定划分为若干的部分，或称部，委员会或署，或称司或处，或称科，室，或股，名称殊不一致。照现在的通例，则每一个部分必定有法定的或习惯上的职权，经常行使。行政三职制中的分层负责制度，并且要确定每一个机关每一个层级中各部分的职责。分工是十分必须的，确定其职责尤可以增加行政的效率。但是如何划分部分却不是一件容易的事情。

现在的办法可以说是没有一定的原则。适用于一切机关的原则也是事实上所不容许的，因为各机关的事务太不相同。所以各机关现在均有其组织的法规，详细规定其每一个部门的职权，一般而论，是采列举的方式，法律的术语是"关于……事项"，一项一项列举出来，立法者深恐这种办法有所遗漏，故又用两个保证不致遗漏的办法：第一，是在一个部分的职权列举完毕之后，再加上一项，曰"其他……事项"；第二，是在办理总务的部分职权中加上"关于不属其他各司（或别的部分）事项"。这些公式习见于各种的组织法规之中，应用已成定例。

西洋的行政学者对于机关中的分工，曾加以种种的研究，而他们所最注意的是在分工了之后，如何可以使得各部门的工作仍旧相互连贯起来。他们的办法是提倡所谓"行政总枢"的办法。西洋行政学者认为一个行政机关的工作，可以分为"组制活动"（Institutional Activity）与"机能活动"（Functional Activity）两种。前者属于行政首领，后者则属之于机关中的各部分，而"行政总枢"的作用则在联合此二者，使其行动灵活而利便。这个提议之作用，在使机关中的各部分工作可以相互连贯，不致于相互重复矛盾，实为一个行政机关必须具有的功能。

在中国现在一般的机关而论，这种"行政总枢"的办法也有些表现。现在一般机关中的秘书，往往负有"综核文稿"的任务，所有一切的公文书，均经过秘书看过，重要的他送到行政首领（即今日分层负责制中所谓第一级官）去核阅，次要或例行的他便盖上首领的图章送出。省政府合署办公后秘书处也有这个任务。秘书这一个任务最重要的作用，除了减少长官所要看的公文而外，并在设法使得各个部分所办的事项彼此衔接，政令统一。

我们仔细考察中国现在行政的实务，其中最令人注意的一件事情，便是行政机关内部的分工，似乎是已达到相当精密的地步，但是在谋取各个部分间之衔接一点，则似乎欠缺尚多。我们也许可以说，我们过于注意分工，以致分散了，无法合拢起来。有实际行政经验的人明白，行政机关办公的时候，是一件一件"案"办的，档卷也是以"案"来分的，行政官吏注意办这些案件，但是他们的注意力往往不能使相类的案件合拢起来。时人批评政府没有"整个的计划"往往即是指此而言。行政三联制之所以极力提倡计划亦即为矫正这种弊病，案与案不易连贯之外，一个机关中各个部分所办之事尤不易于连贯。职务繁重的机关，一日之内可以有成千件公文，这样多的公文绝不是一个秘书所能综核的，在秘书中间因此也有分工，甲看某司的公文，乙看某处的公文，如此做法，便无综核的作用，因而不成其为"行政总枢"。各个部分仍然是各依其职权办理事务，不能发生连贯的作用。加之，各部分各有其法定的职权，也往往不甘让综核文稿者改易其主张。人事上的关系因此有时也使综核者失却作用。行政机关这一个通病的补救方法，似不外乎加强"行政总枢"的地位与职权。

中国行政机关还有别的取得连贯的办法，其中之一是所谓"会稿"。一件公文与几个部分有关时，先由一个部门主办，然后送到其他有关的部门去"会稿"，或则仅使他们知道有这件事情，或则请共签注意见，所以有时一件公文上可以有许多图章或签字。这种办法相当费时间，但亦不失为一种办法。现在各机关中的会议会报，如业务检讨会议，也是取得连贯的一种办法。在这种会议中，或提出共同有关的问题予以讨论，或向各部分人员报告其工作重要项目，使其他部分的人员明了。均足以发生连贯沟通的作用。不过就一般情形而论，则连贯的方法虽所在多有，各守范围，并肩而立的弊病仍然是不可免的，致使人讥笑政府机关现在有类似于四川从前的"防区"制度。我们看现在若干交战国家，陆海空军之联络成了极大的问题，统一指挥部，迄无法可以产生，可见政治上与军事上，分工似乎是不难的，难的是在分工以后如何还能连贯。

二

行政的组织可以有纵的与横的两个方面。在纵的方面，一个中央行政机关在中央，在省市，在县市可以有许多附属机关，也可以有许多在他职掌范围以内的事业，这些机关与事业由中央而一直贯穿到县市与乡镇保甲，形成"一条鞭"的方式。在通常的说法，这些机关与事业成了一个"纵的系统"，在指挥监督上是自上而直下的，在人事上也有成为"系统"之事例。这种情形往往也使得彼此之间的连贯发生很大的问题。例如，近年来很时髦的一件事情是组训民众，中央有不少的机关负有组训民众的责任，各自成了"纵的系统"，于是省政府，县政府中也有不少负有组训民众责任的机关。内政部所主办的保甲编组是组训民众的；社会部所主办的人民团体组训，当然也以民众为对象；军政部所主办的国民兵制度，当然也带有组训民众的意义，此不过三例而已。此外与此相关的还有许多，因为他们各有各的立场，各有各的重点，于是中国的人民便须加入各种不同的组织，受各种不同的训练。在某种情形下，例如，重庆的空袭，便同时接受各种不同的命令做各种不同的事情。又例如交通检查，各主管机关亦各有其立场与重点，有的机关注重查禁敌货，有的注重走私，有的注重违禁品，有的注重军火，有的注重奸宄，有的注重防疫，各就其本之立场派遣检查人员，于是关卡林立，阻碍了交通，甚而同在一个机关之内，也得各立门户，不能互相协助。这种"纵的系统"对于行政上，虽有许多利便，究为一种不足为训的办法。

在横的方面，连贯尤为困难。在行政的事务中，有不少的事情是须由一个机关负责主办的，即使这件事情牵连到许多别的机关，这种职权横的行使是我们所最不习惯的，运用起来发生许多困难，其中最大的问题是上级与下级机关和不相隶属的机关应当如何连贯。例如，在重庆遭受战机空袭时，中央政府决定将政府机关大部移往乡间，以避免损失。政府机关在此是包括所有一切在重庆的中央政府机关的，上自国民政府五院以至于各部会的附属机关均在其内。办理疏散贵乎有统一的方法，不宜独出心裁。当时在行政院中组织了一个中央机关迁建委员会主持其事，委员大都是各中央机关派来的，并聘请了建筑专家参加。这个委员会决定了极显明而合理的标准支配经费及地点，在极短的时间内便完成了此事。如果讲究行政系统，则行政院所定的办法只能约束其所属的部会署，他的上级机关，如国民政府，以及与其不相隶属的机关，如其他四院，均不能受其约束，统一的办法便无从订定。

这是一个成功的显例，其他还有许多例可举，不见得那样成功。例如，政府为使一般壮丁不致藉入政府机关任工役而逃避兵役及防止滥用工役起见，曾订定一种办法，规定职员每四人平均应只有工役一名。这个办法竟由国民政府公布，为的是可以因此而约束五院，虽经指定机关负责严格执行，结果则殊不完满，因为如果高级的机关不照此办理，便无人敢于干涉。又例如政府规定凡公有建筑，必须获得政院的特许，始能兴建。这个办法也是由国民政府公布的，但是执行的方法却只有在办法中规定，建筑工程司若未见到行政院特许之证明文件而为政府机关兴建房屋，行政院查明后便可取消他的营业执照。如此办理，这个法律才能生效，因为政府机关未必均能向行政院请求特许，虽则法律上曾赋予行政院以这种权力，而建筑工程司不肯承包工程，却使他们不得不履行法定的手续。再如，重庆市的公私防空洞，均由市政府的防空洞管理处管理，但是若干大机关便不理会市政府的管理办法，市政府于无可奈何之中，只有请求行政院协助，而行政院对于其上级机关及不相隶属的机关亦只有请求其协助，此外别无有效的办法。以上三例说明，行政职权横的行使，固然有成功的例子，但同时仍有许多困难。

重庆市政府不易管理市内的防空洞的例子，在各省市中尤为普遍。现在中央机关设在各地方，即不在首都地方的机关为数达四千七百余单位之多，连党的机关在内，将达六千余单位。这些机关在组织上属于中央机关的"系统"，因此照以往的理论来说，是不能受地方政府的管辖的。例如,某一省有法令禁止酿酒,中央机关之在此一省内的,照这个"理论"不受这种法律的限制,他的人员一样可以酿酒,这种好似是"治外法权"的"理论"往往使将地方机关十分为难,中央机关的人员不遵守地方上的特别法令,亦使中央在地方有失体面。从理论上讲,凡是在一个地方上的人民,都应当服从当地政府的法令。外国人不应有治外法权,本国的官吏何得有之?为贯彻此一宗旨起见,中央政府曾命令所有中央驻在地方的机关均须受当地政府之管辖。虽则以前并没有法令界予中央机关以不受当地政管府辖的特权,这一种措施却改变了以往那种乖误荒谬的心理。这是近年来行政上一件极有进步的事情,非如此则行政组织的层级及每一层级所应负的责任,均因之而紊乱。

三

为的是使行政权的运用可达高度的效率起见,无论在纵的或横的关系上,目前的状态必须有所改变,而改变现状的根本方法,仍在破除"系统"的观念。根本的认识,是国家的行政权,是整个的,分设许多层级与机关,不过是谋其行使的便利。上级政府固然可以向下级政府下命令,可以指挥监督下级政府,但在行使此种权力时,必须具有法律的赋予,不能因其为上级政府而肆无忌惮。法律赋予上级政府以指挥监督权,同时关于特定的事项也可以赋予下级政府以管理的权力。法律赋予行政院以限制公有建筑之权,行政院的上级机关——国民政府,与行政院不相隶属的机关——如其他四院,在与过公有建筑时自亦须请行政院特许。法律上赋予重庆市政府以管理市内防空洞之权,则市政府对于他的上级机关——行政院——防空洞亦可予以管理。易言之,此一问题的着眼点不在机关的大小高下,而在法律上规定之有无。

在我们行政部门的工作中,这个"法治"的观念是必须确立的,亦即是说,以往那种"系统"的观念是必须破除的。在纵的系统之下,"一条鞭"式的组织使得行政的设施支离割裂,为的是使得中央,省,县能够形成行政组织上三个鲜明的层级。蒋委员长在南昌行营时代制定了"省府合署办公"与"县府裁局改科"两种改革。现在中央政府中,行政院可以向省政府下命令,而组成行政院的各部,委员会或署,依法均不能向省政府下命令,在行政三联制中,蒋委员长更明白规定"分级负责"的制度,"讲演大纲"中有一段说:

> 这种制度就是要维持该级机关的完整性。这是我多年经验所发现的原理。我

在民国二十三年南昌行营中就颁布了具体的办法，如省政府合署办公，县政府的裁局改科，就是这种原则的实现。从前上级机关不明白指挥与监督的分别，所以如由中央的教育部直接指挥省的教育厅，省的教育应指挥县的教育局，这样就破坏了省县行政的统一性。这样省县必不能有整个行政计划的出现。省主席与县长就不能负全省全县的行政责任。

维持每一个行政层级的"完整性""统一性"是破除"一条鞭"式的行政组织的办法，亦即是"计划政治"与"责任政治"的起点。

在"行政机关的设置"一节中，我们常说西洋国家中现在颇为盛行的"专管机关"的办法，在目前的中国虽亦有成例，但运用殊为困难。所谓"专管机关"即上文所谓行政权横的方面的运用。在采用这个方法时，心理上还有许多障碍，有待于我们努力克服：上级机关总觉得事无大小均不能受其下级机关的干涉，中央机关尤其不肯受地方机关的节制。机关中的人员，尤其是低级职员，往往以享受特权为荣耀，下级机关纵有法定的职权可以管理，亦不敢过事勉强，以免在其他公事上上级机关为其故意挑剔刁难。

我们认为这是中国行政实际上一个应当革除的弊端，现在的心理偏重于机关的纵的系统，注意上下的隶属关系，而不顾及每一个机关在法律上所有的职权。易词言之，我们法治的观念仍旧欠缺，不过我们要郑重指出，行政权横的方面的运用，在现代国家繁复的任务中是必定每日增多的，在行政上这个趋势不但是事实所必需，而且是方法上一种进步。抗战以来这方面已有了相当的发展，在初用这个方法时障碍甚多，还不曾养成习惯。我们要用事实来使它可以顺利发展，因为惟有用这个方法才可以使得各个机关所造的事情贯穿起来，形成一件整个的事体。上述中央机关的迁建是很好的一个例子，说明这个方法的成功。

下

一

行政法规的制定为的是执行，不被执行的法规等于废纸。在我们设立了许多行政机关，任用了许多行政人员之后，我们还要追问这些机关与人员曾否尽了忠实执行法规的责任，这一部门的工作即是行政三联制中所谓考核的工作。

现在我们政府中关于考核工作是采用"分级考核"的制度,以政府组织之层级分级来做考核。此中的用意与"分级负责"的精神是相配合的。现在通用的办法是(一)书面表报的审核与(二)视察人员之实地考察。在未曾讨论这个问题以前,关于考核有几个问题是值得注意的。

二

在我们考核一个行政机关的工作时,我们要考虑到被考核者所处的环境,例如,中央颁布一个法规令各县政府造林凿井,在沙漠中的县政府是无法执行这种法规的,因此我们不应当课之以未尽职的责任。我们常想以中国之大,各地情形之悬殊,几乎可以说每一个县都有特殊的情形,每一省更有它的特殊情形。一个优良的地方政府是应当能把握这种特殊情形而善为利用的。例如,景德镇出瓷器,六安产茶,这两个地方的政府在其设施方面便应当致其大部分的力量于这两种特产之培育,而不宜以其有限的力量,浪费于不合其地方条件之事业之上。在上级政府考核每一地方政府的工作时,应当充分注意到那个地方的特点,然后行政方能有进步。这个原则似乎很简单而合理,但现在我们的考核的工作最大的缺点,亦即在不能顾虑到这个原则。中央的部会,省政府的厅处,各自认为他们所主管的一部分事情是最重要的,各自督策地方政府办理他这一部门的事情,各自订立考核奖惩的办法,各自有其考核的人员。在县长考绩的百分比中各自争夺百分比之提高(使这个百分比超过了百分之百),更要在财政之支出中以法律来各自规定办事经费的成数。甚而至于在某一地方有特殊情形发生,如遭遇巨大的灾歉,而各主管部门仍然不肯对于他们主办的事情丝毫放松,不肯移出其人力财力来救济人民的生命。中央如此责成各省,各省亦如此责成各县,使得地方上没有伸缩余地来顺应其本地方的特殊情形。这种呆板机械的考核不但不能促政治之进步,反而造成了恶果。三联制中规定分级考核的制度,以中央来考核各省,由各省来考核各县,用意在认定省是可以比较明了省内各县的特殊情形的,由中央来直接考核各县总多一层隔膜,这一个原则今后必须彻底的贯彻。多年以来,中央政府因鉴于民国初年的各省割据而不肯课各省以权责,这种顾虑在今日应当泯除。

但是"情形特殊"一个名辞在应用上应有其绝对的限度,现在许多地方政府凭藉这个公式而推诿责任,也是应当切实矫正的。地方政府一个最好利用的护身符是"客观条件"之不充足。近年来我有许多机会与现任的地方官,尤其是县长谈话,讨论为什么许多政令不能贯彻。其中的理由虽然甚多,亦有甚充足者,但他们却一般喜用"客观条件"不足为辞。所谓"客观条件"包括的范围很广,且以几个最通常被引用者为例。

现代国家的行政需要颁布许多的法规,法规之外还有许多补充的命令解释等等。有许多法规,如各种的税法,土地法,户籍法,兵役法,社会立法,均是相当繁复而专门的,这些法规不能贯彻的一个大原因是地方人民文化水准太低,甚而不识文字,无法了解法律的内容,因而不能遵守履行其所课的责任。补救这种缺憾的方法是扫除文盲,普及教育,利用种种场合,如国民月会,宣传政令。另一个重大的原因是我国的人民没有法治的观念,没有守法的习惯,不明了遵守法律的重要。补救的方法是提倡法治主义,普及法律教育。再有一个重要的原因是我国的人民没有组织,形成一盘散沙,政府没有方法控制他们。补救的方法是组织民众,训练民众,是编组保甲,组织各种人民团体,如工,农,渔,商,教育,自由职业等职业团体,长老会,妇女会,少年团等人民团体。还有一个重要的原因是我国的交通不便,法律不易传达,人民根本不知道有些什么法律,又何从遵守执行。补救的方法是发展交通,修筑铁路公路,开辟航线,架设长途电话,扩展电报及广播无线电。近来比较时髦的一种原因是政府(颁制法律者)与人民(遵守法律者)意见隔阂,不能沟通。补救的方法是办理地方自治,设立各级民意机关。另外一个最普通的原因是人员机构,尤其是经费不充足。补救的办法是增加人员机构与经费。

以上是一般人认为法律之所以不能贯彻的几个根本原因,此外,对于某一种法律之不能完全贯彻,也有其特殊的原因。例如,兵役法之所以不能完全顺利执行,是因为中国没有完备的户籍,计口授粮之所以不能办理也是为此。所以改良役政的一个根本方法是积极办理户籍。但是我们早已有了户籍法,为什么不执行呢?其原因是户籍是相当专门的事情,现在没有足额有户籍训练的人来担当这件事情,所以根本的办法是训练户籍干部人员,设立户籍机构。又如,土地税之举办可以增加国库的收入而平均人民的负担。我们现在之所以不能切实普遍举办,是因为许多土地尚未经测量登记,没有根据来征收土地税。但是办理土地测量登记是相当专门的业务,现在又没有那许多有训练的测量人员,测量的仪器,已有的不足用,自己只会制粗糙的,西洋精密的又不能输入,解决的办法是训练测量人员,学造精密仪器。

这些所举的原因都是千真万确的。所举的补救办法也在一一积极推行之中,未尝一日稍懈。但是国家的重要事情却不能等待这些原因一一都根本解决了才开始。我们不能等待户籍办好了才开始征兵,等待征兵有了把握后才开始抗战。我们不能因为条件不充足而不去办理应办的事情,虽则我们同时应当完成应备的种种条件,如何克服种种的困难,排解一切的障碍,如何在各种条件不齐备的情形下,使法规执行到比较上最完备的一步。这是行政机关应有的责任,不容诿卸,在考核时我们不但要看他执行到什么程度,并且要研究他所具备的条件如何,他有没有方法克服困难,他的困难是否绝对不能克服,而予之以公平合理的判断。张江陵所谓"综覈名实"在现代似乎应在这种地方着眼。

三

现代行政的部门中可以用统计数字的地方很多。西洋国家如美国尤其喜欢引用统计以为成绩表现的方法。我国近年来也颇染上这种风气。而一般流行的见解好像是(一)无论什么都是可以用数字来表现成绩的,和(二)数字越大则成绩越高。这种流行的见解有许多不妥的地方。我们姑且不必说明如国际外交一类的事情是不能用数目字来表现成绩的。即在其他项目中,数目字的意义亦各有不同。

例如,在行政上有的数目字是越小越好的:振济委员会不必夸耀灾难人民的数目。又有的数目字似乎是不多不少最好的。例如,纸币的发行额,但究竟应有多少也殊不易于确定。有的是多少均不足以表明成绩的,例如,归化人民的统计。在考核工作当中,这些数目字固然应当提出来,但在评判时,却不能不顾到它们的意义。

现在一般认为数目字越大越好的范围中,量的注重亦不可完全抹煞质的成分。例如,铁路的里程在今日之中国似乎是越大越好的,然而在衡量这件工作时也有多方的考虑。例如,现在钢的产量有限,应当用之于制造兵器抑修筑铁路是很不易决定的,而且机车及车辆既不能自制又不易运入,铁路的里程之增加,有无积极的意义,也值得考虑。假使认定仍可修筑,则其分布是否合理,先后缓急是否适宜,也值得详加考虑。美国以前在筑路狂热时代,几条铁路平行竞走,使里程较远的运价因有竞争而反较里程较近而无竞争的运价为低(此即美国铁路史上所谓 Long and Short hawl)。这是一种莫大的浪费。此为一个显例说明在考核一个机关的工作时,机械式的核对是没有意义的。一种设施之是否得宜,有许多微妙的考虑存乎其中,也不见得一定可有绝对客观的标准,在考核时各方面的考虑均须顾虑周详,比较得失,而附之以合理的判断。行政三联制认为考核的结果,应当为设计的根据。所以设计,执行,与考核,三者彼此之间应互相关联。为使考核的作用能够充分发挥起见,这是必备的意义。

四

考核的对象是对事的，同时也是对人的。监察惩戒制度的作用在纠弹与惩戒"违法与失职"的官吏；考选与铨叙制度的作用在选拔优秀的人才与禁止不合法定资格人员之任用。这两种制度均是对人而发的，考核制度对人的方面，是考查各级行政机关人员，在合法任用及不违法失职的条件之下，是否具有充足的能力来担负其责任。这个对象我们姑且名之为"行政技术"，即英文所谓 Administrative Technique。

自来研究人事问题者对于如何造就，选拔，训练具有行政技术的人员，曾费过许多心思，有的人主张在学校里添设行政学的专门学科，有的人觉得不如在他进了行政机关以后才予以学习的机会（即英文所谓 In-service training），让做过事的人读书，让读过书的人做事，或内外互调，或设补习学校，方法不一而足。这种方法在外国，尤其是在英国，均已实行。在中国关于公务人员也有许多进修方法，诸如设班训练，补习教育，小组会议，学术研究，内外互调，种种方法均在实行。不过照一般的看法，行政技术是相当微妙的一件事情，亦即是通常所谓"干才"是不容易判定的，其中多少有些只可意会而不可以言传的奥妙。

关于这个问题我们可以暂不讨论，现在所要说的是在上级机关对于下级机关进行考核的时候，固然是以事为对象，但同时也要顾虑到对人的问题，要考查各级行政机关的主管及干部对于执行各种法令时有无优良的方法可以使得法令得到贯彻。行政的技术不是如同应用科学的技术一样完全可以从书本中获得的，也可以说没有多少成规可循的，迂回的道路也许比较走直线容易生效。行政技术既然是如是其微妙，在考核时尤不得不深加注意，以为公平的判断。岩板的核计数字，或武断的妄加评语，均是不切实的考核。总而言之，在推行考核之时，最根本的条件是灵活地运用，主持考核的人尤须高人一等，否则便是徒劳无功。

五

讨论这三个问题既竟，可进而研究考核工作中两个基本的方法，即报告与视察。

行政三联制的精神是以计划为考核的依据。行政机关在年度或一件事业的开始，应拟订详细的计划，以为执行步骤与方法之厘定，在执行的过程当中，应依照计划所订的进行，因此在考核时便可以决定的计划为根据。这是三联制根本的意义。不过在研究此制运用之时，不能不考查今日实际的情形，究竟容许这个原则之彻底实现与否。

在今日我国行政机关中，每一年度或每一新兴事业均是有其计划的，因为照现行的法律计划是预算的"说明"，而行政机关办事必须有预算，因而亦必有计划，在行政机关编造计划与预算时，这两件文件也许是配合的，但在核定以后则往往脱了节。同时，现在各机关编计划的方法与技术也大有改良的余地。[1] 现在所要指出的是（一）与预算不相配合的计划，与（二）编制方法与技术不高明的计划是很难用来作考核之根据的。

工作报告自然是考核时最主要的根据，在西洋上轨道的国家中，政府工作报告的编制是一年一度的头等大事情。它可以成为一件文学上有价值的作品。中国人时常参考的海关报告与汇丰银行报告便是一般的例子。从报告中可以看出一个年度中政策推行的经过，利弊得失。这是政治实施的总检讨，往往附有主管长官的感想与批评。行政学者，对此有专门的著作。这样的工作报告是有意义的，因为如此才可以成为下年度拟定计划，厘定政策时的参考或根据。行政三联制中所需的工作报告，无疑的是这种工作报告。

检讨当前我们的情形，有几点应当提出。第一，我们工作报告与计划一样，失之于琐碎，也是一项一项的列举，没有轻重之分，没有前后的连贯，形同一篇流水账，卷帙浩繁，无从看起，所以一位有经验的官员说：中国的工作报告，是下级机关的科员编制给上级机关的科员看的，主管长官对此大都无暇过目，遑论检讨与考核。第二，工作报告的次数也实嫌其太多。上级机关向下级机关所要的报告名目繁多，次数亦多，先就一般的报告而说，从前各省市政府每一个月均须向行政院造一次报告（现在已改为每二个月一次），此外还有许多表册，如"年度政绩比较表"（现在已与年度的报告归并）"某种事业进度表""政绩交代表"，等。政府机关每办一件事情，往往同时拟定一种表式令执行机关按期填报。例如，某一机关在推行某一件极小的事情，在法规上规定每一县政府每一个月要填送一表由省政府送到中央主管机关来。如果此事各县认真办理，政府每一个月便须多三千八百件呈文（由各县到各省一千九百余件，由各省到中央一千九百余件），有何意义？事实上这种事情也是绝办不到的，零零星星多几百张表，徒然耗费人力物力。又关于一件事情本来是有其主管机关的，其中亦有相当的材料。但是要这种材料的，其他机关不问他索取，而直接间各执行单位索取，例如，关于人事考试院铨叙部原是主管机关，但除了铨叙部外还有十个机关要问中央机

---

[1] 请参看《论中国的计划政治》，载《新评论》第三期，与《论政府机关的工作计划与报告》，载《新经济》第六卷第九期。

关索取有关人事的材料。如果说铨叙部所有的材料不全（也的确不全），但别的机关又哪能收集得齐全？表册填来填去，仍然是片断零碎的，恐仍以铨叙部的为最齐全。至于主计系统的各种表报，本来是不可少的，但亦宜详加检讨，能省的亦应省略，时间可稍放长的仍宜放长。

中央执行委员会，国民参政会问中央政协机关要报告，行政院问各部会署，各省市政府要报告，各部会署又问其附属机关及省市政府的机处而要报告，省市政府问县政府要报告。有一般的报告，有特殊的报告，有按年的，按月的，按日的报告，次数太多，种类太繁，编制填送者与审核指示者均不暇仔细办理，报告与考核的作用因亦无从发生。近年以来，行政院屡次要减少表报，归并表报，其用意正在重视报告在考核的效果，是值得彻底办到的。

第三，现在用表格的方式是有商榷余地的。表格可以简略许多无聊的文字，这是用表格的用意。但是读者如果看过现在各机关的"年度政绩比较表"，也许会感觉到表格之应用，本身确有问题。不能用数目字来表现的事项，似乎不能用表格来替代报告；表格最多只能用为书面报告的附录。改良报告的方式，除了极力求其次数的减少而外，尤须力求其内容的简明扼要，比较上一个满意的办法是报告中只提到一个机关在年度内的"中心工作"，及机关举办的工作之有重要与革者，至于其余的例行事项，或继续举办事项，则以简表表明之。其次篇首必须有切实的工作检讨，篇后有今后改进的具体建议或意见。现在国防最高委员会命令各机关设立"设计考核委员会"，在其本机关提出报告之前，必须经过这个委员会的审核，使得比较上重要的人员都仔细看过其本机关的报告。这样的报告才得作为考核的根据。

第四，负有考核责任的机关，对于工作报告的审核方法，尤其需要改善。现在审核者或则根本不看，而以"查核大致尚无不合"的公式敷衍了事，或则仔细的挑剔，这样不合，那样不合。前一种方法使下级机关不重视报告；后一种方式，如用之不得其当，尤足引起反感。在上文中，我们曾说明考核之工作是如何的不易，不明了实际情形而妄事挑剔，说外行话，强人所不能，结果恐怕只有自损威信。举例而言，我曾看到一个审核工作报告的意见说，新县制最重要的工作是成立县参议会，而那个省的各县尚未成立，"殊属不合"，不知县参议会组织条例及选举条例，那时虽已由国民政府公布，但施行日期尚须以命令定之，没有法律的根据从何成立？这种的考核意见绝不足以服人。总之，考核工作最通常的方法是书面的报告，但是就现在的情形而论，无论是从报告之编制或从报告之审核方面着眼，均有许多可改进的地方。在这个地方，西洋国家的许多成规似乎有参考的价值，此则在每一本行政学书籍中均可以获得一个轮廓。

六

今日我国的视察制度可谓已达最高峰，现在几乎每一个政府机关均有视察，督导，视导，转导一类人员的设置，经常的分赴各地担任实地考核的工作。党政工作考核委员会每年有视察团，内政部也有视察机构与人员，监察委员，立法委员也分赴各地视察。这是范围比较广的，其外每一个机关就其业务亦有视察组织，多少也各成"系统"。例如，同在内政部而禁烟委员会的视察团是与内政部的视察人员分别的。其他机关也有这种情形，至于"特派大员"更不时巡视各地。

实地视察是考核的一种方法，在原则上是没有问题的。各就其主管来视察也有充足的理由，未可厚非。现在的问题是用什么方法可以使视察发生实效，而不致使视察徒成地方上一种负担，一种骚扰。

当前的问题有四：第一，派出去视察的人员对于其视察的对象不明了，反而临时去发表格令被视察者供给他以作报告的材料。例如，某一省份若干专员区，某区辖某些县，是内政部与行政院的档案中所有的材料，无庸视察者去实地调查。对于视察的对象不尽力明了，决不能使其发现书面报告中所看不出的问题。这种视察人员不能取得地方上的信仰。第二，视察的次数太多，使得地方上疲于应付，是早已有人指出的弊病，毋待赘说。现在是在实行"分级负责制"，而行政院——中央的一级——反而无视察的组织，是不妥的（行政院以前一度有"政体巡视团"，旋取消），如果行政院能将各部会的视察事务综合起来，每年组团视察一次，不但可以减少视察的次数，并且可以发生综合的作用。各部会如有特殊的问题，如禁烟，自仍可单独办理。在视察以前，应当有充分的准备。根据书面的报告仔细研究，然后提出特殊的问题来以为视察的中心项目，不但可以免除走马看花之讥，并且可以发现重要的问题，以为兴革的根据。

视察的方法改良，视察的报告才能发生作用。现在的视察报告内大都是档案，甚至于书本中所看得到的材料，当然是一种浪费。碍于情面而不肯说实话，当然也失去视察的意义。视察的报告应当是绝对秘密的文件，无论褒贬均绝对不公开，要"行查"时不妨采"据报"的方式。有了这样保障，视察报告才不致于空无所有，才能成为考核的一种重要工具。

上文尝说，考核固然是对事的，同时也是对人的。张江陵所谓"信赏必罚"，也是对人的，考核如果要发生真正的作用，则考核的结果必须成为黜陟的根据。没有这种效用，考核自难期发生实际的作用。这种说法虽是理所必然的，但在视察方法没有改良完善以前，当然不宜立刻应用。

归结而言，书面的报告与实际地视察，为考核工作的两支柱石，在原则上丝毫没有问题的。问题在这两种方法应如何利用，使其可以发生实际的效果，则是有待于探讨的。上述的几点或许足供参证。

- 监察院与监察权
- 公务员惩戒机关
- 一年来关于政制改革的讨论
- 民国二十年国民会议的选举
- 中国的官
- 国民党的政治委员会
- 中国政制建设的理论
- 地方政治论
- 抗战两年来的政制
- 民主政治在中国的前途
- 最近五十年中国政治的回顾
- 省县行政机构的组织与运用
- 中国行政改革的新方向

比较政制与中国政府

监察院与监察权 *

（一）绪论
（二）监察院成立的经过，法规的内容，及施政成绩的一般
（三）弹劾案的分析
（四）监察权范围问题的讨论
（五）监察院在五权制度下的地位问题

一

在五权宪法的原则被承认了以后，研究政治制度的人最留心的一个问题便是怎样使这五种治权和四种政权，以及这五种治权彼此间，收到互相联络的效果。在三权宪法之下，如美国的宪法，我们得用繁复的机构把行政，立法，司法三权分开，同时又把它们用相互制衡的方法联络起来。五权宪法是比较上更繁复的一种制度；分权与联络因此便成更困难的问题。手创五权宪法的孙中山先生对于这些问题，语焉不详：他赞成先讨论原则，原则既定之后再谋原则的应用。王宠惠氏报告孙先生的主张说："先须赞成原则，至于施行方面，尽可别想办法，不应先从办法上着想，然后赞成原则；所谓先须赞成原则者，取其认定原则为一种创制，则到实行时自可制定一种特别办法，以符原则；若为详细办法所囿，则对于原则，必难了解。"[1] 这种主张我们无由异议，然而自民国十七年《国民政府组织法》实行五权制度以后，原则已到实行之期，"详

---

* 原载《社会科学》第一卷第一期，1935年10月。
[1] 王宠惠：《研究五权制度略述》，《国闻周报》，五卷，四十一期，十七年十月二十一日。

细办法"必须及时订定；到现在宪法草案制定之时，更得根据以往实行五权制度的经验订定更详细的办法，以期创建一种理论上依据孙中山先生的主张，事实上能运用灵敏的制度，以垂久远。

五权制度最有兴味的创设在监察权的独立。监察权本分为弹劾权与审计权两部。自民国二十年二月二日监察院组织成立，于右任氏宣誓就监察院长职以来，已经有四年余的历史。在这四年之中，监察院也曾积极行使它两部分的职权。兹篇之作在叙述监察院行使弹劾权以往的经过，希望从此得到对于五权制度下的弹劾权比较清晰的认识。四年是一个很短促的时期，一切的问题都未曾得到最后的解决，因此这里所讨论的都是没有绝对解决的问题。

二

监察院成立的经过可以从监察院呈送给国民党第四次全国代表大会的政治工作总报告书里读到。[1]

> 民国十四年国民政府成立于广州，监察院亦于此时创立，为国民政府试行监察权之始。属在草创之际，职权行使，仅在委员五人之下设五局，旋改为三局，以司政治上之监纠。迨十六年奠都南京，继续北伐，以军事之倥偬，阙治具而未张。十七年中国国民党第二届四中全会关于政府制度之决议，因时会之所宜，先为财政之监督，故成立审计院，以行使监察权中之财政审计权。及五中全会决定颁布训政纲领，国民政府随同改组，始为五权制度完整之创试，而仍依建设先后逐渐实施。旋以用兵甚亟，监察院人选迭更迄未得完整成立，仅由筹备处为各项之筹备。十九年第三届四中全会决定刷新政治方案，至以监察院之行使职权为不容再缓，乃复选任院长克期组织，经于本年二月二日正式成立。原有之审计院亦依法改部，隶属于监察院……

于右任氏在二月二日就职，前已言之。这次的就职典礼甚为隆重，由当时国府主席蒋介石氏授印，张继氏监誓并致训辞。[2] 那时举国对于监察院都有最深切的期望，可以从当时的报纸社评里看出。[3] 于氏就职之后便提出了第一批的监察委员刘

---

[1]《监察院公报》(以下简称《公报》)，第七—十二期合刊，页四九九。
[2] 就职典礼的描写，蒋、张、于三氏的演辞，典礼留影等等均见《国闻周报》，八卷，七期，二十年二月九日。
[3] 例如，"监察院之将来"，天津《大公报》，二十年二月三日；"人民与监察院"，同上，二十年二月四日。

三、朱庆澜等二十三人，二十年二月十六日国府任命，但先就职者只有十八人，后增至二十一人。同时筹备期间的秘书处亦行赓续，二月十七日任命杨谱笙氏为秘书长，王士铎、杨天骥两氏为秘书。改隶于监察院的审计部亦于是时成立，茹欲立氏被任为审计部长，李元鼎氏为副部长，王文海氏为秘书长，王培驥等七人为审计，均在三月下旬由国府明令任命。[1] 经过这些任命，监察院的组织便已大备。在二十二年二月二十五日国府又续任二十一位监察委员。[2]

除了人选的择定，比较重要的工作是法规的制定。因为这些法规曾经多次的修正，内容及条数时有更改，叙述甚为困难，故胥依本文属稿时最新的法规加以分析，它们的沿革似不必详为叙述。按目前的法规，重要者有下列数种：

《训政时期约法》。这是训政时期中的根本大法，自然十分重要，但对于中央政治制度，规定非常简略，无足道者。

《国民政府组织法》。根据这部组织法，监察院有比较详细的规定。监察院是五种治权之一，故"独立行使"监察权（第八条），它是"国民政府最高监察机关，依法行使弹劾审计之职权"（第四十六条）。它有院长及副院长各一人，由中国国民党中央执行委员会选任（第十条），副院长是在院长"不能执行职务时"代理院长的（第四十七条）。它由二十九至四十九位监察委员组织，监察委员是由院长提请国府主席依法任免的（第四十八条），他们不许兼任其它公职（第五十一条），并受法律保障（第四十九条）。监察院由委员组织监察院会议，院长为主席，但会议的职务没有订明（第五十条）。该院并可以向立法院提出关于主管事项的议案（第五十二条）。照这部法律看来，监察院的组织依然没有十分清楚详尽的规定。根据该法第五十三条，国府又制定：

《监察院组织法》。除了关于内部组织的规定不甚重要，关于审计权在本题范围以外，这部法律对于《国府组织法》有诸多补充。它规定"监察院以监察委员行使弹劾职权"（第一条），但详细的种种规定则以另法规定。在行使这种职权时，它得向各官署及公立机关查询或调查档案册籍，遇有疑问时该主管人员应负责为详实的答复（第三条）。它又规定院长得提请国府特派监察使分赴监察区巡回监察，行使弹劾职权，这些监察

---

[1]《公报》，第一期，页三二及其后。
[2]《公报》，第十八期，页二九九："按国民政府组织法第四十八条，监察院设监察委员会二十九人，至四十九人。本院成立以来，先后请简，已到院服务之监委，仅二十一人，以之监督全国官吏，平日已感耳目不通，时有挂漏之虞。丁兹国步艰难，政治工作全部紧张之际，尤应积极整饬内部，使政象清明，官常整肃。本院为充分行使监察职权计，认为有补足监察委员法定员额之必要。爰于二月二十五日，呈由国民政府任命熊育锡等二十一人为监察委员，业于三月十二日正式就职，合以旧有之监委，计共四十二人。"

使可以由监委兼任，这里的详细办法由监察院自己去制定（第六条）。这部法律的目的是内部的组织，对于职权中亦提及，但亦语焉不详。比较上最重要的是本法第一条所提到的。

《弹劾法》。这部法律制定施行于民国十八年五月二十九日，远在监察院正式成立之前，到民国二十一年六月二十四日才又修正公布。[1] 这是关于本题最重要的法律。它规定弹劾案是对于公务员违法或失职之行为提出的（第二条），每个监委都能单独提出书面的弹章，详叙事实[2]；提出之后要三位监委审查，其中多数（自是二人以上）认为应付惩戒，便将被弹劾人移付惩戒，所以在提案时只要监委中有三个人（提案人及审查者三人中二人，共三人）通过，便能成立。加之，假如审查者不能同意于提案人的意见，可以把该案交给另外五个人去审查，"为最后之决定"，这里所谓决定是五个人完全一致抑五人中大多数，法律里毫无明确规定。从前审查人员是由院长指定的，并无限制；修正后的法律却没有明说怎样选择，虽则《监察院审查规则》里则仍说由院长指定，而这部规则所根据的仍是修正前的《弹劾法》。[3] 既然不由院长指定，审查委员现在是"由全体监察委员按序轮流担任"[4]。这种规定自是比较妥当，虽则流弊亦可滋生，因为提案的人可以等到同情于他的弹劾案的人轮到审查的时候，才把弹劾案提出，结果可使审查的步骤失去了本来的意义。这种的顾虑本是人情之常，并不是对监委看轻。同时这种事也不难办到，因为监察院的弹劾案甚夥，监委则现已有四十余人，不难轮到。这是造法不周密的地方。这部法律同时也规定许多细节：如审查者回避与他们有关的案件，等等。在监察院第十一次会议时议决"弹劾案提出后，其审查之结果，须通知原弹劾人"[5]。这部法律第十一条是最要紧的："公务员违法或失职之行为情节重大，有急速救济之必要者，监察院将该弹劾案移付惩戒机关时，得通知该主管长官，为急速救济之处分。"这种办法当是很有功用的。监察院在弹劾江西省政府主席熊式辉氏"违法征收产销税暨任意变更地方制度"一案，便同时咨行政院

---

[1] 修正的《弹劾法》比较旧法改正甚多。旧法见《中华民国现行法规大全》（以下简称《现行法规》），民国二十三年，商务出版，页一三二七；修正法见《中华民国法规汇编》（以下简称《法规汇编》），立法院编译处编，中华出版，第二册，页一四三五。民国二十三年夏秋间，中央政治会议又有补定《弹劾法》三条，全文见《申报年鉴》，民国二十四年，页D一一三至一一四。本文后面当为详细讨论。
[2] 旧法里第三条规定有"应详叙事实附举证据"，新法第四条则将"附举证据"四字删去。我以为这是很不适宜的。
[3] 《监察院审查规则》，见《法规汇编》，第二册，页一四三六至七〇，这部《规则》颁布于民国二十年四月四日，民国二十二年一月二十四日修正第一、第三两条，修正文见《法规汇编》，第二册，页一四三七至八，第二条"审查委员由院长——临时指定之"规定则未修改。
[4] 《修正弹劾法》第五条。
[5] 《公报》，第三期，页九四。

作"急速救济之处分",便是叫行政院"令饬江西省政府立将产销税撤销,各区行政长官撤回,以重法令,而苏民困"。[1] 民国二十四年七月间,监察委员朱雷章提出一个"急速救济处分案",经监察案院会议通过实施。这部规律的全文在本文属稿的时候《监察院公报》尚未刊到此事,从报章里窥得它规定被弹劾人如犯罪嫌疑重大,得由地方政府将其拘押,解法院讯办,如法院侦查结果,认为证据不足时,立可释放,不受弹劾之约束。这里很明显地是专对低级官吏而言的,上述一案便不能应用。[2]

《监察委员保障法》。监察委员按照这条法律有比较上妥当的保障规定。这里我们不必详细叙述他们的保障,简括言之,他们是受有外国的法官和议会议员相类的保障的。有一点值得特别提出的是在监委,依《弹劾法》第六条的规定,复提弹劾案时,即第一次审查者认为不成立,第二次由五监委审查而成立,如果惩戒机关决定不应受处分时,他自己便要受监察院长警告的处分。除了审查以外,这是对弹劾案提出的唯一的制裁,并且是最轻微不过的。

以上所述是关于本题比较上最重要的法律。除此以外,监察院本身也曾根据以上各种法律制定若干条例规律,值得简略叙述。

《监察院会议规则》[3] 是依《国民政府组织法》及《监察院组织法》制定的。这种会议每月至少一次,由院长召集(第七条),由院长主席,监察委员过半数出席方得开议,出席半数同意方得决议(第二,第三条)。它的职权是极其广泛的:(一)关于本院提出法律及修改法律事项;(二)院长交议事项;(三)其他事项(第六条)。《弹劾法》里已经规定弹劾案的提出可以由监察委员单独行之,(第三条)是不必由这个会议去讨论的。所以一方面可以规定"监察院院长综理院务",[4] 一方面又可以规定"监察院院长对于弹劾案不得指使或干涉"。[5] 监察院的会议是常开的,第一次会议举行于民国二十年二月二十三日,[6] 两日后(二十五日)便开第二次,翌日又开第三次,三月二日第四次,等等。这是初组织时的情形,后来便逐渐减少。下次会议的日期往往是上次会议决定的。我们这里所分析的诸种规律便都由这些会议里通过。[7]

《监察院处务规程》是依《监察院组织法》制定的。它将(一)秘书处,(二)参事处,

---

[1] 《公报》,第一六期,页一〇九至一一二。
[2] 天津,《大公报》,二十四年七月六日。
[3] 《公报》,第一期,页一八。
[4] 《监察院组织法》第十条。
[5] 《弹劾法》第九条。
[6] 记录载《公报》,第一期,页一二七及其后。
[7] 第八次会议,记录载《公报》,第一期,页一四二。

(三）监察委员办公室,（四）人民书状核阅室的组织及职掌加以规定。其次，它又规定服务通则，将上列各部分职员的服务规律，如办公时间、请假，等等，详为规定。[1]

《监察院收受人民书状办法》[2]有很长久的演进。按中国古代便有人民向御史举发贪污的制度，监察院的办法是沿旧法而来的。《弹劾法》第十三条规定："监察院应接受人民举发公务员违法或失职行为之书状，但不得批答。"在监察院筹备期间便已"接受人民书状三百六十五起，其中关于行政者一百七十八起，关于司法者八十起，关于教育者十四起，关于军警者四十起，关于外交者三起，关于交通者十五起，关于土劣者三十五起"[3]。当时虽然"均轻提交监察委员审查，分别提出弹劾或派员从事调查，或行知主管机关查复"，但是始终没有确定的办法处理它们。在民国二十年三月二日监察院第四次会议时候，曾讨论到这个问题，议定了若干的通则：（一）人民书状由院长分交监察委员核阅；（二）监察委员应分组值日核阅，至少以三人为一组；（三）秘书处应将所受人民书状摘由，送至人民书状核阅室，并派专员保管；（四）监察委员得随时核阅人民书状；（五）除监委及保管员外，其余人员非经院长特许，不得入人民书状核阅室。[4]民国二十二年五月三十一日制定《监察院人民书状核阅室办事细则》，[5]同年六月二十七日又制定《监察院收受人民书状办法》，[6]对于人民书状的收受及处理才得到了确实的规定。后者规定人民呈递书状的办法，更属重要。按《弹劾法》的规定，监察院"概不批答"人民书状，但收受则自始取无限制主义。[7]这个主义在办法中得到具体的表现：这些书状以详述事实为要，不拘形式，但具呈人应详注姓名、住址，团体呈诉则注明负责人的姓名、住址，这些人名均可在查案或提案时隐讳。同时人民在书状里也可以因为情节重大，请求依法急速救济。

监察院自成立以来所收受的书状，截至民国二十三年十一月止，共一〇四七二起，加起筹备期间的便有一〇八三七起。[8]我们无从确实知道在以往的弹劾案中多少是由于人民书状而起的，但据弹章的内容来看，成份是比较高的。

前清都察院旧制，分为监察御史十五道（明代为十三道），又在边远地方——

---

[1] 《公报》，第一期，页一四。
[2] 《公报》，第十九期，页三八至三九。
[3] 《公报》，第七—十二期合刊，页四九九至四五〇。
[4] 《公报》，第一期，页一三三。
[5] 《公报》，第十九期，页三七至三八。
[6] 同上，页三九至四〇，监察院在二十二年五月二十日，并通令各省市政府公布这个办法。《公报》，页三三九。
[7] 《公报》，第二期，页七一。
[8] 根据《申报年鉴》的综计，《申报年鉴》，二十四年，页D一〇五。

盛京、吉林、黑龙江、台湾，各设巡察御史，并有因事特设的"巡仓御史"。五权宪法下的监察制度既是集合中西制度而来，[1]自始便有分设监察区及派设监察使的计划。《监察院组织法》第六条规定：

> 监察院院长得提请国民政府特派监察使分赴各监察区巡回监察行使弹劾职权
>
> 监察使得由监察委员兼任
>
> 监察区及监察使巡回监察规程由监察院定之

民国二十年四月四日，距监察院成立仅两个月，该院便已拟定《监察院监察区分区计划》，由该院公布。[2]这个计划，参酌国内情形，视交通之便否，事务之繁简，把中国分成十四个监察区。到二十三年六月二十三日，监察院在第二十九次会议又把监察区重行划分为十六个。[3]这个新的计划主要的变动是把第一区原包含的江苏，安徽，江西，分为第一区江苏，第二区安徽，江西；又把第五区，原包含的河北，河南，山东，分为第六区河北，第七区河南，山东。其余没有变动。二十四年四月三日中央政治会议特派监察委员丁超五，苗培成，陈肇英，高一涵，方觉慧，周利生，戴愧生七人分任江苏，皖赣，闽浙，湘鄂，豫，鲁，河北，甘肃，宁夏，青海监察区的监察使，他们在二十年四月二十九日在国民政府大礼堂宣誓就职，[4]现在并已分别到任。同时监察院依《监察院组织法》第六条的规定制定修正一种《监察使巡回监察规程》，二十四年五月二十二日由监察院公布施行。[5]

依这部《规程》，监察使应就所派监察区内巡回视察第二条，他们提出弹劾案时仍用监察委员的程序（第三条），他们也可以向区内各种官署及公立机关去查询或调查（第四条），提弹劾案时也可以请求"急速救济处分"（第五条），他们也可以接受人民书状，但不得批答（第六条）。以上诸端都和《弹劾法》上的规定相同，只是提案时是寄递的或电达的而已。监察使有随时向中央报告监察情形的义务，这些报告所关的内容有下列三端：

一、关于所派监察区内各官署及公立机关之设施事项；

二、关于所派监察区内各公务员之行动事项；

---

[1] 《民权主义》，第六讲。
[2] 《公报》，第一期，页二二至二三。
[3] 《公报》，第二十三期，页三八四至三八五。
[4] 天津《大公报》，民国二十四年四月三十日。按《公报》每月刊行一厚册，偶尔一册包含数期或数月。自第二十七期起（二十四年五月）改为每周刊行一薄册，内容与以前的大致相同。惟几至二十四年八月，第二十五、第二十六两期尚未刊行。
[5] 《公报》，第二十三期，页一。

三、关于所派监察区内人民疾苦及冤抑事项（第七条）。

监察使办事的地方设立监察使署，其中也有若干的职员（第八条）。"监察使及其所属不得接受地方供应馈遗。"（第九条）

根据上述的《规程》第八条，监察院同时又公布了一种《监察使署办事通则》，[1] 把内部的组织和职掌详为规定。监察使署里设秘书处，秘书处下设总务科和调查科。同时前项《规程》里又设有参赞一人至三人，由监察使去聘任（第八条）。

自从各监察使署组织成立以后，它们都颁布了一种《人民书状收受办法》，大致和中央的相同。监察使同时也到各方去亲身调查，值长江黄河泛滥成灾，他们更督率各负责机关去防汛，于院长也有密电责成他们。[2]

至于其它九个监察区何时成立，现未有闻，有的如第九监察区，包括辽宁，吉林，黑龙江三省，目前自然不能设立，第二十监察区，包括热河，察哈尔，绥远三省，也得分开才能部分设立。

依《监察院组织法》第三条，"监察院为行使职权向各官署及其他公立机关查询或调查档案册籍，遇有疑问时，该主管人员应负责为详实之答复"。这种调查证据的权力自是监察院工作性质上所必须具有的。根据监察院的统计，自民国二十年三月起至二十三年十一月止，监察院（一）行文调查的案件共有三二○四件之多，（二）派员调查的案件共有三八九件之多。[3] 在二十年三月二十六日，监察院便已制定了一种《监察院调查证及其使用规则》，二十一年十二月二十八日又行修正公布。[4] 除了规定调查证的图样格式外，这部规则规定："调查员持此证赴各公署各公立机关调查档案册籍，各该公署或机关之主管人员不得拒绝，并不得藏匿，应被调查之案件。"（第一条）"遇必要时，调查员得临时封镇该项案件，并得携去其全部或一部。"（第二条）"遇必要时，调查员得查询该项案件之关系人，并调查其证物。"（第三条）调查员同时可以"知会地方法院市政府县政府公安局协助"（第四条）。[5] 我们看这种规则所赋予调查员的权力是同法院相等的。监察院自成立以来所调查的事件甚多，可以从上面的统计窥见，大约分析，可分两种：

---

[1]《公报》，第三十期，页二。
[2]《公报》，第三十七期，页一一。这里说："江水激涨，各地告灾，堤防及堵检工作，关系民命，情势至为严重，务希亲临重要地段，巡视堤工状况，并查察当事人员，是否切实尽职。遇有险急，务即通知该管长官，妥为防范，以免疏虞，仍将巡视情形，详密报告为要。"
[3]《申报年鉴》，二十四年，页D一〇五。
[4]《法规汇编》，第二册，页一四三八至九。
[5] 民国二十三年六月二十九日监察院第二十九次会议修正的，同年七月六日国府训令准予备案。全文载《公报》，第二十四期，页一。原文是"知会警察协助"。

第一，关于一个专题的调查。这种调查一个明显的例子便是二十一年四月关于裁厘的调查。这次调查是根据国府的命令的：[1]

> 查撤废厘金及类似厘金之一切税捐，原为国家大计，业经主管院部遵令通饬如期实行。其在各省政府，如尚有对于前者之裁厘命令，阳奉阴违，或巧立名目，擅自征收各项类似厘金之税捐等情事，应责成监察院派员实地查明，呈候惩处，以重功令，而肃纪纲……

根据这项命令，监察院便派遣了委员周觉，刘成禺，李梦庚分赴湖北，广东，福建；参事数人分赴山东，浙江，安徽，湖南；职员数人分赴浙江，金衢严，广东，潮州，惠州，绥远，甘肃，宁夏，青海，陕南等处去调查。他们都具成详细的报告，汇呈国府鉴核。

专题调查之又一例子是二十年的赈务视察。这次视察是救济水灾委员会呈请国府令监察院去调查的。救济水灾委员会的呈文里说：[2]

> 本年各省灾区之广，灾情之大，灾民之多，为百年所未有。政府痌瘝在抱，拨帑赈恤。（朱）庆澜谬荷公推担任灾区工作，责重事繁。在庆澜个人，固当秉诸良心，廉洁从事；聘往各省办赈专员，亦皆素所信任。惟各专员所派查放赈款，散给赈品，及将来工赈农赈两项所用人员，为数至多；庆澜一人之耳目有限，而事关赈款涓滴为重，苟有丝毫之差池，不独于神明有愧，亦为清议难容。言念及兹，至用悚惧！又（许）世英前奉中央拨发盐税库券二百万元，抵押现款一百万元，呈奉行政院令派赈务委员会各委员，携款分往鄂，湘，皖，豫，赣，苏，浙七省办理七省急赈，亦属事关重大，皆应有严密之考察。现庆澜世英拟请由会呈请国民政府，明令监察院派监察员分赴有灾办赈各省，无论急赈，工赈，农赈，均归其切实考察。倘有侵吞或移挪赈款，以及放赈不实，勾通地方滥放冒领，并其他关于赈务之种种舞弊情形，一经查实，尽法惩治。惟如有承办赈务清廉自矢著有劳绩者，政府亦当予以奖励，以昭激励……

国府根据这个呈文，便行监察院训令，派员视察赈务。[3] 监察院亦即行训令给监委高一涵到江苏，邵鸿基到湖北及河南，周利生到安徽去视察赈务，等等。他们便即分别首途调查视察，均有详细的报告，并建议惩奖若干公务员。这又是专题调查的一个例子。

---

[1] 二十年四月四日训令转载《公报》，《调查裁厘及赈灾特刊》，页一六。
[2] 转载《公报》，同上，页七三。
[3] 训令转载《公报》，第六期，页一七一。"为令饬事：查此次江河泛滥，已成巨灾，推厥原因，良由备患无方，捍灾乏术，致使庐舍田禾，多数被淹，平时可资为利者，反蒙其害。悯念灾黎，地方有司，万难辞咎。应由行政院，监察院查明；凡负有地方及水利责任之官吏，忽略堤防的修治，及水道之疏通者，予以严惩……"

按照二十二年二月二十三日的《修正考试法》第十四条："举行考试时应派监试人员监试。"按照同日公布的《修正监试法》第一条："凡举行考试时，由考试院咨请监察院就监察委员或监察使中，提请国民政府简派监试委员，但举行特种考试时，得由考试院咨请监察院派员监视。"又据该法第四条："监试时如发现有潜通关节，改换试卷，或其他舞弊情事者，监察委员应提出弹劾；"第五条："考试事竣，监试人员应将监试经过情形，呈报监察院。"这又是专题调查视察的一种方式，以往监察院对于此项工作，均曾履行。例如，二十年的高等考试，考试院在是年六月二十四日便咨监察院一文，请派委员到场监试。[1] 那时共有八场，每处都派员到场。监察院在七月二日咨复考试院派定刘季平，周利生，于洪起，高一涵，姚雨平，田炯锦，罗介夫，乐景涛等八监察委员为监试委员，其中并指定田炯锦氏为典试委员会监试委员；田氏因出差，又改派于洪起氏。[2] 二十二年所举行的考试亦复一式。其它种考试监察院也派人去监试，例如，二十三年中便派员去监试审地人员考试，法官训练所第三届毕业考试，交通部所属各机关会计人员考试，首都普通考试，承审员考试，及浙江普通考试六种。[3]

以上所举不过是三个例子，监察院的专题调查视察工作尚有许多。例如，二十三年曾派监委到福建，湖南，湖北，河北，陕西，河南等省去视察吏治，灾况，监狱，水利，赈务，及一切的民间疾苦，地方利弊。自然在监察使署成立后，监察使便担当这种工作；各监察使到任之后，据报载也都到监察区内去实地调查。监察使署未经成立的省份自然仍由中央机关去做这种工作。这些都是供给弹劾的材料。

第二，除了上述的所谓专题调查视察以外，尚有关于弹劾案事实的调查。这类的事件自然很多，几乎每个案件的提出都要先经过调查的手续。举一例来说，监察委员高友唐氏弹劾上海特区法院院长杨肇煾，前上海地方审判厅厅长郑毓秀，书记官长钮傅椿，会计主任郑慧琛等违法侵占一案，高友唐氏便亲身到上海去调查，"赴地方法院调集卷宗簿册，逐一查核"，发现"重支之数为二万二千五百○二元一角四分四厘"。高友唐氏根据调查所得遂提出弹劾经监察委员田炯锦，高一涵，周觉三人审查报告应付惩戒后，在二十一年九月十九日监察院便移付中央公务员惩戒委员会去惩戒。这便是由弹劾案件引起的调查的例子，其它大约性质相同，未遑枚举。[4]

---

[1]《考试院月报》，第七期，页五三至五四。
[2]《公报》，第四—一五期合刊，页二○至二一。
[3] 别种事件自亦由监委监视，例如，于洪起氏便被派为国民政府航空公路建设奖券委员会委员。《公报》，第十九期，页三四四。
[4]《公报》，第十六期，页一五三至一五九。

三

以上所述都是监察院成立的经过及法规的大略情形，附带也叙述了一些实际运用的状况。以下继续分析监察院工作之主要部分——弹劾权之行使。

监察院在二十四年四月，发表一项统计，说自成立以来（二十年二月）至二十四年三月，四年另一个月中共提出了四百六十五起弹劾案，移付惩戒机关去议决。[1] 我们目前没有详细的材料来分析这时期里的案件，但自该院成立至二十三年十一月底则有人为之详细分析过。在这个时期里，监察院共提出了三百九十五起弹劾案，被弹劾的人数共七百○七人，其中被认为违法的五百○一人，废弛职务的一百八十一人，其它失职行为的二十五人。这里大部分的是县政府中的人员，县长便有二百一十一人，县佐理员十五人，县自治人员三十六人，共合二百六十二人，占总数百分之三十七而强。其次是财务人员，共九十七人。再其次是司法人员，共九十五人。其它如交通与建设人员，警务人员，军人，民政与市政人员，党务人员，省主席及委员，教育与考试人员，立法委员，行政院长，外交人员，监察委员等等都有被弹劾的。[2]

从另外一种官职的分配来看，则行政院长被弹劾的一人，部长五人，次长三人，省政府主席六人，立法委员二人，监察委员一人，高级军事长官五人。因为他们地位的重要，这些都是轰动一时的案件。为明了监察院行使弹劾权的真象，以及主要案件的内容，我们不妨择几个业经解决的案件来分析一下。

监察院第一件重要案件是弹劾立法委员史尚宽氏的。这件案件是监察委员高友唐，邵鸿基，田炯锦三氏提出的，经于洪起，王平政，周觉三委员审查，二十年三月二十六日呈请国府交付惩戒。它的提出是由于安徽桐城县的公民党员代表的举发。它的对象，除史氏外，尚有中央党部宣传部编辑主任方治氏。我们不能去考查案件中的内容，而判定是非曲直，我们只能根据监察院呈国府的弹劾文来分析。据弹劾文说，安徽的"土劣"叶芬，被法院判处徒刑，史方两氏曾私函安徽高等法院院长曾友豪氏，请托平反。弹劾原文说：[3]

> 查叶芬等被控一案，是非曲直，既经上诉，法院自有权衡，非局外人所能干预。史尚宽身为立法委员，竟以函电请托平反，不独有玷官箴，抑且触犯刑法第

---

[1] 天津《大公报》，二十四年四月十九日。编制统计图表监察院早有此议。现在这样汇集的统计尚未编成，这大约是第二十五，第二十六两期《公报》至今未曾刊行的原因。
[2]《申报年鉴》，二十四年，页D一○五。
[3]《公报》，第一期，页一一八及其后。

一百四十二条之妨害公务罪。除方治非公务员,应由党部监察委员办理外;其立法委员史尚宽违法行为,并涉及刑事,依法应提出弹劾⋯⋯

这个弹章呈上国府以后,迟迟不曾有何决定。二十年六月六日,原提案的高,邵,田三委员,又提出"质问书",呈给国府。兹将该质问书,节录如下:[1]

(史方一案)已于三月二十六日由本院呈请国民政府依法惩戒,迄今二月有余,尚未提交国府会议。查史尚宽身为立法委员,当深明法律,竟干涉司法,若非利令智昏,即系恃势妄为。本院既依法弹劾,且证据确凿,如搁置不办,不独监察制度等于具文,抑且政府因袒庇史尚宽一人,而使官吏蔑法横行,益无顾忌。既非澄清吏治之道,尤非廉洁政府之下所宜出此。究竟政府据何理由,延不依法将史尚宽惩戒?兹依弹劾法第九条提出质问⋯⋯

这件案件是公民代表举发的,前已言之。在二十一年一月,这个公民代表又行续控,监察委员邵鸿基氏据此又签呈监察院催办这件案子,于一月二十二日呈国府一文催办,其中有一段是值得注意的:[2]

该省(安徽)高等法院及检察处,对于叶芬等被控案,何以迟迟不依法判决,其中恐有情节,应请依据院规,转行主管院饬查详复,再行核办⋯⋯

一个月后监察院的南京办事处因此便传函司法院去查核,并且将呈诉书抄送了去。司法院接到这封函件之后,又转给隶属于行政院的司法行政部,该部据函调查的结果又由行政院于四月四日咨复监察院。其中的手续繁琐复杂是不可言喻的。这件案件一直到二十三年二月二十二日才经惩戒机关判决申诫。[3]

前外交部长王正延氏在二十年九月,曾三次被监察院弹劾。第一次是监委郑螺生氏所提出,案件的摘由是"承认马来亚政府取缔中国国民党马来亚总支部背党辱国肆行欺罔",经谢无量,罗介夫,高友唐三监委审查后,呈给国府去移付惩戒。[4] 第二次是高友唐氏所提,摘由是"巧于趋奉误国丧权串通日商垄断面粉"。[5] 前三次是李梦庚氏所提,摘由是"贻误外交丧失国土"。我们可以把第三件的弹劾原文节录下来,因为这件案子是纯粹关于失职的,和违法完全无关,从此可以窥见监察院本身对于监察权范围的认识。[6]

---

[1] 《公报》,第三期,而一〇三。
[2] 《公报》,第七—十二期合刊,页三七六至三七七。
[3] 国民政府政务官惩戒委员会议决书第十一号,载《公报》,第二十二期,页五七至五八。
[4] 《公报》,第七—十二期合刊,页一七七。
[5] 同上,页一八三。
[6] 同上,页一八五至一八六。

> 查外交部长王正延自长外交以来，素无方针，又乏设备。世界各大友邦，如美，法，德等国公使，虚悬至数月之久，向疏联络。以酿成日本一部分残暴军阀，毫无顾忌……当此外交紧迫之时，外交当局宜如何详核事实，慎重抗议，以昭是非，乃王外长于第一次提出抗议文内，竟有因日军与华军冲突，发生不幸事变等语。如此不顾真象，冒然措词，实属失职已极。且事前日人种种军事设备及布置，宣之各报，并未闻王正延有所表示，使友邦共知。竟一味敷衍，致丧权辱国，如此重大。若不撤职查办，速任贤能，其何以整纪纲而救危亡？

我们从这一段弹章里看出，监察院所提的弹劾王氏理由，只是失职或溺职，并没有一丝一毫法律的根据。这种情形是最危险的，我们容后再详细讨论。但也许是因为弹劾案，也许是因为别的政治上的理由，王氏旋即被免职，国府文官处，在二十年十月十五日，函知监察院国府免职的命令，[1] 这件案子遂亦告结束。

第三件重要的案件是行政院院长汪兆铭氏的弹劾案。这次和王案不同，因为它的根据不是失职而是违法。高友唐氏弹劾文是二十一年五月二十一日呈送国府的。他说：[2]

> 查二十年十二月三十日修正国民政府组织法第二十七条，立法院为国民政府最高立法机关，立法院有议决法律案，预算案，大赦案，宣战案，媾和案，及其它国际事项之职权等因，早经公布施行。此次上海停战协定，已经行政院外交部批准，与日本签字，未闻交立法院议决。在行政院所借口者，以此次淞沪之变，乃自卫，非宣战也；停战，非媾和也；协定乃暂时办法，非条约性质，无须经过立法院议决之手续，可以自由处置。不知组织法第二十七条之规定，有及其他重要国际事项，语意明显，包括甚广。淞沪之变不得曰不重大也。对方为日本，不得曰非国际事项也。不交立法院议决，遽行签字，违法之咎，百喙莫辞。区区之愚，以为行政院独裁专擅，关系尚小，开此恶例，将来对外随意协定，危险实大。使不严予惩处，有所炯戒，则以后关于国家主权疆土，有此成案可援，皆断送于协定二字之下。瞻念前途，何堪设想？友唐为防微杜渐，特提出弹劾。应请将行政院院长汪兆铭交付惩戒，以免效尤，而崇法治……

高友唐氏的弹章是由刘三，吴景涛，高一涵三委员审查的，他们也说：[3]

---

[1] 《公报》，页四七一。
[2] 《公报》，第十三—十四期合刊，页五○。
[3] 同上注。

> ……国家既号称法治，则一切措施，当循法轨。反是即为违法，即应受法之制裁，虽有贤者莫能外也。查国民政府组织法规定：凡宣战媾和及其他重要国际事项，立法院有议决之权。此次淞沪停战协定，虽与宣战媾和不同，但为国际重要事项，则无疑义。行政院不交立法院议决，遽行签字，其为违法，彰彰明甚。且事变无常，将来对外援例，随意协定，危险何可胜言？

从这两方面我们看出这件案件的理由完全是《国府组织法》的破坏，和上面所说的王正廷案件专重失职，完全不同。同时原提案人和审查的委员都带着"防微杜渐"的至意，恐怕这次的恶例一开，将来便有所藉口。汪案因此不但是因为被弹劾的是行政院院长而重要，它所包含的法律问题也是非常重要的。

弹章一上，汪氏便发表了一个答辩，据报载如下：[1]

> 兄弟自闻悉监察院长于右任同志，以上海停战协定未经立法院通过为理由，对于兄弟提出弹劾的消息，即决定两个意思，其一是上海停战协定不能推翻，其二是兄弟个人愿意接受弹劾。何以上海停战协定不能推翻呢？四月十三日，行政院曾派外交次长徐谟同志，出席立法院，报告此次协定内容与其经过。五月三日，兄弟向中央政治会议第二十九次临时会议报告此次协定内容及其经过之后，并曾声明，此案曾经报告立法院，惟应否提交立法院通过，然后批准，敬候指示。随经中央政治会议议决如下："此次协定既非媾和条约，应照外交部所拟办法，交行政院，俟办理完竣，再由行政院向立法院报告。"依此决议，则于右任同志的弹劾案，实无从成立，按照国民政府组织法第十五条，"宪法未颁布以前，行政立法司法监察考试各院，各自对中国国民党中央执行委员会负责"。则行政院遵照中央政治会议议决，办理此案，自属当然，兄弟所谓上海停战协定，不能推翻者以此……

> 中央政治会议议决，"此次协定非媾和条约"，实为至当，一面抵抗，一面交涉，为目前应付国难之根本方针。抵抗不是宣战，停战也不是媾和。一月二十八日，行政院长曾令沪淞驻军对于日本军队之侵占闸北断然抵抗。二月二十日又曾拒绝日本的哀的美敦书，当时都是未经立法院通过的，为什么监察院不以此为理由，而加以弹劾呢？就因为抵抗不是宣战。抵抗既然不是宣战，自然停战不是媾和。于右任同志的弹劾案内，引国民政府组织法第二十七条："立法院有议决法律案

---

[1] 二十二年五月三十日《北平晨报》所载南京特约通讯。

预算案大赦案宣战案媾和案及其他重要国际事项之职权。"以为停战协定，即使不是媾和案，却不能不说是重要国际事项。殊不知所谓"重要国际事项"其范围至为广泛，若无解释，则外交部所办的事件，何者应先经立法院议决，何者不应先经立法院议决，实无一定标准，可以随时发生争执。兄弟所以请求中央政治会议决定，就是为此。

熟悉训政时期中中央政治制度的人一定会同情于汪精卫氏这一段话。监察院提出的标语是"法治"。这是办不到的理想。第一，在训政时期中中央政治制度不根据于"法治"而根据于"党治"，法律的存在并不能推翻这种说法。法治并不是亘古不易的法律统治，法律不能亘古不易，谁能修改法律谁便是法律以上的统治者。这是很明显的道理，用不着晓舌。第二，我们的法律根本制得不好，"其它重要国际事项"一款便是一例，好的法律不应该用"重要"等等汪先生所谓"广泛"的字眼，用了便不得不去解释。瑞士法律规定期限十五年以上的条约要交人民复决批准才能成立：哪条条约期限在十五年以上是容易明白的，因此哪条条约要批准，哪条不要，用不着争执。有的国家法律规定关系人民财产的法律要交议会批准，这种标准，也很容易明白，不会引起争执。用"重要国际事项"一个空洞，界限不明，标准不清的名辞便要发生枝节，发生枝节自然要有合宜的机关来解释。中央政治会议是目前中国的最有权威的机关，它是主权寄托之所在，它的解释自是最终的；向它负责的立法院监察院只有服从，不能再持异议。中政会既然认为《上海停战协定》不必交立法院议决，立法院的质询，监察院的弹劾都不应该。所以我以为汪氏的理由充足，中央政治会议之是否如此解释《国府组织法》第二十七条是另外一个问题。其实那一条条文将来仍然会引起同样的争执，故这样重要的问题似乎应该设法根本解决，而解决唯一的途径在修正《国民政府组织法》第二十七条，把何者为应交立法院议决，何者不必，划一个清楚的界限。虽然，法律条文无论怎样详尽，总会有异议发生：汪氏所谓"抵抗不是宣战，停战也不是媾和"，便是一例。我们虽然明明说出宣战案媾和案，似乎相当清楚明白，但仍然有在两者之间，既非此又非彼的情形。不过这是不可避免的，制法者只有尽人事及语言的能力把它划清或竟故意含混让负有解释之责的机关来逐件解决两途而已。

汪精卫氏的弹劾案还有一层值得缜密讨论。汪氏身居行政院长之专，他的去留自然牵涉政局。在务求安定政局者，便会想到这种比较上轻微的法律解释问题，不应令其牵动大局。目前中央政府的行政院，重要事项均经行政院会议议决，含有连带负责性质，为法律解释而弹劾了行政院中的重要人员，把整个行政院推翻，影响国家根本，是否值得？虽然提出"法治"，"开此恶例"的招牌未免动听，但也有人为顾全稳定政局而小视这种招牌。同时，影响大局的弹劾案，往往被政治的野心家利用来作政治活动的机会，因而监察院完全根据法律的弹章，会变成政争的材料。汪案提出时，有人便看到了这种意料之中的结果。一位作者说：[1]

> 此事经过之最应使人不满意者，是他有掀动政潮的形迹。而监察权之行使，若有了政治作用，是极其不幸的事。

> 何以说这事有掀动政潮的形迹呢？……上海停战协定不是一件简单的事，其是其非正待详密的考量；汪精卫违法不违法不是一句简单的话，其实其否亦待中央的解释。且上海事件本是极复杂的事，其法律的政治的方面均应计较得到，而且此时正有一堆人在上海，专待机而闹，又有一般人在广州，专待机而闹，所闹皆是政争的闹，换言之，即是在上海协定之政治的法律的意义以外的斗争，即是将上海协定作为政争工具的斗争。果然萧佛成先生响应于广州，大大的恭维了于右任先生一阵，而请他扩大弹劾，弹劾不已。……

> 何以说监察权之行使，一有政争的作用是极不幸？监察的作用，有浅有深，浅是清士途，振纲纪，深是平衡政事，辅弼国体。……今之五权制度，监察与行政立法齐尊，为监察院长者……尤应有大体的认识……监察权用作政争，必不能收监察之效，必致乱之实，而以今日监察院之地位论，若不从大处着想，势必流成政争，至少也要被人借作政争的。

这种看法我认为中肯。自监察院的弹章呈上国民党中央监察委员之后，该会便决议如下：[2]

> 查上海停战协定，即中央政治会议第二十九次临时会议决议，此项协定，既非媾和条约，应准外交部所拟办理，交行政院俟办理完竣，再由行政院向立法院报告在案。此案既经中央政治会议议决，所请惩戒行政院院长汪兆铭一节，应无庸议。

这个决议中执委会第二十一次常会"决议照办"。二十一年六月三日国民政府便行训令监察院决议的内容，汪案因之结束。

第四件我们现在要简略分析的案件是二十一年五月二十三日张学良氏的弹劾案。这件案子是监委罗介夫，田炯锦，邵鸿基三氏提出的。弹章文节录如下：[3]

---

[1] 孟真：《监察院与汪精卫》，《独立评论》，第四期。
[2] 《公报》，第十三—十四期合刊，页五一至五二。
[3] 《公报》，第十六期，页八二及其后。

窃以保国安民，系疆吏惟一的责任，守土卫境，为军人无上之天职。乃东北边防司令长官张学良自宰制东三省以来，荒淫无度，放弃职责，一遇暴日侵凌，数月之间，致使辽吉不抵抗被占于前，黑省以不赴援失守于后。最近锦州重镇，复先行撤兵，因而陷落，其失地辱国，一误再误，至于斯极；非丧心病狂，甘心断送，何忍出此？夫辽吉失陷于崇朝，犹得诿为祸机骤发，事前未及准备，而此次日军攻锦，早已宣传数月；龙江远隔于边陲，犹得诿为联络中断，一时难以赴援，而锦州为平津屏藩，近在咫尺之间，关内军队朝发夕至。至若谓军队无多，不敷分配，则锦州驻军仅有三旅，而关内屯集大军乃至五六万人以上，概行按甲不动。夫谓弹尽无法接济，则锦州并无若何鏖战，敌军未至先已撤退，仅有义勇队与之拼命一战。且所调入关内军队，子弹并未尝消耗。是其无援救之准备，与坚守之决心，可想而知。平日拥有二十余万之士兵，月糜国帑以数百万计，尽属民脂民膏，今竟坐令暴军，长驱直入，蹂躏人民，致使国破家亡，种族沦夷，谁实为之？国府严令死守，置若罔闻。如此贻误党国，藐视法纪，非尽法惩治，纲纪安在？在各省尤而效之，后患何堪设想？

监察委员于洪起，刘成禹，谢无量审查之后，也认为该司令官张学良失地辱国，罪无可逭。

张学良氏在二十二年三月七日又被监委邵鸿基等和热河省政府主席汤玉麟一并弹劾，指为"背职潜逃，丧权失地，抗日不力，失地误国，丧师失地"，辞藻都很秀丽。关于汤玉麟氏，他们说：[1]

……查汤玉麟身为一省主席，兼任前方抗日总指挥，乃于不抵抗之下，失地千里，使全热人民遽遭涂炭，实属罪不容诛。若不尽法惩治，则国法奚存？影响外交更甚。

同时监察院并且请求国民政府"施以急速救济处分，立将汤玉麟拿办，以维国法"。

至于张学良氏，监察委员高友唐，李梦庚，邵鸿基等并广征历史事实来定他的罪名：[2]

查国家威信，首重纪纲，疆吏天职，责在守土。综觉史鉴，历代战征，凡军法严肃者，无不胜券立操，凡姑息宽纵者，无不败绩奔溃，如影随形，如响斯应。远者不必论矣，证之宋明清之历史，宋节度使梁方平失黎阳，金人渡河，靖康立

---

[1]《公报》，第十八期，页一二二及其后。
[2] 同上，页一二七至一二八。

诛之。明都卫史杨一鹏失凤阳，流寇南窜，崇祯立予弃市。此外因失守封疆，一日而戮巡抚陈祖苞总兵吴国镇等三十六人。降及前清何柱清失守金陵，青麐失守武昌，均予正法。鸦片烟之战，耆英以失大沽，赐令自缢。中法之战，唐炯，徐延旭以失桂边而拿办。中日之战，卫汝贵以失平壤而枭首，叶志超，龚照玙以失旅顺而永禁，皆历历可数，从未有一而再，再而三丧师失地，政府既不加以惩处，当事者亦靦然面目，毫无羞耻，如今日之张学良者……以友唐等所闻，当倭军炮攻北大营时，参谋长荣臻由沈阳四次电话请示应付方针，张学良方在中和戏园观戏，直至曲终返寓，沈阳已陷。张学良为掩饰计，美其名曰取不抵抗主义，诚古今中外所罕闻。不抵抗三字在军事词典中，可谓最新之名辞，在各国军事学中可谓最新之战略。两年以来，社会之责难，报纸之攻击，日有所闻，政府曲为优容，未加谴责。论者为政府希望其戴罪图功，勉观后效，近则检关沦陷，热河全失；所谓功，功于何有？所谓后效，效于何见？虽有秦仪之舌，亦无从为之辩矣。假令九一八以后，张学良稍有人心，力加振作，卧薪尝胆，运筹帷幄，未始不可收回失地（？），藉赎前愆。乃不意张学良盘踞北平，肆意荒淫，酣歌恒舞，对军事饷糈，数月不发，终日不得饱食，严冬尚无棉衣；此诚倾西江之水，不足涤其污，罄南山之竹，不足尽其罪也……拟请将张学良明正典刑，并严拿汤玉麟一并骈诛，以肃军纪，而励戎行……

以上我们将比较上重要的几件案件的内容加以分析叙述，大都是关于政务官和军事长官的。如果把全体的弹劾案件，用案情而加以种种分析，我们便可得到较详细的认识。按监察院的统计，自二十二年一月至十二月总共提出弹劾案一百四十四起，牵涉二百五十二人。其中违法者一百七十九人，占全数百分之七一点〇三，废弛职务的六十九人，占全数百分之二七点三八；其他失职行为四人，占全数百分之一点五九。以职别来统计，行政一百一十六人（46.03%），司法三十九人（15.47%），警务三十人（11.94%），财务二十四人（9.52%），军务二十人（7.93%），交通七人（2.78%），建设五人（1.98%），教育四人（1.59%），赈务四人（1.59%），外交考试监察各一人（各0.39%）。[1] 又按监察院提出于五中全会的报告，自四中全会闭幕（二十三年一月）至五中全会开幕（二十三年十二月）期间，共提出弹劾案一百〇二起，计被弹劾的人共有二百一十一人之多。其中违法的一百四十九人，废弛职务的五十七人，其它失职行为

---

[1]《公报》，第二十三期，页三八六至三八八。

者五人。把他们的案由分得仔细些：贪污舞弊的五十九人，失职的三十四人，行为失检的二人，殃民的十三人，渎职的五人，其余是违法失职或兼渎职殃民的。除了贪污一项不计，就其它的案情再加分析：非法侵害人民身体，擅加捕押的二十六人；忽视人命，滥刑苛责的二十一人；苛征勒捐扰民的九人；非法处分侵害人民财产的九人；偏袒徇情的十九人；用人不当疏于督察的十四人；纵匪害民的十一人；滥用职权的十人；延误要公的十三人；寻常误公的三人；办事颟顸玩忽的十三人；虚糜公款的五人；违反禁烟法的二人；违反官规的二人；逸犯的二人；抗令的一人。[1] 从这两年中的统计，我们可以看出一般弹劾案案由的梗概。

二十年六月二日监察院由刘侯武氏提出弹劾铁道部长顾孟馀氏一案，一时舆论哗然。[2] 这件案件内容我们不必去仔细分析——它所能供给我们的结论和王，汪等案相同。我们要注意的是该案所引起的两个问题：（一）弹劾文公布的时期问题；（二）政务官能否被弹劾问题。关于后者，我们后面详细讨论，现在可只注意前者，并可和汪案所引起同样的问题合观。

弹劾文的公布时期问题是很重要的，因为它能影响到监察院的威势问题。换言之，监察院之能否借着公布弹劾文而造成反对被弹劾者的舆论，胥视监察院之能否得到造成舆论的机会。如果它能挟着舆论来助长它的弹劾，它的威势自然喧赫；反之，便要消失。在汪案提出的时候，弹章即送到报章上去发表；在顾案提出的时候也是一样。这是合法的：《弹劾法》第十条规定，"监察院人员，对于任何弹劾案，在未经移付惩戒机关前，不得对外宣泄"，在移付惩戒机关后，该项机关未曾决议前当然可以对外宣泄。[3] 但是汪案的弹章送报刊登时，被警部扣了不许发表。监察院因为被扣，又去想别的法子发表。这样虽然闹了一阵争执，但未有最终的决定。顾案的弹章一上之后，也由监察院送报发表，顾氏也登了一篇冗长的答辩书。这次的报战却产生了关于发表弹章问题的决定。中央政治会议第四一六次会议，常务委员提议补订弹劾法三条其中二条如下：[4]

（一）监察院弹劾案原文与被弹劾人申辩书及一切有关该案之内容消息，非经受理本案之机关决定公布以前，概不得披露……

---

[1] 转载《申报年鉴》，二十四年，页D一〇六。
[2] 弹章原文载《公报》，第二十三期，页八一及其后。
[3] 监察院第十一次会议（二十年六月二日）通过："弹劾案移付后，原弹劾人认为应即行公布时，秘书处须将该案公布。"《公报》，第三期，页九四。
[4] 全文转载《申报年鉴》，二十四年，页D一一三至一一四。

> （二）关于国策及有关中国在国际地位之重要文件，非经中央政治会议之核定，不得披露。

同年十月三十一日，中政会议第四三一次会议又重行决定："弹劾案移付惩戒后应由受理机关将弹劾文与被弹劾人之申辩书同时发表。"……

汪精卫氏对于这个问题曾发表很重要的书面谈话，兹为节录如下：[1]

> 监察院弹劾案之成立，系始于委员一人之提议，而终于委员三人之审查，由此可知所谓弹劾案之成立，仅系弹劾方面之意思，而被弹劾者之意思尚无表示，惩戒机关之意思，更尚无表示。一般人认为弹劾案成立，便是被弹劾者罪名成立，这是绝对的误解……

他继续说监察院好比检察官，惩戒机关好比裁判官，只有检察官的告诉，没有裁判官的审判及定罪时，罪名当然不能成立。惩戒机关有如法院，要听取双方的意见，详细审查，才能宣判，故弹章一上之时：

> 此弹劾案仅仅移付惩戒机关，尚未由惩戒机关通知被弹劾人俾其申辩，自说不到惩戒机关的审查。如果此时，将弹劾全文公布，岂不是只有弹劾方面的意见，而没有被弹劾者的意见，以及惩戒机关的意见吗？这算得公平吗？

监察院的主脑人物对于汪氏的解释颇为愤慨，也再三发表反驳的言论。他们说"年来稍大之案，多被搁置，所能求社会对于监察权之认识者，惟此公布弹劾案之权而已"，"今并此而剥夺之，不如直接取消监察院之为愈。"于右任院长也"掀髯苦笑，谓监察院尚未弹劾到人，反被人弹劾矣"[2]。

这两方面的意见自然都具有很重的理由。在中政会议方面以为监察院的弹劾案，除了有关法律以外，往往涉及其它的问题，王正廷案便是一例。如果在弹章一上之后，立刻送报发表，被劾人也许或被迫不得不提出答辩，监察院也许又要反驳。这样辗转攻讦，匪特闹得乌烟瘴气，并会如同汪案一样，引起种种枝节，整个政府或因一二人而发生不良的影响。"监察院的作用，应收清政之实，不应博敢言之名，所以大体上应以先在中央解决后再发表为是。这个办法，正所以增进监察的功能，避免无谓的枝节。"[3] 这一段话说在汪案发生之时，到了顾案之时仍然是不易之理。在监察院方面以为普通的法律有国家做制裁，根本法的制裁则只有舆论，禁止公布正是取消了制裁，

---

[1] 见二十三年七月十七日各报。
[2] 见二十三年七月十九日各报。
[3] 见孟真：《监察院与汪精卫》，《独立评论》，第四期。

任当政者去玩忽根本法而无法遏止。这种说法当然也是不易之理，但须知违法是一事，失职则又是一事，两者绝不容混淆。一个人民之犯法与否，尚应有高明的法院，缜密的诉讼法，来保护人民使其不至蒙冤抑屈，"失职""废弛职务""延误要公""颠顶玩忽""公务员之行动""人民疾苦及冤抑"等等，动辄牵连到主观的成见，更不当由四五人的意见便公开的攻讦。虽然监察院以为他们"并未如前清御史之风闻言事，依现行弹劾法，须有证据有事实"[1]，夷考以往大小三百余件的弹劾案，我们总不免觉得主观的成见未能根本免除。其实这是当然的：失职与否本是带有浓厚主观色彩的。所以监察院如果认定它的职务范围应广义地包括"违法与失职"，公布权自应受到类似中政会议决议的限制；反之，如果监察院仍然坚持它原始之主张，做一个全般政治的督察者，"a bureaucratic board of censors"[2]，全持三数人主观的成见来纠弹百官，公布权的限制自是以受相当限制为宜。监察院或难曰：外国的议会监督政府，责难政府的言论随时可以广为宣示于报章，何以监察院的弹章不能？应之曰：我们须注意两事：其一，监察院照现在的组织不能和外国的议会同日而语（下详）；其二，外国攻击政府类多取辩论的形式，攻击者和被攻击者，同时对答，故亦同时发表，与弹劾文自有不同，何况中政会议所要求的也只是同时公布，并未完全禁止公布呢？

四

弹劾案案由的分析当然引起监察权的范围问题。不消说这是研究监察制度的中心问题，自不得不较详细讨论。为便利起见，我们不妨分为两部分讨论：第一，监察权事的对象问题；第二，监察权人的对象问题。

关于事的对象问题议论非常纷纭。中国昔日台谏权力范围的宽广是我们所通悉的。他们"不但可以监察法律范围以内的事件，并且可以监察道德范围以内的事件；不但可以监察百官违反法令，及妨害公益的行为，并且可以监察官吏的私德私行；不但可以监察在职的官吏，并且可以监察退职的官吏与非官吏的恶霸土豪；不但可以弹劾那证据确凿的犯罪行为，并且可以弹劾那风闻传说未得确证的嫌疑行为；不但可以弹劾犯罪于已成事实之后，并且可以弹劾于将成事实之前"[3]。据高一涵氏的分析，这种监

---
[1] 监察院发言人谈话，二十三年七月十九日各报。
[2] Arthur N. Holcombe, *The Chinese Revolution*. p. 317.
[3] 高一涵：《宪法上监察权的问题》，《东方杂志》，第三十卷，第七期。参看同著者的《中国御史制度的沿革》，第四章，和他在两湖监察使任内在湖北省党纪念周的演说辞，转载《公报》，第三十五期，页一二。

察权可以分为(一)建议政事权,(二)弹劾权,(三)监察行政权,(四)考察官吏权,(五)会议重案权,(六)辩明冤枉权,(七)检查会计权,(八)封驳诏书权,(九)注销案卷权,和(十)监察礼仪权十种。

昔日的监察制度是不能全部在五权宪法之下实现的,因为它前者的职权有大部分是要割让给其它的机关的。例如,建议政事权在现代国家里便得划归立法机关或人民代表机关或代表人民行使治权的机关,监察行政及注销案卷权则要划归行政机关,考察官吏权则要划归考试铨叙机关,会议重案及辩明冤枉权则要划归司法机关。但是所剩下来的究应有多少呢?

这个问题不容易回答,因为在孙中山先生的遗著中没有清楚的界限标画出来。在《中国革命史》里只有"各院人员失职,由监察院向国民大会弹劾之"的简单叙述。在其它遗著中,虽然时常提起监察权,但都没有阐明其范围。十八年七月十日的《治权行使之规律案》规定:[1]

> 在监察院成立以后,一切公务人员之弹劾权皆属于监察院。凡对于公务人员过失之举发,应呈由监察院处理,非监察院及其所属不得受理。其不经监察院而公然攻讦公务人员,或受理此项攻讦者,以越权论。监察院不提出质询者,以废职论。

《国民政府组织法》规定监察院"依法行使弹劾审计之职权",在《监察院组织法》中则把这种职权分为两部:(一)"监察院以监委员行使弹劾职权"[2],(二)"设审计部行使审计职权"[3]。《弹劾法》更进而规定弹劾的对象是"公务员违法或失职之行为"[4],什么是违法或失职的行为则未加规定。从上面的叙述,我们看出监察权观念演进的痕迹,孙中山先生所讲的"失职"现在变成了"违法或失职",其手段则为弹劾之提出。但是在法律方面这个观念仍然是很不清晰的,一切诸待实行经验来补充。

监察院本身自然是倾向于宽泛的解释。它说:[5]

> 监察院设置之目的,在纠举公务员之违法与失职。然监察制度之精神,固不仅摘发奸邪,惩戒贪墨于事后已也。此项监察权之行使,实杜渐防微之至意。故以后关于各机关重大事务之处理,其情势有监察之必要者,政府当令监察院派员

---

[1] 《现行法规》,页一二。
[2] 第一条。
[3] 第二条。
[4] 第二条。
[5] 《公报》,第七——十二期合刊,页五〇一及其后。

监视之，能纠正违法于事前，庶减少诉追犯罪于事后。其议而不决，决而不行，行而不力者，监察院得随时提出质问，以促其注意，俾各机关之公务人员，事前有所警惕，不致放弃职责，坐失机宜，此政府扩大事前监察范围之意义也。

这里看出，监察院所谓"事前监察"是含有昔日的监察行政权和考察官吏权两种的，它的目标是借着质问的方式，督率公务员去循谨奉公，以期减少弹劾案——事后监察——的数目，监察院的意思以为[1]：

> 就立法意义而言，监察权之行使，实负有事前监督全国公务员行动，与夫除民众疾苦之责任。至于事后纠弹，虽可由惩戒处分上，获一种惩创之结果，而每一弹劾案之提出，大都在公务员违法失职之罪状业经成立以后，国家之公务，与当事之人民，均已受其损害，救济实感后时。

在以往监察院的工作看来，它是极力想贯彻这种宽泛的观念的。它要派遣专门人员到各地去调查审察"中央历届全会及国民会议关于训政时期施政中心之决议，与夫最短期间建设程序之规划……各地能否竭力奉行，各项建设事业能否按已定步骤，逐渐实施"。如果发现"玩忽因循，愆期失职者，亦随时提出弹劾，俾建设事业得以如期实现，训政工作促其早日完成"[2]。

照这样的说法，监察院的目标便可分为两种：（一）弹劾违法及失职的官吏；（二）普遍地监督国事的进行。在这两者之中，后者，即所谓"事前监察"，较前者即所谓"事后纠弹"，尤为着重。

这种宽泛的解释是许多人所不敢苟同的。谢瀛洲先生在研究了中国古代及目前欧美的情形以后，认为"监察院之对事的权力范围，当以官吏之犯罪或违法行为为限。至若官吏之不当行为，自有其上级长官以考核之结果，予以公正之制裁，监察院不必为之越俎代庖也"。[3] 这种意见匪特把违法与失职分开而令监察院专司前者，自然更不赞成它有"事前监督"的权力。梅思平先生更进一步，他以为"中国弹劾，实是司法范围内之职权。中国因为司法不独立，所以对于官吏之制裁，另成一特殊系统之监察权……所以古代……的监察权，实在是带有刑事检察的意味。现代法治国家中，司法

---

[1]《公报》，第十八期，页二九八。
[2]《公报》，第七——十二期合刊，页五○一及其后。
[3]《五权宪法下之监察制度》，《中华法学杂志》，一卷三期，高一涵氏的意见则与此不同，他说："监察与行政，不但不是互相冲突的，并且是互相辅助的，他并不是两种相反的行为，乃是一件相合的行为……行政与监察，是相辅而行的。一是指挥监督其下级官厅，教他如何依法，一是监察官厅教他不要违法，一是引导执行的人教他走入依法执行之路，一是监察执行的人，教他不要走入违法执行之路。其实目的是完全相同的。"在湖北省党部纪念周演说辞，《公报》，第三十五期，页一三。

权既经独立，此种监察权，实在无独立之必要。即勉强使其独立，势亦必至于与司法权相混"。他后来又说："只要把司法制度极力改善，文官保障极力完备，而上级行政机关对下级行政机关之监督极力严密；则官吏之犯赃枉法，自然有适当之制裁。所以我主张五权宪法中的监察院，对于事务官简直可以不加监察，而于各地方更无设立监察分院或监察使之必要。"[1] 梅先生对于监察院的见解因此根本和现在监察院所欲达到的目的不同。还有人以为监察权的范围固应限于事后纠察，但亦可以不必囿于犯法的行为，而应普及于不当行为，所以主张监察权应包括弹劾权和不信任案两种，才能充分达到它独立的目的。[2]

关于事的对象问题尚有一端必须提到：这便是监察权和行政诉讼两者的关系的问题。监察权如包含违法与失职两种功能，失职部分所牵涉的政治责任问题是最严重的。因为它关系人的对象问题，我们容后讨论。违法部分同时也要和行政诉讼制度发生根本的冲突，不能不述。中国现在采行了欧陆的制度，行政法院亦已成立，法规亦已制定，两者怎样配搭调和呢？监察院说：[3]

> ……按法治国家，对于公务员之违法行为，就其本身的地位而言，得提起弹劾，并施以惩戒；就其所属官署，与人民之关系而言，其行政行为，得取消之，使不发生法律效力。掌理后项职务者，在英美法系国家，为司法机关，在大陆法系国家，则隶属于行政机关之行政法院……我国既创五权宪法，自应将此项职权，划归监察院掌理，以保行政与司法分立之规律。且行政审判与弹劾惩戒机关之关系至为密切，就公务员之违法论，在同一时期，可发生数种结果，行政法院应取消其行为，监察委员应提起弹劾，惩戒委员会应予以惩戒；设监察委员因某公务员之违法，提起弹劾，其违法在法律上尚未确定，惩戒委员会审查弹劾案件，颇费时日，如经行政法院先行取消其违法行为，（行政处分）其违法在法律上既属确定，监察委员行使弹劾权，及惩戒委员会行使惩戒权，俱属敏捷公正。又从行政法院之判决研究，夫行政法院之判决，为取消行政处分，其执行属于行政机关，不执行时，监察委员应随时弹劾，惩戒委员会应随时惩戒，使行政法院之判决，在事实上发生效力，行政审判与弹劾，及惩戒三者之关系，既如是之密切，其职权之行使，既须如是之敏捷，若不归监察院掌理，任其割碎分离，其行使殆将异常滞钝，

---

[1] 《五权宪法的设计》，《三民半月刊》，二卷一期。
[2] 何会源：《论孙中山先生关于中央政治制度之设计》，载《民族杂志》，二卷五期。
[3] 《公报》，第十九期，页三七一及其后。

> 此行政审判权应属监察院之理由……

监察院既然很少希望达到此项目的——行政法院已经成立隶属于司法院——我们可以不必讨论这个根本改革的建议。但目前两者并存的局面是常要发生龃龉的。有一位作者提出一个补救方法：他建议行政法院应分为二级，第一级是普遍于全国各地的行政法院，第二级则是在中央的监察院。行政法院是行政诉讼的初审法院，不服时可上诉于监察院，监察院的定谳是最终的。[1] 这种办法是完全和目前的制度相反的：现在只在首都有行政法院，别处没有；按《行政诉讼法》的规定，行政法院是行政诉讼最终的审判机关。这位作者更提议凡行政部会被告时，监察院将为初审机关，监察院被告时国民大会审判之。在五权宪法的设计里，产生许多新颖的建议，此为其中之最有兴味的。现在我们的制度虽然与此大相径庭，但仍未能将此问题根本解决，因此这些建议仍然有考虑斟酌的价值。

上面我们较详细地讨论过监察权事的对象问题，而发现究竟什么事件应该归到监察院职权以内，什么事是它不必管的问题，目前完全未能解决。对此监察院有它的主张，各学者亦有他们的主张，并且往往相去霄壤，背道而驰。中国监察制度的确立及成绩，系乎这些问题的解决。

关于人的对象问题议论亦颇不一致，监察院本身自然是主张官吏无分大小，职位无分类别，都在监察范围之内，悉数付诸弹劾。这种见解在目前是表现出来的，从上面我们所列举的统计里可以看出。这里最足注意的一个问题是政务官能否被弹劾，如果可能，是否同别的官吏适用同样的手续问题。在二十三年六月二日铁道部长顾孟馀氏被刘侯武氏弹劾的时候，这个问题曾轰动一时。中央政治会议在第四一六次会议决补定弹劾法三条，其中第二项是与本问题有关的："凡经中央政治会议决定之政务官，经惩戒机关决定处分后，中央政治会议认为必要时，得覆核之。"二十三年十月三十一日，中政会议第四三一次会议又议决："凡经中央政治会议任命之政务官被付惩戒时，其惩戒之决定书应呈报中央政治会议。"[2] 行政院院长汪精卫氏解释这两个决议案说：[3]

> 本来政务官是负政治上之责任的，所以惩戒法上对于政务官没记过减俸降级等等处分，只有轻则申诫，重则免职。申诫不必说做到，政务官如果政策不行，

---

[1] 金鸣盛：《省政府应该五权分治么？》，《新生命》，三卷五期。
[2] 《申报年鉴》，二十四年，页D一一三至一一四。
[3] 见二十三年七月十七日各报。

便当引退，不用着什么惩戒。而监察委员之弹劾政务官，所发生的影响不仅在政务官之本人而在方所执行之政策……行政院是对中国国民党中央执行委员会负其责任的……行政院各部会遇有重大事件，都是在行政院会议提出通过，亦以对于各部会的重大事件，不是某一部会负责，而有行政院全体负责，而且所谓负责，是对中央执行委员会负责，而不是对其他机关负责。

这一段书面谈话对于我们现在所讨论的问题是最重要的。政务官负的责任和其它公务员所负的责任不同：第一，他们是对党治下最高机关——中央执行委员会——负责的，监察院如果能弹劾他们，那是强着叫他们同时对监察院负责。如果监察院叫他们负的只限于刑事方面的责任，他们对中央执行委员会所负的是政治上的责任，当然两者可以相辅为用不致冲突。现在监察院不但要绳他们以刑事上并且以"失职"为辞，要强他们以政治上的责任，这当然是使得政务官的地位很困难的。第二，在现在的根本法系统下，监察院也对中执委会负责，它的地位又和行政院相平等，叫平等的机关负责是不合逻辑的，抑且事实上不可行的。第三，即使行政院各部会长官肯对监察院负责，行政院一切重要事件都取决于会议，因而有连带负责的性质，一个政务官被监察院弹劾，如关系政治问题，整个行政院都受牵连，从政治安定眼光看来，亦为不妥。虽然在内阁制下人常说卫生问题的争执会使外交部长辞职，但在那里提出的是享有主权的国会，如在英国，国会还冒着被解散的危险，当然不能和监察院同日而语。在目前中国政制之下，中执委会或中政会议如是决定而酿成连带辞职当是适当的，监察院来做此事，我们便不得不深致怀疑。有此三端，所以我们觉得中政会议的决议吻合目前政制的精神，因而中肯。我们更要指出这两个决议只是折衷的办法，它们不过要求送中政会议审核，其实推到极端，在现在制度之下政务官政治方面的责任只有向中执委会或中政会议去负，监察院是不能置喙的。

其实目前的制度是根据于官职应该划分的原则的。这个原则在惩戒机关的异同标示出来。惩戒机关按法律的规定分为五种：（一）凡国府委员或监察委员被弹劾，其惩戒机关是中国国民党的监察委员会。行政院院长汪精卫氏和监察委员高鲁氏的弹劾案便是送到那里的。（二）除上述两种官员外，如被弹劾者系政务官，该案即送至国民政府政务官惩戒委员会。顾孟馀氏一案便是一例。（三）中央政府官吏除上述诸种外，任职在委任以上，或地方政府官吏任职在荐任以上的弹劾案，送中央公务员惩戒委员会。（四）地方政府官吏任荐任者的弹劾案，送地方公务员惩戒委员会。（五）军人被弹劾者送军事长官惩戒委员会。张学良，张景惠，汤玉麟，刘峙等案便是例证。这种复杂的机构都是为贯彻一个根本的原则：监察院可以弹劾中央或地方政府任何官吏不分高卑大小，但其惩戒机关则因其高卑大小而有差别。这是现在的状况。[1]中政会议并没有把这个原则推翻，他们只解释了关系政务官弹劾案的手续问题。于右任院长及监察院人员可以不必因此而惊惶大权旁落。

上面的分析只限于当政者的意见，兹请再一简述学者的诸种意见。中国昔时的御史是凡百官员都可纠弹的。有人主张弹劾权人的对象应为全体的大小官员。"其弹劾权之适用范围，自当略仿美国，使之普及于全国一切官吏，不宜有所限制，否则无以统一事权，澄清吏治也。"[2]另外一个人也说："政府人员之失职者不限于高级官吏，但采内阁制之议会则只问高级官吏之责任，是其范围亦未免太狭，将来我国政府之职权涉及经济性质事务性质日多，非有严厉之监察机关追问上下各级官吏之责任，则国营事业终必败于贪官污吏之手。故弹劾权之对象为一切官吏，此亦其应有之特点也。"[3]我们要记得持前说者是主张监察院只管违法，不问失职的；后者则主张监察权"可兼美国式弹劾权与英国法国式不信任案之范围"。同时我们上面征引过前者的说法，以为下级官吏不当行为的制裁可以上级官吏以考核行之，故他仍然主张在违法方面则监察院可以一律纠弹。从此可知监察权在人的对象问题上，大家都公认应以一切官吏为对象，不过官职之不同可以施用不同的手续而已。

愚见以为这种看法如果实施，监察院一种努力的方向应特别注意。我们需知监察院只有区区数十委员，即使广设使署，对于我国政府成千累万的大小官吏，哪能个个严密监视？挂一漏万既不可免，惩一儆百又不足恃，唯一补充的有效方法，端在利用人民来作义务检举。监察院以往对于人民书状漠视的态度应该急起纠正，予人民书状以极度的注意，方能克尽厥职。[4]年前有人说中国的人民"趋避太精，畏事之心太甚……卫私之念，切于急公，畏祸之心，甚于谋利，官吏虽有苛待人民，人民多不敢上诉……普通贪官污吏之行为，人民纵有闻知，更无起而仗义执言者。"[5]这种见解，观于监察院所受到人民书状的数目，似乎不确。监察院自应竭力利用这种机缘，不去务求纠弹权势来喧吓，有时反而长他人的志气，灭自己的威风，而竭力研究这成千累万的书状，广事纠弹，对于澄清吏治的工作，自会有极大的贡献。

---

[1] 惩戒机关是一个最复杂的问题，现在不能详细讨论，容后我当为专文论之。
[2] 《五权宪法下之监察制度》，《中华法学杂志》，一卷三期。
[3] 何会源：《论孙中山先生关于中央政治制度之设计》，《民族杂志》，二卷五期。
[4] 我从前曾如此主张，《监察之回顾与前瞻》，《独立评论》，第一四八期。
[5] 《人民与监察院》，天津《大公报》社评，二十年二月四日。

五

监察权范围问题的核心在监察院在五权制度下的位置问题。我们只把治权分成五个独立的部分并没有造就一部完整的宪法或政治制度。孙中山先生同别的学者一样曾把政制譬喻作一部机器。这种譬喻有人也许不很赞成,因为他们认为政制的结构比一部机器更为严密,并且能发育滋长,而认为把政制比作一种有机体,如人的身体,似更恰当。然而无论采用何种比喻,至少我们得认定,在上帝造人的时候,他不能只造一只手,一条腿,一颗心,两叶肺等等,便算完事;在一个机器师制造一副机器的时候,他不能只造十数个大小的齿轮,三两个汽缸,便算告成。我们姑且不去谈推动人身或机器的力量,这些手足心肺,齿轮汽缸,都得配搭起来,使得它们能彼此联络,相辅为用,造人造物者的工作才称完全。因此,在建造五权制度的时候,我们固然要把五种治权机关一一造成,但更要紧的是怎样把这五种机关配搭起来成为一座能够运用灵敏的政制。不消说,前者是比较上很容易的,后者才繁重困难。中国以往的政治制度论者,也许是受孟特斯鸠一部分思想的影响太深以致忽略了另一部分,只记得三权分立而忘记了相互制衡,只做到了上述比较上很容易的工作,把治权分成五部分,而忽略了那繁重困难的部分,把既分成的五种治权联络起来。他们只顾得拆开古今中外的制度成若干部分,在存其精英去其糟粕的梦想之下,取长舍短;不知这种工夫的结果会变成"四不像",各部分水炭不相容的东西。果木学里的接枝是有一定规律的,不能随便而望其开花结实。宪法的制定,政治机构的树立,也正同此理。监察制度是中国固有的,现在要把它和西方搬过来的配搭起来,其联络接合的关节是最重要不过的,所以监察院的问题是这个政府机构配搭联络问题,而这里的核心则是对于监察权范围的观念。如果我们一定要维持唐宋明清的观念,而强之适合从西方传来的制度,其格格不能相入自然意料得到,削足适履的工夫便免不掉。"中学为体,西学为用"之不可通正是因此。

然而我却不赞成即刻改制。监察院以往成绩之不尽恰人意,与其说是制度之不良,毋宁说是它的并设太早。有一位作者的意见是最精审的:[1]

> ……欲五权宪法成功,则必须全部实施,而不能断章取义。必人民能行使四种政权,然后五院能分掌治权;非然者,其失败本可预料,亦不待五院制之自暴其短,而始欢五院制之不良也……夫所谓监察权者中山先生本汇合西方议会中之

---

[1] 天津《益世报》社评,二十三年七月二十一日。

质询弹劾权及中国向日之御史言事权而得。西方议会何以得有质询弹劾之权，质询而后何以阁员必须负责答辩，弹劾而后，何以被弹者必受上院（但亦有不由上院）之审判，则胥因议员为民选，而又有否决预算之大权在握……中国言官又何以有自由言事，自由弹劾之权，言官既有自由弹劾之权，贤吏又何以无不惴惴不自安之心，则因言官为天子之耳目，向天子负责任……五权宪法中之监察权既自中西政制会通而来，则欲行使之机关真有行使之力量与夫可能，第一必须自身有力，第二必须负责。然所谓有力与负责，亦必须在国民大会召集之后。如监察委员为民选或为国民大会所选，则自然有力；如人民或国民大会可以罢免监察委员，则监察委员自然负责。非然者，纵为五院之一，监察权之不能行使与夫无力行使，仍为无可避免之结果而已。

这种看法是最确当的。政制是整个的东西，各部都相依为命，上面已经说过，断章取义自然不能望成。所以在纯粹的五权制度未曾设立以前，我们不能对监察院苛责，也不能对抵抗监察院的各机关埋怨。

但是四年多的运用结果，我们也可以看得出若干应当兴革改善的地方。我们不能相信在国民大会召集之后，目前的监察院，只消改为选举的负责的，便能运用自如。训政时期的经验宣示这是不可能的，因为以往的监察院又何尝不是同别的四院一样各自对中执委会负责，而训政时期的中执委会何尝不是大约相当于宪政时期的国民大会？所以除了上述那位作者所说的以外，尚有添补的必要，添补的地方最重要的是弹劾案提出的手续应当彻底改善。兹请详细言之。

中国官场之恶浊，贪官污吏之充斥，自是人所共知的。虽则我们不能以数字来统计，监察院在四年另一个月中所举发区区四百六十五件可想只是沧海之一粟。然而数目虽小，从它们的提出经过，内容，惩戒机关的判决等等方面看来，我们总不免觉得它们提出的时候，监委们总不免有草率之讥。细审《弹劾法》之规定，弹劾案只需一人提出，三人或五人审查，提出后又不能撤回，造法者的用心似乎鼓励监委提案之成立，只求其多，不求其精。这是大可不必的。一件弹劾案的提出，关系一两个官吏的去留固然重要，对于吏途的风气，监察院的权威，则尤重要百倍，因此务必以极度审慎的方法出之。以往如王正廷案，张学良案，顾孟馀案以及许多小官吏的案件，监察院只举出一些空洞的事实，以主观的意见掺杂其中，并且不免牵动情感：涉及私人道德，虽冠之以"法治"等等名辞，究竟有草率从事之嫌。这种办法只有损害别人对于监察院的信仰。年前我在批评《宪法草案修正稿》的时候，曾建议监察院提出弹劾案的手续应该改为多数人的提议,仔细的审查,非经全院过半数监委的通过,方可提出。[1] 三读通过的《宪法草案》里,已经部分的采纳这种建议,可说是一个极大的进步。

关于监察权的范围,我以为监察院应该完全放弃所谓"事前监察"的野心。美国政治学者考文教授曾说:[2]

> 若监察之职务,不仅在于弹劾官吏犯法,其结果必致常常侵犯各官吏所应有思考权之范围。是亦有两种弊病:第一使各部官吏,异常胆小,不敢勇于作事;第二反使无智识的人,裁判有智识的人,因为监察官对于各部分政情,不能尽皆明了;各部官吏对于某种事项,何以须如此处置,其原因断非监察院所能洞悉。

"事前监察"的施行,不但会产生这样不良的影响,在事实上也绝无彻底办到的可能。中央省市县等级政府的职务何等纷繁复杂,在事件既办以后,尚可考核它是否合法,在事件未办以前,如何能够去仔细的审查?如果强勉为之,对于行政效率自有最不良的影响;以局外人而审核专门的行政事务,必定说出许多外行话来,反贻人以讥笑的资料,结果只有阻挠行政的顺利进行,减低监察院的威信。所以我以为所谓"事前监察",监察院虽持之再三,即为监察院本身地位设想,亦以不做这种吃力不讨好的事为宜。但目前法规里所有的,如经别机关所请去调查监督某种事件的进行,则不妨让之存在,虽则这种权力之存在,并不得具以为再行扩充的理由。

最后,我们讨论最困难的一个问题:违法与失职问题。上面我们说过,有许多人如谢瀛洲先生,如考文教授,都主张监察院的职务应限于违法事件,失职用不着管;有的人如何会源先生则主张违法与失职,外国的弹劾与不信任,应概括包含在监察权以内。如果只管违法,不管失职,则诚如梅思平先生所言,监察院要变成"总检察厅",和独立的普通法院及行政法院形成架床叠屋的形势。如果违法与失职兼管,则形成西方议会中监督权的一个独立机关,国民大会在该会闭幕期间一个代表人民对抗政府的机关,一个介乎政权治权之间的机关。如果实施前者,则所做的事情有限,权势甚微;如果实施后者,则所做的事甚多,权势极大。所以这个问题的解决实关系监察院在整个政制中的地位异常密切。我以为解决的途径可得而言者应分为事的对象和人的对象两端来讲:

第一,在二十三年三月一日立法院所公布的《宪法草案初稿》和同年七月九日的《宪法草案修正稿》里都规定有一个在国民大会闭幕期间代表国民大会行使一部分职权的"国民委员会"或"国民大会委员会",这种机关在同年十月十六日的《宪法草案》

---

[1]《读宪法修正稿》,《独立评论》,第一一二期。
[2] 谢瀛洲文转录,见《五权宪法下之监察制度》,《中华法学杂志》,一卷三期。

里则完全删去。假如监察院是真正由国民大会选举的机关,选举方式与"国民委员会"或"国民大会委员会"无异,我们毋宁让监察院去行使这两个机关的功能,而把它们取消。监督政府权的重要是人所共晓的。马克维利(Machiavelli)曾说:"国家稳定最主要的条件是政制里规定有方法来抵抗对于公共事业为害的官员。"一定要有监督机关才能称得起健全的政制。如果有了一个"国民大会委员会",它的权力又相当宽广,可以行使监督政府的职权,相当于外国的"会际国会委员会",监察院自然应该专限于检举违法的事件,而不必去涉及失职的事件。这样它的权限虽大,事实上是没有什么可作可为的。如果照宪草的规定,没有"国民大会委员会",那么监察院自然应该兼管违法及失职的事件,因为它如不管失职,政制中便没有专司监察的机关,自为最不妥当的。因此监察权范围问题系于整个政制的构造,不能单独提出来讨论的。这是事的对象。

第二,现在监察院所具有的弹劾权是以一切大小高低官员来做对象的,这是和昔日的御史一样,无论中央的或地方的,高级的或纸级的,它都能弹劾,只是惩戒机关不同。这种办法之是否妥当同事的对象问题有最密切不过的关系,如果监察院专管违法,不问失职,如果它做"总检察厅",那么它便应以全国各级政府的大小官吏为对象,纠举一切违法的事件。在行政系统完备,上级官员能名副其实地监督指导下级官吏,层层相因,有条不紊的时候,在司法机关相当发达,行政诉讼相当畅行的时候,监察院便可以"弹劾官吏,务须有协助行政及司法机关之精神……所谓协助行政机关者乃谓上级行政机关耳目不周,故协助之以其底于廉洁政治之意。所谓协助司法机关者,乃谓检察官吏所未能检举之案,监察委员则弹劾以助之"[1]。这样监察院便成了行政司法机关的补助机关。如果监察机关事的对象是违法而兼失职,则人的对象可以不必普及于上下各级官吏,而注全力于负责的机关,鞭策它们去积极负责,在它们不负责时,或有任何处置监察院认为不满意时,便可提出制裁,轻则质询,重则弹劾,由政权之所寄托的国民大会来作罢免与否的决定。在这种情形之下,下级官吏违法失职,可由上级长官制裁他们,在上级官员不肯制裁,监督不力时,出而弹劾上级的官员。如此则监察院的地位便等同内阁制下的议会,把责任集中在高级官吏,叫他们去统御僚属。人的对象问题因此是和事的对象问题息息相关的。

监察院的人们不必悲观。《宪草》规定没有"国民大会委员会",他们将来可以向违法兼有失职的大路走去,他们将来能专门弹劾达官显宦,他们将造成最主要的政府机关。至于目前,我以为没有改革的必要,可以随他渐渐磨练把真正问题显露出来。

---

[1] 天津《益世报》社评,二十三年七月二十一日。

公务员惩戒机关 *

（一）绪论

（二）惩戒机关组织系统的原则

（三）选任官的惩戒机关

（四）政务官的惩戒机关

（五）中央及地方公务员惩戒委员会

（六）监察委员及军人的惩戒机关

（七）惩戒处分

（八）总结各种惩戒机关

（九）惩戒机关组织系统的讨论

（十）结语

《监察院组织法》第一条规定"监察院以监察委员行使弹劾职权"，在另一文里我已将这种职权加以相当详细的分析。[1] 弹劾案经监察委员依照《弹劾法》的规定提出以后，监察院澄清吏治整饬仕途的工作便告终结，被弹劾者的罪名是否成立，如可成立，其惩戒处分为何，照目前的制度，监察院完全不能过问。这种职权属于别的许多惩戒机关，和监察院在组织系统上不发生直接的关系。[2] 然而研究中国目前的监察制度，除了研究弹劾案的提出以外，还要研究这许多惩戒机关，方能窥见整个监察制度

---

* 原载《社会科学》，第一卷第二期，1936 年 1 月。

[1] 《监察院与监察权》，《社会科学》，第一卷一期。

[2] "……院法所规定之职权，限于弹劾而止。至于采用严格处分，彻底肃清贪劣，以增进刷新政治之效率，贯彻监察权之目的者，胥惟惩戒机关是赖……"，《监察院公报》（以下简称《公报》），第十八期，页二五一。

的全豹。监察院和这些惩戒机关虽然在组织系统上是各自独立的，在监察权的运用上二者却是关联甚切，相辅为用的。一个贪官污吏的惩治，一方面固然需要监察委员来提出弹劾，一方面也要惩戒机关议决处分，才能达到目的。如果监察委员不提出弹劾，惩戒机关不能便去惩戒官员的违法失职（除非别的机关请求惩戒，下详）；反之，如果监察委员提出弹劾，然而惩戒机关不议决惩戒，监委的弹劾案便无由达到目的。因此这两种机关有如车之两轮，缺一不可。

一

在监察制度草创之际，惩戒机关究应隶属何院，如何组织，是很棘手的问题。[1] 首创五权制度的孙中山先生在遗著中既未曾阐明，讨论五权制度的论著中亦言人人殊，莫衷一是。五权制度的根本既非完全沿袭旧制，亦非完全模仿欧西，中国古代以及外国的成法亦只能部分的参考，不能遽引为根据。公务员惩戒机关应如何组织，隶属于政权或治权的哪一部分，是一个抑是数个机关，诸如此类的问题都有待于解决，并凭着实行经验来逐渐改进。国民党在民国十七年便有实现五权制度的意志，监察院却在二十年二月方始正式成立。截至目前短短四年余的光阴，监察制度下的许多机构都次第成立公务员惩戒机关即为其一。国府对于这个问题处置的方式和别的许多问题不同：它不在一个时候把整个机构建造起来，它只在问题待决时才想办法。爱系统，讲计划的人也许不承认这是妥善的政策；但系统并不是政制唯一的评量标准，则不待繁言。

然而没系统没计划也不妨有根本原则。这原则国府对于惩戒机关的问题早已立下。各种的惩戒机关都不隶属于监察院而隶属于别的政权治权机关。现在我们不必讨论这个原则之是否恰当，本文后段将详细讨论。现在要注意的是这条原则之存在，及其实施的状况。

我说有各种惩戒机关，种类划分的标准大体上（下详）是被弹劾者所居的官职。用被弹劾者所居的官职来规定惩戒机关的异同也是一个根本原则，和上述的并驾齐驱，同样重要。这个原则的当否颇足商榷，至少迷信法治主义者看了总要怀疑。既然"王子犯法与庶民同罪""法律之下人人平等"，为什么选任官，政务官，事务官，军事长官，普通军官佐，低级地方官吏等等各有他们的惩戒机关？十九世纪倡法治主义的戴雪（A.

---

[1] 国民政府训令第一五三号，二十年三月十六日："为令知事：官吏惩戒委员会未成立以前，所有惩戒事件，由本府办理……"《公报》，第一期，页一一〇。

V. Dicey）教授反对欧洲大陆上国家的行政法，因为它设立一种特殊法院来审判行政案件，因而与"法律之下人人平等"的至高原则抵触。[1]现在我们的惩戒机关按被告的官职分得如此仔细繁琐，当然更应遭受反对。我们不但在官民之间划了一条界线，在官员等级之间也划了许多条界线。这些理论在后面我们也要解释与答辩。

二

认清了这两条惩戒机关组织系统的基本原则，我们可进而分析各种的惩戒机关。国府既大体上依官职来划分惩戒机关，我们也可以依官职之大小来作讨论的次序。

第一个要讨论的是政务官的惩戒机关。按二十年六月八日公布施行的《公务员惩戒法》[2]第十条的规定："（一）被弹劾人为国民政府委员者送中央党部监察委员会；（二）被弹劾人为前款以外之政务官者送国民政府；（三）被弹劾人为事务官者送公务员惩戒委员会。"这一条的规定显然把政务官划成两级：（一）政务官，（二）事务官；根据他们的职务不同而分由不同的机关去司惩戒之责。同时，政务官又划成两种：（一）国民政府委员，（二）国民政府委员以外的政务官。

暂时撇开事务官问题不谈，而专论政务官，有两个问题要待解说：第一，什么是政务官；第二，政务官怎样分类。这两个问题很复杂，曾引起无限的困难，兹为简明缕述如下：

什么是政务官的问题，曾经多次的演变。[3]在十八年十二月，中央政治会议第一九八次会议决议："凡须经政治会议议决任命之官吏为政务官。"那时的《中央政治会议条例》第五条第五款规定中政会议议决任命的官吏包含国民政府委员，各院院长，副院长，及委员，各部部长，各委员会委员长，各省省政府委员，主席，及厅长，各特别市市长，驻外大使，特使，公使，及特任特派官吏之人选。在十九年三月间，这个规定曾经一度修正，把应由中政会议议决任命的官职数目缩小，只有国民政府委员及主席，各院院长副院长及委员，及特任特派官吏几种官吏还要由中政会议任命，其余的则由国务会议议决任免，虽则中政会议第二二五次会议议决国务会议议决任免的

---

[1] Introduction to the Law of the Constitution, 8th. Ed., 1915, pt. II, chs., iv & xii.
[2] 《中华民国法规汇编》（以下简称《法规汇编》），三编，页一四四〇。
[3] 这里所列举的事实都根据于二十一年八月十二日国府"规定五院院长副院长之惩戒机关令"，载《法规汇编》，第三编，页一四三九，及"政务官之解释及其惩戒程序"，二十一年行政院通饬，同上，页一四四三至一四四四。关于这个问题尚可参阅《中央党务月刊》，第二十八期，页二八八；及张锐：《现行考铨制度的检讨》，《行政效率》，第三卷第四期，二十四年十月十五日出版。

官吏案件仍须报告中政会议"为最后之审核"。后来各种法规屡经变易,政务官的范围益形浑沌,故中政会议第三一七次会议议决,关于政务官的定义仍依照第一九八及二二五两次中政会议议决的解释,外加上国民政府及五院所属各部各委员会政务次长副部长副委员长。换言之,现在所谓政务官之所以别于所谓事务官者在于政务官之任免须经(一)中政会议议决,如现行修正《中央政治会议条例》所规定者,即国府主席及委员,各院院长副院长及委员,及特任特派官吏;(二)经国务会议(日后称行政院会议)议决任免的官吏,但其任免案须呈中政会议审核者,即(一)项所列以外而包含于旧《中央政治会议条例》第五条第五款的官吏,加上国民政府及五院所属各部各委员会政务次长副部长副委员长。这便是现行法律下所谓政务官的解释,这个解释使政务官和事务官分别出来。[1]

第二个问题是政务官内部的分类问题。这个问题比较第一个还要复杂,还难解说。二十年六月八日公布的《公务员惩戒法》把政务官很明显地分为两级,其一国府委员,其二国府委员以外的政务官。这一层在上面我们已经说过。同时该法亦规定前者的惩戒机关是中央党部监察委员会,后者则是国民政府。然而这种划分发生了困难。按二十年六月二十日的《国民政府会议规程》[2]第四条规定,"五院院长副院长为国民政府当然委员"。根据《公务员惩戒法》的规定,五院院长副院长如被监察院弹劾,他们的惩戒机关当是中央党部监察委员会,毋足置疑。惟是二十年十二月,四届一中全会里,主席团曾在推选国府委员及各院院长时声明,"五院院长副院长及各部会长不兼任国民政府委员",这个声明"众无异议决议"。当时推定了蒋,汪,胡等三十三人为国府委员,又推定了孙科长行政,陈铭枢副之;张继长立法,覃振副之;伍朝枢长司法,居正副之;戴传贤长考试,刘芦隐副之;于右任长监察,丁惟汾副之。这十个人都不是上述三十三个人之内的,可见主席团的声明是被照行的。[3]院长副院长既不兼任国府委员,他们的惩戒当然依法应改由国府去议决,与其他的政务官一样。二十一年五月二十一日,故监察委员高友康氏提弹行政院院长汪兆铭氏,却仍然把弹劾文呈送给中央党部监察委员会。监察院在此案里曾论及所以呈送给中监委会的理由如下:[4]

---

[1] 按官职等级来说,这条规定也可以说是"凡荐任和委任的公务员都是事务官(因为我们在须经中央政治会议通过命之官吏中,找不出一个荐任或委任官的例子),凡不须经由中政会通过任命的简任官(占简任官的大多数)也一律是事务官,惟有少数须经中政会通过任命之简任官和全部的选任特任官是事务官"。张锐,前文。
[2]《法规汇编》,第三编,页二一。
[3]《国闻周报》,第九卷第二期,"四届一中全会"(二十一年一月四日出版)。
[4]《公报》,第十三——十四期合刊,页五一。

查《公务员惩戒法》第三章第十条第一款被弹劾人为国民政府委员者，送中央党部监察委员会。第二款被弹劾人为前款以外之政务官者，送国民政府。又查二十年十二月三十日公布修政国民政府组织法第十条，各院设院长副院长各一人，由中国国民党中央执行委员会选任之；同法第十五条内载，各院各自对中央执行委员会负责。依照上列各条之规定，各院院长地位，系由中央选任，并各自对中央负责，与惩戒法第十条第二款所载之政务官，显有不同。此次本院监察委员高友唐提请惩戒行政院院长汪兆铭违法一案，自应查照本法同条第一款所载国民政府委员之规定，呈由中央最高监察机关，依法办理……

各院院长副院长，因地位的关系，和其它政务官不能同日而语，似乎是造法者本来的用心。在各院院长为当然国府委员的时候，他们的惩戒机关是中监委会，毋庸异议，因为他们的地位与国府委员是一样的崇高；但在院长不准兼任国府委员的时候，依《公务员惩戒法》的规定，他们的地位纵未因此降落，他们的惩戒机关却应是国民政府无疑。然而这样的办法，又与造法的原意未恰。汪案发生时的情形是奇特的，这种奇特的局面不久便被矫正。国民政府在二十一年八月十二日训令监察院"规定五院院长副院长之惩戒机关"，[1] 内称从前《公务员惩戒法》的规定，"在当时所谓国民政府委员实包含五院院长在内。现因《国民政府组织法》修正之结果，五院院长已不兼国民政府委员，若就原条文解释，则五院院长将除外而属于第二款之政务官，既非立法当时之本意，尤与现制五院各自对于中央执行委员会负责之精神不合"，因此经中政会议第三一七次会议决议，"五院院长或副院长被弹劾时，其惩戒机关为中央监察委员会"。同时在二十二年六月二十七日国府又公布修正《公务员惩戒法》第十条文如下：[2]

监察院认为公务员有第二条所定情事应付惩戒者，应将弹劾案连同证据，依下列各款规定移送惩戒机关：

一、被弹劾人为选任政务官者，送中央党部监察委员会；

二、被弹劾人为前款以外之政务官者送国民政府；

三、被弹劾人为事务官者送公务员惩戒委员会。

经这一次的命令和法律的修正，国府委员和各院院长副院长的惩戒机关便眉目清醒，不容混淆了。

在此有一点应当特别提出来讨论。《公务员惩戒法》这一番的修正引起了整个惩

---

[1]《法规汇编》，第三编，页一四三九。又见《公报》，第十六期，页八。
[2]《法规汇编》，第三编，页一四四一。

戒机关的组织根本原则问题。我们也可以说，因为各院院长不准兼任国府委员，而当局又非使他们的地位和国府委员一样崇高不可，即是他们两者的惩戒机关非同为中央监察委员会不可，造法者竟牺牲了惩戒机关系统中的一条根本原则。上面我们提到惩戒机关系统中的根本原则之一是以被弹劾人所占据的官职为划分标准。这个原则的应用不问被弹劾人所居的职位是如何产生的，不问他是选任的或非选任的。监察院在提请中央监察委员会惩戒汪兆铭院长时所举的理由是汪氏所居的职位由中央执行委员会选任并向之负责，国府的训令里也提到对中央执行委员会负责一点，《公务员惩戒法》的修正条文更明白地以官职的产生方法为划分的标准。这种标准是与其它官吏的惩戒机关组织显然不同的。试看我们如果遵循这个新的原则，以官职的产生方法来规定惩戒机关，或以官吏所向负责的机关为标准，或两者兼用，目前整个惩戒机关组织的系统将要倾圮，因为一般事务官的惩戒机关，不是任命他们的机关，也不是他们所向负责的机关，而是与这些风马牛不相及，隶属于司法院的公务员惩戒委员会。这个原则的牺牲使得惩戒机关的组织系统凌乱，虽则不合理的组织系统不一定是改制的理由。至于监察院在汪案时的处置，因在畸形的状态之下，实陷于左右为难的境地，我们当有同情；但我们却又不能不指出，在国府命令未颁发以前，在法律未修改以前，它所标举出的理由，未足以辞它违法之咎，因为汪氏那时既明明不是国府委员，而那时的法律又显然规定国府委员被弹劾才由中央监察委员会受理，把汪案呈送中监委会，当然违反法律，以及法律之下的原则。

然而《公务员惩戒法》畴昔的原则却并不是无可訾议的；尤其是关于选任的官吏，更有商榷的余地；事务官现在虽则仍然本着旧原则而行，是否应该更变也是值得仔细筹思的。换言之，监察院在汪案时，国府的训令，法律的修正，虽然和既定的原则未合，却是具有相当充足的理由的。这便是说，根据官职而不问其选任方法与负责机关的原则并不见得是最完美良善的原则。暂时专请国民政府委员和各院院长及副院长三种官职，它们应具有特殊地位是很恰当的看法。它们照《国民政府组织法》的规定，由代表人民行使四种政权的中央党部执行委员会选任，又向它负责，自应与其它只消中央政治会议议决，或由各院任命后送中央政治会议审核的官职不同，它们的惩戒机关应为地位特别崇高的机关也是不容置疑的。在宪政时期光临之日，审判他们的机关理想上是国民大会；[1] 在过渡的训政时期里，国民党既代表人民，审判他们的自应是负有"稽核中央政府之施政方针及政绩是否根据本党政纲及政策"的重责的"最高监察机

---

[1] 二十三年十月十六日的《宪法草案》，二十四年十月二十五日的《宪法草案修正案》，都如是规定。

关"[1]——中央党部监察委员会——无疑。所以我以为修正《公务员惩戒法》所采取的原则，即以是否选任为规定惩戒机关的标准，纵与原法原则冲突，是有理由的。

三

除了国府委员及五院正副院长外，尚有许多所谓政务官，上面业经列举出来。照《公务员惩戒法》的规定，他们被弹劾时，监察院应将弹劾案移付国民政府惩戒。国府用什么机关来司议决惩戒这些政务官之责是许久犹豫不决的问题。监察院在组织之初，曾提了若干政务官的弹劾案，但"政务官弹劾案因无审判机关，直等虚设，案积如山"[2]，由此招致了许多怨言与诽谤，监察院亦叠有质问书之提出。[3] 二十一年十二月间，国府公布了一部规程，规定组成一个"国民政府政务官惩戒委员会"，这个机关经于二十二年一月六日正式成立。这部规程称为《国民政府政务官惩戒委员会处务规程》，[4] 规定由国民政府委员中推定七人至九人组织这个机关（第一条），其中一人由委员推定为常务委员，负有"执行日常事件"的责任（第三条），可见并非占有特殊地位的职位，虽则他在常会时任主席（第五条），并能召集临时会（第四条）。在成立之初推定叶楚伧氏为常委，张人杰，陈果夫，经亨颐，杨树庄，恩克巴图，张继等六人为委员，合共七人。《规程》里说此会每星期都得开会一次（第四条），出席的人数以三人为法定（第五条）。政务官的数目有限，被弹劾者亦少，规定每星期开会一次，真不知有何理由。这种规定似乎是专为不遵守而立下的。这部《规程》同时对于"惩戒案件之分配审查及决议"有详细的规定（第二章，第九至第十六条），完全是程序问题。这整部《规程》都可由常务委员提议补充。同时这个事务不甚繁重的机关又有一个秘书处，规定这个机关的又有一部《组织规程》，[5] 同上述的《规程》同时公布施行的。

这个机关特殊之点可得而言的有三，（一）它是直隶国府的机关；（二）它的委员都是兼任的，没有专任的人员；（三）它并不和司法系统发生关系，在任的委员也不是司法界的人物。

关于这个机关的成绩很难决定，因为没有统计可凭。可以说的只是它自成立至今

---

[1] 《国民党总章》，第四一条（丁）项。
[2] 林家端：《中国监察制度论》，《中山文化教育馆季刊》，第一卷第一期。
[3] 二十二年二月二十一日监委刘莪青氏便提出了一个质询，见《公报》，第十八期，页二五一及其后，按《弹劾法》第十二条监察院是有权向惩戒机关提出质询的。
[4] 《法规汇编》，第二编，页六七。
[5] 同上，页六九。

所判决的案件只有十八件，第一件是浙江省建设厅厅长石瑛氏"违法征收泥沙捐为变相厘金"一案，于二十二年三月八日议决"应不受惩戒"。[1] 最近一件是铁道部部长顾孟馀氏"丧失国权，违反国法，损害国益'渎职营私'一案，于二十三年九月十九日议决'应不受惩戒'"[2]。这些判决称为"议决书"，刊载于《国民政府公报》，《监察院公报》亦完全转载。根据这些判决书来统计，案件虽只十八件，被弹劾者却有二十人，议决"应不受惩戒"者共九人；"申诫"者七人；"免职及停止任用"三年者一人，四年者一人，五年者一人，十年者亦一人，共二十人。[3] 监察院在二十二年二月二十一日由刘莪青氏向国府提出质询，对于政务官惩戒委员会颇多批评之处，节录如下：[4]

> ……依据本院最近统计，惩戒案与弹劾案之比例，成为十与百之相差。而各案中弹劾政务官之案，稽至二十余起，尚未明定惩戒处分。[5] 以致时论抨击，竟谓监察机关等于虚设。委员等亦复夙夜傍皇，慄然有失职之惧……[6] 昔在帝制时代，犹以大吏法，则小臣廉为训，今之政务官，与昔之枢府大员，封疆大吏相等，政务官不法，而责一般公务员以不廉，按之法守道揆，未免失平。法不行于权要，为历史衰乱之征，诛不严于贵近，为纪纲扫地之渐。倘政务官被劾，无一不邀免惩戒，则委员等徒执南史之简，伴食于阶前，宁与张纲之轮，共埋于都下，国法官常，复何可言？[7] 此委员所甚惑者一。

> 查政务官惩戒委员会之成立，阅时业经数月，而办理本院提出各案，闻尚在调查，或通知被劾人申诉之中，无论本院弹劾之案，与法院检诉之案，性质本自不同，此种手续程序，已恐障碍不合；即谓调查辩诉，为必不可省之事，然提劾各案，现已久稽岁月，人事变易，证据销沦，有如车尘已逝，询诸涂人，泥雪既湮，查及逆旅，宁非可异？至于被弹劾之人，或以他故而蹉跌，或更夤缘而超迁，

---

[1] 《公报》，第十八期，页一三九。
[2] 《公报》，第二十四期，页一七。
[3] 这是我自己做的统计。
[4] 见《公报》，第十八期，页一三九。
[5] 该委员会成立于二十二年一月六日，距质询时期仅及一月半。
[6] 按《治权行使的规律》第四条："在监察院成立以后，一切公务人员之弹劾权皆属于监察院，凡对于公务人员过失之举发，应呈由监察处理，非监察院及其所属不得受理，其不经监察院而公然攻讦公务人员，或处理此项攻讦者，以越权论，监察院不提出质询者，以废议论。"《中华民国现行法规大全》，商务版，民国二十三年，页一二至一三。
[7] 在这里刘莪青氏似乎是超越了《弹劾法》第十二条的范围，因为那条说："惩戒机关于移付之案件有延圣时，监察院得质询之。"《法规汇编》，第三编，页一四三六。刘氏的质询文也明明说是根据此条而提出的。但质询之范围，是以"延圣"案件为限，即不能过问惩戒机关所议决的是否将被弹劾人惩戒，绝对不能过问处分为何。刘氏这一段的语意，似乎是说倘若政务官被监察院弹劾，而惩戒机关不惩戒他们（并不一定是延压，也许是议决"应不受惩戒"）。"国法官常，复何可言？"云云，当然带有说政务官非惩戒不可的意义。不消说，这是与监察院只管弹劾，惩戒机关只管惩戒的原则相冲突的，自然与《弹劾法》第十二条的意义也是相违背的。有人常说监察院偶然意气用事，此其一例。

等浮沉于洪乔，易姓名如张禄；又或饰滥杀为剿匪有功，讳暴敛为筹款得力，舞文既兼以弄法，梦尸且因以得官，凡此情形，实属查无可查，辨无可辨，而本院提劾之案，乃因而辗转迁延，效力完全消失。此委员所甚惑者二。

政务官负有政局连带之责，黜陟所加，动滋时局上之影响，此或为惩戒延压之一总因。又地方现状尚在杌陧之中，而军民合治，久成盘错之势，中枢慎于举措，自属别有苦衷。然委员等稽核此种内情，殊觉不成理由，政务官果憬然于政治现状之关系，尤当以整躬饬属为先，若既昧于屯义，而敢于违法溺职，则中央执法以绳其后，实为立政用人之定宪，何所用其顾忌？曩者军阀时代，地方长吏，手绾兵符，口含国宪，然一经明令置谴，从不敢不单车去职，束身司败；若在今日，犹以藐法抗命为虑，毋乃坐损威严？且惩戒法至严之处分，亦不过免职而止，并无朝衣东市之诛，复无对薄公庭之辱，何忌，何疑，而不敢显予惩戒？此委员所甚惑者三。

此（比）？自国难以来，国府播迁，政失常驭，贪劣之吏，因缘为奸……国家之败，本由官邪，百辟不匡，厥利犹墨，深惟国难之来，实缘贪人败类而起……但有饬纪纲以赴国难之事，断无因国难而堕纪纲之理。此委员所甚惑者四……

这一篇洋洋数千字的四六文章，是监察院对政惩会最严重的抗议，恐怕也是监察制度中最有趣味的文献。它不但文章做得淋漓尽致，监察委员的悲愤也溢于言表。它不但极力描写中国的官常习气，并且代表许多我们传统的历史哲学。它不但说出监督政务官的理由，并且指明政务官之惩戒较小员毫吏的监督更为要重万分，甚至于与挽救国难都发生不可分离的关系。[1] 对于这个质问书，政惩会也振振有辞地答辩：[2]

查本会自奉令成立以来，为时仅及二月，先后准钧府文官处奉交政务官移付惩戒各官到会，均经依法办理，并无任何延压，及瞻顾情事。至调查及申辩两项，依照公务员惩戒法第十四，十五两条之规定，均属办理案件之法定程序；而发交申辩一项，尤为必不可省之事，若惩戒机关擅将法定程序省略，不免违法之咎。故本会对于奉交到会各案，均斟酌情形，先行分别依法慎重调查，或发交申辩，原系积极进行，自不得谓之延压。该院转呈质询各点核与实际情形不符，谅因一时效绩之未彰，以致有所误会，自无庸逐一解答……

---

[1] 这种说法具有充足的理由，我们下面还要讨论，但是论者每主张既弹劾监督大官，便不得也弹劾监督末吏；我们不能治中国往时御史制度与外国议会制度下的不信任案于一趋，参看拙作《监察院与监察权》，《社会科学》，第一卷第一期。
[2] 《公报》，第十八期，页二五三至二五四。

这一场质询的公案，自国府把政惩会的覆呈发交监察院后，便归沉寂。但研究监察制度的人自然愿意晓得究竟孰是孰非，或两是两非。[1] 评断这个问题有两种主要的困难：其一是这个制度成立不久，案件有限，不易于遽下结论；其二是官方或学者都没有精确的统计或可足置信的言论。在这双重困难之下，作者从《公报》里曾做过些少的统计，虽则绝对不能认为精确，或许能帮助我们对于实情有些了解。自监察院成立至二十四年一月，[2] 按新的政务官解释，[3] 载在《公报》里的政务官弹劾案有整整五十件之多；因为有的人如王正廷，袁良等等，被劾不只一次，被弹劾的人却只有三十八人。上面我们说过，政惩会的"议决书"共只有十八件，比之五十件案件之总数，只占百分之三十六。我们不能根据这些零星的数目字，立下对于政惩会工作成绩或效率的结语，但一般的印象似是倾向于说它效率甚差，则恐怕难以否认。同时，我们注意在十八件案件之中，有九件是议决"应不受惩戒"的。监察院质询书中，字里行间似乎有责政惩会姑容政务官之嫌。根于这件事实，这句话也似乎可以成立。但是我们若果对于监察院弹劾政务官诸案，认为至少有一部分含有"妄效御史，乱上弹章"之嫌，或故意藉此"博敢言之名"，甚至于如顾孟馀氏所说，"昏愦糊涂"，则政惩会的措施似乎又不能认为是故意宽假政务官的。总之，因为有上述两种困难，兼以这种判断必然带有主观的成分，我们所得而言者只此而已。

二十三年六月二日，监察院弹劾铁道部部长顾孟余氏，一时轰动，两方在报章攻讦。[4] 中政会议在四一六次会议补订弹劾办法三条，[5] 其二条和我们当前的问题有密切的关系："凡经中央政治会议决定之政务官，经惩戒机关决定处分后，中央政治会议认为必要时得覆核之。"十月三十一日该会议第四三一次会议又重行决定如下："凡经中央政治会议任命之政务官被付惩戒时，其惩戒之决定书应呈报中央政治会议。"[6] 这个议决案无异是在政惩会上面加上一个覆核的机关。既云"呈报""覆核"，中政会议当然有权把政惩会的定谳重新考量评判，把既经判决的案件另行审判。中常委汪精卫氏代表中政会议解释这个办法如下：[7]

> 行政院是对于中国国民党中央执行委员会负其责任的……行政院所有重大事

---

[1] 我们评断这桩公案，当然只能从目前来说。在质询提出的时候，上文提到，只距政务官惩戒委员会成立一月又半，当无具体成绩可言。
[2] 《监察院公报》刊至第二十五期，后虽续出，但第二十六期未出，故材料限至第二十五期。
[3] 军事长官因有特殊惩戒机关，未列入统计之内。
[4] 弹章载《公报》，第二十三期，页八一及其后。
[5] 其它两条我在另一文中讨论过，见《监察院与监察权》，《社会科学》，第一卷第一期。
[6] 全文转载《申报年鉴》，二十四年，页Ｄ一一三至一一四。
[7] 见二十三年七月十七日各报。

件，于行政院会议通过之后，还须提出中央政治会议通过，所以行政院责任，不但是惟中政会议始行课之，亦惟中政会议始行知之，因此对于政务官之被付惩戒，中政会议得加以覆核，不是不信任弹劾机关，也不是不信任惩戒机关，乃是中政会议应有的权限。不如此，则各院对中央执行委员会负其责任等规定，将等于虚设了。[1]

监察院对于这个规定自然是非常的愤慨，对汪区的谈话亦提出反驳，认为"中政会覆核监察院弹劾案，有碍五权独立"，并且说"如汪所言之意，行政院各政务官，虽有违法失职，但只独对中政会议负责，又何必有司法院，何必有监察院？今政治会议委员，大半数都兼政务官，年来稍大之案，多被搁置……如果政务官之惩戒，须经中政会覆核，是何用心？使被弹劾人自行议定其处分，甚至被弹劾人自行宣告其不受惩戒，岂非滑稽"？因此他们郑重宣言："决不忍使监察制度因此而牺牲，将根据先总理创订五权制度之精神，及依此精神所产生之法律，誓死力争！"[2]

前此我曾详细讨论过政务官之是否应被弹劾的问题。[3] 不消说政务官的惩戒问题

---

[1] 这里讲到负责云云，与本文上面讲惩戒机关组织系统原则时所讨论的正同。官员的惩戒机关既然有的要根据于他们所向负责的机关来划分，他们的弹劾机关似乎也可以受他们所向负责的机关控制。
[2] 见二十三年七月十九日各报。
[3] 见《监察院与监察权》，《社会科学》，第一卷第一期。在一篇英文的文字里我说："In the first place, many observers hold that the Control Yuan has very often brought forth impeachment proceedings against high government officials purely for their sensational effect. Not infrequently they have allowed their emotions to run amuck. In the second place, in times of emergency or crisis, people are inclined to tolerate some misbehavior on the part of their leaders rather than precipitating a political catastrophe. The system of government at present is in some important respects based upon the principle of collective responsibility. Most of the decisions upon executive policy are passed upon in the conferences of the Executive Yuan which is composed of the heads of the principal governmental departments. All resolutions so passed are considered the policies of the whole administration. Any accusation upon the execution of one of these policies by a 'political official' is regarded as an attack upon the whole government, and a comprehensive change of personnel may follow. The cases of Mr. Wang Ching-Wei and Mr. Ku Meng-Yu both threatened to upset the government. For the sake of political stability, many are willing to pay a reasonable price. In the third place, devoted party members abhor squabbles within the party. The Kuomintang is now organized nominally at least upon the principles of the Communist Party in Soviet Russia. Discipline and obedience are virtues which all members exalt. Members of the Control Yuan are party members. Impeachment proceedings brought against acknowledged leaders constitute schisms which they must to the end of their ability suppress. This goes to prove how the present system, organized as it is both upon the principles of party dictatorship and that of separation of powers, fails to carry out the original intentions of either of them. In the fourth place, the common people are cynical about the possible results of any political change. From bitter experience in the past, as during the crisis of Mr. Wang Ching-Wei's impeachment, they well understand that any political upset is liable to furnish disgruntled politicians a chance to accomplish their cherished aims. The system of control may be made the means by which they satisfy their own desires. Even if the present is undesirable and corrupt, the promise for the future is not bright. The elimination of a minister of two guilty of minor offenses does not necessarily mean a change for the better. In the fifth place, it may be said with a reasonable degree of certainty that the Chinese people are already quite accustomed to political corruption... They are therefore incline a pass over a minor crime without much alarm. Finally, the two major cases of impeachment do not seem to be justified. The arguments of Mr. Wang Ching-Wei sound convincing; the counter-attack of Mr. Ku Meng-Yu is rather conclusive... These and many other considerations, individually and combined, shed an unfavorable light upon the work of the Control Yuan. They also go to prove that the disciplinary tribunal in charge may not be as guilty of shielding 'political officials' as it is pictured to be." ——"Impeachments of the Control Yuan", *The Chinese Social and Political Science Review*, Vol. XIX, No. 4, January, 1936.

是与此息息相通的。我们可以征引外国的成法来说明此点。在欧美许多国家，弹劾权是由立法机关行使的，例如英国；自从责任内阁制的习惯养得相当成熟以后，弹劾案便自然而然地归于废弃，贵族院的惩戒权自亦归于乌有。这自是因为职司弹劾的机关同时也是内阁所向负责的机关，负责既成效显彰，笨重的弹劾权便不必再用。[1] 现在中国大部分政务官所荟萃的行政院，不是向监察院负责，而是向另外一个机关——在监察院上一层的国民党中央执行委员会负责，而监察院却又被法律赋予弹劾"违法与失职"的官员——政务官在内——的职责，其结果自是一方面政务官感觉到无所适从或两面夹攻的苦痛；一方面中执委会或日常代理其政治职责的中政会议与监察院两者间抢着去监督政务官，常常发生龃龉与冲突。这是现行制度下所定有的点缀品。中政会议的决议，在承认上级机关的优越地位，有相当的理由；监察院发言人的反驳，目之为"滑稽"，亦具事实的根据。这整个办法都可视为没有办法中的办法，是存中外之精英，弃古今之糟粕梦想下所定然产生的笑料。在整个政制之下，这不过是小枝末节，或许无伤大雅，但其中却含有严重的意义，深刻的教训，中政会议与监察院所感受的苦闷应使负改革政制责任者反省警惕，从日俄战后至今的南柯大梦醒来。

四

监察院既于二十年二月二日成立，各种惩戒机关却未能即时设置。在此过渡期间，国府暂代其劳，训令在"官吏惩戒委员会未成立以前，所有惩戒案件，由本府办理"[2]。这是暂时的办法。国民政府那时对于这种职务是由国民政府会议去担负的，在该会议开会时随时处理这种职务，遇有须查明或令各机关执行之事，亦由文官处用公函随时知会监察院；惩戒处分则用指令执行。[3] 细读《监察院公报》最初数期，国民政府会议对于这种分外的职务似乎处置裕如，颇为敏捷。[4] 在二十年十月二十三日，国府第

---

[1] F. A. Ogg, *English Government and Politics*, (New York 1929), pp. 416–417.
[2] 《公报》，第一期，页一一〇（二十三年三月十六日）。
[3] 例如，二十年四月十一日国民政府文官处致公函给监察院通知关于该院提弹灌云县县长胡剑峰一案处理经过。《公报》，第一期，页一二〇。
[4] 监察院似乎不能同意这个结论。二十一年三月十日监委李梦庚，刘莪青，王平政，邵鸿基，郑螺生，高鲁等呈国府一文请求对于该院提请惩戒案件迅予执行，及咨请提前成立公务员惩戒委员会，他们说："本院自奉令移洛办公以来，接受人民书状，已有多起。关于公务员违法渎职，确有实据者，监察委员自当依法提出弹劾。惟在公务员惩戒委员会未经成立以前，执行惩戒案件，系属国府职权。自第四次全国代表大会举行后，改组中央政府，适当国难之际，一切政务未免延滞，以故本院请予交付惩戒之案，未予执行者计有五十余起。而现在成立之弹劾案预备提出者，有加无已。关于清理积案及执行今后惩戒案件，非指定专员办理，殊难收捷敏之效。应请呈明国府在惩戒委员会未经正式成立之前，对于本院请惩戒案件，拟指定专员数人，成立一临时惩戒机关，以清积案……"同时监察院又咨司法院一文，请提前组织公务员惩戒机关。见《公报》，第七——十二期合刊，页四〇至四一。

一次公布了"国民政府惩戒议决书",俨然法院的判决,有主文,有事实,有理由三部分。[1]这是事务官被惩戒的起始。

二十年六月八日,国府同时公布了两部详细的法律:其一是《公务员惩戒法》[2],其二是《公务员惩戒委员会组织法》[3],兹请将两者加以分析。

按前者第三章第十条规定"公务员"如果有"违法"或"废弛职务或其他失职行为"(第二条),"应将弹劾案连同证据……移送惩戒机关"。[4]按这里所用"公务员"这个名辞,[5]显然包括"选任政务官",其它政务官,及事务官三种。但是接着便规定"被弹劾人为事务官者送公务员惩戒委员会"(第十条第三款),其它的则送至中央监察委员会或国民政府,可见在公务员惩戒委员会这个机关名称上,"公务员"这个名辞实并不包含政务官在内。[6]这个专司惩戒事务官的机关的组织是《公务员惩戒委员会组织法》所规定的。它"直隶于司法院,除法律别有规定外,掌管一切公务员之惩戒事宜"(第一条)。[7]它分为两种:(一)中央公务员惩戒委员会,(二)地方公务员惩戒委员会。这两种机关有两种的区别:(一)它们的职司不同;(二)它们的委员人选不同。中央公务员惩戒委员会"掌管全国荐任职以上公务员,及中央各官署委任职公务员之惩戒事宜"(《组织法》第三条)。换言之,它所能惩戒的官员限于荐任职以上的,无论被惩戒的是服务于中央政府或地方政府机关,及在中央政府任事的委任以上的官吏,在地方任事的委任官吏便不属它管。地方公务员惩戒委员会的职务很简单:它专管在地方政府里委任职公务员的惩戒事宜。这个划分的标准是根据于被移付惩戒人的官职的大小,及服务的机关:大官及中央小官属于中央公惩会,地方小官属于地方公惩会。

除了职权之不同外,两者的人选也有区别。中央的"置委员长一人,特任委员十一人至十七人,其中六人至九人简任,余就现任最高法院庭长及推事中简派兼任"(第三条)。这一条的文理很不清楚,完全不知意义若何。同时"专任委员"又得具有

---

[1] 关于实业部青岛商品检验局局长牟钧德"违法检验,苛征渎职"一案。见《公报》,第七——十二期合刊。页四二九。从此以后,《公报》里也多添了"惩戒案"一栏,专载各惩戒机关的议决书。
[2] 《法规汇编》,第三编,页一四四〇。
[3] 同上,第二编,页一八四。
[4] 按十八年五月二十九日公布施行的《弹劾法》第三条规定:"弹劾案之提出,应于书面为之,并应详叙事实,附举证据。"见《中华民国现行法规大全》,二十三年,页一三二七。二十一年六月二十四日修正《弹劾法》第四条规定,"弹劾案之提出以书面为之,并应详叙事实",划去了"附举证据"字样。见《法规汇编》,第三编,而一四三五。这个证据问题是相当严重的。惩戒机关裁判弹劾案时的法定程序(本文下详)要调查证据,但监察院按现行法律则不必供给,惩戒机关费时惜日,自在意料中。
[5] 特别参看关于考试及铨叙的法规来看这个名辞的定义。
[6] "公务员"这个名辞的涵义至今未有确定。张锐君上引一文曾有相当讨论。
[7] 《国民政府组织法》第三十六条:"司法院设……公务员惩戒委员会。"

相当的资格。按二十一年六月的修正条文,资格概有下列数端:(一)年满三十岁;(二)于政治法律有深切之研究;(三)曾在国民政府统治下任简任公务员二年以上,或荐任职公务员五年以上;(四)对党国有特殊勋劳,或致力革命十年以上者。这里的法律条文显然标示,中央公务员惩戒委员有三种:其一是专任的,除年龄及做官经验以外,还得有学问,有勋劳,才得膺选;其二是兼任的,是现任的最高法院的法官,并不须具有那样的资格;其三是委员长,按《国民政府组织法》由司法院副院长兼任(第三十七条)。根据于上面征引那条文理不清的条文,我们实无从得悉这个机关组成的方法。

至于地方公务员惩戒委员会,按《组织法》的规定,"各置委员长一人,由高等法院院长兼任",其下设兼任委员七人至十一人,这些兼任的人员是由司法院就高等法院庭长及推事遴派四人至六人,余就省政府各处厅现任荐任职公务员中遴派,这个机关的人员从此可以看出完全是兼任的,其中一半是法官,一半则是行政高级的官吏。

自从这部法律公布施行以后,政府当局便着手组织中央公务员惩戒委员会。当时司法院副院长是居正氏,故该委员长即由居氏担任。在委员长之下共有委员数人,他们在二十一年四月十八日成立,在六月一日开始办公。自从二十一年八月起,各省市的地方公务员惩戒委员会亦次第成立,最早是湖北省的,最近的是绥远省,一共有十九省三市,除了热河省的现在不能行使职权外也有十八省三市,这个系统可以说是相当完备的了。[1]

惩戒机关在行使职权的时候,除了接受监察院移送过来的弹劾案外,如果各院部会长官或地方最高行政长官,对于所属荐任职以下的公务员认为犯有违法或废弛职务或其他失职行为,得不经过监察院的审查,迳行备文声叙事由连同证据送到中央或地方公务员惩戒委员会去审议。[2] 职此之故,公务员惩戒委员会所受理的案件实比较监察院的弹劾案件为多。兹将公务员惩戒委员会工作概况用统计的方式稍加分析。

中央公务员惩戒委员会既于二十一年六月一日开始办公,监察院便把该日期以后的案件直接移付到那里去惩戒。第一件这样办的案件是在是年七月一日移付的,[3]

---

[1] 这些事实根据《司法院公报》。二十一年一月十四日司法院以院令派该院参事数人筹备组织这个机关,四月六日便由国府任命了一批专任的委员和兼任的委员,并以副院长居正兼委员长,后又陆续加添。见《司法院公报》,二十一年第一号,第四号,第十三号,第十七号,第二十一号。同年二月一日又以院令训令各省高等法院院长,商同省政府筹备地方公务员惩戒委员会。同上,二十一年,第四号。地惩会的组织监察院曾制一表,见《公报》,第二十一期,页三二一至三二二。国土日蹙,各法院院长推事时时调易,这个表已不甚可靠了。

[2] 《公务员惩戒委员会组织法》,第十一条。

[3] 《公报》,第十六期,页八四。

其后便都照这样办理，至于以前由国民政府委员会处理而未决的案件也移交到那里去。二十一年七月一日中惩会第一部议决书公布出来，其格式是和法院判文一式的。[1] 究竟中央公务员惩戒委员会自成立至今议决了多少案件，与弹劾案总数的比例若何，我们没有精确的统计。下面所举的几种粗糙的计算，不过是供给读者相当的印象而已。这些统计既没有差之毫厘，谬之千里的危险，举了出来也觉无妨。据监察院本身透出来的消息，自该院二十年二月成立至二十四年三月四年之中，弹劾移付案件共有四百六十五起，经惩戒机关议决处分者一百五十九起，议决不受处分者三十四起，尚未办理者二百七十二起。换言之，惩戒机关共计议决四百六十五件弹劾案中的一百九十三件，占全数百分之四十一点五，而未经办理者竟占全数百分之五十八点五。[2] 我们需知这里送请惩戒案件的数字是只限于监察院所提的弹劾案，别的机关请求惩戒者不计在内；同时所谓惩戒机关包含各种的，并不以中央公务员惩戒委员会为限。作者鉴于此种统计未能充分表示中惩会的工作情形，特将该会的惩戒议决书登载在《监察院公报》里的加以粗糙的分析，制得下列的数字（期间是自二十一年七月一日第一号议决书公布起至二十三年九月二十七日第一八七号议决书止）：

提请惩戒的机关及提请案件的数目

（一）监察院……………………………………………一二二件

（二）司法行政部…………………………………………五〇件

（三）司法院………………………………………………四件

（四）江西省政府…………………………………………三件

（五）湖北省政府…………………………………………三件

（六）国民政府……………………………………………一件

（七）江苏省政府…………………………………………一件

（八）河南省政府…………………………………………一件

---

[1]《公报》，第十六期，页一六一。

[2] 天津《大公报》，二十四年四月十九日，南京专电。中央公务员惩戒委员会委员刘武说："中央公务员惩戒委员会，自成立以来，迄今仅一载有余，受理案件，约在二百三十起上下，其中议决应受处分者约为九十余起，因涉及刑事嫌疑，经送法院侦查者，约五十起，有其余数十起，有依法须俟被付惩戒人申辩久未收到者，有正在调查中久未得复者。关于调查手续，又因中央公务员惩戒委员会经费有限，未能多派调查人员，往往嘱托行政司法机关代为调查，因此搁延未能办理者，亦复不少，似非故意延搁者可比……"见《中国国民党中央执行委员会政治会议行政法规整理委员会报告书》，"官制类建议案"，页八二。产生这个庞大的《报告书》的是二十二年二月一日第三四二次中政会议，推定戴传贤氏为委员长，孙科，宋子文两氏为副委员长，及若干委员及专门委员，共分十级研究法规整理方案的法规整理委员会。各政府机关都有建议。这部《报告书》是一部很有价值的材料，合并介绍于此。

（九）蒙藏委员会 …………………………………………… 一件

　　　　　　　　　　　　共计…………一八六件

这一百八十六件移付惩戒的案件一共牵涉到二百八十一人，他们分别受到种种的处分，分析起来可得下列各种：

　　议决不受惩戒者 …………………………………………… 三三人
　　记过一次者 ………………………………………………… 二三人
　　记过二次者 ………………………………………………… 二〇人
　　书面申诫者 ………………………………………………… 一三人
　　免职并停止任用
　　一年者 ……………………………………………………… 一四人
　　一年另六月者 ……………………………………………… 一人
　　二年者 ……………………………………………………… 一七人
　　三年者 ……………………………………………………… 四人
　　四年者 ……………………………………………………… 二人
　　五年者 ……………………………………………………… 三人
　　六年者 ……………………………………………………… 一人
　　七年者 ……………………………………………………… 一人
　　八年者 ……………………………………………………… 四人
　　十年者 ……………………………………………………… 三人
　　十二年者 …………………………………………………… 一人
　　减月俸百分之十期间
　　一月者 ……………………………………………………… 六人
　　二月者 ……………………………………………………… 二一人
　　三月者 ……………………………………………………… 二七人
　　四月者 ……………………………………………………… 九人
　　五月者 ……………………………………………………… 七人
　　六月者 ……………………………………………………… 一六人
　　八月者 ……………………………………………………… 一人
　　减月俸百分之二十期间
　　三月者 ……………………………………………………… 二人
　　四月者 ……………………………………………………… 三人

五月者 …………………………………………… 三人
　　六月者 …………………………………………… 一四人
　　降一级改叙者 …………………………………… 二一人
　　降二级改叙者 …………………………………… 一五人
　　　　　　　　　　　　　　　共计………… 二八一人

　　至于地方公务员惩戒委员会的工作，因报告极不完备，故无从得到详确的计算：例如，载在《监察院公报》里的地方公惩会议决书，在上述同一时期内，只有十三件，牵涉十八人；这十三件是浙江四件，江苏安徽河南各二件，湖南陕西湖北各一件；提案的监察院提出九件（其中三件是移付到中央公务员惩戒委员会后再由那里发交的），司法院一件，浙江高等法院一件，湖北及陕西省政府各一件；其处分是不受惩戒者六人，免职及停止任用若干年者六人，记过者三人，降级改叙者三人。[1] 因为报告之不尽确以及开办时间短促，我们对于它们的成绩是不能遽下判语的。

五

　　除了政务官事务官的惩戒机关以外，尚有两种人员被弹劾时，他们的惩戒机关是发生问题的：他们是监察委员和军人。兹请分别言之。

　　监察委员的职务是在检举全国大小官吏的违法与失职。虽然监察权的确实范围至今未能全完决定，照以往的经验看来，这一句话是大体上不差的。但是监察委员如果自己失察失职，便如何呢？法律的规定是很复杂的，事实上如果监察委员本身违法或失职，监察院是可以提出弹劾的：[2] 监察委员高鲁和杨天骥都曾被监察院弹劾。高鲁氏的弹劾案是二十二年二月二十日由监察委员王平政提出的，经监察委员刘成禺，邵鸿基，郑螺生三氏审查成立，认为应付惩戒。他们说：[3]

　　　　据各报纷载，此次行政院移运北平古物，有监察院监察委员高鲁监运等语。似移运古物，本院亦负行政上连带责任，情实离奇。迨经调查，始悉高委员鲁此次离京监运古物，系受行政院之委令。此种自由行动，实违反国民政府组织法第

---

[1] 《申报年鉴》中亦有统计，见页 D 一一一至一一二。

[2] 按十八年九月三日公布的《监察委员保障法》第五条规定："监察委员非有左列情事之一者不得以失职论；一，受人指使因而提出证据不真确之弹劾案者；二，受公务员之馈遗供应有据者；三，在中央或在监察区内之公务员，有应受弹劾之显著事实，经人民举发，而故意不予弹劾者。"《法规汇编》，第三编，页一二一四。

[3] 《公报》，第十八期，页一一九及其后。

五十一条之规定,而开监察委员兼任其他公职之恶例。[1]去岁调查北平盗卖古物案,高委员亦系调查员之一,该案方经提出弹劾,[2]今以调查员之一,反私自参加监运,未免贻人口实。兹依弹劾法第二条之规定,提出弹劾……

第二件案件是监察委员杨天骥,监察院参事高朔,监察院书记官殷振声等"违法干求,借职恫吓"一案,亦由监察院提出弹劾,并且引起监察院副院长丁惟汾引咎辞职,轰动全国。[3]这两件是仅有的监察委员被劾的例子。

监察委员被劾,由什么机关去做惩戒机关呢?按《监察委员保障法》第七条,"监察委员之惩戒处分以监察委员惩戒委员会行之",至于这个监察委员惩戒委员会如何组织,则完全没有明文规定。本来监察委员而被弹劾,他的惩戒机关为何,本是很费踌躇的。据王宠惠氏的报告,孙中山先生"当时曾泛论,谓监察委员本身或由国民大会弹劾之",而王氏则以为"事实上尚须研究,盖因弹劾一委员而召集国民大会,手续上诸多困难也"。[4]这个问题纵然照孙先生的办法解决,在训政时期,既没有国民大会,当然还得另想办法。这个暂时办法后来国民政府决定为国民党中央监察委员会,国民政府二十年三月六日的训令里说:[5]

> 监察委员惩戒处分,在政府公布之监察委员保障法第五,七,八条已有规定,惟第七条监察委员惩戒委员会之组织,尚未规定。查此种最高监察权(失察失职),本应属诸国民大会,现今在训政时期,所有政权,均由本党代表人民行使,则此项职权,似以属于中央监察委员会为宜。

高,杨两案因此都是呈移给中监委会去惩戒的。中监委会是一个庞大机关,召集不易,平时亦不常开会,这种惩戒职务是由常会议决的。杨案便由该会第十四次常会议决:"杨天骥免职并停止任用三年。"[6]由此看来,监察委员在现制下虽非选任官,他们的惩戒机关是同选任官一式的。

这个机关的规定是合理的过渡办法。将来在宪政时期开始以后,监察委员的惩戒机关似乎是国民大会无疑。这个办法是否有当,我们现在不必讨论;在训政时期,既没有国民大会,而组织一个监察委员惩戒委员会又很困难,以最高的监察机关来职司

---

[1] 这里有语病:不是开恶例,而是违法。
[2] 这是易培基案,见《公报》,第十八期,页七〇及其后。
[3] 见天津《大公报》,二十四年八月二十五日。议决书尚未载在《公报》,但载北平《晨报》,二十四年十一月十五日。
[4] 《研究五权制度略述》,《国闻周报》,第五卷,第四十一期(十七年十月二十一日)。
[5] 《公报》,第一期,页一一〇。
[6] 见北平《晨报》,二十四年十一月十五日。

惩戒监察委员，把他们抬高到选任官一般的地位，自然是合理的。

军人在任何国家里都有一套他们的法律法庭，在惩戒机关似乎也不应和普通文官一样。因此遇有军人被监察院弹劾，他们的惩戒机关是非想办法不可的。[1] 二十二年五月二十三日国民政府准中央政治会议决议，训令"现役军人被弹劾时之惩戒机关应由中央最高军事机关审议"[2]，张学良，汤玉麟，张景惠，陈绍宽，刘峙等案，便都是由监察院呈国民政府，国民政府发交军事委员会审议的。

军事委员会里现在组织了一个军事长官惩戒委员会，按它的《会务规程》，[3] 它有委员五人至七人，其中之一指定为常务委员，处理日常事务。这些委员都由军委兼任，由国府派充（第二条）。在审议惩戒案件时，由多数取决（第三条）。这大略便是这个机关的组织法规。这个机关在二十二年十二月三十日成立，共五人，朱培德是常委，何应钦，唐生智，陈绍宽，贺耀祖等氏为委员。[4]

上述的机关名称是军事长官惩戒委员会，委员都由军事最高机关的人员担任。他们势不能职司一切军人的惩戒。所以普通的军官佐又非设置特殊惩戒机关不可。这个问题发现的形式是："普通军官佐被劾移付惩戒之案件，应否由军事委员会另行增设惩戒机关，或统由军事长官惩戒委员会受理。"中央政治会议在第四一一次会议议决："普通军官佐惩戒委员会无组织之必要，遇有弹劾案件，拟由军政部，海军部发交各该主管署司按照陆海空军各项法规审议，签由各该部长核定后，以命令行之，一面仍分别呈报咨转并登军政或海军公报。"这个决议国府在二十三年六月十六日用训令公布出来，即时实行：[5] 例如，高友唐弹劾暂编第一师第三团团长赵渤"违法拘捕商民，恐吓诈财"一案便是由监察院致公函给军政部"查照依法办理"的。[6]

六

上文提到各种的惩戒处分，当然牵涉到三个问题：这些惩戒机关能对被弹劾者科何种的处分，它们怎样开会决定处分，处分与刑事裁判的关系。关于这三个问题

---

[1] 二十二年二月二十四日，监察院由刘莪青委员签呈，上中政会议及国府一文，请求明定军职人员惩戒机关，规定"究竟关于军人被劾案，应否另组惩戒机关？抑仍归既有惩戒机关分别管辖？"，《公报》，第十八期，页二五四至二五五。
[2] 《公报》，第十九期，页三六一。
[3] 《法规汇编》，第二编，页二〇七。
[4] 《公报》，第二十一期，页三二一。
[5] 《公报》，第二十五期，页二六一。
[6] 同上，页二六。

现行的法律规定得相当详尽。《公务员惩戒法》规定惩戒处分共分五种：（一）免职；（二）降级；（三）减俸；（四）记过；（五）申诫；第（二）至第（四）三种选任政务官，立法委员，监察委员，不适用之，第（二）种处分特任特派之政务官不适用之。[1] 观于上面我们分析政务官惩戒委员会成绩时便可以看出这条法律的应用。公务员受到免职处分时，除免去本职外，并须至少停止任用一年以上，上面所表列的年数可以看出停止任用的期间最长的竟有十二年之长。降级改叙依法自改叙之日起非经过二年不得叙进，无级可降的可以改为减俸二年。减俸以百分之十至二十为限，期间则在一年以下。上表看出减俸是没有超过八个月者。记过的处分规定一年以内不得进级，一年内记过三次者便被减俸。申诫是以书面或言词为之。荐任职以下公务员之记过或申诫得迳由主管长官行之。这便是公务员惩戒处分之大略。这种惩戒处分之是否恰当问题不在本文范围以内。

　　惩戒处分的议定方式法规规定极详，我们不是其中的人物，其中人物又没有报告给我们看，故所能知悉的只是法规里所有的。按《公务员惩戒委员会组织法》的规定，中惩会审议案件时至少要有委员七人之出席；地方的惩委会开会时则应有五人之出席，由委员长指定一人为主席。委员长的地位是综理会务，他不能干涉惩戒事项（第七，八条）。按《公务员惩戒法》第四章的规定，惩戒处分的审议程序是很详细的：在移付惩戒文送达惩戒机关后，应即缮具一份送给被付惩戒人让他在指定时间内提出申辩，甚至于到场质询，他如不来便算放弃权利；惩戒机关能指定委员会去调查事实或托行政或司法官署去调查；关于判决第二十条规定最为重要：＂惩戒机关之议决以出席委员过半数之同意定之；意见分三说以上不能得过半数之同意时，应将各说排列，由最不利于被付惩戒人之意见顺次算入次不利于被付惩戒人之意见，至人数达过半数为止。＂规定法院式的机关判决议定的程序是一个很足称道的制度。汪兆铭院长在顾孟馀案时曾把监察院比作检察官，惩戒机关则比作法院，[2] 一定要有完密的法例才能保障被移付惩戒者不能受到冤抑。因为惩戒处分与法院判决不同，无申上诉，这种保障更有严密的必要。

　　公务员惩戒委员会（中央及地方）有这种程序的规定，别的机关也有。《国民政府政务官惩戒委员会处务规程》[3] 的第二章＂惩戒案件之分配，审查，及决议＂共

---

[1]　《公务员惩戒法》第三条。
[2]　见二十三年七月十七日各报汪氏书面谈话。
[3]　《法规汇编》，第二编，页六七至六九。

七条便规定得相当详细。《军事委员会军事长官惩戒委员会处务规程》[1]规定得很简单。至于中央监察委员会及军政部海军部的办法,则未见有法律来规定它们的决议程序了。

第三个问题是:惩戒处分与刑事裁判的关系。这个问题很简单,因为《公务员惩戒法》第五章有了详细的规定。这个关系的原则是承认刑事裁判比之惩戒程序有优先权的,因为惩戒机关发觉惩戒事件有刑事嫌疑时应即移送该管法院审理(第二十二条);惩戒程序,在同一行为已在刑事侦查或审判中者,便不得开始(第二十三条);如果开始了,也得停止,让刑事诉讼确定裁判后再办(第二十四条)。但是二者却不是互相抵触的,而是划定范围,在范围内各行其是的。惩戒案件在刑事方面即使已被刑事主管法院为不起诉之处分,或免诉,或宣告无罪,惩戒机关仍然可以进行惩戒程序(二十五条)。如果在刑事方面,虽已受刑,但判决内并未加以褫夺公权的处分时,惩戒机关仍然可以进行去惩戒这个业已受刑的公务员,加重他的罪名(第二十六条)。这便是法规里的规定。在事实上这种办法是常用的,例子极多,不胜枚举:[2]轰动全国的故宫盗宝案,便是最近的例子,审理的是江宁地方法院,现在正上诉于最高法院中。

七

以上我们把中国现在的惩戒机关组织的概况,约略说明。兹为综合的叙述如下:

(一)中央监察委员会,司惩戒选任官及监察委员,为国民党内的组织;

(二)国民政府政务官惩戒委员会,司惩戒政务官,隶属于国民政府;

(三)中央公务员惩戒委员会,司惩戒中央政府的官员,及荐任以上的地方政府官员,隶属于司法院;

(四)地方公务员惩戒委员会,司惩戒各地方政府委任职的官员,亦隶属于司法院;

(五)军事长官惩戒委员会,司惩戒军事长官,隶属于军事委员会;

(六)军政部及海军部主管署司,司惩戒普通军官佐,隶属于各该部,亦即隶属于行政院。

---

[1] 《公报》,第二十五期,页二六。
[2] 见《公报》,第十八期,页一一九及其后,引刘武氏言。

八

由这个叙述可见中国现在的公务员惩戒机关的组织系统是最复杂凌乱不过的。它们不但机关很多，它们所隶属的机关亦各不相同。在这种情形之下，不但系统不清明，组织不合理，对于事务的推行当然也没有联络的效果。这种讨论当然是引起了原则问题：究竟把惩戒机关按被移付惩戒者所居的官职而划分为若干隶属不同的机关是不是一个合理的原则呢？在分别叙述各种机关时，我们对于这个问题已有相当的讨论：我们以为如果监察院坚持它现有的监察权范围，则惩戒机关非得是如此复杂不可，充其量至多不过把小枝末节稍加改良，大体上是不能变更的。[1] 按现在监察院的职权是纠举全国上下一切官员之违法失职，连监察院本身的委员亦包含在内。"行使监察权之任务，应当视为国家爪牙，为人民喉舌，为三民主义前卫。"这是于右任院长就职演辞。[2] 用一个譬喻，它是用一个机关的耳目来观察全国大小官员的违法失职：大官可以弹，小吏也可以劾；文官可以参，武将也可以举。但是大官与小吏，文官与武将的地位职责，迥乎不同，他们的惩戒处分不但不能相同，惩戒他们的机关因此也不能不异。所以我们以为监察权这样的解释与运用一定要有复杂的惩戒机关，复杂的惩戒机关是监察权运用必然的结果。

若果监察权的解释与运用经过变易，若果监察院只管弹劾长官，下级的小吏由长官去惩戒，则惩戒案件便可因之减少，惩戒案件性质就被惩戒者的官职而言当然亦不像现在那样分歧，惩戒机关的数目当然可以减少。例如监察院只管弹劾政务官，政务官底下的员司由他们自己去惩戒，如果发现他们有弛废这种惩戒职责情事时，被弹劾者不是他们的员司而是他们本身，则我们只消有一个政务官惩戒委员会，此外或者有一个中央监察委员会，一个军事长官惩戒委员会，便可敷用。现在普通军官佐的制度便有类于这样的办法，因为惩戒他们的是他们的上司军政部及海军部，而不是另外特设的惩戒机关。根据这种立论，我们因而觉得现在系统的繁缛，是监察权范围必然的结果，原因不改，结果便不能更易。

---

[1] 刘武氏提议："国府现组织之政务官惩戒委员会，所谓政务官者，包含至广，实则依吾国现制及各立宪通例，可称为政务官者，实限于国府委员及五院院长副院长之各选任官，此外实皆为事务官，而非政务官。何则，其所掌管者，仅为中央或地方一部分之事务，而非国家大政，并不以一国政治之得失为进退者也。是以现设之政务官惩戒委员会，其惩戒事项，似可悉并入中央公务员惩戒委员会办理。至地方公务员惩戒委员会，系因幅员辽阔，为求便利而设，究其实，或并中央，或各省分立，似均无关宏旨也。"《法规整理委员会报告书》，"官制类整理案"，页八四。这里的立论并非根据于现行法律的规定而是泛论。没有什么讨论的必要。
[2] 《国闻周报》，第八卷，二十年二月九日，"大事述评"。

与上述的问题性质相同的还有一个惩戒机关隶属问题。照现行的制度，惩戒机关一方面因被惩戒者的官职而大异，一方面这种不同的机关也隶属于不同的处所。这种制度应否或能否改善呢？其中最主要的一个问题便是：惩戒机关应隶属于弹劾机关——即监察院——抑应隶属于其处所呢？孙中山先生曾讨论到这个问题，但是并没有确定的主张。他标举了一条原则说："裁判被弹劾者，是否同一机关，抑或另一机关；如系同一机关，则与原告自行审判无异，似此不独违背法理，即以常识观之，亦有未合，以其失却监察权之本旨及精神也。"[1] 然而即就这项原则来说，他们亦未能"遽下断语"，因此毫无决定。

监察院本身对于这个问题有肯定的主张。在二十二年间该院曾提议修正该院的组织法数端，其中之一便是主张惩戒机关应和监察院合而为一。它说：[2]

> 监察职权之行使在弹劾，而其功效在惩戒，对于整个政治上实负有事前监督，与事后监督之责任。本院现行组织法，系依照国民政府组织法第八章第四十六条，监察院为国民政府最高监察机关，依照行使弹劾，审计之职权之规定而订定，故本院除审计外，仅赋有一种弹劾权，凡提出之弹劾案，均须移付其他不属监察范围之惩戒机关审议，支离破碎，实足妨害五权制度之真意。按之欧美施行三权制度各国家，尚多以下议院提出弹劾，而以上议院为审判机关，亦不以审判官吏之权，属诸行政，或司法机关。在我监察权既经独立之国家，更不应使此项大权稍有牵制，故欲使监察权充分发挥其效能，必将弹劾官吏，与惩戒官史（吏？）之权，悉数纳于监察职权范围以内。换言之，监察权之独立，应备弹劾，惩戒二种权能，苟缺其一，即有碍监察权之独立，此公务员惩戒权应属监察院之理由……

二十二年二月，中国国民党中央执行委员会政治会议所组织的法规整理委员会，在戴季陶氏领导下开始拟定各种法规修正的方案。是年六月监察院也拟了一个"修正监察院组织法修正草案"送去审议。这个草案中最关重要者，诚如商文立氏所言，是第二条：

> 监察院设公务员惩戒委员会，行使惩戒职权。
>
> 公务员惩戒委员会组织法及惩戒法另定之。[3]

这一条是和第一条"监察院以监察委员行使弹劾职权"，第三条"监察院设审计

---

[1]《公报》，第十八期，页二五四至二五五。
[2]《公报》，第十九期，页三七〇及其后。
[3]《报告书》，"官制类整理案"，页八一。

部行使审计职权",及第四条"监察院设行政法院行使审判职权",成为监察院理想中的监察职权四大柱石之一。在提出这条修正案时监察院曾加以详细的说明。这个说明书因关系本文的问题甚巨,值得全录:[1]

> 查现行法律,公务员惩戒机关分为四种,(一)中央党部监察委员会,(二)政务官惩戒委员会,(三)中央公务员惩戒委员会,(四)地方公务员惩戒委员会,弹劾机关一,而审判机关则分为四。且此四者之中,除地方公务员惩戒委员会外,隶属于党部者一,隶属于行政者一,隶属于司法者又其一,同一审判机关,而隶属如此歧异,不独将监察权所包蕴之弹劾与审判二权支解为二,并将监察权一部之审判权任意宰割,使无统系可言,制度之纷乱,莫此为甚。本案主张公务员惩戒机关隶属于监察院,其理由有四。(一)弹劾惩戒同为一个监察权之作用,惩戒本为完成弹劾之行为,非在弹劾权外另有所谓独立之惩戒权也。弹劾为造成惩戒之因,惩戒为完成弹劾之果,故必合弹劾与审判为一,乃可造成整个之监察权,与检审必同归法院,乃能造成整个之司法权,同一意义。如将弹劾与审判支解为二,则是将一个监察权划归两院以上分掌矣。(二)即在三权分立国家,立法院非专掌监察机关,然弹劾与审判尚由立法院专司其责,若英,若美,若法,皆由立法机关一院举行弹劾,一院举行审判。在监察权不曾独立之国家,弹劾与审判,尚属于同一机关,而不分隶于行政或司法。在专设监察机关以司弹劾专权之国家,而弹劾之审判,反由其他机关代行,殊属有背专设监察机关之精神。(三)弹劾案之审判,与行政审判相类似,与司法审判性质不同,而为一种需要行政之知识经验,及法律之知识经验之混合审判。就审判性质言,即无监察机关存在,亦不应专属于行政或司法,而必须在行政与司法之外,另由专设之独立审判机关掌理。如法奥等国立法院之弹劾官吏,向国事裁判所或政治裁判所提起公诉是也。故弹劾案之审判,隶属于行政或司法机关,殊无正当先例。(四)弹劾与审判,由两个以上机关分掌,往往对于同一案件,须举行两次以上之调查,一有疑问,又须以公文经复询问,不免有虚糜及缓滞之弊。

除了这个正式的说明以外,监察院又由田炯锦,商文立二氏拟具了一份"惩戒机关应隶属于监察院之理由书"[2],列举了五个理由,其中除上面征引的监察院正式说明书中所列举的四项以外,又加上"英美等国,崇尚统一裁判,无论控诉公务员或私人

---

[1] 《报告书》,页七七至七八。
[2] 同上,页八五至八六。

案件，均由普通法院审理，但其法院并不审判弹劾案，可见弹劾案绝非普通呈控，而司法机关绝不应过问也"一条。这一个理由未曾被监察院正式的说明书所采纳，原因是可以明了的。这里所举出的例证是英美两国，它们是没有普通法与行政讼诉之分的国家，就是德国公法学者所谓 Justizstaat 而非 Vcrwalt un sstaat。这些国家"崇尚统一裁判"，既无行政讼诉制度，亦无行政法院。现在中国不但设立行政法院审理行政诉讼，监察院并且主张把行政审判的职权和行政法院一并包揽到监察院来，显然不能和英美等国相比，故这个理由亦不能成立。

  法规整理委员会将这些修正案发交它第九第十两组去联合审查，讨论的材料甚为丰富。商文立氏更补充他原来的意见，把监察与考试两种职权联络而观，说"考试权之行使在选贤，监察权之行使在退不肖，所谓考试为始，监察为终"。"现在公务员惩戒委员会不属监察院，且惩戒机关系统不统一，遇有检察公务员失职案件，监察院提出弹劾后，即无法过问……监察院若无惩戒权，则有类于考试院考而不取的现象，监察权根本不能算是一权，监察院亦根本不能独立，即谓根本上不能说是实行五权宪法之国家，亦无不可。"田炯锦氏也说明法院之中，"对于人民诉讼，设检察官，以司检举，设推事以司审判，未见有何流弊，则监察院除监委专司纠弹外，理宜另设惩戒机关，审理提劾案件。非有检察官与推事，不足以执行司法职权，非有惩戒机关隶监察院，则仅恃弹劾，不过执行监察权之一半"。所以商田两氏根据于考试及司法制度的例证而赞成监察院应包含惩戒机关的主张。[1]

  然而他们的主张在法规整理委员会第九第十两组联组会议中简直是沙漠里的喊声，为反对的理由所淹没。卫挺生氏认为他们的提议"在理论上与历史上均殊乏根据"。他说：[2]

> 愚以为监察院之职权，在防闲公务人员之犯罪行为，而举发公务人员之犯罪事实。至其所举发者，是否即犯罪之行为，乃法律解释问题。法律之解释，乃司法性质，故依法处分之惩戒权，乃司法权而非监察权，监察权与考试权相对待，考试进贤，而监察退不肖，但进贤之权与退不肖之权，皆非独操。考试院只能定某某人有无被任用或被选举之资格，而不能干涉到某某人必须任用或必须当选，此进贤之权之非由考试院独操也。其对方之监察院亦只能举发某某事或某某人之不法而不能干涉到其人必受惩戒。故以进贤与退不肖为考试监察两院独有之权，

---

[1] 《报告书》，页八一及其后。
[2] 同上。

与理论及事实均不相合。且五权宪法之五权,皆为相对的,非绝对的,如立法院之立法权与行政院之行政权,事实上亦非绝对的,其例甚多,不胜枚举,非独监察权为然。如以为惩戒机关属监察院,于办事上较为方便,请问主张者将欲监察院对于惩戒机关,有力影响其办事乎,抑无力影响其办事乎。若欲其有力影响,则监察院有权左手弹劾,而右手惩戒,则被弹劾者之是否真实犯罪,皆有必予惩戒之危险。倘主持监察权之有力者利用此权以左右政治,则政治立生危险。若云不欲其有力影响,则与不属一院何异,即以隶司法院,而机关仍同在一地,何不便之有。故以方便为理由之说,决不能自圆其说。又关于要求以行政法院隶属监察院一事,原来监察院方面亦不坚决主张,其非监察权,更为明显,无待讨论。

史维焕氏认为以往弹劾案的成效如何,与惩戒机关的隶属问题不发生因果关系,因为近年中国未走上法治轨道,故弹劾与惩戒或有窒碍难行之处,"倘此类弹劾案移归监察院惩戒,恐其无法执行,徒增加监察机关之两重困难而已"。他更以为在司法系统中,审级三四,尚不能免却冤抑,惩戒机关改隶之后,只有一审,弹劾者与惩戒者又同在一堂,其危险更大。何况近来司法机关亦有扩充自诉范围而撤销检察机关的主张,这种改隶,当更乏充足的理由。比较最饶兴味的是公务员惩戒委员会代表刘武氏的反对理由。他博引各国司法机关立法机关以及我国往时的台谏御史制度而说明监察院提案的主张实多不合之处,"是否有异于自纠弹自裁判,是否不背乎公平原则,是否不至授人口实,伤其监察职权之尊严",都成重大问题,亟当加以深切之考虑。根据于这些及其它许多人的意见,法规整理委员会第九第十两组联组会议决议否决了监察院的提议,惩戒机关改隶于监察院连同行政法院改隶于监察院的修正案,均被一致否决。[1]

监察院这种意见有的作者却表赞同。现任立法委员陈茹玄氏便是其中之一。他以为:[2]

> 监察院中之弹劾权,近人多不明其范围,如官吏犯法,论者每主监察院应提出弹劾,而审判弹劾案,则仍归诸司法,此实大谬。盖弹劾审判,按诸惯例,亦止限于免职处分为止。免职之后,仍须交普通法庭,科以应得之刑罚。故监察院虽无予官吏以刑事处分之权,却不能不有审判弹劾之权,如欧美各国国会有提出弹劾之权,同时亦有审判弹劾之权,其明征也。且弹劾而不能审判,其权将等于零,非保持监察尊严之道也。

---

[1]《报告书》,页八六。
[2]《五权宪法之几个特点》,《中国建设》,一卷二期。

对于监察院和陈氏的见解，许多人不能苟同。讨论五权制度著述甚多的谢瀛洲氏便是其中之最著者。他历数欧美各国的制度，别为（一）议会法院制，（二）司法法院制，（三）混合法院制三种，就中前二者"互有利弊，均不足以为一种良善制度"，因此"比较可采用者，其为混合法院制乎？"，然而谢氏觉得"挪威等国所采之混合法院制，仅以议员司法官组成之，尚觉缺乏行政上之经验，是宜于议员司法官以外，更参以行政部之高级职员，则当能本其经验，指陈行政上之需要，与习惯，其有裨益于实际者当不尠也"。他的主张据他说是和中国旧时"御史与上书中书门下共同行使审判之职权"，"颇相吻合"的。[1] 谢氏这里的主张，虽然很觉有力，但是没有明说这个混合法院怎样由议员，法官，行政官吏共同组织，人数如何分配，隶属于哪个机关。

因为五权宪法的具体方法不是孙中山先生遗教之一部，中国古代及现在欧西的典章制度又缺乏可以相比的，故许多很重要的问题都不能有大家都同意的解决方案。惩戒机关亦非例外。既然五权制度与外国的"三权宪法"不同，五权宪法的设计便没有拿外国的成规来相比拟的道理。外国提出弹劾案的机关是议会，五权制度下理想的和现行制度下，提出弹劾案的机关是监察院。监察院背后的精神，《国民政府组织法》《监察院组织法》，以及其它一切有关的法规都只规定监察院有弹劾与审计之权，除了关于该院本身的事项它能向立法院提出议案外，绝对不能参与立法事业。立法院既是"国民政府最高立法机关"，独立行使立法权，当然也绝不让监察院去参预立法事业。监察院既然不是立法机关，它的地位当然不能和欧美各国的议会——以立法事业为主体以弹劾为副业的议会——同日而语。因此监察院本身以及许多作者拿欧美的议会来和我们的监察院比较，权其各种典章制度之优劣轻重，拙见以为都是文不对题的讨论，没有参考思量的价值。

加之，诚如公务员惩戒委员会在法规整理委员会的代表刘武氏所言，欧美的议会所弹劾的只限于最高级的官吏，下级的则根本不在其管辖的范围以内。[2] 这件事实代表它们的制度的一个根本精神。我们的监察院对于一切中央或地方的大小官吏，悉能弹劾，

---

[1] 《五权宪法下之监察制度》，《中华法学杂志》，一卷三期。何会源氏不主张惩戒机关隶属于监察院，他说："中山先生谓各院人员失职由监察院向国民大会弹劾之；夫既曰向国民大会弹劾之，则监察院应无审判弹劾之权。吾以为此项原则乃监察制度根本条件。夫权力与责任互相为用不可缺一者也，议会内阁制之反对党自知终有负责之一日，故其对于政府之弹劾不敢故为高调；五权宪法下之监察委员则无此等顾忌，其对政府或不免为过分之苛责，作为人之奇论，以求取快人心。故为防弊起见，弹劾之权属于监察委员，而审判之责则应属于另一权关，庶可收制衡（check and balance）之效。"他引证美人考尔文（Edward S. Corwin）的说法来证明此说。《民族杂志》，二卷五期，页七二一。

[2] 《报告书》，页八四。

不特要纠弹于事后,并要监督于事前,这种宽泛广邃的范围,欧美议会的弹劾权实望尘弗及。换言之,即监察院的监察权,照其本身的解释,精神上理论上均和欧美议会的弹劾权不能同日而语。根据于外国议会由下院提出,由上院审判的弹劾制度来证明惩戒机关应隶属于监察院,或反对其应隶属于监察院,亦是牵强附会,断章取义之谈。

现在的监察制度,不能以外国议会的弹劾权相比拟,既如上述,中国古代的台谏御史制度,同样地不能用来做设计的准绳。诚然孙中山先生创建五权制度时是受了古制的指示,他自己也曾明说,但中国往时政制的根本精神和孙先生理想的宪政制度相去曷止天壤?中国畴昔的御史,不等同今日欧美的议会;那时的司法机关不独立,上书,中书,门下和挪威的法院法官不同,更和英的贵族院,美法的参议院,截然两事。高一涵氏研究中国往时的御史制度,罗列了他们十种职权,而承认这十种之中,无论在三权抑在五权制度下,有许多都要移给别的机关去行使。由此我们可知,中国往时的制度,因为它所居的整个政制与目前的根本不同,它的精神便和现在的大异其趣。拿古时的机构作监察制度改良的蓝本因此是不可能的。

以上所述是要说明,在我们讨论惩戒机关隶属的问题的时候,不得以中国古时的或欧美的制度来做根据。从正面来说便是惩戒机关的隶属问题只能从整个五权宪法的立场来讨论,以监察院及各种惩戒机关成立以来运用的成绩实况为事实的背景。从这种看法,愚见以为监察院主张惩戒机关归并于监察院的理由是站不住脚的。我们须知,监察院上述的修正提案,其中所主张归并的惩戒机关,只是公务员惩戒委员会。在这个提案中我们虽找不到这个机关职权的厘定,"公务员"一个名辞在现行法律中亦无一定标准,但照《公务员惩戒法》的规定——最广义的规定,也不能把上述的许多惩戒机关一体包含在内。换言之,所谓公务员惩戒委员会,不是包含国民政府政务官惩戒委员会,军事长官惩戒委员会,军政部,海军部,甚至于国民党的中央监察委员会等等而成立的一个笼统机关,而只是现在隶属于司法院的那一个中央公务员惩戒委员会和在各地方的地方公务员惩戒委员会。监察院所想包揽的惩戒权,照这样说,只是和司法院一院争权,而不是和国民党,国民政府,军事委员会,或军政部,海军部争权。这个臆测如果不错,那么监察院与赞成此说者所举出的理由便都是无稽之谈。这个原因很简单。我们既然专讲公务员惩戒委员会(中央及地方),而不去谈其它的惩戒机关,监察院便早已承认了惩戒权不是一个完整的权力,而惩戒权之所以不能完整是因为监察院职权人的对象太过复杂笼统。监察院现在一方面高唱监察权与惩戒权是相互表里彼此为用的权力,一方面则又只把惩戒权中的一部分——纵然是最忙的一部分——硬提了出来归并到监察院去，其它部分便置之不理，自属不合理的论断，甚至流于滑稽。然而我们如果把一切的惩戒机关都合而为一，纳之于监察院中，从监察院看来似乎踌躇满志（虽则它亦未能遽然作此过激主张），从现在监察权人的对象所引起惩戒权必须分割成若干部分的立场看来，义为理论与事实所绝对不能容许。了解此义，则监察院上述的提议，与夫赞成和反对它的诸种理由，都是不必去评量讨论的。

九

如果现在的制度不变，即监察权人的对象仍然是那样的宽泛，现在惩戒机关的系统有无改善的可能呢？如果有改善的可能方式若何呢？

关于改善的可能问题，上文已屡屡说过，在目前状态下是很少的，大规模的变革绝不可能。至于在最小的范围以内下一番改革，下列两点是值得注意的。第一，惩戒机关组织应力求近似法庭，人员要有法律保障。按照现在的惩戒机关之所以对于惩戒案件，迟疑不敢决断，致令监察制度受国人的訾议，其重要的原因之一便是惩戒委员没有法律的保障，不敢开罪于权贵。监察委员因有法律的保障，故能直言不讳，多方纠弹。惩戒委员若有相同的保障，他们也能减少许多顾忌，从严惩戒贪污。惩戒委员应得优越的薪俸，终身的任期，使得他们能够从容解释法律，造成判例，为官常立定一部有权威的法典。[1] 第二，惩戒机关的人员应力求专任。查现行的制度，除中央公务员惩戒委员会有一部分专任的人员外，其它都是由它职兼差的。兼差使他们过于忙碌犹是小事，因它职而使他们多所顾忌实是惩戒机关效力致命之伤。所以在改良现状看来，力求惩戒委员的专任实为急切的要图。

以上两点是就现状而论足资借鉴的改革建议。至宪政实施后，尤其是监察权人的对象有所改变时，惩戒机关应如何改组，方能适合那时的需要，那是政制的设计问题，不在本文范围之内了，当不具论。

---

[1] 我曾屡次作此主张，见《读宪法修正稿》，《独立评论》，第一一二期，及《监察院的回顾与前瞻》，同上，第一四八期。那里我举了若干理由，兹不具论。

一年来关于政制改革的讨论 *

近一年来国内论坛上最普通的题目之一便是政制改革的讨论。从广义来说，政制改革的讨论包含两个问题：其一，是民主政治抑独裁政治的讨论。其二，是就现在的政治机构中改革来谋取比较上合理的，负责的，能够运用灵敏的政治制度的讨论。中国当前的一个政治问题是党治抑宪政的问题。这个问题和上述两个问题发生了根本的连锁关系，因为赞成民主政治的人最大多数主张立刻开放政权，结束训政，颁布宪法，实施宪政；而反对民主政治的人则有的主张独裁政治，或"领袖制度"，有的主张维持党治，但从现行政制中加以改革，这种改革的方式，并不一定是独裁政治，甚而比较上和民主政治相接近，和独裁政治反而相去甚远。我一向留心政治制度，在过去一年中也曾多次参加这种政制改革的讨论。民族杂志的编者命我在三周年纪念刊中撰稿，爰就见闻所及，把这一年来的讨论经过，稍为加以分析。现在国民党的五届一中全会业已正式决议通过，在今年十一月十二日召开国民大会，宪法草案亦将于今年五月五日公布出来，而五届一中全会又将党政的机构，大加修正，这一场讨论也似乎可以结束，所余的只是对于宪草力求其完善优美，并能在实际上：

> 遵奉总理之三民主义，以期建立民有，民治，民享之国家，同时应审察中华民族目前所处之环境及其危险，斟酌实际政治经验，以造成运用灵敏能集中国力之制度。[1]

因此今年的元旦也是一个适宜的结束讨论时机。

民主政治抑独裁政治的讨论，原不起始于去年。胡适之先生在去年元旦便曾为东

---

* 原载《民族》第四卷第一期，1936年1月。
[1] 二十三年十二月十一日四届五中全会决议，天津《大公报》，十二月十五日。

方杂志写了一篇结束前年这个问题各方讨论的文字。[1] 这个问题那时连带着讨论的是"建国与专制"的问题,首先倡导的是钱端升先生[2]和蒋廷黻先生[3],讨论的则有胡适之先生[4],吴景超先生[5]等,很多,这个问题经过数月的讨论便归于沉寂,似乎没有再起的征兆。二十三年十一月二十七日,汪精卫,蒋介石两先生,在五中全会开幕的前夕,联名通电全国,说明他们向五中全会"建议以期采纳而见实行"的主张,除了关于中央与地方政府权限划分一项不在本题范围可不讨论外,并且提出"国内问题取决于政治而不取决于武力"的根本原则,倡议自由的保障,并说"盖中国今日之环境与时代,实无产生意俄政制之必要与可能"。这个电文一出,胡适之先生便为文申说"汪蒋通电里提起的自由",极力主张民主政治[6]接着不到十日,丁文江先生便也为文讨论"民主政治与独裁政治",反驳胡先生的立论,提出四项"新式独裁"的条件而主张中国应该厉行独裁[7]。对于这两篇文字,胡,丁两先生又反复诘难争辩,吴景超,陶希圣两先生和我都曾对于这个问题加以讨论。

在这一次的讨论里,虽然汪蒋通电里曾提出:

> 盖以党治国固为我人不易之主张,然其道当在以主义为准绳,纳全国国民于整个国策之下,为救国建国而努力,决不愿徒袭一党专政之虚名,强为形式上之整齐划一,而限制国民思想之发展,致反失训政保育之精神。

讨论这个问题的却对于党治与宪政问题,大致略而不谈,而注全力于民主政治和独裁政治两者孰为简易能行的问题,反覆辩诘。政治问题是最复杂不过的。一个小问题尚且必然牵涉到许多别的问题,一个大如民主抑独裁的问题,当然牵涉极广。为讨论的便利起见,我们固然不得不把问题的一部分提出来单独讨论,但提出的部分范围太狭,则又未免使问题太过简单,致使结论不得要领。这次民主抑独裁的讨论争辩,似乎便犯了这个太过简单化的弊病。胡适之先生说:

> 我观察近十年来的世界政治,感觉到民主宪政只是一种幼稚的政治制度,是适宜于训练一个缺乏政治经验的民族。[8]

丁文江先生则说:

---

[1] 《东方杂志》,三十二卷一号,《一年来关于民主与独裁的讨论》。
[2] 《民主政治乎?极权国家乎?》,《东方杂志》,三十一卷一号。
[3] 《革命与专制》,《独立评论》,八十号。
[4] 《建国与专制》,《独立评论》,八十一号。
[5] 《革命与建国》,《独立评论》,八十四号。
[6] 二十三年十二月九日《大公报》星期论文。
[7] 二十三年十二月十八日《大公报》星期论文。
[8] 《独立评论》,第一三○号。

理论的根据我们姑不讨论，事实上看起来，民主宪政有相当成绩的国家，都是政治经验最丰富的民族。反过来说，政治经验比较缺乏的民族，如俄，如意，如德，都放弃了民主政治采用了独裁政治。[1]

照这样的辩难，当然不能得一致的结论，因为民主政治或独裁政治在一国的成功或失败，并不只是因为哪一种比较容易实行，或哪一种比较困难实行，其它的政治，经济因素，都要有密切关系。譬如有一位西班牙的作家举了许多统计材料来证明独裁政治发生于文盲程度最高，死亡率最高，每人财富最低，每人邮递信件最少的国家里（F. Cambo Les Dictatures）。如果这种说法有相当根据——即在希特拉上台以后还有人以为这种说法有根据——可见民主抑独裁政治的问题即是和一国的工业化程度有很密切关联的了。我们不能只拿一个政治经验深浅的问题来概括一切，其实"人类是政治动物"，哪个国家没有政治经验？中国有数千年的历史，中国岂不应是较诸英美都更有经验吗？

其次，这次的讨论，大家都没有对于民主政治下一个共同同意的定义，因此在讨论的时候，各方都没有共同的标准。

譬如吴景超先生便列举了四种民主政治定义如下：

（一）民主政治是理智的政治……

（二）民主政治是自由的政治……

（三）民主政治是和平的政治……

（四）民主政治是大众的政治……[2]

接着吴先生又举列了五种民主政治的条件。对于这个定义和条件，许多人便不能赞同。例如关于全体民众中多少人能行使选举权才算是民主政治一层，胡适之先生便认为民主政治并不一定要根据于普选，虽则普选是民主政治最高的目的[3]，我也觉得吴先生"假如选举权只在少数人手里……只可称为阶级政治，不能称为民主政治"的条件未免定得太苛[4]，在这次讨论里我曾提出了一个根本分别民主政治与独裁政治的原则，以为前者是和平政治（即上述吴先生的第三点），是有合法的和平方法更替主政者的政治，而独裁政治则是武力政治，是非用革命方式不能更替主政者的政治。本着这个立论，我便进一步地说明，汪蒋通电里"国内问题取决于政治而不取决于武力"

---

[1]《大公报》，二十三年十二月十八日。
[2]《大公报》，二十三年十二月三日星期论文。
[3]《独立评论》，一三三号。
[4]《独立评论》，一三六号。

的大原则，若果充分表现履行，便是民主政治，因此"中国实无产生意俄政制之必要与可能"了。中国的人民如果有一种共同的期望，那便是消弭内战，如果有一种共同的厌恶，那便是内战。为餍一般人民嗷嗷望治的要求，为免避断伤国家的元气，民主政治实为中国非产生不可的政治，无怪胡先生认为这应是"一个共同政治信仰"了[1]。

除了丁文江先生等主张独裁以外，在国民党里也有许多作家极力鼓吹独裁政治。这种作者的立论大致相去不远，除了批评指摘主张民主政治者的理论外，（他们的立论也有许多是可以置疑的）他们的主张是几乎千篇一律的。他们对于民主与独裁政治的涵义的划分标准是：

> 每一个人民都有组织国家的能力，每一个人民都负起国家的责任，这是民主政治。很少数人有组织国家的能力，很少数人代替国民全体负起组织国家的责任，这是独裁政治[2]。

程天放先生认为这个定义有语病，故把"每一个人民"字样更改而成：

> 一国内已达成年的国民都享有参加政治的权利。而且能行使他们的权利，政府由他们选举出人来组织，政府的大政策最后由他们决定，那叫做民主政治。一国内已达成年的国民不能享参加政治的权利，而由一党或少数人或一个领袖代替国民行使政权，政府由为或少数人或一个领袖来组织，这叫做独裁政治[3]

程瑞霖先生民主政治的定义显然有很大的病语，不足为训，程天放先生修改后的定义，比之吴景超先生的还觉苛刻得很多。程先生说"一国内已达成年的国民都……能行使他们的权利"才算民主政治，这个能的问题便大有伸缩的余地。这一层程天放先生自己也承认，因为他说英美等国，因为缺席投票等等的现象，对于民主政治"至多只可说做到了一半"。据程先生的看法，现在世界上根本没有民主政治的国家，这自然是因为他对于民主政治的定义下得那样严格高深。超出乎或违反了人类的天性，当然没有一个国家完全能够符合了。至于独裁政治，他们的定义不消说是深切地受了现行的国民党训政制度的影响。他们认为中国的现制便是一党的独裁。这种看法容或没有商榷的余地，然而程先生却完全承认"俄意德是真正独裁的国家"。他说：

> 斯大林领导下的共产党掌握了苏俄的政权，墨索里尼领导下的法西斯党掌握了意大利的政权，希特拉领导下的国社党掌握了德国的政权，所以称他们为独裁，

---

[1] 《大公报》，二十三年二月十七日星期论文。
[2] 程瑞霖：《胡适之的民主独裁辨》，载《政治评论》，一三三号。
[3] 《民主与独裁》，《政治评论》，一四〇号。

他们是受之无愧的。

程先生既然说在英美这样的国家，民主政治还不能完全成功，但独裁政治即在俄意德却能够绝对的设立，因此而推论独裁政治在中国也容易成功，因此也对于胡适之先生的结论提出一种反驳。他很明快地说：

> 我是赞成中国现在采用独裁制的。我的理由不是就理论上讲独裁政治比民主政治好，是就现在中国实际情形讲，独裁政治有成功的可能，而民主政治几乎无成功可能。

如果我们承认民主政治是如同定义的那样的艰深，而独裁政治又是那样的可以一蹴即成，这种的推论当是娓娓动听，简直毫无置疑的余地。可惜这种定义是不为许多人所赞成的。自从欧战后独裁政治勃兴以来，不但我国的论坛充满了民主抑独裁的讨论，西方各国也曾对于这个问题有过许多论战。其中有一点似乎是大家都同意的，便是放弃十八十九世纪的民主政治理想，而认为民主政治不过是一种解决政治纷争的方法，这个方法不是武力的内战，而是和平的竞选。至于多少人有权参加选举，有权参加选举的平均有多少人出席投票，那都是枝节程度问题，无关宏旨。所以我们从前翻译这种制度为"民治"，现在似乎应该翻译为"民主"政治。这种立论我曾用来作民主与独裁的区别标准，上文业已提过。[1] 若果我们根据这种看法，那么英美便是真正的民主国家，而意俄则是独裁国家，因为前者的统治者常常要去举行选举，失败时便得下台；而后者的统治者，纵如德国时时举行总投票（其出席人数亦远在英美之上），非用武力是不能推翻的[2]。

比较这个在没有共同定义下的民主独裁孰难孰易辩争更有意义的是中国的实际问题。中国现在的环境险恶已达极端，凡为国民谁不想设法竭力去挽救？所以民主抑独裁问题讨论的路程一定经过国难与救国问题，当然也引起统一的问题。统一的问题是两年前便已讨论得烂熟的，[3] 现可以不谈。挽救国难问题虽也是一个很久以前的争论，在最近却仍然甚嚣尘上。胡适之先生是主张（政治的统一必须建设在平时的维系全国各部分的相互关系的政治制度之上），所以他主张用开放政权实施宪政的办法来收拾散漫的人心，造成真正的团结共御外侮。他说：

> 今日需要团结的，是全国的人心……而今日收拾全国人心的方法，除了一致

---

[1] 参看 R. Bassett, *The Essentials of Parliamentary Democracy*，这本书我在《独立评论》一六五号曾批评介绍过。
[2] R. C. Brooks, *Deliver Us from Dictators*! 一书论此点甚详，虽略带火气，仍足参看。
[3] 参看《独立评论》，七七至八八号，及一三四号。

御侮之外，莫如废除党治，公开政权，实行宪政……这是政制改革的大路[1]。

换言之，胡先生以为，如果我们能使全国的人民，个个感觉到政府是他们的政府，必须要使政府成为他们的政府，这就是实行民主政治。程天放先生却叫我们"严重注意"：

> 在今日的中国，独裁的反面，决不是民主，而是多裁与割据，反对独裁，也决不能造成民主政治，而是造成多裁与割据……中国中央政府之所以不能集权，不是由于人民之不信托政府和限制政府。而是由于各地方拥兵自重者对于政府之阳奉阴违。他们的反抗的护身符，就是反对独裁。……所以我们为救亡图存起见，需要一个强有力的政府，我们为消灭割据，完成统一起见，也需要一个强有力的政府。

不过程先生的独裁政治主张是绝对暂时的而不是永久的，是过渡的而不是从此不变的：

> 只要人民受了比较长期的训练，能够行使政权，中国国民党就要将政权交还人民，独裁制也就自然取消。

换言之，程先生主张的独裁仍然是训政时期的独裁。不过据上面征引的民主政治定义，我们不禁焦虑"能够行使政权"这个程度何时才能达到，惧怕这个训政一直要训到中国人民比英美人民政治程度远高一半时才能降临而已。

国家在多事时，政府往往集中权力。欧战期间及以后经济恐慌期间这种变化已屡见不鲜。在罗马共和国之下，平时有两个执政"一字并天"，权力完全相埒。遇到国家危急的时候，他们有一种方法来产生一种临时制度，推举一个人掌一切大权，"以期共和国不受损害"。这个人的官职名称是"独裁者"，这也是这个名辞的滥觞。但他的在政期间限于六个月，六个月期满便得卸职，并得向长老会报告[2]。许多政治思想家如马克阿维利（Michiavelli），布丹（Bodin），卢梭（Rousseau）都认为是优良的制度。在近二十年中，欧西国家在危机紧迫之时也有集中权力的政府，所谓"危机政府"，英之"战时内阁"，"国民政府"，美之威尔逊，罗斯福政府，法之保昂加赉（Poincaré），杜美格（Doumergue）内阁，权力集中，指挥统一，均是显例（L. Rogers - Crisis Government）。同时在许多别的国家，危机到临之日，便由一个政党或一个领袖，推翻前此的制度，借救国为口号，建树独裁政治。有的时候，在独裁还未树立以前，

---

[1]《政制改革的大路》，《独立评论》，一六三号。
[2] 参看 Homo, Greek Politcal Institutions; Karl Schmitt, Die Diktatur。

危机便已消散，但独裁却依旧造成。墨索里尼自诩救意大利于过激主义之中，其实在一九二二年十月他上台时，过激主义业已烟消云散，非复国家的威胁（Sforza-European Dictatorships）。在这一群独裁里，苏俄与中国是特异的，不可与意德同日而语。苏俄经马克思，恩格斯，列宁等的倡导，早立下了革命的程序，"无产阶级独裁"一个名辞在十九世纪中叶便已出现（Batsell-Soviet Rule in Russia），中国的革命三时期则早已为孙中山先生所立定。这两个革命程序均以"民主政治"为目的，与意德之倡导法西斯主义实大异其趣，绝不能同日而语。但是罗马的独裁，也可说是经典式的独裁，是接近于所谓"危机政府"的，比较苏俄与中国则甚远，比较意德则相去天壤。因为罗马的独裁有合法手续产生，有时间限制，"危机政府"亦由合法方法产生。虽无一定时间限制，为主的人民却可以有合法手续令其下台，苏俄与中国的一党专政是用革命方式产生，虽有一定目标，并是过渡时期，在位期间则由他们自己去定，人民没有合法方法令其结束。而意德则产生方法虽不一定带有武力威胁，在位期间则是永垂久远的，而非过渡时期的。

本着这种认识来观察今日中国的民主与独裁问题，如果我们不放弃孙中山先生的理想，仍然以宪政为革命最终的目标，民主与独裁问题便成了时间问题，迟早问题，因为民主是我们的最后阶段，而独裁则是过渡到民主的阶段而已。这种看法使得中国之提倡独裁者不能妄事仿效意德。但是这个时间迟早问题正是去年讨论宪政问题的焦点。胡适之先生主张现在便开放政权。因为他觉得现在最大的问题是收拾人心，而惟有开放政权，即走入国民党革命最后阶段才能收拾人心。罗隆基先生也认为开放政权可以收拾人心，提高行政效率[1]，但是有的别人却觉得现在中国实在不应实施宪政，钱端升先生说：

我们深信在此国难严重之中，维持党政府的系统为最方便的改良内政之道。[2]

我也曾说：

我的意思并不是说现在要开放政权，叫别的人组织别的党在国民党的卧榻之旁鼾睡。这是不可能的事实：在民主政治未曾确立以前没有主权者来裁判哪个政党应当执政，哪个政党应当下台，现在去玩民选的把戏是不会比民初或民二十高明多少的，事实上我们目今也找不到一班人能组织一个政党和那创造共和提倡三民主义的国民党抗衡的，勉强开放党禁只有重新开演民初党派合纵连横的怪剧。不消说这种意见是许多

---

[1]《独立评论》，一七一号。
[2]《对六中全会的期望》，《独立评论》，一六二号。

党员所赞同的。[1] 但是承认了现在不宜开放政权,或承认了开放政权并不能收拾人心,[2]并不主张训政永远不结束,宪政永不开始,那样便违反了革命的意义。换句话说,如果国民党果真走上意德式独裁的路途,永远训政,[3] 那便是越走越离革命的宗旨远,越走越离意德独裁近,党外人人的指摘批评,[4] 国民党便无法解答了。

但是坦然放弃过渡时期的独裁而公开倡议意德式独裁,虽然现在没有人做,从党的内部改组来树立"领袖制度"却是甚嚣尘上的。"由党产生党魁以宣布独裁"是许多人所"从来主张"的。人民评论旬刊便代表这一派思想。[5] 他们的观点可分消极与积极两部分:消极的他们反对现在开放政权,积极地呼吁拥护领袖,他们认为"党宜有党魁",亦即是主张恢复总理制的党组织。

他们说:

> 国民党十三年改组,有总理做党魁,力量集中。所以有后来革命的胜利,而联俄容共无不成功。

后来孙中山先生逝世,所以:

> 几年以来闹着精诚团结,随团随分,随结随散便是没有依政治主张做精诚团结的根据。所以政治活动必须以政治主张为枢纽,行动要集中而一贯:这便需要党的一个领袖做指挥。[6]

党失重心所以不能团结是有目共睹的事实。矫正这个弊病也是一切人的希望与要求。政党需要领袖也是一切政党相同的,无足诧异。民主政治下的政党又何尝不需要党魁?但中国目前实行党魁制却有困难。张季鸾先生说:

> 事实上,国家对外这样无力,而内部尚且有若干障碍之时,这种改革党制的主张,实际未必适宜。勉强进行,更增加国家的危险。恐怕得不到任何利益。[7]

上文提到程天放先生的独裁论,倡说以独裁来推翻割据。张季鸾先生正是忧虑不但独裁树立后不能推翻割据,割据的势力根本便不让独裁树立起来。我还有这一步的忧虑。我恐怕领袖要树立起来的时候,割据势力便诉起武力来,再演一次或数次中原的大战。赞成独裁者同反对独裁者的争执一定要用干戈来裁判。这是独裁(非罗马式

---

[1] 李朴生先生曾把许多讨论文字做了一个表格,《行政效率》,三卷三期。
[2] 见拙作《再论政制改革》,《独立评论》,一六六号。
[3] 如《中央日报》二十四年十月十日社评的立论。
[4] 如罗隆基先生的《训政应该结束了》,《独立评论》,一七一号,及拙作批评《中央日报》的《宪政问题与党政改革》,《独立评论》,一七五号。
[5] 见《人民评论》,第六十七,第六十八号合刊。
[6] 《人民评论》,十七号。
[7] 《国闻周报》,十二卷五期。

的）之特色。张先生的见解是有历史眼光的：前车之鉴实在太多了。

还有一层值得提出："领袖"，Il Duce, Der Fuebrer, 等等，不是拥护得上的，顾名思义，"领袖"便是领导者，他领导着人民向一定的目标前进。他要人民去拥护他。但他在先，人民在后。如果他要人拥他他才上前，他便不是领袖。这个平凡的认识很少人指陈出来，但是最值得"领袖独裁"论者深思熟虑。孙中山先生，希特拉，墨索里尼，等等都是领袖。但不是先有了同盟会及国民党才有孙先生，乃是先有了孙先生才有同盟会及革命党。

这种领袖独裁论代表一种不满意现行政府的态度。这种态度其实是极普遍的。在六中全会去年十一月一日开幕的前夕，政制改革的声浪响彻云霄。除了主张开放政权的论者和领袖独裁论者仍旧维持他们的主张外，在党治大前提下也有许多制度机构改革的具体建议。这种讨论比较专门，大约可分数个题目。

第一，中央政治会议的改革。中央政治会议是中国现在的最高指导机关，是政治发动的枢纽，是全国命脉之所寄。但组织之欠缺也是在架床叠屋的党政机关中最不合理的一个。按现行的中政会议是由全体中央执行委员及中央监察委员组织而成的。这样庞大的机关当然不运用灵敏：许多委员因有别种职务不能出席，有的委员永不在首都；今日一批来，明日一批来，全不接头连贯。最足惊人的是中央政治会议明明规定向中央执行委员会负责，但它是全体中央执行委员加上全体中央监察委员组织的。那是叫全体向其中一部分负责。叫中央执行委员会向中央执行委员会负责，又叫中央监察委员会向中央执行委员会负责。在政治制度中这是最离奇的组织。这种情形当然引起了批评。据说一位中委曾说：

> 任命者与被任命者，罢免者与被罢免者，呈请者与决定者，同坐一堂。有时任命者，即被任命者，罢免者即被罢免者，呈请者即决定者，换言之，治权之行使者，即政权集团中之一份子，正如审判一案件，由被告，原告，于察官合组一个审判所，自然难以判别其是非曲直了。[1]

另外一个人说：

> 现在的政治会委员，既包括全体中央委员，而中央委员在事实上则大半同时兼任中央政府的重要职务……事实上都是中央政治会议里的重要角色。这么一来，决议者，同时就是执行者；呈请者，同时就是决定者；甚至有时罢免者，同时就

---

[1] 《行政效率》，三卷三期。

是被罢免者。[1]

这个情形林先生说是权能不分。我进一步说它是"没有责任可言——自己是不能对自己负责的"。在政治机关说来，它已不合理；在实际运用起来，它更有莫大的流弊。钱端升先生举了中央政治会议不健全的四大原因，其中之一是上面说过的。

第二，出席者不能代表党的力量。蒋先生以及许多任封疆大吏的委员大都均不出席。第三，参加讨论及决议者即执行者，所以对于任何难事，缺乏勇气，更缺乏超然的见解……第四，中政会委员实际上太不平等，所以讨论的价值大大减少。院长部长都是委员，其直隶僚属往往也是委员。小委员又何能与大委员抗庭辩论！[2]

这个不合理的机关对于我们的内政外交，既发生了最不良的影响，提议改革的方案便多为过江之鲫。我们现在不必细细枚举。李朴生先生已经很仔细地把他们分析过。大别言之，约有下列数端：

（一）主张根本废止中政会议的，近不乏人。张佛泉先生，[3] 天津《大公报》记者，[4] "君衡"先生，[5] 林桂图先生 [6] 等等，都赞成取消。我们若果记得孙中山先生权能划分的学说，组织法五院各自对中央执行委员会负其责任的条文，那个三十六人组织的，简直无事做的，又不常开会的，解决院与院间不能解决的事项的国府委员会，这个建议便只有历史背景为反对的理由。然而钱端升先生却反对中政会议裁撤。他说：

> 我国非民治国家，自不能有议会，但我国也非独裁国家，所以不能不有一个评论的机关。如果一方面没有人独裁，一方面政府又可以不对任何机关时时刻刻的负责，则这个政府势必成为散漫，凌乱，认识不清，缺乏勇敢，而步骤不整的政府。当局者尽管日夜孜孜，有心做善，而其结果仍必不良。一定要有一个不依赖政府而存在的机关，时常去批评，讨论，策划，并决议一切，政府才有避免上述种种弊害的可能。[7]

（二）既不能裁撤，人数却无人不主张减少。人数之减少有至九人者，有至二十人者，有至中执委全体三分之一以下者，种种提议不一而足，但其主张减少则是大家一致的。

---

[1] 林桂国：《中国国民党的中央救治会议》，《国衡》，一卷十三期。
[2] 《独立评论》，一六二号。
[3] 《政治改造的途径》，《国闻周报》，十二卷卅四期。
[4] 二十四年八月二十三日社评。
[5] 当前的三个问题，《独立评论》，一六四号。
[6] 《国衡》，一卷十三期。
[7] 《中央政制的改善》，《华年》，四卷四十一期。

（三）人选的改善。现在中央政治会议出席者，除全体中央委员外，还有列席的候补中委以及特许列席的大员，其间"实际上几无分别"。有的人主张充实其内容，恢复前此"负党国重责官职在特任官以上"者的参加。有的并主张罗致专门家在内。但有人则认为它"总须由党产生，因为政府的服务人员固然可以不问有否党籍，但如这个最高统治机关亦不由党产生，则党治将无法维持"（钱端升先生）。

（四）委员能否兼任公职一个问题意见很分歧，钱端升先生的为"委员绝对不能兼任政府公职，因为如果能兼，则这个机关势力成为政府的应声虫，兼职的人愈多，则应声虫的成分越大"。但李朴生先生则主张："委员的人选，都要是担负政治，军事，党务最多最重责任的领袖。"因为：

一来他们有什么意见，直接在议席商量，而若干误会，也就可以在议席上因当面解释而减少；二来因都是担任实际职务，对于实际困难所在，曲折应付的苦衷，都彼此心领神会，不致唱高调；三来即使对某项问题有极大的反对主张，由领袖说来，总是有分寸。从容恳切，断不致如泼妇骂街，尖酸刻薄。

我以为有一个条件是他们一定要是驻在南京的官员才能做，离开那里便得辞，才是可靠的标准。

这些建议在去年十二月二日的五届一中全会中得到实行。该会通过修改中执委会组织大纲，把中政会议的名称恢复为政治委员会，并且废止了党务委员制而恢复正副主席制，委员限于中执监委，人数只十九至二十五人，但负党政军重责的中常会正副主席，国府主席，五院院长副院长，军事委员会委员长，均应出席。别的人物可受通知列席，这样改组后，政治委员会便可以符合许多人的希望了。

第二，五院之应否设立问题。五院制度之应否在训政时期设立，很成疑问。十七年改制之初，便有人怀疑到这个问题，论著甚多，[1] 据六年余的经验，这个五院制度实觉有不能和党治并行的理由。五权制度是分权制度，制衡制度，而党治则是集权制度，统一制度。如果分权制衡成功，必定败坏党的纪律；如果纪委雷厉风行，分权制衡便等同虚设。例如监察院的地位问题。如果该院遵守治权行使的规律，大肆纠弹，监委也是党员，并且不是最高领袖，纠弹领袖，揆之党纪岂非以下犯上？如果它废弛职务不敢举发高官，揆之法律，甚至要接受处分。[2] 这种例子很多，适足以征信五院制实不应在训政时期设立，亦足以说明要独裁便得放弃五权宪法。在独裁政治下，在一党

---

[1] 参看《孔宪辑》，《五院政府研究集》。
[2] 参看拙作《监察院与监察权》，清华大学《社会科学》，一卷一期；《公务员惩戒机关》，同上，二期。

专政下，而谈分权制衡，那是笑话之尤。职此原因，尤其是若干院现在简直感觉得有事不能做或无事可做敢做的苦闷，更改五院制实是应时之需。可惜讲独裁的人却没有提到此层遑论公开提倡废止五权制度。只有钱端升先生却一向主张"五院之制，在目前殊无意义。但此中有若干人的问题在内此时取消五院恐徒然引起纠纷，故不如维持。惟各院应力戒铺张；于执行职权之时，更应力求实在"。因人设官本是中国常有的事，设了官后再去裁撤，当是为人所绝对不许的。即在现在这样多官的局面之下，常时有不敷分配，粥少僧多之苦，何况再把堂堂大院废止？但这种极端矛盾的现状是值得讲改革者，尤其是领袖独裁论者，作深长考虑的。

第三，委员制的改善。五院制此时有因人设官之嫌，委员制更是。五院有若干院是无事做的，位置设（设，据文意补——编者注）了之后还不时怨声载道。委员制则是行政效率致命之伤。钱先生说：

> 国府委员会为赘疣机关，应行取消。如果取消，则中央年可节省一二百万。即碍于情面，不能不予若干人以位置，亦不妨在行政院及军事委员会之下，设置若干高等顾问，以资调剂。

李朴生先生并不主张将国府委员会取消：

> 国民政府委员会，因为不负政务的实际责任，像现在，其本身对于行政的恶影响是很少的，不过，我以为能够更显明地把国府委员做枢密院元勋一样，则现在的名额（三十六人）虽似多些，而果其人选都是对党国曾有伟大功劳的，在国家崇功报德，俾国民有所典型，实是不必太吝。但国家最高名器所在，亦不能稍有毛滥，似应规定一个最低资格……

除了国府委员会外，别的架床叠屋机关之多且乱，恐是举世无匹。前年中政会议曾组织了一个"行政法规整理委员会"，以"行政系统之厘定，机关相互职权之厘清"为目的。经多次开会审查各方提案，产生一部庞大无伦的报告书，但目的则丝毫没有达到。这里的问题也是人事问题，但这个人事问题却养成一种"最便于牵制，倾轧，诽谤，攘夺的工具"。从行政效率的眼光看来，这是最大的障碍。这曾主张国民党不必努力去团结而团结不成，或用产生机关的方法来谋表面上的团结，而公开地放弃"精诚团结"的美梦，承认党内有派，而使他们公开组成集团，在中执委员会前竞争组织政府。这个办法和行政效率最有关系，因为放弃了团结便能裁员减政，便能使法规整理委员会的宗旨彻底贯彻出来，便能废弃因人而设的架叠的，并行的，合而又分分而又合的委员会，[1] 在维持精诚团结主义下这是绝办不到的，虽则人事方面容许，也许能得一两点枝节的改善。这当然聊胜于无，行政效率研究会的工作因此是不可少的。

　　以上便是二十四年中政制改革的梗概。在这一年中这是论坛上一个讨论得很热烈的题目，有的已收到优良的结果（如政治委员会改组），有的已成明日黄花，有的则有待于日后的继续讨论。但这一段论辩是值得详记下来的，可惜限于篇幅，我只能粗枝大叶地描写，太专门的便只有割爱。我曾看过旧时不少的政制改革论文，近一年来的当然更为留心。我感觉到近一年的文字较往时的有一点很大的进步，值得大书特书。往时的文字，几乎千篇一律，谈政制理论，评论西洋各国制度的优劣得失，优点多的便主张中国仿行。他们的努力自然在我国政制变迁史上发生了很大势力：东西洋五花八门的制度都曾在我国实行过一个时期，但每试则必败。过去一年中的政制讨论中，除民主独裁问题有时要旁征博引西洋事实外，政制改革讨论则胥能本着中国本身的事实来做立论的根据。从此也许我们看出：（一）政论家近年实有长足的进步，（二）中国政治近年来比较安定的政局已使得我们有稍走上常轨的制度来做研究的资料。无论从哪方面看，这都是一桩最足欣忭的现象，尤使得这一年的论辩值得记载下来。

二十四，十二，十二，北平。

---

[1] 见《政治改革的必要》，《独立评论》，一六二号；《政制改革与行政效率》，《行政效率》，三卷四期。

民国二十年国民会议的选举 *

绪论

选举权

被选举权

办理选举的机关

投票

各省市选举实例

其它处的选举

国民党的选举

结论

一

中国国民党在十九年十一月十二日至十八日,召开第三届中央执行委员会第四次全体会议。这个会议通过了一个议案:"于民国二十年五月五日召集国民会议。"[1] 这个议案是主席团提出的,[2] 他们的提案全文如下:

---

* 原载《清华学报》,第十一卷第二期,1936 年 4 月。这篇文的材料许多是唐明伦君收集的,作者特在此向唐君表示谢意。关于法规的收集,我所见到的有立法院编译处的《中华民国法规汇编》;中国国民党中央执行委员会宣传部印的《国民会议宣言决议案宣传集》;国民会议选举总事务所编的《国民会议关系法规汇编》;中国国民党河北省常务整理委员会编的《国民会议文集》上卷;中国国民党浙江省执行委员会宣传部编的《国民会议丛刊之一》。后二种多是论文,法规不备。

[1] 《中央党务月刊》,第二十八期,中国国民党第三届中央执行委员会第四次全体会议专号,二十年十一月出版,页五五。

[2] 这个会议的主席团是胡汉民,蒋中正,于右任,戴传贤,丁惟汾五委员,见同上,页一○八。

此次讨逆之战,实为全国永久和平与真正统一之基础,亟当于军事结束之际,确定召集国民会议之时期,以副全国人民之期望。本党尊奉总理遗教,负民国建国之重任,民国人民应行使之政权,由本党代理而行使之,以期保育民国之健全发育,而不为专制余孽之所毒害。在训政开始之时,一切党国根本问题,应与国民共约,乃得齐一国民之心志,集中全国国民之能力,以立民有民治民享之基,而明本党执政时期之责任,此国民会议所以亟应召集也。

在前年首都奠定,五院制度成立之时,所以未即决定召集国民会议者,盖统一甫告成功,军阀割据之恶习尚未完全打破,深虑国民会议召集之际,不免有依恃兵力劫持选举,收买政客伪造民意者,转将引起纠纷,妨碍建设,故先从事于编遣会议,以从实际上消灭军阀,减轻国民负担。不意因此激起假革命真军阀之叛,中央亦不得已而兴师讨伐。然此战之后,军国既经扫除净尽,而一切政客官僚败类与夫恶化腐化份子皆无所凭藉,以为祸党乱国之工具。纪纲既振,风尚一新,思想已有统一之望,社会亦得安定之机,于是国民会议乃有召集之可能与必要。

且在此次战事中,逆军集全国各派反动势力之大成,而终不免于覆灭,则今解决不致再有军国敢于破坏统一与背叛党国;一切反动分子在实力上既失所凭依,亦无从再事其捣乱;故本党于此乃可遵照总理遗嘱,召集国民会议,集合全国国民之意志与能力,而建教我三民主义之中华民国。其颁布宪法日期前已规定训政纲领,[1] 宜再提请国民会议正式议决。兹特提议:请决定于民国二十年五月五日召集民国会议,其召集方法应请交常会赶速制定,由国民政府公布施行。谨此提醒,伏候公决。

这一个国民会议是极值得研究的。除了它本身的重要外,它的选举是很好的一次民选试验。自从民治主义的流风传布到中国以来,中国曾经有过三次的人民选举:第一次是清季末叶的各省咨议局选举,第二次是民国初年的国会选举,第三次便是这次国民会议选举。这三次民选的经验值得注意,因为中国有没有民治的希望的问题可以部分地从这三次选举得到解答。但是这个问题,据我所知,却未曾为研究政治者所注意。研究政治者似乎对于前两次的选举都很有微辞,但未能把真相暴露出来,故见解多未可据以为信。现在去研究这前两次的选举,当有极度困难。有关的材料大都有如车尘

---

[1]《训政纲领》六条,十七年十月三日通过,见《中华民国法规汇编》(以下简称《法规汇编》),立法院编辑处出版,第一编,页四四至四五。在《训政时期约法》中,内容大致与此相同,但字句则相去甚远。《约法》,第三章,第二十八至第三十二条。

已逝，无从搜得。至于民国二十年的选举，因为时期较近，尚能窥见其一二。但是材料依然是极端缺乏，除了办理选举当局发表的一些材料，唯有当时的报纸记载。而记载实际选举情形的则报纸居重要的地位。其中一个原因是这次办理选举一个最主要的机关是党部，而"党内刊物，对外秘密"是党部一切刊物的特色（除宣传品外）。由于这个困难，实际上能知道的情形是极有限的，而不一定可靠。本文之作，是因为这个问题——尤其在国民大会召集的前夕——的重要，它不过是初步的研究，或许可作进一步研究的基础。同时，国民会议所采用的是职业代表制。这个制度之是否能够运用自如当亦有观察考求的价值。这是本文的主要讨论问题。至于国民会议召集的原因与其开会的经过，其内部组织及其成绩，别处已有论评，[1] 兹不具论。

二

国民会议是民选的，但并不是纯粹民选的，虽则《国民会议组织法》第一条便说："国民会议由各省市之职业团体，中国国民党，及蒙古，西藏，海外华侨所选出之代表组织之。"[2] 除了这些民选的代表以外，有许多人是不必经民选而能去组成国民会议的，虽则组成的方法不同。第一类是不消民选便能"出席"国民会议的：他们是中国国民党中央执行委员会，中央监察委员会各委员，及国民政府委员。[3] 国民会议的代表名额是五百二十人，按法律这第一类应包含八十四人（第三届中央执行委员三十六人，第三届中央执行监察委员十二人，国民政府委员二十六人）。[4] 但是实际出席的则只有五十三人。[5] 他们都是党国要人，法规上亦予他们以特别的权利。[6] 第二类是能不由民选而"列席"的人，他们是：（一）候补中央执行委员及中央监察委员（第三届的前者二十四名，后者七名，两共三十一名）；（二）各院所属的部长和委员长（按二十年施行着的《行政院组织法》——十九年六月十日公布——共列部长十人，委员长五人，

---

[1] 例如，《国民会议宣言决议案宣传集》，中国国民党中央执行委员会宣传部印，二十年七月；《国民会议之理论与法规》，中国国民党北平特别市党务整理委员会印，二十年二月；芸生：《国民会议纪》，《国闻周报》，八卷，十八，十九，二十期。
[2] 《国民会议组织法》，《法规汇编》，第二编，页一〇五五。
[3] 同上，第二条。那时的国民政府委员包括五院院长副院长，参看陈之迈：《公务员惩戒机关》，《社会科学》，第一卷第二期，页三五八至三五九。
[4] 此处合计人数为七十四人，而非八十四人，原文如此。——编者注
[5] 《宣传集》，页三〇三至三〇四有一个名单。
[6] 他们的势力可由下列条文看出："主席团九人，其中七人由全体代表投票选出之，其余二人，由中国国民党推出中央委员一人，国民政府推出国民政府委员一人。"《国民会议议事规则》，第十五条，《法规汇编》，第二编，页一〇六二。

司法院有司法行政部长一人，监察院有审计部长一人，考试院有铨叙部长一人，共计十九人，[1]（三）主席团"特许列席"的人员，按官方名单共有七十人，因有二人未曾推举，只六十八人。他们除班禅外有八个西藏代表，共九人；萧兴阿等二十八个藏古代表；马鸿逵等十五个军队党部代表；李德庆等两个北宁铁路工会代表；刘文松等两个平汉铁路工会代表；李振和一个津浦铁路工会代表；喻维华等十个妇女团体代表，由天津，四川，河南，安徽，山东，南京，上海，北平，江西，湖北等十地推出；最后许世英因是赈务委员会委员长而特许列席。以上共六十八人，中华海员工业联合总会代表二人未选出。[2]

民选的代表总共五百二十名，由各省选出的四百五十名，各市选出的二十二名，蒙古选出的十二名，西藏选出的十名，华侨选出的二十六名。各省是按省份配名额的，最多的每省有三十名，最少的只有五名。[3]各市最多的是五名，最少的只一名。法规将国外的地方分为二十一处，最多的不过二名。我们试看这个标准是最粗糙不过的人口分布标准，因之各地方每一个选民的选举能力是不平均的。它偏袒于省而使市吃亏，偏袒于人口稀少的省份而令人口稠密的省份吃亏。

这次选举的基本原则是所谓职业代表制。这是遵奉孙中山先生的遗志的。孙先生以为"从前国会之所以没有用处，是由于根本上选举议员的方法太草率"，所以他主张"在国民会议召集以前，先召集一预备会议，决定国民会议之基础条件及召集日期选举方法等事"。这个预备会议，他主张以团体代表来组织，团体的代表是由各团体自己"派出"，"人数宜少"，其原因是"得迅速召集"。这些团体共有九种之多，它们是：（一）现代实业团体，（二）商会，（三）教育会，（四）大学，（五）各省学生联合会，（六）工会，（七）农会，（八）共同反对曹吴各军，（九）政党。这是预备会议的基础。至于正式国民会议，团体的基本与预备会议相同，但不是"派出"的而是"由各团体之团员直接选举"的，"人数当较预备会议为多"。全国的军队的选举应该采用"同一方法"，但是孙先生用的是"以列席于国民会议"，是否与"出席"不同，则不得而知。在会议以前，孙先生极力提倡自由，不特明明声言"保障各地方之团体及人民有选举之自由，有提出议案及宣传讨论之自由"，并且主张"所有各省的政治犯完全赦

---

[1] 此处合计人数为十八人，而并非十九人，原文如此。——编者注
[2] 《宣传集》，页三〇四。
[3] 《选举法》，第二条共列二十七者。《国民会议代表选举法施行法》（以下简称《施行法》），第三条补充，四川省的三十名中有二名是西康人，由西康各团体混合选举之；山东省的三十名中有一名由威海卫特区各团体混合选举之。

免"。他认为"国民之命运,在于国民之自决",故主张以绝对自由的选举方法来达到自决的目标。[1] 至于这九种团体,并不是一定若此的。它们是"现在已经有了的大团体,另外没有列入的团体,还是很多,譬如新闻界的团体,便没有列入"。他在上海对报界谈话时便说,如若报界有了完全的组织"当然可以参加会议"。[2] 又如华侨的团体,也没有列入,但是孙先生在日本对旅日华侨演说时又说:"为解决华侨在海外所受的种种压迫起见,华侨团体也应该要加入。"[3] 可见他所标举的九个团体并不是包括一切的。

根据于这个意志,这次选举便以五种职业团体为基础,它们是:农会,工会,商会及实业团体,教育会国立大学教育部立案之私立大学及自由职业团体,中国国民党。这些团体不特要在主管机关立案,并要经当地党部许可,方能选举。在二者之间,党部显然比较重要,因为如果一个团体,临时组织起来,仓促之间来不及去经过官应的立案手续,只要经党部指导而获得其许可,也可以特予通融,可以参加选举。[4] 从此看来,党部在规定选举权之有无一个问题上实具有无上的权威。同时,所谓职业团体的定义,除了上述者外,尚颇混淆不清,故须较详的解释。兹举数端说明之。例如《选举法》[5] 里所谓"实业团体",《选举法施行法》解释为(甲)其会员确以资本或技能从事于各种事业者,(乙)曾经主管机关立案者。[6] 它们怎样同商会区别出来呢?《商会法》规定,商会是以商店及属于各同业公会的公司行号为会员的。由此便发生两个问题。第一,同业公会和实业团体的分别。关于这个问题,选举总事务所解释谓,所谓实业团体是指直隶于商会之各同业公会以外的公会,如航业公会,渔业公会等等。[7] 第二,以前规定,凡经主管官应立案的,经党部许可的团体,它们的会员都有选举权,没有性别,年龄,财产的限制。但是上面说过,商会的会员并不是个人而是商店或属于同业公会的公司行号,如此,究竟以人抑以商店等等为单位呢?选举总事务所又解释谓:商会应以组织商会的工商同业公会会员及直接加入商会的商店主体人及店员代表为选举人。这便是说,商店,公司,行号里,不是全体人员都有选举权,只有他们

---

[1] 《北上宣言》,见《总理全集》,此书版本太多,未便指明页数。
[2] 《国民会议为解决中国内乱之法》,十三年十一月十九日,在上海莫利爱路二十九号。《总理全集》。
[3] 《中国内乱之因》,对东京,大阪,神户国民党欢迎会演说词,十三年十一月二十五日在神户东方饭店。《总理全集》。
[4] 法规里对此没有明文规定,这个是选举总事务所二十年三月十七日通电的解释,见国民会议总事务编:《国民会议法规汇编》,二十年三月,页二一四:"凡经党部指导许可,尚在呈请立案中之团体,得称为合法团体。"
[5] 第五条。
[6] 第五条。
[7] 《国民会议法规汇编》,页二一七。

的主体人及店员代表才有。这里所谓代表即是各商店，公司，行号出席商会的代表，按《工商同业公会法施行细则》第十条的规定，会员出席商会的代表，每一公司行号得推派一人至二人，以经理或主体人为限，而店员满十人以上，亦得互推一人为代表，最多可推三人。揆之上述的解释，商会里的选举人，就是这些经理或主体人及店员代表。[1] 这个解释后来在选举时发生了许多激烈的争执。在上海市及天津市的选举中，便发生了严重问题。上海市在选举的时候完全遵照中央的解释，不许店员去参加商会的选举。而店员原有职工会的组织，因商会法中店员是商业使用人，其性质与店东同是商人，无须另行组织，故店员职工会遂归消灭。但是按《同业公会法施行细则》规定："会员代表每一公司行号，得推派一人至二人，以经理或主体人为限；但其最近一年间，平均店员人数在十人以上者，得增派代表一人，由该公司行号之店员互推之"。按照这个规定，当然店员的代表力量极为渺小。中央后来把此项条文修正，成为："店员十人以上，由店员所增派之代表，可多至三人，主体人或经理方面所推之代表，仍为一人至二人。"这是增加店员代表的办法，但是以店东为中心的各同业公会代表百余人，反于二十年三月四日集议请求中央重行修正，店员的代表不得超过二人。这样成了店东和店员在同业公会内部的争执。[2] 天津的情形却恰相反。因为商会所制定的选举人名册，包括店员，与中央解释冲突，曾向市选举事务所质问，并通电全国各机关请求援助。待中央复电坚持原来的解释，商会方面竟主张放弃选举权利，但未能一致。[3] 这两种争执意见相反，有其特殊理由，[4] 但其标示问题的复杂则是明显。职业代表制的困难之又一例是"自由职业团体"究竟为何，施行法则谓指曾立案的新闻记者，律师，医师，会计师所组的团体。[5] 最后，妇女如是职业团体的会员，当能参加选举，但妇女有职业者不多，故以数字来计，妇女选举权定受到极大的限制。因此，在这次选举以前，各地的妇女团体，如天津，南京，广州等处的"妇女文化促进会"，"妇女会"，或"妇女协会"，纷纷向当地党部，或总事务所，要求允许妇女团体参加选举，或另加选妇女界代表参加国民会议。南京的妇女会，并且召开全国妇女代表大会，讨论"力争"方法。妇女的要求，党部及总事务所均未允许，后来其势汹汹，中央卒于允许妇女选举五个代表"列席"。各种团体在京开会，四月二十五日选出唐国桢等十人，为"列

---

[1] 《国民会议法规汇编》。该法见《中华民国现行法规大全》，商务，页八○五。
[2] 上海《申报》，二十年三月四日，及五日"上海市民对于国议应晓得的几点"。
[3] 天津《大公报》，二十年四月十七日，十八日，二十三日，二十四日。
[4] 理由是上海的代表名额有五名，每界选举一名，天津的名额只有三名，各界混合选举，前者只是对商会内部问题，后者则是对别界问题。
[5] 第八条。

席"国民会议的代表。[1] 以上三端说明在这次选举里所遇到的困难。

这次选举法规所制定的制度最足讨论的问题是：职业团体间怎样分配代表名额的问题。此问题可分两层：法律既然规定每省每市及各地的华侨都有一定的代表名额，由五种职业团体来选举，被选的亦是职业团体中人，若果法定的名额在五名以上，便发生分配这些名额于五种职业团体的问题；若果名额在五名以下，便发生这五种团体怎样选举的问题。《选举法》里规定各省的名额都在五名以上；各市的名额则只有上海是五名，其余均不足此数；各地华侨所分派的名额则绝无过五名者（最多二名）。所以第一个问题变成了各省及上海市的特殊问题。再看各省的名额，并不定是用五可以除开的数字：例如湖北二十九名，浙江二十四名，甘肃七名等等。故此若采平均分配，事实当不容许。加之，各省市的职业团体，因经济文化发展程度的参差，人数当相去悬殊，以其平均起来，若按人头计算，当亦不平。至若有的地方根本无一种职业团体，其代表的人数是否便因此放弃。凡此都是极棘手的问题，在西洋选举制度上曾发生了若干的争论。我们的立法者比西洋的占极大的便宜，他们能硬定一个标准，不容反对，即使反对亦不能生效。《国民会议选举法》施行法有一个附表，把名额分配给各种职业团体，这法律采的是平均分配原则，不问各种职业团体人数的多寡。但是上文所说，名额不是五的整数时，法规里便硬剥削些团体的额数，而被剥削的次序是按职业团体在法规中出见的先后为定的。国民党既出见于最后，国民党因此是最常被剥削的，而农会则是最占便宜的。[2] 除了此项情形而外，不足五人名额的地方，既无法分配，法规里便规定："各地方所应选出国民会议代表不满五名时由各团体混合选举之。"[3] 混合选举事实上当然等于把职业选举制度的精神丧失许多，因为各种职业团体没有各自的代表能够选出，而一种团体的人反而要选别种职业团体的人来代表他们。但此种办法究竟仍旧能够维持相当的职业代表精神，因为一方面人民取得选举权的资格依旧是他们在职业团体中的隶属，一方面当选的人却仍然是在职业团体中有湛深资格的人。

---

[1] 天津《大公报》，三月十七日。上海《申报》，三月十二日，四月二十六日。有崔璞珍者，在《大公报》三月二十二日号发表一文，主张国民会议应特许妇女团体参加，其理由有二：（一）实际上之问题：中国妇女虽然解放，解放之时期尚短，未能恢复其应有之体格脑力及精神，故一般妇女之智识及觉悟，妇女之力量，均远不如男子，于群众中不能表示出特殊之力量，若不特别规定妇女团体另选代表，恐无一妇女能于一般之职业团体中选出。（二）政纲上之规定：国民党政纲第十二条规定，"于法律上，经济上，教育上，社会上确认男女平等之原则，助进女权之发展"……根据上述政纲半之男女平等原则，妇女原应参加各职业团体之选举，然中国现在之妇女，尚无此能力，而有待乎"助进"。助进云者，即特别帮助之意也。在政纲上，对于妇女，既有特别帮助之规定，则国民会议中自亦可特许妇女团体选举代表参加。
[2] 《施行法》，附表一。
[3] 《施行法》，第四条。

同时，为补救职业团体组织不完全的地方，免得一种职业因无组织，从事于该项职业者便丧失了选举权，故法规授予选举总监督以裁决权，规定"各省市以外之地方，选举总监督认为必要时，得由各团体混合选举之"[1]。其实按名额的分配，省市以外的地方（除上海外各市亦同）均无五名以上的名额，其势固绝对不能不混合选举，所以此处所谓补救实质上却并未曾补救省市。统观这两个问题的答案，只是勉强迁就事实，在特别情形下不免有失职业代表的精神。以区区五百二十名名额分派到若许的地方去，当然更是事实上不能平均的。同时，我国幅员辽阔，交通梗塞，海外华侨选举又是国民党素所主张，若果合并为若干区来直接选举，自多未便。国民会议这次的试验使我们发现许多问题，足资日后办理选举者的借鉴。本文后面还有讨论。

三

以上略论选举权。现在稍论被选举权。关于这层，《选举法》第十三条的规定，当选人须从事于农业十年以上，从事于工，商，教育等事业，自由职业五年以上，现在尚未改业的为限。照这样的规定看来，当然年事较轻，或没有固定职业的人不能当选，其限制之严远在选举权之上。衡之于英美等国的故例，这适成相反的趋势。[2] 但是既然承认了职业代表的原则，这种限制亦未可厚非。又按《选举法》第八条的规定，有五种情形的人是没有被选举权的：（一）有反革命行为经判决确定或尚在通缉中者，（二）曾服公务而有贪污行为经判决确定者，（三）褫夺公权而尚未复权者，（四）有精神病或不良嗜好者，（五）曾隶属中国国民党被开除党籍或停止党权者。这两种关于被选举权的规定可以视为是积极的与消极的。只要一个人一方面具备各种法定的资格，而一方面又没有触犯哪些禁条，便能当选为代表。

除此以外，被选举权之取得，除党员外（下详），还有一种限制。他一定要是他的选举区里合法的选举人，并且是操他被选来代表的职业。易词言之，被选举人的名字一定要在选举人名总册里找得到，并且是被选来代表他所操的职业，如某甲被选来代表农会，他一定要是农会中的选举人。这个情形在混合选举时除外。在法规里我们找不到关于此点正面的规定，但在反面说来，则有规定，因为法规里认违反这两种情

---

[1] 《施行法》。
[2] 例如，英国，在选举权未曾充分扩充时，被选举权却限制甚少，Austen Chamberlain 幼时因在家随父居，不能选举，但被选为议员。关于此层可看 Seymour and Frary, How the World Votes, 2 vols。

形的选举票为废票。从这个反面的说法,我们看出其精义是充分地表现职业代表的精神。这里没有县籍,年龄,财产,等等的限制,一律根据于被选举人所隶属的职业团体为被选举权取得的标准。[1]

一种代表制度的精神与实质,须从选举权与被选举权两方面来研究,方能见其真谛,但是从外国的选举制度来看,时常只注重于选举权而忽略了被选举权。例如英国号称地域代表制,除少数例外,胥依地域为选举单位,但是被选的人,即政党推举出来的候选人,并不一定是且往往不是那个选举区里的本地人。英国人对于这个办法是极自诩的。许多别国人亦备极推崇。然而这便不能称是真正的地域代表制,地域之划分徒为办理选举之便利,当选者固无须代表该地也。英制不能与美国的制度同日而语,因为法律虽乏明文,美国的候选人是非为选区中的居民不可的。

公务人员之能否参加选举及能否被选举是选举制度中一个难题目,在外国曾有过悠久的历史背景,当为熟稔英国制度者所习知。晚近的趋势是与往时的成见相反的,即公务员亦能参与选举与被选。此项趋势背后的原因是国会的演变使得其地位非复立于与政府对抗对峙的局势。欧战后新兴国家胥采用这种见解,其最彻底的当推捷克的新宪法。国民会议选举之初,各地办理选举机关便纷纷请示中央,因为法律在这一点上不曾明文规定。选举总事务所解释谓:现任公务人员,其被选举权,无明文限制;如具有各种积极资格之一而没有触犯各种的禁条,当然能够当选为代表,但当选确定后,在会议期间,应行停职;至选举权,根据于上述理由,自亦不受限制。[2]国民会议此次召集之目的不但不是与政府对抗,并且是以和政府合作为鹄的,实现和平统一的,公务员之应能参加选举及被选,当是合理的规定。同时,这次国民会议期间法定为十日至十五日,时期甚短,开会后便即解散,自无大妨于公务员的职务,故此项规定自亦合理。[3]所能发生疑问的只是个公务员既不是一种职业,法律上亦不许其同时兼营许多种职业,[4]故纵然令其参加选举并享有当选之权,事实上除党以外他们亦甚少希望耳。这层关系当然又是职业代表制度的实际问题,和上文所提到的妇女选权问题,表面虽异,实质却是相同的。

---

[1] 《施行法》,第二十条。选举总事务所解释:"除混合选举外,被选举人所操职业应以同属于该团体选举人之界为限。"《国民会议关系法规汇编》,页二一八。"被选举人不限县籍","不限年龄",同上,页二一六,二一七。
[2] 《国民会议关系法规汇编》,页二一八。
[3] 《组织法》,第八条。上海市党部的候选人潘公展,经党部指定后,表示逊谢,其理由是他那时任上海市政府职,当选后须经过停职手续,且时值五月,向来多事,劳资问题,尤易发生纠纷,不愿离职。《申报》,四月十八日。
[4] 例如,"官吏无论直接或间接,均不得兼营商业,或公债交易所等一切投机事业"。《官吏服务规程》,第十条,《法规汇编》,第三编,页一。

四

办理选举的机关是一次选举中最重要的分子。政府或当政政党有无方法来操纵把持选举胥视办理选举的机关如何组织，是公正抑受政府或当政政党的控制。在民主潮流澎湃之际，民主势力往往指摘政府操纵选举，即英文所谓 Make the elections。法国在一八三〇年复辟后，曾制定法律规定缴纳一定数目以上税捐的人民都有选举权。政府为不使许多有资格选举的人去参加，便豁免他们所应缴纳的税捐，如此令其失却选民的资格。这便是政府操纵选举的一个有趣的例子。至今法国的选举还有被政府操纵之讥。因此办理选举的机关是规定政府能否操纵左右选举的主要因素。在议会与政府两者立于对抗的情形之下，此问题当然是最严重的：人民往往因政府只愿拥护它的人民参加选举或当选而指摘攻击政府，甚而演出革命——法国一八四八年的革命；俄帝国自由主义势力对于后来的议会（Duma）不满；我国人民对于所谓"贿选议会"，善后会议的攻击，都是例子。在中国的情形下，国民会议不愿是和政府对抗的而应是和政府合作来谋和平统一的，但问题仍是重要，因为如果这些与政府合作的势力并不代表人民，则它们纵与政府融洽，对于团结人心，仍然无补。据此而观，国民会议虽与外国议会性质截然互异，办理选举的机关则是同等重要的。

按法规的规定，国民会议的选举，除少数例外，[1] 是由政府去办理的，而给予人民以相当监督的能力。此次的办理选举官吏有总监督及监督两种。在各省的总监督是省政府的民政厅长；在各市及各县的监督则是市长及县长；在蒙古及西藏，总监督是蒙藏委员会，但监督则由此委员会就该地方高级长官派充；在海外则以侨务委员会为总监督。并没有其它的监督。[2] 这些总监督的职权是很大的：《选举法》第十一条规定："各选举团体之资格由各该选举总监督审定之。"[3] 他们令选举监督通告各职业团体报告这些团体的状况，汇呈来"审定其团体及会员之选举资格"。[4] 在蒙古及西藏，事前得调查合法组织的职业团体。如果时届选举而调查未竣，得由侨居首都的蒙藏人"分别组

---

[1] 例外是党部，在此时与政府正是一式。
[2] 《选举法》，第九条。这些官吏国府于二十年二月十一日命令派充，《国民政府公报》，二十年二月十六日。
[3] 《施行法》，第七条：各地方选举监督，须定期通告该地方各团体，依限造具记载左列各款事项之册籍，呈报审核：（一）组织章程，设立程序及经过；（二）立案机关及立案年月日；（三）职员及其略历；（四）会员姓名，年龄，籍贯，住所，及其从事于该界职业之年限；（五）会员有同时为其他团体之会员时，其他团体之名称，及依……《选举法》第十五条之规定，该会员所选定之团体。
[4] 《施行法》，第八条，第九条关于各大学，选举监督审核其造具的现在教职员及本科学生名册。

织团体，呈经选举总监督核定，就近选举之"。[1] 在海外的华侨，总监督得委托各地的党部，阅书报社，中华会馆或中华公所等去调查，由总监督去核定。[2] 由此看来，何人能够参加选举，何人不能，选举总监督是最有势力左右的。[3] 现在各省的民政厅长，蒙藏委员会，侨务委员会既都是中央政府任命的官吏，规定选举资格者当是中央政府无疑。然而事实却非如此绝对：人民能够有相当的能力来监督选举册籍的制造。选举总监督在册籍制定之后将其公告，如有人发现错误遗漏，可以取具凭证呈请选举监督转请选举总监督核定。但是只限于核定。如果总监督的核定人民仍认为不满意时，人民并没有方法来使他们的意志贯彻。因此总监督在此是无上的权威，对于他们的核定，无法可以抗议。[4] 不消说这是不甚妥实的保障。

除了选举总监督及选举监督外，办理选举另外还有一套机关：选举总事务所及选举事务所。这是很特别的组织，因为《选举法》及《选举法施行法》里都没有提到这些机关，只是中常会通过由国府公布的两种条例：《国民会议选举总事务所组织条例》与《国民会议代表选举各省市事务所组织条例》。[5] 总事务所的存在是有绝对必要的，因为选举总监督及监督等等，或是驻在各省市的，或是驻在首都但只管一部分事体的，没有一个中央的总机关来办理。在西洋各国办理选举例无特设的总机关：在法国则是由内政部兼管。中国的情形稍有不同，故国民政府在二十年一月二十三日第七次会议议决筹设国民会议选举总事务所，其后特派戴传贤为主任，孙科为副主任，陈立夫为总干事，陈石珍，孙本文等为参事，这个机关在一月十七日开始办公，启用关防，但到了三月二日才举行宣誓就职典礼。[6] 这个机关是直隶国民政府的，如此它的权威自较内政部为高。内政部可以命令各省的民政厅长，但直隶行政院的各市市长则不能，蒙藏及侨务两委员会则是平等的机关。有此原因，至少在法理上总事务所能比较内政部呼应得灵些，仿效法国的成例便有许多桎梏。总事务所的职务共有三项，关于选

---

[1] 《施行法》，第十条。
[2] 同上，第十一条。
[3] 按法规他们的权力尚有许多，例如关于舞弊，总监督如经选举人声请，便得侦察，规定应否起诉。《选举法》第十七条。他们能替隶属两个职业团体的选举人择一团体参加（《施行法》，第十二条）；选举人名籍如有错误遗漏，经呈请后，在五日内核定（第十四条）；在混合选举时定用记名连记或"限制记名连记法"（第十七条）；定期举行选举（第二十二条）；指定选举场所（第二十三条）；委任投票管理员，开票管理员（第二十四条）；调解监察员与管理员意见冲突（第二十七条）；会同开票员认定废票（第三十六条）。遇有特别情形得变更选举日期或场所（第三十四条）。按照省市事务所的组织条例，他们"综理各该选举事务所事务，指挥监督所属职员，各县选举监督，及各团体办理选举事务人员"，《国民会议代表选举各省市事务所组织条例》，《法规汇编》，第二编，页一〇八五。
[4] 《施行法》，第十三，十四条。
[5] 均载《法规汇编》，第二编，页一〇八四至一〇八六。
[6] 见《国民政府公报》，各期转载于《宣传集》"大事志"。

举者二：（一）关于国民会议代表选举法规之解释事项，（二）关于国民会议代表选举程序之指导监督事项。[1]法规的解释本文常有征引，当可见其职务之一般性质。至于指导监督，这个机关无异是选举监督的监督，其职权当极重要。此项重要的职权，除了直接派员到各地去行使外，[2]便是指导监督各省市的国民会议代表选举事务所。[3]这些机关之设立是辅助各选举总监督及监督的，所以它们的主脑人物（法规里没有名称）都是这些总监督及监督。[4]这些各省市的事务所，自组织条例在一月二十一日公布后，便次第成立。最初是江西，山西，河北三省的及汉口市的，它们在二十三日便组织起来。最迟的是北平市。要到四月六日才成立。[5]这些办理选举机关，经成立后，选举事务的办理便积极地进行。

除了这两种办理选举的机关外，尚有三种职员是值得稍加分析的。第一种是投票管理员，由选举监督委任，职司维持投票秩序，掌投票纸，投票区，投票簿，及选举人名册，及其它被监督委任的事项。[6]第二种是开票管理员，亦由选举监督委任，职司保持开票秩序，清算投票数目，及被选举人得票计算，检查投票纸真伪及决定投票之是否合法，保存选举票，及其它事项。[7]这两种职员，既为监督所委任，当受其指挥。第三种是理论上最重要的，即选举监察员，"监视投票管理员，开票管理员办理投票开票事宜"[8]。在理论上他们应是代表人民来节制政府的人员的，对于政府能否操纵选举有极大的关系。但是我们的法规，却只规定其存在及职务，用"依各团体之组织，以其具有代表该团体资格者充之"的空泛原则来厘定其性质，并不规定其产生的方法。后来总事务所解释为"由各地方选举监督依法派充之，其名额无定"。又谓所谓资格"系指对外有代表权者而言，为各团体之会长，常务理事，常务委员主席等是"。[9]

综观上述三类办理选举的机关的性质，我们实不能否认，在此次办理选举中，中央政府实具有绝大的操纵能力。这并不是说中央政府实际上曾经操纵，只是从法规所规定的机关看来，政府在其中实具有无上的权威。法规上所规定人民相当的节制能力，

---

[1]《总事务所组织条例》，第一条。按《施行法》第五十四条："国民会议代表选举法及其施行法之最高解释权属于国民政府"。总事务所既直隶于国民政府，故能解释此二法。
[2] 总事务所"因调查全国各选举区办理选举情形之必要，呈请国民政府选派视察员"，《组织条例》，第六条；"总事务所于必要时，得派员赴各省市事务所指导之"，《省事务所组织条例》，第二条。
[3]《省市事务所组织条例》，第一条。
[4] 同上，第六条。
[5]《宣传集》，总理选举的日志，页三〇五至三一九。
[6]《施行法》，第二十五条。
[7] 同上，第二十六条。
[8] 同上，第二十七条。
[9]《选举法》，第十条，又见《施行法》，第二十七条。

实嫌其过于空泛及微小。国民会议的召集为的是收拾统一人心，采用这样的方法，识者便不屑取，因为无论有权操纵者如何避免操纵，如何公允，究竟不如把操纵的机会减小至最低限度，可以获得人民的信任。

以上所述所论，不包括党部的选举，因为党员在这次选举中，俨然居特殊地位，有《中国国民党出席国民会议代表选举施行程序》[1]来规定其特别的办法，其办理选举的机关亦与别的截然不同，当于后节论述之。

五

自国民政府任命各省市的选举总监督及选举监督后，各省市的选举事务所亦次第成立。其第一步工作便是制造选举人的总名册。他们先通令各县监督，会同当地党部，依照《修正人民组织方案》及《党部指导人民团体办法》，改组各种团体，以为选举的基础。此项团体均先制定会员名册，由县监督汇呈省事务所备其审查。经审查后，便制成该省各种职业团体选举人名总册，并各县之各界选举人名册，连同选举票，分发各县公告。[2] 在选举监督通告指定的日期，举行选举。[3] 青海省是最早举行选举的，其代表李蔼等五人在三月二十六日便已选出，最后选出的是浙江省与安徽省，到五月三日，即会议开幕前两日，方行选出。[4]

此次选举采用的是记名投票制。[5] 换言之，这是公开的而不是秘密的选举。熟悉西方各国选举史的便知这是一个争执得极热烈的问题，大致讲来，民主政治比较幼稚的国家多用公开制，民主政治比较发达的则多用秘密制。[6] 如果这个观察可靠，那么中国的选择是无疑的。不过我们却不能不承认，公开制当然易于受操纵，避免操纵是秘密制一个好处，因此秘密制似乎易于训练人民行使选举权。此次的选举，中央政府既在多方能够左右选举，公开制便相形不甚重要了。

至于投票的方法，除因职业团体个别选举与混合选举一项上文已提到外，还有一种特别的制度是"记名限制连记法"，各地的选举监督在混合选举时得应用之。[7] 这是

---

[1] 《法规汇编》，第二编，页一〇八二至一〇八四。
[2] 详细的程序均经法规规定，见《施行法》，第七条至第十一条，第十三等条。
[3] 《施行法》，第二十条。
[4] 其详见《宣传集》，总理选举的日志，页三〇五至三一九。
[5] 《施行法》，第十六条。附表二（一）有选举票的式样。
[6] 最近苏俄便曾由公开更为秘密制。
[7] 《施行法》，第十七条。

英文所谓 Limited Vote，为粗糙的比例选举方法之一。其方法是令选举人在票上连记人名的数目较应选的名额为少，例如天津市曾用此法，在天津市应出的三个代表之中，选举人只能选举二人。[1] 这样在计算时便能得到比较上成些比例的结果，虽则人数如此之少（限于混合选举之地故至多四人）不易见到实效而已。然而这个办法是相当有意义的，本文结论上还要讨论。

此次选举后开票，采用比较多数制而非绝对多数制。每一种团体或地方有一定的名额，以票数最多者为当选，依次排列，至满额为止。[2] 故除了舞弊情形外，不必举行再选举。[3] 在选举结果计算清楚后，即公告并通知当选人。当选人在接到是项通知后，须于十日以内以书面表示愿否应选。如果他逾期不作答复，不是作为默认首肯，而是表示不愿应选。如此事务所便以次多数递补。[4] 此种办法是离奇的，用意我们不知。但是从长考虑后，似弊多利少，因既不合民选精神，更开反对者威胁的机会。

六

我们为明了此次选举的实况，最好择些材料比较充足的实例来说明。第一，我们以江苏为例。江苏民政厅长胡朴安，自奉命为该省选举总监督后，即委派镇江等六十一县县长为选举监督，组织选举事务所，并致函教育，建设，农矿各厅及高等法院，调查各种职业团体立案情形，填表审核。胡氏为急速办理此次的选举，特规定一种日程，按照进行。[5] 江苏省的农教团体，组织欠缺，故当局只得给以相当时日，而先举行工商团体及实业团体的选举，其次再举行农教团体的选举。工商及实业团体的册籍，因早有组织，故均能按时送到审核，编制选民册，分由各县派员领取。但是启东，赣榆，宿迁三县，因邮寄延迟，不及加入选民册中，竟使此三县的工商实业团体不能参加选举。这样剥削数县的选举权是不应该的。各县工商业及实业团体的选举人，自数十名至数百名，最多亦不过一千名。他们在四月九日至十一日举行选举。商界竟

---

[1] 天津《大公报》，二十年四月二十五日。
[2] 《施行法》，第四十条。
[3] 《选举法》，第二十条："各地方各团体办理选举人员，有舞弊情事，经判决确定者，其选举无效。"同法第二十一条："前条无效之选举，倘无影响于该界当选人之得票计算，又并无影响于该界最接近当选人之落选者之得票计算时，该选举无效之团体，毋须再选举。前项事实由选举监督审定之。如认为有再选举之必要时，得通知该团体再选举。"天津华新工厂工人曾要求天津市事务所举行再选举，但遭驳回。见天津《大公报》，二十年四月二十七日，二十九日。
[4] 《施行法》，第四十五条。
[5] 上海《申报》，二十年三月二日，载有此日程。选举总事务所也制定了一个"各地筹备选举草案"，共分六十五日，通电各地参考。《国民会议关系法规汇编》，页二一〇至二一二。

选人中，镇江的于小川，所得之票多出于苏州，太仓，吴江，无锡，嘉定，南通等县，总共得七三八三票，为最多。农会，教育会，大学，及自由职业团体，在江苏颇不健全。农会经省党部的核准，得就已成立的乡农会出席区农会的代表名册造送选举人名册，教育会也得就已成立的区教育会会员名册造送。是项名册经审查合格编入选民册者计农会一四三六九人，教育会一八一四五人，大学九八八人，新闻记者四三五人，律师七五七人，医师一四〇人。全省无农会者，仅太仓，金山，嘉定三县；无教育会者仅丹阳一县；有大学者仅无锡，南通，吴县；有新闻记者会者有镇江，六合，江都等十县；有律师团体者仅镇江，上海，无锡三县；有医师团体者为镇江等五县；至于会计师，工程师则无一县有他们的组织。各县均在四月二十日至二十二日举行选举。在农会方面有十数人竞争，其活动力大者，能得十数县选举人的推选；教育会等有八九人竞选，得票亦有来自十余县的。有两个候选人是党员，先加入党的选举，失败后再加入到教育会去竞争，果然胜利。[1]

河北省的人民团体，多缺乏合法的组织，皆须临时改组或组织。省事务所虽然极力督促，迄无成效，因此改变方针，准许人民团体，分批呈报，凡成立一团体而将名册呈报到省者，即准其选举代表六人，多成立一种团体，即多加六人。呈报定于四月八日截止，至期收到一百十八县的团体名册。到期而尚未呈报的便作弃权论。计成立农会者一〇九县，会员四〇六四三五人；成立商会者一一五处，会员一六三五一人；成立教育会者一〇八县，会员二二三九〇人；成立渔业公会者二处，会员二四五人；成立自由职业团体者二处，会员七一人。这样合计起来，选民总数竟达四十余万人之多。除了党部不计外，选出了二十四个代表。农会的代表得的票数最多，每人平均代表一九一二八七个选举人，最多的毛丕恩得票多至二二八一二六票。[2]

各市的代表除上海市外，都不足五人，故均混合选举，一切手续自然便捷。各市选民以工会会员占多数，农会会员最少，或根本无农会的组织，与各省迥乎不同。我们试以南京，上海，天津三市为例。南京的市事务所成立后，也颁布了一种选举日程，规定于四月十八日选举。[3]南京有中央，金陵两个大学，及中央政治学校，教职员学生共有三千余人；此外有一百六十多个团体，会员共总有四〇三九四人，加上党部的五〇〇一人，便近五万的数目。[4]南京是混合选举，竞选的方法与各省不同。国民党

---

[1] 这一段记载根据上海《申报》，四月八日至十二日江苏各县工会商会之选举报告及天津《大公报》，四月二十日至二十三日，江苏各县农教团体选举报告。
[2] 天津《大公报》，三月十四日至五月二日有逐日详细记载。
[3] 上海《申报》，三月一日。
[4] 上海《申报》，四月十八日。

党部提出市执委洪陆东，黄仲翔二人为候选人；中央大学组织了一个国议讨论会，提出教授谢冠生为候选人；金陵大学提出校长陈裕光为候选人，而张乃燕，罗家伦亦曾被提出；各同业公会则提出市商会筹备委员苏民生等数人为候选人。自由职业团体因人数较少，无竞选力量，只有依附在别种团体之上而已。[1] 这些候选人，因为不但要取得他们本团体的选票，并要取得别种团体的选票，故竞争比较热烈。譬如在选举之前便曾组织一个政治评论社，刊行周刊，发表种种的言论。等到结果发表，黄仲翔，洪陆东，杜哲庵三人当选，政治评论社所推举的"学者"候选人竟全落选。南京有人撰文一篇，颇有弦外之音。他说：[2]

> 一部分的选民，认识了学者对于国民会议的重要，公然推出几位学者为候选人，这是值得我们庆幸的事；但选举结果，皆归失败。这不是首都选民之缺乏政治常识，更不是首都选民轻视学者的价值，尤其不是学者的宣传不力，的确仅有他们公开尽了正当运动的能事。首都国议竞选中，学者的失败，原来是个不解之谜！

上海因有名额五人，故是分职业选举的。此次参加的团体，计有农会七，会员三一五六二人；工会四八，会员三四一七九人；商会一，会员三八八人；教育会，大学，自由职业团体二三，会员一一六四人，合计团体共七十九个，选举人六七二九三人。上海是全国最大的都市，而选举人竟如是之少，有数种原因：第一，因工会要经过改组，故名册都未能造齐；第二，农教两会根本便无组织，仓促成立，会员不多；第三，自由职业团体以组织未备，多未能参加；第四，商店的店员，因为格于法律，没有选举权，只有商店出席商会的代表才能选举，故人数大减。市事务所定四月十七日为投票之第一日，共合四日，每日一界选举。据出席投票人数而看，农会最为踊跃，而教育会的放弃权利者最多。选举的结果，农界陈管生以一七九六票当选；工界后大椿以一四四四二票当选；商界王延松以一六九票当选，教育界胡庶华以二六五三票当选。我们看这些人所得的票数相差极远，以最少和最多的比较竟有一与八十五之比！[3] 在上海选举中有一事值得叙述。工会领袖胡寿祺，陈培德，后大椿等曾发起国民会议上海市工界提案研究会，提议修改工会法，工厂法，劳资争议处理法，及建议政府设立劳工部，注意劳工教育，劳工保险，救济失业工人诸端。商会也有同样的组织，提出议案或意见，交代表向国民会议提出。[4] 这种现象为各地所仅有，对于民主政治的

---

[1] 上海《申报》，四月十五日，十七日。
[2] 刘曼也：《首都竞选中的学者》，天津《大公报》，四月二十七日。
[3] 以上据上海《申报》在选举期中逐日的记载。
[4] 上海《申报》，四月八日。

培养实为有意义的先例。

天津市的名额只有三人，因为一向便没有农会的组织，故由其它四界混合选举。各团体须要改组，至四月十一日选举人名册便已公告。计有团体九十四个，共选举人六万八千余人，其中商界便占四万有奇。但是到了选举的时候，参加只有二九二一五人，还不到总额的一半，其中工人占百分之八十六而强。迨选举结束后，正式的票数则只有一七三〇三张，可见废票竟在万张以上。这次天津市的选举，采用了"记名限制连记法"：天津市本应选举三人，但每人只准选举二人，盖带有团体间的比例选举意味。天津市的选举，在初颇见沉寂，但是后来因为种种争执，竞选便形活跃。争执之一是商会店员的选权问题，上文业已叙述。其二是关于党部的。原来党部早经表示，各团体应提出候选人，但人数应以团体的力量为准衡。党部虽能推举候选人，但因"不愿夺取国民党选之机会"，仅推刘不同一人为候选人。不幸天津市竟在选举之前发生一种谣言，谓商会接到通知单一种，指定三人令其选举，人选则为党部所授意。这个谣传，颇引起一部分的反感，到党部布告辟谣后方始平息。[1] 争执之三是华新工厂的工人，因为据说有人用暴力坚持选票，令指定的数十人往返投票，引起别的工人反抗，向选举监督请求将选举票作废，并举行补选。经党局拒绝后方始平息。[2] 这三种争执增加了天津市的兴趣，也许对于票匦运用是一种有益的经验。

七

蒙古及西藏的选举是极困难的。所谓蒙古事实上只指内蒙，但内蒙亦早经逐渐划入热河，察哈尔，绥远三省，不过在各省区内，除置县属省之区域以外，以前蒙古各盟旗，仍旧存在，事实上与新疆，青海的蒙民，同属蒙藏委员会的统辖，因此所谓选举，实是上述五省内各盟旗的选举，但和各省的代表选举，各不相混，蒙古的盟旗既然全无职业团体的组织，蒙藏委员会遂改订办法，以盟旗为选举单位。[3] 蒙古的代表，为十二名，原定为八大盟部各选一人，伊克昭，阿拉善，归化土默特，额济纳四大特别旗，共选二人；新疆蒙民二十三旗，共选一人；青海布特哈二十九旗，共选一人。后来又改变为每盟部各选三人，每特别旗各选一人，到京后再互选十二人为代表。但这

---

[1] 天津《大公报》，四月十六日，社评。
[2] 同上，四月二十七日，二十九日。
[3] 《选举法》，第七条："蒙古，西藏选举国民会议代表之团体另定之"。《施行法》第十条仍然希望由团体选举，但有变通的办法。

个办法未得中央批准，故仍用前法，由各盟旗直接选出。[1]至于西藏蒙藏委员会援用"由该地方人民侨居首都者就近选举"的变通办法，致电达赖征得同意，他并派其驻京代表协同办理。[2]从这两个地方看来，这次的选举，不但是未能实施职业代表制，并且是非常有背于选举精神的了。因为这个缺憾，故中央"特许列席"的代表之半都是蒙藏的代表。

华侨所在地，星棋罗布全球，办理选举，自多困难。[3]其中最困难的共有两种：第一，缺乏直接办理的机关；第二，职业团体的调查不易。关于第一种困难，侨务委员会曾指定各种的代理机关，其中最大部分是国民党的总支部，直属支部，及支部，只有新嘉坡一处是同德书报社。因为这两个困难及别项原因，出席国民会议的华侨只有十七人（法定二十六人），他们所代表的地方只十五个（法定二十一个）。[4]这次华侨的选举，有两事发生困难：第一，按法规台湾的华侨无代表名额，该地中华会馆曾请求增添而被拒绝；第二，新嘉坡的选举被当地政府阻挠，曾电侨务委员会呼吁。侨务委员会一面电复，令其秘密进行，不可登报，并令该地总商会帮助；一面请外交部设法交涉，但该地的代表仍然按期选出，未发生阻碍。[5]

八

以上未述及国民党的选举，按国民党在这次选举中，俨然居于特殊的地位，[6]虽则它也列为五种职业团体之一。它的选举有特别的法律：《中国国民党出席国民会议代表选举施行程序》。[7]国民党党员，同别的职业团体的会员一式，每人有一票选举权。在职业团体里，如果一人而隶属于两种职业团体，在造具名册时便得择定其中之一。但国民党员如果除了党属以外，还隶属于职业团体，他们有无选权呢？易词言之，一人一票的原则，在党员是否应用呢？关于此点，法规里完全缄默。按总事务所的解释，法规里一人一票的原则，只应用于农工商教四界，国民党党员不必受其约束。[8]这便

---

[1] 见天津《大公报》，三月一日；上海《申报》，四月二日，二十二日，二十五日。
[2] 上海《申报》，三月十五日。
[3] 华侨的投票是以通讯办理，《施行法》，第十八条。
[4] 《中央侨务月刊》，第九期。
[5] 同上。
[6] 《选举法》，第十四条："中国国民党国民会议代表之选举由中央党部另定之"；《施行法》，第五十二条："中国国民党之选举，其施行程序，由中央党部另定之。"
[7] 《法规汇编》，第二编，页一○八二至一○八四。
[8] 中央总事务所解释电，天津《大公报》，三月二十六日。党部的秘密可以由这件事得到一例。这个解释电并未曾载入上面征引甚多的《国民会议关系法规汇编》里！

是说，一个隶属于党的职业团体会员便可以有两票的权利，虽则票数不能超过两票。一个两票的优越权利因此是国民党员所享有的，别界的人不能有此。这个英文所谓Plural Voting 是国民党员的特权之一。但是在混合选举的情形之下，这个特权便不能享受。例如在天津市，党员便只有一票，如果党员隶属于别种职业团体，在党部便不能再行投票。至于被选举权，他们的法规规定，当选为一省一市的代表并不须是各该省市党部的党员。《程序》里说："各省市代表之被选举权不以具有各该省市党籍者为限"。[1] 按职业团体的被选举人是必须为当地的选举人的，前已言之。现在党部的候选人却不必是当地党部的党员，显然与别的团体的被选人不同，此为党员的特权之二。

党员的选举，完全由党部直接办理，由区分部召集党员大会，以"记名连记法"举行投票。因举行投票所召集的党员大会，不受法定人数的限制。党员选举权的审查则由各地高级党部办理之。[2] 此上所述，证明党员的选举，是不受中央政府的办理选举机关统辖的。虽则我们深知在那时这个区别是很小的，但法规的精神却令我们列之为党员特权之三。除此以外，党部是审定职业团体资格的重要机关，在海外华侨选举时，党支部除一例外是办理选举的机关。有此五端，我们便了然国民党在这次选举里的特殊地位。

党部候选人的提出是有法规规定的。其原则是候选人由中央提出，由党员去用"记名连记法"直接选举。但是候选人的提出虽为中央所包办，选举人却只消选举这些候选人的半数或过半数（即各省各市应得代表总名额之半数或过半数），其余的一半或一小半"由选举人自由选举之"。[3] 在这个复杂的情形之下，中央指定的当然容易当选；若在只有一个名额的情形下，则党员舍中央的候选人外不能选举他人。例如一省党代表的额数是四人，则其二人应由中央指定的候选人中产生；如为五人，则其三人应由中央指定的候选人中产生。倘选举的结果，中央指定的候选人所得的票数，均在其它人之上，则候选人的前五名均当选；倘候选人所得的票数，均在自由选举者所得的票数第五名以下，则除自由选举者的前二名当选外，其余三名仍然是候选人的得票最多的三名。在此显然看出中央候选人所占的优势。

这次党部的选举，并不十分热烈，由这个候选人的推定方法便可想而知。江苏的选举，在各县的确有许多人选举非中央指定的候选人，但无成功者。[4] 在河北省则连

---

[1] 第五条。
[2] 《施行程序》，第二至第四条。
[3] 《施行程序》，第六条，参看天津《大公报》，三月二十八日。
[4] 上海《申报》，四月十五日至二十一日，江苏各县党员选举报告。

选举都未举行，仅由中央指定四人为代表。[1]在上海则中央的两个候选人之一——潘公展——表示逊谢，只胜了其它一人——吴开先——当选。[2]至于不足五人的混合选举中，党的代表亦常当选。例如南京的市党部候选人是洪陆东，黄仲翔二人，他们都当选了，在三人中占去二席。又如北平市的陈石泉，董霖也都是党部的候选人。由此看出在混合选举中，党部的候选人亦占优势。

此外还有军队特别党部的代表，由驻防军队较多的省区党的代表名额里划出来给军队。这样划出的共十五名，分派于十一省中。这些代表的候选人亦由中央提出候选人，由党员去选举。选举结果汇送给中央去开票，得票最多的十五人当选。[3]我们试一参看这个名单，便能明了他们都是最高级的军事长官。以上述党部的选举概况。

九

我们现在已经把民国二十年的国民会议选举分析完了。我们的材料颇不完全，对于实际情形未明或错误之处自然难免。现在有关的档案都未曾整理，亦不公开。但是从这些欠缺的材料中我们已经能得到一些认识。兹请分别言之。

第一，我们最留心的是所谓职业代表制度的实际运用。职业代表制是近年来才发明的选举办法，倡导之者对于其性质及实际机构颇不一致。但此制是所谓"工业民主政治（Industrial Democracy）"之一种，适宜于工业及工业化后所必然产生的职业（The Professions）极度发达的国家。这个大前提中国缺乏，不待申论。故在实行职业代表制时，仓皇失措，临时组织，其不健全自然在意料之中。观于这次选举各地职业团体的情形，便能使我们了解此种制度之完全未能切合国情。但是选举制度若不成立则已，如要成立，又将如何制定？将来的国民大会应若何产生？我们试看除了职业代表制外，另外一种制度便是地域代表制。地域代表制的前提是政党政治。中国没有健全的职业团体，中国更没有健全的政党组织。民国初年的政党政治演出"合纵连横的怪剧"，政党多如牛毛。欧战后许多国家因为德国人所谓"碎裂党"（Splitterpartei）太多而酿成剧烈的斗争，甚至于暗杀械斗，造成独裁的机运。"政党政治也许可以助成民主政治，同时也可妨害民主政治，或使民主政治虚假化。"[4]许多人反对民主政治便是由于这种

---

[1] 天津《大公报》，五月二日。
[2] 上海《申报》，四月十日，十八日。
[3] 见《施行程序》，第十五条至十九条。
[4] 钱端升：《德国的政府》，页八二。

恐惧。若是我们抛弃职业代表制而实行地域代表制，让政党来公开竞选，也许连民国二十年那种平稳的经过都没有。因此在设计上我们得熟思深虑。在选举制度中，制度精神的表现是选举人的资格与被选举人的资格同等重要的，前已言之，故推举候选人的机关是极应重视的。若果我们以合法的职业团体为推举候选人的机关，而选举人则不限制于职业团体隶属的资格，以年龄，教育程度等等为取得选举权的资格，我们依旧保存职业代表制的真谛。换言之，如果我们仿民国二十年的成规，令职业团体推出候选人，而令受过相当教育的成年的男女，到官署去报名列入选举册籍中，他们就职业团体所推举的候选人选举，结果也许较民国初年及二十年的经验为佳。再者，此次选举的大弊在职业团体的名额分配不均匀，过于牵强。在上述的办法中，名额便无须分配于各职业团体间，一律是混合选举。在混合选举中，我们又可沿用二十年的旧法，用"配名限制连记法"，取得相当的比例性；比例云者，不是如西方或日本的政党间的比例而是职业团体间的比例。这样我们的选举也许可以比较纯粹职业代表制或地域代表制易于成功，至少我们能够希望许多以往的失败能获得相当补救。从报纸传出的近息是国民大会的选举将分为两种：百分之三十五将由职业团体选举，百分之六十五由一般人民选举。[1] 在未见详细办法之前，我们不便评论，但这样的缀合两种制度不能不令人怀疑其效果。

第二，我们发现这次选举中有两个问题是相当严重的：其一是选举人的教育问题，其二是妇女选权问题。不识字的人去参加选举，要事务所的特别书记帮助他写票，也许无妨，但有许多受到最高教育的人，因未曾取得职业团体的资格，或所在地根本没有他的职业团体，故而不能选举，实难令人心服。因此选举权限于隶属于职业团体，实非上策。规定相当年龄及教育限制，令其自动报名选举，自较妥当。妇女的选举权问题虽然不必是上文所引的那一段的说法，究竟应该考量。这次的办法，令其特许列席，当然不是正常的轨道。现在许多成年妇女教育的资格是有的，让他们去选举自较特许列席为愈。

第三，关于办理选举的机关，上文说过许多。这是最令人不满意的。为使得人民对于办理选举的官员发生信任之心，以后的选举决不能照此次的办法，在每一省市地方里，除了民政厅长外当然有受一般人民信任人员。政府应当令这些人协同民政厅长做选举总监督。例如政府可以请大学的校长，商会的会长等等来帮同办理选举，政府

---

[1] 天津《大公报》，二十五年二月四日。

不时利用"名流学者",办理选举更应若此。

第四,国民党的特殊地位在今后应当废除。国民党的优越地位,本文已屡言之。在二十年党即是政府,当然令人起政府制造选举的疑念。上面说办理选举的机关应当公开。如果我们把党的地位给予政府以外的机关或人员,人民对于选举便能益增信任,成绩当可较佳。

以上四端可说是二十年的经验的教训。中国现势必将时时举行选举,这个经验值得我们的注意。

中国的官 *

一 绪论
二 官职分类的标准
三 官吏的任用及铨叙
四 官吏的保障
五 官吏的服务章程及考绩
六 结论

一 绪 论

"中央公务员数目，根据民国二十年之调查，就在四万六千以上。"[1] 连同各省市县政府的官吏，其数当在十数万以上。这十数万人所做的官有种种不同的名称，有相去霄壤的等级及薪俸，政府有无数的"官制官规"一类的法律订定他们的一切。这一幅繁缛的图画是本文分析的对象。我们分析时的观点是法律的，而不是政治的。我们不是在做中华民国的《官场现形记》。我们注意的是现状的分析，不问政府当局的志向，或政府内外人的建议。这样的结果也许能使我们对于现状较易明了，备研究政府者的参考；对于祈求员吏制度降临中国，或国民党考试权理论实现的人，这种分析也许是他们设计时的基础。至少我们希望现在粗制滥造法律条例命令的人，能够看出他们前

---

* 原载《社会科学》第一卷第四期，1936 年 7 月。
[1] 中央大学在全国考铨会议的提案说明，见《全国考铨会议汇编》，议案栏，页六二。

此写条文用名辞时之漫无标准,将来可以设法厘定一种比较普遍适用的原则。我们认为有了原则并不是禁绝了例外情形;原则是总得有的,否则法令便失却了意义。

二 官职分类的标准

本文的题目是"中国的官",我们用"官"这个俗字而不用法律上常用的"公务员"这个名辞,是有原因的。法律上用的不只"公务员"一个名辞,"官吏","官员","公务人员"等等名辞都时常出现,其间也无一定的区别标准。[1] 大致讲来,国民政府成立之初,大都用的是"官吏"这个名辞。因此早年颁布的法令便常有这个字样。例如"公务员惩戒委员会"在先便称"官吏惩戒委员会"。[2] 但是十七年颁布的《刑法》用的便是"公务员"。[3] 后来政府有意把所有一切的"官吏"字样改成"公务员"字样,国民党中央政治会议的行政法规整理委员会因此也提议一律照改。[4] 但是这个提议并未见诸实行,所以现行法令里,不但是两者并用,并且有许多别的名辞。因为这个名辞的不统一情形,用通俗的"官"字似乎比较恰当。

中国法令里"公务员"或"官吏"等名辞包含些什么呢?新《刑法》对于"公务员"下了一个定义:"称公务员者谓依法令从事于公务之人员。"[5] 这是极其含混广泛的定义。描写这个定义所指的人可以用反面来说:(一)凡是不从事于公务之人员不是公务员,(二)凡是不依法令而从事于公务之人员也不是公务员;所以只有又依法令又从事于公务之人员才是公务员。这样说来,公务员的涵义实不可测量,毋待细说。关于"官制官规"一类的法令,自然常常用到"公务员","官吏"等等名辞。有的法令只用这些名辞而不加以定义。有的法令则在首端说明其所指,但是以适用该法令为目的,不是在下名辞概括的定义。[6] 有的则在同一法里把名辞伸缩:例如《公务员惩戒法》第十条列举三种"被弹劾人",[7] 包括两种政务官和事务官,"公务员"这个名辞在此显

---

[1] 例如,《中华民国现行法规大全》便是用"官制官规"以别一类法令的,它并不用"公务员"的字样。
[2] 《司法院组织法》(十七年十一月十七日修正),第一条第四项,第七条,第十三条,载立法院编订《中华民国法规汇编》(以下简称《法规汇编》),第二编,页一一。
[3] 第十七条。
[4] "依国民政府通令,凡应用官吏字样,一律改为公务员",故提议《修正官吏服务规程》"条文上所用官吏字样,均应改为公务员,以昭划一"。《中国国民党中央执行委员会政治会议行政法规整理委员会报告书》,官规类整理案,第四页。
[5] 第十条第二项。
[6] 例如,《官吏恤金条例》第一条:"凡服务中华民国之文官,司法官,警察官吏给恤事项适用本条例之规定。"载《法规汇编》,第三编,页一五五一。
[7] 其实"被弹劾人"这个名辞不妥当,因为在现行惩戒机关系统下,只有监察院才能提出弹劾,但别的机关可以请求惩戒机关惩戒。因此用"被移付惩戒人"似乎比较切近事实。该法载《法规汇编》,第三编,页一四四〇。

然包罗万有，但"公务员惩戒委员会"则只能惩戒三种"公务员"之一种——事务官，其它"公务员"不受它惩戒。[1] 从这些法令里去寻求"公务员"的定义等同缘木求鱼。

现行法规里虽然找不到一个"公务员"明确的定义，从它们的内容钩稽比较，我们却能得到几个比较上清楚的标准来分官吏的类别。我国政府现在有许多官，他们所居的官职（即俗语所谓"缺"）有种种不同的名称，薪俸等等。现在我们没有一个基本的原则来做划分的标准（事实上只一原则亦不可能），但是现在的官吏的确有许多名称，等级，薪俸上的区别，其间霄壤悬隔。究竟他们是怎样划分的呢？我们综合地看来，虽然找不到一个标准，但可看出若干标准来。这许多标准，彼此补充重叠起来，使我们对于现状获得一个比较上眉目清醒的观念。

在未分别述说这些标准以前，有一点要提出来讨论。中国有许多研究公共行政的人，以及外籍的顾问，拟仿效英美等国的制度，提议我们也要有"职位分类"。中国现在的考试铨叙制度，既然要模学英美的制度，先去充分注意于这个考铨制度的根本基础，当是迫切的要图。关于"职位分类"的重要，有人说：[2]

> 人事行政问题中，以职位分类问题为最重要；盖职位分类为人事行政之中心；设人事行政不以职位分类为基础，则考试任用，迁调，升职，考绩等，必不真确公允，而公务员之办事效能，必不能增加。

经济委员会的英籍顾问沈慕伟（N. G. Somervell）在其"改造南京中央政府之行政事宜，使置之于一般所谓'文官制度'者之基础之上"的条陈"改进中央行政管见"里也说：[3]

> 兹拟先论文官之分类问题，盖即在拟订文官之选择计书以前，已应先问何者为政府所需要人才，遑论其他。不宁惟是，政府欲编订文官之俸给等级及适于实际之迁升办法，则又必待各种职务之分类，并使其互相协调，合为一个整个有机体。如职务区分，悉能符合学理，而所任用之官吏，又能才德称任，则始足以言行政之经济与效率矣。

但是理论虽然若此，事实是中国现在还谈不到英美的所谓"职位分类"。至多我们可以说是正由这条大路去走，方在萌芽时期。因此我们讨论分析现状不能采用英美的标准来做标准。现在的标准既是不清晰的，或复位的，我们只能把它们罗列出来，

---

[1] 参看陈之迈：《公务员惩戒机关》，《社会科学》，一卷二期。
[2] 薛伯康：《再论关于职位分类》，《行政效率》，三卷二期。
[3] 沈慕伟：《改进中央行政管见》，《行政效率》，二卷八期。

以见目前的状况。盖讨论根据于英美或其它外国的经验所得的原则,不是本文的主旨也。

官吏类别的划分上文说既有若干的标准,兹请一一说明之。

第一,官职分类的一个标准是官吏产生的方法与机关。我们可以举出四种法令来做例子:

(一)《修正考试法》[1]及其《施行细则》。[2]该法说"公验候选人任命人员……"要经过考试。《施行细则》解释前者"谓有被选资格之人员",后者"谓政务官以外之简任荐任委任人员"。

(二)《修正公务员惩戒法》。该法规定"选任政务官"的惩戒机关是中国国民党中央监察委员会,其它政务官的惩戒机关是国民政府,事务官的惩戒机关是公务员惩戒委员会。[3]

(三)《国民政府组织法》规定:"国民政府设主席一人,委员二十四人至三十六人,各院设院长副院长各一人,由中国国民党中央执行委员会选任之。"[4]

(四)国民政府指令:"政务官应依照中央政治会议第一九八次会会议决议,凡须经政治会议议决任命之官吏为政务官之解释办理。"[5]

根据这四种法令,我们能得到一个官吏位置分类的标准——其产生的方法及机关。我们看:

(甲)官吏有的是选举,有的是任命的。在"宪政时期"也许有许多官要由人民选举,一定又有许多官是由上级机关任命。他们的产生的方法不同,所以在考试法里分开来讲。现在未到"宪政时期",没有官是民选的。但现在最少有三十五人,最多有四十七人,[6]是由中央执行委员会"选任"的,所以《公务员惩戒法》里有"选任政务官"的名辞,以示与非"选任"的政务官的区别。因此产生方法区别之一是问官是"选任"的抑是"任命"的,他们的法律地位不同。

在此有一困难之点,应当提出。"选任政务官"与"其它政务官"的区别是前者是

---

[1] 二十四年七月十二日立法院通过,载《国闻周报》,十二卷二十九期专载栏。原法称"候选人员任命人员"。
[2] 《施行细则》,载《法规汇编》,第三编,页一一一五。
[3] 第十条,载《法规汇编》,第三编,页一四四〇。
[4] 第十条。
[5] 《政务官之解释及其惩戒程序》,载《法规汇编》,第三编,页一四四三。《现任公务员甄别审查条例施行细则》第一条:"本条例第二条所称政务官,指须经政治会议任命之官吏。"同上,页九九九。
[6] 他们是(一)国民政府主席一人,(二)国民政府委员二十四至三十六人,(三)五院院长副院长各一人。

"选任"，不需任命，后者则是"决议任命"的。但"选任"与"议决任命"这两个名辞意义并不清楚。国府主席，委员，五院正副院长等等都是由国民党中央执行委员会"选任"的，但也是由中央政治会议"议决任命"的。[1]《军事委员会暂行组织大纲》规定该会委员长及委员"由中央政治会议选定，由国民政府特任之"[2]。这种规定更使得我们模糊。中政会议究竟是"选任"呢？还是只能"议决任命……任命"呢？政务官一律须经过中政会议"议决任命"，该会议又能"选任"，"选任政务官"与"其它政务官"怎样分呢？

（乙）在任命官中，依任命的机关而分成政务官与事务官两种。根据上述的法令，现在分别政务官与事务民的唯一标准便是看他们是否由中央政治会议议决任命。这本来是相当清楚的划分原则。但若果我们进一步来问：什么官现在由中央政治会议议决任命呢？这个问题便非常复杂了。因为这个问题的严重性，我们不妨稍加详细的分析。

旧的《中央政治会议条例》第五条第五款说该机关议决任命国民政府委员，各院院长，副院长，及委员，各部部长，各委员会委员长，各省省政府委员，主席，及厅长，各特别市市长，驻外大使，特使，公使，及特任，特派官吏。[3] 这个列举的办法使得我们看得非常清楚什么官是政务官，什么官是事务官。后来《中央政治会议条例》经过一番修正，列举出须经该会议决议任命的官吏变少，只余国民政府委员及主席，各院院长，副院长及委员，及特任特派官吏。[4] 此外未经列举的还有许多官，他们只须国务会议——行政院会议——任命，但须报告中政会议"为最后之审核"。这些包括国民政府及五院所属各部各委员会的政务次长，副部长，副委员长。[5] 到了最近的《中央政治委员会组织条例》把列举的办法简直取消了，成为"特任特派官吏及政务官之人选"。[6] 这个新的规定使得从前差近清晰的界限又浑沌起来。特任特派官吏及政务官分别举出，是否含有特任特派官吏不是政务官的意义呢？特任特派官吏以外的政

---

[1] 说他们是由中央执行委员会选任是根据《国民政府组织法》第十条。如果根据《中央政治会议条例》（十八年四月十五日中央常务会议第二次会议通过）第五条戊项，（见《中央周报》，第四十八期，页二一）则他们的人选又为中央政治会议所决定。关于这一点，下详。中央政治会议行政法规整理委员会提议一"选任官应规定体给案"，所举出的"选任官"只有国民政府主席，五院院长副院长，认为他们"虽目前在制度上为中央执行委员会选任，不经任命程序，其性质既不同于一般事务官，亦与普通政务官有异"。见该委员会《报告书》，官规类，页一。
[2] 第三条。《法规汇编》，第三编，页二三。
[3] 载《中央周报》，第四十八期，页一二。
[4] 载《法规汇编》，第二编，页一〇五三。我们要注意这里加了国府主席。
[5] 《规定五院院长副院长之惩戒机关令》，二十一年八月十二日国民政府训令，载《法规汇编》，第三编，页一四三九。
[6] 《中央执行委员会政治委员会组织条例》，二十四年十二月十二日第五届中央常务会议第一次会议通过，第三条戊项。

务官是什么呢？所谓政务官是否包含"选任政务官"呢？这些问题都因为把列举的方法取消而产生出来，使得究竟什么官须要中政会议议决任命这个问题简直无法解答了。

但什么官才是政务官虽无明显的列举，须要政治委员会任命的官便是政务官这一点则仍然能够维持。换言之，我们不知道什么官须要政治委员会议决任命，但我们确知凡经政治委员会任命的官一定是政务官无疑。

综上以观，可以看出中国现在官吏分类的一个标准是官吏产生的方法与机关。有的官的人选是由中央政治会议——中央政治委员会——决定的，这种官是政务官；有的官的人选不须经该机关去决定，这种官是事务官。政务官与事务官的划分是很重要的，因为它是"职位分类"的基本，也是考试制度的基本，所以这个标准也是最重要的。

第二，官职分类，除了上述的标准外，另外一个标准是官职性质。这里所谓官职性质，并没有严格划一的标准，只是由于特殊情形因而列为一种特殊性质，故不能和英美的所谓"工作分析"（Job Analysis）[1]同日而语。虽则上述的政务官，事务官的区别，未始不带有"工作分析"的气味，而官等官俸的划分也可以目为这种制度的萌芽。[2]

依官职性质来分别官吏的类别，是任何国家都不可少的，因为官吏的职务绝不能个个相同，有的并且构成特殊的性质，自然要另立标准。《考试院组织法》规定考选委员会掌理"关于考选文官，法官，外交官，及其他公务员事项"。[3]从这条法律里看出"公务员"包括文官，法官，外交官三种，也许还有其它种。我们先不问其它种之有无，可以暂时把这三种加以分析。

（一）"文官"这个名辞，在现行法令里，并没有一个明确的界说，现行法规中有若干法令冠以"文官"的字样。最重要的一种是《暂行文官官等官俸表》。在国民政府颁布这个表时，有一道命令，内说："司法官，警察官，外交官，俸给规定，颇为完备，其性质与普通文官迥异，似应暂仍其旧，免予变更。"[4]可见在"文官"这个名辞之下，似乎是应该包括司法官，警察官，外交官的，只是因为他们的"俸给规定颇为完备"，

---

[1] 这些名辞很不容易翻译，时人所译亦不统一。薛伯康：《再论关于职位分类》，《行政效率》，三卷二期，及张毅：《现行考铨制度的检讨》，同上，三卷四期。

[2] "以法律立场而论，中国尚无职位分类制度，盖中国政府迄未正式颁布职位分类法也。然就事实言之，则中国早已采用职位分类制度矣。如民国二十二年二月修正公布之《考试法施行细则》第一条，与《公务员任用法施行条例》第二条，所涉及之政务官与事务官之区别，即类似权限分类；盖此点已足证明考试机关之权限。政务官即中央政治会议议决任命之官吏，依法不受考试与铨叙之节制，如美国权限分类中之未分类职位然。事务官即政务官以外之官吏，依法须受考试与铨叙之节制，如美国权限分类中之分类职位然。至职务分类，亦已在萌芽期中。民国二十二年国民政府公布之《暂行文官官俸官等表》虽甚简略，然已含有职务分类之意义。"薛伯康，前文，页一一六。

[3] 第二条第一项，《法规汇编》，第二编，页一二。《铨叙部组织法》第一条："铨叙部掌理全国文官，法官，外交官，其它公务员，及考取人员之铨叙事项。"同上，页一九一。

[4] 同上，页九五二。

他们俸给规定的（官职的？）[1]性质，"与普通文官迥异"，所以未便一并归到这个表里。但是稽诸上面征引过的《考试院组织法》，则除了警察官一项外，法官和外交官都是与文官列举的，似乎法官和外交官又不能是文官。在这两节法令里，显然可以看得出名辞应用的矛盾。

《暂行文官官等官俸表》里列举出属于其规定的诸种官职来。制定这个表时，制法者用的是两种标准：一种是机关，如国民政府，五院及各部会，省政府及各厅，行政院及省政府所属市政府，县政府及各局；一种是等别及级别，如特任，简任，荐任，委任，以及各任的各级。在这表内，除所谓"选任政务官"外，中央及地方政府的官，上至国民政府的文官长，主计长，各院的部长，委员长，以至县政府的办事员都包括在内。但是这个表里并未列举各机关的名称，所以究竟哪个机关应在这个范围以外，我们无从明定。所以从这些法律里，我们仍然找不到究竟什么叫做"文官"。

加之，《暂行文官官等官俸表》里，列有国民政府的文官长[2]，主计长，五院所属的部长委员长等等。在现行法律的眼里，都是所谓"政务官"，如果"文官"这个名辞包括他们，那么质之《考试院组织法》的那一条似乎也得受考试才能任用。此说果真，政务官与事务官的区别则更是混淆不清了。

其实在这种名辞混沌的情形之下，"文官"这个名辞只能与"军官"区别出来。军官佐在国家政府里特殊情形是常识所能看出的。《宣誓条例》第一条说："凡文官自委任职以上，军官自尉官以上，须宣誓后始得任事"；第二条说："文官誓词如左"；第三条说："军官誓词如左。"很显然把他们区别出来。[3]虽则国民政府在颁布《暂行文官官等官俸表》的命令里未曾把他们除外，现行法律里关于他们的法律制度都是特别的。我们看直隶国府的军事机关，如军事委员会，参军处，训练总监部，参谋本部等等的长官，并未出现于那个表里，便是反证。我们再看监察院虽然能够弹劾军官，但是因为他们的地位特殊，惩戒机关在军事长官是军事委员会的军事长官惩戒委员会，在普通军官佐是军政部或海军部，则更能看出他们特殊的地位。[4]

可能发生枝节的是在军事机关服务的"文官"，如同军事委员会等机关的小职员。

---

[1] 这里有一个文法问题："其性质"的"其"字不知是指官职抑指俸给规定，虽则推理而论，俸给规定特殊的原因是因为官职的特殊。

[2] 文官处，文官长这个名辞当然也是混沌，文官长的职务只是"承国民政府主席之命，指挥监督所属秘书，掌理关于国务会议（按指国民政府委员会议，举行政院会议）及府内一切文书机要印铸等事项"，并非是一切文官之长。《国民政府文官处条例》，第二条，《法规汇编》，第二编，页一六。

[3] 《中华民国现行法规大全》，二十三年，页二四二。

[4] 见陈之迈：《公务员惩戒机关》，《社会科学》，一卷二期。

《陆军军用文官等级及任用标准》第一条说："此项军用文官，指秘书，书记，司书，及军事学校之普通教官，并机关学校外国语文译述人员而言。"[1] 他们在"文官"与"军官"的边际，构成有趣的问题。按这个军政部颁发的文件，他们实际上是"文官"兼为"军官"的：他们分上校秘书（简任），中校少校秘书（荐任）等等（第二条），而其任用标准也是"文官"高等或普通考试合格，或"文官"甄别审查合格，或曾任相等等级的"文官"者（第三，四条）。在这里我们看出"文官"和"军官"等级的对比来。

（二）法官不是"军官"，自不待言，[2] 但他们也不是不包括在"文官"之内，上文亦已提过。在一个以法治为目的的国家里，法官占着特殊的地位，是司法独立的保障之一种有效的办法。因此他们不能同"文官"相比；不能同以政治为进退的政务官相比。但是现在倡行的所谓员吏制度，即关于事务官的地位，则是有意地使事务官和法官得到同样的保障。司法官和员吏制度下的员吏，同应受法律的保障，保障的目的亦正相同，所以避免其卷入政治的漩涡，所以借稳固的位置，高额的薪俸，以延揽有才能有学识的人才。但法官和事务官，虽然同受法律的保障，他们的职务性质则彼此大异其趣，故其任用保障等等标准亦相互分别出来。现行《公务员任用法》用的"公务员"这个名辞，除了规定不适用于政务官外，并无明确的定义，但是在现行法规中有关于司法官任用种种的规定，使得司法官不能和其它的"公务员"一样地看待。譬如关于考试，二十年七月举行的第一届高等考试，没有司法人员，在二十二年，二十四年举行的高等考试便有司法人员一项。十九年考试院曾公布一种《高等考试司法官考试条例》，[3] 其中规定有种种特殊应考司法官的资格，当然是注重法律教育与经验。复次，司法人员又分监狱官及法院书记官两种，均有条例规定他们的应考资格。司法人员不限于经过高等考试的，故普通考试时也考监狱官，监所看守等等。各地的地方法院并能请求考试院举行承审员的考试。[4] 这些考试均曾举行多次，证明司法人员任用的一种特殊状况。

"在《法院组织法》未制定施行以前"，有一种《司法官任用暂行标准》，[5] 规定各种司法官应照列举的各种资格中去遴选。在《法院组织法》里当然更规定有种种法官的任用资格，合乎此项资格者方能被任用为法官。这些资格当然也是与法律教育与经

[1]　《法规大全》，页五〇〇。
[2]　军法官及军人监狱职员又成了有趣的边际问题。他们不是军官，也不是法官。参看《军法官及军人监狱职员任用标准》，《法规大全》，页五三九。
[3]　《法规汇编》，第三编，页一一五四。
[4]　《高等考试监狱官考试条例》，《普通考试法院书记官考试条例》，《普通考试监狱官考试条例》，《特种考试监所看守考试条例》，《承审员考试暂行条例》，均见同上及其后。
[5]　同上，页一〇九一。

验发生直接的关系。[1]至于监狱官也是一样,"在监狱官任用条例未制定施行以前",有《监狱官任用暂行标准》一种,详细规定其资格。[2]

普通官吏的任免迁调升降无常是中国官场中一个通病,当为一般的现象。关于此事本文后面当再述及。现就司法官一项而论,司法官的保障为政府内外上下一致的理想。在《法院组织法》里有这样的规定:[3]

> 实任推事,非有法定原因,并依法定程序,不得将其停职,免职,转调或减俸;前项规定,除转调外,于实任检察官准用之。

但这项所谓"法定原因",或"法定程序",同监察委员不一样并无一部法律规定之。[4]所有者是一种《司法官叙补及审查资格成绩办法》,[5]把这类事情较详细地规定了。然而法官的保障,至今尚是在竭力推行之中,并没有特殊的成效。司法行政部,虽然曾三令五申,要求各地方政府的长官,不要把司法官当作一种赃物分给私人,但迄未著效。我们可以用二十一年间司法行政部的两道通令的全文,来窥看现状的一般。其一说:[6]

> 为通令事:查司法官吏,职务既极繁重,俸给又复微薄,其平时尚能安心供职者,原以任用素有标准,更调不甚频繁。乃近顷以来,各该管长官,下车伊始,动辄率请更调多人,即令所求惟贤,然贤才只有此数,亦应分配于各地,不应偏集于一方。倘或不尽出于公,则攀援瞻徇,其流弊更不可胜言,徒使躁进者夤缘奔竞,有玷士风,愿谨者得失荣情,无心职责。若复迁调烦数,视法院如传社,耗资财于道途,非惟迁地未必尽良,抑于讼案进行,因而延滞,殊非本部爱护法曹之本旨也。嗣后各该管长官,对于所属各员,除有办事不力,声名平常,以及人地确系不宜者,应据实揭报以凭核办外,不得无故呈请更调,以示限制,而资保障。合行令仰该院长首检,立即遵照,毋得视为具文,致于未便,切切此令!

其它一道通令说:[7]

> 为令遵事,查法院监所委任以上人员,无论已未经部委派,遇有缺额,应即呈报;如有必要情形,已经派员代理者,限自派代之日起二十日内呈候核示,曾

---

[1] 同上,第二编,页一七四,第三三条。
[2] 同上,第三编,页一〇九九。
[3] 第四十条。
[4] 监察委员有《监察委员保障法》,《法规大全》,页一三二七。
[5] 《法规汇编》,第三编,页一〇九五。在此办法以前曾有《审查法官资格及成绩办法》及《荐任司法官叙补办法》,均行废止。
[6] 同上,页一〇九八。
[7] 同上。

于十九年九月九日以第一六五八号训令,通伤遵照在案。现在《司法官叙补及审查资格成绩办法》,业已公布施行,所有任用迁调手续,限制甚严。各该院长官尤应照常奉行,以符程序。迎近查各省法院法官出缺,仍多未经呈部请派,辄由院率行调用,甚或以非现有职务人员代理,又复延不报部,以致查考无从,殊非本部综严名实,励行澄叙之初意。为此重申前令,嗣后各法院法官,遇有缺出,除于必要时,得由院派所属原有人员暂代随即呈核外,均应先行呈部核派,不得率自调用。其有调用在前尚未报部者,限令到十日内,开具员名履历,连同证明资格文件,补报到部,以凭核办,毋得故违,仰即遵照无忽,此令!

很明显的是司法官的保障问题牵连到中央与地方政府的关系上去,中央的政令行不到地方,三令五申诸地方长官保障司法人员是无用的。我们也许慨叹,这样的集权[1]反不如学美国的办法,叫各邦去各自为政了。

司法官的官俸,也有特别的规定。《司法官官俸暂行条例》[2]规定各级法院法官的等级与薪俸。其它的司法人员,如法院书记官,监所职员等等,[3]均有特殊的条例规定其薪俸。但司法人员,同"文官"一式,也是分特,简,荐,委等任的,故其俸额是依照《文官官等官俸表》而定的。同军官一样,我们也要以从俸给看出'文官'与法官等级的对比来。

(三)外交官居特殊的地位,因为他们的职务的性质与别种官不同,更因为他们驻在外国,生活程度交际费用等等都是增加,不能同国内的官一样叙俸。

因为他们的职务特殊,所以有特殊的考试来规定其资格。现在有一种《高等考试外交官领事官考试条例》,[4]规定其应考的资格及科目,与其它官员的考试略有不同,如注重外国语言及历史地理等等。在考试制度未曾有效之前,外交官的任用,除大使公使外,适用外交部《外交官领事官任用暂行章程》。[5]外交官领事官,按这个《章程》的规定,情形并不十分特殊。该《章程》第五条规定:"外交官领事官之调派,由外交部先以部令行之,并依照《公务员任用法》,呈请任命。"他们并不需要特殊的资格,只要"至少具有在部服务半年以上的年资"。外交官与其它官吏地位的不同只有在服务时有任期。一般的官吏,大家总希望其能得到法律的保障,长期任职。时常的任免

---

[1] 《司法官官俸暂行条例》第三条:"司法官之叙级进级,由司法部长(司法行政部长)行之;但最高法院庭长推事之铨级进级,由最高法院院长行之,仍咨司法部。"同上,页九八八。
[2] 同上,这个条例名称虽无官等字样,但内容却列官等。
[3] 《法院书记官官俸暂行条例》,《监所职员官俸暂行条例》,同上,页九九一,页九九三。
[4] 同上,页一一三四。
[5] 同上,页一○四三至一○四五。

迁调是中国官场大家所认为不满的一种现象。但外交官则不同。"外交官领事官在使领馆服务，以三年为任期，任满后得连任，调任或调部服务。热带地方以二年为任期。"[1] 这种规定似乎是根据于外国一般的主张，认为外交官与在国内服务的官（尤其是法官）不同，贵乎时时迁调更易——在国外各地迁调来推广他们的世界知识，在国内国外迁调来使他们对于国内的状况熟悉。这是外交官与一般官吏不同的地方，其原因当是根据于职务的性质。

因为外交官驻在地的生活程度大都比较国内为高，因为外交官往往要摆出阔绰的生活场面以壮国家的体面，因为外交官负有与驻在地政府人民联络感情的责任，故须广事酬酢，所以他们的薪俸要比国内官吏的薪俸高出许多。外交人员也是分为特，简，荐，委四级的，但他们所支的薪水比《文官官等官俸表》内同级的薪水还低。我们试将《文官官等官俸表》同《外交官领事官官俸表》相互比较，便能看出。例如驻外使馆的参事是简任二级，只支五百六十元，在国内简任二级的官如同主计官，主计处秘书，各院秘书长，省政府委员及厅长秘书长等等则支六百四十元。外交官的薪俸虽低，他们在薪俸以外，都有所谓"勤俸"，而"勤俸"的数目都比薪俸为大。驻外使馆的参事虽只有月薪五百六十元，其"勤俸"则有一千一百六十元之多，在薪俸一倍以上。即委任三级的主事，月薪只一百六十元，"勤俸"亦有一倍之数，合共便有四百八十元。此外，驻外各使领馆都有巨额的公费，供其使用。以上所说外交人员的资格，任用，及薪俸说明外交官，因职务的性质与需要与别种的官吏不同，故是特殊的一种官吏。

我们现在已经分析完了《考试院组织法》所说的那三种官：文官，法官，外交官，证明他们因职务之不同，故分成这三类。我们欲借此说明中国官吏分类的一个标准是官职的性质。除此而外，尚有许多种官吏，他们因特殊职务的原因，也构成特殊的地位。关于军官佐，上文已提到了。他们的性质自然是异常的特殊，稽诸常识也当作为别论，不待阐发而可知。他们的地位，有无数的法规为之厘定，造成极复杂专门的一个问题，非本文所能及。此外，尚有别种的官吏，他们有特殊的等级俸给，特殊的任用标准，与一般的"公务员"不同。《公务员任用法》第一条规定："公务员之任用，除法律别有规定外，依本法行之。"警察官，县长，监狱官，邮政事务官，海关事务官，盐务事务官等等，都是"法律别有规定"的实例，不必细述。

《考试院组织法》除规定各种"公务员"考试外，更规定要考试"专门技术人员"。

---

[1] 第七条，第八条。

按《考试院组织法》的语气,似乎"专门技术人员"云者,并不是"公务员",至少他们是特别的一种。什么是"专门技术人员"呢?《技术人员任用条例》第一条:[1]"各官署之技监,技正,技士,技佐及其他技术人员之任用,除法律另有规定外依本条例行之。"这个法律的定义,虽非概括的,也很明显,虽则是否也是"公务员",他们则不得而知。

"专门技术人员",顾名思义,是以职务性质分别出来的,并且是由职务性质而彼此间分别出来的。但就考试院的法规来看,我们(一)看不出"专门技术人员"与"公务员"怎样分别(因此而证明《考试院组织法》哪一条文法上的舛误),(二)看不出"专门技术人员"本身又怎样地彼此分别出来。《修正考试法》规定有:"公职候选人,任命人员,及依法应领证书之专门职业,或技术人员,均应经考试定其资格。"[2] 加上这一条后,系统则更凌乱不堪。"专门技术人员"是考取了分发去做官的,"依法应领证书之专门职业"只是普通的人民,政府为使得他们到一定的程度才能执行职业,故用考试来统制划一其资格,考上后并不做官。换言之,前者应是本文分析的对象,后者则否。但这一条法律却把他们完全混在一起来讲,并且中间夹上个"或"字!这样是官民都不分了。[3] 至于考试院所制定的种种补充法规,据考试院向国民党第五次全国代表大会的报告,[4] 共有三十三种之多,每视时势的需要而制定,无清明的分类系统。至于考试院所举行过的考试,也是在一样的情形之下。我们对于考试院不能苛责,诚如该报告所言:

> 惟考试权之独立行使,无成规之可循,非经过若干次之实验与演进,不易求其完备。兼之考政为国家整个政治之一,与各种制度,均有密切之关系,比年以来,国家多故,政治上一切设施,均尚未能达到预期之阶段,故考选与铨叙亦因之而未能推行尽利。

总之,在考试院的法令规程及其实际工作上,我们所看得出的一点只是制法者在制定这种种法规时,隐约间寓意官吏要按其职务的性质而分别考试。从这些法规里我们也可以窥见其分类的梗概。但是我们既没有"公务员"("文官","法官","外交官"),

---

[1] 《考试院公报》,二十四年十一月,第十一期。
[2] 二十四年七月十二日立法院通过,载《国闻周报》,十二卷二十九期专载栏。
[3] 全国考铨会议决"专门职业或技术人员考试办法"一案(《全国考铨会议汇编》,议案,页四三及其后)。考试院曾令考选委员会拟具增加及修改考试法条文,经该院转呈中央政府会议审议,经中央政治会议决定五项原则,但并未指明何谓专门职业或技术人员。见《行政效率》,三卷四期,页四二四。
[4] 《考试院公报》,二十四年十一月,第十一期。

"专门技术人员",及"依法应领证书之专门职业",等等名辞的明确定义,在举行考试时的类别亦变更无常,一视一时的需要。这样缺乏系统的存在容或有不得已的原因,但是我们实不得不同情于上述提倡"职位分类"者的立论,认为在"职位分类"未达到以前,考铨制度的法规基础实无由确立。现行考铨制度之令人不满意的原因,"职位分类"之漫无标准实为其间之主要者。

除了考试问题而外,修正后的《公务员任用法》[1] 规定该法不适用于三种官吏:(一)蒙藏委员会委员,(二)侨务委员会委员,(三)各机关秘书长及秘书。法律里虽然没有明说为什么他们不适用该法,其原因则明显地由于他们职务的特殊,因此也可以列为依职务性质而分类的一个例子。《蒙藏委员会组织法》第三条规定:[2]

> 蒙藏委员会设委员长副委员长各一人,委员十五人至二十一人,由国民政府选择熟谙蒙藏政教情形者任命之。

可见充任蒙藏委员会的委员的资格是特殊的,与一般官吏不同,故不适用普通官吏的资格规定。侨务委员会委员没有这类的特殊资格规定。他们不适用普通官吏的规定因为他们不是官而是只能支领公费的职位,[3] 故当别论。至于各机关的秘书长及秘书,是一个最困难的问题。这个问题之所以困难是因他们职务特殊的性质。《中央政治会议行政法规整理委员会报告书》关于此点这样说:[4]

> 查秘书职务原属参与机要,绝少与闻普通事务,其性质与普通事务官不同。故每一机关更迭长官,独秘书与主官同其进退。若不分别划入政务官范围,或于修正官制时,酌改其职掌及任用办法,则按照《公务员任用法》,一切公务员之任用,既须限之以资格,又将扼之以轮次,各主管长官又不能用其所欲用之人,殊不无影响于国家政务之进行,及办事之敏活。其结果或恐于《公务员任用法》之施行,转多窒碍,此则观于日本参与官秘书官不受文官分限令之限制;法国各部秘书室所置主任人员,与部长同其进退;及美国各部院二名以内之亲信秘书,与机要书记官,均在特别任用之列;乃至前北京政府对于秘书任用,特定变通办法者,均非无故。

这一段指出秘书职务的特殊使其不能与普通事务官相同,因此不得不为之特别设法。上述《报告书》建议一种办法,但未被《公务员任用法》全部采纳,该法所采的

---

[1] 第十四条。该法二十四年十月十三日的修正条文载《考试院公报》,同上,页一〇及其后。
[2] 《法规汇编》,第二编,页一一八。
[3] 《侨务委员会组织法》第二条:"侨务委员会设委员长一人,特任,副委员长一人,委员若干人,简任,并于委员中指定常务委员七人至九人,前项委员,除常务委员支俸外,其余委员,在京供职者,得支公费。"同上,页一二五。
[4] 《报告书》,官制类,页一。

办法是比较轻而易举的；它只把秘书长及秘书划出了该法关于官吏资格规定的范围以外。究竟这种职位应如何去制定则未有明说。在全国考铨会议里，考试院，河北，福建，湖北省政府都有关于各机关秘书的不限定资格任用的提议，其用意亦正相同。[1]

以上所述种种，都是以例子来指明中国现在官职分类的一个很普遍的标准是官吏职务的性质。虽然现在这种分类的系统还非常凌乱——有的是名辞缺乏明确的定义或界限，有的是例外极多，眉目极欠清醒——但官吏的职务既无一律雷同的道理，采取这个标准也正是理所当然。其实主张"职位分类"者也是主张用这个标准的，虽则他们理想中的"职位分类"要比现状更为精密细致，所以最主张"职位分类"的人也认为现在已有"职位分类"的萌芽。

第三,官职分类的第三个标准是官吏的等级。《暂行文官官等官俸表》[2]把"文官"分为四等：[3] 特任，简任，荐任，委任四种，特任只有一级，简任有八级，荐任有十二级，委任有十六级。这种等级并不只限于"文官"，外交官，司法官等"公务员"固然都是有这些等级，"军用文官"，警察官，监狱官等等也都分成这四种等级。此层上文已经提到，我们把各种官级官俸规程比较，便能看出其等级及薪俸的对比来，虽则同一等同一级的官吏在不同的官职薪俸并不见得一样。

《公务员任用法》对于官等的资格，除特任官一项外都规定得很详细。每一等的官有其特殊官等级的资格的规定，合乎这种资格的人才能做这一等的官。这种种官等官级的资格可分三点：

（一）现任或曾任某一等的官吏，"经甄别审查或考绩合格者"，便能被任用为那一等的官吏。[4]

（二）现任或曾任某一等最高级的官吏三年以上，"经甄别审查或考绩合格者"，便可以越等而升。[5] 换言之，一个官应该是处级而升，处等而升，不能越级越等，并且在一等里的最高级中至少要任职三年才许越等。国民政府前曾通令："在《考绩法》未实施前，每年一人进级，不得超过一次，以示限制。"[6] 至于升等，因实际情形与铨叙部的理想未合，铨叙部曾经对于这些升官太快的人提出过抗议：[7]

……近查合格公务员中，有因升级致官阶改变，与普通情形迥异者。如建设

---

[1] 《全国考铨会议汇编》，议案，页一三〇及其后。
[2] 《法规汇编》，第三编，页一〇〇六。
[3] 官等又称官阶。
[4] 第二条第一项，第三条第二项，第四条第二项。
[5] 第二条第二项，第三条第三项，第四条第三项。
[6] 二十年二月六日国府训令直辖各机关。《铨叙年鉴续编》，页二五二。
[7] 二十年四月考试院令，《法规汇编》，第三编，页一〇〇六。

委员会秘书张鉴暄,前以荐任官资格甄别登记。近因该会十九年度考绩,由荐任一级升为简任六级。又国府文官处科员陈麟文,以委任官甄别登记,亦升为荐任四级,奉有国府命令照准在案。他如高等法院等处,亦所在多有。若照职部(按指铨叙部)平时在同一官阶之动态登记办理,则所晋升之荐任简任各职,是否与《甄别审查条例》所定资格相符,殊难断定,自不能视为普通进级之动态,贸然登记……

这是不合理想的情形,《公务员任用法》便是矫正此项情形的法律。

(三)曾任政务官二年以上的人可以做简任官。政务官大半都是特任官,但也有一小部分是简任官。做过二年以上的政务官就有了简任官的资格,当然明显。[1] 其实这个"二年以上"的规定亦大可不必,因为政务官的简任官显然是比普通简任官为重要的,特任的政务官更不待说。如此还要任职时期的限制做什么呢?不消说,这个资格是不适用于荐任或委任官的。

《公务员任用法》对于特任官没有规定,所以关于特任官,除了在各种机关的组织法规里看到它们的长官是否特任以外,只有《暂行文官官等官俸表》里的一点点规定。

除了特任官外,还有三种官占着特殊的地位。他们是(一)特派官,(二)聘任官,(三)雇员。兹请分述如下:

(一)《中央政治会议条例》,及《中央执行委员会政治委员会组织条例》,关于它的职权的规定,都将议决任命特任特派官吏并举。[2] 所以特派的官吏是经中央政治会议或政治委员会议决任命的,因此按"凡须经政治会议议决任命之官吏为政务官"的规定,他们都是政务官。特派的官吏不甚多,大都荟萃于国民政府,即直隶国府的机关的长官。例如导淮委员会委员长副委员长,[3] 黄河水利委员会委员长副委员长,[4] 国民政府救济水灾委员会一部分委员,[5] 监察院的监察使等等,[6] 都是特派的。除此而外,还有些稍小的官,也是派的而不是任的,但只限于"简派"。例如黄河水利委员会的

---

[1] "就法令的规定和解释中,我们对于政务官和事务官的分别只能得到一个具体的观念,那就是:凡荐任和委任的公务员都是事务官(因为我们在须经中央政治会议通过任命之官吏中,找不出一个荐任或委任官的例子),凡不须经中政会通过任命的简任官(占简任官的大多数)也一律是事务官,惟有少数经中政会通过任命之简任官和全部的选任特任官是政务官。"张锐:《现行考铨制度的检讨》,《行政效率》,三卷四期。
[2] 十八年的第五条第五项,二十年的第四条己项,二十四年的第三条戊项。
[3] 《导淮委员会组织法》,第五条,载《法规汇编》,第二编,页五九。
[4] 《黄河水利委员会组织法》,第二条,同上,页六三。
[5] 《国民政府救济水灾委员会章程》,第二条,同上,页六〇。
[6] 《监察院组织法》,第六条,同上,页一四。

委员便是"简派"的。[1]"简派"的人员毋庸由铨叙部甄别。[2]

（二）有许多机关的人员，不是由国府任命的而是由国府或其下级机关聘任的。例如建设委员会的委员，除当然委员外，都是聘任的。[3] 又如各国立大学的教职员等也是聘任的，他们也毋庸甄别。[4]

（三）雇员在《公务员任用法》里曾经提到，在各机关组织法规里亦常有"得雇用人员"的规定。他们在支领最高薪额服务三年以上而成绩优良时，可以被任用为委任官。[5] 他们属于雇用性质，也不必由铨叙部甄别。[6] 外籍人在中国机关服务者一律以雇用或聘任性质看待。[7]

综上所述，许多例子指明中国现在官吏分类的又一个标准是把官吏分成四个等阶，每个等阶之中分成若干级。这些等级很普遍地应用到各种各式的官职上去，根据等级的次序来擢升叙俸，虽则俸给视职务性质而变更。此外又有许多种，在这个系统而外，不受甄别，但其在政府之服务则一。

以上所述的三种官职分类标准是现在中国的许多官吏差近"职位分类"的办法所采取的标准。但这三个标准不是不相连叠重复的：它们交织成中国的官的类别来。采

---

[1] 《黄河水利委员会组织法》，第二条，同上，页六三。
[2] 国务会议议决，见《铨叙年鉴续编》，页一七○。
[3] 《建设委员会组织法》，第三条，《法规汇编》，第二编，页五七。聘任的手续也经中央政治会议决议，例如，十八年一月十六日中政会第一七一次会议决议聘任张人杰等三十六人为建设委员会委员。《中央周报》，第三三期，页一八。
[4] 十九年六月，铨叙部部务会议决议由考试院咨行政院说："大学校长，由国府任命，应比照简任官同受甄别。至教职员属聘任，自大非官吏，当不在甄别之列。"《铨叙年鉴续编》，页一七○。国民党第四届六中全会委员李敬齐，方觉慧，刘峙三委员提议，中小学校长应一律改为公务员一案，经该会决议，"交考试院参考"，考试院长又核明"应交考选委员会及铨叙部参考"。这个提议虽未成为事实，提案原文却值得征引，从此我们可以看中国主权之所在的中央执行委员会，对于"公务员"这个名辞的认识。该提案说："查《公务员任用法》，公务员分简任荐任委任三等，现在公立中小学校长，均系政府委任，且其规定资格，亦合于《公务员任用法》第三四条之规定，其当为公务员者一。大学校长简任职，中小学校长与大学校长虽等级不同，其性质则同属学校行政，其系统则相联一贯，则中小学校长亦当以公务员待之，此其二。教育厅教育局之公务员所办为教育行政，中小学校长亦为教育行政，虽范围大小不同，而应中局中尽有一部分公务员所办事务，与中小学校长所办者无有差异，斯中小学校长应为公务员者三。省政府任用县长，办理县政，为公务员，省政府或县政府任用中学或小学校长，办理校政，其情形初无二致，此其用为（原文）公务员者四。公立中小学校，均直接归属于地方政府，其性质虽为事业机关，而校长之职，则同属行政，国家规定公务员资格，多以其担任职务是否行政为断。中小学校长，服务终身，不能取得此项资格，于法治平等之精神，似嫌龃龉，且亦有碍于行政上之诸种便利，此其应改为公务员者五。故提议将省县立中小学校长一律改为公务员，以期与政府人员尽同样之义务，享同等之权利，以促进行政之统一效率之增高。"《考试院公报》，二十四年十一月，第十一期，页二○。这一段最足注意的是："国家规定公务员资格，多以其担任职务是否行政为断"的一句话。但即使这句话是对的，我们还没有能解决"公务员"这个名辞的涵义：公务员就是行政人员，那么什么是行政呢？这个问题这段理由不曾回答。
[5] 《公务员任用法》，第四条第三项。
[6] 《铨叙年鉴续编》，页一七二。
[7] 考试院通令："查外国人在中国各机关充当公务员，自属雇用或聘任性质，不必予以甄别。"《法规汇编》，第三编，页一○○六，我们看上面说大学"教职员属聘任，自非官吏"，这里又称"外国人在中国各机关充当公务员"，同属聘任性质，一则不是"官吏"，一则称其为"公务员"，名辞的滥用，缺乏定义，此为明证。

取这三个标准来看,我们便能知道中国的官的分类一般的情形。譬如我们看政务官与事务官,可以看出:(一)政务官本身,因产生的机关不同,所以分成选任政务官与其它政务官,其它政务官有特任的也有简任的,而各机关的秘书长及秘书又因特殊原因与政务官相似,虽则并不由中央政治会议议决任命;(二)事务官分成三等,每等分成若干级,绝不由中政会议议决任命。又如因职务的不同,官吏分成若干类别,但在每个类别里,不是照文官一样分成若干等级,便是有与文官等级能够对比的等级。这种情形使得我们的官吏有相当的分类。但是因为名辞的混淆,定义的欠缺,现行法令有的则力求接近理想,有的则希图迁就事实,有的则因为职务性质的特殊不得不列为例外,有的则因为历史外交等原因早成独立的系统不便强求划一,故现在中国官吏的系统离清明的系统还远,呈现出一幅极其繁复的图画来。

三 官吏的任用及铨叙

讨论官吏分类的标准既竟,我们可以进而检讨中国官吏在法律上的诸种问题。

第一,我们要讨论中国官吏的任用。国民政府在二十四年十一月一日训令:[1]

> 为令饬事:查《公务员任用法》,前经制定明令公布,并通饬遵行在案。中央及地方各机关依照该法切实奉行者,固居多数,而规避迁就,以图便利者,亦在所难免。亟应再行通饬,以重铨政,嗣后各机关任用公务人员,及铨叙部审查资格,暨叙用程序,均应依照《公务员任用法》严格实施,用符法令。

《公务员任用法》既是规定"公务员"任用普遍应用的法律,我们可以分别讨论该法里的规定。

《公务员任用法》的规定不适用于数种官吏:政务官,[2]蒙藏委员会委员,侨务委员会委员,各机关秘书长及秘书。[3]特任官都是政务官,故对于特任官该法没有规定。其它三种官吏,虽有的也有法定的官阶,按《暂行文官官等官俸表》叙俸,惟此种官吏各具有特殊情形,上文已经说过,只能算为例外。但是除例外情形,按理其它"公务员"均应受此法的约束。《公务员任用法》的颁布应当便自动地取消"文官"以外的别种官吏,例如司法官,外交官等等的任用标准。《公务员任用法》的规定相当空泛,似乎可以包括无遗。但《公务员任用法》颁布在二十二年三月,当时便把旧的《现任

---

[1] 《考试院公报》,二十四年十一月,第十一期,页二五。
[2] 该法第十三条。
[3] 第十四条,见前页九〇八及其后。

公务员甄别审查条例》废止,[1]但其它种官吏的任用标准则未见有同样的办法,可见《公务员任用法》适用的范围是极有限制的,虽则该法无此明文。其实该法颁布的次日便又颁布了一种《边远省份公务员任用暂行条例》,其颁布的前数日又有《技术人员任用条例》,《警察官任用条例》[2]等等的颁布,足证《公务员任用法》究竟不是普遍适用的一部法律,即制法者亦不讳饰。考试院向五全大会的报告里说:[3]

> 按公务员之任用方式,有选任特任简任委任之分,其性质有政务及事务之别,而《公务员任用法》之适用,则以简荐委任之事务官为范围,其临时差务人员,类似教育人员,军职人员,党务工作人员,地方自治人员,国营事业机关人员,聘任人员等,或属临时性质,或未明定官等,或因其任用法规有待于另定,均不在审查之列。又如审计人员,公务员惩戒委员会委员,行政法院评事等,其任用资格,各依其组织法特殊之规定,司法官在《法院组织法》未施行前,亦暂依任用法审查,现前项《组织法》已于本年七月一日施行,此后司法官资格之审查,亦另适用其特别之规定。其送审办法及任用程序等项,如在各该《组织法》中所未明定者,则仍适用《任用法》中之一般规定也……

> 《公务员任用法》原属一般任用规定,不能赅括无遗,执一以求,扞格难免。以地域论,边远省区人才缺乏,其任用资格,以任用资格,似有降低之必要。就事务言,特殊职务,需才各有不同,采取资格,应各求其适合,亦非制定特别任用法规,不足以谋救济。

基于此项情形,故官吏任用法规颇为凌乱,审查工作备极艰难,资格的真相亦异常繁复。

明了《公务员任用法》适用范围之狭窄之后,我们可进而分析该法里对于各等阶

---

[1] 该《条例》公布于十八年十月三十日,曾经国府五次展延其施行期间,每次展延三个月或六个月,卒于二十二年三月废止。见《铨叙年鉴续编》,页一三九至一四〇。这个《条例》与其《施行细则》载《法规汇编》,页九九九及其后。《考试院总报告》里说:"甄别现任公务员,为国民政府整饬吏治之初步,自十九年六月至二十年九月止,计已审定一万七千余员,均经分别去留,毋庸赘及。嗣后继续办理,因种种关系,再三展期,直至二十二年三月,展期又满,其时京内外各机关填送新表,数其寥寥,本院以为纵再展期,亦难获完整之结果,故即星请通令如期截止,藉利《公务员任用法》之施行。综自二十年十月以后,复经审定三万七千五百七十九员,内简任合格者三百员,不合格者十四员,不予甄别者五十三员,毋庸甄别者一员,荐任合格者二千九百三十三员,不合格者四百〇五员,应予降级者十八员,不予甄别者八百四十七员,毋庸甄别者二员,委任合格者二万四千七百六十一员,不合格者五千七百十一员,应予降级者六十六员,不予甄别者二千五百七十员,毋庸甄别者六员。"《考试院公报》,二十四年十一月,第十一期,附录,三五。《铨叙年鉴续编》有一个"甄别合格人员录",见附录,页六三及其后。铨叙部对于此项成绩并不满意:"本部自十九年开始办理现任公务员甄别审查,截至二十二年止,中央及地方机关先后送经审查及格者,计四万余人,以全国公务员数量计之,尚未及半。"同上,法规栏,页一九五。
[2]《考试院公报》,二十四年十一月,第十一期。
[3] 同上,页三六。

"公务员"任用所定的资格。兹请分数点言之。

（一）"公务员"之任用资格之一是其现任或曾任的官阶。例如现在做荐任官的或曾经做过荐任官的便取得了荐任官的资格；现在或曾经做委任官最高级三年而有成绩者可以取得荐任最低级的资格。同时现在做或做过政务官二年以上的便取得简任官的资格。这些是以做官的经验为做官的资格，上文在讲进级升等时已经讲过，毋须再说。

（二）"公务员"的资格之二是考试及格。用考试的方法来衡量官吏的资格是中国向有的理想，是考试院存在的理由。因此《公务员任用法》规定"经高等考试及格或与高等相当之特殊考试及格者"可以做荐任官，[1]"经普通考试及格或与普通考试相当之特种考试及格者"可以做委任官。[2] 关于这种规定我们得注意三点：第一，考试只管是最高的理想，此法只把考试列为诸种资格中的一种。现在考试院所举行的考试的次数不多，考取的人数有限，故只能用一种权宜的办法，列考试为诸种法定资格之一。第二，考试既是理想，而实际推行又诸多困难，故只能用"荐任职委任职公务员，应就分发之考试及格人员尽先任用"[3] 的方法来提倡，不能严格地限制只能任用考试及格的人员，故现在区区考取的人员还有未曾得到任用者。[4] 第三，考试的资格只能适用于荐任委任官，简任以上不能以考试及格取得任用的资格，因此只有考试资格者只能由荐任官升到简任官，衡之以每年不得进级一次以上的规定，荐任有十二级，至少十三年才能做到简任官。考试制度既在萌芽草创时代，这也是理所当然的现象。因为这个现象，我们在分析目前的实况时，实不容过事看重了由考试而得来的任用资格。至于理想的情形及补救的办法若何，则又当别论。

（三）教育或学历是被任用资格之三，但各官等的规定不同。"在学术上有特殊之著作或发明，经审查合格者"，可以作为简任官的资格；[5] "在教育部认可之国内外大学毕业，而有专门著作，经审查合格者"，可以作为荐任官的资格；[6] "在教育部认可

---

[1] 第三条第一项。
[2] 第四条第一项。
[3] 第十条。国府对此曾三令五申：二十年训令："各机关对于第一届高等考试及格人员，以学习分发者，应从速派定工作；其以实投或试署分发者，尤应尽先设法授补"；二十一年训令："对于第一届高等考试及格分发人员，务须依照规程，分别任用，以重铨政。"《铨叙年鉴续编》，页二一五。中央大学在全国考铨会议也提议"以后各机关任用新人，必须尽先调补曾经正式考试录取者，凡未经正式考试录取而被任用者，除政务官或有特别规定职务外，一律不予铨叙"。《全国考铨会议汇编》，议案，页六五。
[4] 《考试院总报告》有详细的述说，《考试院公报》，二十四年十一月，第十一期。
[5] 《公务员任用法》，第二条第五项。
[6] 同上，第三条第五项。

之专科以上学校毕业者"，不须经过审查，便可作为委任官的资格。[1]

（四）对于国家或国民革命有勋劳在若干年以上者也可作为任用的资格。"曾于中华民国有特殊勋劳，或致力国民革命十年以上而有勋劳，经证明属实者"，便有做简任官的资格；[2] "曾于中华民国有勋劳或致力国民革命七年以上而有成绩经证明属实者"能做荐任官；[3] "曾致力国民革命五年以上而有成绩经证明属实者"，可以做委任官。[4] 这个问题很值得详细讨论，因为它牵涉到国民党员做官的问题，对于训政的意义及目前的状况很能帮助了解。兹请详细言之。

孙中山先生曾说：[5]

> 所谓以党治国，并不是要党员都做官，然后中国才可以治，是要本党的主义实行，全国人遵守本党的主义，中国然后才可以治。简而言之，以党治国，并不是用本党的党员治国，是用本党的主义治国。

根据这个信念，国民政府在十六年曾颁发一道训令说：[6]

> 政府用人，在不妨碍党权范围以内，不拘有无党籍，选择录用，俾所学所用，各效其长，则人无弃才，政可具举。

国民党第三次全国代表大会里，陆军第十师特别党部提议"党政机关用人，不得兼职，并须注意其人在党内之历史"一案经由国民政府训令各机关遵照。兼职问题我们后面再行讨论，据提案原文说：[7]

> 夫训政开始，百举待兴，使非遴用深切认识，确定信赖，与本党历史有久远关系，或本党忠实觉悟分子，在分工合作原则之下，本其学识经验，专心致力，以牺牲廉洁勇敢之精神，共相策励，效命党国，何以立宏模而一致对外？然蒿目视今，服膺党国各机关人员，其为忠实先进或青年革命之士固多，然投机羼入者，亦非蔑有……故欲求训政之彻底实施，革命之及早完成，其有待于党政各机关任人标准……以其在党内之革命历史为原则，以未尝有反革命之言论及行动及忠实觉悟分子为首断，固属刻不容缓者也。

中央执行委员会常务会议后来接到南京特别市党部执行委员会的呈文，主张"嗣

---

[1] 同上，第四条第五项。
[2] 同上，第二条第四项。
[3] 同上，第三条第四项。
[4] 同上，第四条第四项。
[5] 《党员不要存心做官》，见《总理全集》，第四册。
[6] 十六年五月十六日国民政府训令天字第十四号，载《铨叙年鉴续编》，页二一二。
[7] 原令颁布于十八年八月十七日，载《法规汇编》，第三编，页一〇一八至一〇一九。

后用人先尽党员任用，裁员先尽非党员裁减"，经批："党员与非党员能力相等，应照所请办理"，由国民政府文官处函各机关遵照。[1] 这两个例子都与孙中山先生"党员不要心存做官"的理想相违背。这种矛盾中央曾有两种方法来调和：（一）中央决议"凡在军政各机关服务人员，虽非入党，一律以党员论"；[2]（二）国府通令，"应由该管长官，督促研究党义，随时介绍入党，使为预备党员"[3]。这样政府希望能够两方兼筹并顾。

至于政务官，虽非在此节范围之内，亦不妨附带说明。中央曾有过明令规定"政务官应任用党员"，这个明令是遵守得相当切实的。在第一届立法委员由立法院长胡汉民氏提出时，他说：[4]

> 拟首重其人在党之历史，以曾为党国效忠，在革命过程未尝有违背党义之言论行动，而又于法律政治经济，有相当学识经验者，由院长提请国民政府任命，并须经政治会议决定，以符党治精神。

可见立法委员的遴选是注重党内的历史的。同时，政务官如果党籍发生问题，他的官职便也发生问题。监察院长于右任氏曾在中央常务会议提议：[5]

> 为前中央政府会议议决任命刘侯武同志为监察院监察委员一案，当时因有同志对刘同志党籍发生疑义，未即执行。查刘同志在党行为，确属忠实，且经中央多数同志负责证明，拟请先函政治会议转送国民政府任命，俟中央监察委员会决议后，再照案补正。

此项提议，中常会议决"照办"。

从上面的叙述，足见在训政时期里，党员应否存心做官，中央迄未有清楚明确的态度。以党义治国，不是以党员治国，固然是孙中山先生的理想，但主张以党员治国者也可以振振有辞地驳他说，非党员如何能够明了党义？非党员既不能明了党义，既未曾"觉悟"，如何能够以党义治国？事实是政务官固然需要以党员充任，即事务官及其他种官职亦以任用党员为原则。这个原则散见于各种关于官吏任用的法规之中，

---

[1] 原呈有云："现值训政开始，建设万端，党员所负责任，更为重大。设中央此时，对于党员工作，无妥切之保障，则虽忠实之同志，为生活所迫，亦将屡进屡退，但求维持其生活为已足，尚能努力其工作耶？抑尤有进者，党员工作若无保障，则非党员必取而代之，准此以绳，乘机混入之腐化分子愈多，则忠实党员所遭之淘汰愈甚，循至党权旁落，一蹶而不可复振矣。"见《法规汇编》，第三编，页一〇一九。
[2] 中政会议第一〇九次会议决，《中央周报》，第十九期，页一五。
[3] 《法规汇编》，第三编，页五。
[4] 十九年十月二十四日，中央政治会议第一六〇次会议，《中央周报》，第二十一期，页一三四。
[5] 二十二年十二月二十一日，中央常务会议第一〇三次会议，《中央党务月刊》，第六十五期，页二一五五。

《公务员任用法》不过是其中之一。每种考试科目均冠以党义考试固不待说,在"司法党化"[1]的原则之下,即专门如司法官吏也是要精研党义者方能充任。[2]这是相当普遍的情形,可以使我们对于训政党治的意义获得更深切的了解。

以上所述是《公务员任用法》的内容。该法施行未久,尚无具体的成绩可言。《甄别审查条例》施行时期,铨叙部对于甄别审查公务员,迄无优良成绩,其原因据铨叙部说:[3]

> 固由于一般公务员不明甄别之意义与各机关长官不甚注意推行之所致;而本部对于漠视甄别及不守法令者,每苦无法制裁,或亦为迟缓松懈之一因。及《公务员任用法》施行后,关于任用审查及升降转调登记诸事项,更为繁重。本部早拟妥筹办法,以谋彻底推动,故于去年即经拟议与监察院审计部通力合作。俟各种甄审登记办理完竣,以机关为单位,分别造具合格,不予甄别,不及格人员名册,咨送审计部;请其于审核各机关每月计算书及报销清册时,将各该公务员之薪俸表报,根据本部所送名册,予以各个审核,分别准驳。凡应送甄审而未送甄审与不及格人员而仍列报在内者,其所支薪俸或公费,一概不予核销。以后并由本部按月将各机关所属公务员之升降转调及审查合格之新任人员,造具表册,汇送审计部。其有未经本部审查,迳行任用,及升降转调未经报部登记者,均请其依照上项办法一体办理⋯⋯

这一段提出的是对于各机关长官的制裁办法,制裁的方式是财政的审计。按理这种办法是应该有效的,但在中国现状之下,却仍少切实产生效果的希望,因为审计部本身便没有有效的方法来强制各机关的收支送请审计部去审计,遑论去帮铨叙部的忙。这是治官机关地位比较被治者的地位低下所定然产生的效果。《公务员任用法》的成效是否较著于《现任公务员甄别审查条例》也视此弊之是否得到救济。

---

[1] 司法院长居正氏曾说:"在'以党治国'一个大原则统治着的国家,'司法党化'应该视作'家常便饭'。在那里一切政治制度都应党化。特别是在训政时期,新社会思想尚待扶植,而旧思想却反动甚虞,如果不把一切政治制度都党化了,便无异自己解除武装任敌人袭击。何况司法是国家生存之保障,社会秩序之前卫,如果不把他党化了,换言之,如果尚容许旧社会意识偷藏潜伏于自己司法系统当中,那就无异容许敌方遣派的奸细参加入自己卫队的营幕里。这是何等一个自杀政策!"《司法党化问题》,《东方杂志》,三十二卷十期。
[2] 《行政法院组织法》第六条:"行政法院评事,非具备左列各款资格者,不得充任:(一)对于党义有深切之研究者⋯⋯",《法规汇编》,第二编,页一八四;《公务员惩戒委员会组织法》第四条:"中央公务员惩戒委员会专任委员,非具备左列各款资格者不得任用:(一)于党义政治法律有深切之研究者⋯⋯",同上,页一八五。行政法规整理委员会拟将关于党义部分取消,见《报告书》,司法类,页二。
[3] 《铨叙年鉴续编》,法规栏,页一九五至一九六。

四　官吏的保障

员吏制度的确地需要妥实的官吏保障，是政制理论中一个不易的原则。中国的政府在这方面也曾相当地努力，十七年国府便曾通令：[1]

> 近查各机关往往因政务官更动，而事务官员亦纷纷随之更动，不特远大计划，莫由实行，即日常事务，亦往往因之停顿。嗣后事务官不应随政务官而更动。

二十三年国府又曾通令"甄别审查合格人员，不得无故免职"。[2] 这都是所谓事务官的保障的一种普遍规定。在行政法规整理委员会里，有人提议制定一部特别的法律来保障事务官，或称之为"公务员保障法"。理由是：[3]

> 公务员服务国家，苟非违法溺职，例应有相当保障，使久于其任，一方既可使办事方面，资其熟手，在公务员方面，亦得安心工作，不至常存五日京兆之心。但按之事实，各机关公务员之进退，仍不免随长官意旨，以为转移者，于是非法撤免者有之，无故停职者有之，既不根据何项法规，亦不宣布何项事实。似应于《公务员惩戒法》"非依本法不受惩戒"之外，更作进一步之救济，制定保障办法，以资根据。

但该委员会经考虑的结果，认为"事务官不随长官进退"及甄别合格人员，不得无故更动，已经国民政府先后通令有案，照目前国家政治情形观察，暂不必别定保障法。他们以为现在《公务员惩戒法》第一条"公务员非依本法不受惩戒"的规定，诸种考绩惩奖条例等等，[4] 均予官吏以保障。如果各机关长官进退时仍旧大批更动人员，"乃各机关长官自不守法之故，并非法律本身，有所不足"。

在全国考铨会议之中，浙江省政府，安徽省政府，青岛市政府，河南省政府，均曾提出议案，请求制定"公务员保障法"，并且条陈详细的办法。考铨会议所通过的审查报告这样规定：

> 我国旧时习惯，各机关事务官每随长官之进退而更易。国府肇建，厉行法治，此项事实，已渐减少。惟为使在职人员安心服务，并增加行政效率起见，应制定公务员保障法。在未制定公布，各机关应切实遵照国民政府十七年三月一日第六号通令，事务官不随政务官进退，暨二十三年三月六日第一三〇号通

---

[1] 同上，页二一二。
[2] 《全国考铨会议汇编》，议案栏，页一四六。
[3] 《报告书》，考选铨叙类，页一四。
[4] 二十四年七月一日施行《公务员考绩法》。

令，甄别审查合格人员，不得无故免职，两次明令办理。除一部分依法应用长官自由任用者外，其余人员，均应予以保障。如有出缺时，并应以考铨合格人员铨补。[1]

现在这种保障的法律还未曾制定，故从现状而论，官吏只有两种保障：其一是上述《公务员惩戒法》第一条的保障，其二是国民政府两道命令的保障。我们分析这两种保障实际的效用，自然有未能尽善之处，因为"各机关长官自不守法"的大弊，仍然未有适当的救济办法。但考铨会议所赞成的制定又一种"公务员保障法"，照各省市提案中的办法，似乎并不能革除这个弊病，因为它们所得出的仍是空泛的原则，最多只有增加滥行裁员者的罪名，不能使被滥裁者保持其职位。这样的"公务员保障法"有无实没有关系，何况"就目前国家政治情形观察，不但多此一法，嫌于重复，而事实上是否有此需要，亦属疑问"呢。[2]

五　官吏的服务章程及考绩

中国政府对于整饬吏治，提高行政效率，颇具热心。除了在国民党的会议中常有关于这项问题的决议案，国民政府常有此项通令以外，并曾制定许多繁复的法规，《官吏服务规程》，《公务员考绩法》，《公务员考绩奖惩条例》是其中的重要者。国民党的决议案及国民政府的通令等等，内容多涉空泛，[3]交给中央政治会议或主管机关去执行后，便以法规表现，故可以专就法规方面来分析。

《官吏服务规程》颁布在二十年六月。[4]这部规程是一个笼统关于官吏服务的规定，此外尚有无数补充的法规。[5]分析起来，可作数点来看。

（一）关于就职，"官吏接奉任状后，除程期外，应于一个月内就职"，但经特许，可以延长一个月。[6]政府对于这个问题又曾制定许多有特殊应用的法规，如简任人员，

---

[1] 《全国考铨会议汇编》，议案栏，页一四一及其后。
[2] 参看一百〇七条。
[3] 例如，四届五中全会张继氏"刷新政治与民更始案"说："为提请刷新政治与民更始事，目前国难更深，而国际风云益紧，立国大计，应有早筹。现当剿匪胜利，国内政治首应力谋推进，否则胜利无以保持，人心无所振发，更无以为国家设大防纾祸难也。盖为政在树立重心，而刷新政治，始有以慰国民之属望，顾国家之生机，内树新基，则内忧自然削除，然后外御凌侮，民族兴复，端在于斯。谨此提案，敬请公决。"嗣经议决："原则通过，交政治会议，妥筹办法切实执行。"《中央党务月刊》，第七七期，页九八九。
[4] 《法规汇编》，第三编，页一，二十二年此《规程》曾经一度修正。
[5] 各种政府机关大部有《处务规程》，《办事规则》等等，规定各该机关司的服务规则。只是中央机关的，据立法院编译处的搜集，便有二百八十三种之多。《法规汇编》，第三编页二一至页九四八。
[6] 第一条。

驻外使领人员，司法人员等等的就职规定。[1]

（二）关于请假，《官吏服务规程》只说另定规则。[2] 这些规则散见于各种服务规程，及特殊请假规则之中，[3] 非常繁复，未遑仔细分析。

（三）关于官吏的操守，此《规程》有许多空泛的原则："官吏应依法律命令所定，忠心努力，恪守誓言，[4] 执行职务"；"官吏须诚实清廉，谨慎勤勉，不得有骄纵贪惰，损失名誉之行为。"[5]

（四）关于官吏的服务有许多禁令，不许官吏做许多事情，"官吏不得假借权力以图本身或他人之利益，并不得利用职务上之机会以加害于人"；[6] "官吏对于本机关机密及未公布事件"都不能泄漏；[7] "官吏无论直接间接均不得兼营商业"或投机事业；[8] "官吏对于属官不得推荐人员，并对其主管事件不得为亲故关说或请托"[9]，他们"不得收受财物"或受"外间馈遗"[10] 等等。

（五）关于兼职，规程里有"官吏除法令所定外，不得兼任他项职务，其依法兼

---

[1] 具见《法规汇编》，第三编，页一一八五至一一九四。
[2] 第九条。
[3] 民国十四年便有《政府职员给假条例》；其它又有《政务官请假条例》，各种人员给假条例，见《法规汇编》，第三编，页一二二六及其后。
[4] 十七年湖北省政府歌电，请明令各省："嗣后各官吏如有违法犯赃情事，应按照《党员背誓条例》，第三四两条之规定，一律判处死刑。"中央政治会议决议，此案"连同本会议第一〇九次会议决议案（凡在军政各机关人员，虽未入党，一律以党员论），交国民政府"。《中央周报》，第十九期，页一五。
[5] 关于惩处贪婪，政府曾一再申令禁止。十九年三届四中全会通过"刷新政治，改善制度，整饬纲纪，确立最短期内施行中心，以提高行政效率案"里有"由立法院另订贪赃惩治法，规定凡官吏收受赃赂，或侵触公款在金额若干元以上查有实据者，由国民政府，按非常程序，处以无期徒刑或死刑，并查抄其财产"。《法规汇编》，第二编，页六一，此项"贪赃惩治法"国民政府始终未予制定；其所制定的《公务员惩戒法》对于官吏的惩戒并没有有采取"非常程序"，故公务员惩戒机关的惩戒处分非常之轻。参看陈之迈：《公务员惩戒机关》，《社会科学》，一卷二期。国民政府虽未执行这个议案，却曾三令五申告诫官吏不要犯赃：例如，十九年十二月的"整饬官常令"，二十年八月的"诫告全国官吏令"，十七年，十八年，二十一年三次的"严禁贪婪令"。见《法规汇编》，第三编，三页，九页。同时国府之下的机关也时有类似的政令。如二十五年三月行政院的"澄清贪污令"，十七年八月内政部的"整饬纲纪令"。前者只见报载，后者同上，二——三页。我认为这些法令都不切实用，理由见"论政治贪污"，"再论政治贪污"，"跋'如何铲除政治贪污'"，分载《独立评论》，第一八四，一九〇，一九三各期。这里所说只是政府的法令，还有政治制度的制裁，兹不具论。
[6] 第四条，故第十四条规定"官吏执行职务时遇有涉及本身或家族之利害事件，应行回避"，第十五条禁止官吏在办理公务时"私相借贷，订立私人互惠契约或享受不当利益"。
[7] 第七条，第十一条规定他们不得兼任新闻记者。二十二年一月行政院有"公务员不得兼任报社任何职务令"《法规汇编》，第三编，页一三。二十二年十一月行政院，根据何应钦氏向中央政治会议的"俭电"及该会议的决议，颁发"中央政情不得向外宣泄令"，申令"全国各级公务人员，非奉有决议或长官命令，不得以个人名义或代表某一机关发表谈话"。同上，页一〇至一一。此外行政院又有"告密事件须守秘密令"，同上，页一一。别的机关也有此项法令，例如监察院所收受的人民书状，便不许宣泄。《监察院收受人民书状办法》，《监察院公报》，第十九期，页三八至三九。
[8] 第十条。十九年十二月国府也有"禁止官吏兼营商业令"，《法规汇编》，第三编，页一二。
[9] 第十二条。十七年十月国府也有"禁荐任托杜倖进令"。二十二年一月内政部咨各省"实行县长久任并严禁滥荐县长令"。均见同上，页一〇。
[10] 第十三条。这一点在"严禁贪婪令"中也有。

职者不得兼薪",极笼统的规定[1]。国民政府远在十四年时便曾制定有《兼职条例》,立定"凡服务于政府机关人员,不论等级之高下,均以专任为原则",如果呈准上级机关得特许后,也只有兼职不能兼薪。[2] 此项《条例》的原则后来经国府通令改为"政务官不得兼薪,事务官不得兼差"。[3] 三届三中全会又规定数项原则:(一)中央官吏不得兼任地方官吏,(二)各院部会官吏不得兼任其他院部会官吏,(三)各省市官吏不得兼任其他省市官吏。政务官虽可兼差,因不得违背这三条通则,事务官则一律不许在机关之外兼职[4]。这种种规定似乎是未能奉行的理想,[5] 而政务官兼差之多至平均每人五个差事,则是骇人听闻。[6]

《官吏服务规程》第十七条说:"官吏有违反本规程者,该管长官应按情节轻重依法申诫或惩戒。"这是法律的制裁,但这个制裁只限于上级长官对于下级官吏。这里引起的问题和上面一段论官吏保障时所引起的问题是一样的:论官吏保障,我们没有实际方法令上级人员守法,不去滥裁员司;论官吏服务,我们能叫大官去制裁小官,而没有实际方法去制裁大官。现行政制下的补救方法是充实监察院的权力,令其有效地运用其弹劾权与审计权,充实官吏的惩戒机关,令其真能依法惩戒,不稍畏缩。这些机构是中国政府下的监督机关,它们若果萎靡不振,顾忌太多,官吏便不能获得保障,《官吏服务规程》亦莫由实行。监察院与惩戒机关的概况,前已为文述说,可以不赘。[7] 在这个系统以外而同样规定官吏服务规则者有《刑法》上对于此问题的条文。这种法律当然也能补充上述其它法律之不足,彼此相互为用。在目前还有诉愿与行政诉讼制度足为官吏的制裁。这两个问题牵涉极广,此处不能讨论,容或另文申述之。

二十四年十一月一日,国民政府公布施行《公务员考绩法》及《公务员考绩奖惩条

---

[1] 第十一条。
[2] 《法规汇编》,第三编,页七。
[3] 十七年十月,十七年十一月的通令。同上,页七至八。
[4] "确定官吏兼职之限制令",同上,页八,关于兼差问题,国民党陆军第十师特别党部也曾提案于第三次全国代表大会,见同上,页一〇一八。
[5] 国府在十七年十一月的通令里便说:关于兼薪兼差,"迭经明令严禁在案,乃实力奉行者固居多数,闻亦不免有阳奉阴违情事"。
[6] 有一位高道东氏,根据《申报年鉴》及《中央暨各省市行政机关高级人员名单》,制成中委国委的兼差表如下:

兼职数	23	20	18	16	15	14	13	12	10	9	8	7	6	5	4	3	2	1
人数	1	2	1	3	3	1	2	5	4	2	5	9	24	28	23	27	27

总兼职位共有八九五个,而任官者则只有一七六人,平均每人兼职五个。见李朴生:《行政计划的编造与考核》,《行政效率》,二卷六期,页九六二。
[7] 见《社会科学》,一卷一期及二期,关于审计制度可参看朱通九:《我国之审计制度》,《行政效率》,二卷一期。

例》。[1] 考绩的办法我国早已有之。在国民政府成立后也曾有过《考绩法》的颁布。[2] 中央政治会议行政法规整理委员会曾研究过考绩法的草案，其说明如下：[3]

> 按三载考绩，昉自虞书，六计弊吏，详于周礼。西汉以六条察二千石，东汉以三公掌铨衡，唐入考功之法，宋设考课之院，明定考满专察之制，清行京察大计之典，时代愈接近，则规制愈谨严。而考绩一事，在历代政治制度中，遂视为治官察吏激浊扬清之大典矣。自我国民政府奠都南京以后，遵奉总理遗教，创立五院制度，考试权遂离行政权而独立，而叙官衡吏之大权，亦由考试院所专掌。现考试院为统一考绩行政，完成铨叙制度起见，拟于最近期间举办全国公务员考绩，藉以增进效能，澄清吏治。

所以请求把旧有《考绩法》加以修正。中央政治会议遂亦拟定了四项修正的原则，[4] 现在实行着的便是立法院根据这些原则而修正的。

《公务员考绩法》及《考绩奖惩条例》规定每年举行年考一次，由各机关行之，报告铨叙部登记；每三年举行总考一次，由铨叙部行之。[5] 公务员考绩分初覆覈，以直接长官执行初覈，再上级长官执行覆覈，主管长官执行最后覆覈。[6] 他们的年考一等晋级，二等记功，三等不予奖惩，四等记过，五等降级，六等解职，[7] 他们的总考甲等升等，乙等晋级，丙等起功，丁等不予奖惩，戊等记过，己等降级，庚等解职。[8] 关于此项规定之是否合理，时人讨论甚详，[9] 可不具论。现在此项法律尚未到真正实行时期，即补充法规亦未具备，无从评判其成绩之优劣。所应注意者是《考绩奖惩条例》的规定，似多与《公务员惩戒法》雷同之处，与该法第一条"非依本法不受惩戒"的规定更显然冲突，将来实行时，难免因架床叠屋而发生权限的争议。其实官吏的考绩，与官吏的保障及官事的服务规程一式，要从其根本之处做起；我们未能杜绝倖进，未能严禁任用私人，则令其长官执行初覈覆覈，至多亦不过官样文章。从前的《考绩法》公布四年有余，丝毫未有效果，也正是"长官不守法"的反映，法规之是否合理，实为次要的问题，因此从分析现状的目标而观，此项法规实无过分重视的必要。

---

[1] 全文见《国闻周报》，十二卷三十期。
[2] 《法规汇编》，第三编，页一三五七，其它还有许多特种官吏考绩规则或条例，均载其后。
[3] 《报告书》，考选铨叙类，页二一。
[4] 同上，页一七。
[5] 《考绩法》，第二条。
[6] 同上，第三条。
[7] 《考绩奖惩条例》，第四条。
[8] 同上，第五条。
[9] 例如，孙澄芳：《考绩制度与方法》，《行政效率》，三卷五期。

六　结论

我们现在已将本文主要的问题加以相当的分析：我们先讨论的是中国官职分类的三项标准，藉此窥见现在政府官员的类别等级梗概；我们其次讨论官吏的任用，及其甄别铨叙的法律规定及实行经过；再次我们讨论官吏的保障及缺乏此项保障的原因；最后我们讨论官吏的服务规程及最近拟努力实行的考绩制度的规模。中国官吏的问题纷繁复杂，员吏制度尚未肇端，名辞混乱，法规重复，执行及推行的机关尚未养成运用法律的习惯，从整个政制而论此项治官机关亦缺乏真正督率政府执行推行法律的力量，故法律虽多如牛毛，真正实行者则寥寥无几。本文的目的在描写现况，虽间亦提出应行考虑的问题，其主旨固不在于提出修正的建议。我们只希望从这幅繁缛的图画中能看出真正症结之所在，而不在谋求其救济之方。真正员吏制度的建造是随着整个政制的建造而来的。徒然仿效他人纸上的法律而不求其根本的精神，或三令五申极端不着边际的道德原则，都似乎不是对症的良药。

国民党的政治委员会 *

（一）职权

（二）十七年以前的组成

（三）二十四年以前的组成

（四）内部的组织

（五）政治分会的设立与裁撤

（六）五全代会前夕的状况

（七）今日的组成及内部的组织

（八）结论

中国国民党中央执行委员会政治委员会（旧称政治会议，因名称屡变以下简称中政会），有悠久的历史，[1] 同时是现在政治机构中最重要的机关，为研究我国政制者注意的主要对象之一。我们欲研究其在我国政制中的地位，可以从其职权及组织之沿革加以分析。

一

关于中政会的职权，自孙中山先生逝世后直到今日，可以说是没有重大的变更。

---

* 原载《社会科学》第二卷第四期，1937 年 7 月。

[1] 关于中央政治会议或中央政治委员会的沿革，除参看第三次全国代表大会《中央政府会议报告》（《中央周报》，第四十二，四十三期合刊）外，可以参看下列二书：王世杰、钱端升：《比较宪法》（增订本），页六五三至六五八；杨幼炯：《近代中国立法史》，页三三四至三三八。后者虽出版于民国二十五年，但只讲到十七年为止；前者则直叙到最近 —— 民国二十五年。

孙先生在广州任大元帅的时代，即在民国十三年间，即有政治委员会之组织。当时这个机关的人员，全由孙先生以国民党总理的地位任命，其人数曾经数度扩充，而人选亦不以中央委员为限。当时被指派为中政会委员的有胡汉民，汪兆铭，廖仲恺，伍朝枢，邵元冲，戴传贤，谭平山（旋辞职），瞿秋白，谭延闿，许崇智，孙科，蒋中正等十二人；其中有中央执行委员六人，候补中央执行委员二人，候补中央监察委员一人，蒋中正，孙科及伍朝枢，是时均非中央委员。这个政治委员会当时只是国民党总理的一个咨询机关，并非一个有显明职权与责任的机关。孙先生逝世后直到今日，情形便大不相同了。十四年三月，孙先生在北平逝世，是年六月，中政会便决议：在中国国民党中央执行委员会中，设政治委员会，以指导国民革命之进行；政治之方针，由政治委员会决定，以政府名义执行之。[1] 十七年间，中央制定《训政纲领》，[2] 其中规定：

> 指导监督国民政府重大国务之施行，由中国国民党中央执行委员会政治会议行之(第五条)；中华民国《国民政府组织法》之修正及解释，由政治会议议决行之(第六条)。

十八年第三次全国代表大会所通过的《确定训政时期党政府人民行使政权治权之分际及方略案》也规定：[3]

> 依据总理遗教，决定县自治制度之一切原则，及训政之根本政策与大计，由中国国民党中央执行委员会政治会议行之(第二条)。中国国民党中央执行委员会政治会议，在决定训政大计指导政府上，对中国国民党中央执行委员会负责；国民政府在实施训政计划与方案上，对中国国民党中央执行委员会政治会议负责(第四条)。

胡汉民及孙科所撰《训政大纲提案说明书》，对于中政会的职权尤有清澈的说明：[4]

> 政治会议为全国训政之发动与指导机关……因此之故，政治会议，对于党为隶属机关，但非处理党务机关；对于政府，为其根本大计与政策方案所发源之机

---

[1] "政治会议或称政治委员会，第一次会议在十三年七月一日举行。当时总理以军政党务须分工办理，故政治委员会先成立，而军事委员会继之成立。后三月，胡委员汉民在第一届中央执行委员会第四十三大会议，提出政治委员会对中央执行委员会之权限，经议决：（一）关于党事，对中央执行委员会负责，按照性质由事前报告或事后请求追认。（二）关于政治及外交问题，由总理或大元帅决定办理。"《中央政治会议工作报告》，同上。"惟政治委员会议决案关于党务之议决案甚少，其关于政治及外交上之事项议决后，仍俟孙先生为最终决定，始能办理。故初期政治委员会由孙先生直接负其责任。"杨幼炯，前书，页三三四。
[2] 《训政纲领》，见《中华民国现行法规大全》（以下简称《法规大全》），商务印书馆出版，二十五年辑，第一册，页九。《训政时期约法》，第三章，第二十八至第三十二条，虽亦称为"训政纲领"，但并有关于中政会的规定。
[3] 该案见《法规大全》，页九。
[4] 该说明书见《国闻周报》，五卷十三期。蒋中正等在三届四中全会所提"刷新政治案"中也说："本党以中央执行委员会为发动政治之最高机关，而中央则寄此一部分权责于中央政治会议。政治会议决定重要的国家大计，而俾国民政府推行。脉络连贯，层次井然。在宪政未行之时期中，欲运用政治俾与本党的政策方略相贯注，自惟有政治会议作中枢。"《三届四中全会记录》，中央党部秘书处编。

关,但非其本身机关之一。换言之,政治会议实际上总握训政时期一切根本方针之抉择权,为党与政府唯一之连锁。党与政府建国大计,及其对内对外政策有新发动,必须经此连锁而达于政府,始能期其必行。如是党一方面,一切政治的思想与主张,自有其酝酿回翔之余地;迨其成熟结晶,为具体的政纲与政策,然后由政治会议发动,正式输与政府,置之于实施。在政府方面,则凡所接受之政策及方案,肯有负责执行之义务。有政必施,有令必行,两方之权行分工,党国之体系有别,其间连锁之责任,亦复整然有序,不致无可捉摸。简括言之,政治会议,在发动政治根本方案上,对党负责,而非在党以外也;国民政府,在执行政治方案上,对政治会议负责,但法理上仍为国家最高机关,而非隶属政治会议之下也。

由这些法律(国民党的决议在现制下可视为法律)及解释法律的说明看来,可见中政会地位之崇高,实为中国现在的最高指导机关,是政治发动的枢纽,是全国命脉之所寄。有人套用某人描写英国国会的话来说明中政会的职权,谓中政会"除了不能使女变男,男变女外,任何权力都有"[1],可以说是与事实相符的。

中政会的职权,就国民党的决议案及其解释看来,已如上述。中政会曾有许多《组织条例》,规定其职权,但彼此甚少更易。[2] 我们不妨择近年来三种《组织条例》关于中政会的职权的规定,以见其职权的分析,并见其内容实甚少更变。这三部《组织条例》,除了每一种都规定中政会为"政治之最高指导机关"外,关于职权,十七年十月二十五日的《组织条例》第五条规定:

> 政治会议讨论及决议之事项以左列者为限:(甲)建国纲领;(乙)立法原则;(丙)施政方针;(丁)军事大计;(戊)国民政府委员,各院院长,副院长及委员,各部部长,各委员会委员长,各省政府委员,主席及厅长,各特别市市长,驻外大使,特使,公使,及特任,特派官吏之人选。

二十年六月十四日的《组织条例》第四条关于中政会职权之规定,较上述者多添"财政计划"一条,而将上述的戊项改为"国民政府主席及委员,各院院长副院长及委员,及特任,特派官吏之人选"。至二十四年十二月十二日的则将"建国纲领"一项取消而添加"中央执行委员会交议事项"一项;将"军事大计"改为"军政大计";而戊项则改为"特任特派官吏及政务官之人选"。因为《组织条例》中所用的名辞,含意极为广泛,虽有"为限"的字样(二十四年的无此字样),但事实上实完全没有限制,

---

[1] 征引于李朴生:《改善现行委员制的必要》,《行政效率》,三卷三期。
[2] 参看王世杰、钱端升,前书,页六六二。

而历次修改亦只为文字上的改变,其职权则早已到了无可扩充的地步。

一国政治机构中最要紧的有三个元素:其一为政策的制定机关,其一为制定法律来表现政策的机关,其一为执行法律以实行政策的官吏的任命机关。这是任何政府中权力的分类(Classification of Powers)必循的途径,无论孟特斯鸠的分权原则(Separation of Powers)是否采行。[1] 如果我们从英人戴雪(A.V. Dicey)之说,而认英国的国会是"法律主权"之所在,而分析国会之职权为立法权,财政权,监督政府权,则中政会亦一一具备这三权职权,因为"立法原则"之制定,"财政计划"之讨论,及决议与总概算书之核定,均在中政会的职权范围之内,而"国民政府在实施训政计划与方案上,对政治会议负责"一条更明定其有监督政府之权。至于司法部分,因为司法权为国民政府五种治权之一,司法院院长亦对中政会负责,故所谓"独立"的司法权,依法亦为中政会势力所能及,虽则在实际上中政会对于具体司法的事件,却绝少干涉。总之,中政会实为现行政制中一切权力的总汇处所,关于政策的厘定,"施政方针""军政大计""财政计划",以及前此的"建国纲领",当然可以包括无余;而中政会所制定的"立法原则"又为立法院所必须遵守,按照法律的规定,一切法律案的原则以均须先送中政会为原则的审议,立法院实只为"国民政府最高之立法机关",初非中国整个政府中的最高立法机关;[2] 同时"特任特派官吏"又为政府最高的最重要之官吏,其人选

---

[1] "政治的良不良,下列三种因素最关重要。第一,是政策。没有一个适合国情,经过仔细考量,纲举而目张的整个政策,则最优良的政治,充其量也不过是无为消极的政治。第二,是法制。没有一部适合于实现前述政策,而又为人民所能奉行的法制,则最优良的政治,充其量也不过是零碎的局部的小惠,或偶然的暂时的英勇行为。第三,是官。没有能理解前述政策,并遵守前述法制的官吏或公务员,则最优良的政治,充其量也不过是等因奉此的文书政治,或口是心非的宣传政治"。钱端升:《论官等官俸》,《行政研究月刊》,第二卷第二期,页九七。"政府的功能分成立法行政与司法(制定国家的意志,执行国家的意志,判断何为国家意志的争议)是近代政治学的一个基石,无论分权的原则是否采行。" Walter J. Shepard, article on the "Executive", *Encyclopaedia of the Social Sciences*, 参看 Signor de Ruggiero, History of European Liberalism, (Trans. Collingwood), pp. 50ff.

[2] 关于中政会的立法权,"立法院对于政治会议所定之原则不得变更的(立法程序纲领第四条第二项);立法院对于"中央政治会议交议之事件只得为内容之审议"(立法院议事规则第十三条);"立法院会议通过之法律案,在国民政府未公布以前,中央政治会议认为有修正之必要时,得以决议案发交法院,依据修正之"(立法程序纲领第五条);同时立法院"会议否决或废弃之议案,院长认为有复议之必要时,得具意见提交中央政治会议议决,再开会议之",而此项"复议院会不得再否决之"(立法院议事规则第六十五,六十六条)。关于一切法律案原则均须先送中政会讨论议决一点,按现法国民政府及行政司法考试监察各院都可向立法院提案,但"一切法律案,除政治会议自行提出者由政治会议自定原则外……(其它)各提案机关提出者,应由原提案机关拟定法案原则草案,送请政治会议决定"(《立法程序纲领》第四条第一项)。在这里能发生问题者只是立法委员的提案,一来因为《立法程序纲领》始终用的是"机关"的字样,而立法委员提案虽要"五人以上之连署"(《立法院组织法》第二十条),但究难称之为一种"机关";二来因为立法委员提案时,"须将该法案之原则及各条规定之理由具备立法旨趣书提出之"(《立法院议事规则》第二十一条),可见这种立法原则似无须送请中政会议定。关于中政会对于预算制定的职权,则《预算法》第三十四条规定主计处岁计局编造中央政府总概算书,呈国民政府委员会转送中央政治会议核定其概数";第四十二条规定总预算书送行政会议核定时,如该院因有重大新事实而修正其内容时,"非经中央政治会议之议决,不得增加数额"。即此二端已可概见中政会关于财政的职权,至于"财政计划"之拟定则更足显明其优越的威权。

亦由中政会议决任命，故亦系政府的产生机关，中政会一身而兼有此三项大权，实无所谓权力的限制。

二

正因为中政会是中国政治的枢纽，一般参加政治的人遂莫不以厕身其间为无上的荣耀，为政治活动成功的表征。也正是因此，所以中政会的组成遂屡屡有更易，其沿革的经过呈现极端复杂的现象，至今尚未成为一种有相当固定性的制度。在初，中政会只为一种咨询机关，组成只十数人，与后日的情形迥异其趣，已如上述。十五年一月第二次全国代表大会，因孙中山先生逝世，改变党的组织，其中之一便是将前此咨询机关性质的政治委员会改为常设的机关，并制定《组织条例》，规定该会设委员若干人（在初为汪兆铭，谭延闿，胡汉民，蒋中正，伍朝枢，孙科，谭平山，朱培德，宋子文等九人，后又加添一人），及候补委员若干人（陈公博，甘乃光，林祖涵，邵力子），委员可以出席会议，候补委员则只能列席会议；遇委员有缺席时，由到会的候补委员依次递补出席；出席委员有表决权，候补委员则只有发言权，只在补额时有临时表决权。当时除委员及候补委员外，尚有聘任的顾问，只有发言权。那时的顾问是俄人鲍罗廷。

十五年七月四日，中央执行委员临时全体会议决议，"政治委员会应于中央与常务委员开一'政治会议'以代政治委员会之会议"，这是"政治会议"这个名称的嚆矢，其意义在将中央常务委员会与政治委员会合并为一，非复从前的局面。同时又将候补委员之一项取消，一律改为委员。十五年七月，中央执行委员会第四十次常会所推选的政治会议委员共有二十一人，除了上届的九位委员及四位候补委员一律蝉联外，尚加了八人（张静江，于树德，丁惟汾，王法勤，吴稚晖，陈友仁，何香凝，顾孟馀），其中三人为二届监察委员，余均为执行委员，至候补中央委员则无一当选者。

中政会在这个时期，是随着北伐的军事进行的，同时并在各地设立各地的分会（关于政治分会后节当另为叙述）。中政会在广州的时代共开常会五十二次，临时会五次，计截至十五年年底为止。十六年一月至三月，中央党部及国民政府暂住南昌，中政会遂亦改在南昌开会。计常会十五次，临时会二次，平均每星期均有一次会议。

十六年三月，中央党部及国民政府均移驻武汉，是月十日二届三中全会通过《党的领导机关案》，改组中政会，并通过《修正政治委员会组织条例》。此次的改组，又恢复了政治委员会的名义及性质,废除政治会议的制度。规定政治委员会分为出席与列席二种:(一)出席委员为中央常务委员之全体及由中央执行委员会全体会议选举之中央执行委员及候补中央执行委员六人组织之,(二)列席委员则为国民政府之各部部长。按是时的中央常务委员为数九人,加上选举的六人,便为十五人。在此时期中,自十六年三月十四日至八月十七日,该会共开常会四十七次,临时紧急会议一次,临时会议一次,谈话会一次。在此时期内国民党与共产分子分离,政治异常混沌,至武汉清党后,隶共产党籍的委员始不再出席。在十六年四月十七日,中政会移往南京开会,而武汉方面的政治委员会则继续存在。宁汉各有党部,汉方的用政治委员会的名义,开会至十六年八月十七日始行中止。宁方则沿用第三次全体会议以前存在的政治会议名义,一直到同年八月二十四日,计自第七十三次会议开至第一百二十三次会议,在四个多月中共计开了五十一次会议。同时宁方又因委员不多,故又加推多人;四月十七日首次在宁开会时,便加推了十三人,其中有七人非中央委员。[1]

十六年八月间,中央有所谓"中央特别委员会"之组织。[2] 这个特殊的组织在九月十六日成立,十九日开第三次会议,即有取消政治会议及其分会的决议,根据这个决议政治会议即归消灭,为期共计三个月,至十七年二月二届中央执行委员会第四次全体会议始又恢复,候第三次全国代表大会为最后的决定,并更名为"政治委员会",并令中常会修订其《组织条例》。其实从前的政治会议,在十七年一月十一日,即在二届四中全会决定恢复以前,便已遵照一月七日中常会临时会议"每星期三开政治会议"之决议,庚继年前的第一百二十三次会议召开第一百二十四次会议。据中常会这次修正的中政会《组织条例》,只规定委员由中央执行委员会推定之,并未规定名额。二届五中全会对于中政会的《组织条例》又曾为一番修改,[3] 亦未规定名额,但决议人

---

[1] 《第三次全国代表大会政治会议工作报告》,十八年三月,《中央周报》,第四十二,四十三期合刊,页五三及其后。这一大段事实叙述是根据这个《工作报告》,历届的《组织条例》及中政会的委员名单而写成的。谢振民编著的《中华民国立法史》(正中书局出版)附录中有历届委员的名单,但并不完全。

[2] 所谓"中央特别委员会"是十六年九月十五日组织的,其组织的机关是中央执监联席会议临时会议。先是"西山会议"派数人(邹鲁,林森,十四年十二月在北平西山开会主张反共,但后来移驻上海),斡旋宁汉合作颇为得力;十六年九月遂在南京综合宁沪(即西山会议派)三派合组"中国国民党中央特别委员会",自称"受中央党部之委托,分别行使中央执行委员会及监察委员会之职权,至第三次全国代表大会开会时为止"。在此时期,中央执行委员会的职权暂时中止,故中政会亦不存在:取消中政会为西山会议派十四年以来的主张。但是武汉方面自始否认"中央特别委员会"法律的根据,江苏,浙江等党部亦发表反对宣言,汪兆铭,陈公博等通电谭延闿等,主张取消"中央特别委员会",其后几经波折,卒于十六年十二月取消,中政会遂亦被恢复。计中政会被取消时期为十六年九月至十二月,共三个月。参看杨幼炯:《中国政党史》,页一七一,页一七六至一七八,及《政治会议工作报告》,同上注。

[3] 两条例均见杨幼炯:《近代中国立法史》,页三三五至三三六。

选之标准为：（一）为党服务十年以上富有政治经验者，（二）负党国之重任其地位在特任官以上者。当选者并不一定要是中央委员，但"非中央委员之人数不得超过中央委员名额半数以上"。根据此项原则，二届五中全会选举汪兆铭等四十六人为政治会议委员，其后又续添二人，共四十八人，他们并非全是中央委员，非中央委员恰估中央委员的半数。[1]

三

十七年间，中政会的组织有一次最重大的变迁。是年九月二十九日中央执行委员会第一百六十八次常务会议议决以全体中央执监委员为中政会出席委员，而以全体候补中央执监委员为列席委员。同年十月二十五日通过《中央政治会议条例》。[2] 中政会的组成遂极度的扩充。除了上述中央执监委员为政治会议当然委员外，国民政府委员亦为当然委员。同时，在当然委员外，中央执行委员会并得推定：（一）为党国十年以上富有政治经验者或，（二）负党国之重任其地位在特任官以上者，为中政会委员。但此项推定的委员之数额不得超过中央执监委员总额之半数。按当时二届的中央执行委员有三十六人，中央监察委员有十二人，共四十八人。至国民政府委员，按十七年二月《国民政府组织法》，原无定额，亦不限于中央委员，[3] 故二届四中全会所推定者有四十九人之多；[4] 十七年十月的《国民政府组织法》，则限制国府委员于十二人至十六人，十七年十月八日中常会所选任的国府委员便只有十六人。[5] 同时中央执行委员会更可推定中央执监委员总额之半数为中政会委员，即二十四人。这样如果人选没有重复，中政会便是一个八十余人组织的机关，但事实上人选重复之处自然很多，故绝不能达此巨数。[6]《组织条例》除规定以上所述的出席人员外，尚规定有列席人员，

---

[1] 见《中央周报》，第十一期，页一三，及第十九期，页一四。二届中央委员是在十五年一月选出的。十七年二月二届四中全会因国共分家曾将其人选改变。根据这个新名单，中政会的四十八位委员中有三十二人为中央委员（中执委二十三人，中监委九人）其余十六人则非中央委员。非中央委员的中政会委员为白崇禧，陈可钰，陈铭枢，贺耀组，叶楚伧，冯玉祥，阎锡山，易培基，杨树庄，黄郛，孔祥熙，王伯群，薛笃弼，王正廷，赵戴文，蒋梦麟。上文所说"非中央委员之人数不得超过中央委员名额半数以上"，现在中央委员之当选者为三十二人，非中央委员之当选者为十六人，后者恰为当前者之半数。
[2] 该《组织条例》转载于杨幼炯：《近代中国立法史》，页三三七至三三八。
[3] 该法第二条："国民政府由中央执行委员会推举委员若干人组织之。"
[4] 名单见杨幼炯：《中国政党史》，页一八〇。
[5] 该法第六条："国民政府设主席委员一人，委员十二人至十六人。"名单见杨幼炯：《近代中国立法史》，页三六二。
[6] 虽然国府委员大都为中央执监委员，但亦不尽是。例如，那十六位国府委员只有十人是当时的中央执监委员。

他们是全体的候补中央执监委员，其名额为三十人，但其中亦有已经膺选为国府委员，因此已经取得出席之资格者。这次中政会组织的大变迁，使得中政会成为一个较其产生的机关——中央执行委员会——更为庞大的机关，组织系统殊违背普通政治组织的原则，因此也受到论政者的批评："至是，政治会议乃成为较中央执行委员会本身更大的会议，十三年设政治委员会以专理政治的原意尽失。"[1]

十八年三月，第三次全国代表大会开会于南京。自是时起迄二十年十二月之第四次全国代表大会，两年半的期间，中政会曾屡经改变。按十八年四月十五日的《组织条例》，[2] 仍旧恢复到十七年八月的局面，由中央执行委员推定之（即并非中委及国府委员为当然委员的制度）；并且限制"政治会议委员之名额不得超过中央执行委员，中央监察委员总数之半数"，而非政治会议的中央委员可以列席政治会议。十八年五月六日，中央常务会议第八次会议，一方面修改《条例》添加政治会议候补委员，但"其名额不得超过委员名额三分之一"[3]；一方面选举胡汉民等二十四人为委员，陈立夫等八人为候补委员。[4] 按三届的中央执行委员仍为三十六人，中央监察委员仍为十二人，共四十八人；此次所选举的二十四人恰为其半数，而候补委员八人恰为三分之一。候补委员在平时开会之时可以列席，如同非中政会委员的中委一样；候补委员"无表决权，无提案权"[5]。

按前此的规定及习惯，只要合乎一定的资格，便能当选为中政会委员，并不以中委为限："非中央委员之人数不得超过中央委员名额半数以上"一条可为明证。但是这次的修正最重要之处，固在缩小中政会的人数至中委的半数，但是同样重要的是将中政会委员严格地限于中央委员，非中委匪特不能当选为委员，并且不能列席。因此当选的那二十四位委员中全是中央委员，其中八人为中监委，余十六人均为中执委，但是并不限于正式中委，候补中委亦可当选。[6]

这次严格限制中政会委员的人数及不许非中央委员列席的办法，固有充足的理由，但事实上却未能长期遵守。十九年十一月，不许非中央委员列席的办法首先更改，准

---

[1] 王世杰，钱端升，前书，页六五六。
[2] 该条例载《中央周报》，第四十八期，页二一。
[3] 《中央周报》，第四十八期，页一八。按十五年一月二十三日二届一中全会所通过的中政会《组织条例》便规定有候补委员四人，政治委员有缺席时，由出席（列席）之候补委员依次选补，有临时表决权，余只有发言权。杨幼炯：《近代中国立法史》，页三三五；王世杰，钱端升，前书，页六五四。
[4] 政治委员为胡汉民、蒋中正、汪兆铭、谭延闿、叶楚伧、孙科、于右任、丁惟汾、陈果夫、冯玉祥、阎锡山、何应钦、戴传贤、杨树庄、宋子文、赵戴文、吴敬恒、张人杰、李煜瀛、蔡元培、古应芬、林森、王宠惠、邵力子等二十四人；候补委员为李文犯、朱家骅、邵元冲、陈立夫、孔祥熙、王正廷、王伯群、薛笃弼等八人。《中央周报》，第四十九期，页一八。
[5] 十八年九月十二日中央常务会议决议。
[6] 中政会候补委员八人中有四人为候补中央执行委员。

许非中央委员的选任官及特任官为委员,"但其名额不得超过中央委员之政治会议委员名额四分之一"[1]。按当时委员的数目限于二十四人,此项委员的人数因此不得超过六人。二十年六月间,中政会委员的数目实际上已超过法定之数,遂又将前此限于中央委员半数之规定改为限于中央委员数额三分之二;而候补委员之数目,原限于中政会委员三分之一,现又改为限于中央委员三分之一。如果用数字来表现,则中政会委员由二十四人可增至三十六人;候补委员由八人可以加到十六人。[2]

第四次全国代表大会后,中政会的组织便比较固定了。四届一中全会决定:"中央政治会议以全体中央执行委员及监察委员组织之","中央候补执行委员及候补监察委员得列席政治会议。"[3]按第四届的中央委员已较前此增加甚多:中执委已增至七十二人,中监委增至二十四人,两共九十六人。连同列席的候补中执委五十五人,候补中监委二十一人,两共七十六人,便得一百七十二人。同时,除了当然列席的候补中央委员外,中政会并且陆续特许非候补中央委员列席中政会。例如二十四年二月二十日,中政会第四百四十五次会议议决:"行政院所属各部会部长委员长得列席政治会议"[4];又例如二十四年三月七日,中政会第四百四十七次会议议决:"考试院考选委员会委员长,及铨叙部部长得列席政治会议。"[5]这样中政会的人数便要接近二百的数目了。

四

中政会的主席制及常务委员制,同其委员的增减一样,亦曾为数度的更改。十六年三月的中政会,委员只有十五人,但主席团则有七人,由选举中政会委员的中常会或中央执行委员会全体会议指定之。[6]这个办法是首创的,因为从前中政会照例自举主席。[7]但是十七年十月二十五日的《组织条例》将主席团制度取消,而恢复由委员互推的办法。[8]这种办法一直沿用到第四次全国代表大会(二十年十一月),虽则中政会委员的数目曾经缩减一次。第四次全国代表大会将主席制改为常务委员制,初为三人(蒋中正,汪兆铭,胡汉民),但在二十一年九月间,三常委均缺席,以致中政会

---

[1] 十九年十一月中央常务会议第一一六次会议议决的《中央执行委员会政治会议条例》第三条。
[2] 二十年六月十四日三届五中全会通过的《中央执行委员会政治会议条例》第三条。
[3] 二十年十二月二十九日《中央日报》。
[4] 《国民政府训令》第一六五号,见《国民政府公报》,第一六七七号,二十四年二月二十八日。
[5] 《国民政府训令》第二一六号,见《国民政府公报》,第一六九〇号,二十四年三月十五日。
[6] 《工作报告》,同上,页五三。
[7] 王世杰,钱端升,前书,页六五四。
[8] 第七条。

无法开会。所以二十一年十二月间，四届三中全会决议一种过渡办法，即由中常会的九位常委兼为中政会常委，故中政会常委事实上由三人增至九人（汪兆铭，蒋中正，胡汉民，孙科，居正，于右任，陈果夫，顾孟余，叶楚伧），会议时以常务委员轮任主席。但是就在这九位常委的制度下，重要人员也常常离开。例如在二十四年七月中旬，蒋氏远在成都主持剿口军事；胡氏方作海外养疴之游，且更不与闻中央之事；孙氏身兼立法院长，因该院适放暑期例假，故赴青岛避暑；于顾两氏则几乎常在上海养病，陈氏则兼为江苏省政府主席，常在镇江，不能时时入京出席会议；支撑门面者只余居叶二氏。所以即有常委九人之多，也有陷入无重要人员主持的局面，盖在这种情形下，留在首都人遇有重要事务，便用电报向主要的人物——汪蒋二氏——商议决定，而不取决于中政会的会议席上也。[1]

中政会的主席，在由各委员互推的情形之下，除为开会时之主席外，别无特殊的职务。但是自二十年年底的改组后，鉴于中政会人数之多，遂先后于二十一年二月二日及六月二十五日会议中，加重常务委员的权力，使其能先行处理紧急事件及军事外交重要事件，再行报告大会追认。由此看来，在理论上常委是享有重大权力的，虽则因常委人数众多，事实上亦须反复咨询，简直等于中常会的会议。

中政会内部，自十七年八月十四日的《组织条例》起，即设有秘书长一职，及规定政治会议得设专门委员会以供咨询。十七年十月二十五日的《组织条例》规定"政治会议设秘书长一人，秘书三人，办事员若干人，由主席任命并指挥之"，但关于专门委员会则未提及。"政治会议分组审查案件的习惯，在十八年以前，本已存在。"[2] 十八年四月十五日之《组织条例》则为之规定如下："政治会议之下，置政治报告组，经济组，外交组，财政组，及其他专组，各设委员一人至三人，分别担任审查与设计事宜。"[3] 事实上：

> 十八年八月二十一日政治会议决议分设政治报告，经济，外交，财政，军事，地方自治，法律，及教育八组；后地方自治及法律合并为法制组，共成七组。[4] 后因各组召集人及委员会有离京他往者，二十二年五月十七日会议及改设法制及财政两组以审查例案，而以其他案件付临时指定的审查委员会审查。此外政治会议并设有外交委员会，国际问题研究组，及国防委员会，以应付外交及国防上

---

[1] 参看天津《大公报》，二十四年七月二十一日，南京通信"汪病后之首都"。
[2] 王世杰，钱端升，俞书，页六五六。
[3] 第十二条。
[4] 原来每组只有一至三人，中政会于十八年八月十四日第一九一次会议修改为每组三人至七人。

的问题。外交委员会为九一八事变后产物,一时曾为外交政策的指导中心;[1]至二十一年一月二日曾一度结束,一月二十七日又恢复,自二十三年起则无形中完全消减,国际问题研究组由二十二年十一月二十日的会议决议设立,实际上只同虚设,从未具若何重要性。国防委员会委员的大多数为负有实际政治及军事责任的要员,人数较政治会议为少,以行政院长兼委员长,其讨论范围限于军事。自二十二年初至二十四年十一月(第五届全国代表大会开会时期),一切重要外交问题,实际上以该委员会为指导中心;其所决定大都经交各关系机关执行,仅于事后由主席择要报告于政治会议。[2]

这一段说明截至第五次全国代表大会止,中政会内部所分各组的情形。此处所应注意的是:第一,中政会的分组审查,初无一定的法规规定,法规亦并未为硬性的分组规定;第二,因特殊紧急的问题,中政会时组特殊委员会,其性质虽属暂时,但能成为极有权威的组织;第三,中政会的各组或委员会,均由该会委员分任,但中政会特务秘书及其他临时特别指定人员亦常得参加各组审查会议。

五

二十四年以前的中政会,除上述者外,尚有政治分会一问题,值得提出。十五年一月第二次全国代表大会决议:

> 除国民政府所在地设置政治委员会外,各重要地点遇必要时,经中央执行委员会常务委员之核准,得分设政治指导机关。

二届一中全会所制定的《政治会议组织条例》亦规定:"政治委员会认为必要时,得推任同志在某地方组织分会,其权限由政治会议定之。"这个规定是与代表大会的决议冲突的,因为其一是规定政治分会由中常会决定设置,其一是规定其由中政会自行决定。按十七年的《政治分会暂行条例》,政治分会仍由中央执行委员会(常务会议)设置,但其管辖区域则由中政会随时指定之。政治分会委员之人数由中执会决定,人选亦由该会选任,主席亦由该会任命。

政治分会的组织有一段极为复杂的历史。简单的说来,政治分会最初组织的是北

---

[1] 十九年十一月三届四中全会《刷新中央政治案》有云:"外交组主持外交大计,使外交部长对于外交无自由负责之余地,尤为举世周知之事实。"
[2] 王世杰,钱端升,前书,页六六〇,注一。

京分会，于十五年三月一日成立。嗣因北京政治分会不能行使职权，故中政会决定暂在山西设"政治会议太原临时分会"。十五年十月之后，武汉克复，中央党部国民政府均自广州北迁，遂在广州设政治分会；"中央特别委员会"虽然决议取消一切分会，广州的分会却并未取消；至四中全会又决议设立广州分会，并规定广东广西为其政治指导区域。十五年九月十八日，中政会决议在武汉组织分会，但后来政府迁鄂，故是会并未成立。在"中央特别委员会"时代，唐生智，顾孟馀等另组政治会议武汉分会，至唐逃走时解散。后来四中全会又议决设立武汉分会，以湖南湖北为其区域，以李宗仁为主席，白崇禧等九人为委员。在宁汉分立的时代，汉方的政治委员会也决议设立政治分会，驻在开封，以陕西甘肃河南为其区域，并将前此设立的北京及西安分会裁撤，所谓西安分会也是武汉政治委员会设立的而非南京的政治会议设立的。上海原来也有设立分会之决定，但因清党关系，迄未成立。中央定都南京后，曾设立浙江分会，但后来遵照"中央特别委员会"的决议取消。十七年间北伐告成，又设太原分会，以山西绥远察哈尔为其区域；北平临时政治分会，以河北热河北平天津为其区域。[1]

政治分会的权限，按《条例》的规定，系"依中央政治会议之决定，于其特定区域内，指导并监督最高级地方政府，但不兼管党务"。但政治分会，在不抵触中政会决定之范围内，"得对于中央政治会议未经明白或详细决定之事项为因地制宜之处分"。同时，"政治分会，遇紧急事变，得依委员出席人数三分二以上之决议，为紧急处分"，此项处分，"应于最短期间呈请中央政治会议追认"。政治分会在其管辖地带内，实为政府以上指导政府的机关，因为它的决议案，"交该特定地域内之最高级地方政府执行之"。[2]

在北伐军事的途程中，国民政府实无固定的所在地，政令亦未能统一，设置政治分会在理论上实有其充足之理由。诚如甘乃光先生所说：[3]

> 中国地广，譬如新疆甘肃等地，中央政令如何能迅速施行？在此关键，使中央与地方有调济之办法，用政治分会试行之，亦无不可，至将来弊端，全视办法如何。

但设置政治分会，一经试验，便发生重大的弊端，足见办法未妥，一时取消之议，曾酿成轩然大波，卒费耗许多精力，才把政治分会，在十八年间，次第取消。这一段事实，虽已成陈迹，要亦为研究者所应深切注意者也。

---

[1] 此段所述，根据《工作报告》，同上。李宗仁任主席时代的武汉分会曾刊行月报，名为《中央政治会议武汉分会月报》，从中可察见其工作内容之一般。
[2] 《条例》见《中华民国法规汇编》，立法院编，第二编，页一〇五四。
[3] 《中央日报》，二十年十二月二十八日。薛笃弼说："按总理《建国大纲》，采均权制度，在相当地域设立（政治分会），亦未尝不可。"同上，二十年十二月二十一日。

六

第五次全国代表在会的前夕，中央召开四届六中全会。是时改革中央政治制度的要求响澈云霄。除了主张开放政权的论者和领袖独裁论者的主张外，在党治的大前提下也有许多制度机构改革的具体建议，而一般谈改革政制者的批评几乎集中到中政会身上，中政会实成为众矢之的。这个现象，一方面固然是因为中政会巍然为中国政治的最高指导机关，地位异常重要，本诸改革应从最高之处做起的信念，故咸主彻底改革中政会；一方面亦因是时中政会组织态度不健全，运用太不灵敏之所致。我们可以根据当时论者对于中政会的批语为描写当时中政会运用实况的方法。[1]

按当时的中政会是包括全体中央委员的，其他能列席者亦甚多，已如前述。这种组织方法之不良是批评者视线集中之点，因为一般认为中政会一切的流弊都渊源于此。

照中政会以往的习惯，"一切决议……从未取表决的形式"，"关于议案的提出以及临时提案的付议……从未设有严密的规定；即或一时设为限制，亦从未严格遵守"。因此所谓出席者与列席者"实际上几无分别"[2]，"列席者无表决权"[3] 的规定也等同具文，所以中政会委员较全体中委更多，上节在计算中政会人员时，将列席人员，候补委员一律计算在内便是这个原因。也正是因此，所以包括全体中委的中政会变成大而无当的组织。因为中政会的会议没有法定人数的规定，所以这个庞大的组织，便同英国的贵族院一样，人数极少便可开会。有人说：[4]

> 中委全数为一百七十八人，现在生存的实数亦有一六七人，每人均有权出席政治会议；但政治会议开议，鲜有八十三人以上出席者，通常有二十余委员出席，即可决定一切。

此种情形，发生于一个无实权的英国贵族院，因无大碍于政治的推行，发生于一个最高政治指导机关便招致批评了。其实中央执行委员会全体会议每次召集尚须长期准备，方能开成（而该会平均每八个月始开会一次），中央监察委员会全体会议则更少召集，中政会包括全体中委，而每周又开会一次或每两周开会一次，各中委多身兼重要职务，往往并不在首都，上述的现象毋宁谓为在意料之中的状态。因为重要的中政会委员身兼数职或十数职，在量的方面中政会出席的人数固嫌太少，在质的方面亦

---

[1] 关于这一段讨论的归纳，有两篇文章可看：（一）李朴生：《改善现行委员制的必要》，《行政效率》，三卷三期；（二）陈之迈：《一年来关于政制改革的讨论》，《民族杂志》，四卷一期。
[2] 王世杰，钱端升，前书，页六一一。
[3] 十八年九月十二日中常会决议。
[4] 田炯锦：《希望于五中全会者》，《时代公论》，第一四二号。

不能使中政会成为名副其实的最高指导机关。有人批评中政会实际运用，以为"出席者不能代表党的力量；蒋先生以及许多封疆大吏的委员大都均不出席"[1]，遂使比较低级的官吏反而居于指导监督其上司的地位，正是从质的观点而着眼的看法。同时，中央委员来往频繁，在首都时便到会，故造成"今日一批来，明日另一批来，全不接头连贯"的局面。《刷新中央政治改善制度整饬纲纪确立最短期内施政中心以提高行政效率案》曾主张"充实中央政治会议，政治会议之委员，须有三分之二以上常驻中央"[2]，也正是针对这种情形而发的，可惜并未能见诸实行。

除此项批评而外，当时一般人都未曾论到的一点便是监察委员，从其职责本身而论，绝对没有参加中政会为委员的理由。按《国民党总章》的规定："中央监察委员会之职权如下：（甲）依据本党纪律，决定各级党部或党员违背纪律之处分；（乙）稽核中央执行委员会财政之出入；（丙）审查党务之进行情形，及训令下级党部审核财政与党务；（丁）稽核中央政府之施政方针及政绩，是否根据本党政纲及政策。"[3] 换言之，中央监察委员会实为一种监督的机关，而并非一种执行的机关。但是中政会却无论如何都不能认为与中监会的职权相伴，故理论上没有令中央监察委员也参加中政会的理由。这个问题在中政会的名称为政治委员会的时候尤为重要，因为中央政治会议尚可解释为中央委员关于政治问题（即非关于党务问题）的一种会议，但中央政治委员会则无论如何均为中央执行委员会之下的机关，监察委员实无参加执行委员之下的机关的理由。何况监察委员如果参加中政会，即等于监察委员自己参加受其监察的机关，虽说地位不同，但同属一人，究难令其自身监察自己。但理论上虽然若此，过去的事实却并不如此。在全体中央委员均为中政会委员之时，固无论矣；就在中政会委员不包括所有中央委员之时，监察委员亦每被推举为中政会的委员。其实自从中政会组织以来一直到今日，中央监察委员都是有机会参加中政会的，有时候补监察委员亦有被推举为中政会委员的事例。因为监察委员的地位特别，他们实在不应兼任两种迥不相同的职务。

在诸种改革政制者的提议中，有的人以为中政会历史如是之复杂，即使改组亦难期其完美运用发挥其应有的功能，故主张索性将其整个取消。[4] 其实以国民政府委员会来替代中政会的主张，在二十年年底之时，西南使曾提议，列为宁粤团结的政治制

---

[1] 钱端升：《对于六中全会的期望》，《独立评论》，第一六二号。
[2] 十九年十一月十二日三届四中全会决议案。
[3] 二十年十一月二十二日修正的第四十一条。
[4] 持此种主张者有张佛泉（《政治改造的途径》，《国闻周报》，十二卷三十四期）；天津《大公报》，二十四年八月二十三日社评；君衡（《当前的三个问题》，《独立评论》，第一六四号）。

度改革条件之一,但嗣未经四届一中全会采纳施行。[1] 如果根本取消的拟议为事实所不容许,论政者则主张尽量缩减其人数,有主减至九人者,有至二十人者,有至全体中央执行委员总数三分之一者。在这一次的政制改革讨论之中,缩减中政会人数殆成为一般的主张,足征前此的制度为一般论政者所不满。这种不满意于当时状况的论调更重要的一层理由是因为第五次全国代表大会将为国民党各派别"精诚团结"的一个大会,一般预料中央委员的数额必有大量的增加。若果中政会仍然保持原来的组织的方法,则当较前此的更为庞大,造成一个简单无法运用的机关了。关于中政会内部的组织,论政者批评的一点是九位常务委员的制度,不特有群龙无首之讥,事实上竟陷入无人负责的局面,故有主张创设主席制的拟议。同时,有人主张恢复前此"负党国重责官职在特任官以上"的参加,以期中政会能参择负实际责任者的意见,但有的人则主张"委员绝对不能兼任政府公职,因为如果能兼,则这个机关势必成为政府的应声虫,兼职的人愈多,则应声虫的成分越大"。[2] 为使得中政会能利用专门人才来审议政务起见,有的人主张中政会应设种种专门委员会罗致专门家在内。以上是第五次全国代表大会前夕政制改革论者关于当时中央政治会议的批评及建议一般的情形。

七

第五次全国代表大会及五届一中全会对于中政会有一番最重要的改革,此项改革见于该会所通过的《中央执行委员会组织大纲及中央执行委员会政治委员会组织条例》。[3] 照一般讲来,此次改革,不特针对着前此的弊病对症下药,其大刀阔斧的改革精神亦弥足钦佩,这一次改革第一项最足称道的是将中政会委员的名额大量减少。按《组织条例》:"政治委员会委员,由中央执行委员会,就中央委员中,推定主席一人,副主席一人,委员十九人至二十五人组织之";"政治委员会开会时,中央常务委员会主席副主席,国民政府主席,五院院长副院长,军事委员会委员长副委员长,均应出席。"当时便推定汪兆铭为主席,蒋中正为副主席,张人杰等二十五人为委员,合共二十七人。在此二十七人外,再加上"均应出席"的人员共十六人,便得四十三人。但是"均应出席"的人员中有已经被选为委员者,故实际上有三十八人。二十五年一月九日,中

---

[1] 《中国国民党第四次全国代表大会会议纪录》,中央党部(广州)编,页四七。
[2] 钱端升:《中央政府的改善》,《华年》,四卷四十一期。
[3] 《法规大会》,补编,页八六一及八六二。

央常务会议议决"中央执监委员会常务委员应一律出席于中央政治委员会"。按现任的中央执行委员会常务委员共有九人，[1] 中央监察委员会常务委员共有五人，两共十四人。因为中执常委及中监常委中有的人已经因他种地位获得出席中政会的权利，人选重复者有七人之多，故此次实际上只增加了七人，连前此的三十八人，共总有四十五人。换言之，截至今日，有权利出席中政会者有四十五人，但是因为死亡者有三人，[2] 兼任地方军政长官因而时常不在首都者有五人，实际上常川驻京而能出席者有三十七人，此中尚有一二人因种种关系并不积极参加政治，故中政会现在出席者实在三十五人左右。较之前此全体中执监委均为中政会的局面，实为一个极大的进步。

以上所述只是出席于中政会的人员。除出席者外，仍援旧例，有列席人员甚多。此项列席人员，依照现行法规及习惯，可分两种：第一种是自动的可以列席者，第二种是因议及其主管事项而由中政会请其列席者。五届三中全会决定所有中委，包括候补中委在内，都可以自动的列席中政会。按五届中央委员的数目有空前的增加，全体为二百六十人，他们虽然大都不在首都，但也能造成"今日一批来，明日一批来"的局面。至于议及其主管事项而由中政会请其列席者，按《组织条例》是中央执行委员会所属各专门委员会及中政会所属的各专门委员会（下详）的主任委员，及国民政府各部会长官，他们"于必要时得通知列席"。照近年来的实际情形，中政会的秘书长本来便是委员，当然出席；[3] 八个专门委员会的主任委员也有五个是委员，当然出席；其余三人则于必要时通知列席；而行政院各部长则每次均经通知列席，[4] 行政院秘书长及政务处长则不一定。政策之推行及法律之制定最优良的并且是必要的一个办法是执行政策及法律的机关主管长官应参预其事，此项规定及习惯当是一个不易的政治学原则适当的应用。至全体中委均可自动列席的办法，鉴于列席与出席殊少分别的事例，似乎是一个不妥当的原则，未免有走回去从前全体中委均为中政会委员的危险，但因中委常川在京人数不多，在京者亦不一定列席，故演变至今尚不见得有重大的流弊。

五全代会改组中政会的又一个重要之点是主席及副主席制。常务委员制，尤其是九个常务委员制，在过去运用上发生不良的结果，上文已经述说。国民党近年来颇有废弃委员制而偏采首领制的趋势，中政会此次之废常务委员制而改主席制不过是这个

---

[1] 按中央常务委员会原设正副主席各一人，但胡汉民主席逝世后，二十六年二月二十一日五届三中全会将主席制废弃。
[2] 胡汉民，邵元冲，朱培德。
[3] 秘书长原为顾孟馀，顾未到由朱家骅代，朱任浙主席后改推张群，朱顾均为委员，张则不是。
[4] 现任各部部长已有二人为中政会委员。

趋势表现之一端，下级党部及中常会均有同样的改革。此中理由，据一位研究常务者说，是贯彻"民主集权"原则之集权一点。

中国国民党之组织，以民主集权制为原则。故党章规定，中央以全国代表大会为高级机关，地方以全省全市全县全区代表大会与区及区分部党员大会为高级机关，此民主精神在组织制度中所表现之事实也。在全国代表大会闭会期间，以中央执行委员会为权力机关；在中央执行委员全体会议闭会期间，以中央常务委员会为权力机关。在全省全市全县全区代表大会与区及区分部党员大会闭会期间，以省市县区及区分部执行委员会为权力机关。在各级执行委员会，又以常务委员为执行日常党务之中心力量，此集权精神在组织制度中所表现之事实也。

顾年来事实之昭示于吾人者，在各级党部组织上，民主制之原则虽已尽其妙用，而集权制之原则尚未达于极境。盖在县以下之各级党部，只设常务委员一人，尚无如何不便之处。在省市党部，常务委员多至三人，已有事权不能集中甚且互相牵掣之弊。至中央党部，常务委员增至九人之多（按此九常委即兼为中政会之常委），更感群龙无首，不知何去何从之苦。加以常务会议时，所有委员均得出席，每致讨论案件，议论纷纭，莫衷一是。即勉强集合众意下一概括之决议，亦每难于执行。论者每讥为议而不决，决而不行，症结所在，实组织制度未臻完善之所致也。

此次全代大会及一中全会，鉴于此项缺憾之急应补救，对于党部组织之决定，以加强集权化为目的。故在中央党部方面，则常务委员会及政治委员会，增设正副主席，限制出席会议人数……在省市党部组织方面，此次虽无明显决议，然大势所趋，中央调整各地党部之组织，将依年来试验之结果，采取特派员制，已无异议。特派员制者，即废除以往之执监委员会，整理委员会及指导委员会制，而改为特派员一人，且由中央委员担任，以主持党务者也[1]。由这一段说明看来，中政会已设正副主席制，为最近国民党组织制度根本改变中之一环，此项改变实自十三年第一次全国代表大会以来最重要的改变，而使得十三年至今一脉相承的《国民党总章》成为一部失效的法规。但是参照以往之经验，"议论纷纭，莫衷一是"，"议而不决，决而不行"的"症结所在"，虽然一部分原因是由于常务委制造成"群龙无首，不知何去何从"的局面，及人数太多，来往不定的原故，但除此而外，会议席上没有正式表决的习惯也是其中极重要的原因。第一，不作正式表决的习惯使得所谓"出席"与所谓"列席"在实质上并没有重大的

---

[1] 崔唯吾："党务"，《申报年鉴》，二十五年，页二五至二六。杨幼炯：《中国政党史》，页二〇一，有一段与此相同。

区别；第二，会议不取表决的方式则所谓"决议案"只是主席"勉强集合众意下一概括之决议"，其涵义自虽鲜明而便于执行。虽然避免决议形式之用意是在避免国民党中意见纷歧的表面，但中政会所讨论之事务初非关系主义之根本问题，只为实现主义及政纲的方法问题，就使中政会中呈现议论纷纭的状态亦与国民党的团结无大影响，何况国民党中领袖派别意志未能齐一是周知的事实，且为党里所承认不疑之事实。总之，从前常务委员制的确有许多流弊，但是此项流弊并不能完全归咎于常务委员的制度，针对常务委员制而发的主席制恐怕未必能将前此的弊病杜绝根除。同时，中政会从前虽亦曾采主席制，但此次的主席制则有两个特点：第一，从前行主席制时例由委员互推，此次则由中央执行委员推定，且为委员名额以外的地位；第二，从前的主席制只有主席一人，现在则添加副主席一人。在汪兆铭当选为中政会主席之时，汪氏适在海外养伤，故由副主席蒋中正代理，至汪氏返国时为止，副主席之制因此有事实上的必要。

五全代会对于中政会的改革的第三点是在中政会的内部设立各种专门委员会。按省市党之特派员制，在特派员下亦均设有设计委员会，"网罗干部人材担任设计工作"。本此组织制度之原则，中央常务委员会下亦设有海外党务，地方自治，国民经济，文化事业等"计划委员会"，及其他特种委员会。二十四年前，中政会之内分设各组"分别担任审查与设计事宜"，前段曾加述说。五全代会将这些时时更易的各组加以厘定，[1] 规定在中政会下设法制，内政，外交，国防，财政，经济，教育，土地，交通等九个专门委员会，"以中央委员及对各该委员会主管事项有专门研究之党员充任之，并得聘请专家为顾问"，"承政治委员会之命，及主席副主席之指挥监督"，分别掌理担任设计与审查事宜。[2] 各专门委员会设主任委员一人，副主任委员一人，委员九人至十五人，及秘书一人，按一种法规的规定，"主任委员不得兼其他职务"。[3] 按另外一种法规的规定，则"副主任委员不得兼任其他职务"。[4] 专门委员会会议由主任委员随时召集之，以主任委员为主席，他不能出席时以副主任委员为主席。在开会议时，中政会秘书长或副秘书长得列席；专门委员会，并得"申请政治委员会主席副主席，通知主管机关长官或指派专门人员列席参加审议或供给材料"。专门委员会对外不行文，但会议结果"应缮具报告，由主任委员，副主任委员署名，申报主席副主席核办"，"各

---

[1] 《中央执行委员会政治委员会各专门委员会组织通则》。
[2] 《中央执行委员会组织大纲》，《中央执行委员会政治委员会组织条例》，及《中央执行委员会政治委员会各专门委员会组织通则》，详细规定其组织情形。
[3] 《大纲》第六条。
[4] 《通则》，第三条第二项。

专门委员会对于奉交审查或设计之案件,对外不得泄漏;经预定期限者应依限办竣,不得延搁"。

自此项法规制定后,中政会便开始组织各种专门委员会。现在成立者计共八个,法规上所列国防专门委员会并未设立。每一个委员会均有主任委员一人,副主任委员一人,他们并不一律是中政会委员,但除一例外的均是中央委员或候补中央委员。主任委员及副主任委员都兼任其他职务,有的兼职甚多,足见上述正副主任委员不许兼职的规定并未被遵守。[1] 每会委员最多者十五人,最少者十一人,均设秘书一人,有时由委员兼任。委员中有许多都是中政会委员,大部分是中央委员或候补中央委员;有的兼任政府中要职。

中央执行委员会及政治委员会的种种计划委员会及专门委员会设置之目的在"人材集中,事权统一",因此在此项组织成立后,"政府机关有同性质之组织者,应即取消"。[2] 此为设置这种委员会的用意,但自此项委员会成立后,并未闻有政府机关因此而被取消,政府机关本无专为计划,审查及设计而不兼管行政者,普通政府机关在行政上亦难免有计划,审查及设计之工作。究竟何种政府机关应行取消因此亦殊难断定。例如,直隶国民政府之建设委员会的职权为:(一)遵照实业计划,拟定全国建设事业之具体方案,呈国府核办;(二)国民建设事业有请求指导者应为之设计;(三)办理经国民政府核准试办之各种模范事业。建设一个名辞究竟为何种事业殊不易断定,与中执会及中政会的委员会的职权自有重复之性质;但建设委员会,一方面拟定方案及设计,一方面则办理模范事业,是否应被取消自然颇成问题。其他尚有别的机关,如行政院所属的国民经济建设设计委员会,当然与中央执行委员会的国民经济建设计划委员会重复,但此会反而成立在后,足见"人材集中,事权统一"的目的并未能达到。

中政会除设置各专门委员会外,并设有秘书处,有秘书长一人,副秘书长一人,[3] 综理秘书处事务。其下有秘书,科长,总干事,干事等若干人。现在除秘书长副秘书长外,只有秘书四人,并有议事,机要,文书,事务等四科,各有科长及科员。秘书处的职务在:(一)文书之撰拟批判及收发保管,(二)编次议事日程及会议录,(三)会场记录及整理议案,(四)典守印信,(五)对外接洽,(六)整理簿记编造预算及庶

---

[1] 近来有二事例与主任委员或副主任委员兼职问题有关:(一)张群卸外交部长职后值外交专门委员会主任委员王正廷出国任驻美大使在即,即被任为外交专门委员会主任委员;(二)交通专门委员会主任委员朱家骅任浙江省政府主席,副主任委员曾养甫任广州市长,即改推王伯群为主任委员,俞飞鹏为副主任委员。曾前任铁道部次长,俞现任交通部长。
[2]《中央执行委员会组织大纲》,附注一。
[3] 同上,第五条。

务会计事项，及（七）协助各专门委员会之事务进行。秘书长及副秘书长由中央执行委员会任命，但有时亦迳由中政会自行任命；[1] 秘书等等则由主席副主席任命，在秘书长不视事时，照以往之例，并不由副秘书长代理，而由中政会任命代理秘书长。[2]

　　五全代会对于中政会的改革，虽均足称道，但关于监察委员一点则未有改革。五届一中全会所选的二十五位委员中已有中监委七人；后来准许出席者又有中监委会的常务委员，准许列席者则有全体中监委及候补中监委。这种办法之不合监察委员会组织制度精神，前段业已说过。但国民党方面及一般论政者似乎并未注意到此点，故五全代会对于中政会，虽有种种最根本的改革，但对于监委与执委职务上之区别使前者不宜参与中政会的一点，则并未顾及。此种现状固然一半由于中央监察委员会在事实上并无实际监察的能力所致，但为顾全监察委员制度之精神起见，监察委员不能加入中政会自有充足之理由。

八

　　以上是中政会演变经过的大略及现行组织一般的情形。我们观察这个机关组织制度屡次更变的历史，及其内部人员之屡次更易，时而扩大，时而缩小，不禁联想到我国近年来政治制度的确是未曾走到固定化的路径上去。国民党的组织，自十三年改组后，《总章》虽然曾经多次的修改，但大体的轮廓是没有变动的。然而国民党的机关却始终距离《总章》的规定甚远，近年来省市党部的特派员制则显然与《总章》的精神相左。此外许多特殊的过渡情形长久之维持亦使《总章》未能得到畅利的运用。中政会本来只是国民党最高党部特种委员会之一，其组织且未出现于《总章》之内，然而却演成今日极度崇高的地位。而它演变的过程又如是其频繁，几使其无安定工作的机会，也是政治纷乱的一个反映。一个负有重要职务的机关最宜有相当谨严的组织，人数尤不宜冗多，方能运用灵活。同时，实际政治又往往证明政客之纵横捭阖无非是权力的争夺，无非是企求在最高的机关中争取地位。国民党的当局早知上述第一个原则，故自始便欲将中政会立为一个名副其实的政治委员会，人数不多，职权隆重。然而正因为中政会的职权隆重，故一般中央委员均欲挤入其中，挤入者引以为荣，挤不入者引以为耻，为避免人事的纷扰，中央遂时时迁就事实，不惜扩大中政会的组织，

---

[1]《组织条例》，第九条；中政会自行任命之例为张群之例。
[2] 副秘书长向为陈布雷；在秘书长顾孟馀不到任时由朱家骅代理而不由陈代理。

而牺牲其效率。在初，中央尚勉为出席与列席之分，但后来则竟演至全体中央委员均为中政会出席委员，全体候补中央委员均为列席委员的离奇局面。五全代会将这个局面彻底改革。至今日则堪称健全，虽则尚有若干问题，如不采用决议形式，兼收监察委员等，亟待矫正。

献身政治的人固然志在争权。罗素曾说："人类渴求权力与渴求财富是一样的，其实权力是财富的来源。事实上财富只是权力的一部分。"[1] 因此我国之从事于政治者努力厕身于中政会中，原无足异，但是"一个政治家最大的德行就是爱国的情绪"，[2] 他不肯做任何有害于国家的事情。现在中央委员的人数已骤增至二百六十人的巨额，深望现在得为中央委员或任重要职务的长官，勿再进一步地挤入中政会中。过去这样硬挤的事例已弄得乌烟瘴气，中国最重要的一个机关竟演成一个等同虚设的会议，今后实应引前此的苦痛经验为殷鉴，切实保持中政会为一个人数相当稀少，最大多数委员均在首都，能够运用灵敏而集中事权的机关。同时，中央当局尤应使中政会稳定下去，制度化起来，不再顺从人事无理的要求，致使中央政治委员会再度变成一个中央政治会议。中政会的职权太繁重了，责任太重大了，它的动作影响于整个政治及国计民生太深巨了，实不能任其恢复前此那种尾大不掉不能运用的局面。

---

[1] Bertrand Russell, "Power, Ancient and Modern", *Political Quarterly*, April June, 1937.
[2] F. S. Oliver, *Politics and Politicians*, p. 34.

中国政制建设的理论 *

革命与改革的理论

西洋帝国主义的侵袭既使我们了然于政治改造的必要,政治改造的途径顿成急待解决的问题。政治改造按诸外国的经验至少可有两种方式,其一为暴力的革命方式;其一为和平的改革方式。如以英国历史为代表前一种方式的是十七世纪中叶二十年间的"清净教徒的革命"(The Puritan Revolution);在这二十年间英国演出激烈的大流血的惨局。代表和平的改革方式是一六八八年的"光荣的革命"(The Glorious Revolution)及十九世纪中数度选举制度的改革,特别是一八三二年的"改革法案"。如以欧洲其他国家的历史为例,则自从一七八九年法国大革命发生以来,一般的欧洲大陆国家都会经有一次或数次流血暴力革命的经验,尤其是在一八三〇年及一八四八年,革命竟同时在若干国家中爆发起来。至于世界其他国家,尤其是南美和美洲的国家,如墨西哥革命几为常事,甚至无年无之。十九世纪的社会主义者,如马克思派的社会主义者,及工团主义者(Syndicalism),更进而提倡"世界的革命",认定流血暴力的革命为政治改造的唯一的方法;工团主义者且精研革命暴动的技术,即所谓"直接的行动"(Direct Action),以之为连到其政治理想唯一的手段。

同时,若干比较上温和的人士则认定革命——流血暴力的革命——为一种有害无益的行为,以为社会固然时刻需要改进,以期与时代的潮流相适应,但革命终非达到此项目的之手段。他们以为流血暴力的革命,其根本精神在于破坏而不在于建设。

---

* "艺文丛书"之一,商务印书馆 1939 年发行。

革命需要革命者，革命者的成功条件与建设者所必须具备的条件根本不同。革命者的成功条件在于他们的勇猛精神，在于暗室下层的工作，在于秘密结社私藏私运军火，在于暗杀越狱，在于忍受监狱中的非人生活。革命者永远是革命者，他们要继续不断地从事革命，他们只知革命，不知其他。反之，建设者所必须具备的条件与此根本不同。建设者需要精密的思想与计划，点滴推进工作的毅力。他们不必在暗室里从事于破坏，他们可以光明正大地在组织庞大而又有效率的办公室中工作。这两种人的天赋是完全不同的，个人有其特殊的本能，各循其天生的才干而发挥。然而事实是一般革命的结果是革命者成功之后要夺取建设者的头衔，从事于根本适合其个性的工作。其结果是革命者所破坏的（每个社会中当然应该被破坏的事物）革命者不能假设新的事物来填补其空虚而又不甘让真正的建设者来担任这件艰巨的工作，遂致愈革命社会愈空虚，愈也要革命来建设而建设愈不能收效。英国的"清净教的革命"扰扰攘攘地闹了二十年，其破坏的程度不可谓不大，备革命者用来从事与建设的时期不可谓不长而终不免于人心之涣散，整个系统的瓦解，而成一六六〇年之"斯图瓦"皇室的复辟。领导英国革命的克伦威尔（Cromwell）是能文能武的全才，治军更具超群的能力，个人的刻苦清廉尤为千古所稀有，但他缺乏建设改革的才能，大权集中于一身形成包而不辨的局面，故于一六五八年去世后，一生的功业遂随其个人而入墓。法国"大革命"的影响之大为亘古所未有，其经过则是愈演愈于激烈，而终有"恐怖的时期"及对于"恐怖的时期"的反动（The Reign of Terror 及 Thermidorian Reaction），酿成了拿破仑之独裁与帝制及废皇之复辟。因此一般比较上温和的政论家遂认革命不免要有过多的牺牲而革命亦往往难期达到所预期的目的。

  抱持这种论调的人更进一步地认定，从对外的立场而言，革命总是一种消耗国力的举动，总要浪费国家的元气，减低国家对外的力量，正足以授虎视眈眈的强邻以侵略占据的时机。一个国际在无政府状态的国际社会里生存，必须要绝对保持充实其卫国的力量，以策应强邻的野心。凡是爱护国家的人士必定要以不损耗国家自卫力量为其活动的准则。爱国家者——一个良好的公民——应以保存充实国家自卫力量为其第一重的责任。暴力的革命必定要损耗国家力量而促成外国觊觎的野心及行动。因此一个良好的公民，应当极力避免促成革命为其一切活动衡量的标准。从这种的立论，若干人士认为促成革命不是一种爱国的行为。

  革命既然一方面并不能促成建设，一方面又为消耗卫国力量的行为，抱持这种论调的人却并不一定是绝对的保守主义者，也不是绝对的悲观论者，他们并不以为人类既然禀有恶劣的根性，进步已为绝不可能的事实（读者当知十九世纪的欧洲思想家一般认为是"进步的世纪"，进步的观念为一般所深信不疑。他们相信科学的进步能促进文明的进步，使人类生活的程度无止境地加增，智识的交换能使人类各种不同的种族消融误解及隔阂。但是欧洲大战的爆发，及四年惨绝痛绝的屠杀使得若干人走入一个完全相反的方向，对于人类前途发生绝对的悲观情绪，以为进步只是一种梦想，事实决无可能）。他们仍然认定人类有进步的可能，抑且有进步的必要。然而进步不能从流血暴力的革命方式去蕲求：进步的本质是文明的拓展，流血暴力的本质是蛮性的暴露。进步必须用文明的方法去获得，而所谓文明的方法是渐进的改革。

从纯粹逻辑来讲，革命或改革根本假定一时一地的人类社会有其缺点需要铲除。社会科学的出发点端在人性的认识；对于人性的认识是一切社会科学理论的基础。提倡革命或改革，便是一方面认定依人性所组织的人类社会有其缺憾，一方面相信其有进步的可能。但是我们要问：我们对于进步是否绝对的乐观？主张采用革命方式来改造社会的人，至少在理论上相信，人类社会有根本改造立达理想境界的可能。他们对于人性根本乐观；以为社会本来是良好的社会，所以需要改革的原因，是社会中有若干不良的分子——贵族、地主、皇室、资本家、共产者主义、无政府主义者、法西斯主义者、军国、土豪劣绅——把握着社会为非作歹。革命者若果用暴力将他们一网打尽，彻底铲除，社会便能完全改造，立刻达到尽善尽美的地步。革命者这种看法是对于人类社会绝对乐观的看法。他们对于一时一地的社会有一种特殊的分析，寻觅到所谓社会的公敌；然后用暴力将其打倒铲除。这个社会的公敌一旦消灭，受其压迫榨取的人们便立刻可登衽席。

但人类社会是否容许如此的乐观看法却仍然是一个疑问——一个最基本的疑问。人类社会是否可以达到尽善尽美的境地，故是很足令人怀疑的疑问；人类社会是否真的只受社会公敌的蹂躏，一般人民是否完全善良，也是疑问。一个富有历史常识的人，对于这些疑问绝对不敢如革命论者那样完全乐观，难则他并不一定是完全的悲观。他可以相信人类社会进步的可能，但是（一）他的历史常识使得他不敢相信人类社会能有尽善尽美之一日，（二）他对于过去各种革命论者社会公敌的选择不敢贸然全部接受，（三）他研究过去革命的效果，使他不能承认人类社会有全部立刻进步的可能。因为（一）所以他不甘于偿付流血暴力的革命的代价，以换取进步——也许是"莫须有"的进步；因为（二）所以他不勇于全部接受任何革命论者所开的单方；因为（三）所以他不赞成急剧的变化，而主张点滴渐进的方法——改革的方法。历史自初便充满着流血暴力革命的记录，人类不知为改造他们的社会蒙受了多少牺牲。但是到了如今为什么人类社会仍然需要改造——根本的改造？现在还需要根本的改造是否征明以前种种革命均未能收到预期的效果？如果以前的革命未能收到预期的效果，我们有何保证此时此地的革命便与以前的不同而能收到预期的效果？历史上所记录的这种革命表现着种种不同的社会公敌的选择。上文所枚举的种种人都会为一时一地革命对象。我们不必如同社会主义者那样过分的乐观，认定全世界只有一个公敌——资本家。我们可以承认各时各地有其特殊的社会公敌。对于这些公敌各该时各该地的革命者曾经用流血暴力的方法将其扫除。但是我们是否可以承认所谓社会公敌被扫除后，那个社会真的达到了理想的境界？一种社会公敌被扫除后是否还有新的社会公敌产生出来？十八世纪初年，革命者是资本家，他们革命的对象是贵族与地主。十九世纪后期及二十世纪，资本家变成了革命的对象了。我们把资本家打倒之后，会不会有新的革命对象产生出来使得我们又要革命？但是历史上的确有过成功的改革。改革不是革命，其最重要的区别之一是流血与不流血的一点；其区别之二是全盘的与部分的，一步登天的与点滴进步的一点。革命的引诱性在其所开的单方是百病全医的；改革没有那样强烈的引诱性。改革只是选择社会某一方面的弊端而加以改造；在选择时并不一定要选择弊病之最烈者；选择的标准是改革成功的可能性。改革者并不必要为自己出最艰难的题目；他选择时要审度一时的环境是否容许这项弊病的改革。同时在制定其改革方案时，他并一定希望这一个弊病一旦全部的扫除。他注意的究竟可以扫除多少，然后先扫多少，所余的留待将来再来扫除。改革者是一个实际主义者；他不蕲求煊赫的方案；他注意的是环境许可的程度。他了解社会劣根性及惰性的抵抗力，但他并不完全向其屈服。他也要战胜他的环境，但他承认环境是一个不易慑服的敌人，因此他不希望立刻使环境向他投降。他选择环境的弱点施行攻击，但他的攻击总是适可而止，绝对不逼迫着敌人到背城借一的地步，使其反攻过于剧烈而终于胜利。改革者总不是一个有声有色的人物，但他是一个有毅力，有恒心，只望蚕食而不望鲸吞的人。他了解人性及其弱点，有历史的常识，有社会的经验，愿献身为社会做一番事业，这些特色都不是革命者的特色，革命者与改革者总是两种禀性不同的人物，在人类历史上他有其特殊的地位。

英国历史上充满着改革者光辉灿烂的功绩。自从十六世纪中叶以来，英国本身并未曾有过流血的革命，但是英国的社会却不断地在进步之中，它的进步并且往往为世界的先导。英国是资本主义首先发达的国家，但是新兴起的工商业实力，在十七世纪以后，并没有用暴力便将前此包揽政权的贵族与地主推翻。后来英国的资本家势力垄断一切，英国式的资本主义最为昌盛，但是社会主义者所提倡的革命，却始终未得在英国树立雄厚的势力，代表劳工的政党始终未曾以暴力革命为其手段。至于政治，英国的政治宪法素为举世所钦仰：它的普及选举制度，内阁制度，司法制度，文官考试任用制度，政党政治，地方自治，在十八十九及二十世纪之中不断地演变着，进步着，一点一滴的改革着，使其渐臻于完美的地步。英国人自命有"政治的天才"，他们所谓"政治的天才"之一个特色就是按部就班的改革，不去速成，但求实际的效果。例如，选举制度，英国的改革是完全渐进的：一八三二年，一八六七年，一八八五年，一九一八年，一九二八年，一度一度地扩充，卒达于全民普及选举的峰极。又如，地方政治的改革，只就重要的改革而言，一八八八年，一八九四年，一九二九年，一九三五年，也是逐渐的改革而抵于今日的境地。这种的方法是英国民族地道的精神；他们认为政治的改造惟有从渐进的改革入手，图一步登天的革命手段，牺牲一切来换取一切是英国人所不肯相信的，十七世纪革命的经验使得他们对此相信不疑。

法国的民族性是崇信逻辑因而不甚讲求实际的。法国的历史充满着革命的烈焰。法国的人民总是热血沸腾的，总是富有革命情绪的。一七八九年，一八三〇年，一八四八年，一八七一年，法国都有革命，其他比较上规模小的暴动更不计其数。但是法国的社会始终保持革命的情绪，每次的革命总不能达到预期的目标。法国的社会的确有进步，但它的进步并不比英国速度，它的弊端并不比英国少。英法两国同时采用两种不同的进步方法，其结果却并不见得有显著的差别；流血暴力所索去的牺牲并不会得到什么特殊的代价。

在这两种进步方法里，我们发现了革命与改革的理论。中国现在还在革命，中国现在也在改革。我们是否已经清晰的明了这两种进步方式的基本意义？在我们从事于其一种方式之时，是否计较到该方式的情调？我们热烈地期望着中国的复兴，了解中国政治社会改造的必要。我们在此开头，似乎要较清楚认识革命两种进步方式的真谛。不然我们便是盲从，便是瞎干；我们一片纯洁的心灵也许促进我们做出了误国害国的行为。

政治社会中的冲突有两种不同的情形。这两种不同的情形与革命及改革的理论有绝对密切的关系。为彻底了解革命与改革的真谛，我们必须从长研究政治社会中冲突种类的不同。

一般论政治者认为政治上的冲突似能分为可以调和的与不可以调和的两种。这里蕴藏着相当深邃的政治哲学。十九世纪，若干西洋国家正在资本主义的社会蓬勃茂盛的时期，社会上一般是相当融洽的，所暴露出来若干的冲突之点只是浮面的，肤浅的，解决并不困难的。那时大家都相信资本主义一定能引导人类走上繁荣富足的将来；都相信民治主义是人类政治组织终极的理想。对于这两个立国的根本，一般人绝对信仰，毫不怀疑。在这里融洽的情形之下，一切政治上的冲突都是无关宏旨的冲突。试以英国为例，在十九世纪当中，英国政治上的冲突都是些手续问题，小枝末节；那时没有人怀疑到资本主义和民主主义的根本，没有人主张实行无产阶级专政或法西斯的独裁。政治舞台上两个主要角色——格兰斯东（Gladstone）与狄斯瑞利（Disraeli）——有声有色的政争，吸引了一般人民的情绪，但是细看他们所争的究竟是些什么问题？在他们开始斗争的时候，自由贸易与保护关税的剧争已成尾声，一八四六年工商业者憎恶的"谷律"（Corn Laws）已经取消了。就是这个争论也不过是资本主义原则下的一个小的方法问题；采行自由贸易固然也行资本主义（如英国），采行保护关税又何尝不能行资本主义（如美国）？在格兰斯东与狄斯瑞利竞争政权的时候，一八三二年的选举法案已经成为事实，开放政权及于人民——民治主义——也是势在必行的政策。格兰斯东的自由党人，特别是罗素（Lord John Russell），固然主张普及政治权利于都市里的群众，狄斯瑞利的保守党又何尝不作此主张？在自由党当政之时，保守党反对选举法的修正，好像不遗余力，而且振振有辞；等到保守党本身当政之时，它却一反从前的意见，而自己提出相同的改革法案；一八六七年的选举法案，即开放政权及于都市中的工人。英国在十九世纪后半期政治上所争的都是些不涉及立国根本的问题。所谓政党间的斗争，往往是故意造作出来的，也许是无中生有的。这种看法是英国人自己都承认的，著名的政论家摩利（John Morley）便这样说过。从这种论断，我们可以看出为什么只需要改革不需要革命；这里暴力流血是绝对不需要的。

  但是等到政治势力间的争斗到了争论国家根本问题的时候，情形便大不相同了。英国的劳工党自始便不相信马克思主义的革命论。英国劳工党的组织者，以为要在英国实现社会主义，其方法在先将英国的劳工群众组成与资本家的保守党自由党一式的政党，运用资本家所制定的国会选举法公开的竞争选举，希望在国会中得到大多数议席，然后组织内阁，实行其主张。他们不去提倡暴力流血的革命，不去秘密结社。他们要使劳工群众的政治组织得到合法的根据，用法定的步骤宣传竞争，企图把握政权。即使这种选举法是资本家的政府所制定的，他们也完全不理会。所谓"费边主义"（Fabianism）最能投合英国人的胃口。这一点是与正统马克思主义派的劳工组织根本不同之处，所以托洛斯基那样的憎恶英国的社会主义者，英国的社会主义者所主张的是用和平的方法跃登把握政权的地位，即得到国会议席过半数，由国王任命组织内阁，由内阁领导国会制定种种的法律实现社会主义。这是他们劳工运动,社会主义运动基本的特性。

然而这里便发生了问题。劳工党虽然主张绝对不用暴力流血的方式,但是等到他们一朝胜利来,用起暴力流血的方式了,那时社会主义者怎么办呢?他们也用暴力流血的方式来压制资本主家呢?还是绝对不用这种方式而束手待毙呢?这个问题是英国现在的社会主义者所踌躇而不能解决的根本问题,充分地证明在政治斗争演到根本冲突的时候,和平的改进是否完全可行,便成了绝大的疑问(关于此点可看 H. J. Tank 所著 *Democracy in Crisis* 一书)。

其他各国关于这个问题也有许多的可资参证的史实。意大利的墨索里尼,在组织其法西斯正当之初,也是想用和平的方法来竞争政权的;他的法西斯党且在意大利议会得到了若干议席。然而后来墨索里尼忽然改变了战略,而改用暴力流血的方式,在意大利各城市中组织所谓"棒喝团"实行暴动,终于在一九二二年十月进攻罗马而掌握了意大利的政权。这里看出墨索里尼是先用和平的方法后用暴力流血的方法的。然而德意志的希特拉争取政权的方法则恰恰与墨索里尼相反。希特拉在初组织他的国家社会主义党之时,是企图用暴力来争取政权的,故有一九二三年明兴市中的暴动,并且被逮入狱。但是后来却一反这种方式,而由希特拉经过几夜的思维后,决定改变策略亲自参加德国总统的选举,与兴登堡将军(当时任职的总统)作热烈的竞争。嗣后他又领导国社党作种种政党的竞选运动,虽然手段并不一定完全合法,但是其目的则鲜明地在攫取议会中大多数的议席,从而组织内阁,实行其主义。到了一九三三年,国社党竟得到了议会过半数的议席,希特拉遂为德国的总理,运用其地位及议会的多数议员开始实行主义。这里看出希特拉是先用暴力的方法,后来改用和平方法的,墨索里尼与希特拉曾经采用过暴力和和平方式的。这与英国的劳工党之纯粹采用和平方式及马克思主义者之主张纯粹采取暴力方式,均不相同。而墨索里尼又是先采和平后用暴力方式的;希特拉则先用暴力后用和平方式的,在研究攫取政权的技术上这是最堪玩味的事实。

从这些事实里我们要注意一点:墨索里尼及希特拉在夺得了政权之后,均遇到了严重的反对,而须用暴力来压制其反对的势力。这就是说,无论政权是如何到手的——和平的抑暴力的——政权既得之后,他们都得用暴力来压制。由此也就看出,凡是一种政治斗争,在不涉及一般根本问题之时,固可以用和平的方法逐渐改革,一俟牵涉到立国根本问题之时,双方冲突就趋于尖锐,驯至非诉诸暴力不可。这种情形是普及于近代史中任何时代的。英国在十九世纪当中,政党间没有根本的冲突,自然可以优游的逐渐改革;在政者能够容纳改革的建议。但是到了在野主张改革者所提议的改革方案以打倒在朝者的一切为鹄的，或者在朝者所主张的改革要打倒在野的一个集团的根本利益及存在，暴力的冲突便不可以避免。因此我们不能说和平改革是好的，所以一切暴力均不得应用；也不能说暴力是一切改革的方法，不能用和平的手段。这两种方法各有其必须采用的原因，亦即是：在不涉到国家根本问题之时，固可不用暴力，在涉到国家根本问题之时，暴力便也许要不可避免。

我们试以中国近代之事实为例。康有为梁启超所提倡的变法维新，本是企图用和平的方法来达到中国政治的改革的。他们相信和平的方法可行，即是不必诉之暴力，因为他们未会主张将满足统治中国的根本原则加以推翻，同时他们也未会主张将君主政体的根本原则加以废弃。他们所要求的只是"开明专制"与"虚君共和"。因为他们的意志并不在根本问题的改造，故他们以为可以用和平的手段达到他们的目的。但是他们试验的结果，却是失败了。其失败的原因，在他们虽然为削减清室皇帝的专制权力，并不是立国的根本问题，在慈禧皇太后看来却完全是两件事情。我们可以说，在慈禧的眼中，君主便得专制，要君主牺牲专制的权力便牵涉到立国的根本问题。康梁以为他们的"开明专制"只是一种改革，慈禧却以为是一种革命。这样慈禧认为不可容忍，正如法国大革命时路易第十六世不能接受一七九一年的宪法（君主立宪的宪法），及俄国的不能接受一九零五年的改革一样。专制的君主顽固的认定不专制便无所谓君主，其结果自然是只有用暴力流血来改造整治的一条路了。

同盟会的革命运动与此情调完全不同。同盟会所主张的"驱除鞑虏，恢复中华"是中国政治根本的改造：第一，要推翻满族统治中国而代之以汉族统治中国的局面；第二，要推翻君主政体而代之以共和政体。这两点自始便知是清室皇帝及统治者所绝对不能容忍的；这是立国根本问题的全部推翻。因为同盟会中的人早已看清此点，所以便根本不必去考虑到和平的方式。他们早已预料他们的双重目的是非用暴力流血方式绝对无由达到的。由这两段中国的史实也可以说明上述的原则：凡是牵涉到国家根本问题的改造，和平的方式是不可能的。

我们研究改革与革命的理论，在观察各国的政治改造的时候，这一个原则是可以普遍应用的。无论我们如何主张和平改革，有的时候暴力革命是不可避免的。同时，我们也要深切认识，和平的改革是每个国家所必须走的道路，因为不是每一个政治问题都要牵涉到国家的根本。凡是不致牵涉到国家根本的问题，惟有用改革的方式；牵涉到国家根本之时，当然是舍暴力流血的革命别无其他的道路。

在此我们要提出几个重要的认识问题。第一，惯谈革命的人，往往要将并不必牵涉到国家根本的问题认为是牵涉到国家根本,所以必须提倡革命。这是很危险的认识。革命一来并不能将整个国家政治立刻完全改造,革命性的破坏并不能十分彻底,故虽在革命后仍有待于点滴的改革;二来革命的流血与牺牲均须有最高的代价,其代价并不比较内战为低,在险恶环境之下,尤要引起外侮的侵凌。因此图建立改造我们国家的人,要认清改革与革命的理论,非到除革命外别无路走的时候,绝对不必发动革命。第二,在朝的政治势力,尤其需要认清,有改革总有进步,不断努力进步是维持其优越势力的不二法门。这便是说,在政者不要以为在野舆论对于政治改造的要求,均是牵涉到国家的根本,因而使用高压的暴力流血手段将其抑制。在政者并不是容忍一切以推翻其政权势力的存在——这是绝不可能的,但同时也不能严密地管制一切批评及改革的建议,本身更需具有改革的决心与毅力。自身不图改革而严密地禁止一切改革的建议,自然要强迫着在野者走上暴力流血革命之路。换言之,我们要分得清楚,何者牵涉到国家的根本,何者不牵涉到国家的根本,根据之以谋手段的抉择。

以这种理论为研究中国当前情形的根据,事实是相当的明确。中国国民党的清党政策的决定是因为认定共产党是以推翻国民党全部统治为其职志,故牵涉到国家的根本问题。这样总有十年剿灭长征的痛苦经验。自从西安事变以来,情形便以为之不变,卢沟桥的烽火燃烧以后,全国更是现着空前未有的大团结的局面,不特是共产党,其他的所谓"各党各派"也都来归,共同表示竭诚的拥护三民主义。一方面内部在革命争斗,一方面在剿灭长征,是一种劳民伤财的举动,终为消损国家元气,消减抵御外侮的行为。故在国民党方面毅然决然改变了方向;在在野党方面也毅然决然转换了目标,在双方调和之下达到了国内的和平与团结。这是一种最纯挚,最优美的民族主义的表现。如果能继续不断地推演下去,将来一定为史学家所艳称。对于革命与改革的理论来说,这是一个急剧而正确的大转变,在无须流血暴动时着重于埋头苦干的和平渐进。我们应本着这种信念来谋求中国现代国家的建设。需要用暴力推翻的对象二十七年前已寿终正寝。清室遗留的余毒——军阀官僚——也在十年前肃清了。今后的途径是再不必用暴力来对内了。我们是循着这条康庄大道来建国的。

政制特质的认识

谈一个国家的政治建设,最重要的一点就是政治制度的建设。政府虽不等于国家,但政府是构成国家最重要的部分,因为没有善良的政府,一切政治建设均无由着手。

照一般国家的经验而论，在战争期间政治制度必有一番重大的改革，因为战争是一种危机，与平时的情形迥不相同，故政治制度改变其组织系统来应付其既变的环境。这是西方政治学者所谓的"危机政府"（Crisis Government），自世界大战以还，已构成一种专门研究的对象。然而各国因应付战争政制上的改革，往往有同一的趋向，只因原有的制度不同，故改变方式与程度相去亦因之而距离甚远。同时，因为世界大战后各国政治经济社会杌陧不安的状态，特别是一九二九年后的经济恐慌，即法西斯势力与左翼势力之对峙情形，即在非战争期间政治制度采取一种方式，其趋向与战争期间的情形相类似。国际政治之变幻莫测，战争——第二次世界大战——之岌岌可危，也使得各国除在国防建设上积极扩充外，在政制上亦有其充分的准备。近二十余年政制上的问题已经非十九世纪中的问题；政治学与其它的社会科学，在世界大战后可谓另外翻开了一页。现代及目前的政制上的理论和实施与世界大战以前截然不同，迥异其趣。现在我们必须排除往时的窠臼，根据于往日情形所写的政治学书籍，现在似乎只能成为研究政治学说史的资料，因为现在的问题实在与从前的不太相同。

研究政治学的人要注意的是，政治学说史中所胪列剖析的学说，诚如美国学者毕尔德（Charles A. Beard）所说，不外三种：拥护现状者，攻击以求推翻现状者，企图改良现状者。举例来说，英人洛克（John Locke）的政治学说便属于拥护现状之一派。他自己也坦白的承认他所拥护的是英国在一六八八年"光荣革命"后的状况。照后人拉斯基（Harold J. Laski）的解释，是资本制度初期的政治学说，其所极力提倡的自由以契约的自由为中心，恰是资本制度初兴时工商业者所迫切需要的自由。法人卢梭（Jean Jacques Rousseau）的一套学说，可以作为攻击以求推翻现状之例子。他所表示极端不满的是法国的"旧制"（L'ancien regime），即布傍王朝（Bourbon Manarchy）及其一切专制贵族所代表的典章制度，而思以民主政治代替之，故倡说"群意"（Volonte Generale）来排击君主的一尊。英人边沁（Jeremy Bentham）可以认为是改革现状派的代表之一。他对于十九世纪前叶的典章制度——资本制度及民主潮流——没有根本的怀疑或憎恨，不过环顾左右总有若干令其不满的地方，故主张从立法的理论为出发点，以"最大多数人的最大幸福"为标准，提倡法制的改良。这三个都是例子，说明政治学说总括说来只不过有这三种典型。

这个对于政治理论及政治设计的认识是根本的。政治学说之所以议论纷纭，争辩不休，就是因为政治状况不同而各人对于现状的看法又不相同，有的拥护，有的攻击，有的改良。更进一步说，一切政治学说的出发点都是"现状"，而现状本身自有时间与空间的绝对差别。因为有此不同，故除了拥护，攻击或改良态度之互异外，现状之变易更使得他们所主张的，所倡说的理论时时变更。我们试以德国的两位作家来说论，著名的爱国主义倡说者菲斯特（J. F. Fichte），在先是一位受有相当浓厚法兰西政治哲学影响的作家，但是因为普鲁士在一八〇六年受了拿破仑的蹂躏，国将不国，使得他忧愤填胸，遂发为"对德意志民族的演说"，成为激烈的爱国主义者，在若干最重要之点一反其原有的学说。这是一个显例。德意志自十九世纪统一完成至于今日，曾经过三种迥不相同的政制；德意志帝国（Kaiserreich），一九一九年至一九三三年的威马共和国（Wei-mar Republik），与一九三三年后希特拉的"第三莱希"（Das Dritte Reich）。在这三个政治改变中，一位政治学者的生命延续下去：这个人是斯米特（Karl Schmitt）。在他的一生中眼见过德国政治三度的剧变，而他的德国性格使得他始终拥护现状，为每一种政治他都找得出理论来热烈拥护之。虽然这样出尔反尔（因为这三种政制实在太不相同，不得不出尔反尔）而成的政治理论未必有何价值，这一件事实究可证明政治理论与学说的特质。近人中最负盛名的政治学者当推拉斯基。他早年的政治理论，见于其所著的"政治典范"（The Grammar of Politics），是一位多元论者（Pluralists），攻击传统的主权学说。但是后来这位青年学者却渐渐放弃了他往时的主张，在其近著当中多元论事实上已经湮灭。梁任公所谓"不惜以今日之我攻击往日之我"需要绝大的勇气，因为"自叛"不是弱者所敢于冒险的行为，其间蕴藏着绝大的痛苦。但是在政治的理论与学说之中，这是一种不可避免的经验，因为我们是处在"现状"急剧转变的时代里，墨守陈说往往要形成自甘没落。所以我们在政治学说史中，看得见许多这样急剧转变的人物；所以也有许多的理论与学说众议纷纭。

从此我们可以相信在人类政治当中去寻求一贯的真理，欲将政治学变成一种如同自然科学一样的纯粹的科学，是一种不可能而无益的企图。"政治学鼻祖"亚里士多德二千三百余年前便已说过，政制本来没有绝对的优劣，凡是能适合一时一地需要的政制，便是那时那地最好的政制，等到时过境迁，政制便又归于废弃。也许我们可以说亚里士多德所说的是政治学中的真理。一种政治学说必须以其事实的背景为研究理解的根本出发点：读亚里士多德总不能忘却上古希腊雅典的市府国家；读阿快那（Thomas Acquinas）不能忘却中古的神圣罗马帝国与罗马教皇争夺"基督教领域"（Christendom）——那时的世界——统治权的复杂背景；读布丹（Jean Bodin）或浩布士（Thomas Hobbes）不能忘却近世初年反封建的专制潮流；读十八世纪的政治哲学——卢梭，孟特斯鸠——不能忘却他们所反对的"旧制"；读马克思尤其不能忘却十九世纪初年欧洲西部——特别是英国——工业初发达时的情形。根据一时一地的情形,而去寻求所谓政治学的真理,即可以应用于过去现在未来的真理,是不可能抑且是大可不必的一种企图。这里没有什么成功的可能。马克思根据欧西一隅工业初兴时的情形而发为种种的预料,致其结论往往与日后事实的发展相左,甚而背道而驰。共产主义不肇端与工业最发达的英美德,而首在农业的俄国成功;资本制度的发达没有怎样超越了国境,打破了民族主义;中等阶级并不因资本的发达而归于消灭,社会仍有两个以上的阶级,都是荦荦大者。我们要举例来说明上述的原则,马克思可以说是一个最清楚的例子。

但是上述的原则,与一切社会科学的原则一样,并不能推到极端。人类的性情如此,不能走到绝对。政治的学说受着时空严格的影响,政治学说不能脱离现状来认识,是一个可靠的原则。然而一种政治学说,既经普遍的风行之后也就构成了一个时代,一个地域,一个民族的理想或是一种"社会的心理状态"(Communal Psychology),这个理想或状态也就控制左右,影响现实的政治。理想是由现实所激成的,不成问题;但既经成为理想之后,也可以支配现实,也不成问题。这个作用是相互的,彼此的,交织而成的。社会心理状态也是一样。"一个普遍的政治理论",罗素会说"照一般讲来,有两个不同的造因。在一方面,它有思想上的先锋,这个理论是由前人的理论直接引申或相反激成的。在另一方面,一时一地的经济的及政治的事实,可以使人造成接受或拒绝某一种的学识理论的情绪。"一种"社会的心理状态",照英人吴尔夫(Leonard Woolf)的说法也是一种大家都已不复思考的既成状态,它也就能在不知不觉之间支配了事实。否则便堕入茫茫大海之中。我们所谓交织的作用就在于此。但我们要注意的是,这两方面都没有能够离开了实施,凌空的幻想是事实所不容的,所谓"乌托邦"也得有事实为其背景。

举例来说,十九世纪中叶的英国政治是被一七七六年亚当·斯美士的学说所支配的;德国今日的政治是一八〇七年菲斯特的理想的表现;一九一七年后俄国的政治受一八四八年马克思《共产党宣言》的影响;中华民国十七年后的政治为清末民初孙中山先生思想的次第表现,这都说明往时的思想影响后日的事实。但是我们不能忘却,斯美士、菲斯特、马克思、孙中山,他们的学说亦无一不受他们时代地域的事实所影响,他们的学说理论不是凭空虚构的,如果是凭空虚构的也就丧失了它们的价值。

我们得本着这个认识线可以来从长讨论中国当前的政治。中国现在具有一个领导我们的思想系统——三民主义。除极少数的例外,一般的中国人民都认定三民主义为我们的立国根本原则。但三民主义是一个思想的系统，范围广博。我们当前的政治是要实现这个思想系统，要厘定具体的典章制度来达到我们的理想。在这件艰巨的工作上，我们离不开现时中国的事实，否则便坠入茫茫大海之中。中国的现实有其独特之处。我们在设计政制时就要时时刻刻顾到这些事实，不架空，踏实地。

　　同时我们在这种设计时，当然可以采集外国的经验。但是在采集时得同时对于产生外国典章制度的思想的尤其是事实的背景，得充分地注意认识。我们说过政制本无绝对的优劣，其能否实行收效完全视时间空间的需要而决定。陈旧的政治学说，我们没有为其尽抱残守缺义务的责任；不合中国国情的政治学说，无论其倡说者说得如何天花乱坠，也不必采纳。明了了这一点讲政制便可以免除往时的无聊的争辩和盲目的抄袭模仿。同时于我们根据需要而厘定的典章制度也便能适合我们，产生出我们期望的效果。中华民国闹了二十多年的政制争辩，清末期间也扰攘了多年。但是至今仍旧未能走上固定之途。在这三十多年中，我们抄袭模仿的对象，包括了全世界的各国。清末的《宪政大纲》是仿日本的；其后的《十九信条》是仿英国的"君主立宪"；民初的《临时政府组织大纲》则仿美国初独立时的情形；《临时约法》则仿法兰西"第三共和国"；民国十二年的宪法——所谓"曹锟宪法"则一方面仿法国，一方面仿美国的联邦制度。到了国民政府时代则情形更趋复杂，一个基本原则是分权，一个原则则是党治，自苏俄起倡以及于意大利德意志根本集权，即不分权的一党专政。我们旁征博引地来厘定政制，但是却在纷陈于面前的西方政制未能得到清晰的认识，对于我国的需要也始终未曾清楚。这是中国政制问题之所以值得举国注意的原因。我们偿付给这个认识缺乏的代价已经很高，在这抗战同时建国的大时代里，这个问题，虽非最迫切的问题，却值得我们讨论。值得我们讨论的原因有三：

　　（一）政制虽非抗战期间最迫切的问题，但是在在与最迫切的问题有关。譬如近年来讨论的行政效率问题与抗战后方的整个组织——生产、征兵、交通运输、民众组织与训练——均有最密切的联系。

　　（二）政制的调整，循固定的途径以进行，足以养成全国的稳定。一般的人民不致因政治上的波动而陷入不安的状态。这种人心固定的情形是战争期间一个必要的因素。

　　（三）政制确切的厘定可以减少或消灭摩擦与消耗。因为一部良好的政制，正如中山先生所设喻，有如一部机器，各部分配置均称，一以力量最大的经济为指导的原理，绝无力量的冲突与抵消，故能使效能增加至最大的限度，强化整个对外力量的总和。

有此三个原因，故政制问题，在这抗战建国的期中，仍然构成一个最迫切的问题使得我们从详的研究及早日解决。若果我们将中国的政治制度，清晰地，明显地厘定出来，使其能够顺利运用，对于我国的抗战一定有其最大的效用。同时，我们全国上下一致的期望是寓建国的大业于抗战之中，我们要一面注其全力于胜利之争取，一面要在这时期中完成我中华民国建国的大业，而建国的大业中，政治制度的厘定必为最重要之一端。我们可说，中国不抗战，政制建设是一件当务之急，抗战建国，政制建设也是一件迫切的大事。

但是政制建设是一件艰难而复杂的建设事业，其各方面的问题需要有充分的研究的准备。我们从前在谈政制建设，往往抄袭西方的成规，做起来当然轻而易举，所有的只是立法者根据种种学理的辩论，而其结果颇令人失望。这是有目共睹，大家都可以承认的一件事实。我们从前不顾虑到中国，常常忘却了中国，故所得常常不切合中国的国情，有如将热带的树木移植到寒带，并且任意地接枝配合，以致不能生存，遑论滋长繁衍。但是我们在今日来谈政制建设，也不能由完全抄袭外国成规的极端一反而摒弃外国不谈，完全闭门建造。孙中山先生创说中国革命，他的主义是"有因袭吾国固有之思想者，有规模欧洲学说事迹者，有吾所独见而创获者"。这种态度是我们所必须采取的。因此我们在研究中国的政制建设时，一方面固然要切实审度中国的国情及其需要，一方面也得参照西方现有的学说成规。我们须知中国现在要在世界上独立平等生存，我们所要建设的中华民国，虽然是处处离不开本国的情形，其根本之处却在迎头赶上外国。我们要前进不能落伍。而中华民国这种的国家，在我们中国的过去，是没有先例的。在这种情形下，参照外国的学说成规殆是必不可少的步骤。但是在参照外国的学说成规时，我们必须做到几个条件：第一，对于中国特殊的情形及其需要要先得有清楚的认识，以这个认识我们来探求政制建设的途径；第二，对于西方五花八门的成规学说先得有清楚的认识，然后继不再陷入胡乱抄袭的危险，观察继不至于肤浅皮毛。有这两重认识的配合，政制建设便可走上平坦康庄的道路。

我们要本着这种认识来研究中国政制建设的途径，以整个政制建设问题的几个重心点为骨干，一一研究西方的政治学说及成规，审度其是否适合中国的国情及其需要，在这个复杂的讨论中寻求政制建设的途径来。作者不得不认为，现在中国的许多政治讨论，往往围绕西方的陈旧的问题打转，我国大学中的政治学教育也往往未能追赶上时代，讲的许多都是在西方已经成为古迹的东西，讲学术自然得讲些古迹，但不能太重古迹，更不能专讲古迹。因为在政治上，同其他经济社会各方面一样，一个时代总有其特殊的东西,而欧战以后的时代的确是一个崭新的时代,各方面都与畴昔不同。我们生活在二十世纪自得讲二十世纪的话,研究二十世纪的东西。这是我们很奢的期望;比较新而前进,因为这才够得上"迎头赶上"。

中国立国的精神

我们看世界上每一个国家及其政治设计的典型,可以看出每一个国家都有其立国的精神,最高指导的原则,然后根据这个指导原则来厘定他们的政制。中国在这个时代中究竟应当建立一种什么样的政制,是值得研究的题目。从上两章看来,这个问题应当从研究中国的立国精神开始研究。我们问:"什么是中国的立国精神?"

前三年中国国民党及其国民政府正为中国草拟中华民国的宪法,草案有七种之多。但每一种草案,内容尽有许多不同之处,第一条始终是:"中华民国为三民主义共和国。"三民主义将为中国的立国精神,从草定宪法的人看来,殆已成为定论。

在初,许多国民党以外的人士极端怀疑这个规定,并且公开地反对这个规定。他们以为中国建国的程序之归结是"宪政时期"。所谓宪政本身便是自由主义的一种制度,容许人们有政治上的自由,可以自由组织政党,竞争政权,既然可以自由组织政党,当然可以标榥三民主义以外的主义,以与三民主义抗争。人民有这种权利能够得上这种宪政制度,在宪法上出现"三民主义"的字样是只许中国国民党存在,不许别的政党存在,这就算不得宪政。所以"三民主义"的字样不应该出现于根本法之上,使得别的政党没有存在的可能。自从二十三年以来,开始草宪,草宪者及政府均遭受到这样的批评,而批评者的来源也很复杂。我们不妨以这个问题为讨论中国立国精神的启端。

宪法是一个国家一个时代的根本大法,它一定要反映这个国家,这个时代的立国精神。天下是没有一部理想的宪法可以普遍地,永远的应用的。中国现在的问题就是:"什么是中国的立国精神?"现在在草定宪法的人将"三民主义"的字样写在宪法之上,已足够表明他们是认定三民主义是中国的立国精神。然则反对将"三民主义"的字样出现于宪法之上的人岂不是不主张三民主义是中国的立国精神了吗?但问题并不如是简单。

自从辛亥革命以还,扰扰攘攘二十余年,政制未能澄清,一方面固然是因为中国的革命是一种多方面的革命,二百六十年的满洲专制的弊害哪能在短期内剔涤净尽?一方面也是因为这个立国精神在初数十年中始终未曾弄得清楚明白。关于此,可分数点来说明。

第一，辛亥以前革命的运动，虽然三民主义的理论已经孙中山先生提揭出来为革命的指导原则，但是一般的眼光狭隘的人却把注意力完全集中到"驱除鞑虏，恢复中华"的种族主义上，对于革命的主义不理会，对于革命后的建设更不理会。

> 夫中原之土地，皆我汉族若祖若宗蒙霜露，斩荆棘，以有此神州大陆也。中原之人民，皆我黄帝之苗裔，万世一系之血统也。中原之政教，礼俗，衣冠，文物，制度，皆我圣哲贤豪之脑力之心血所组织之而庄严之者也。历朝相承，为之或问。虽天开蒙古，以夷猾夏，不百年而朱明帅起而攘复之。降及末叶，阉严篡窃，伪朝假应援之美名，标讨贼之大义，破走闯贼，窃据燕京，于是衣冠文物之邦，沦为腥膻，华夏神明之胄，陷于胡虏矣……伪朝以夷乱夏，盗窃神器，纵能一视同仁，误分畛域，而我炎黄帝胄，尚欲复仇雪耻，殄灭胡虏，况乃假袭共政教，更易其衣冠，乱其礼俗文物制度，各省要隘，默认驻防，文字典狱，株连无罪。其任官也，而阁部，满奴十居八九；外而督抚，汉族十仅二三；其收赋也，汉族捐抽纳粮，取尽钏铢；满奴坐食官饷，用如泥沙。其定制也，满汉显分畛域，无通婚之典。共颁律也，满杀汉族罚金二十四两，汉伤满奴，赔抵殃及妻孥。诸如此类不平等屈指而计，不可胜数。此仁人志士所以益愤愤不平者也……

这是武昌起义时《鄂军都督致满政府书》。同盟会所办的《民报》有《民族的国民》一篇文章，也一再讲这一点，历述公权之不平等三种：（一）政权之不平等；（二）兵权之不平等；（三）爵赏刑威之不平等。可见当时革命者对于满汉之间的问题的注意，主义或政治建设之理论问题则居于次要的地位。

第二，革命者注意到种族问题，而清廷当然不肯丝毫放松。这个问题的自然转变是君主对共和政体的冲突。辛亥革命的成功，根本解决了种族问题，也根本解决了君主对共和的问题。按照普通的认识，共和的反面是世袭的君主。革命将世袭的君主政体推翻了。推翻君主政体以建造共和政体是成功了，打倒满族的统治当然也成功了。但是问题仍多而严重。共和这个体制是专指没有世袭君主的体制而言的，别无其他的涵义。英国的君主国家而实行民治，希特拉的德国，则是共和国家而实行独裁。从所行的主义而论，世界上有行自由主义的国家（英国），有行自由主义的共和国（美法），有行法西斯主义的君主国家（意大利，）有行法西斯主义的共和国家（德国。）若从政制来讲，则更是纷繁复杂，在辛亥革命的时候，一般的人只注意到这个政体问题，或说国体问题，对于立国的精神是很少顾虑到的。虽然在革命后建立的是中华民国，从这个"民"字可以看出主权是属于民的，即这个共和国将实行民主政治，民国初年的政治制度，如国会由人民选举，大总统由国会选举，等等，也都证明民主政治无疑。但这都不过是政治的制度，并不足以确定中国立国的精神。我们可以体会得到，在民国初年的时候，一般的趋势是在模仿西方的自由主义的。其实那时的西方也没有别的主义可以模仿，只有理论可以学习。但是立国精神的问题仍然没有鲜明的确定，就是那时的革命者也没有将三民主义拏出来作为中国的立国精神。

第三，因为当时一般人都没有了解到立国精神的重要性，也没有一个最高的指导原则，政治上遂呈现纷繁的局面，当时的政党犹如雨后春笋一般，杂乱纷歧，他们的政纲同主义均是不分开来讲的，随意的标榜似是而非的主张，总想美其名曰主义，以为主义是每个政党所必须具有的。许多人也想自立一家言，利用中华民国这个虚壳，填塞其特殊的主张。世界大战后是思想最复杂的时期，许多种新奇的主义也次第输入，也都有中国人为之标榜提倡，奔走呼号。这样越发使得情形紊乱，立国的精神更无从确立起来。

十七年中国国民党北伐的成功，国民政府的建立，使得情形为之不变。国民革命是三民主义的革命，国民政府是以实行三民主义为其最高的职志。国民政府要以三民主义为中国立国的精神，这一次的变动，是十几年来的历史上的一个大变局。但问题仍然不十分简单。

国民党在民国初年的时候，并没有揭橥一党专政的理论。《国民党组党宣言》（民国元年八月十三日）里很明白的表示了这一点。"一国政党之与，只宜二大党对峙，不宜小华分立。"政党应当以其所信之政见举而措之裕如，退而在野，则使他党执政，而己处于监督之地，相摩相荡，而政治乃日有向上之机，是故政党政治，虽非政治之标则，而在国民主权之国，则未有不赖之为唯一之当轨者。在十三年国民党改组之后，尤其在建国大纲颁布以后，建国之时期之理论方具体地完成，而在训政时期实行一党专政的理论方始正式成立。

一党专制的理论创自苏俄，后来为意德等国所沿袭，一般论政的人以为这是政治学中一种新的理论与新的现象。在从前讲政党政治，讲的只是两个以上政党相互争夺政权的政治。所谓政党根本便是一个多数的名辞。在欧洲大战以后，这个名辞有了一种新的意义。在从前的政党政治的情形之下，两个以上的政党竞争政权。在英国这种情形下政党间的竞争是取得国会更大多数的议席，从而组织内阁。除了司法部分均有法律的保障，不随进退，文官亦有法律的保障终身任职外，立法与行政部分一定是政党隶属相同的。内阁的首相是政党的魁首，内阁的阁员是政党的领袖，他们引导着国会的议员立法来表现其政党的政纲。英国国会中的议案，百分之八十以上是内阁提出的，这些议案国会绝不否决，只有善意的修改，并无恶意的推翻。果然国会将议案推翻，则内阁必定辞职，解散国会，举行选举，选举后当然又是内阁与国会在政党隶属上一致的局面。所以英国也当是一党政治的局面。而不过这里有一点不同：即英国的当政政党是可以更换的，有时是自由党，有时是保守党，有时是劳工党。

近世的一党专政理论与此不同。这是专政的理论，一个国家中法律上只容许一个政党存在，这个政党总揽政权，不能更易。这种形式是崭新的，与传统英国式的政党政治迥乎不同。现在在中国国民党就是根据于这种新的理论而执掌中国的政权的。一党专政的理论是在中国政治社会中的基本法则。在这个一党专政的时期中，党担负起整个的责任，教导人民，"必须人民能誓行革命主义"。换一句话说，在这个时期之中，训政的目标是确立中国立国的精神。我们在上文里屡屡说到立国是必须要有立国的精神的。有了立国的精神然后才能蕲求政治的建设。训政时期的目标就在确立立国的精神，而其方法则取一党专政的方式。

但是这件事也有许多困难。当然有许多人根本不相信三民主义应当为中国的立国精神。他们反对三民主义，反对要用三民主义为立国精神的势力，反对国民党。许多人认为在中华民国之内，除三民主义外，尚可有或应有其他的主义，并且要组织政党来争取政权，以便实行他们的主义。他们仍然不能忘情于民国初年的局面，没有一个而是有许多立国精神的局面，政党林立，争夺厮杀。这种的势力及其主张是不明白立国精神的重要，也许又要耽误建国几十年宝贵的光阴。

同时，国民党当政后，要实行三民主义，一方面要使主义立刻实现，一方面要使主义全部实现。主义不是政纲，政纲计划尚且需要相当时间才能实现，主义更是超高的理想，不能一蹴即成。举一个显明的例子：三民主义主张世界大同。这是崇高的理想，如何可以立刻实行？但是不能立刻实行并不使其失却了主义的地位。十八年间有人主张总理遗教全部应为中国的宪法。这可以说是一种谬误的见解，因为第一，主义不是法律，它是法律的精神。第二，主义不是立刻可以执行如同法律一样的东西。这样地提倡主义的实行适足以产生不必要的障碍。立国的精神是比较上更高一点的。

我们不必再费篇幅来说明三民主义为中国立国精神的原理。自从战争以后，这已经成为事实。中国在演变了二十八年之后得到了其应得的结论，中华民国有了全国人民，除极少数外，所共同信仰不灭的立国精神。也许我们惋惜这个局面来得迟，白白使我们丧失了二十八年宝贵的光阴。但是现在是来了。有了立国的精神做指导的原则，我们可以进而讨论其下的诸种问题。

在此还有一个附带的问题应当提出。三民主义是孙中山先生首创的，国民党也是孙中山先生首创的，在辛亥革命的以前及以后，三民主义始终是以国民党的力量与其他的主义争，所以三民主义与国民党有不可分离的关系。这是显明的道理。然而事实与理论还须更进一步的来阐明。我们可以说三民主义是孙中山先生和国民党送给全体中国人民的，既经中国的人民接受以后，三民主义就成为中国的立国精神，不特为国民党所信仰，并且是全中国人民的信仰，苏维埃共产主义不特为共产党员所信仰，并且为全苏联的人民所信仰一样。国民党员不能说惟有他们才信仰三民主义，非党员就不信仰三民主义。这样便使三民主义成了一党的主义，而非一国的主义。现在全国的各党各派都表示信仰三民主义，他们虽然不是国民党员，但都相信主义，这样才使得主义成为全国的主义。别的国家，如苏联，德意志，意大利，都不强令全国人民加入共产党，国社党，或法西斯党。全国的人民没有加入并不是说他们都不信仰苏维埃共产主义，国家社会主义，或法西斯主义。这才是一种主义，由一党的，成为全国的主义的真谛。

政治设计的道路

三民主义既成为中国的建国理想，指导的立国精神，接连的第二个问题便是怎样依照着这个执导的立国精神来谋建国的事业。我们可以想象这是一个千头万绪的问题，绝非一朝一夕所能成就。同时，我们固然不能不面面顾到，各方并进，同时我们也得厘定缓急先后的步骤，依照逻辑的顺序来次第进展。我们的问题是：在以三民主义为中国立国精神的大而根本的原则下，我们要厘定一套怎样的政治制度，才能贯彻三民主义的最终目的，促使三民主义的具体实现。自由主义，共产主义，法西斯主义皆为各该国的立国精神，各该国的政治制度，均是为它们的立国精神而厘定的。以自由主义为立国精神的国家，它们有其一套的政治设计。虽然期间也有种种的技术上的差异——这些差异也相当复杂，构成了世界大战以前"比较政治制度"科目的最主要的内容，但差异究竟只是具体的技术问题，没有"差之毫厘谬以千里"的可能，在近日归纳起来自成一类，毫无疑义。今日在自由主义之外，又有共产主义及法西斯主义的国家，即以此等主义为立国精神的国家，它们也别自有一套政治制度，为根据立国精神而厘定的，与以别种立国精神为根据的政制相去霄壤。现在我们所要探讨的是：三民主义既非自由主义，亦非共产主义，更非法西斯主义，那么根据之而厘定政制设计，应采什么形式？

三民主义中的民族主义，揭橥的原则有二，即第一次全国代表大会宣言中所谓"一则中国民族自求解放，二则中国境内各民族一律平等"。对于民族主义——中国民族自求解放——与世界的列强取得平等的地位，保持中国的独立主权，即华盛顿会议九国公约所谓"领土的及行政的完整"，中国在近年来实无日不在孜孜向前迈进。辛亥革命推翻了数千年的君主政体，十六七年国民政府的取消不平等条约运动，二十六年所掀起的五千年来从未会有的抵抗侵略的神圣战争，都是民族主义第一意义实行上具体的表现。这是最显明的事实，毋容辞费。

在这民族解放的伟大工作中，我们必须具备充足的武器。我们说过，西洋文明前来侵略中国有二种主要的武器：坚甲利兵和完美严密的国家组织。李鸿章所以认定这个东西文化的遭遇为"三千年未有之一大变局"，郭嵩涛所以认定此为"天地一大变"，就是因为我们没有这两件武器，抵制不住这个潮流。起先中国的士大夫，除极端守旧顽固者外，都相当的看得出这个问题的严重。起先他们注意集中之点是军械——坚甲利兵。但是后来也渐渐看见了西洋文明中的第二种武器，渐知政治的改良为必须的条件。康梁知之甚清，到了孙中山先生则占据了最重要的地位。外侮的抵制不但需要坚甲利兵，更需要坚强的国家组织。更进一步说，没有坚强的国家组织，便谈不到坚甲利兵；贪污充斥昏聩胡涂的政府，不但不会有坚甲利兵，即使有了也不会应用。办军备的人中饱搪塞，军事组织中充满了宦官亲贵，根本谈不到抵御外侮，解放民族。见到中国的整个问题是政治问题，中国政治问题不止枝节部分的解决，而非得从根本下手不可，是孙中山先生的真知灼见。

然则中国的国家应为什么样的？中国国家的使命是在解放民族，中国国家是抵御外侮的一件重兵器，同兵器一样，它一定要非常坚强。现在的问题是：怎样刻意使得中国的国家坚强呢？

有人说：政治学里最困难的问题便是政府与人民自由的调和问题。这个调和的方案决定国家的性质。中国的国家既负有解放民族的使命，这个问题的解决是模仿自由主义的放任政府办法？是模仿苏俄的一党独裁？是模仿意德的极权主义？抑是在此三种典型以外别谋办法？

中山先生解决这个方案是独特的，因为中国的环境与英，美，俄，意，德等国家都不相同。

中国的人民自古以来不好过问政治。中国人只有个人家族而没有国族。中国的人民有如一盘散沙，没有凝起来的国体，所以中国的人民不是缺乏自由而是自由太多。欧洲的专制因为真是专制，压迫得人民喘不过气来，因而起来革命。中国人民虽在专制之下，但一般的放浪不羁，虽也受苛捐杂税的重担，总抱得住"天高皇帝远"的哲学。因此中国的文化不是一部政治的文化，因为政治第一要义便在有组织有管理，由自由散漫而进步到凝结。

我们要解决这个中国政治改造的问题，因此绝对不能来模仿自由主义者的政府权小的办法，放任自由的办法。没有一个强有力的政府，人民永远是凝结不起来成为一个坚强的国家，这一点是孙中山先生在民权主义中最重要的一个结论。其实我们可以进一步的补充孙中山先生的意见，来说明中国现在不能实行自由放任主义的理由。理由有二：其一是历史的；其一是现实的。请先说历史的。

中国自古以来对于应用自由没有教育的基础，二千余年养成了一种缺乏运用自由的习气。中国往时一般教育的宗旨，与现代教育不同，既不如自由国家之注重于理智运用的训练，亦不如独裁国家之注重感情的激发。无论是儒，墨，法家，一般偏重于先贤的经说及社会的定制，对于个人独创的见解发明是不鼓励的，是想方法压制的。孔教定于一尊，"邪说誓在必拒"；一切必须要引经据典，就是有些发明，也得去托孔子来改制。秦始皇反对"托古以非今"的儒生的政策，可说是一针见血的见解，切中了中国传统治学精神的弊病的认识。可惜他的政策未能贯彻，汉武以后一直下来都是一派相承，就是清末要求改革政治的康有为也得去托孔子来改制。中国是一贯的缺乏自由的言论。

> 何为自由之言论。发自独到之思考，跟诸事理之观察，为尊重他方之意见，而不受自己感情之支配，或他人意见之指使者是也……

中国言论，在魏晋六朝是"清谈"，在以后是"清议"，都是不负责任的言论。理智方面的训练是绝对的不够，完全形成一种没有训练的状态。若不是刻板的托古，便是不负责的非今。讲到学术的探讨，例如：

> 中国人向来相信天圆地方，"气之轻清，上浮者为天，气之重浊，下凝者为地。"但是西洋的地动学说一传到中国，中国立刻就说地是圆的……中国人本来相信盘古用金斧头开辟天地。"自从盘古开天地，三皇五帝定乾坤，"……但是后来进化

论一传进来，也就立刻说起天演和物竞天择，人类是猴子变的来……像这样容易接受思想，祇足以表示我们的不认真，不考虑，那就是我们的美德？容易得，也就容易失；容易接受思想，也就容易把它失掉。这真是中国智识界最显著的病态。

讲到政治信仰，则"打倒东方圣人周公孔子之后，势固不得不另设西方圣人马克斯、列宁、墨索里尼、希特拉之新偶像而膜拜之"，所以论者每以"青年思想偏激可忧，而不知真可忧者乃在缺乏思想，缺乏真知灼见，独到有得之主张也"。有这样的历史原因，统于一尊的习惯养成了，无须运用思想，等到西洋学说一来，遂来一个信一个，盲目的接受，不负责任的宣传，造成了空前思想界无政府的状态。这种情形使得我们没有享受自由的条件，没有运用自由以达其优美效果的能力。从中国的传统的思想习惯看来，中国实不能实行所谓自由主义。

论到上文所说的现实原因，实远较历史的原因为重要。我们要了解中国的处境，争取民族的解放，这是一件艰巨而沉重的大事，抗拒外侮需要的是集中力量的政府，坚强有力的政府。我们所处的时期，一连数十年都是一种紧急的时期，紧急的时期需要紧急的措置。在西方的国家中，因为情形紧急，把大权集中到政府的手里，不特是事实上早有证明的通例，抑且是政治思想家所一致赞成的原则，而所谓事实包括自由主义的国家，所谓思想家包括最倡自由的思想家。古代罗马共和国，平时有两个执政，共同担负治国的责任；但是到了内忧外患急迫的时候，便暂时废弃这个双头的制度，而以一人为"独裁"，其在任期间以六个月为限。这是独裁的滥觞，虽则现在的所谓独裁已经与此迥不相同。后来的政治思想家，从马克维利到卢梭，都一致的赞成这种制度为应付急变最良的方法。世界大战之时，各国的政府一致的采用所谓战时政府的制度。民主的国家在战时不举行选举，国会到期则令其延长；人民权利较之平时受到最严格的限制，法律上所保障的人权用法律来一部一部停止。这是应付世界大战危机必须具有的政治改变。战后的经济恐慌，法西斯主义及共产主义两方面的威胁，变幻莫测的国际风云，使得战争期间的集中权力的制度，又再度实现。这些变动都发生于自由民主国家之中，学者称之为"危机政府"，已形成一种典型，证明在危机急迫之时，政府的权力必须增高，力量必须集中。这是事实上的需要，不必置疑。

中国现在处于非常时期之中，中国在民族独立自由发达到在民族主义未曾完全贯彻以前，应该是时时刻刻都在非常时期之中。在这样一个时代里，对外在为争取民族独立自由而战争奋斗，环境需要都不容我们来行西洋的所谓自由主义，放任主义。我们不能不依照孙中山先生的主张，放弃个人的自由来争取民族的自由，因为民族的自由非得用放弃个人自由的方法才能达到。况且我们中国传统不知所谓真正的自由，我们讲自由总要流为放荡，这是无政府状态的肥田，用无政府状态来达到民族解放，可惜世无此例，天无此理。我们不能在强邻环视的局面下来讲自由，特别是在我们不知自由为何物的情形之下。

以上所讲是从民族主义的立场来研究中国国家所应取的途径。这个问题也可从民生主义的立场来讲。民生主义不是初期的资本主义。这一句话可以用不着诠释，自由放任主义是与初期的资本主义同时诞生的。一套的自由放任主义都是初期资本主义的政治理论。民生主义不要求所有的土地收归国有，也不要求所有的工业国营，更不主张废弃私有财产的制度。但是民生主义的二大主张是平均地权，节制资本。民生主义要平均地权，担负这个平均责任的，显然的不是地主自己，也显然的不是农民用暴力攫取地主的土地，演土地革命，平均地权的负责者只有一个——政府。民生主义要节制资本，担负这个节制责任的，显然的不是资本家自己，也显然的不是工人去用暴力抢夺资本家的资本，演法国一八四八年或意大利一九一九年以后的共产革命，节制资本的负责者只有一个——政府。

这种推理的结论也可以说是显然的。若果我们同自由主义者一样相信私有财产绝对的神圣，平均地权，节制资本当然是侵犯财产自由，政府绝对不可以干，自由主义者也绝对不让政府有此大权。如果我们绝对相信自由主义，便发现我们的意见与民生主义不能兼容。民生主义要求的是有权力的政府，不是放任无为的政府。

近年来中国也唱统制经济。经济社会之需要统制在事实上已完全证明，传统自由资本主义的英美，也在统制他们的经济社会。平均地权，节制资本，其实就是经济社会的一种统制。但统制的为谁？不是资本家，不是地主，不是工人，不是农民，而是政府。近年中国也唱计划经济。一个国家的经济发展，不能任听正统派经济学者所谓"自然律"的支配，而须用人为的方法，为全盘的设计筹划，才能得到健康的发展，也成为一种定论。"自然律"在西洋若干国家支配经济的结果，是恶性的经济循环，周期的经济恐慌，失业，不景气，甚而至疯狂的帝国主义。"自然律"在若干其他区国家，如中国，是泥守旧规听天由命的"中古式的经济"，人不尽其才，地不尽其利，物不尽其用，货不畅其流。经济枯竭落后，任受帝国主义的侵略而不能自拔。"自然律"虽有这种不同的应用，但其效果不良则两者初无区别。人为的计划经济已成经济建设的唯一的大道。但计划者为谁？不是资本家，不是地主，不是劳工，不是农民，而仍然是政府。政府来计划，来统制，哪一端不侵犯到人民（包括资本家，地主，工人，农民，商人等在内）的自由？岂非是点点冲突？从此而证明要实行民生主义，政府的权力必须要大，才能够运筹帷幄，活动自如。这种趋势是恰恰与传统的自由主义相反的。

然则中国，既不能实行传统的自由主义的国家观，其它共产主义和法西斯主义的国家观又怎样呢？

共产主义的国家观是一个阶级的独裁，因为衙门要求的是无产阶级的解放。中国所倡导的是民族的解放，从民族主义的立场来看，这是根本的差别。中国所谓民族，并无阶级之分，一律站在一条阵线上解除抵抗侵略者的蚕食与鲸吞。中国人现在相信，中国现在所受的压迫，是外国的压迫，这种压迫不是施之与中国一个社会阶级之上，而是施之与中国一切阶级之上。中国的工人受外国的压迫，中国的资本家也受此压迫；中国的地主也受此压迫，中国的农民也受此压迫。中国如果不能贯彻民族主义，达到独立自由的境地，则亡国灭种的惨祸即要临到头上，临到每一个的头上。日本在东四省，在现在的沦陷区域，没有偏爱于中国的资本家，或中国的地主。就是从前，挟持着治外法权的优越地位，外国的侵略者也压迫得中国的资本家永远喘不过气来，工业凋敝，农村破产。对付侵略者，即争取中国的独立自由，是全国人不分阶级，无论贫富，都一致要求的。我们的问题不是中国一个阶级压迫中国的另一个阶级；也不是外国的一个阶级，偏爱与中国的一个阶级，而专心矢志来压迫中国的另外一个阶级。这里没有阶级的区别，中国每一个人都站在一起。从民族主义的立场，苏维埃共产主义观是不适宜于我国国情的。

若从民生主义来讲，中国所要求的就是平均地权，节制资本，以民生为鹄的，计划统制中国的经济社会。上文说过，民生主义并不废弃私有资本，政府只是节制其不利于民生的发展。医学上讲，癌是一种细胞不规则滋生的状态。以此喻经济社会，资本经济往往形成"在过剩生产的贫乏"，就像病理学中的癌，自己的发育阻碍了自己的生存。节制资本就在防止正统经济社会犯了癌的死症，它并不要废弃一切的资本，一切收归国家大经营。平均地权并不取消了土地私有制，政府只是调剂土地的所有权，达到"耕者有其田"的目的，这个"有"字充分证明这不是所谓土地革命。孙中山先生讲节制资本，平均地权远在所谓计划统制经济为西方国家所发现以前，但其涵义则恰是后来西洋计划统制经济的理论。在这最根本的点上，民生主义的看法又与苏维埃共产主义不相同，它们不能有同一国家的观念。

法西斯主义有许多种，各不相同，只得择其大者而论。法西斯主义的民族主义是捏造一个假想的敌人来实行侵略的，倡说极权国家观念，绝对的剥夺人民的自由，永远不肯放还。从中国的立场来论，这更不合中国的情形。

法西斯的民族主义，在意大利及德意志是建筑在反对共产主义的基础上的。共产主义有国内及国外两层。苏维埃在斯大林登台以后，绝对没有去侵略他国的企图，意德两国亦绝不与苏联接壤。但是意德总以反共为名，一贯采取反苏的外交政策。他们在西班牙助长法西斯革命，而以反共为名助其成功。希特拉在其自传《我的奋斗》中明言要侵略乌克兰，再称之曰反共。日本在东亚独霸，侵略中国，也一样公称之曰反共。在意国内，情形也是一样，在墨索里尼一九二二年登台之时，意大利的共产党已成强弩之末，根本无威胁国家之可能。这件事在墨索里尼本人也承认过的，但是到了上台以后，法西斯主义将意大利从共产主义的怀抱中拯救了出来。希特拉上台的时候共产主义绝不可畏可虑，一九一九年的共产革命也早已被迫而失败，更无抬头的象征（那时的社会民主党绝对没有共产主义的色彩，）但希特拉也一样的自诩拯斯民于水火，洪水猛兽的共产主义。日本的法西斯主义者及军阀想推倒政党立宪政治而实行侵略的独裁，也在铲除所谓"危险的思想"反共。对外对内，反共都是法西斯主义的旗帜，都是在打假想敌来实行抢夺政权。

民国十二年一月，孙中山先生与越飞共同发表声明，"共产组织，甚至苏维埃制度，事实均不能引用于中国，因中国并无使此项共产制度或苏维埃制度可以成功之情况"。中国曾经容共，剿共，现在共产党又披露赤忱共赴国难。兹所欲言者是中国在对外关系上只求实行民族主义，争取国际间的独立自由平等，绝无高揭反共旗帜以实行侵略之企图；在对内关系上只求实行民权的制度，以不箝制人民的自由为最高的鹄的，要的是全国的纵横的大联合，共同担负复兴民族的重责，绝无高揭反攻的旗帜以实行独裁的企图。在对内对外的关系上，中国的土壤均不适宜于法西斯主义的孳长，中国的环境也无勉强接受法西斯主义理论的必要。这是很明显的事实，脱离了非抄外国不可的偏见的人们一定可以看得见此中的道理：追求民族的独立自由平等不是侵略，促进政治势力的联合不是独裁，提倡以民生为中心的主义不是资本主义"最后的挣扎"或反动。中国的问题不是法西斯主义者的问题。

由以上的论断，可见照中国的环境与需要，自由主义，共产主义，和法西斯主义既然都不适合解决我国的问题，我们因此在以三民主义的立国精神的原则下，也就不能贸然去模仿抄袭别国的政制。这就是说在三民主义下，政制设计得是另外一种政制设计的典型。因为政制是达到国家目的的方法，是贯彻立国精神的手段，国家目的与立国精神不同，政制亦不得不随之而歧异。

民主抑独裁

自从世界大战以来，民族与独裁从讨论政制者的立场来看，平分了全球的秋色，形成了政治论坛上主要的争论之点，就是在中国也引起了丰腴的讨论。我们从中国的立脚点来看，这个荆棘重重的问题，也有独特的看法。也许有人要说这是带着颜色眼镜来看事情，不科学。但政治问题都得从一种立脚点来看，即从我国自己的环境与需求来看。

三民主义所讲的一部分是民权主义。孙中山先生规定的建国程序标定了军政，训政，宪政三个时期。这就足见中国建国的理想是民族政治而非独裁。什么是民权主义？我们不必去引孙中山先生的说法，那是家喻户晓的。我们不如问：什么不是民权主义？明了了什么不是，也许我们便能更明白什么才是。

民权主义绝对不是箝制自由的主义。人民要是有权，便得有方法来运用其权而生实效。就是要有政治上的自由。如果人民没有自由，他们当然无从去运用其权，自由不过是运用权力的工具。所以不能一方面提倡民权主义，一方面主张箝制自由。在这一点上中国只能行民生不能行独裁。独裁——无论是共产主义的，法西斯主义的，或军阀的，政客的——总是箝制自由的。这是它一个主要的特色。在这一点上中国只能民主。

民权主义不是专制之治而是宪政之治。所以孙中山先生一方面要实行民权主义，一方面要使中国步入宪政时期。民权与宪政是一样的，名称的差异是因为前者系从立国精神讲，后者系从政制讲。宪政是宪政之治，有一部宪法，其中除规定着政府的组织外，并且规定着政府与人民的关系，即保障着人民的自由。民权主义认定人民有选举选，罢免权。选举是产生政府，罢免是撤销政府。人民在此有去留政府之权，而去留不是法律问题而是政治问题，故与在五权宪法中的监察权不同，因为监察权的对象是违法失职的官吏，牵扯的是法律而非政府的问题。要人民有权来决定政府的去留，当然是要人民有自由的权利保障。这虽是明显的道理，但近年来的事实却使得这个显明的道理颇为模糊，故须稍详解释。

所谓近年来的事实，系指独裁国家的宣传。读欧洲史的人想可记得，法国十九世纪的两位拿破仑都曾用"总投票"（Plebiscite）的方法取得了帝皇之位。近年来德国的希特拉更屡屡用"总投票"的方式，表示他的政权为一般人民所拥护，时时取得百分之九十八以上的赞成票。他们开始说，在民主国家中，一个政府理论上只要得到百分之五十以上的总数便得掌握政权，而且在美国选举总统是由人民选举总统，选举人组织总统选举会（Electoral College），再由此选举总统；英国的内阁制则系由国会多数党来推举，而在普选之时，又采用的是单选制（Single Member Constituency），致使获得少数普选票的政党有时能在总统选举会或国会中占得多数，故有时英美等国的政府，虽在总统选举会中或在国会中占得多数，在人民所投的选举票总数上却都是少数，而得掌握政权。希特拉的理论家遂谓这种情形算不得是民主政治，希特拉之能获得人民百分之九十八以上总票数的情形才够得上成为民主政治。这是一种宣传，使人对于民主政治发生了怀疑。此外还有一种理论，说独裁的国家虽然只许一个政党存在，但是假如唯一的政党能收罗全国公民百分之五十以上，为其忠实的党员，他们绝对效忠于这个唯一的政党，这个政党岂不是也就取得了人民大多数的拥护而合乎民主的条件了吗？所谓民族的制度也不是在取得人民过半数的拥戴便成了吗？这又是一种的宣传，混淆了对于民主与独裁的正式认识。

　　相当的思索可以解释这种宣传的错误。什么是民主政治固然是言人人殊，总投票或只有一个政党的情形总不是民主政治。这里包含的理论是复杂的，且是因民主政治受独裁宣传的刺戟后继发生的，这种新的学说认为民主与独裁的区别根本所在系于"民主政治是一种和平的解决政治争议的方法"。民主与独裁的不同，即在这个解决政治争议方法之不同：前者的方法是讨论折衷调和，它的真谛是内政上的和平；后者的方法是专断压迫，箝制，它的真谛是用武力来解决政治及其他一切问题。所以前者是和平的；后者是武力的。[1] 罗斯福与希特拉的区别，不在人民是否取得了最低条件后便得为公民，不在人民的拥护是百分之五十一或是百分之九十八，而在罗斯福每四年一定得举行一次选举，希特拉则可以随时决定总投票与否；罗斯福竞选失败便得下台，希特拉的总投票若果不胜利他可以不必下台（他如无胜利把握，甚而没有百分之九十八以上的票的把握，他根本便不举行总投票，法律上他没有按期举行总投票的必要，人民亦无要求的可能）。因为罗斯福知道他每四年必须举行一次选举，落选即须下台，所以他只能用政绩及其宣传来博得人民的信赖拥护。他不在四年到期而贸然不举行选举，不在落选只是贸然拒绝下野，利用军队或其他的方法实行政变，不一定是因为他不想绵续把握政权，而恐怕是因为他不敢这样做。他不敢这样做是因为这种办法违反了整个的立国精神。但是立国精神需要制裁方能生效：这个制裁就是舆论——人民的自由权利。罗斯福是了然美国舆论的威力的，他不敢实行用政变的方式攫夺政

---

[1] 参看 Reginald Bassett, The Essentials of Parliamentary Democracy.

权,也不敢如墨索里尼或希特拉一样的箝制舆论,剥夺人民的自由。人民有此自由,他们可以制裁政府,使得政府非得和平的方法统治不可,使得政府每到四年便举行一次选举,落选后政府只有下台——即人民有更换政府的权利,亦即是自由。这个自由——有自由来更换政府——是民主政治的真谛,政府的更换是法律定有常轨的,是和平的,无须诉诸武力或暴动。

专制与宪政的根本区别,不在权力的限制,而在享有权利的机关能负责任。在危机之时果断有力的施政是最重要的。因此在这种危机当前的时候,一切别的计虑都不可顾。在事实上这种情形亦所在多有政治组织而不认清此点是没有前途的。一个纯正的代议政治是避免这个毛病的,它并不设法或提倡行政权之分割,除了责令其对于施政成绩负责任外,不将行政权分割。

这是一位论政制者的理想。但他所提出负责一点是重要的。如果当政者获取权力之后便自由处置起来,企图把大权永远把持不放,那便是违背了负责的政府。罗马共和国独裁制度之成功在于三百年间八十八位独裁者都在六个月里下台了。如果有一个人到期限不肯下台,那便是破坏了独裁制度而是"凯撒主义"。英法的内阁,美国的总统,到了期限都得选举,不去选举便是把这个制度推翻了。他们之所以到期还肯去举行选举,选举失败后还甘愿下台,这是多少年宪政实施所养成的习惯。人民的反感造成了一种不可遏的潜力,使得政府不敢完全违背民意。

独裁与此迥不相同。在独裁下人民没有这种更换政府的自由权利,人民也许可以投票,但投票没有一定的结果,不赞成政府时投票甄不能发生更换政府的效力。所以在独裁国家里——苏联,意大利,德意志——人民如欲更换政府,绝对没有和平的方法;政府早已预防到批评,故一切严格统制,新闻广播,结社言论等等自由一切统制,利用政治警察几乎是监视着每一个人。因为人民受此种种的统制,反对政府遂不得不采革命,暴动的方式,做下层工作,私相组织,暗杀,私藏军械。政府对于这种事情,也就要采取暴力的压制,格杀的方式:德意志一九三四年的大党狱,苏联近年来的党狱,都是明显的例证。民权主义既然主张人民有选举罢免政府之权,便是允许人民有充分的政治上的自由,它的终极的理想当然不是独裁。

有人也许要想到苏联的情形而说中国的情形虽然与传统的自由主义不兼容,同法西斯主义的独裁也不兼容,同苏联的民主集权办法是否兼容呢?这又是一个纯粹的理论问题。上文说过苏联现在所行的无产阶级的独裁,这个一万万多人的无产阶级对于资产阶级的独裁。这是一个阶级对于另外一个阶级的独裁。这就与中国的情形毫不相同了。

我们可以意想，中国的人民选举中国的政府，于必要时可以罢免政府，在选举之后罢免之前政府实有万能。人民可以选举罢免是民主；政府有全权是集权；故可以说是民主集权。人民所选举的政府统治人民，这个政府并不代表人民的一部分来对于人民的另一部分施行独裁压迫甚至于铲除根绝，如苏联的无产阶级对于资产阶级一样。中国的立国精神并不承认阶级斗争的学说，不承认国家是一个阶级压迫另一个阶级的工具的学说。中国的劳工不想对资本家独裁将其消灭；中国的汉人不想对蒙古人，满人，苗人……独裁将其消灭。中国的政府对于任何国体或个人均无施以压迫消灭的职务，这种情形与苏联的根本不同。苏联的所谓民主集权，其本质原是独裁。但即令其为民主集权也只限于无产阶级之内，不行于全国，所以同我们的情况是不可以同日而语的。中国的理想的确是老老实实的民主集权，并无一个阶级对另一个阶级压迫的意念。

但这不过是一个枝节的剖析，中国的理想政治是人民有权，政府也有权（一种是政权，一种是治权）的政治。我们认为因为人民有权选举及罢免政府（这种办法当然由宪法为之规定），政治的进展是有常规的，争夺权力是政治的真谛，承认了这个事实后来厘定一种轨道使其遵循。有轨道可以遵循，使政治斗争不必诉之武力，这就是所谓"上轨道的政治"。

其实这一点中国近年来经过多年内战革命的痛苦业已认清。甘乃光先生以为"过去政潮每以军事为转移，以致每有政潮，即继之以内战，诚属政治未上轨道难达政治之征"（中央日报二十年十二月二十八日）。蒋委员长等向四届五中全会所提"划分中央地方权责之纲领案"中也说：

> 今日救国之道，莫要于统一，而实现统一，端在乎和平，惟和平而后能得真正之统一；亦惟有真正的统一，而后乃有永远之和平。……而和平统一之途径，必须避免武力，为解决内政之工具，消弭冲突，增进团结，充实国之力量，乃为今日全国所应共守之惟一方针，不惟中央与地方应彻底树立互信共信之基础，推诚扶掖，同循政治之正轨；即凡国人之有正当政治之主张，而不恃武力与暴动为其背景者，亦应使其依法有言论结社之自由，而不加妨制。

这两段话表示的意思是：上轨道的政治是用和平而不是用武力来解决问题的政治。具体而言之，约有两端：其一是切实厘定调整中央政府与地方政府的关系，划分其范围，以免权责之争；其一是制定一个政权更替的常轨，使得有心从事政治的人得循一定的轨道来竞争政权，发挥其政治主张，而不必用秘密结社等"下层工作"的方式来争取政权。这两点意思恰好是近几年来中国制宪的动机。二十一年四月，孙科氏发表"救国纲领草案",总纲第一条说:"为集中民族力量,贯彻御侮救国之使命,于最短期间筹宪政之开始。"二十一年十二月,孙科,伍朝枢,马超俊等二十七中委向四届三中全会提出"集中国力挽救危亡案",主张开放政权,实施宪政。提案说明书里说:

> 今日最重要而待决之问题,莫过于御侮救亡,然欲彻底御侮,必须内部一致,而欲内部一致,又必须彻底御侮而后能,因果循环,难判先后。其实两事即为一事,解决其一即解决其二。……窃尝思之,政府之所以未能积极御侮,实在当局厄于环境复杂之顾虑,而顾虑之中心,则在内部之不能一致。顾内部何以不能一致,试分析言之:则(一)为国内政派分歧,互相攻击,此缘政治主张不一致,而政权未公开,言论无自由之故。(二)为国内军事力量互相疑忌,彼此牵掣,此缘于中央与地方未能实行均权共治之旨,中央又无适应民意之方针以领导全国之故。是以欲救危亡,对症下药,则关于内政方面,第一当使政权日渐公开,俾国民有参与国事,行使政权之权力,将以和平合法方式,尽量发表其政见主张,日进于宪政民治的轨道。第二当使各方军事力量咸能安,而听令于中央公正之处置。夫然后今日各方军事当局疑诈猜忌,互相牵掣之现象,可以泯除。中央果能于对外确定抵抗方策,对内政治开诚布公,则内部自臻一致,绝不如今日混沌之局,可断言也。

这一段话说明他们都以立宪政治为达到上轨道的政治的方法。中国立宪的目的便在树立一个法律上的常轨,一方面祈求国内的各种政治势力能循这个常轨来竞争政权,一方面祈求中央与地方政府之间有一种权责的划分,而两方面都希图不用武力而用和平方法来解决中国的政治问题。

近年来我国关于民主与独裁的争论异常的激烈,所争之点每在民主与独裁的难学或易学问题。年前我会为文说明民主与独裁的区别,在于前者是有和平的方法来更替政权的政治,后者是只有武力与暴力来更替政权的政治。[1]。罗斯福与墨索里尼的区别,不在其所运用的政权之大小,而在罗斯福每四年一定得举行一次选举。而墨索里尼则可以不必举行任何选举。定期选举之需要与否说明二者之异同,亦为民主与独裁区别的标准。只有用武力或暴力才能更替政权的政治不是上轨道的政治,所以独裁政治总是未上轨道的政治,而惟有民主政治才是上轨道的政治。因为民主政治不过是一种政权更替的和平"方法",不必一定是全民政治,或一种含有平等性质的社会组织,更不必是厉行放任主义反对集权主义的无为政治。民主政治只在人民享有政治上的自由

---

[1] 见《独立评论》,一三六号。

而不在人民享有经济上的自由。

然而中国的政治建设究竟不是这样容易达到的。明了一种理想不能一步登天地达到是有政治的修养，妄想在法律上做漂亮的文章是没有政治的修养。中国的人民没有自由的训练是最显明的事实。在谈政治建设时就得针对着这个事实来求策应之方。孙中山先生及政府策应这个事实的方法是训政，训政的理论是中国的人民从专制而步入宪政自由一定得经过调练，经过调练后民权自由才可以逐步推行。在这训练期中人民的政权和自由均要受极大的限制，但是这种局面并不是终极的鹄的；反之，它是达到自由享受必经的阶段。中国过去的无政府状态是因为人民没有运用自由的训练而骤尔运用自由。这是一个痛心的殷鉴。所以民权主义不是与训政相反的；训政不特不是民权的否定而是达到民权的必经阶段。英，美，法等国的民权是逐渐养成的，瑞士的创制复决权更有悠久的历史。他们绝对不想一步登天。最民主化的英国要迟到一九二八年才到全民选举的地步。因为他们如此的渐进所以才得到紧固的根基。欧战后的许多国家，本来是从专制一旦解放出来的，因受民主狂潮的冲击，贸然实行了极度民主，结果都陷于失败。就是教育程度最高，工业化程度最强的德意志它的威马民主政制也经不住独裁的摧毁，可见教育也不一定是靠得住的民权运用训练。

但是训政总归不能同今日的独裁政治同日而语。独裁的前途究竟怎样是今日世界上的一个大谜。列宁是一代的独裁者，死后经过一度剧烈的斗争，而政权落到斯大林手中。墨索里尼，希特拉似乎都没有袁世凯的野心，希特拉尚未结婚，根本谈不到世袭。而他们现在却成了上帝一般的受人信仰，除非真如上帝一样长生不老，死后将如何继续真是令人担心。但有一点是确定的：列宁，斯大林，墨索里尼，希特拉都是想其独裁政府一直下去的。中国的训政不同。中国的训政不是一个人而是一党的专政，这是机关而不是可以死亡的个人，机关的性命是无穷的，这一点无关宏旨，因为训政的目的不是永远训政而是一个一定的时期，达到这个时期的终了时是要还政于民的。所以中山先生说训政之于中国人民好像是伊尹之于太甲。虽然国民党在此时享有权力，这是暂时的而非永远的，与独裁的意味完全不同。虽然苏联的无产阶级专政也可说是暂时的，事实是恐怕时期不知要继续到何年何月。中国则已开始了各种结束训政的准备，可见国民党实有结束训政的决心。

不幸的是中国在训政时期中，遭到了空前的国难。国难之袭来使得训政时期的工作无由顺利进行。国难的需要于一个国家的同承平时代绝对不同，尤其是在艰苦奋斗的抗战过程中。这一点近一年来许多人不能了解。

若果从外国的经验来说，上次世界大战当中，一切的自由主义的民主国家都相当地放弃了民主的许多制度来适应战时的环境及其需要。这种的例子甚多：英国路易乔治的"战时内阁"，法国的克罗孟梭的"神圣联合内阁"，美国威尔逊的"总统独裁"都是与平时的典章制度极不适合的改变，其理论的根据就在适应战时的环境。我们无须一一去举出实际事实来，因为这是稍通政制演变的人所熟知的。大致的讲来，战时政府的组织有下列几个通则：

（一）事权要集中到少数人或一个人手里；

（二）政府的领袖与军事的领袖密切联络，或合为一，如美国总统在平时是政事的领袖，在战时便兼为陆海空军总司令；

（三）国内的政党除左右两极端以外，必定竭力消弭平日的私怨及斗争，而团结联络，一致对外；

（四）政府在平时竭力保障各种自由，在战时则往往对于自由加以相当的钳制；

（五）政府的改组，自由的钳制，等等，在实行宪政的国家往往等于把宪法许多重要的保障暂时搁起不用。

我们中国的情形，在"九一八"发生后，怎么样呢？在"九一八"事变爆发的时候，国民党的内部立刻便发起"精诚团结，共赴国难"的口号。这种趋势正是上面所说的第三个原则，"团结联络，一致对外"。那时需要团结的有两种势力：其一是在南京的政府，其二是西南的势力。在"精诚团结，共赴国难"的口号之下，他们进行团结。他们所争的问题很多：

第一，他们要争开国民党第四次全国代表大会，选举中委。结果是在南京开了一个，在广州开了一个。中委的人选是否满意，是团结的大前提，结果是第一，第二，第三届的都算，第四届再选一批。我们看那时扰扰攘攘的还是那个中委的人选问题。

第二，他们派代表到上海去开所谓"和会"，交换双方提出的条件。

第三，这些条件之一是让国府蒋主席立刻下野，他们方肯来归。换句话说，中国在"九一八"时候就有了外国"危机政府"的第三个原则——团结的原则——的努力，但是团结的条件是恰恰和第一，第二两个原则冲突的。

第四，立刻修改《国民政府组织法》，把国府主席改成"不负实际政治责任"的，"年高德劭"的，年纪在六十五岁以上的国府主席。四届一中全会便选现在还在任的林主席担任国府主席。

第五，国府主席虽然变成无权，行政院长却成了负实际政治责任的。四届一中会选举孙科先生担任，后来他辞去，又选汪精卫先生担任（这里附带说明一句，组织法虽然修改，约法则至今未改，所以按约法国府主席仍然享有实权）。

第六，在条件交换之中，我们听到一片提倡自由及早走上宪政的呼声。那时他们修改组织法，把立法和监察院的委员一部分改为民选的，但始终未会实行。

第七，那时提议召集国难会议，把国内各种名流学者及各界的领袖都召集一齐，同商救国的大计，这也是团结之一种方式。

以上七项是"九一八"后政府改组的概况。

我们看他们的方式，除了《精诚团结，共赴国难》一项（包括上海和会和国难会议）以外，别的都同那些通则完全背道而驰。最可痛心的是在这种严重的时期，政府的力量反而分化起来，反而变得懦弱无力。"九一八"发生后中国政治的情形证明我们没有了解国难当前政制要用何种方式才能适应这个急剧的变动。

自从二十四年底第五次全国代表大会以来，中国的政治渐渐走上适应非常时期的道路上去。二十四年十一月后，国民党一连开了三次重要会议，许多重要的改革，产生一个比较上令人满意的政府。党的机构也有重要的改革，尤其重要的是将中政会改成一个比较上合理的机关，使这个指导监督政府的最高权威现在能够运用相当灵敏。但是这也不过是使中央政府事实上恢复了一九一八以前政党军密切合作的局面，虽则组织方面仍不失为一种重要的进步。思想与组织是指导事实的原动力，这几年来因人事的纷扰，进步也许不多，但思想及组织上都是向前迈进了。抗战军兴后的政治改革更是充分使得这个思想认识贯彻的表征。

以上所述是要说明民权主义内训政时期之实验，因为空前的国难而阻碍了。这是不得已的情形，但是必须如此的，在国内当前及抗战期内，我们不能再讲民主自由，民族主义中所讲的民族的自由要占绝对的优势。个人不能不牺牲其本身的自由来争取民族的自由。蒋先生在第一届国民参政会开幕的演辞中阐发此点最为透彻：

> 民主是什么？民主就是自由，要以不侵犯他人的自由，不侵犯他人的权限，更要严守纪律，必须以法律来保障自由，为实行自由之根据，这种自由，方能成为真正的自由，方能成为真正的民主，尤其在此整个民族存亡绝续之交，我们真正民主的自由，绝不是讲个人或少数人的自由，以求得整个国家民族的自由，可以说，我们要求得自由，更是要认清国家与个人的地位所在，和时代与环境的需要，使法律有效，抗战有利，以建立我们民主的政治的楷模，奠定整个民族自由的基础，也必须有真正的自由和真正的民主，才能完成这次国民参政会的使命。民国成立

已二十七年，回忆这二十七年的历史，我们国家虽亦会有议会，但还没有成功为真正民主宪政的国家，而且因为过去发生种种流弊，反致国家于纷乱衰落，所以到现在，就要受敌人如此侵略压迫的耻辱，我们国民参政会，当然不是议会，但要以从前议会的民主政治失败为戒，以期树立一个真正的民主政治的基础。

但是这是为适应国难及抗战的理论；这样并没有牺牲了民权主义的理想，正如欧美各民主国家没有因世界大战而永远陷入独裁专政的泥淖一样。训政是一个过渡时期；国难及抗战是一个非常时期。在此种情形下民权主义，一则只在训政时期，一则走到例外的状态之下。但民权主义仍是理想，争取了民族自由之后人民仍然能有自由。就是在这抗战时期中，中国的政治仍然不能同意德俄的独裁相提并论。中国的国家要建为三民主义的国家，仍然是要向民主的道路走的。我们不走独裁之路而走民主之路，但也绝对不存不近事理人情的一步登天的奢望。经济的，教育的，社会的进展必定要同政治的进展并肩向前，一点一点的堆积民主政治的经验，有了经验可以逐渐养成了习惯，习惯越深它的拘束力也越大，然后我们的民主才越有把握。辛亥的革命已经奠定了根本的原则，今后我们不需要再来一次一次地革命。我们的步骤是拾级而登。

中国政治的特型

从上面的理论来看，中国政治的建设是要自寻途径的。中国现在具体的政制设计上有其独特的一套理论，即孙中山先生五权宪法的理论。这种理论是我们所必须遵守的，且自十七年以来已经在试验着应用。这是中国政治所独具的一种形式。现在的问题是如何来做比较具体的设计。在讨论这个问题的时候，我们应当充分注意到理论的问题，因为一种政治一定要有其理论的基础。同时在近几十年来各种试验的经过也是主要的参考资料。

许多人以为五权宪法的理论同孟特斯鸠的三权分立互相制衡的理论在根本上是相同的，所不同的是三权之外又加上了两权，使其更加完备。许多讨论五权宪法的人斤斤于阐发加上这两权的好处，再三的说明。这种看法拙见以为是不对的。上文相当的讲过什么是传统的放任主义的资本主义的政制设计，说明它唯一的主要目标就在使政府没有权力，以免政府滥用它的权力侵占了人民的自由。懦弱无能的政府是他们的理想，如果不是政府全部的消灭。孟特斯鸠的三权分立与互相制衡的学说是这种政治理想具体的设计其整套的目的就在如何可以使政府达到无能，以便人民的自由得到充分的保障。在专制还未被法国的革命者打倒的时候，在自由还在被智识阶级的人士热烈追求的时候，这种思想是极自然的。正统派的经济理论家如亚当·斯美士笃爱自由，正统派的自由主义政治学也笃爱自由，各方在想方法达到保障自由不再受侵犯。放任主义要求政府无权，民治与否是他们所不甚注意的。人民的代表机关必须要时时刻刻监督政府，它必须制定法律，目的全在自由的保障，至于人民的代表机关是否代表全民，人民参政到何程度，都是次要的问题。其实那时并没有多少的民主潮流，财产为取得政治权利的观念那时是天经地义。这是孟特斯鸠学说时代的背景。

五权宪法的理论虽然也发明于中国的专制未被打倒以前，但是情调与孟特斯鸠是根本不同的。孙中山先生迫切的主张建立一个强固有政权的政府。民族主义中对外的主张固然需要一个强固有权的政府，民生主义中的主张也需要有权的政府，否则谁来平均地权，谁来节制资本，谁来执行实业计划？民权主义虽然要人民有权，但是要人民来产生一个有权的政府：人民有政权，但政府却有治权。这个理论不是互相冲突的，而是相互贯通的。

政府有权的理论既经确立，有权的政府与民主政治的理论是否不能兼容呢？民主与集权的理论，不特不是对立的，并且是相辅的。人民有权决定政府的去留，有权选举，有罢免权。但是既然我们不是传统的自由主义者，我们没有理由认定由人民产生的政府一定要是懦弱无能的政府。其实在理论上由人民产生而又可以由人民罢免的政府是人民信任的政府，甚而直截了当等于人民自己的政府。人民为什么要不信任自己？为什么要对于自己的政府怀疑猜忌？为什么要令许多直接或间接由人民产生而可以由人民罢免的政府机关彼此怀疑猜忌？然而传统的自由主义者及美国宪法的制定者却不如此看法。他们虽然一面揭起民主政治的旗帜，一面却对于民治深致怀疑。美国的总统是由人民选举的，国会也是由人民选举的，为什么要令他们彼此牵制均衡？除了人民对于其选举的能力，自相怀疑外，理论上实无其它的理由。孟特斯鸠以为"享有权力的人一定会滥用他的权力"，人民所选举的政府亦非例外。这就是说人民也不能相信他自己最清楚明白的表示，用意的重心本不在民主与否，而在政府权力之应受严格限制实已彰彰明甚。如此说来，这一套的理论谓其根本便与民主无关也是可以说得通的。更进一步说，普及的民主政治在十八世纪的思想体系中根本便没有孕育出来。美国革命后并没有实行全民政治，其选举权是有严格限制的。法国革命时一七九一年的宪法不是民主的宪法，人与公民有别，公民又有积极的与消极的两种，只有积极的公民才有政治权力。英国的选举本限于有土地的人，要到一八三二年才开始改革扩张，要到一九二八年才完成。可见全民政治的理想并没有在十八世纪发生，即到了十九世纪后半期，全民政治还不是一般承认的理想，全民的政治理论要到二十世纪世界大战后才成为普遍的潮流。

如果将重心置放在限制政府的权力一点上，我们自然认为集权，无论是否民主，与理想都是不相侔的。如果将重心置在民主一点上，则我们要的是民主的政府，而不是无为的政府，则民主与集权便不是相互冲突的，而是可以相辅而行的。一个由人民产生的可以由人民撤换的，同时是有威权的，可以统治的政府，如果我们真相信民治的话，是合逻辑的。

事实上民主集权的理论也是二十世纪的主要潮流。我们上面所讲的许多理论都是十八，十九世纪的理论，在二十世纪时一般的早已不提。我们之所以不得不一再讲述的是因为我国现在还有许多人在为十八世纪的孟特斯鸠做抱残守缺的工夫。现在政府，不特是取得了全民政治的基础，本身的权力也极度的扩充。虽然外国也有人在慨叹政府的权力太大，但是民治的经验已使得一般人敢于相信民治群众政治，而近代社会也每一部门需要政府的参与，使其权力不得不大加扩充。只要政府是由人民产生的，是可以被人民罢免撤换的，政府之有权是无碍的，抑且是必需的。所以外国早已无人再谈限制政府的权力，再谈分权制衡。十九世纪以来政党的兴起，事实上也使得分权制衡失却了大半的意义。美国的人一经当选为大总统，便自然成为党魁，国会的议员都受他指挥。这样行政立法的分权制衡根本便没有多大的意义。孟特斯鸠的时代是近代政党尚未发达的时代，政党的因素他并没有计算在他的理论之中。这也是我们不必再去理会它的学说的一个重要理由。总之，集权的政府是近代国家所必需，是中国所必需，它并不与民主的理论冲突，且为真正民主理论必然的结论，兼为世界上一致的潮流。

中国在抗战建国的途程上，集权的政府尤属必须。在一篇较长的文章里，我会引证外国的经验说明在事机重要的时候，政府必定趋向于集权。人民的心里最恐惧的是在国家内忧或外患逼迫的时候，有一个软弱的政府。政治界中对于无政府状态的恐惧有如自然界中对于真空状态的恐惧一般。欧洲历史上的集权政府——古代罗马国的独裁制度，近世纪初年至十八世纪三百多年的专制潮流，世界大战中各国的战时政府组织，一九二九年世界经济恐慌时期的危机政府——无一不产生于危疑震荡的局面之下，不特内忧外患的紧迫，就是建国巨业的完成，都有待于集权政府的出现。这种种的集权政府形式尽管不同，有的是合法的独裁（如罗马），有的是专制的君主（如英的条顿皇朝），而近世各国的独裁政治，如苏俄，德意志，意大利，更是应此机遇而产生的。中国近年来在抗战建国的艰难困苦的时期当中，坚强有权的政府更是绝对的必须；法币政策的推行，中央银行制度的确立，铁路交通事业的国营，重工业的兴办，农产运销及改良，轻工业及手工业的奖掖，盗匪的剿灭，毒品的禁绝，教育之普及与提倡，教科用书之编订，一切一切都需要政府的参预干涉。在这些部门及许多别的部门之中，我们可以看出有权政府的绝对必需。一个懦弱的，受百般限制的政府领导不了抗战的巨业，它不能办变幻莫测的外交。我们在民国初年，政府的号令往往不出都门，是我们失败的一个重要原因。这是孙中山先生所以主张"万能政府"的意义。

从这一点来观察政制建设，五权宪法分权的学说与孟特斯鸠的分权学说不可混为一谈，不能彼此传会。政治学里讲分权有两种讲法：其一是所谓分权制衡的学说，用意在分权以利制衡，目的在减少政府的权力到最低的限度，使其不能发挥效力，欲发挥而不可能；其二是将政府的权力作分类的研究，承认政府有极大的权力，注意之点在根据职能的原理，将其划分为若干类，每一类使其有独自的机关行使，各有专司，目的在谋求一种分工合作的办法，以期政府所有的权力能够达到高度的效用。这两种讲法是根本不同的：中国既然主张设立"万能政府"，讲分权当然是第二种的讲法。

一个"万能政府"的职责可以说是经纬万端。研究政治的人就要研究如何组织这个政府以期其最有效地发挥其权力，以达预期的效果。政府一定要立法；立法的机关应当如何组织方最能有效？政府一定要选贤任能；如何可以使国内的人才各得其用？政府一定要严禁贪污；如何可以铲除杜绝贪污？政府一定要实行法令；如何才可以组织健全？行政者与立法者应当如何维持适当的关系？这都是政制设计的问题。对于这个问题的研究方法，第一步是将政府所有的权力，用科学的方法，详细地作合理的划分。分类是科学方法中的第一步。西洋学者的一部分是相信孟特斯鸠的，他们斤斤以求的是如何地分权制衡。又一部分是注意科学分类的，于是有的说是应当为两权，立法者与执行法律者；有的则分为六种或八种，更趋仔细。这两种人的目的与方法是绝对不同的，可惜有许多人将这两种人的目的与方法混淆起来，而我国许多人竟也随这种混淆的局面漂泊。

中山先生的五权学说是属于分类性质的。分开五种治权的目的根本不在使它们互相对立，彼此牵制，以期减低政府的效能，以达到保障自由的目的。五权之分其实是有如四种政权之分，或是中山先生对于旧日专制政体下君权之分为三类一样，完全是职能之分，其中丝毫没有制衡的作用。中山先生是笃爱自由的人，他毕生致力于争取自由，打倒专制。但是他认定在中国的情形下，个人的自由关系甚小，民族国家的关系甚大。他笃爱自由可以从下面一段话看出来：

> 中国人民老早就有了很大的自由，不须去争的。因为不须去争，所以不知道去宝贵。比方我们呼吸空气，是生活上最重要的一件事。人类在空气里头生活，好比鱼在水里头生活一样。鱼离开了水，不久就要死；人没有空气，不久也是要死的。我们现在这个房子里头，因为空气很充足，呼吸很容易，所以不晓得空气的宝贵，但是把一个人闭在不通空气的小房子里头，呼吸不灵，他便觉得很辛苦。一到放出来的时候，得了很好呼吸，便觉得舒服，知道空气的宝贵。欧洲人从前受不自由的痛苦，所以要争自由；中国人向来很自由，所以不知自由。

从这一段话看来，可以知孙先生是最爱自由的人。他认定自由之于人类，犹如空气之于人类，如水之于鱼。但是孙先生的问题，同许多西洋政治思想家的问题一样，不是一个绝对自由境界的追寻者。他所寻觅的公式还是"政府与自由的调和"的公式。此项公式在中国的特殊环境下，还有其特殊的意义。在帝国主义压迫下，在强邻环视的局面下，徒讲个人自由是不可能的。其另外的一方面是将中国"一片散沙"的人民组织起来，团结起来，先争民族国家的自由；民族国家先有了自由，再谈个人的自由。组织与团结都得讲管理，"政治就是管理众人之事"，受管理当然是要割舍自由，组织团结是需要政府的，政府权大自由便得牺牲。他说：

> 外国革命的方法是争自由；中国革命便不能说是争自由。如说争自由，便更是一片散沙，不能成大团体，我们的革命目的，便永远不能成功……到了国家能够行动自由，中国便是强盛国家。要这样做去，便要大家牺牲自由。

亚当·斯美士讲自由可以致国家于富强，但他同时要政府来做"保境安民"的职务。中国政府过去未曾做到"保境安民"的职务，所以先从此做起。等到国家民族达到与外国自由平等的地步，自由便能臻国家于富强。至少是在目前的局面下，自由是要因国家民族之缺乏自由而受相当牺牲的，虽则使孙先生在世，他一定不是法西斯主义者。

自由之论，既如上述，五权宪法的目的当亦明显。中国的政府是"万能的政府"，所以五权之间绝对不能稍存牵制均衡的作用；反之，它们之间要收分工合作最大的效能。自从十七年以来，许多人论中国的政制，仍旧不明白这个根本原则，孟特斯鸠的幽灵仍时常出现。我们在今日必须明白五权的精义，不特应当成为论政制者的共同认识，并且应当成为各政府机关的长官乃至于科员的共同认识。袁世凯会利用孟特斯鸠来作为扩张总统权力，与当时的参议院争权的口实。我们的政府机关现在不可再抬出孟特斯鸠来彼此争权。

五权之义是权力的分类，我们若进一步的研究，则知这五种治权是不会平等的。鉴于以往若干错误的见解，这一点也很重要。过去有许多人以为在五权宪法下，五权是平等的。在政制的设计上也就设立五个平等的机关，连名称都得一样。行政院是"院"，所以其它的立法、司法、考试、监察等也都得设院。行政院底下有部会，所以其它四院底下也设部会。其实这种观念也不一定是正确的。我们讲分权的理论，并不一定是讲分别的机关，使这些机关的组织都似出于一个模型，完全一样。五权的理论与五院的制度之间并无必要的连带关系。孙先生讲其五权的理论之时。会以大总统来代表行政权。可见得五院制度不一定是与五权的理论不可分离的。关于五权的理论究竟应当如何实施，孙中山先生并未会详细地厘定。王宠惠先生会与孙先生反复研究具体的问题，并会为文曰《研究五权制度略述》报告其研究的经过。由这篇报告可以看出关于五权理论尚有许多具体实施问题未及详细决定。孙先生的意思是想不要纯从悬想将其具体地决定，而将许多问题留待将来实施时从实际的经验中去求答案。自从十七年后，五权的理论得到了试行的时机。那时为政制的设计者想到用五个平等地位的"院"来运用五种治权。这是五院制度的创始。经过十年的运用之后，这个五院的制度有许多的问题，还须解决。

第一个问题是五院在政府机关的地位上是平等的，但是在实质上是不平等的。所谓平等与不平等有两种意义。(一)在其权的职能上重要与不重要；(二)在其权的运用的量上繁重与轻微。从这两种意义来看，五院之间相去都是非常之远的。行政院无疑地居于首要的地位。外国有一句俗语说，"谁拏着钱包谁就拏着政府"。尤其是在预算制度真正确立以后，财政权操之于行政院财政部之手中，就可以造成一种五院之间不平等的局面。国家财政的支出不能不顾虑到收入，而管理收入的就是行政院的财政部。世界上一切的国家中，财政部都有极大的威权，虽然不是滥作威福，也是事实上有极大左右的能力。所以在五院之间，在机关组织上容或平等事实上是不会平等的。这是由事实而来的理论，在论政制建设时是不容忽略的。

第二，强求表面上的平等，有的地方也会滋生很大的流弊。例如，司法院本身包括司法行政部，最高法院，公务员惩戒委员会。这三个机关本身都具有相当独立的性质，司法院在上面等于一个承转公文的机关，本来没有多少事可做。又如，考试院包括考选委员会及铨叙部，它本身亦无一定的职权。监察院包括了监察委员会及审计部，它本身也是所谓"虚"的一级。但是因为实行了五院制度，它们遂都须与行政院一样的居"院"的地位。中国有许多省份极为富庶，有的省份极为贫瘠，但是省制划一的规定使得它们都是一样的组织，使许多机关根本无存在的必要。这些都是不合理的情形，足以妨碍效率。

第三个问题是更重要的问题。五权的理论既然不是孟特斯鸠式的分权，也不应有制衡的作用，其分为的是以利合作，如何才能尽力合作便成了最大的问题。政治制度中一个最难解决的问题是行政与立法的关系的问题。在中国目前，这个问题可以说是没有得到完满的解决。英国国会的权力——财政权，立法权，监督权，现在中国是分散在许多机关之中，国民政府（指其本身而言），立法院，监察院各分得一部分，中央政治委员会及新设的国防最高委员会也分得一部分，最近设立的国民参政会又似乎是分得了一部分。我年前会为一文详细说明"行政立法的关系"，[1]其合作之必要及目前没有正当关系的困难，而所谓立法只指中政会与立法院而言。若果将英国国会的财政权，监督权包括在内，则这幅图画必定更为繁复。至于其他各院彼此间的关系若都要一一厘定清楚，当然更是非常困难。过去无论是在法律的制定上或在实际的运用上，我们都十分注意到分，而不大注意到合。而权的配合在理论与事实上都至少与权力的划分占同等重要的地位。在五院之间，从前在国民政府主席掌握实际政治权力的时候，是有其调剂的地方的。虽然调剂尚不一定是有机的配合，总算是有合作的办法的。从前的国民政府委员会实际运用职权的时候，许多五院之间的问题也是可以在那里调剂的。解决五院之间不能解决的问题是国民政府委员会的一个职务。自二十年政制改革后，国民政府主席不负实际政治责任。国民政府委员会也成了不开会的机关，五院之间的联系就失却了调整的处所，所以本来就很困难的一个问题，现在日益加困难。

第四是效率的问题。分权制衡的政府是绝对不讲效率的。赞成分权制衡的人最怕的就是政府太有效率，侵犯自由。我们的政府不是分权制衡的政府，自然得讲效率。近几年来，我们常讲行政效率。但是所讲的并没有脱出行政院的范围。行政院是最重要的一院，其中的部会最多，先从那里讲起当然是最恰当的办法，但是这个效率问题当然不能限于行政院一院，则是显明的道理。举例来说，公务员的任用考绩是政府各机关都与考试院发生关系的；公务员的弹劾惩戒是各机关与监察院，司法院发生关系的。这一种的例子极多，现在不必一一枚举。如何才能使这些职能配合起来，增加并促进其效率是当前一个极大的政治制度上的问题。

总之，以上的四点，也不过是举例而已。政制中每一个问题，每一件事，都是专门研究的题目。本书的宗旨在讨论中国政制建设的理论。我们说每一国的政制都得根据于其国家的立国精神而来。无论是自由主义的英法美，苏维埃共产主义的苏联，法

---

[1]《行政研究》，二卷四期。

西斯主义的意大利，国家社会主义的德意志，它们的政制一律是根据于它们的立国精神而来的。没有一个独立自主的国家，基础稳固可以在世界上生存的国家，是缺乏其立国精神的。它们的整套政治制度是根据这个立国的精神而来的。这种立国精神往往是用革命的手段在一个国家中确立起来的，因为一讲到立国精神即牵涉到根本，根本的问题是非用革命的方法不能更变的。等到立国精神确立了以后，我们就可以根据之而厘定一套政制。这个政制设计问题许多都是技术的问题，不至于牵连到立国的精神的。这些问题只须用渐进改革的方式来解决，不用流血革命的方式。

清季末叶，革命势力与清廷政府冲突是根本的。流血的革命是绝不可避免的。康梁等人的主张，不用革命的方式而用改革的方式，其失败是当然的。就是光绪胜利了，他们的主张也不见得就能顺利实行贯彻出来。辛亥革命以后的情形是军阀之治。其中一个可悲的现象是立国精神根本没有确立起来。那时的人不知不觉间有一种政治上的自由主义，但是因为他们根本不明白立国精神的必需，所以五花八门争攘厮杀。其实即使自由主义在那时确立为中国的立国精神，也不能将紊乱的局面挽救过来，因为自由主义是不适合于那时内忧外患的环境的。西方的自由主义发生于三百年专制建国之后，几个自由主义成功的国家都是建国大业已经在君主专制之下完成的国家。没有那个稳固的基础，自由主义不会成功。几个建国未成功的国家实行自由主义都归失败，世界大战后的中欧南欧诸国可为显例。所以中国在一九一二年实行自由主义是不成功的，何况那时根本不知立国精神的重要，自由主义又是什么东西。

十六年的国民革命部分的解决了中国以三民主义为立国精神的问题。二十六年的抗战使得三民主义完全成为全国人民信仰的主义。立国精神有了，这是中国政治上一个最大的转变。中国人明白自由主义不适宜于中国，苏维埃共产主义，法西斯主义，国社主义也都不适宜于中国。

在三民主义下我们开始建国，政制的建设也根据于这个立国精神而须积极的迈进。孙中山先生的五权理论不是自由主义的分权制衡理论，我们要建立"万能的政府"，有权有效力的政府。孙中山先生并没有将五权理论的具体实施方案详细指出。十年的试行经验产生了许多问题须要解决，但是解决这些具体问题仍然需要理论的基础，否则便是盲目的，乱撞的。这个理论的基础是对于五权理论的认识，五权理论不是分权制衡的理论，而是分工合作的理论。有这个理论基础，许多的问题就可从研究结果及试行经验中去寻求答案。理论基础之确立已经解决问题的一大半了，其它当可点滴的改革：改革而不需革命，因为这不是立国的根本问题，用不着流血革命。

地方政治论 *

一

中国的地方政治问题恐怕只能从一个角度来观察。我们似乎必须体会中国是一个极大的国家,并且是一个极大的农业化的国家,还没有经过工业发展所必需附带的普遍化标准化的熏染,各地方的地理人情,风俗习惯,语言文字,经济生活,都相差很远。在美国这样大的国家去旅行,除了第一大都市纽约以外,简直没有多少不同的地方。美国每一个角落都有由一家经理的饭馆,百货商店,旅舍,所吃的,所买的,所用的都是一样的东西。纽约与三藩市都吃芝加哥屠宰的猪牛肉,全国都吃得到新鲜的加利福尼亚果林所产的橘子,甚至于都吃一家所制的冰淇琳。工业化的东部,农业化的中部,沙漠地带的西南部,牧场林立的西北部,在日常生活上并没有多大的分别。美国人不必去西部才吃得到橘子;其实他在欧洲或亚洲是一样地吃得到。吉士牌或骆驼牌香烟是全美国人所吸的。在美国没有人说我要到渥海渥去尝尝渥海渥菜。美国的语言文字——英文——可以到处通用,充其量只有些声调或口头禅的小差别。在这种情形下,我们来说地方政治是一件容易的事情。我们可以不必去过分的注意地方情况的差别。

但是美国的地方政治却不是那么简单的事情。一部分是因为美国是一个联邦国家,在政治社会组织的根本原则上它不蕲求全国的一致,一部分因为现在的各邦各有其特

---

* 原载《新经济》第二卷第七期、第十期、第十二期,第三卷第三期、第七期,第四卷第十二期,第五卷第二期,第七卷第七期,1939年10月1日、11月16日、12月16日,1940年2月1日、4月1日,1941年3月16日、4月16日,1942年7月1日。

殊的历史背景，虽然在经济生活上因集中生产已使全国趋于一致，在政治制度上却仍然保留着极大的歧异，甚而可以说是复杂纷繁。在美国的政制法规中我们找不到一部全国适用的邦组织法，市组织法，或乡镇组织法等等。有若干热心一致的人对此或者要感慨系之，略带怒容地说这不成体统，中国不应当盲目地效法西洋，尤其不应当效法西洋这种要不得的怪象。还有若干人——特别是外国人——对此也要发一顿牢骚，说这是政治社会没有能够追得上经济社会的进展，社会科学较之自然科学落后的局面。这些感慨与牢骚之是否中肯我们无暇去问。事实是美国这样大的一个国家，虽然在日常生活是几乎一切标准化，地方政制是没有做到标准化的地步的，并且也似乎没有多少人真正热心去谋求政制的标准化。美国的情形如此，其它一个大的国家——苏联——那种联邦之内又有联邦的政制之不标准化，则是更不必说的了。

中国也是一个极大的国家，社会是一个农业的社会。没有到过四川的人可以说是绝对地没有尝过比美国橘子更美味的广柑，不到广东再也吃不到"增城桂缘"。我们有四川菜，广东菜，山东菜三大系统。我们的方言是复杂的，每一省甚至于每一县都有一种的特殊方言。不要说一位四川人到了广州市简直听不懂人说的话，一位广东潮安县人到了广州也同这位四川人差不多的苦窘。福州话同厦门话迥不相同，重庆话同成都话，长沙话同丰陵话，上海话同南京话，都有显著的区别，骤然一讲不容易懂得明白。虽然文字是统一的，广东人从前也一样读唐宋八大家，一样作八股。自从白话文畅行以来，广东人朗诵起来，特别是如同老舍一类的文学作品，却有无穷的难听或非解之处，好像别省人来读"粤讴"或"木鱼书"一样困难。这还是中国内地来讲。蒙藏满回等人是中华民族的一部分，但他们却不但有特殊的方言，并且有特殊的文字，为中国内地的人所绝对不懂的。至于经济的社会，因为在这个一千一百六十余万方公里偌大的国家中在战前只有九千五百五十七公里的铁路，十万零九千五百公里的公路，交通阻塞，农村的经济又以自给自足为其根本事实，所谓"生产家庭化"，不需要多少交通的往来，所以整个国家各地方当然依旧保持浓厚的地方色彩，贫瘠的与富庶的省份经济的情形，迥不相同。再扩大来讲，蒙古西藏的同胞的经济生活是游牧的生活，逐水草而居，与内地世代累居的稳定农村社会完全两样，与"东方巴黎"的上海市更是有最大的差别，与东南的工业区也是相去千里。

其实这些都是每一个中国人所熟知的事情，我之所以要详细地来说，就是因为我认定这种种平凡的事实是被一般讨论我国地方政治的人，特别是住在首都，在中央政府服务，统制全国各地地方政治的官员所时常忘却的基本事实。但是我却以为这个基本事实是这一般人所绝对不能一时一刻忘却的。我认为认清这个基本事实是探讨中国地方政治唯一可能的观点。我猜想一位外国研究地方政治的人到中国来，进入我国社会，特别是经济社会，是如此的，而忽然发现在我国的法规大全里竟有全国通用的省组织法，市组织法，县组织法，保甲条例等等法规，其中并且订得相当的详细而肯定，没有多少可以因地方情形而迥翔伸缩的余地，一定是大为惊愕。他们如果问我们这些法规究竟实行到怎样程度？县有参议会没有？县长真是由人民选举的？为什么只有四十万人的西康省同有六七千万人的四川省政府要同样的组织？为什么乡村疏落的保甲是十进的而人口稠密的保甲也是十进的？为什么区署一定要以乡或镇的数目为标准？横贯着一座大山的县，虽然人少，为推行政令便利起见，为什么不在山那面设些区署？对于这些理论或事实上的问题，恐怕我们解答起来不免有相当的困难。也许没有一个外国人能了解中国到这样深切的程度。我们这一位假想的聪明的外国人所问的问题却是十分肯要的，可以说是一箭射中了中国地方政治问题的核心。

在中国地方政治问题上，可以这样问而获不到具有充分理由的答案的问题是很多很多的。现在无论政府与人民对于地方政治都十分的注意，尤其注意到地方自治早日成功，我国地方上的问题是值得我们从长考虑的，冷静分析的。

地方自治这个理想是三民主义中的一个主要的部分。我们要问：为什么地方要自治呢？不要他人来代治呢？这里头含有极深澈的道理。

首先，应当提出的是一个健康的国家一定要有负责任的公民。所以在一个现代的国家之中，公民教育是教育最重要的部分。教育家应当认为教育的宗旨固在产生一般有智识的人民，同时更重要的是在培养一般对国家知负责，能负责，肯负责的公民。我们敢说如果中国的公民都是负责的，中国就不会有兵役的困难，或汉奸的耻辱。人都是住在地方上的，无论其地方是都市抑是乡村。地方自治就是训练人民，教育人民使其能够负责，敢于负责，勇于负责。国家把治理其本乡本土的责任放在人民——每一个人民——的肩膀之上，要他把这个重担肩荷起来。西洋有许多人观察十八十九世纪欧美人民争自由的历史，而苛刻地说争到了自由之后这些人民竟不知怎样运用自由，傍徨失据，真正有些良心的人清夜扪心不免后悔当时不该争这份自由。这就是说，他们不能够负责，不敢于负责，不勇于负责。哪一个人不想当皇帝？但是没有特殊造诣的人若是一旦黄袍加身真是会手足无措，悔不当初。从前皇帝的诏书里常有"寝食难安"的话，有的时候这不一定是官样文章。没有受过负责训练的人一旦肩起了重大的责任的确是件极痛苦的事情。地方自治就是一种负责任的公民训练，给许多的机会使得一般人民有负责的训练，在这种训练之中把真正能负责的挑选出来，为较大的单位或全国效力。在地方自治畅行的国家中，除极不肖者外，人民是受过训练的，选举出来的官更是能，敢，肯负责任的。因此地方自治一方面是公民的教育，一方面是官吏的选拔方法。美国的总统许多是做过邦长的，都是经过公民训练而同时又是负过责任的。

换言之，自治具有重要的教育的功用，惟有在地方自治倡行的地方才找得到真正负责的公民，惟有负责的公民才能缔造健全的国家。在政府代人民办理一切事务的情形下，即所谓保育主义（Paternalism）下，人民是没有受公民教育的，这个国家也就不能成为一个真正现代化的国家。所以地方自治实在是建国巨业中最重要的一项，在这建国途程上促进地方自治是准确的一途。欧美的许多国家，在十九世纪前是受专制的统治的。美法革命以后它们次第地成为民主的国家，它们的人民骤然接受到政治权利，并且相当地能够顺利运用自由，几百年的地方自治实为根本的原因。苏联今日乡村中的人民能够运用他们的自由，也是有历史上的原因的，因为在沙皇的淫恶的专制之下，人民仍然是有其自治的训练的。英国民族几百年来的自治基础当然更是其民主政治成功的根本原因。我国现在渐渐地知道注意公民教育，初中的公民一科以地方自治为中心课目，都是最正确的进步。我们现在所通行的保甲制度，虽然是令保甲长接受上级的命令而执行之，并没有给予他们以多少便宜处事之权，但是将政治的责任加在保甲长的肩上，强迫他们做事，其实就是一种政治的训练，年深月久就能收到很大的效果的。

究竟我们要用什么机构来运用地方自治，使其达到公民教育的目的，却不是容易的事情。支配这个机构组织的一个根本原则却是我们上面所说的，即是我们要时时刻刻牢记着中国地方的地域性，而不能强求表面上的划一。我们可以用几个数字来说明中国地方政治问题之大。据民国二十五年内政部的统计，苏浙皖赣鄂湘川晋豫冀陕甘粤闽桂滇黔绥宁等十九省已组成的共有七十七万九千五百八十一保，此外尚有没有组成的。在这些省份中有人口在一百万以上的县份，也有人口只有万余人的县份。每一个县的面积也相差很远；有的县在平原之上，交通便利，有的则在崇山峻岭之中，路途艰险。有的县份是非常富庶的，有的则是贫瘠：广东中山一县的收入就较青海省为多。如果我们采用十进的原则，以十保为一乡镇，上列十九省便至少要有七万七千九百五十八个乡镇。这些都是惊人的数字。譬如我们又规定每有十五个乡镇就设一个区署，则全国大多数的县份都免不得要设区署。以内政部二十七年的统计为根据，江苏全省每一个县均须分区设置；浙江省只有一县乡镇数目不足十五个，可以不设区署；安徽只有二县；江西，八县；湖北，三县；湖南，五县；陕西，三十二县；四川，三十七县；甘肃，十县；福建，三县；广东，八县；广西，四十四县；贵州，十县。是在这十三省一千零七十县市之中，仅有一百六十三县可以不设区署。假如我们将所要设的区署总算起来，当然又是一个大数目。

　　上面我们曾说地方自治是一种公民训练。中国是这样大的国家，公民训练的对象更足惊人。就上列十九省来计算，就有七万八千个乡镇长，七十八万个保长，七百八十万个甲长，七千八百万个户长，每天在受着公民的训练！他们不一定是具有充足智识的人，大多数的保甲长还是目不识丁的。政府在训练这一大批人，在这样特殊的环境之下从事于这样特殊的训练，究竟应当如何组织，如何管理，实在是最繁难的问题。在现在的中国，内政部是一个比教育部更多学生的教育机关。我们在研究普通的所谓教育的时候，引用许多的教育学的原理，延聘许多教育专家。在这个伟大而重要的公民教育事业上我们有什么原理，有什么专家呢？加之，普通的学校究竟可以与其附近的环境不发生多少关系，无论在哪一个角落，学校教的大都是那些课程，入学学生大都是差不多年纪的青年男女。内政部所主管的教育事业本来就是社会最重要的一环——政治，因为社会环境的不同，学生性质的差别，什么都不能是完全一样的。我们在从事于这个大规模的教育事业时，要如何的厘定机构与组织，使得它们能克尽其教育的功能，确是一个严重的问题。在普通教育上，学校组织不健全是误了全国入学青年的前途。在入学青年尚不甚多的今日影响还不算太大，虽则已为绝无可逭的罪恶。在地方政治的训练上，组织机构若不健全，则是误了全国的人民，误了整个国家！想起这个问题，我们真不禁不寒而栗。

　　过去我国谈地方政治的人，至少据我个人的感觉，似乎是不能十分把握得住这个问题之庞大与繁难。他们似乎不甚注意到上述的种种，没有多去考求事实，大都倾向于凭空臆想，或说闭门造车。特别是在立法方面，喜欢强求划一，闭眼不去正视事实，漫谈改制，朝令夕改。他们大都是渴望统一的人，但分不开统一与划一原非一件事情，不明白不划一也有不划一的好处。他们喜欢制定"大法"，由国民政府公布全国通行。这些法律内容也力求硬性，详尽，不甘多留伸缩。因为这种种原因，我国所制定的法律许多都不能够实行。有许多人看了这种情形非常愤慨，说是政府没有守法的习惯，中国人没有法治精神。这种说法是没有错的：我们的确是如此的。然而我们也得从另一方面来看，看看如果各地各级的政府果真一字不苟地依照法律，事实上是不是行得通，效果是不是可以收得到。譬如我们想想一个贫瘠的省份是不是可以同一个富庶的省份，完全执行一样的法律？西康同四川是不是可以在政治上一律？这不是一个应该不应该的问题，而是一个可以不可以的问题。用一位行政专家的妙喻，我们可不可以做一套制服使得冯玉祥先生和许世英先生都穿得合适？

其实强求划一还不只是事实上发生困难。它还有极可怕的流弊。中国的许多地方情形特殊，但也不一定是非常特殊。然而在这些地方的人却时刻想念着它的特殊情形，事事都要求变通，处处以特殊自居。抗战以前的冀察，固无论矣。现在内地也有许多地方是自认特殊的。这样使得许多本来不必变通的事情都变通起来，以示标奇立异。在若干地方的行政当局喜欢用些特殊的地方政府的名称，以示它们在中央法令之外还有新奇的创制，足以夸耀于国人。别人也没有闲暇去研究其内容，遂真的以为这是什么了不得的发明。仔细地察看起来，其实也不过换个名称而已，内容是没有什么新奇的。同时，有的地方行政官吏，偶尔做出一些事情来，他们便夸耀说他是有特别的办法将其办通的。他们所谓特殊办法就是不依法令的办法。然而进一步的研究起来，这种特殊办法也没有什么，就是用合法的手续也是一样办得通的，只要能认真努力，有适当的人才。尤其令人伤心的是这些自命特殊而有办法的人更喜欢大肆宣传，夸大的宣传，甚而是滥造数字来宣传，使得一般人民莫名其妙，就是他们的上级政府时常也受其下级宣传的麻醉，信以为真！这里头蕴藏着不知多少虚伪，真的成了上下交争骗的局面。中央想用详尽严密的法律来企求划一，而其结果却变成了适得其反。这是中国地方政治上的一个大问题。

自从苏联与德国突然缔结了互不侵犯条约以来，许多喜谈"理想外交""阵线外交""主义集团"的专家都纷纷作文章说我们从此不如多注意些现实，张伯伦究竟不是世界上唯一讲现实的人。在内政方面我们也似乎应当觉悟些而多谈些摆在眼前的事实，少谈些理想。在另一篇文章里，我曾说"现代政治的特征"就是实事求是的精神。中国地方政治的现代化就应当本着实事求是的精神入手，先来测量一下地方政治的轮廓，多搜集事实，了解这个问题的庞大性，复杂性，然后再来进一步的详细研究。以上所说的不过是一种绪论。

二

一个国家的政府，特别是一个根据于中央集权原则而组织的政府，总像一个金字塔，由广大的基础逐渐缩小到一个顶尖的中央。这是画起一个组织系统图表时所呈现的情形。但是我们如果一考实际的事实，则情形同此有很大的差异。尤其是在现在的世界上，居在顶尖的中央政府，在组织系统图表上尽管是只占一点点，在实际上却是庞大非凡：它的组织繁复，经费数额巨大，远非下级政府可比。这里头有很深邃的原因。现世界上各国的中央政府所要办的事情，如同国防军事，外交，财政等等，都与整个国家的命脉生存休戚相关，其势不得不入手多，花钱多。在一个真正现代化的国家里，军队都是国防军队，没有什么地方武力或私人武力，而在这个险恶的国际社会里，国防的经费是占着整个预算总额极大的比额的。这一笔巨款要中央政府来支配。工业发达的现代国家的税源以直接税——所得税，遗产税，为其主体。这一笔巨大的税收是由中央政府来征收的，由中央政府来支配的。现代的外交比军事还要重要，各国都在针锋相对，纵横捭阖，极尽争夺格斗的能事，以保持或加强其国际社会中的地位。外交是最阔绰的事情，惜小费即所以误大事；而外交则一定是中央政府来办的，除非在极没有组织的国家中，地方政府绝对没有染指的可能。现代世界的趋势，是中央政府的极度膨涨，从前的政府所绝对不管的事情，如交通，教育，公共卫生等等，现在的政府都是集中大规模地在办理。二十世纪的事实使得它不得不如此。

"一个政府是一个社会公共事务执行的机构。因此一个政府的性质与其所办事务的性质有密切关联。政府的组织方式是以其所做的事情为标准的。换言之，政治制度须供应社会的需要，并须适合社会的情况。"这是一位英国政治学家所说出来的道理。我们千万不可看着这几句话平凡，好像是用不着谈而人人都明白的。只要我们涉猎一下现在谈政治者的言论，就知道他们多半是不相信这几句话的。

我国现在有许多人天天在抱怨中国的政府头重脚轻，上大下小，中央的组织庞大，地方的组织渺小，中央的钱多，地方的钱少。这种说法，我们大胆地说，尽管是为一般人所相信的，却只看到问题的一面，因此是站立不住的。正如法国人佛朗士所说，"三千万法国人所发表的谬论，终不失其为谬论，终不失其为谬论"。中央政府现在担任的责任是中国数千年来的中央政府所没有担任过的。它的任务是如何地使得这个古老的，散漫的，件件事情（除了玄哲道德学理以外）都不发达的，庞大无伦的国家，富强起来，康健起来，在这二十世纪波涛汹涌惊风骇浪的国际社会中，维持着独立自主的生存，抵御强盗的觊觎侵略，维持领土主权与行政的完整。数千年来中国自己有自己狭隘的世界，现在中国是加入了整个的世界为国际的一员：从前可以人不扰我，我不凌人；现在则是弱肉强食。这一个责任……国防外交……是如何的重要，如何的艰巨！中央政府担负了这个森严重大的责任，如何可以只求紧缩节省？

现在我们中央政府的问题，不是过于庞大的问题，而是应如何组织以期增加其效能使可担负这个森严责任的问题。但这不在我们讨论范围以内。我们此地要说的是：中央政府比之下级政府庞大这件事实的对策，不是中央政府应当缩小，而是下级政府应当扩充；不是中央政府应当节省以充实下级政府的财源，而是如何可以使下级政府的财源也充实起来。只知抱怨中央大而地方小，因而主张中央缩小以期地方扩大的看法是不对的。中国地方政治问题的焦点就不在那里。"一个金字塔的稳定耐久与否以其根基之广阔与坚牢为决定的主要条件"，是古埃及的一句名言，并且是真理。但使得它的根基广阔坚牢的方法，不在减轻其顶尖的重量，而在切实地充实下层，因为现在顶尖的重量是绝不可减的。中央政府现在所担负的责任太大，关系太重要，我们一时高兴，误信了没有事实根据的流言，轻轻地紧缩起来，流弊实在是不堪设想的。这一层理论是我们研讨政治的人所绝对不容忽略的。

然而这个问题也不是那样简单。中央政府与地方政府权责的划分是研讨政制的人一个最饶兴味的题目。

现在常闻人言，我国的基层机构不健全，所以中央所要办的事情都不能推动。譬如说关于役政的推行不能尽利。一般的人都不说中央不好，也不说省政府不好，而一般归咎于县及县以下的各级机构，尤其是保甲，办理得不好，而主张去健全下层的机构。这种埋怨保甲的主张是当前最普遍的。

但是保甲之不健全虽是事实，这个问题却不能只作如是观。这里牵涉到整个中央与地方权责划分的根本问题，可惜常常被人忽略了。

我国现在关于中央与地方权责划分有最高明的原则，也成了一般人的口头禅，但是没有或很少人去详细地研究一下其根本的涵义。这个原则就是一句话："县为自治单位。"我们研究中国过去行省的制度，知道省应当是执行中央法令并监督地方行政的机关，它的地位应当是代表中央常川驻在各地方去推行政令的，应当是像法国的郡，而与美国，瑞士等联邦制国家的邦根本不同。这里没有自治的成分，只是中央派驻各地方的机关，完全遵照中央的法令。真正的地方是县而不是省，故曰"县为自治单位"。

什么叫做自治？虽然也有许多不同的见解，自治就是由人民来自己管理自己的事情一点却是不易的道理。所谓"自己来管理"是由人民选举官吏来办理事务；所谓"自己的"事情是不由中央政府来管理的事情。由人民来选举官吏是容易抓得住的一个概念；哪一种事情应当由中央政府直接管理，哪一种事情可以不必由中央政府直接管理而不妨交由地方政府去管理，即是所谓中央与地方权责的划分，虽为不易骤然解答的问题，却为确立地方自治制度的根本。现代的趋势，上文约略说过，是中央政府权限极大的扩充。但是在一个号称实行地方自治的国家中，自应有许多事情不由中央来管理，而由地方去自理，在这个范围之内中央不能干预。这才是名副其实的地方自治。

从这个出发点来观察我国的现制，就发现在这一方面我们还不曾厘定确切的制度。我们现在的情形是很奇特的，也可说是很不合理的。中央政府现在好像是一个庞大的设计机关，天天在那里开会议，拟办法，制法令，不问这些事情是否应当由中央来干预。中央的行政机关好像不是一个执行的机关，而只是在那里出题目的。中央所出的题目，姑且不问它们良好与否，切合实情与否，就是用命令层级地行下去，行到省政府，而县政府，而乡镇保甲；结果只有保甲长在执行。中央所谓行政就是下命令，没有执行。真正执行的就只有领不到薪俸（只有保长才有每月约两元办公费），大都是不识字的保甲长。那些领有大薪俸的高官则虽名为行政官吏，却只有制命令，传递命令的责任。所以现在政府每办一件事情，主管的部分一定希望省政府设一个机构（如厅中之一科）来办理，也希望县政府添一个部门来办理，甚至于区署乡镇公所也添一个专人来办理。结果是万般的事情都囤积到省县及县以下的机构的身上，使得一个省政府主席要身兼全省保安司令（防止盗匪），防空司令，军管区司令（办理兵役行政），和自卫军总司令（统率民众组织）；使得湖南的一个县长兼职十六个，贵州二十九个，四川三十几个，天天开会，席不暇暖；而使得指挥县长的机关，直接的十七个，间接的二十三个，平行的机关二十个，而政治部等的民众动员指导专员等临时的尚不在内。而他们也不过是发命令的，想办法的，也丝毫没有执行什么事情。这种情形是根本不合理的，几乎是荒诞不经的，当然明显。

在无论哪一类的国家中，中央政府都得是一个真正执行的机关而不能只是发布命令的机关。中央政府不能把所有的事情全用命令推到下级政府去办。我国近几年来在若干方面也已经向这方面去走。例如我们没有听见交通部在修筑一条铁道时叫县政府修筑经过其辖境的一段。经济部农本局也没有在每一省县政府设一科来办理各该省县农村金融的调剂。这些事情是中央政府范围以内的权责，它得自己来执行，不能推到地方政府身上。我国的邮政机构是隶属于交通部的，它散布在全国各地每一个角落，完全由交通部直辖的邮政总局指挥，它不必在每一省县政府添设机构来办理邮政。这是最好的一个例子，说明中央政府也可以不经省县的层级而与人民产生直接的关系。

可惜这些不过是少数的例子。在普通的行政上中央始终是一个发号施令的机关；而除了保甲以外其它的机构也都是些传令的机关。现在的役政就是这样的，甚至于国防工事也有委托地方政府去代办的。此种情形使得许多的政令不能行通,更使得真正属于地方自治的事务,因地方自治人员疲于奔命地在为中央办差,而致搁浅延宕,使得"县为自治单位"这一个根本原则无由贯彻。在日后的行政上这一个根本之点是必须要根据合理的中央地方权责划分的具体方案予以切实纠正的。这是地方政治建设的根本。

有人也许要说,中国这样大,人这样多,中央怎样可以达到每一个角落呢?岂非有鞭长莫及的苦痛么?这些问题,好像中肯,其实也是似是而非。上文所举的邮政总局,农本局,都是达到中国每一个角落的。每一个中国人,无论在什么穷乡僻壤,都能够寄递信件,何尝须要政府层级的组织来推动?同时,省政府是驻在各地代表中央的。虽然现在的省不尽合这个理论(从前还有些省份简直是固步自封,俨然独立),但是我们得朝这方面走,有许多事情由省来代表中央直接办理,不容它们推下到县政府去。如果现在的省太大,可以缩小省区;如果省当局的意识不对,还是只知传递号令,可以矫正他们。但是我们绝不能让中央与省老是这样推衍下去,名为行政而不执行。我们如果能够做到中央与省都是名副其实的行政机关,真正执行事务,地方政府,即县及县以下的各级政府,才能自己去管理自己的事情,才有名副其实的地方自治,"县为自治单位"一个原则才有实施的希望。

然而这是一个原则,在实行上还有足以考虑的地方。我们应当厘定一个中央与地方权责划分的界限。这不是凭空厘定得出来的,也不是抄袭外国成规所能办到的。仓促从事一定要归于失败。凡是研究政制的人都知道政治上权责划分总归是以堆积实例的方法划清楚的,而既经划清之后往往又因时势的变迁而有所改变。最好的一个例子就是美国联邦政府与各邦政府的权限划分。美宪法上明白地规定有划分的事项与标准,但法的规定不够,其后一百五十余年,美国的大理院都在解释宪法的条文,用个别的判例一点一滴地将权限界线划了出来,中间也因为意识的改变(如统制邦际贸易权之扩充为警察权)而逐渐地改划。中国中央政府所应直接办理的究为何事,地方自治的范围如何,也只有用这个堆积的方法,经过多年的经验,方能确切订定。在初行之时立法者最好是少作大胆的冒险。

其次,中央政府应当直接办理它分内的事情,它如果不便直接办理时,省政府自当以代表中央驻在各地的资格代为办理。究竟何种事情应当由中央政府直接办理,何种事情可由省代办,也应当是用堆积的方法将其逐渐地确定,这种确定也不必全国一律。至于县政府,既为自治单位的政府,自然应当以办理地方自治事务为其绝对的主体，其最大部分的时间应用于此，而不应用于代中央或省办差。但这并不是说地方政府只办理地方自治范围以内的事情，中央政府就绝对地不能以事务委托地方政府办理。以外国为例，则中央政府也常以其本身职责的事情委托地方政府代办。这类的情形在英国等国家并不甚多，在法德等国比较多些。例如法国的市集政府就代理中央办理关于警察，公共卫生，户籍，役政等事情。但是地方政府在代理中央办事的时候，是不必交给地方议会去讨论决议的。更重要的：地方政府在办理中央委托之事时，中央一定得特别予以办理此项事情的经费。绝对不是如同我国一样，办事尽要你办，经费则要你自筹，造成了县政府财政的困难，为贪墨者造成敲诈的机会。所以我们以为我国的县政府应以办理地方自治事务为其绝对的主体，中央委派之事无论如何只居次要地位，并且办一事中央给一事的经费，既不容向自治经费中去挪移，更不得任意设法找附加，增摊派。惟有这样地方自治才能够上轨道，事业才能办理，地方自治才名副其实。我们首先说明中央不但是不应紧缩，而且应当扩大，但不是多加设计委员会，也不是多找人来发命令，而是多直接办理政事。这样中央就不复是一个专门发号施令的机关；层级的政府也不只是传递中央政令的邮局，而是每一层级有每一层级自己直接办理执行的事务。这才是地方自治可以实行的土壤；这才是上轨道可以真正谋人民福利的政治的基石。

三　宪政与地方自治

英国法学大师白莱斯东（Blackstone）的名言说：

英国人的自由最重要的源泉是它自由的地方制度，自从英国人的萨克逊祖先的时代，英国的子孙即已经开始在自己家的门口学习做公民的义务与责任。

近人之论政者对于这几句话也有如下的评语：

民主政治常说是有其教育的价值的。民主政治的教育价值大部分应以其地方制度的性质及精神为判断的标准。在郡里，城里，市里，一般人民可以获到公民的训练，英美两国的事实早已说明了此点。在地方政治的范围里，人最容易练习自治的技术：在人未曾学会在小的范围以内实行治人或被治以前，我们不能希望他在比较广大的范围中发挥自治的能力，因为治理的范围越广，政治的困难及复杂性是比例地增加的。

英美等国民治的政治的基础是它们地方自治的制度。这似乎是所有论政者一致的结论，已经可以不必怀疑。在世界大战以后，许多新兴的国家实行民治，制定了新颖而彻底的民治宪法，而其结果则一一地归于消灭，一一地被野心的政客官僚和暴徒军阀所蹂躏践踏而破裂。我国在民国初年也曾颁布过相当带有民治色彩的临时约法，实行以来时间也有数年，国会也是由人民选举的，而其结果却成了一出悲喜剧。袁世凯的跋扈以及国会的嚣张，使得毫无基础的民治完全破产。固然这种事情的原因很多（我前两年曾为文论"独裁政治的兴起"分析这些原因），而一个国家的人民没有自治的经验，猛然间享受着统治全国的大权，自然地运用失当，当为最切实的理由。从前有主张民主政治的人认为民主政治是简单容易学的政治。我们虽然也是极端赞成民主政治的人，却不敢于相信这种说法。

民主政治的成功须要具备根本的条件，这个条件是人民的自治经验，而这里所谓自治经验，其取得唯一可靠的方法厥为地方的自治。三民主义最终的鹄的是确立全民的政治，建设一个宪政的国家，而中山先生的建国程序是从地方自治入手，以地方自治来奠定宪政的基础。这一种的理论与程序是根据于政治历史正确认识出发的，应为研究政治者所深信不渝。在这一点上中央即全国的政治与地方的政治发生了密切的关联，是我们研究地方政治的人所绝对不容忽略的，民国初年的苦痛经验应当为我们所深切体会，因为中华民国是再禁不起再来一次廿年政治上的大纷乱与内战的。这一点是具有责任心的公民所应当时刻不忘的。政治的建设不是一件可以求成太急的事情，特别是在我们这个古老的国家之中。Politics is the science of the second best. 这是政治学里的一句至理名言。惟有只有热情没有理智，没有历史修养的人才敢相信政治是一件可以万全的东西。

一个国家要是企图在巩固的基础上建立民主宪政的宏规，无论在理论上或事实上都得在基层着手，这一种程序是不可磨灭的真理。我们始终同意于政治的教育功用，人民必须要先在他们的邻近学习做公民的责任与义务，然后再来在全国担负这种责任与义务。一个不得其人的乡镇长或县长，影响不至于太大；一个不适当的大总统是可以误国亡国的。人民自己不应当轻易地担负这种重大的责任，现在享有政权的尤其不应当轻易地将这种责任放在人民的肩上。但是现在享有政权的——中国国民党——却应当致其全力于人民的政治教育，即是努力于地方自治的完成。

近来因为第四次国民参政会大会通过决议案请政府定期召开国民大会颁布宪法，中国国民党中央执行委员会第六次全体会议也决议在民国二十九年十一月十二日召开国民大会颁布宪法，研讨宪政又成了一时的风气。从政治的立场来观察这一串的事实，我们以为中国国民党既然决定了这一个根本方针，它就更应当努力于中山先生的主张的实现，即致其全力于地方自治的完成。普通人以为中央政治是一套，地方政治则又是一套，好像彼此不相关联，其实中央与地方随处都有紧密的联系。在宪政与地方自治这一点上是最看得出来的。

关于地方自治的理论，我们听到的很多很多。这些理论有的已经在现行的法令中出现。但是我们研讨到地方自治，或只说现在的地方行政，首先发现的就是经济或财政的问题。固然地方自治的制度究竟应当如何制定是不容易轻率下断语的问题，然而厘定了一套制度使得下层的机构比较健全，第一个困难就是一时不能筹得到足额的经费，我们的人民百分之七十五乃至八十仍然是文盲，故基本的教育为建立地方自治的根本。一般的人民衣食往往不能温饱，还过着不合人类生活的生活，希望他们积极地担负公民的责任与义务，更是书生的幻想。更重要的，我们现在是以一个经济社会组织尚在欧西历史上所谓中古时代的国家，在二十世纪狂风暴雨的世界上争取独立自主的生存，发为神圣伟大的抗战。我们不是缺少资源而是没有学会开发资源的技术。这样使得一般人民不能担负战时巨大的支出，生活更是陷于困苦，希望在这种情形下的人民来担负公民应尽的责任与义务是理智与感情所不轻易容许的。

旷观现在世界各国，可以发现真正能够维持着民主政治的国家，都是现代化经济制度比较发达的国家。我们不必笃信经济史观，也得认定民主政治是随着资本制度工业革命而发达传布的。近代的学者曾用统计的方法来证明农业国家大都是独裁国家，工业化的国家是民治的国家。在欧洲大陆上，据一个人的看法，农业国家与工业国家地理上的界限是很清楚的。如果我们划一条线，自瑞典国的京城起，经过但泽市而到匈牙利国的京城，然后西转经过意大利的北部到西班牙国的巴萨龙那，经过该国的毕尔波阿直到爱尔兰北部，苏格兰南部而折回瑞典，则在这个圈子里的国家都是所谓工业化的国家，在此外的则是农业的国家。所以这个人（Delaisi）以为欧洲其实可以说是两个欧洲（Les Deux Europes）。

如果我们将欧洲的国家，按照其人民是否百分之五十以上均以农业为其生产的方式，而排列起来，便可以看出，除希特拉的德国外，独裁政治都是在这些国家里兴起的。这是一位美国学者的说法。更有一位瑞士人，根据国际联合会所发表的统计，核算独裁国家，除德国以外，国际贸易与人口的比例是最低的，以文化的程度来表现，则文盲的数字最高，每人收发的邮件也最少，再以人口的死亡率来说，比率也是最高。这是因为在以农业为主要生产方式的国家中，经济是不发达的，所以国际贸易的数量小；

教育是不普及的，所以文盲特别多，也不常有书信的往来；因为近代的医药不发达，愚昧的人民还只用迷信的方式或口传的不合科学的单方来治病，所以死亡率也特别的高。

我们看中国的情形怎么样呢？我们的国际贸易，以人口来计算，是世界上最低的。中国的人口，号称四万万五千万人，但国际贸易的总价值，与人口不过一千万人的加拿大相比，还有逊色。在民国二十六年，中国的进出口贸易，共值国币一点七九一百万元，同年加拿大的进出口贸易，共值美金一点九〇四百万元；我们的文盲仍然占百分之七十五至八十；至于我们的死亡率，则每千人中死亡三十，居全世界之首，欧美各国的平均仅为十五，而婴儿死亡率则较欧美各国高出四倍。由于这些事实，自知我们不但是一个农业国家，并且是一个落后的农业国家。

固然我们不敢说民主政治适宜于工业国家，独裁政治适宜于农业国家的学说是一定不易的真理，但是它相当普遍的应用却足以为我们的警惕。我们想到交通不发达，文盲太充斥等等情形来，不免使得我们觉得，民主政治在中国现在一时是不致于能够尽量发展的。至少，我们想到，在我国建立地方上各种机构及运用这种机构的庞大经费应该从哪里筹措，是不是在已经不胜捐税重任的人民身上再加上一笔巨额的负担，的确是令人不知所措。如果我们再想到，在地方自治之外，更要加上全国的民意机构及其运用的经费，在这战争期间，在人民已经不堪再负捐税的情形之下，真是令人不寒而栗，近来常有自命为代表民意的人，一方面"为民请命"要求政府减轻人民的捐税负担，免除种种的捐税；一方面则作大规模的建议请政府筹拨巨款办理种种的设施。这种的人，至少是不明白国家的情形的。

全国的民主政治，就我们看来，是要建立在地方自治的基础之上的；而地方自治，则又是要建立在现代经济制度的基础之上的。中山先生在论地方自治的实行时，最能认清这一层根本的道理。他所主张的是县单位的经济建设与教育建设，而以这种种的建设为地方自治完成的条件。可惜现在讨论地方自治的人，往往不能深切体会这个根本原则，而斤斤于种种机构之厘定，我们却认为这一个原则是绝对准确的；惟有完备了各种经济的条件，使地方的经济能逐渐发展，然后人民的生活程度才可以增高，人民负担捐税的能力才可以加重，地方政府的收入才可以使得地方政府敷用，才可以从事于地方上的建设。所以经济的建设是地方自治的根本条件，若果不从此点去着眼，而只在机构上用功，窃以为不是促进地方自治正当的道路。再进一步来说，地方自治是民主政治的基础，若果在地方自治的建立上不能收到实际的效果，则宪政便是妄谈，充其量也不过是许多的表面的法律与许多只有招牌而没有内容的机关而已。

有人也许要说，经济建设是一件十分繁复的事情，中央政府应当有一个通盘的计划，这种说法是似是而非的，我们所讲的经济建设是纯粹地方性的建设，与有关全国的大规模的建设不可同日而语。有一位行政专家曾发表一段最值得注意的理论，他说中央政府对于各地方政府固然可以择最重要的几件事为他们的"中心工作"，非办不成，例如现在的兵役行政，但是一个地方政府的"中心工作"是要它自己审度其本地方的实际情形来定的。例如一个做湖北省政府主席的人第一件重要的事情就是防水；做六安县县长的人就是研究种茶叶，做景德镇地方官的人就是研究瓷器。这是环境给他们规定了的中心工作，不必要中央规定，一个贤能的地方官也应该看得出来。这是最浅近的道理：一个做地方官的应当先费相当的力量来考察研究他的地方。然后就其特长谋地方经济的发展。"下江人"到了四川之后惊奇地发现四川的橘子是好的，但是四川省政府从前却眼看着武汉或上海市场上充满了由旧金山运来的"生吉士"；你要是问他为什么不运去外面，他竟会告诉你，按照四川人的传说，橘子过了宜昌就会腐烂。但是等到农本局来了，稍加一点科学的应用，橘子就可以保持，又看我中国的市场中，包括江西在内，用的都是日本最劣的瓷器，我国特产的茶叶也次第地被日货与印度货打倒。商人不一定是最有这种智识的，政府不应当看着这些情形不理，而只会天天喊穷，只会向中央去请协款。这种的政府根本没有尽它的责任，如果它们尽了这份责任，教育早就可以比较普及，地方自治的经费早就有了着落。

再次讲些比较普通的事情。前些年中央曾一度大倡积谷造林挖塘。这是简易的建设事业，但各县政府却当它们为不足以登大雅之堂的小事，阳奉阴违，成了例行公事。山东的一位最有成绩的县长告诉我们，他在县中终日致力的是改善当地的生产事业，设法改良种子，改良畜种，利用农闲来发展手工业等等，一位极有成绩的民政厅长告诉我们，人民对于其切身的环境往往没有多少改善的技能与智识，但经过相当的劝谕及指导就可以收获很大的效果。山水涌出的地方筑一道小堤，就可以造成一个养鱼塘；砖瓦石灰窑可以相机设置；家庭中的小手工业可以设法提倡；在相当的地带蚕桑也可以殖养。至少一个政府可以改良最低限度的卫生设备，如将菜市，厕所等予以管理。许多人以为纵谈仁义道德治国平天下才算是政治；近来的人更以为非精研各种主义，国际形势，算不得是政治。其实越到现代政治的内涵越专门，越琐细，越脚踏实地，越不尚空谈，这种点滴地改善人民生活，增加他们的生产能力的工作才真是现代政治的实质，别的那些都是表面的工作。热心于为国家做点事业的人应当在这些地方着眼下手，不应当去趋向高玄。这样可以使得整个国家的财富加强，地方自治可以因此办好，国家可就有了力量来抵抗外侮，争取独立生存。

从消极的方面来说，一个地方政府应当致力于铲除积弊。现在地方的行政经费大部分要靠田赋的收入，几百年来，田赋的征收形成了中国政治上最黑暗的一幕，清理地籍，办理土地陈报，及土地登记，可以使得地方政府的收入增加许多，最贫瘠的县分也可以一跃致富。根据内政年鉴江苏省各县土地陈报的统计，萧县一县原有亩数与陈报亩数，溢出的达一百一十二万一千五百八十四亩，多了百分之八十四；沭阳一县溢出的达一百七十二万二千四百二十四亩，多了百分之一百二十一。这种的办法可以使得县政府的收入大量的增加，这种增加的经费也就可以用来办理地方种种的建设。主持地方政府的人在这些地方可以多所致力，与地方上的恶势力格斗，一方面是改良社会，一方面也就是造福国家。

总之，我们认为中国政治的路线，早已注定了是走民主政治的路线，宪政是建国终极的目标。为达到宪政终极目标的工作，地方自治之建立是一个必循的途径。人民必须要学会了对于他们本乡本地的自治责任，才能够担负治理全国的责任。促进公民教育的第一步端在地方自治的实行，而地方自治的实行又在增加全国各地的生产事业，铲除积弊。这些事情都不是可以求成太急的，但这却是一片最肥的田，有待于热心政治者的耕耘，它的收获就是宪政的完成，建国理想的实现。

四　中国的省区

北平的故宫是世界上最富丽堂皇的伟大建筑。它的组织结构代表中国人对于事物一种基本的态度——伟大而平整，排比而均衡。在我国一般人的心目之中，凡一切事物都得像这样才算是尽善尽美，一切不整齐或畸形的状况都是不会好的。

但是我们的行政区域，经过多少年的演变，受自然环境的限制，竟致造成了一种很不整齐的局面。每一个中国人对于这种事实恐怕是都看不顺眼的，我们姑且不拿西藏，新疆等庞大而人稀的例子来说，单就内地十八省而论，最大的省份是云南，共有四十万方公里，甘肃次之，有三十八万方公里，四川又次之，有三十五万方公里。而最小的是浙江，只有十万方公里，江苏次之，也约有十万方公里，福建再次之，有十二万方公里。它们每一省只有云南，甘肃等省的四分之一。这是很奇特的情形，特别在极端爱好整齐的中国。

我们若再以人口来说，情形便又有不同。全国最多的是四川人，据最低的估计有四千九百万，差不多同全法国的法国人一样多，比全国最少的甘肃省人口多至八倍之多，而甘肃的面积还比四川要大。面积最大的云南只有一千二百万人，江苏是面积次小的一个省份，却有三千六百万人。由此可见一个省份的面积与它的人口总数是不成什么比例的。如果我们将西藏，新疆等地方都统计一下，区别当更属显然。

这种情形在外国的事实上也常常发现。例如美国的 Nevada 的面积是很大的，但只有八十万人口，而纽约邦的面积，固然不小，人口却有一千万人，抵得过人口最少的十八个邦。人口比较稠密的十个邦共有全国人口的一半以上，但他们都只为全国各邦的五分之一。法国的郡（department）也是极端不平均的：面积最小的 Seine 郡（包括巴黎市在内）是人口最多的。世界大战以前的德国共分为二十五邦，而普鲁士一邦的面积人口就比其它二十四邦都大，故有"一只狮子，五六个狐狸，和一大群老鼠"的描写。由此可见从外国的事实看来，行政单位的分配也是极不平均的。我国现在的省区的情形，十分不平均，虽然令爱好整齐的中国人看了认为不当，但是这种情形是有其造因的，正如外国的情形也是有其造因的一样。

近许多年来，有若干政府内外的人主张调整我国的省区。这种要求在近来已经成为极普遍的风气，国民参政会最近的川康建设方案主张将四川划为三省（地理学家胡焕庸先生在《扫荡报》的一篇专论则主张将四川分为四省），不过是最近的一种具体方案。现在国防最高委员会已经成立了一个委员会，遴请负责任的官员及有专门研究的学者设计一个包括全国的具体方案，搜集的材料极为丰富，正在积极进行，可见这个缩小省区的要求已经渐露实现的曙光，尤其值得我们注意。

我们分析关于这个问题的种种意见，可以见得大家对于缩小省区这个问题的态度虽然都是赞成的，但赞成的理由却十分纷歧。换句话说，缩小省区虽然是大家都希望实现的，但为什么要缩小省区这个问题却有许多不同的答案。这许多说法值得先加以分析。

有一种人主张缩小省区是因为现在的省区太不整齐，太不像北平故宫的景象。这种的理由可以说是不必要的，因为我们是没有方法使得根本不平均的东西平均的。如果我们把中国分成面积相等的区域，那么人口又不平均，有的区域仍然是人太多，有的则人又是太少。如果我们把中国分成四十省，每一省都有四百万人，人口是平均了，面积自然又是相去霄壤，比之现在还差得多。这还是就面积与人口来说。如果再就各省的经济情形来说，则平均的分配事实上更不可能。例如贵州省的田赋收入只有七十六万余元，而江苏省的田赋则有三千六百余万元，相差竟达五十倍之多。我国有许多极富的地区，彼此接连，有的地区则相当贫瘠，若果我们想使得它们平均起来，自然是事实所绝对不能容许的，所以那些以为中国的省区应当平均，面积，人口，与经济力量平均的人是抱持着一种梦想的，是根本没有方法实现的。天然的势力使得中国的区域不能平均，人工是不能将其改变的。

更有一种人以为我国的省区根本太大，以致省的政府往往不能贯彻命令，无法实行监督，时常有鞭长莫及的苦痛。所以主张将其缩小。我国的各方面在沿海省份比较发达，在内地则许多方面比较落后，而奇怪的是从面积来说，沿海的省份一般的面积小，而内地的省份面积反而比较大。内地的交通不便，偌大的一个甘肃省竟无一尺的铁路，全国面积最大的云南省竟没有一公里的长途电话，公路也差得很远。这样使得省政府，尤其是面积辽阔的内地省政府，感觉到施政上的困难。在从前的时候，一种补救的方法就是在省和县的中间加上一个层级，形成三级的制度。从前的州，府，道便都是省县中间的一层，后来这种制度废弃了，又恢复了两级的制度。在南昌行营的时代，又创设行政督察专员的制度，在理论上虽然不是多一层级，在事实上则颇有这种趋势。但是这种制度并没有普及的推行。现在设有这种制度的有四川，山东，河南，江苏，河北，陕西，浙江，广东，湖南，江西，安徽，湖北，福建，甘肃，青海，贵州，与绥远等十七省。此处有一点是值得注意的：中国地面最大，人口比较稀少的云南却没有设立这种制度，虽则它有一百一十二个县。同之，广西省共九十九县也没有推行。可见专员制度既不是每一省都有的，也不是地面阔的地方就有，地面小的地方就没有的。我们若更进一步的分析，面积最大的云南固然没有推行这种制度，面积次大的甘肃则只有七区，它的数目同面积极小的福建是一样的，而面积较甘肃稍小的四川却有十六区之多。江苏每一个行政督察区的面积平均计算是一万方公里；甘肃则是五万四千方公里，等于江苏五倍之多。可见就现状来说，行政督察专员制度还没有普遍，每一个行政督察区的面积，在已设的省份，也殊不平均。

在理论上，因为我们的省区太大，所以在省县之间添上一级，问题是很多的。如果这新添的一级是很有威权的，事实上等于现在的省政府一样，则现在的省政府根本就可以不必存在，因为它已经失却了它存在的理由。这样是废了省制，事实上等于缩小了省区，根本不是多添一级。如果照这样办而仍不将省废除，则省政府必定等于一种毫无职权，因此是毫无作用的一级，只是一个骈枝机关，根本应当废除。近来有人主张普遍地设立行政督察专员制度，加强其职权，为缩小省区的"准备"，理论上的出发点即是缩小省区，但不立刻使其实现，而以专员职权之加强为其过渡，现在的省政府将来定要废除。承认了省区之应当缩小的前提，这种过渡的方法是很有道理的。

因此我们可说，我们要是根本主张缩小省区，先加强省县间的一级以为过渡是很对的。

如果我们不此之图，而主张在省县之间添上一级，恢复民国初年的道，理论上是有很多问题的。例如有人说，省的面积太大了，交通太不便了，故主张添一级。就很难令人相信。一件公文从省政府所在地到达县府，在交通不便的情形下，自然困难费时，但是在省县之间添上一层，让它来把这件公文转上一转，岂不是更费事费时吗？这样不但没有增加行政效率，反而是减低了它。所以此说是不能成立的。并如果说添一级可以使得县政府受监督比较严，也是似是而非的。省府可以派人出巡，甚至可以派人常川驻在一区，专门监督之事，初不必另设一个层级，使得一切的公文都多转一次手。国民政府成立以后，将民国初年的道制予以废除是具有充足理由的，因为那种制度在理论上，事实上都是站不住脚的。现在我们绝对不可以再来恢复那种制度，徒然有害而根本无益。嫌省区大则缩小之，不应该不缩小省区而去妄加层级。这一个原则是不易的。

在战事发生以后，在战区的省份，又有一种新的制度，叫做省政府行署，是专为应付战区省政府的特殊情形而设的。因为战时各省的省政府往往要迁入内地办公，交通比较困难，或为山河之隔，所以有这种行署的设置，为的是便利指挥。行署的主任，依例是由省政府委员兼任（亦有例外）。它的职权是秉承省政府之命，在所辖区内，代行省政府职权。行署因此并不是省与县间的一种层级，而是省政府本身的一个分机关，和行政督察专员不同，和从前的州，府，道的制度尤大异其趣。

但是专员制度和行署制度，虽旨趣迥异，却都给人一种事实来证明我国的省区太大，太不便于集中灵便地指挥。它们都是主张缩小省区者的一种具体的理由。他们以为与其去在省县之间增加一个层级，使得政令多一层转折，多一套的机关，不如索性把省区缩小，维持着省县两级的制度，反而来得彻底简便。所以一方面有人主张暂时加强行政督察专员制度，以为日后缩小省区的张本；一方面又有人主张将省政府行署的制度推而广之，及于全国，以奠定缩小省区的根基。

此外还有一种理论，是从军事组织的编制理论而来的。按军事的编制理论，一个指挥的机关不应当指挥十五个以上的单位。被指挥的单位太多便陷于紊乱，系统便不易于维持。例如保甲的组织，以十进为单位，十户为一甲，十甲为一保等等，便是根据于这个理论的。有的人主张十保便应当成一个联保或乡镇，十个乡镇便得成一区……这在军事编制上叫做"标准数"，没有一个"标准数"的编制是不会健全的。我国近年来在底层的政治组织上很受了这种理论的影响，其实也是爱好整齐划一心理的一种表现，现在每一省都有几十个县，最多的是四川省，共有一百三十四个县；其次是河北，共有一百三十县；最少的江苏也有六十一县；次少的福建有六十二县；庞大的甘肃有六十六县。这样大的数目，据人看来，是省政府所不能顺利指挥的。所以主张或则在省县之间加上一级，如府道之类，或则将省区缩小，使每省所辖的县数减少。这也成了主张缩小省区的一个理由。中国后方的十八省共有一千六百二十五个县。如果平均每省有十个县则要分成一百六十余省之多；如果平均每省二十县，也要有八十余省。有的人主张我国应有一百省的样子（钱端升先生便如此主张）；胡焕庸先生则经过详细研究后拟定了一个方案将全国分成四十四至四十八省。这两个假定的数目与从前道的数目都不相同——道的数目是十八省份为七十四道。此处尤有一点可注意的是从前的道每省不论面积大小，人口多寡，都一般地分为三道或四道，仅有甘肃一省有七道，广西有六道，大如四川省也只有四道，可见从前的道在面积，人口方面也不是平均的。现在我们要是采用十进的原则，显然是极不便当的，因为那样内地十八省便要分为一百六十多省，数目自然是过于庞大，事实上似乎亦可以不必。

于此我们还有其它的两点困难，值得注意。第一，假定我们坚决的维持这个十进的原则——十户为一甲，十甲为一保，十保为一乡镇，十个乡镇便设一区署等等——我们没有方法保证每一县至多只有十个区。中国的县有的是非常之大的，即人口是非常之多的（保甲乡镇等本来是以户口计算的，不是以土地面积计算的），如湖南的邵阳（宝庆），江苏的如皋，人口都在一百五十万以上，而有的县份的人口则只有一千人左右。我们如果严格地以十进为原则，则首先就要调整县界，扩大人少的县，割小人多的县。这是一件极端繁难的事情，得另外从详讨论，这是第一个我们严格采用十进原则的一定遭遇的困难。第二，我们如采用十进原则，则每省现只能有十县，省的数目必定在一百六十以上。这样大的数目按照上述的理论自然不应当由中央直接指挥，理论上中央与省之间必须要添些层级。一百六十省，按十进的原则，则应当有十六个界于中央与省的层级，这样我们就不是在缩小省区而是在扩大省区，弄来弄去不过是把现在的十八省改成十六个直接由中央指挥的单位。既然这样又何不索兴保留现在的十八个省区，而把省县之间添上一级，如同从前的州或道呢？

更进一步地分析，西洋国家照一般而论，十进的原则或任何的所谓"标准数"，在行政区域的划分上是不必引用的。自然给予我们的土地有种种不平均的情形，我们没有方法使得它分成整齐划一的单位。例如英国的 County 是英国最大的地方区域，全英就有六十二个之多，其面积有小至八十三方里者，有大至一千六百余方里者，其人口有少至一万七千人的，有多至一百七十九万余人的。英国的 County Borough 是独立的，全国又有八十二个之多。法国中央之下共有八十九个 Department，是中央可以直辖的八十九个单位，其下则有二百七十九个 Arrondissement，而每个 Department 则平均只辖三个 Arrondissement。各国的这种情形很多，实在是全世界的通例。采用刻板式的"标准数"于行政单位的划分上是大可不必的，抑且是不可能的。

假定我们坚决地认为一个指挥的单位只能指挥少数的单位，否则无行政效率可言，则历史上的州道制度都可说以这种理论应用之后，效果并不一定优良。从前的州道是减少了省政府的指挥了，但是行政效率又在哪里？为什么我们又复将其废置？只就这一点来说，我们其实已经有了充足的理由反驳这种理论了。

以上所说的很多话，并不是在反对缩小省区的理论。其实我们对于缩小省区的前提是十分赞成的。以上所说的不过是把这个极端复杂的问题的种种方面从详分析。由于上述的种种，我们可以看同中国的省区有的是面积太大而人太少，有的是面积小而人多，有的是面积太大人亦太多，有的太穷，有的太富，形形色色，使得行政上发生种种困难。我们研究这些事实之后，有时不敢作一种具体的全盘计划，因为政治本来不能全是理想，一个问题牵涉到许多方面，如省政府的职权，当政者和人民的情感十分重要，亦且不甚容易捉摸。对于省区的问题值得政府当局及学者从详研究，等到时机成熟时我们实施。在实施的时候，我们也不一定要全国同时实施起来：有的省区现在是不宜于也不能缩小的；有的省区是已经到了缩小的时期；有的则在战事结束的时候可予以重划，特别是现在战区省政府行署的区域可供参考。我们可以再重复一遍来说，政治不能全是理想，我们应当拣可以做的事情来做，不要让不能做的事情耽误了可做的事情。省区的问题如此，别的问题也是如此。

五　中央与地方

经过民国初年军阀的大变乱，从内政制度的观点看来，省的制度成为一个相当严重的问题。这个问题在近二十多年来始终得不到一个完满的解决，虽则政府方面时常在想方法逐渐地改善这个制度。

依照元朝以来的制度，省是代表中央驻在地方的机关。在理论上这是省制一贯存在的理由。但事实上的演变却是异常奇特的，值得仔细的研究。

设省的目的是因为中国的地面太大，在旧时交通尤其是不便非常，中央政府无论是设在什么地方，对于边远的省份指挥总有许多的不便，时常感觉到"鞭长莫及"的苦痛。因此就想到在各适中地点设置行省，派人驻在那里，划定一块地区让他代表中央在那块地区中行使中央统治的职权。在理论上中央是集权的，即一切的权力都集中在中央政府，省地方政府仅是就近执行中央的政令。这种制度是补救中央的困难的，顺便的自然也有"因地制宜"的作用。用意是清晰而明显的。

然而经过多年来事实的演变，情形却与原来的意思相去甚远，甚而可以说是背道而驰。我们上面说设省的目的是因为地面太大，交通不便。也就是因为这个原因，省同中央的关系，在天下变乱的时候，中央的威权失坠的时候，就会渐趋疏远，甚至形成半独立的状态。自秦汉以来，太平的时代中央政府握得住大权，控制得住地方，地方就只得俯首听命于中央。这种局面是常时理想的局面，就是史家所谓"治世"。我们当然也可以说，因为地方只得听命于中央，所以天下太平，人民可以安居乐业。这件事是互为因果的：因为中央握得住大权，所以地方没有变乱；也可以说因为地方没有变乱，所以中央握得住大权。这是所谓"治"。

到了"乱世"情形就大不相同。帝权失坠，各地方的豪族，士官，流氓，土匪都敢于违反中央的命令，在地方上作威作福，不听中央的指挥。本来中央派在各地方的官吏一大部分的责任就在禁止地方的土豪劣绅兴风作浪。但是事实上有许多有野心的政客被派遣到地方去后，不但是不能够代表中央镇压地方，反而是想勾结地方上潜在的恶势力与中央抗衡，甚而揭起反抗的旗帜用武力来同中央对抗，宣布独立。中央的势力如果是大的时候，这种变乱可以救平，别的地主不敢起而效尤，我们就可以得到一种太平的时代，事实上在中央能够镇压得住的时候，地方上根本就不敢起来反抗中央。等到有人感觉到中央的威权有些问题了，敢于冒险去尝试一下了，而中央对遭遇到这种变乱感觉到应付困难，不能用急剧的手段将其救平了，各地方的豪绅就老实不客气相继而效尤，彼此响应，天下就沦陷于大乱。在这种乱的时候，除了有战事以外，各地方的政府俨然是一种半独立的政府，各地方官是"土皇帝"，中央大半失去了统治国家的权力。而乘这个机会，倔强的外族时常来侵，中央更是无力抵抗，国家甚而因此而灭亡。

这一种公式在中国历史上是有许多的例证的，汉末三国时代，安史乱后的唐朝，和五代十国，以及民国初年都是好例子。在宋朝以后，有若干次中国的内部行将瓦解的时候，外来的势力便来侵犯，连国家都灭亡了，所以说不到内乱。北宋在外族来侵的前夕，已经表现了天下大乱的征象，然而未及爆发而中原即已沦陷，而南宋也是在行将瓦解的时候被蒙古人吞并。元末天下曾经一度大乱，各方割据起来，在明初又复归于统一。明末流寇四起,眼看就要不可收拾,满人就乘此机会入关,轻易地取得了大明天下。太平天国以后的中国实际上已经成了省自成单位的局面,但是因为中兴名臣替中央出了许多气力把变乱镇压下来,外洋人又在多方的压迫,未曾形成大乱的局面即被革命的势力打倒。但是在革命以后,北洋军阀在各地专横,真的形成了割据的局面,各地各自为政,中央的政令不能传出北平的城门,扰扰攘攘了十余年,才到了北伐的时代,国民政府奠都南京,经过多年的努力,也有不少次"内战",才把局面收拾下来,复归于统一"。

在国民政府初成立的时候,因为种种的原因,南京的政令是达不到内地及边远的省份的。有若干的地方对于省区仍然视为一个最重要的单位,一切设施都是以省为唯一的对象。在军事方面,省有省的军队,不甘列为国军的一部分;在金融方面,省有省的银行钞票,在省里流通;在经济建设方面,要谋省的建设,以自给自足为标的,由外省运入东西就叫做入超;在教育方面,省有省立大学,造就省的人才;在政治方面,省可以推选一种特别的制度,与别省不同。许多省的当局是以"特殊"自居,自己要成为一个个体,不愿意接受中央的命令,不甘愿听中央的指挥。虽然此时的省当局,不像民国初年的督军一样,为非作歹,鱼肉人民,而是真的想用尽方法把这个省建设起来,但是从整个国家民族的立场来看,它们是带有半独立性的,在事实上它们多少像邦联里的邦,而不像集权国家里的省,使得中国在此时期有类于世界大战以前的德国,而不像第三共和国下的法国,虽则在法理上我们是一个中央集权的国家。

从事实上看来,中国的确是大,各地方的情形的确是相差太远,委实是有"特殊"原因使得省与省间不能完全划一。这是天然的情形,人力固然可以逐渐地谋其改变,却绝对没有泯除的可能,抑且亦无使其泯除的必要。但是我们却不可以因为我们限于天然的势力不能使得各省完全"划一",却因此而使得中国的"统一"蒙受损伤。换言之,我们的问题是一方面不去勉强的同天然势力格斗,使得不能划一的东西划一;一方面却要去保持着统一的局面,应当划一的东西必须划一,不必去划一的东西任其歧异。这便是说,我们要使得中央与省的权限划分,使得这个问题得到一种合理的解决。这是一个很严重的问题,尤其是在我们现在要实行宪法的时候。

就现在的事实看来,情形是相当复杂的。在理论上中国是一个中央集权的国家,中央政府对于各省就好像是法国的中央政府对于各郡(Department)一样。现在各省做什么事情理论上都得呈报中央,请中央备案。中央对于许多事情也极力干涉,今天一道训令,明天一道训令,叫各省政府去办理。但是事实上各省有许多事情是没有遵照中央的政令办理的，事实上有许多中央叫省政府办的事情也不是省政府所办得了的。当然现在的情形同民国初年的情形迥不相同，大多数的地方政府是尽力想方法遵照办理，只是有许多情形限制住它们，使得它们心有余而力不足。同时，战争期间交通梗塞，公文的传递费时，每一件事情都得请示中央才能办，有时是事实所不容许的。现在省政府所办的事情，有许多是有关军事的，也等不及来往公文使得时机丧失。

我们以为对于这一个重要的问题应当用政治的眼光来谋求其适当的解决，我们所谓政治的眼光是实事求是的眼光。我们认为中国的省制问题应当以中山先生所揭示的"均权制度"来解决，本着这个原则我们来谋求中央与省间关系合理的调整，因为"均权制度"不是一种悬空的理论，它是针对着具体事实出发的。它不是一种联邦制度，当然更不是一种邦联制度；但它也不是一种绝对的中央集权制度。它的根本精神在维持统一的大原则之下谋求各省的发展；中央有权，各省也有权，有的权应归中央，有的权应归各省；有全国一致性的事情必须归中央，有因地制宜的事情归各省。

"均权制度"仅是一个抽象的原则，实际的运用一方面固有待于宪法及普通法律条文的规定，一方面更有待于多年法律应用的实际经验。美国大理院解释联邦政府与各邦政府的权限一百五十余年，轮廓还不甚清，且亦非一成不变。仔细的分际要等到实际运用时一点一滴的描绘。但是有若干件根本的事情是清楚的，我们不可以把这些事情放过，因为放过了就等于破坏了统一。同时，有若干件事情是可以任凭省政府决定的，中央也不必规定得过于详细，即不予以规定也是可以的。且举数例来说明。

无论哪一个上轨道的国家，兵制是必需统一的。兵役法制定后全国必须是一律遵行。我们不能容许生在一处的人有服兵役的义务，生在另一处的人就可以不担负这种义务。如果应被征调的人在这一省可以纳缓役金，在那一省也应当可以纳缓役金。这是一例。一个国家的军队是必须统一于中央的，统称为国军。一个省份或一个特殊势力不能有它自备的军队，自己想方法供养它，随意派遣它，不受中央的人事经理的统制，不服最高统帅的指挥。这又是一例。一个国家的币制必须统一，全国只应有一种"国币"，不能有许多种货币同时并存。一省或一个地方不能自己发行一种货币同国币抗衡，甚而不许国币在范围以内流通。这又是一例。这些例子说明有的事情是必须统一于中央的，否则这个国家就不成为一个国家。凡是企图打破这个原则的，无论出于何种动机，都是危害国家的势力，绝对不能容忍的。

反之，有许多事情是中央所不必去详加规定的。以中国幅员之广，中央不应当抹杀各地方特殊的情形，用中央法律的力量把许多各地方绝对不能一致的事情规定下来。

就我们观察近年来的趋势，中央对于这类的事情的确做得太多，——举例是不胜其烦的。例如中国一千九百余县，我们不应当把它的组织详细的规定下来；中国各地的生活程度与习惯迥不相同，职员的薪俸是不能完全一致的；我们可以制定保甲的编制，但不能列举规定保甲应办的事情。有的县教育经费独立，有的县编入县的预算里头，只要教育办得好，是不必务求划一的；有的县政府设警察局，有的设警佐，也是无伤的，因为两种制度没有绝对的优劣。这些事情省应当有便宜处置之权，中央过度的干涉是有背于"均权制度"的原则的。

其次，讲到人事也是一样。中央不应当把任何人员之权完全包揽过来。据史家的观察，二千年来的趋势是中央对于用人之权日渐加深。例如汉代地方官只有太守是直接由皇帝任命，曹椽以下都由太守随意选用本郡的人。到了南北朝时就渐起变化，隋就正式规定大小地方官都受命于明廷，以后相沿成风，至今未改。事实上这是做不到的事情，不过是徒有其表而已。一个地方长官应当有他用人之权，他每一个僚属都是中央任命的将使他无法办事。如果我们相信他一定滥用私人根本可以不让他们担负地方的重寄，既然让他担负了就要对他有相当的信任。现在的趋势与这个原则是相反的，许多机关想模仿"超然主计制度"派人到各机关去，而对它直接负责。在有的情形下这是可以的；一般的讲来，这是不健全的趋势。

这一个大问题有待于中央与地方双方努力谋其解决。第一个大前提是要养成彼此互相信任的心理，不应当互存猜忌。然后我们再本着中山先生"均权制度"的根本原则切实厘定一种切实可行的制度，写到根本法里面。我们本着这个制度进行，一步一步的改良，只要各方面能体会"均权制度"的根本精神，二千多年来不能解决的问题都是可以解决的。

六　地方自治真谛

为的是确定省在中国行政制度中的地位起见，我们不但要厘定它与中央的关系，并且要确定它与县的关系。这两种关系弄清楚了，我们就可以明白省究竟是立在一个怎样的地位，然后我们便可以进而研究省的组织职权等等的问题。同时，中央，省，县三者间的关系之确定又是彼此有连带关系的，例如中央与省的关系确定了，县的地位也是弄得清楚；或例如省与县的关系弄清楚了，中央与省的关系也便容易解决。由此可知它们虽然是三个不同的政府组织，合起来却是，或说应当是，一整套的政治机构，政制者为便利起见固可以将其分开来说，却不可以把它们截然分开。过去政府也许是太把它们分开了，所以现在多少有些不衔接的地方，尤其是省的地位相当的模糊，三民主义中的"均权制度"原则，因此也不容易具体地实现。

讨论中国的地方政制，我们似乎应当把注意力集中到省的一点，因为省的地位现在是三个层级中地位最不清楚的。但是省的问题之解决却得由中央与省及县与省两端来研究。这是我们进行的步骤。

关于中央与省，在前一节中我们曾加讨论，其结论是认为我们应当根据"均权制度"的理论来厘定其系统。这个结论是原则的，抽象的，尚未及其具体的内容。所以如此是因为中央与省的关系之厘定尚有待于县与省的关系之确立。这一种关系之确立可以帮助我们去解决中央与省的关系。因此究竟我们认为中央与省的关系如何须待县的地位确定了以后。也许这是一个不大正统的看法，但是至少它是一个新的观点。

现在我们开始来研究县在中国政制社会中的地位。

"县为自治单位"是家喻户晓的，也是中国政治已经确定了的政治组织原则，现在进一步看，中国的县是怎样一种情形。统计在相当限度以内是不骗人的。我们且从些统计数字入手。

中国，我们姑且以内地十八省来说，各省的面积与人口是很不一样的。面积最大的省是云南，共有四十万方公里，有一百一十二个县，但只有一千二百万人；面积极小的江苏（十万方公里）有六十一个县，人口却有三千六百万。所以江苏平均每县有一千六百六十六方公里，每县有六十万人，而云南则平均每县有三千五百七十一方公里，而每县平均仅有十万人。至如边远的省份如新疆，面积一百八十余万方公里，人口仅有四百三十万，县数只有五十九个；或如青海，面积七十万方公里，人口仅有一百一十万，县数只有十七个，更不待论。中国有几千个人的县，也有一百几十万人的县。有的县面积虽大而人口甚少；有的县面积虽小而人口甚多；有的县则人口又多面积又大。至于县的贫富，那更是相去悬殊。广东的中山一县的收入抵得过青海一省的收入，其差额之大几乎是不可想象的。所以成为"自治单位"的县是很不一致的。

换一个观点来研究，在新县制未曾普遍实施以前，中国每一个县都是划分为乡镇，村，或联保的。从每一个县中有多少这种单位的统计中也可以看出各县的差异来。根据最近内政部的统计，在十八省中这个差异也是非常之大的。甘肃的永靖县，和宁夏的磴口县只有一个联保，而湖北黄陂县却有二百〇二个联保；广西的左县只有三个乡镇，而河北的丰润县竟有五百七十六个乡镇，江苏南通县有三百二十七个乡镇；山西的村也有方山县的二十二个村及平遥县的二百四十三个村。再从平均来计算，陕西省各县平均有十八个联保，而湖北各县平均有五十九个联保，河南各县平均有五十四个联保；至于乡镇，则广西各县平均有二十三个，河北每县平均有二百二十五个乡镇。至于村则仅山西一省有之，无从比较。由这些粗糙的数字也可以看出，我国的"自治单位"的组织是极不平均的。

但是县虽然不平均，这个事实却无碍于其为"自治单位"，因为单位尽管大小贫富不同，却并不因此而丧失其单位性。这是很明显的，似可不多赘说。我们现在所要特别指出的是：县既然极不平等，我国自始便有将县划分为等的方法，从前将全国的县分为三等，二十八年九月的《县各级组织纲要》改为三等至六等。这个划分县等的办法，一时颇惹起了研究地方自治者的注意，并且还有人怀疑这个办法是否妥当，因为他们想，县而分等还可以名副其实地称为"自治单位"吗？

我们有一种办法，以为今日在推行地方自治的时候，划分县等是一个最重要的问题，也可以说是占据着地方自治这个大问题的核心问题。或者说，地方自治之推行与县等的划分有着最密切的关系，它们简直只是一个问题。更进一步地说，《县各级组织纲要》第十三条"县政府组织规程由各省省政府订定，报内政部转呈行政院核定"，与第二条"县按面积，人口，经济，文化，交通等状况分为三等至六等，由各省政府划分，报内政部核定之"，两种规定相互间有紧密的连带关系，都是从对于地方自治这个概念的一个观点出发的。我们敢大胆地说，现在讨论研究地方自治的人，无论在政府抑在人民，无论在中央抑在地方，几乎没有从这个观点来出发的，所以许多的设施与文字均不免文不对题。这是很可惜的，因为它阻碍了地方自治的推行还不要紧，它竟使中国的一部分人民受了许多的委屈，使另外一部分占了许多便宜，造成了一种不平衡发展的现象，令人痛心。

为的是使这个观点能够为一般人所明了起见，我们似乎要从远处来说起，而先来谈谈什么叫做地方自治。通常我们以为所谓地方自治，就是由一个地方的人民自己来管理可以或者应当由本地人民自己管理的事情。这种说法并没有多少错误，但其涵义却需要相当的解释。显然地方自治，照这种说法，有两个方面：（一）地方自治是人民自己来管理自己本地的事情；（二）地方自治有其范围，即可以或应当由人民自己来管理的事情是一定的，不是什么事情都可以由本地方的人民来管理。因此人民如何来管理本地方的事情成了一个方面，人民自己管理些什么事情又成了一个方面。这两个方面合拢起来便是所谓地方自治的制度。

自来谈中国地方自治的人都十分注意第一个方面，所以在我们过去关于地方自治之法规中有许多条文规定人民参加政治的组织，《县各级组织纲要》中也有保民大会，乡镇民代表会，县参议会等等的组织，构成了一个单独的系统，与行政的系统是平行的。论政者也认为这是地方自治的根本意义，不成立这一套组织，地方自治便无从谈起。更可以进而说，人民参加这种组织可以取得运用政权的训练，有了这种训练便可以推而广之做一个宪政国家的公民。这一套的理论本来相当的平凡，毋待繁言。现在全国十九个省市已于二十九年或三十年开始实行《县各级组织纲要》，其它的省市也在积极筹备，于客观条件允许后立刻开始实施。关于各级人民代表机关的组织及选举法规，中央政府也早已经草拟完成，不久便可完成立法程序。事实上有的省份，如广西的全省及江西一部分的县，也已经成立了这些人民代表机关在积极地试验着。其它的地方也都在办筹备着，不久将来也必定一一成立起来。也许因为战时的特殊环境，各地不能立刻完成各级的人民代表机关而不得不分区分期成立，或者在此抗战期间来一套过渡的临时的组织，待战后再全国普遍实行。但是步骤尽管有先后，程度尽管有深浅之不同，人民要来自己管理本地方自己的事情却是政府一贯的方针，当没有变更路线的可能。固然，人民代表机关在中国目前还有许多待决的问题，不过路线既定，我们便只有设法解决这些复杂的问题，它们不容阻碍了原则的实施。

　　关于人民代表机关的讨论，除了许多技术问题留待后来再细说外，还有两点须要说明。近来有许多人在高喊着组织训练民众，叫人民组织各种的团体，如农会，工会，商会，同业工会等等。这些组织各有其特殊的意义，如同业工会是贯彻当前管制经济政策的一种组织，各种职业团体也有其特殊的任务。因为人民自身参加各种组织，因而培养其自治的能力，是很自然的。但是我们在讨论研究地方自治的时候却绝不可以将人民的这种组织与人民代表机关混为一谈，人民团体之组织可以培养自治的能力，对于地方自治的推进自然有其帮助之处，然而它们与人民代表机关是截然两件不同的事情。人民可以不加入任何的团体而仍然可以做地方自治下的公民。把两件性质不相同的事情拉在一起来说是不应该的，虽则它们可以有相辅相成之效。

　　其次，地方自治的机构，除了人民代表机关，如《县各级组织纲要》中的保民大会，乡镇民代表会，县参议会而外，届时还有由人民选举的行政官员。因为现在我们的地方自治基础薄弱，所以《县各级组织纲要》不规定县长由人民选举，但是保长，副保长，乡镇长，副乡镇长却都是应当由人民代表机关来选举的。由此而知在地方自治的理论下，不但议事机关应当由人民来产生，执行机关也是由人民来产生的。这样的双管齐下真正的自治才可以做到。美国的国会是由人民产生的；美国的总统也是由人民选举的。这才是真正的自治。所以我们在谈到地方自治的时候，不可以徒然重视人民选举的议事机关而忘却了人民选举的执行机关。它们都是地方自治的机构。至于这种执行机关的选举问题也将于后来再详加讨论。

比较上困难的问题是自治范围的问题。但它应当是地方自治问题的核心。这个概念不具备我们不能谈地方自治，这个问题不解决我们无从实行地方自治。可惜这个核心问题在当前中国很少惹起人们的注意，就是谈地方自治的人也好像在似了解非了解的状态中。在这种状况下这个问题尤其值得我们注意：它解决了，别的许多问题便均可迎刃而解。

在一个国家中，有几件最重要的事情是非中央政府来办不可的，否则国家便会陷于凌乱。外交，军事，币制等等都是显明的例子。又有许多特殊的事情是非中央政府来办便不能办的，例如，侨务。同时，在一个国家中有许多事情最好是由地方来办，由中央政府来监督。这一类的事情即所谓自治事务。在通常实行地方自治的国家中，普通教育与卫生都是地方自治事务。在这两个极端中，有一段相当广漠的空间，在这空间中的事情，也可以由中央政府来办，也可以由地方来办。一个绝对集权的国家是一切事情都由中央来办的，地方政府不过是中央政府的下级机关。中国既然要实行地方自治，自然便不是一个绝对集权的国家，所以中国的事情不能完全由中央政府来办，地方一定要有相当的自治权。这也便是说，地方政府一定要有其应办的事务。究竟我们如何划定一条界限来区分中央政府的事务与地方自治的事务是一件困难的事情。孙中山先生均权的理论给予我们一个指导的原则，但未及具体的内容。现在在地方自治方才开始之时，我们似乎也不必遽然划清这条界限。初步的我们得明了这一条界限之存在及其必要，否则便无从谈起。

从另外一个观点来说，中国政治承几千年专制政治之后来实行地方自治，理论上中国的中央政府是享有一切权力的，即一切事务均是中央政府的事情。在实行地方自治之初，中央政府是将其本身的事情分给地方来自己办理。中央政府究竟分多少事情给地方决定了地方自治程度的高下，也便决定了中央集权的深浅。不消说，这个顺序与欧西的地方自治情形是不相同的，因为在欧西实行地方自治制度的国家中，中世纪的时代便有了地方自治，而近代的国家则是在十五世纪至十九世纪次第形成的。所以在欧西各国是先有了地方自治才有真正的中央政府，而我国则是先有了中央政府才来实行自治。欧西政府的问题是如何地吸收地方的自治事务为中央的事务，如军事，币制等等都是由地方吸收到中央来的；中国现在的问题是中央政府应当以它现在所办的事情的哪几样交给地方去办。这是中国与欧西各国情形根本不同的地方。但是这个差别却不足以阻碍我们实行地方自治，只要中央政府有实行地方自治的决心。加之，我们的顺序只有使中央与地方事务的区分比较合理，因为我们不会有因彼此争夺而产生的各种不合理的现象。我们可以考虑各种事务的性质，根据"均权制度"的理论，来决定中央与地方的事务范围。在决定这个范围时，我们不妨再重复一句，不能一蹴而就。人民在初实行自治之时其自治的范围不妨稍为狭隘一点。等到他们的经验多了，成绩优良了，再扩充其事务的范围。地方自治应当是渐进的，"均权制度"需要相当长时间的练习运用才能真正成功。只要中国人民真有自治的潜力，中央政府又具实行自治的决心，地方自治与"均权制度"必定可以于不远的将来实现。因为我们是没有这种根基的国家，连几个根本概念至今还不甚清楚，求成太急必定误事，甚至于贻误国家。

在决定某一种事务应为地方自治事务的时候，被决定的那一件事情的性质是一个因素（例如我们不能决定外交，军事为地方自治事务），接受这件事务的对象也是一个因素。第一个因素已经讨论过了，第二个因素领我们回到开头时所说的问题。中国的县，我们说过，是很不平均的，有的大有的小，有的富有的贫。譬如说中央政府决定国民教育应为地方自治事务，又决定实施国民教育的指导原则是每保设立一个国民学校，每乡设立一个中心学校。有的县是担当得起这个责任的，它有人力财力设立这许多学校，使得学龄儿童均有机会入学读书，成年均可受补习教育；但是有的县则负不起这个责任来，它的人力财力均感缺乏。譬如说，某县有一百保，十个乡镇，而其人力财力则只能设五十个国民学校，三个中心学校。若果我们说国民教育既然是地方自治事务了，中央政府除了监督外便再不去过问这件事情。如此则这个贫瘠县分的人民便吃了亏，因为幸而出生在那个富庶之县的小孩及成年便都有学校可进，都有受教育的机会，而那些不幸生在贫瘠县分的人便享受不着这种权利。再譬如说，行政院去年所颁布的《县各级卫生组织大纲》规定每县设立一个卫生院，每区设一个卫生分院，每乡镇设一个卫生所，每保配置有卫生员。在富庶的县分，在相当时期中这些设备是可以齐全的，在贫瘠的县分便无此财力人力。因此那县的人民便受不到现代医药治疗的实益。换一个方式来说，现在县的分等多少是以其财政上的收入为依据的，因此生在一等或二等县的人民便占了许多便宜，三四等县便吃亏些，五六等县便简直倒霉。国家施政一个重要的原则是持平，是求全国各地平衡发展，是以人力来矫正天然的缺憾，故无论如何不能容许这种不平现象之存在。

地方自治的设施应当本着这一个持平的原则进行。在一个集权的政府中，中央政府可以本着持平的原则统筹全国各地平均的发展。实行地方自治的国家一样的不能丝毫放松这个根本政治原则，否则地方自治便成了一种有害的制度。

中国的县现在分为三等至六等，各省政府可以审度其本省各县的情形来分县等。如果各县的情形相差不太远，分为三等足矣；相差甚远则可分为五等或六等。《县各级组织纲要》规定由省政府来拟定县政府组织规程。这个意思明显地是由省政府决定富庶之县的组织及贫瘠之县的组织，因为一个贫瘠之县是养不起一个庞大的县政府的。县的等级不同，它的政府组织亦因之而异。

但是这并不是说低等县有许多设施便不举办了。一个六等县一样的应当有一套完全的政治机构为人民办事，每保也一定要有一个国民学校，每乡镇有一个中心学校。学校如此，其它的事情也是一样。我们不能因为那个县穷，所以它的人民病了便可以不医，小孩大了可以不入学校，或因为那个县养不起人来办户籍或办理国民兵团便将这些事情废而不办。国家施政要持平，每一个中国人民，无论他的家乡贫病，应当享受同等的权利，负担同等的义务。

地理的分配是不平均的，无论我们如何划定政治区域，终不能使每一个单位完全相等。人为的补救方法是一套的政治制度，其目的在纠正这种不平的现象。这一套制度的概念相当繁复，它就是地方自治的正确观念。简单讲来，县之分等的目的在确定其自治程度的深浅，高等的县自治程度深，低等的比较浅。一个一等县有人力财力来在每保设立一个国民学校，中央政府便将教育列为它的完全自治事务，中央政府只来监督它。一个三等县只可以在一半的保设立国民学校，其剩余一半的保的国民学校，不是便不设立，而是由中央政府来代它设立。这个县在国民教育上只享有一半的自治权。一个六等县只能在其四分之一的保中设立国民学校，其余四分之三的保的国民学校便由中央政府代它设立，它便只有四分之一的自治权。中央政府应当监督这些县努力造产，增加其财政的收入，一方面可以减轻中央政府的负担，一方面可以加深其自治的程度。地方的人士应当以加深地方自治的程度为本地方的光荣，以倚赖着中央政府为可耻。一般人民有这种观念才可以促使地方自治的推行，倚赖中央的心理一日存在，地方自治一日没有成功的希望。同时，中央政府应当做两件重要的事情，如果它有实行地方自治的决心。第一，它应当严密地促进各县的发展，用各种方法鼓励人民养成自治的精神，祛除倚赖的心理。第二，它应当极力避免对于自治事务的干涉，凡是人民自治的事务人民要有充分的自由来处理支配，使得人民知道自治的好处。各个实行自治的国家教育制度大都相当的纷歧，而中央政府并不多方干涉，就是因为教育本为一种自治事务，中央政府如果严加统制，使全国整齐划一，便不成为自治事务了。如果中央政府看着这种情形不顺眼，而认为各地方的教育应受严格的统制，那么它便是在反对地方自治，索性可以不办地方自治而成立集权或独裁的政府。但是地方自治也不是完全的放纵。中央政府应当保留着监督权。它要派督学到各县去视察教育，随时督促改进。苟发现某县自办的学校太不高明，中央政府可以取回它的自治权，由它来直接办理。在地方上这应当是一种耻辱，表现着地方人士没有自治的能力。地方人士应当努力来避免这种惩罚。如果中国各地的人民以及中央政府对于地方自治都有这种观点，地方自治一定可以办得成功。如果地方人士以为"不要我们办，反正你会来办，岂不更好"，或中央政府认为"地方办事一定不会办好的，监督也是没有用处，不如由我们来办，反可省事而收宏效"，地方自治便没有前途了。所以我们说，在今日之中国而谈地方自治，概念的问题最关重要；谬误的见解不但会使我们走入歧途，它简直可以把原意完全打消。

七　地方自治推行的步调

地方自治开始实行之后，县政府的职权自然分为两种：（一）自治事务，（二）中央或省委办事务。《县各级组织纲要》第七条规定县政府的职权为："（一）受省政府之监督办理全县自治事项；（二）受省政府之指挥执行中央及省委办事项。"这一条法律很明显地规定了县政府的职权。

我们现在的问题是：何者应为"全县自治事项"？在前文中我们尝一再说明解答这个问题是十分困难的，并且是不宜于贸然全部厘定的。最好的办法是待日后一点一滴地以法律来详加规定。

地方自治最发达的英国在这一点上有许多可以供我们参考的地方。英国政治的实际情形是远不如法国或法西斯意大利集权的。但英国的制度却有一个基本的原则：一切的立法权均集中于国会，一切的行政权在国王——其实这个双重的宪法原则便是集权的神髓。这种制度的基本原理是政府的剩余权力，依照宪法的规定，是在国会的，即在下议院和内阁。因此地方政府依法只能支配金钱来办理法律特别容许他们来办的事情。德国从前有若干"自治市"（Ereistadt, 如 Bremen, Hamberg, Lübeck），美国现在也有若干"自治市"（Home Rule Cities），享受着完全的自治权，可以为所欲为。这种情形英国的地方政府是没有的，在英国，凡是要动用公款的事情，无论如何的细微，均须有特殊的法律授予。因此英国的地方自治的理想情形是:"英国各地方政府应有权来办理他们自愿办理的事情,只要它们的目的是促进其本地的善良政府与统治。有一大类的事情显然应当为中央政府所保留。这种由中央政府保留的事务自须包括军事,外交与帝国事务,邮务,地方收入以外的课税,现在由中央政府各部门直接办理的事务,与其它国会认为目前或将来应当由中央政府来办理的事务。"[1] 由这一段叙述,可以看出英国地方政府所享有的自治权的范围是十分复杂的,并且是(一)各地方不相同,(二)各时代不相同的。英国的地方自治制度就是在这种时常改变的情形中生长出来的。

中国承数千年的专制政府,今日来创行地方自治,我们有许多理论的问题尚待解决。首先,我们得承认这种理论是实际的基础,它是今后地方自治立法的指针。没有这种指针我们的地方自治便如同盲目地在大海洋上航行,永远飘泊而达不到彼岸。现在且将我们认为应当指导我们的理论述说清楚。大家承认了这几个指针我们便有了讨论的起点。这些指针是:

(一)剩余的权力至少在目前应当归于中央政府。我们在提出这个原则时并不是主张中央集权,更不是盲目地仿效英伦。中国本来一向以中央集权为政治的理论,遽然抛弃这个传统是危险的,因为传统本来便是一种心理上的习惯,骤然改变几万万人几千年的心理习惯是不容易的。不宁唯是,抛弃这个传统,也可以不必。中国的地方自治运动本来不甚具有民众要求的基础,其主要的发动力量在上而不在下。一般主张地方自治的士大夫,即便不是在朝的官吏,也是社会的上层。而这种剩余权力在中央政府的制度一样的可以促成地方自治的实现 —— 英国便是最明显的例子。只要中国的政治社会具备两个条件,中国地方自治便可以成功。第一,中央政府有实行地方自治的决心,不致因为剩余权力在中央政府,它便以为可以包揽一切,丝毫不放松,不甘于把权力授予地方去自治。如果中央政府的认识不是如此的,那么地方自治便永远没有达成的希望,无论剩余权力放在中央或地方。第二,地方政府及人士要有英国人所谓"自由与责任的感觉",即所谓 Sense of freedom & responsibility,这便是说,地方所享有的自治权,无论大小,地方政府及人士应当感觉到它与地方乃至于国家的福利休戚相关,他们在负荷办理这种事务时,他们所享的自治权是神圣的,他们肩上所担的责任是重大的。他们要能够严肃地运用其自治权,可以很骄傲地接受中央政府所授予的权力而善用之。有了这两种条件自治自然可以成功。

(二)地方政府的自治权的意义是"动用地方公款"。这便是说,所谓自治事务是

---

[1] William A. Robson-The Development of Local Government, pp. 189, 190, 207.

以动用地方公款来办理的事情。例如办国民教育便是要动用地方公款的事情，便是一种自治事务。从反面来说，不必动用地方公款的事情，例如提倡人民掘井，挖塘，造林，垦荒，或发动人民组织人民团体，倡导清洁运动等等，既然不必动用地方公款，虽然由地方政府及人民来办理，却不是严格的地方自治事务。有了这一种认识，我们多少的便有了一个自治事务的概念，一切都可以容易明了，进行便可比较顺利。现在许多人讨论自治之时，把许多事情混为一谈，拉杂而琐碎。也许有人要问："难道这些零零星星的事务要一件一件地由中央政府授予地方去办吗？不经过繁复的立法手续难道地方政府连这些事都不能办吗？这还够得上自治吗？""动用地方公款"这个概念普及了，这些便可不成问题了。

（三）可以县为单位来举办的事情才可以成为自治事务。这个概念是中国当前最重要的概念。"县为自治单位"是我们既定的根本原则，在逻辑上我们也可以明了这个概念的意义。凡是一件不适宜于以县为单位举办的事情均不应当成为自治事务，也便是不应当由中央授权地方政府来办理。这一点在上文中曾予以说明。英国的中央政府过去曾授权地方政府办若干事务，后来发现是不适宜的，不便当的，效果不佳的。例如市集水电的供给，或河流沾汙的取缔，都不是宜由面积小的单位来举办的。这种事务在近代文明发展迅速时其数目越为增多。英国政府对于这些事情的解决办法是倡导组织各单位间的合作，为某一件事情组织一个合作的机构，藉收联系的效果。有的英国人则主张或则索性扩大单位的范围，或则收归中央政府管理。中国在地方自治初办之时，似乎不适宜于径行试办联系机构；调整县界固有可能，一时也不易成功，且县界之过度扩大对于别种事务，即纯粹可以县为单位的事务，也不免要蒙受不良的影响。缘此种种原因，我们所以主张在初办自治的时期，范围应当狭隘一点，首先以可以由县为单位来办的事情次第地列为自治事务，尽先由中央政府授权地方来办理。

（四）中央政府对于地方自治事务不妨订定相当的标准，并严密监督考核的制度。凡是一件事情列为地方自治事务，理论上我们便得承认这件事情不妨有相当大的办法上乃至于成效上的差别。如果这件事情必须全国划一，例如币制，它便不能亦不应被列为地方自治事务。在创办自治事务之时中央政府不妨订定它们的标准，以为地方政府所遵循。这种标准可以帮助地方政府明白中央政府的意志，更可以作为中央政府监督考核的尺度。同时，至少在地方自治精神未曾十分成熟之时，或上述的"自由与责任的感觉"未曾充分发达之时，标准之订定与监督考核制度之树立尤其有迫切的需要。

以上四点窃意以为应是中国建立地方自治理论上的基础，它们综合起来告诉我们地方自治应循以进行的途径。

其次，还有一种更重要的观点应为我们所了解。我们无以名之，姑称其为"各单位自治的等差"。我们得承认各成为"自治单位"的县，其间实有极大的人力财力物力的差别。这种差别理论上和事实上应为决定其自治程度深浅的因素：力量较大的，自治程度应当较深；力量比较稀薄的，自治程度应当较浅。所以"各单位自治的等差"的决定因素简单讲来便是各单位的力量。

夷考欧美各国的自治历史，人口密集的都市均为自治发达最早，程度最深的地方。这一件事实自有其理由。人类群居的地方，彼此接触的机会比较多，共同的利害比较大，社会公益事务需要的感觉也比较敏锐，故集体地来办理地方公益事务的必要也便油然而生。同时，都市中一般文化的水准比较高，即以伦敦而论，一位英国作家说："除了散在各方的大学以外，简直可说全英国的文化生活三分之二都集中在伦敦一市之中。"法国的巴黎，德国的柏林，美国的纽约，芝加哥也多少有这种景象。所以自从中古时代以来，欧洲的都市便有自治强烈的要求。虽然我们可以说当时的都市之所以竭力争取自治是因为它们都是工商学的中心，它们的意识同当时被贵族地主所垄断把持的中央政府的意识尚不相同，故不甘心受中央的统制而努力祈求脱离中央的羁绊，自行谋求本身的发展，但是它们从中央政府取得了自治的"约章"之后也曾善为运用，果真的造成了光辉灿烂的纪录，使得它们成为近代文明荟萃之点，使得研究文化史的人称赞它们说，"除了语言文学以外，群居的都市生活是人类所以别于禽兽最大的原因"。

中国过去的农业社会现在正在积极工业化的进程中，抗战期间人口的向西南移动也造成了空前的纪录，将来中国的都市也必定次第的迅速的兴起，都市的繁荣今后必将成为一个显著的现象。过去我国的士大夫一般地嫉恶都市，讴歌诗词中的田园生活，而给都市一个"万恶的渊薮"的恶名。但是哪一个士大夫现在还肯离开都市？他们的生活还哪能离得开都市？我们有一个观点：士大夫应当负责任来使得都市由"万恶的渊薮"转而为"文明的重心"。他们不应当住在都市中自受都市的便利而不负此重责，也不应当逃避这个责任而归田。都市中的人民应当有中古时代欧洲都市中的领导者的精神，要求自治而善为运用以期加深其自治的程度，以为地方自治的楷范。我国现有的都市已经具备了这些条件，至少比较一般的农村它们应当有较大的自治能力——人力，财力，物力均比较充足。因此在"各单位自治的等差"中都市应当为自治程度最深的单位（因为我国当前的市制分为行政院直辖市及省辖市两种，用"单位"这个名辞也许不大恰当，在理论上市无论直辖与省辖，均应成为自治单位是无可疑的。但关于市制容后再说）。

市以外的县"自治的等差"，在目前解决似也不甚困难。我们尝说县之分等（三等至六等）与地方自治大有关系。也许有人会说这是旧瓶装新酒，因为在古代县之分等初非为的是办理地方自治。然而我们可以不避这个嫌疑，即以县之分等为"自治的等差"的决定因素。

中央政府在初办地方自治之时，应先将这个县分等的问题予以解决。新县制未实行前的县分等办法是不甚恰当的，近来颁布的是一种进步。

> 只问人口的多寡不是决定分配权力给地方政府唯一的标准。人口密集度的平均数，人口年龄，性别，职业，每人负税能力，课税总额，土地面积，地区的性质：这些及其它标准均可以随时应用来解决这个问题。[1]

这位英国学者的意思值得参考。近来内政部曾拟修订县分等的办法，采用地理的，人口的，经济的，财政的，交通的，文化的，种种标准来划分县等，嗣因困难甚多不曾见诸实行。因为我们直到今日还不曾采用这个"单位自治的等差"的概念到地方自治来，内政部的草案便也失却了它的根本意义。但是我们是应当朝这个方向走的，即是以县等的高下来定"自治的等差"。

从内政部拟定的草案所遭遇的困难可以反映这个问题委实不易办。但是我们有一个看法，即《县各级组织纲要》第二条所说"县按面积人口经济文化交通等状况分为三等至六等"，其最主要的关键应在县财政上的收入，亦即是所谓"课税总额"和"每人负税的能力"，人口，土地面积等条件也许不是最重要的因素。《县各级组织纲要》最重要的条文是关于省县财政划分的条文。在此我们首先将县的收入确定了，从而整理地方财政，清除积弊，增加收入而不增加人民的负担。这一步根本工作做到了，才可以清楚各县"课税的总额"和"每人负税的能力"，但从此而确定其县的等级。收入达到一定水准的县是一等县，收入少些的是二等县，收入最少的是六等县。县等的划分既定，其自治的程度即可以根据县等而决定。所以实行地方自治应当以划分省县财政及整理地方税收为起点。

什么是自治事项，在目前固然不容易决定，也不便现在贸然完全决定，但是在推行地方自治之初，得有个起点。我们要选一件或数件事务首先交由各县自治，然后再谋逐步的推广。我们以为国民教育及公共卫生为各县实行地方自治的起码事务。这两件事情不是简单容易的事情。反之，它们的推行及普及是中国政治上的重要政务，是

---

[1] Robson，前书，页一六六。

建国过程中最重要的设施。全国各县的地方人士若果能用地方的力量，在五年，十年之内，奠定了这两件事情的基础，中国建国的巨业便有了稳固的根本，地方人士对于国家便有了彪炳千秋的勋劳。

我们认定这两件事情为地方自治事务的起点，不尽是因为此二事重要，同时也是鉴于这两件事情的性质。国民教育可以在地方自治开始时便由地方自办。因为在历史上义务教育便是由地方自办的。在过去的时候，义务教育经费是一半由县自筹，四分之一由省补助，四分之一由中央补助。近年来中央决定办国民教育，经费的解决办法起初本也如此。但这个办法充其量不过是一种过渡的办法，从地方自治的理论来观察是不应当如此的。中央政府应当明白的宣布国民教育为地方自治事务，国民教育经费由成为"自治单位"的县自筹。中央政府可以审度全国各县的情形，订定一个相当时期的计划（现在教育部的国民教育实施计划为期五年），审度各县的人力财力物力及将来发展的可能性订定一个各县的自治程度的标准（当然中央政府可以假手于各省政府来办此事，所谓各县也可以县等为区分）。最高标准的县于一定期限内（如五年）便可以在国民教育上完全自治；其次的于同样时间可达百分之七十五；再次的百分之五十；两次的百分之三十等等。在期限届满之后，中央政府便可以厘定一个真正自治的国民教育制度，对于完全自治的县中央便只监督考核，对于不能完全自治之县便予以补助，使得全国各县的国民教育均可有平均的发展。

对于国民教育如此，对于公共卫生也是如此，因为我国卫生事业向来不发达，期限大约要两倍或三倍于国民教育。特别是人才与医药之缺乏，增加此事之困难。我们只得使许多中国人民再忍受若干时期巫医或无医的苦痛。但是这件事情无论如何是地方自治的事情，故在初便应当列为地方自治事务。我们把国民教育与公共卫生在最初便交由地方自治也是因为这两件事情最与人民有切肤的关系，也许可以勾引起人民对于地方自治的兴趣。他们如果对此发生了兴趣，便可以竞相改进其教育，卫生的设备以造福人群，充实国力。我们到英美诸邦旅行，看到他们对于这两件事的自治热情，彼此夸耀其本地成绩之优良，其骄傲之气概溢于言表，可以使我们明了他们的地方自治何以成功，更可进而探寻到他们民主政治的根本力量。这里无形中便有了地方与地方间的"工作竞赛"，不禁想到这个法宝初非最近才发明的。

《县各级组织纲要》规定了省县财政的划分。如此它确定了一县的财源。实行地方自治之后，县财政之收入应当全部用之于地方自治事务之上，在初即是国民教育与公共卫生。县政府在办理中央及省委办事项时其经费应当由国库及省库支给。"所有国家事务及省事务之经费应由国库及省库支给，不得责令县政府就地筹款开支。"（《县各级组织纲要》第十九条）至于将全部收入都做了办理自治事务而经费仍然不足之县，国库及省库可以予以补助，以使其自治事务之推进不致因经费之短绌而生障碍。这种补助可以采取各种的方式，而理论上最妥当的方式是帮助它们开发富源，扶植它们使其达到完全自治的境地。《县各级组织纲要》第十九条第二项"凡经费足以自给之县，其行政费及事业费由县库支给；收入不敷之县由省库酌量补助；人口稀少土地尚未开辟之县，其所需开发经费，除省库拨付外，不足之数由国库补助"，即是这个意思，虽则我们不可忘却《纲要》本来是一个过渡时期的法律，而非地方自治完成后的大典。

这是讲不足之县，或仅足之县。在初办之时这是惟有的两种县分。将来我国地方建设事业发达了，地方财政的积弊清除走上合理的途径之后，当然会有的县分其收入除办理国民教育及公共卫生之外仍有余裕的。尤其是在都市中这种可能性特别的大。在这种良好的情形下，剩余的收入做什么呢？我们的答复很简单：中央政府对于这一类的地方应当加深其自治程度，或说扩大其自治的范围，即在国民教育与公共卫生之外更畀以其它事项的自治权。这一类的事情可以无限制的增加，只要它们合乎上述自治事务的条件。例如县城中的公共工程，中等教育，警卫消防，县道等等，真是不胜枚举。如果中央与地方是极分彼此的，也许中央在扩大其自治范围时地方反而认为是吃了亏，这种不正确的观念如果存在，地方自治便无论如何办不通。如果地方人士认为自治权的扩大是地方上的光荣，地方自治也便有了光辉灿烂的前途。我们想这并不一定是有乖人性的制度——英美等国的自治便是如此的。

这里有两个问题值得充分注意。我们说理论上办理地方自治的事务的经费应当由县自筹，不足时便由中央或省补助，中央或省委办之事经费不能由县来筹，在中央政府办财政的人听到这种说法多少有点发愁：中央哪有这许多钱来补助或发给各县呢？关于这一点我们的解答有几点，均值得述说。

第一，如果我们将自治事务的范围划得狭隘些，县的收入自然可以担负其经费的全部或极大部分。在这种制度实行之后，现在县政府所用于其它事项的经费，到了此时便可以集中于地方自治事务的办理，所以中央所要补助于各县自治事务的数目是有限的。同时，我国的县的各方面虽然参差不齐，人多而贫瘠的例子是极少或甚至于没有的。人口众多的县大都是相当富广之县，所以自治事务所需经费最多的县也是比较财力充裕之县，故其所需之中央补助的经费也不会过多。至于那些贫瘠之县，它们的财力固然不能担负其所需的自治经费，但是它们所需的自治经费也比较的少，故中央所要补助的数目也便不致于太大。这是很清显的事实，因此中央的负担也就不会使得国库无力支应。

第二，我们现在所说的种种是整个中国地方政治制度根据于地方自治理论经过调释后的制度，不是在短期内便具体地全部地建立起来的，故抗战期间的困难不能引为反对此种制度实施的理由。我们尝说中国地方自治的实行，省的关系最大，省的财政也是应当彻底调整的一端。如果我们在省的财政制度有一番相当彻底的改革，而使得一部分现在省的收入划归于县，一部分的省收入划归于中央，则县的收入不但可以因此增加，中央也便得了一部分的财源，则中央所须补助于县者也减少，中央支应因此亦不致于困难。

第三，一个上轨道的财政制度应当以直接税为主体。在我国现制下直接税是中央的税收，而近年以来中央政府举办所得税，遗产税，战时利得税等等也有极好的成绩，从前的关，盐，统三税也为政府收入的大宗。为的是办理地方自治事务，一部分的经费自然可以由中央补助地方，这是绝对无可避免的。何况地方所办的是建国过程中最重要的事务？

第四，地方自治的推行端赖地方财政合理的繁荣。所以今日之论者每谓地方造产是推行地方自治的根本工作。今后地方政府应当致最大的努力于造产事业，发展地方的经济，使得地方可以逐渐繁荣起来。地方的繁荣等于人民负税能力之加增，亦即是地方政府收入之充裕，然后各种自治事业便可以有钱举办。因此中央政府在推行地方自治之初，必定要督促各县切实发展地方经济，努力造产，增加政府收入以为办理自治事务的经费。地方政府及人士也当向这个目标迈进，以争取自治权。故在地方自治推行之初，中央对于地方的补助也许较多，将来是一定逐渐减少的。

以上各节所论是我们所谓推行地方自治的正确途径，我们如果循此而行，地方自治固可以推行顺利，地方政治也因此而澄清，地方经济亦因此而繁荣，人民也便有了自治的训练而可以成为一个现代宪政国家的良好公民。所以地方自治实为建国中的大事，其影响之大，收效之宏是几乎不可想象的。

八　县各级组织纲要

国民政府在民国二十八年九月公布了《县各级组织纲要》，即日开始实施，并由政府决定自二十九年年初起于三年内全部完成。这一件事情引起了中外深切的注意，近年来关于县政的讨论可以说完全以此一《纲要》为中心题目，一致认定这是我国政治上划时代的大事情。

时人讨论此《纲要》往往名之曰"新县制"。此一名辞且时常见之于官文书中。《县各级组织纲要》的主要精神何在？它的实行有哪些意义？在讨论这些问题以前让我们先作一个历史上回顾。

我国的地方事业向来有很丰富的自治精神。自汉初以来，我国政治的实质在许多方面均崇尚无为而治。政府对于人民的事情往往不采干涉主义，或保育主义。因此地方上的事情许多都让人民自己来设法办理。不苟扰人民，"与民休息"成了良好政治的一种表征。所以中国传统的地方政治实充满着自治的精神，历代相沿，蔚成一种风气。但是现在我们之所谓地方自治却是一个新的概念，是与西洋近代文化同时输入中国的。那时所输入的是西洋国家，尤其是英美等国的地方自治的观念，其内涵与我国传统政治的概念有相似的地方，却绝对不能说是完全相同的。清季末叶，我国正酝酿着建设中国为一个现代宪政国家的运动，而大家认为地方自治乃建立宪政国家的基本。为宪政基础的地方自治观念是簇新的，其孳生在清季末叶。那时清廷颁布的《九年预备立宪计划》中有许多项目是关于地方自治的筹办。

民国初年的北京政府也常常提倡地方自治，也曾颁布了若干规律章程。但那时中国的政治紊乱，大小军阀割据称雄，他们所注意的是争夺中央的政权，他们所提倡的是以省为单位的自治，以为其割据的事实理论的根据。地方自治在这个时候没有推行的机运。

对于新的地方自治提倡最力的是孙中山先生。远在辛亥以前，他即已认定进行地方自治是建设中华民国的根本。这个论点的根据是"吾人作事当向最上处立志，但必以最低处为基础"，所谓最低处即自秦以来便构成我国行政单位的县，所以推行地方自治应以县为单位。"三千县之民权犹三千块之石"，而"自治者民国之础也，础坚而国固"。民国初年，"政治尚未完善，政治之所以不完善，实地方自治未发达，若地方自治既完备，国家即可巩固"。自治之所以训练人民自治的能力，"事之最切于人民者莫如一县内之事，县自治尚未经训练，对于中央及省，何怪其茫昧不知津涯"？因此自治是训练民权的方法。亦即是训政时期中最主要的工作，因为它是宪政最主要的准备工作（孙中山先生对于地方自治的理论遗教甚多，此仅一鳞半爪耳）。

国民政府在民国十七年奠都南京以后，即大规模开始推行地方自治的工作。当时政府先后制定了许多有关地方自治的法规次第颁行，并厘定这些法规推行的步骤。在中央及省政府指挥之下切实推行。十余年来这一部分工作，中间虽经许多挫折，法律章则也曾经屡屡改易，但是多年以来未尝稍解。时人之论地方自治者每说这十几年的努力其结果是失败的。有的人说那时所定的法规陈义过高，或不切国情，或过于硬性，甚或有根本错误的地方，而负责执行的政府对于这项重要工作也未曾努力以赴，以故毫无成绩可言。这种种批评未始没有一部分的道理，但其总的结果却不能遽认为失败。这个簇新的观念是不容易深入人心的，不了解便不能畅利实行。十几年来不断的推行已使这个观念深入民间，人民已经渐渐能够了解地方自治的涵义，至少已经听惯了这个名辞。批评政府的措施陈义过高的人本身正是犯了求成太急之病。孙先生说："建屋不能猝就，建国亦然，当有极坚毅之精神而以极忍耐之力量行之，竭五十年之力为民国筑此三千之石础，必可有成。"在五十年之时间中十余年中不曾收到显效也不能算是失败。

《县各级组织纲要》是国民政府推行地方自治工作中一个重要的步骤。这部法律的根本精神在参照过去十多年的经验将地方自治导入正轨，它的内容最大部分是早已在以前的法律中见过的：例如以县为自治单位，确定县以下为乡镇，乡镇之编制为保甲，裁局改科等等，均已见诸以前的法律。有的部分虽不曾见诸以前的自治法规，但已为地方上所试办过的，例如所谓三位一体制，保民大会，县参议会等等。《县各级组织纲要》是集几十年来推行地方自治经验的大成的，其实不能称之为"新县制"。同时，它的颁布仍然是试验性质的，将来立法机关更当本其实施的经验修正县组织法及县自治法。如此而称之为"新县制"自尤有未当。

时人对于《县各级组织纲要》的主要内容已有许多阐述，其中亦不乏极为精当的分析。不过一般的论说或书籍多偏重于其技术方面的问题。我们此处则思从大处着眼提出几点来帮助其精义的了解。

通常所谓地方自治是由地方人民组织机关来办理本地方的事情。此一说法并无错误，不过需要解释。这种解释可以从《县各级组织纲要》的条文中获得。

此处所谓地方是以县为单位。这是我国政治的基本区域，以之为单位也是根据"建国大纲"的规定，故在《纲要》第一条明定"县为地方自治单位"。我国现在有一千九百五十余县，据统计，其面积，人口极不平均。青海的玉树县面积达一百四十余万方市里，河北的新镇县只有三百七十三方市里。江苏的如皋县，湖南的邵阳县人口都在一百五十万左右，而黑龙江的鸥浦县只有二百三十四人。有的人以为在如此悬殊的情形下是不能以县为自治单位的。我们姑且不去说西洋的自治单位也是相去霄壤的，即就理论而说，这个面积，人口的悬殊也无碍于以县为自治的单位，只要中央所订的法规能够充分的富有弹性。我们不必以调整县区为实行县单位地方自治的前提，调整而使其平均也是绝不可能的。《纲要》的主要特色之一是富有弹性。县分为三等至六等，便是一例。各省的县如不十分悬殊即可仍分为三等；太悬殊则可分为六等；比较悬殊则可分为四等或五等。此均由省政府斟酌情形分别予以规定。又例如县之面积过大有特殊情形者得分区设署，既不非设区署不可，也不是一律不设区署。再例如县政府组织规程由省政府自行订定，县政府设科之多寡也由省政府自定。凡此都是极富有弹性的规定。从前的法规规定过于硬性以致扞格难行。此次改变的一大原则便是力求有伸缩的余地，以适应各地方上的需要。

为办理自治地方上的人民要设立机关。《纲要》上所规定的有两种机关，行政机关与立法机关。行政机关的系统牵涉到久而未决的县组织层级问题，《纲要》沿用了"地方自治改进原则"决定为县与乡镇两级，而以保甲为乡镇内的编制。县有县政府，乡镇有乡镇公所，保有保办公处，甲有甲长。这种组织在县以下采人口比例制，人口多的地方保甲多乡镇多；反之则少。这种的组织方法可以解救人口悬殊的困难，而上述的分区设署则为解救县的面积悬殊的困难。凡此规定都是根据多年来推行自治的经验而来的。

自治的意义是由人民来组织机关。县的行政机关照《纲要》的规定是由人民组织的。立法机关在甲有户长会议（并可举行甲居民会议），保有保民大会，由每户出席一人。乡镇有乡镇代表会，由保民大会选举。县参议会由乡镇民代表会选举，这些立法机关代表人民决定保甲，乡镇与县的政策，交行政机关执行。行政机关也是由人民产生的：甲长由户长会议选举，保长副保长由保民大会选举，乡镇长副乡镇长由乡镇民代表会选举。至于县长则暂时不由人民选举。所以就《纲要》的精神来说，地方的机关是由人民产生的，惟有如此才是人民的自治。

人民选举的机关所办的不只是自治事项。县为"自治单位"，但我们不可忘却它同时也是行政的单位。所以县政府所办的事项共有两种：（一）全县自治事项，（二）执行中央及省委办事项（《纲要》第七条）。由此观之，县政府的任务有两种，它对于这两种任务是必须同时兼顾的。这一点很重要，而且很难决定，因为它牵涉到中央及地方政府职权的划分，也便是地方自治事项的范围。《纲要》对于这个根本问题没有明文确定。它只是说县政府"执行中央及省委办事项应于公文纸上注明之"；县，乡镇与保甲所应办事项应当另定办法。

我国现在中央地方权责之划分是根据于"均权"的原则。"凡事务有全国一致性质者划归中央,有因地制宜性质的划归地方。"根据这个抽象的原则我们拟定自治的范围。较具体地说,有的事情,如国防,外交,铸币等等事项是必须划归中央的,如其余的事情则或归中央或归地方。现在我们以县为自治单位,我们可以说,凡这宜于分县来办理的事情均可以列为地方自治事项。例如治河流,扬子江,黄河,珠江等大河的水利是不宜于分县来办的。又例如邮政,公路干线,气候测量事项,也不宜于分县来办理。但是初等教育,公共卫生,乡村或城市建设,合作,警察等等便均可为地方自治事项,因为这些事项由各县来分别办理是没有不便之处的,虽则中央政府对于这种事项也可以由中央政府订定统一的标准。这是讲地方自治的范围。

其次,各县的发达的程度不齐,财力也不能一致,因此适宜于各县自办的事情也不是一律交由各县去自行办理。财力较充裕的县分可以自办的事情比较多,贫瘠县分自办的事情比较少。用政治学的术语来讲,则前者自治程度比较高,后者的自治程度比较低。自治程度之高低应以县等之高下为标准。于此有一点必须注意:在自治程度低的县中,其县自治的事项并不是不办,而是由中央或者政府代它办理。例如每保设一国民学校是中央所决定的,一等县与六等县同是一样。不过在一等县中国民学校是县自办的,亦即是自治的,但在六等县中则有的是省政府办的,即有一部分是不自治的。因此一等县的自治程度比较高,六等县的自治程度比较低。其高低应视其受上级政府控制的深浅而定。上级政府当督从自治程度低的县努力发展地方力量以加强其自治的程度。地方人民当视自治程度之低为可耻而努力加高,如此做法地方自治才可以加速完成。

地方政府于办理自治之外,并须办理中央及省委办事项,它是以地方行政单位的资格而受其上级政府委办的。这种事它不能推托不办。过去地方政府在没有自治以前所办的都是上级机关命令它办的事情。县政府的财政也处处受上级机关的控制,甚而以命令令其办事而不给予适当的经费,以致地方财政极为紊乱,人民负担奇重而自治事项反而无经费可以办理。《纲要》对于这一个中国地方政治的积弊曾予以彻底的改正,其要点为:(一)确定县及乡镇的财政收入;(二)所有国家事务及省事务之经费应由国库及省库支给,不得责令县政府就地筹款开支。所以县及乡镇的收入都可以全部用之于办理地方自治事务,委办的事务是另有经费的。如此地方自治可以有充足的经费来办,不致于挪移去办委办的事项。任《纲要》的创制中这是极重要的一点。但是县政府却不能注其全力去办自治。委办的事项往往是最重要的,如今日之兵役与粮政,关系极大。因为在抗战的期间，委办的事情甚为重要，所以现在虽一而促进自治，同时更力求各级行政机构的健全充实。县长暂不由民选，乡镇长副乡镇长的民选日期尚待以命令决定，县参议会和乡镇民代表会召集的日期也不曾决定，凡此都不是不去设立这些自治机关，而是抗战期间的一种权变的办法。现在地方自治的经费已经确定了，自治的事业自可逐步推行，初不必因此而不去举办。

地方自治是中国政治上的百年大计，《县各级组织纲要》集过去各种法令规章与实际经验的大成，确为当前政治建设上一件大事。在过去我国地方政治，省的地位过度的重要，自清末的督抚以至民国初年的军阀，一脉相承，以省为单位割据称雄，弁毫中央，各县更是受其宰割凌夷，毫无生息。现在中央政府决定在财政上控制各省，田赋收归中央管理，省的预算编入中央的预算之中。同时又实行以县为单位的地方自治，确立自治财政系统，不使再受省的控制。凡此改革在政制上都是所以贯彻《建国大纲》上所说"省立中央与县之间以收联络之效"一个原则的具体方案。省权之过度膨涨造成了分崩离析的局面，这种政制改革正是实现统一的有效方法。故推行地方自治实有重大的政治作用存乎其中。孙中山先生说："民国人民，当为自计，速行地方自治，以立民国万年有道之基。"在这项艰巨的建国工作中《纲要》之颁布与实行是一个重要的步骤，故应为全国人民所了解。过去二年余以来，各省实行已有许多经验，也有许多困难。《纲要》本带有试办的性质，这些经验与困难当为将来修订县组织法及自治法时重要的参考。惟事涉范围极广，问题复杂，不是此处所能详述。

抗战两年来的政制 *

从世界各国在上次世界大战的经验看来，在战争期间各国的政府，为适应战争期间特殊的需要，在组织机构以及人事上均有相当重要的变革。其中的原因是缘于一个国家在战争期间，其政府所要负的责任，所担任的工作，在量的方面当然要比平时加增甚多，在质的方面与平时相差的也非常之远。在许多实行宪政的国家，如英，法，美等国，在平时政党之间争斗甚烈，到了战时则除极右极左的政党之外均能团结一致，不复与平时一样，以共同担负战时政府的艰巨的职责。所以在英，法等国，战时的内阁都是所谓举国一致的内阁，若干立于反对党地位的政党，均行加入政府，在英国则组织"战时内阁"，在法国则组织"神圣联合"，以共同应付国家所遭遇的危急局面。这种所谓"战时政府"，在若干极重要的地方，与平时的政制，迥不相同，事实上等于宪法的一种修改，早已引起了研究宪法学者的深切注意。及后世界经济恐慌，各国的政府当局，应付亦诸感通常政制之不便，故亦有种种的改变，其实质亦往往是等于宪法上的修改。这种种的事实可以说明在危机当中，政府的机构以及办事的手续实有加以改变或调整的必要。尤其是在战争当中，这种的必要则尤为迫切。因此危机政府已经成为政制的一种类型，与平时的政府组织机构以及办事的手续必有许多不同的地方。这一种政制的类型也早已惹起研究政制者的注意，成为上次世界大战后政治学的一个崭新的研究材料。

在这一次抗战当中，我国的政制究竟如何，有无特殊的变更，自是留心政制者所应当深切注意的。当然现在仍在抗战之中，在此时而作一个总的清算，当是不可能的。但是我国的情形与世界大战以前的许多国家不同。其中的原因有三点值得郑重地提出。

---

* 原载《东方杂志》第三十六卷第十四号，1939 年 7 月。

第一，我国的政府，在"九一八"以后即已感觉到全国已步入了严重国难的阶段，所以中央的政治制度，在二十年十二月间，即有一番极重大的改变。这次的改变，虽说其中有许多其它的原因，但这些原因都是附带的原因，其最重要的原因当是调整我国的中央的政制以期其比较上能够适合国难期间的需要。当时改革之要点甚多，如制定"不负实际政治责任"的元首制度等等，其尤其值得注意的是行政院地位的提高，使其臻于最重要的地位，改变了从前国民政府的委员（包括五院院长）合组"国务会议"的制度，及产生了军事委员会，以综理全国的军事，卒至演成今日该会举足轻重的地位。行政机关的地位的提高本是近代各国政治一致的趋势，尤其是在战争或危急之时，因为无论如何讲求权的平等，行政权毕竟是最重要的一权，事务最繁的一权，也是对于政治影响最大的一权。在世界大战当中，各国的政府改变中，行政权的提高也是一般的情形。例如，英国的"战时内阁"便是大权独揽的，路易·乔治经常不到国会之中（英国的首相到国会中去参加辩论，答复问题，本是平时首相必须尽的义务），虽然使得许多国会议员深致不满，但亦足以示行政权地位的提高，并且证明在战争期间这是必然的趋势。美国的战时总统威尔逊，在一九一七年后，有独裁总统之称，即在若南北战争期间，林肯也是一样。因此，在民国二十一年以后，我国行政权的提高，自亦是顺应时势要求的。至于军事委员会的设置，其意义当更为显明。在国难当前之时，军事的重要当无人可以否认，设置一个相当庞大的机关综理全国的军事，统筹一切，自为切实而应有的设施。此其一。

第二，自从二十一年以来，我国屡屡有国内的军事行动，尤其是在豫，鄂，皖，赣等省更为激烈，这几年的军事可谓相当的长久而剧烈，在此时期中，也有许多的设施足以使我国能够应付抗战时的环境。例如在南昌行营的时代，即有若干极重要的行政改革，其目的全在协助军事，即当时所谓"三分军事，七分政治"。那时的几种政制上的改变——保甲制度，行政督察专员制度，省府合署办公，县府裁局改科，县治分区设置——尤其是前二种，后来普遍的推行于各省，实行有效，到了抗战军兴之后，尤能运用灵敏，指挥便利。这也是一种的准备的工作，到了要用的时候，已经设置就绪，运用有了经验，所以不需有重大的改变，即能应付裕如。换言之，自从"九一八"以来，我国的中央及地方政制上即已经步入危机政府的途程之上，抗战的爆发并非是出乎意料之外的事情，因此可以早为筹划，临时不必张皇。此其二。

第三，我国这次的抗战是一面抗战，一面建国。这一点也与世界大战时别的国家的情形不同。在大战当中，各国是以全副精力来争取胜利，同时并没有注意到建国的一方面。我国当前的情形较之世界大战时的各国，更为艰巨困难，因为我们不但要以全国的精力来争取胜利，并且要以极大的力量来建设国家。我们一方面也是喊出"军事第一，胜利第一"的口号，但同时我国政府及人民却无时无刻不在从事于建国的伟大的工作。这一层是稍悉我国近二年来政情的人所知悉的，可以无庸举出实际的事例来。也就是因为这个原因，所以在政制上我国战时的政府不容有太多的变迁，因为许多的政府机关，虽然与军事没有直接的干系，与建国的大业却有直接或间接的干系，在一方面抗战一方面建国的原则下是不容偏废的。这一件事实也极关重要，可以说明为什么在抗战期中我国的政制在若干地方不如其它在作战期中的政府变更那样的多。此其三。

一

但是上述三点，虽均重要，我国的政制在这二年抗战之中也曾有其变更之处，这些地方也极关重要。上文我已说过，这些变更现在还不曾到作一个总清算的时期，因为将来也许还有变更。同时，若干重要的改变，事涉秘密，并不能公开发表。然而抗战二年总是一个阶段，其可发表之处亦不为不多，从此也可以看出一个轮廓，可以有一个大体上的印象。

特别值得郑重提出的是在这个抗战二年中中国踏上了民主政治的途程。我们回想过去几年的事实，当可忆及民主政治抑独裁政治的问题在国内的论坛上曾引起了丰腴的辩争。我们固然知道所谓独裁政治绝对不是近世欧洲的所谓法西斯主义，也不是主张所谓"全能"或"极权"国家，但是国内的确有一派人士是主张中国的政制应当向独裁政治的方向去走，其实也就是向集权的方向去走。当时，也就有许多人认为朝这个方向去走是不可通的，而认定民主政治才是我们应当追求的目标。这一派的人士不但严重地指出法西斯主义者的办法是根本不切合中国的国情的，并且欲求中国组织成为一个现代的国家，民众的力量却是绝不可以忽略的。同时在理论的方面，主张民主政治者指出，如果独裁政治的好处在提高行政权的地位，则在民主政治下，这个目的是同样可以达到的，初不必一定泥守西洋十八及十九世纪民主政治与放任主义相互表里的陈套。所谓民主集权，所谓危机政府，在理论上事实上并没有放弃了民主的色彩，而收到了集权的效果。换言之，实行民主政治并不一定要放弃集权主义而厉行放任无为的政策。近世的独裁国家内部的政治常呈阢陧不安的状态，党狱时兴，明争暗斗，异常激烈，久经内战的中国似乎不能再听国内问题取决于武力。

总之，到了抗战发动之前，中国之必定走民主政治的路是已经确定了。这是三民主义立定了的道路。在二十四年的时候，我国即开始制宪，预备召开国民大会。历次的宪法草案都带有浓郁的民主色彩，国民大会当然更是民主的设置无疑。在抗战发生之后，全民开始动员，在二十七年临时全国代表大会的时候，即决定召开国民参政会，以树立民主政治的基础。国民参政会虽然不是由人民选举的，但是就是最走极端的人也承认它的组成确能代表大多数的中国人民。按照国民参政会的组织条例，原定参政员一百五十名，其后增至二百名。照发表的名单看来，包括汉，满，蒙，回，藏各民族，各党各派，各种宗教，各海外地的侨胞，及全国各界的重镇。按照第三条甲项的规定，人员且有地域的分配，全国各地都有他们的代表。由此可见它虽非由人民直接选举，而在事实上则确能具有充分的代表性。同时，我们须知在抗战正在激烈进行之时，举行全民选举当为事实所不能允许，而我国一般的人民，虽曾经清季末叶各省咨议局及民国初年国会的选举，对于选举究竟缺乏经验，骤然在危急之秋举行全民选举，困难自有不易克服之处。民权主义的主旨本来与欧美之所谓民权不同，中山先生在他的讲演中对于西洋各国的选举制度即有许多深刻的批评，和近代政治思想中的所谓"民主政治的批评"（Critics of Democracy）同时一辙。中国之所谓民权，不是徒然沿袭西方的滥调，而是有所改良的，其改良着重之点，即在在量的方面以外还须顾虑到人民代表质的讲求。外国人常讥笑英国的选举制度，竟不能使十九世纪的当代大儒（John Stuart Mill）当选为人民的代表，在他去竞争时还受到土棍地痞的无情侮辱。这种讥评同中山先生在民权主义中对于美国选举的批评（即博士与汽车夫竞选的故事），实完全同一情调。西洋迷信民治的人虽并不以此种事情为不当，在民权主义的立场看来，这种情形却是应当矫正的。由此而观，国民参政会的产生方法也自有其特殊的立场。

国民参政会系在去年七月七日在汉口开第一次大会的，至今一年共曾开会三次。按组织条例："在抗战期间，政府对内对外之重要施政方针，于实施前，应提交国民参政会决议。""国民参政会得提出建议案于政府。""国民参政会有听取政府施政报告暨向政府提出询问案之权。"这是国民参政会的职权。由这三种职权的规定看来，可知它并不相等于外国的国会。但是我们要注意该会设置的目的在"集思广益团结全国力量"，则其职权只能限于上述三点而不能遽然形成国会，殆亦为事理之当然。我在别处会为文说明参政会最主要的任务，即在提出建议案于政府。就过去的经验看来，第一次大会共有提案一百三十件，第二次八十九件，可见参政会在这一方面是尽了它的力量的。虽然这些建议案中，有的是政府已经举办了的，有的是根本办不了的，大体上欲均能将人民的意思贡献于政府，对于政治自有莫大的裨益。

即以设立地方民意机关一项来说，在第一次参政会的大会中即有若干的建议，嗣后即为政府所采纳，颁布省临时参议会组织条例，开始组织。截至目前（六月中旬）而言，省临时参议会已成立者有福建、河南、广东、贵州、江西、广西、浙江等七省，省临时参议员名单已经发表者有安徽、陕西、四川、湖北、湖南、云南、青海等七省。这些省的民意机关，在组成的精神上，在工作的方式上，同国民参政会大致相同，也可以说同是我国走上民主政治大道上的步骤。这件事情是抗战两年来我国政治上最足令人注意的事情，因为它们实确定了我国政治今后所循的路径。

二

除了国民参政会及各省临时参议会之设立，政治制度的其它方面也有若干重要的改革或变更。现在我们对于这种政制的变更，只能道其大概，因为从详叙述，不但是在篇幅上不可能，也有许多不便当的地方。

最初，我们说明的是政策之厘定机关，因为这是一个政府中极重要的机构。在平时，中国政府中政策的厘定机关本是中央政治委员会。这个组织有长久的历史，自二十四年第五次全国代表大会将其组织改组后，可以说是相当的建全。在从前，中政会之外，又有国防会议之设置，凡事关国防者由之审议，经其决议后，由议长呈请中央交国民政府主管部会执行。到了二十六年抗战开始以后，中央常务委员会决议设置国防最高会议：它的讨论范围涉及一般军政大计，与中政会的职权大致相同。依当时所订的组织条例，国防最高会议系对中政会负责的，但实际上则其决议只须向中政会报告备案。这种局面当然不是极理想情形，因此三个月后，中常会遂决定中政会停止开会，它的职权遂即由国防最高会议代行。经此次改变后中央最高军政大计政策的厘定机关便非中政会而为国防最高会议。

在一个法治的国家中，一切的政策当然是以法令来表现出来。从前中政会是政策的厘定机关，同时中政会又可以拟定"立法原则"交立法院去拟定条文。现在国防最高会议承袭了中政会的地位，制定"立法原则"自为不可少的职权。但是又因为平时的立法程序总归相当迟缓，也许不能应付战时急迫的需要，所以国防最高会议的组织条例中，特别针对此点规定：（一）该会议的主席，在作战期间，对于党政军一切事项，得不依平时程序,以命令为便宜之措施;(二)凡应交立法院之案,该会认为有紧急处置之必要时,也得为便宜之措施,事后按立法程序送立法院;(三)立法院所议各案,与战事有关者,应先送国防最高会议核议。由此看来,国防最高会议的立法职权实远较中政会为大。我们参看西洋各国在战争期间,大都授权政府以紧急命令权,其用意亦在避免普通立法程序的迟钝。我们的政府,在设置国防最高会议之中,采用这种紧急命令权,其用意当亦在使得战时的立法能不因普通立法程序之迟缓而影响整个政府的效率。

到了二十八年年初,这个局面又有一番修改。此时召开的五中全会决定改设国防最高委员会,隆重其职权,不特是抗战期间国防最高决定机关,而成为统一党政军的指挥机关。因为这个组织成立未久,且是现行的制度,在此时尚未便详细叙述。总之,在过去两年中,中国政策的厘定机关,曾经改变以顺应战时的需要,其最重要之点即在紧急命令权之赋予。在这一点上中国政府战时的变迁是与其它国家没有多大的出入的。

三

在政府本身方面,本来可分军事与行政两部门来说明。一来因为军事机关的物制本来自己构成一个特殊的部门,通常研究行政者率多不及于军事机关;二来因为军事机关在作战期间,没有公开讨论的理由,我们的讨论因此只能囿于行政方面。在普通行政部门中,在过去两年中也有极大的改革。而其中最足注意的是二十七年一月中央行政机关机构上的调整,其主要的内容为:(一)实业部改为经济部;(二)建设委员会及全国经济委员会之水利部分以及军事委员会之第三第四两部(关于协防工业及经济的)一体并入经济部;(三)铁道部及全国经济委员会的公路部分,均并入交通部,铁道部因此裁撤;(四)卫生署改隶内政部,全国经济委员会的卫生部分并入卫生署。此后又有其它机关的调整:(一)农产及工矿两调整委员会及资源委员会均改隶于经济部,并以农产调整委员会归并于农本局,但其关于农产输出国外的贸易管理则划归贸易调整委员会;(二)原属财政部的粮食运销局归并于经济部农本局;(三)贸易调整委员会及对外易货委员会及重庆行营所辖之禁烟督察处一律改隶财政部;(四)原属实业部之国际贸易局归并于贸易调整委员会;(五)农产,工矿,贸易三调整委员会所设之联合运输办事处改隶交通部;(六)禁烟委员会改隶内政部。再后来行政院又将赈务委员会，难民救济总会，合并而成赈济委员会，并将内政部关于救济部分归入。

这一次的大调整是多年酝酿行政改革的结晶，是近年来行政上最大的改革。我们要深切注意的是此次机构调整主要的对象是经济建设的机关。这一点事实就足以证明，我们是在一面抗战一面建国。除了军事以外，政府的精力是集中到经济建设的事业上，我们无可讳言，过去中国经济建设的机关，因种种原因，是相当的凌乱，其间缺乏适当的联系，若干部门亦殊不健全。经过这次的调整之后，机构比较上划一整齐，已臻于健全的地步。在建国的艰巨事业中，这一番机构上大刀阔斧的改革必能收获最丰腴的果实。

同时，自从二十六年十一月，中常会即已通过"非常时期当政军机构调整及人员散办法"。在这个办法实行以后，若干的所谓骈枝机关是被裁撤了，若干的所谓冗员是被"疏散"了。我国政府从前的一个通病是骈枝机构之繁及冗员之多。它们不但是不能为政府及国家做事，虚縻公帑，它们并且可以中伤政府的效率。在国家支出浩繁之今日，区区少数的机关经常费及人员薪俸本来只是沧海一粟。政府之所以毅然裁汰疏散，其用心初不全在节省那几十百万的金钱，而在切实调整机构，使得行政效率至少不要因为这些机关及人员而减低。至于其它许多的机关，因为人员被"疏散"，或因其职权在战时未便尽量行使，而陷入部分停顿的状态之中。现在中央仍设有五院，五院之下仍有原来的各部会。但是有的则工作因战事而倍增，有的则因战事而部分停顿。所以在形式上中央政府虽然无重大的变更，在实质上则有许多的改变。这种情形本为事理所必然，别的国家本亦必有同样的现象。我们所不能不再度提出者是二十七年一月那一次机构调整的重要性，因为那实是近二年来最值得注意的改革，在行政上实为空前的盛举。

四

在这两年之中，中国政治尚有许多重要的改革。因为篇幅的关系，不能详述。尤其在地方行政制度上，可以讨论的地方还有许多，因为它们每多涉及军事，不能详说。我们不妨将几个比较上大的趋势列了出来，或者比较更能使我们了解中国战时政府的特质，兼以结束这一篇冗长的文章。

第一个显明的趋势是权力之比较集中。这一个趋势是在各方面都可以看得出来的。军事最高的领袖本早为军事委员会的蒋委员长；在这两年当中，蒋委员长又为中国国民党的总裁,同时又当然为国防最高委员会的委员长(从前是国防最高会议的主席),形成全国最高的领袖。国防最高委员会集党政军三方面的大权于一个统一指挥的机关,当更是权力集中的一个现象。至于在地方行政制度方面,省政府主席之往往兼任战区司令长官,专员之必兼保安司令,也都是权力集中这个趋势的表现。

第二个趋势是机构之竭力使其灵活,其最主要的表现就是上述的机构调整的裁汰及冗员之疏散。其次,更应当提出的是在立法的技术上近二年来的趋势是便得法律富有弹性,授权行政机关以命令处理比较上项细但亦不一定不重要的事情。这是西洋的所谓"委任立法"(Delegated Legislation),在西洋危机政府中是一个最通常的办法。这种"委任立法"的实例极多,未遑枚举。近二年来行政法规命令之骤增,却是一件有目共睹的事情。

第三个趋势是设计机关之增多。在这个时代,政府的一个意念是集思广益。现在许多部会中都因战时而增添了设计或研究的机关,以备向政府贡献意见,或从事于调查或研究的工夫。这些机关大都是网罗政府以外的专家学者,使得他们在这战争期间能以其所长贡献国家。虽然,这些人员也许因为不熟悉内幕的情形,或不明白问题症结之所在,其所贡献的意见或办法,有时不能切合实情,就一般讲来,则均能向政府的当局有所建议,至少可以有一种新颖的观点提示出来。这个观察可以用之于国民参政会,也可以用之于其它的设计或研究机关。

第四个趋势是政府在过去两年中增加了许多官吏以外的协助者。国民参政会,省临时参议会,各机关的设计及研究机关,上文已经说过。此外各中央及省市军政机关,大都也网罗了许多人民为之协助。例如,组织训练民众的工作,抗战宣传的工作,救济赈济的工作,都有许多人民的个人或团体自动地或被邀协助政府。这类事情的规模极大,参加者极为踊跃,尤足征明全国人民同仇敌忾的决心,同时也构成中国战时政府的一个特色。

以上所述殊为简略,不过是将其一般的情形及其趋势说明其大略而已。上文说过,战时的政府是一个专门的题目,欲加以研究,尤须待战事结束以后,方能进行。

民主政治在中国的前途 *

在第一次世界大战帝俄退出美国加入以后，美国的总统威尔逊提出了一个动人的作战目的：他说那一次大战的目的是"使民主政治在世界上安全"。那时在协约国的阵营中有中国，那是民国六年。我们已经经过辛亥革命，已经建立中华民国，已经举行了第一次全民的国会选举，已经有了约法并正在制定宪法，企图独裁和称帝的袁世凯亦已于撤销帝制后病殁，张勋的复辟亦已失败。我们那时在形式上的确是一个民主国家，并且我国的人民也曾为民主政治而努力。不过那时我国以积弱之余，喘息未定，现代民主政治在中国的基础尚未稳固，国力也颇为薄弱，故在大战当中中国没有尽到多少义务。而最足惊奇的是中国虽未与敌人德意志有直接的接触，我们却被另一个协约国家所凌辱，使得我们丧权失地。日本对于我国山东的侵略未为巴黎和会所完满解决，中国遂亦未在《凡尔赛条约》上签字。

这一次世界大战中国又站在民主国家的阵营当中，与其他同盟国家并肩作战。这一次日本这个侵略国家已转到另一阵营去了。在一九四〇年十二月八日的时候，中国已经对日本的侵略作了五年的激烈斗争，我们虽然还不曾击败日本，也不曾消耗他的力量致于他不敢再同他国作战的程度，中国对于同盟国家的贡献却远较上一次世界大战为大。在这次世界大战开始的时候（我们且以一九四〇年十二月八日为世界大战之始），中国国内的情形与一九一七年也大不相同。国民革命成功已有十二年了，中国已为一个名符其实的统一国家。他的经济建设正在加速完成之中，清末民初的黑暗政治已被革命的光芒所照射而消灭。最重要的是中国全国人民已一致信仰拥护三民主义，而三民主义，即从字面上看来也显示是民主的。今日中国政治组织的原则与制度虽与

---

* 原载《世界政治》第七卷第十一期，1942 年 8 月。

西洋的民主政治有种种的不同，他却是在向民主政治的建设上迈进。本文的目的在解答一个题目：中国能不能成为一个民主国家呢？我们想以中国历史的事实来探讨这个问题。

一

时人每喜以经书上的几句话来说明我国先圣先贤的民主思想："民为贵，社稷次之，君为轻"；"民为邦本，本固邦宁。"如果演绎起来我们自然可以以这种思想比附于今日的民主政治的理论。但是我们的先圣先哲在说这些话的时候是没有这种意思的。他们的目的是教君主在统治人群的时候要充分注重到人民的福利，因为"得乎丘民而为天子"。当那春秋战国时代，列国的君主没有不想"席卷天下，包举宇内"，他们都有"囊括四海之意，并吞八方之心"。那时的政治思想家想出许多方法来达到这种目的，而儒家所提倡的一个着重之点便在使君主行仁政，得民心，尊重人民的福利，因为非如此是不足以"王天下"的。在积极的方面，"君行仁政，则民亲其上教其长矣"；"以不忍人之心，行不忍人之政，治天下可运诸掌"；"不仁而得天下者未之有也"；"国君好仁，天下无敌"；"今王发政施仁，使天下仕者皆欲立于王之朝，耕者皆欲耕于王之野，商贾皆欲藏于王之市，行旅皆欲出于王之途，天下欲疾其君者，皆赴诉于王，其若是，孰能御之？"儒家认为"富国强兵，战弱胜敌"的办法是行不通的，因为"三代之得天下也以仁，其失天下也以不仁。国之所以兴废存亡者亦然。天子不仁，不保四海，诸侯不仁，不保社稷……"所以最好的办法是行仁政以取得民心，有了民心便可以得天下。这种理论的出发点虽与近代民主政治理论出发点很不相同，勉强附会也是没有益处的，但政治上的理想境界却不是暴虐的专制。

儒家的政治哲学虽然在战国时代也风行一时，但是"秦用商君，富国强兵，楚魏用吴起，战胜强敌，齐威王宣王用孙子田忌之徒而诸侯东面朝齐"，不用儒家的方法而收到优良的效果。最奇特的是后来缔造中国第一次大统一帝国的却是僻居西陲，文化落后，当时士大夫认为根本不安的秦国。然而这一个事实却并不曾证明儒家哲学的失败。秦的帝国二世便灭亡了。汉代兴起以后，在政治哲学上是罢黜百家而尊重儒家思想，儒家思想经政府如此一提倡后来竟成了二千年来学术思想的主流。

但是汉初的政治思想在理论上是尊儒，在骨子里却是黄老之学。当时"黎民得离战国之苦，君臣俱欲休息乎无为"。鲁国的儒生劝叔孙通不要去"起礼乐"；哲人陆贾主张无为；就是"身被七十剑，攻城略池最多"的平阳侯曹参也主张无为。而其结果则当时的皇帝，一方面尊重儒术，一方面却"好黄帝老子言……不得不读黄帝老子，尊其术"，以致"政不出房户，天下宴安，刑罚罕用，罪人是希，民务稼穑，衣食滋殖"。兹后中国政治二千年来，黄老的无为哲学支配了一部分有力的思想与实际政治。这一种思想纵与儒家的仁政论大不相同，其结果则是一样的不去苛扰虐待人民。所以从我国政治思想的传统来说，我们虽然没有有系统的民主政治的理论，我们却一贯的是不主张专制独裁的理论的。

二

在这种理论支配之下，我们所形成的政治社会，固然不是一个人民有普遍参政的政治制度，也不是一个人民自由有法律保障的政治制度，但是我国的人民，诚如孙中山先生所说，是并不缺乏自由的。这一个论点远可以从我们历史上的事实来证明。

第一，中国的社会在过去不能说是有统治与被统治的阶级。在历代的史实当中，我们可以发现许多世族，在政治经济社会中占很重要的地位，但是由于种种特殊的原因，他们的寿命并不太长，故不能说是一个具有相当永久性的统治阶级。例如周代的世卿制度到了战国时代便已崩溃。秦汉两朝的开国君主均采用相同的政策禁止世卿制度的恢复。汉初的大臣是"布衣将相之局"，后来虽然有新兴的豪富，朝廷仕官之时也偏袒那些"任子"，"世官"，但是他们也不能认为构成了一个统治阶级。魏晋南北朝的世族虽然支持了三百余年之久，后来也便不复再见于中国，有之则为异族入主中国时代蒙古人与满人所享的特权。假如我们用近代的譬喻来说，我国的世族充其量也不过是今日英国那样，从前的王谢世族也不过是今日的邱吉尔之为马尔勃罗勋爵之后裔或塞西尔张伯伦之一家而已。世代相传的统治阶级是谈不到的。

第二，美国社会学家索罗金（Sorokin）所谓的"社会之梯"在中国历史上一贯的可以相当的维持。我们且不必去说开国的皇帝，如刘邦，赵匡胤，朱洪武之流，以布衣而得天下，掌握实际政权的宰相也多有白布衣出身的。这种事例以汉初为最多，其后也所在多有。换言之，历代的宰辅并非是被几十百个世族所包办，外戚与宦官又何尝不是自平民起家的？一个平民可以因缘时会而登将相：他或者是开国的功臣（如陈平），或者是有特殊的才能而为贤君所赏识（如诸葛亮），或者是根本走运（如汉武帝时以一言而使田千秋拜相封侯）。当然他也许是世官任子，出之世族，成为外戚宦官，取得了皇帝的欢心。总而言之，掌握政治实权的人的来路是没有一定的，全看他的命运与才能。这种事实也可以说明在中国历史上我们没有一个统治的阶级。

第三，是我国历代相沿的选举制度。当汉代的时候，选举的名目繁多，大别言之有荐举，乡举与策试。那时皇帝下诏"贤士大夫有肯从我游者，吾能尊显之"。天下郡国所贡举的贤良方正皇帝并亲加策问。文帝时对策第一的晁错便被任用为中大夫。魏时改用"九品官人"的办法，这种办法一直沿用到晋及南北朝。南北朝时代，门阀盛行，当时的中正官都以门第为铨衡的标准，以致有"上品无寒门，下品无世族"之讥。隋开皇以后，"九品官人"的办法废除而代之以科举制度，专以科目取士，凡是政府中的大小官吏一律由科举出身。当然那时的教育未发达，若干门第当中成了世学之家，但是平民出身的人是一般的有参加政治的机会的。考试制度无论如何不公平，总归是比较上最公平的办法。

上面所举三种历史事实说明在我传统的政治社会中，即不说历次朝代的更易，每一次更易产生了一批新的人物主持政治，即在一个朝代当中，我们也很难指定一个统治的阶级包办一切。在历史上固然有的世家如东汉的邓禹耿弇，或南北朝时代的王、谢，但这只能说是例外的情形，不足以证明传统统治阶级之存在。何况因为种种关系，如长子继承制之不存在，及家教之不谨严，到了相当时期一个世族便形凋谢。诗人说"从前王谢堂前燕，飞入寻常百姓家"，正是世族凋谢的写照。

中国传统政治社会中没有统治阶级足以说明我国的政治是相当平民化的。"布衣将相"不但时常出现，而且朝野均引以为荣。同时，历代的政府，纵不一定如汉初尊重黄老之术，其施政的范围也极为有限。在地方上，如周代的乡遂制，元代的社制，宋代的乡约，其人员组织，或由地方人民推举，或由各户轮流担任，都不是国家的专任官吏。他们的事业经费也大都由各户乐捐，或由人民公摊，颇含有自治的实质。我们再看历朝之所谓循吏，他们之所以名垂千古，也许是因为抉狱公正，或者是清廉俭朴，或者是办了特别与地方上有特殊利益的事情。若果以现代眼光来看，则他们所办的事大都极为平常，正是每一个政府所应办的。这些事实亦足以说明我国传统的政治，在表面上尽似专制，在骨子里则政府的职权所及的地方甚小，许多事情均不办理或由人民自办。即在最专制的时代，目前我们所习闻的统制管理，或西洋人之所谓Regimentation是不存在的。

三

十九世纪欧美的自由主义传播到中国来之后,有远识的改革家可以立刻接受,而广被到全国来。康有为梁启超的维新运动是民主的,孙中山先生的三民主义则更是要建立一个"民治民有民享"的国家。西洋民主自由的理论学说以及典章制度的种子传播到中国来之后,遇到了适宜的土壤,立刻可以生根而发芽滋殖。在民国初年,虽然仍有人企图树立专制,但终于被人民的公意所摧毁。我们固知西洋的民主政治是一套有组织有系统的制度,为中国前此所绝无,也是因为如此,所以我们有扰扰攘攘几十年的混乱。但是民主的思想则深合中国人民的脾胃,可以接受而不发生困难。反观墨索里尼的法西斯主义,与希特拉的国社主义,在西洋可以风行一时。上次世界大战后各国的新民主宪法,在极短促的时间便相继被此狂飙所吹倒,新的专制独裁在世界各隅先后出现。在此时期中,中国建立民主政治的艰巨工作,虽然中间遭遇多少困厄,却点滴地在那里进行。法西斯主义及国社主义,不但不能在中国有一丝一毫的吸引力,而且中国人民,无论哪一个阶层,无论哪一种职业,无论是男女老幼,贤愚智不肖,一闻这种气味便自然而然不能相投,甚而从内心中对之厌恶痛绝,中国的人民是理智的,他反对法西斯主义背后的反理智主义;他是中正和平的,他憎恨强暴主义;他特别是爱好自由平等的,他根本要打倒箝制人民自由的阶级专政或暴虐政治。总而言之,中国人民最能笃信力行的是民主政治,因为这一种政治最能契合我们几千年来政治的传统精神及社会心理。中国在两度世界大战当中两度参加民主的集团是有历史上的原因。在这一次大战当中,一面抗战,一面建国。我们所建的正是一个民主宪政的三民主义共和国家。在政治上我们在民主阵营中也有其地位,民主政治在中国有其光明的前途。

最近五十年中国政治的回顾 *

我国政治制度的历史在清末变法以前，几千年来是一贯的，在这几千年当中，政治制度在表面上虽有种种的变化，在实际上则只是名义上的不同。历代的官制其实只是汉代的官制，由一朝初盛到一朝衰败官制上所发生的变化也不过是汉代官制变化的公例。在每一朝开始的时候，宰相的地位极为隆重，辅弼国君，主持大政。宰相的名称虽然代有不同，在制度的实质上则没有多少的变化。[1] 到了末世则近臣如宦官，外戚，幸臣，小吏之流便为君主所卵翼而得势，正式的名位反而等同虚设，至另一朝代兴起则这个循环又复重演，宰相又为重臣，权位均隆，至末世则又凌夷，以至于乱。这一段几千年的政治制度演变史读之有如读英国的宪法史，是"自然生长"而成的，其中没有急剧的变动。近五十年的中国政治制度史则是一串急剧而根本的变动，各种新奇的制度纷纷见诸实行，有的尚在孕育时期便已夭折，有的则只在表面上出现，始终未曾生根，遑论发荣孳长。自民国者二十年的改制后，我国的政治制度好像是相当稳定了，但不久又将颁布实行宪法，于是在不甚辽远的将来恐怕又有一番改弦更张。这一段半世纪的历史读之好像是法国自大革命至此次大战期间的法国政治制度史，一串的大摇撼继续不断的发生。为了确定我们的政治制度，当代的中国人民曾付了相当的代价，但是中国的人民对于这一段可悲的历史也不是没有责任可言的。

关于我国传统政治制度的演变本文不拟叙述。近五十年的政治制度的历史是极富有探讨的价值的。在清季末叶，我国的传统政治制度不能维持有两个原因。第一，这个传统的政治制度到了此时演变到一种荒谬乖戾的田地。在中央政府方面，无论内阁

---

* 原载《思想与时代》第十三期，1942 年 8 月。
[1] 此点请参看张其昀所著《行政中枢论》，本刊第六期。

或军机处都没有一个首长，也便是没有了宰相来辅弼君主处理政务，一群的大学士与军机大臣皆唯君主一人之命是听，皇帝实一身兼为国家的元首与宰相。古人所谓"君臣之道，臣有事而君无事也，君逸乐而臣任劳"的精神至此时已荡然无存，而当时的君主又绝非英明的君主。在六部方面，尚书与堂官同在一部之内而彼此可以单属上奏，一个机关之中竟连一个首长都没有，部内之事也要君主来裁决，所以当时的皇帝事实上又兼任六部的首长，那些尚书成了幕僚。在制度上这成了君主专制的极则，这样的机器是没有灵活运用的可能的。此外又有一个都察院，其中的都察御史可以单独上奏弹章，纠劾大小百官，而一切没有一定的法律或成例可咨遵循，弹劾案之成立与否也一视君主的情绪来决定，使得文武百官与都察御史本身也都人人自危，做事没有规律可守，不知哪一件事情可以致祸。同时京内京外又有许多骈冗机关驯养着一大群闲员尸位而无所事事。在地方上则有一群督抚，在初时是"总督统辖文武，诘治军民，巡抚综理教养刑政"（大清会典），到后来则二者几于不可分。他们以地方官员而兼中央官员的衔头，总督兼兵部尚书衔，巡抚兼兵部侍郎衔，大家都有兵权，都可以"统辖文武，诘治军民"。他们不但不受六部的指挥，而且不受内阁与军机处的指挥，一切上达于君主。更奇特的是总督还兼有右都御史衔，巡抚则兼有太副都御史衔，各有单独弹劾上奏权。所以不但中央政府没有宰相，六部没有长官，连地方上也没有一个长官，彼此节制，彼此看管，而一切乃全取决于君主一人。这种绝对不合理的政治制度又如何可以策应李鸿章所谓"三千余年一大变局"的巨难呢？

传统的政治制度不能继续维持的第二个原因是西洋文化的传播。鸦片战争以来军事外交的失利给予当时的朝野一个深巨的刺激，太平天国之变方告敉平而新的国难又起，若不急起直追则不但中国不是爱新觉罗氏的中国，抑且不是中国人的中国了。那时有远识的人物看到中华民国这个千古未有的危机，已经有到"今日所需惟在力破成见以求实际"，不应当如"医者疗病，不问何症，概投之以古方"（光绪元年李鸿章筹备海防奏折中语），故中国传统文化不足以应付此一巨变是许多人所已经承认了的。但是虽然不能"投之以古方"，应当投之以何方却一时没有定论。同治中兴的名臣最初所注意的是兵事，是如何以坚甲利兵来抵御西洋的坚甲利兵。李鸿章认为"中国文武制度事事远出西人之上，独火器不能及"。梁任公后来批评同治中兴的名臣以为他们"知有兵事而不知有民政，知有外交而不知有内治，知有朝廷而不知有国民，知有洋务而不知有国务"。他们那时对于西洋文明的认识的确是很美的，然而当时也不是没有人看到比设兵事更根本的问题。郭嵩焘便以为"兵者末也，各种创制皆立国之本也",不过在一个积弱的国家之中,遇此强敌,诚如李鸿章所云,"兵者乃立国之要端",何况当时如果"欲舍此别图其大者远者,亦断不得一行其志"。但是甲午之败使得专谈洋务者失却了他们的立场,日俄之胜败更被人认为是"立宪与专制之胜败"(张謇上李鸿章书中语)。那时的政治实在配不上洋务,洋务由那时的政府来办终究办不出什么优良的成绩,于是改革政治之风,乃不可遏。有此两个重要的原因中国的政治史乃走上了改革的大道。

那时来凌辱中国的是欧美各国和明治维新以后的日本,我们所抵抗不了的就是这些国家。所以以坚甲利兵来临时主张办洋务的,便摹仿这些坚甲利兵,在改革政治制度时主张改革者也要模仿西洋的政制。那时谈改革政治的人所注意的,不是我国固有的政制,汉唐的古制是不时髦的。他们那时也不想方法就当时政治制度的弊端对症下药,以求起死回生,他们所要求的是输入西洋的典章法度。日本的明治维新曾披上一件复古的外衣,我们的维新则全在以西洋的成法输入中国,正如他们要输入西洋的坚甲利兵一式。康有为等人虽然也想托古改制,所以要托古不过是因为"今日中国闻立宪共和之论而却走者尚占大多数,不引征先圣最有力之学说以为奥援,安能树一壁垒与二千年之劲敌抗耶"(梁任公语)。

然而西洋的坚甲利兵是各国一律的日新月异,最新的即同时是最好的。政治制度则不然。西洋那时的政治制度虽然多少统一于自由民治主义之下,与今日之五花八门不可同日而语,但仍然相当的繁复,绝不是如同坚甲利兵那样可以有一致的定论。然则采行哪一种政治制度才能图强呢,这是一个客观的价值问题。同时却还有一个主观的价值问题。从各种政治人物的立场来看,哪种政治制度最能适合于主观者的要求呢?

客观的价值问题是很难说的。有人问上古希腊的造法者苏龙(Solon)何为最优良美满的宪法。他的回答是反问那个请教者"这部宪法是为谁的",在什么时候施行的?政治学的鼻祖亚理士多德也曾引申此义而说世界上根本没有一部绝对优良的宪法可以放之四海而皆准,最能适合当时环境而实行有效的宪法便是那个地方在那个时代最优良的宪法。这两位哲人的言论千古的政治学者奉为天经地义。政治制度原无客观的价值,因此也不成其为一个问题。近世政治学者,喜谈科学的政治(即瑞士人 Mirkine Guetzevitch 之不谓 Rationalization of Powers),甚而有人(如英人 Catein)想厘定政治学的"定律",如物理学中牛顿的定律,这种尝试不但早已归于失败,而且这足以见其倡说者之浅薄而已。我们的制法者不去考虑这个所谓政治制度客观的价值问题是不足深怪的。

制法者主观的价值问题是了解我国近五十年来政治制度史中的锁钥，他们在制法的时候所考虑的是哪一种制度（那时是限于西洋的）最好，而所谓最好一方面是最能医治清季末叶那种政治病状；另一方面是最能适应当时的环境，而所谓当时的环境往往便等于当时从事于政治者的要求或欲望。这是我们所谓主观的价值问题，这个价值曾随各时期主政者之浮沉及地位而有多次的变化。同时，因为西洋的政治理论甚多，各有各的立场，各有各的特点，这些学说理论在中国遂亦各有其信徒，一视一时环境之需要而提倡某一种学说为其本身要求的理论根据。近五十年来的历史大都可以用这个方法而求得解释。

在逊清末叶之时，朝廷及社会中真正的反动分子是认为当时的制度无可非议的。这些人大都是在政治上已经有了既得地位的人，他们之利在于保持现状而不变。大学士倭仁与西太后代表这一班人的思想，他们的理论是屡代相传的圣经贤传足以为他们张本的那一部分。在事已无可为之时，皇室中人也可以看势而让步。他们的让步有两个根本条件：第一，君主政体不能推翻而易以共和政体；第二，要是非有宪法来规范皇室的大权不可，君主之权越大越好，宪法之颁布越迟越好。当时清廷仿日本派伊藤博文赴欧考察宪政的先例，派载泽等五大臣出洋考察，后来又派达寿，汪大燮，于式枚等人出使。他们奉旨出国考察是以英，日，德等国为其考察的对象，美，法等共和国家（即没有君主制度的国家）在他们眼中是不足为训的。当时的权臣如李鸿章所景慕的也是德国的卑士麦，而朝廷则比较上最钦羡日本的天皇。至于康梁等人，也是不主张废弃君主政体的，因为如梁氏所说，根本改变政体必须出之于暴动革命，"暴动革命必继之以不完全之共和，不完全之共和则必至于亡国"。所以他们比较倾向于英国式的君主立宪与责任内阁。载泽端方所提倡的宪政主张大体仿效日本，以十年为期。他们后来厘定了一个"九年预备立宪计"，他们所草定的《宪法大纲》极力保存了君主的大权。他们一方面在极力保持君主的大权，一方面则极力延宕时间。康梁所要求的君主立宪与责任内阁则不容有九年的筹备，应当立刻实行，否则夜长梦多。光绪虽然也愿意做一个英国式的君主，慈禧却绝不甘受此束缚。慈禧的主张是想用义和团的神兵解决中国的外患，以证明不用政治改革而当前的国难仍可解除。辛丑以后，她羞愧之余才肯"整顿中法以行西法"，同意了那个根本谈不到立宪的《宪法大纲》。等到武昌已经起义之后，朝廷才颁布"深得英宪精神"的《十九信条》。这是清廷最后的让步了，再让便是自杀。但是清廷虽没有自杀，革命军却根本推翻了君主政体而建立共和，在这一段历史中，各国的理论都有，而最动听的即是责任内阁制的理论，因为那时英国的政制是世界政治学者所景仰的，不知有多少可以供他引证的书籍，可惜那时未能全部流传到中国来供他们稽考。责任内阁制是对付一个不能更换的国家元首最好的办法。

清廷政府最想改革的是地方的制度。那时的督抚，"各自练兵，各自筹饷，饷不一律，兵不相统"，中央政府根本失去了驾驭的能力，故也未尝不想借立宪之名予以一番改革。政府的意思很可以从五大臣奏对时所说"循此不变，则唐之藩镇，日本之藩阀，将复见于今日"一语看得出来。清廷早已认为这种外重内轻之势是他的心腹之患，故决定颁行一种外官制，但因为督抚之反对而不敢将他们的军权财权减削。后来中央又想方法将声势浩大的督抚调到中央来任事，如袁世凯，张之洞便均被调到中央来任军机大臣，以减少督抚反对的力量，但亦未收实果。因此终清之世，中央与地方的关系始终是外重内轻，而辛亥之役清室也算送在督抚的手中。

辛亥革命解决了中国的国体问题，中国是一个共和国家了。袁世凯在民国初年宣布他将"永不使君主政体再行于中国"。在共和政体已经决定了之后所发生的是政治制度的问题。在那个时期中，各省的地位非常重要，若干督抚成了缔造民国的功臣。这个事实是不能不考虑的，所以决定大政的机关参议院只有以各省的代表来组成。同时临时大总统自然也须有实权来主持国政。这是当时事实的要求，这种要求将以适当的政治制度来促其实现。当时的都督有一通电说：

> 自武汉起义，各省响应，共和政治，已为全国所公认。然事必有所取，则功乃易于观成。美利坚合众国之制当为吾国他日之模范。美之建国，其初各部颇起争端，外揭合众之帜，内伏涣散之机。其所以苦战八年收最后之成功者，赖十三州会议总机关有统一进行，维持秩序之力也。考其第一次第二次会议，均仅以襄助各州会议为宗旨，至第三次会议，始能确定国会，长治久安，是亦历史上必经之阶段。

仿效美国最能适合当时的环境：（一）可以使各省的地位有相当的维持，各省可以俨然以十三州自居；（二）参议院可以由各省派代表组成，否则没有一个过渡的机关；（三）美国是共和国无仿效君主国之嫌；（四）在总统制下元首及行政首长是有实权的。有此种种利便故"美利坚合众国之制，当为吾国他日之模范"，而"中华民国临时政府组织大纲"遂为表现此旨的法律。

袁世凯当时有不得不被推举为大总统的理由，但是那时的人，尤其是国民党，自然不愿使袁可以大权独揽。上文我们曾说责任内阁制是对付一个不可更换的国家元首最好的办法。康梁认为光绪不便更换,故倡内阁制;现在袁世凯又不便更换了,故责任内阁制遂又成一时的风尚。于是他们便不再主张以"美利坚合众国之制为吾国他日之模范",而改弦更张刻意模仿第三共和国法国的责任内阁制了。他们的意思是使袁氏居总统之位而无实权,实权则全在内阁的手中。"临时约法"便是厘定此一政制的法律,而且变本加厉,对于总统之权力较法国一八七五年的宪法限制尤严,但袁氏自然不甘法国式总统之寂寞。在清末之时曾以"组织责任内阁"为出山条件的袁世凯现在主张总统制了,在一串的文告教令中不断的讲三权分立与孟特斯鸠,在实际上则暗杀主张责任内阁制最烈的宋教仁,解散逮捕主张此制的国民党议员,颁布"新约法",实行了"美利坚合众国之制"。后来这位在辛亥年宣言"永不使君主政体再行于中国"的袁世凯制造了筹安会来从事于国体(君主抑共和)问题的学术研究,利用了古德诺一篇文章而实行洪宪帝制了。中国那时的国会,内阁及人民造不出法国第三共和国初年"五月十六危机"(Seize May)来确立虚权元首及责任内阁的基础,于是袁氏乃可为所欲为。清廷政府在武昌起义之时才颁布"十九信条"实行"责任内阁制",做虚权元首也总比无元首可做略胜一筹。袁世凯在帝制被迫撤销之后也索性连"新约法"下的总统制都不要而实行责任内阁制了。在此时他发出一道申令说:

> 襄以庶政待理,本大总统总揽政权,置国务卿以资赞襄。两年以来,成效未著,揆厥原因,皆由内阁未立,责任不明,允宜幡然变计,兹依约法制定政府组织令,委任国务卿总理国务,组织政府,树责任内阁之先声,为改良政府之初步。

这道命令之颁布与清末的"十九信条"一样的不能挽救他们的厄运。更有趣的,载沣在清末之时以责任内阁制来挽救清室的灭亡,任袁世凯组织责任内阁,废止当时的"亲贵内阁",而袁氏多方要挟,必取实权而后出山,袁氏此时想至少保持他总统的位置,免了徐世昌的国务卿,废止政事堂,而请段祺瑞出山组织责任内阁,而段对之也多方要挟,非总揽军政大权不可,裁撤机要局,统率处,和军政执法处,袁氏也一一应允。谁说历史不会重演!

地方制度是国会讨论最为激烈的问题,甚至于大斗殴。这一个问题也是当时事实的反映。在讨论宪法的时候,各省的督军早已形同清末的督抚,跋扈嚣张,北京政府的号令已不能出都门。制宪者的意思便想对于这种恶劣的现象有所补救,一种补救的方法是厉行中央集权,省长由中央任命,不以省制列入宪法之中;另一种主张则多少承认既成的事实,希望以宪法的力量多少矫正军阀割据的局面。这在此时,各省有所谓联省自治的运动,由各省自行制定省的宪法,实行自治,湖南、浙江、广东、四川等省均纷纷议宪，且有实行者。在各省的督军如赵恒惕，卢永祥等看来，这种联省自治的好处自然给予他们在地方上的地位一种法律的保障。在这种情势下，即国会中所拟的折衷方案（各党的协定）也不足以压他们的要求，在国会一部分议员被曹锟贿赂重开以办理总统选举之时，他们同时也通过了十余年来议而未决的中华民国宪法，而于十二年十月十日公布，这部通称为"曹锟宪法"或"贿选宪法"，对于地方制度遂索性采取联邦主义，也便是在事实上承认了军阀割据的局面，而为之加上了一件宪法的外衣。但不久这部"根本大法"便被段祺瑞所颁布的"临时政府制"所推翻，中国在此时不但是没有宪法，连以前的临时约法也因此而失效了。中国此时不是一个单一国家，不是一个联邦国家，也不是一个均权国家，而如一个四分五裂，群阀割据不统一的国家。十余年来讨论宪法政制所造成的竟是如此悲惨的结局！

现在的有心人反对人治礼治而提倡法治，那时的有心人也是如此的。他们也想用法律制度来将中国的政治予以一番整理，奠定长治久安的基础，正和现在的人相同。宪法的目的在厘定一条轨道使得政治上各种的势力可以循着这条的轨道来竞争运用政权。订定一条应循的轨道不是一件容易的事情，因为它必须合情合理，不好高骛远，脚踏实地，同时又须有相当的理想，不致太过迁就事实。但是如何可以在这条轨道既经厘定之后保证其必能循此而行，不稍逾越，却是一件更困难百倍的事情。清末民初十余年当中，政客军阀要以法律来保持其既得或希望获得的地位与权势，故不惜一再易法而一再破法。但是一般渴望政治的清明的人民对于他们却无可奈何。西洋人尝说"有什么样的人民便有什么样的政府"。这句结语是含有真理的。在法律学者的意识中，法律必须有制裁，没有制裁的法律不成其为法律。分析派的法律学者不承认国际公法为法即本此义。普通法律，如民刑法，其制裁便是国家。但宪法的制裁是什么呢？一般学者的议论以为宪法的制裁只有是人民，除人民以外没有其他的制裁。如果人民不能够担任这个制裁的责任，宪法便失却了必被履行的保证。所以有了不够资格做制裁者的人民便一定有不能履行宪法的政府。我们不能苛责政府，因为孟特斯鸠说过一句尖酸刻薄的至理名言："享有权力的人一定趋向于滥用他们所享的权力。"民国初年的大法不足以范围政客官僚的野心是因为那时的中国的人民没有担负宪法制裁森严的责任。有一位政治学家说：

> 英国是完全没有宪法来保障人民权利的，但是良好的法律机构使得英国人享受大量的自由；法国一七九一年宪法上娓娓动听的"人权宣言"（按即一七八九年之"人权宣言"，后来附于第一部正式宪法之上），却因为缺乏人民能用来保障

自己的权利之有效救济，所以法国人的权利竟受到近代史上稀有的剥削（Zechariah chafee Tr. 语）。

我们企望法律可以达到其目的，造成上轨道的政治，便须在担负制裁责任一点上看我们的工夫。宪政的降临不全在一部完美宪法的制定（不完美的宪法往往有极长的寿命，极完美的宪法也许获不到实行，例如法国自大革命以后制过十几部宪法，其中竟以一八七五年普法战争以后那部急就章寿命最长，其内容颇不完美的，即宪法的形式亦不具备），而在全国人民有实行宪政的能力与决心。

中国制宪史到了国民革命结束了一个显明的段落，以前十数年推行宪政的结果是没有一部宪法，人民没有得到实行民权的训练，中央政府是由段祺瑞执政的独裁再堕落到张作霖大元帅的军政府，地方政府则在各种大小军阀宰割之下呻吟，彼此之间演出空前未有的大混战。国民革命军北伐顺利的成功结束了这个阶段，而在近代政治史上，打开了簇新的一幕。

国民政府的组织在十四年七月一日，在此以前中华革命党在西南及广州曾有种种的政治组织以对抗全国的军阀。在那个时候，国父在世，故种种的组织采独任制。中华革命党在十三年改组为中国国民党，开始了民主集权制的先声。党中有总理，同时又有全国代表大会及中央执监委员会为其权力机关。国民政府的组织受了党组织的影响，也采委员制。其最切实的原因是在国父逝世以后党与政府均失却了中心领袖的人物，故采用委员制比较上是最合时宜的。在北伐的期间，国民政府的组织顺应时势的要求，虽经多次的改变，但始终没有脱离委员制的一贯精神。委员制（此处所谓委员制是指会议制而言，与瑞士的委员制有别）在迂腐的学者眼光中有优点与劣点。这些事情可以不必考虑；我们所考虑的只是委员制在国父逝世之后是最切合中国事实需要的一种政治组织方式。

十七年国民政府奠都南京，开始训政，"以党建国，以党治国"。训政的意义是因为中国"积数千年来专制之余，大多数人民于政治意识与经验，两皆缺乏，骤欲畀之以政权（担负宪法制裁的责任），其势必至复为强暴所劫取"，故以党来训政，以中国的人民为"初生之婴儿"，而党则为"政权之褓母"，"使人人有管理政事之能力，然后统一始有充实之生命，将来宪政始有深厚之基础"。[1] 由于我们上述民国初年的经验与教训，这一个步骤之正确似乎已经无待阐明。

---

[1] 以上引自胡汉民，孙科《训政大纲提案说明书》。

训政时期的政治制度是"试行五权之治","训政之目的在于宪政之完成。总理三民主义必与五权宪法并举",因为"三民主义乃救国的宗旨,五权宪法乃建国的制度","三民主义乃五权宪法之目的,五权宪法乃三民主义之实行"。十七年的《国民政府组织法》便首创五权之治。

在遗教之中,五权宪法的理论恐怕是被误解最深的一部分,几十年来不断的研究这种误解还不曾完全廓清,老师宿儒也在所难免。误解最大的源泉是不在根本上做工夫,而在表面上斤斤与三权宪决相比拟,其实在三民主义理论的体系当中,国父明说"国家的责任在设立政府为人民谋幸福",这个为人民谋幸福的政府应当是一个"万能政府",有作为,有权力的政府。即从这简单的几句话即可见五权宪法的作用与孟特斯鸠的三权理论根本在意义上是不相同的,因为孟特斯鸠的用意正是想利用三权分立与相互制衡来使政府无能,自由放任,没有作为,没有权力。这一个十八世纪传统自由放任主义所产生的理论与五权的理论是不可同日而语的(关于此种理论此处不能详述,在拙著《中国政制建设的理论》一书中已有论及,请参看)。

胡汉民,孙科两氏在提议设立五权政府之时,对于五权认为应分设五院来行使,但他们认为:"国民政府须有其五院汇集之总枢纽,否则五院不相连属,势且引起事权上之冲突,此并立国者所宜有也。"这一句话是非常重要的,由此而可见五权宪法与孟特斯鸠之不同,姑以美国的宪法来代表三权制度,我们可见在美国行政,立法,与司法三权之间是不但没有一个"汇集之总枢纽",并且在分权制衡的理论下不避免"事权上之冲突"。果然在十七年所公布的《国民政府组织法》内,五院院长,副院长均由国民政府委员兼任,他们共同组成国务会议,"处理国务"并议决"院与院间不能解决之事项",此即是所谓"五院汇集之总枢纽"。国民政府设主席一人,为国务会议的主席,他的地位在法律上除兼为陆海空总司令及对内对外代表国家外,与其他委员是大致相同的。胡孙两氏认为:"此制之特点,于职掌则求其因才分功,于精神则求其遇事合辙,庶几国政自归于统一,而建设始能进行一贯也。"到了后来,因种种情势的改变,国民政府的组织又有多次的变迁。第一次的改变在十九年冬间,因行政院谭院长延闿逝世,行政院院长由国民政府蒋主席兼任,行政院院长的地位加强而国府主席的权力稍减,第二次的改变在二十年六月中原大战之后,国府主席的权力又复加强。以前五院院长均是由中央执行委员会选任的,现在则均以"国民政府主席之提请由国民政府任免之",各院所属的部与委员会的主管人员也是由主席任免的,"国务会议"也改称"国民政府会议",流为一种形式的机关。二十年五月国民会议所议决的"训政时期约法"所规定的中央政治制度即是规定此制的,回顾国民政府以往的历史,自国父逝世以后其组织为委员制或合议制,其而有时连徒有虚名的名义上的元首均无之。这是因为国父逝世之后没有一个人可以担当政治上中心人物的地位。到了二十年的时候,国民政府蒋主席,已经成为全国的领袖,故国民政府的组织也顺应这个事实而趋向于集权。建国大纲说:"宪法未颁布以前各院院长皆归总统任免。"故这种集权于主席之制也是绝对有根据的。

但是这种局势为若干势力所不满。二十年五月广州也成立一个国民政府与南京对峙,由唐绍仪,汪兆铭等主持,国家又陷于分裂,不旋踵而日本军阀便利用这个时机发动"九一八"事变而造成空前的国难。南京与广州在此时便开始谈判,以谋团结,而南方所提出的条件之一则为中央政治之改制。二十年十二月第四次全国代表大会所决定的"中央政制改革方案"是当前政制的根本,其主要的项目为废除了权力集中的主席制而实行"国民政府主席不负实际政治责任","实际政治责任由行政院院长负之"的制度。汪兆铭便是利用"九一八"国难的危机来攫取中央实际的政权,他自身任为行政院院长,大权独揽,而蒋委员长则任军事委员会的主持人。当时的人尝谓二十年十二月改制以前的政制是一种总统制,而以改制后的政制为内阁制。其实这种比喻是不伦的。事实是我国自经此一番改制后政局便稳定下来,不复如以前那样分裂,自从二十一年以来,以前屡屡修正的《国民政府组织法》也不曾再改,这种稳定的局面对于我国国力的培养是有其功效的。

国民政府时代的制宪事业始自二十年间关于约法的争论。十九年间汪兆铭等人又想仿效民国初年政客的办法,企图以根本法来做政争的工具,故提出训政时期应有约法的主张,在北方勾结军人组织"扩大会议",成立国民政府,并且在太原起草了一部约法草案,并以再度掀起内战为达到其目的方法。太原的约法草案本为一种政争的工具,初无讨论的价值。它最重要的色彩在采用委员制(以企求政客之加入)及联邦制(以吸收各地方政府的拥护),用心亦良苦。为了这种事情,十九年发生了中原大战而将汪兆铭的计划破坏。他在这次"扩大会议"失败以后便到广州去召开"非常会议","九一八"以后以之来要挟中央,卒于获得了行政的实权。

训政时期应有约法本来是遗教中所有的。建国大纲中明说第二期(训政时期)为"约法之治",中央政府在十九年战败北方的势力之后,即决定召开国民会议制定约法,而其结果则为今日的训政时期约法。这部约法在我国历史上是别开生面的。第一,它是由国民大会制定的,而国民会议则系由全国的职业团体与中国国民党选举代表组成的。此一点与民初国会之由人民普选不同。第二，这部约法着重之点不在厘定一种政治制度（它对于政制的规定备极简单），而在将训政时期的重要政策宣示出来。有人认为苏俄的宪法的目的只在宣传，我国训政时期约法的法例多少与此相像。因此在二十年年底中央政府改制后一直至今日，约法虽然仍为现行的根本法，却始终未被修正。论者尝说这种事实对于约法的尊严是有损的。

在二十一年间，根据于立法院孙院长科的提议，中央决定由立法院草拟宪法。经过了三年余的工夫，七次的修正，终于在二十五年五月五日由国民政府将其所拟的草案"宣布"，即今日所谓"五五宪草"。按照建国大纲，我国将来的宪法"当本于训政宪政两时期之成绩"，中央并且决定原则，"中华民国宪法草案应遵奉总理之三民主义以期建立民有民治民享之国家，同时应审察中华民族目前所处之环境及其危险，斟酌实际政治经验，以造成运用灵敏能集中国力之制度"。然而在草宪的过程当中，立法院却很像缺乏一种固定的意见。有一位论者以为"他们唯一的要求就是要一个宪法，至于要什么样的宪法，他们却缺乏很固定的主张。"这种批评可以从历次草案的变更看得出来。例如关于中央政治制度，第一次的草案规定立法院获得"国民委员会"同意后可以使行政院院长去职，但行政院院长不能解散立法院或"国民委员会"。这种制度很像法国第三共和国的责任内阁制。半年以后立法院又公布了一部修正案，其中却规定有一位任期四年负实际政治责任的总统，行政院院长由他自由任免。至后来的草案则总统的权力益大。这几次的变动反映草宪者对于中国的政制在着手起草时没有明确的主张。至于现在的宪法草案关于政制的规定还有可以讨论的地方，此处不能具说。

我们此处所要提出的是我国经过了清末民初以及近年来十余年的制宪工作，时至今日我们对于将来的宪法应当有几个具体的观念。过去的经验证明在实际政治上，如果人民为宪法的制裁的力量薄弱，则宪法是不能顺利实行的，它的目的也便无由达到。我们现在的人民比较民初的时候敢说有极大的进步，但是我们却也不能因此而制定根本不易实行的宪法，因为人民制裁也是有限度的，他们不能勉强政府做根本做不到的事情。根据于这个理论，对于将来的宪法应本下列几个原则来厘定：

（一）它一定要确切能行，切合实际，绝不好高骛远，空谈理想。西洋的典章制度可以参考，但主要的参考资料应为过去十八年来的事实。从前有的人以为我们的宪法应常将中外古今的典章制度，融会贯通，存其精英，去其糟粕，以成一部"理想的宪法"。这种尝试先天便注定了是失败的，因为天下根本便没有所谓"理想的宪法"，而取舍尤不能不存主观的价值于其中。上次欧战后的许多新宪法均归失败可为殷鉴。

（二）它的内容应本中央的决定，"条款不宜繁多，文字务求简明"，所有有关政策宣传的条款最好一概不列入其中。前年国民参政会若干参政员主张将其中有关国民经济教育等章删除是极有考虑价值的。以宪法为政策的宣传不易收效，训政时期约法便是一例。政策不一定可以不变，至少实施的步骤是必须的。写入条文之中极难措辞，过于笼统含混又失宣传之效。

（三）它所规定的政治制度尤应本中央的决定，要造成"运用灵敏能集中国力之制度，行政权行使之限制不定有刚性之规定"。国父"万能政府"的目的一定要能达到，西洋学说中关于分权制衡及嫉视行政权的制度一概应当避免。人民要有权来做宪法的制裁，同时政府尤须有能来担当建国的重任。五种治权尽管分立，但绝不应当有一丝一毫的制衡作用存乎其间。立法与监察两权是治权，千万不可以使其带有政权的色彩。这样的制度才是切合需要而又能顺利实行的宪法。

以上三点是我们回顾三十余年中国制宪史的结论。以往我们的错误是在人民没有制裁力量的条件下使宪法做其不能做到的事情，结果便是被军阀官僚利用来做其野心的法律根据，一再修订宪法，一再蹂躏宪法。至近年以来我们又过于趋向于理想，企望以宪法来做宣传，而使其条文芜杂，不能完全见诸实行。一个政治家只问一部法律能否实行，能行的才值得考虑，离事实太远的法律没有讨论的价值，中国的人民似乎应当本此政治家的精神来决定将来的根本大法。慎子说"法虽不善犹愈于无法"。这是对的，但是梁任公注释道"有法而不能行，则良法与恶法之效率耳"，则尤应当为制法者所深省。中国所尽要的是一部可以顺利运用而有效的法律以导我们步入宪政时期。

养成人为宪法有效的制裁的方法，无论在何时代均为地方自治的实行。地方自治是人民受政治训练的学校。这一点，国父是看得最清楚的，所以在遗教中斤斤于地方自治之推行。在他的意识当中国家建设应当从根本做起，有如建筑大厦之须先立基础。中国和一千九百余县是建国的"石础"，"础坚则国固"。我们要建立的是一个民国，所以在建国之时应以"县为自治单位"，"如此则建设之基础在人民，非官僚所得而窃，非军阀可得而夺"。民国的人民不能"日出而作，日入而息"而说"帝力于我何有"。故民国的人民比做专制国家的人民要困难得多，历史上许多专制魔王，都是人民不肯负责任而养成的。人民必须被迫而负责任，先从县单位的自治做起，因为"事之最初于人民者莫如一县内之事，县自治尚未经训练，对于中央及省何怪其茫昧不知津涯"？

由县做起自治，民国便有了三千块坚牢的"石础"，建立民国便可以成功。[1]

地方自治的作用在训练人民自治的能力，使其能担当民国人民所应担负的责任。能担负此项责任而胜任愉快，如果宪法又不是过于窒碍难行的，宪政便有了稳固的基础。除此以外，地方自治尤有一个更大的更根本的意义。清末民初中国不能统一是因为地方上的割据，而割据又往往以省为单位。省的单位大，富源足，是可以成为负隅顽守，对抗中央的。为根本实现国家的统一，空言中央集权是不可能的，何况以中国之大，各地情形之殊，彻底实现集权是不可能的。国父有鉴于此，而倡为均权之说，"不偏于中央集权，也不偏于地方分权"，"权之宜属于中央者，属之中央可也；权之宜属于地方者，属之地方可也。例如军事外交，宜统不宜纷歧，此权之宜属于中央者也；教育卫生，随地方情况而异，此权之宜属于地方者也"。在这种情形之下，省立于中央与县之间"以收联络之效"。省的地位与民国初年是不相同的。真正均权之实现要以地方自治之完成为其根本的条件。有了地方自治之后，省单位的割据便为不可能的，"非官僚所得而窃，非军阀所得而夺"。故县的自治的完成实为统一的基础，这样可以使得想以省来负隅抗命的军阀无所凭藉。

自清末开始变法以来，"地方自治"一词已为人所习闻。它见之于"九年预备立宪计划"及许多法规之中，袁氏当国时也曾有过推行的姿势。但认真推行则为国民政府成立以后的事情，在过去十数年当中，中央推行自治不可谓不力，然在大体而言，究鲜成效。那时中央对于此事求成太急，尤其是在立法方面触犯了好高骛远不切实际的大忌，希望在短短的六年训政当中一蹴而就，国父曾谓地方自治之完成大约需时五十年，以我国的基础，五十年完成是已经相当乐观的。而地方当局，或则昧于地方自治的根本意义，或则格于中央法令之不易执行，或则根本不欲扩张县之权力而减削其本身的权力，也没有力尽推行之事。二十八年九月间中央颁布《县各级组织纲要》，期以三年完成。论者常称此为"新县制"。其实此中的内容本早已见诸以前的法令，此次的颁布新法只为审度过去的经验而集其大成。现在此纲要正在各省推行之中，已略现成效。若果能持之以恒，我国的地方自治便可以有相当的基础。此为近来政制上一件大事，其终极的意义在奠定统一及实行宪政的基础。

近年来又一大事为财政收支系统的改革。上年夏间中央决定划分财政收支系统为二，一为国家系统（包括中央及省），一为自治系统（以县为单位）。以财政的改革为

---

[1] 以上所引均摘自国父各种讲演。

改制之手段是易于实现的。三十一年度后，省的预算编入国家预算之中，省的主要收入田赋亦归中央接管。在中央政府与省政府之间财政收支系统的改革使中央的权力显然加强；在省政府与县政府之间，亦因新县制之推行（其中有关于县及乡镇财政极明晰的规定）与财政收支系统的改革而使县的地位增高。在这两重改革之下，纵使仍有野心家想以省为单位而重演割据也是绝不可能的了。近年来的政治此二点为最大的收获，盖如此做来已使分省割据成为历史上的陈迹，而统一得到了妥切的保障。如果我们回顾自清末以至今日中国政治史上的记录，这一年当中的成效似较任何时代为确实而重大，其意义之深长实远非各种约法宪法之草拟公布或各种政治制度之改易及政治学说之争辩纠纷可比于万一。这是实际的收获，不涉虚浮，不陈高义。多少年来中国的人民渴望统一，憎恶割据，多少次的约法宪法想解决这个问题，时而集权，时而联邦，而故态依然，了无成效。现在机运到了，而一纸命令便能收效甚宏。不佞年前曾为文言现代政治的精神，一言以蔽之曰"实事求是"而已。不合时宜之事纵出之根本大法而仍不能行，切合时宜之事则往往易如反掌，似乎不费吹毛之力。我们今后的政治的设施如能洞鉴于此一根本意义，与其去致力于强不可能为可能，反不如致力于环境的制造培育，点滴地堆砌，时会到来自有"得来全不费功夫"之效。五十年来的政治历史这一个观察似乎是值得宝贵的。

省县行政机构的组织与运用*

一

现行的省政府组织法颁于十一年以前，在过去十一年中省政府的组织多少仍本此法的规定，但同时有许多单行的法律存在，使省政府的组织与法律的规定不尽相同。近年以来，推行"省府合署办公"制度亦使省政府的机构多少变了些质。

依照法律的规定，省政府是采合议制而非独任制的，省府委员七人至九人，合组省政府委员会，委员中有一人兼任省政府主席，有四人分别兼任民政，财政，教育，建设厅厅长，其他委员或兼任省政府秘书长，或兼任其他职务，或仅任委员。省政府主席在法律上不比其他委员地位崇高，只可说是"主班"的地位（拉丁文所谓 Primus Inter Pares），但在实际上他的地位一般而论实在一般委员之上。这是因为任省政府主席者大都为在政治上极有地位的人物，且有兼任重要军职如战区司令长官者，在西北地方省政府主席且为宗教领袖，故其地位实在其他委员之上。但是照一般的情况而论，省政府重要事务均由其提出省政府委员会议讨论，不过主席之意志是比较上最重要的。照现在的实际情形，省政府委员及各厅厅长时常为主席向中央保荐者，亦为主席地位重要之一因。

论我国省行政机构者每多主张将现在的合议制改为独任制，恢复以前的省长制，批评现行合议制者最大的理由是因为合议制行动迟缓，有伤行政效率。事实上现在的省政府主席地位已极崇高，等于一省之长，而且各厅骈肩而立，若无一种定期的会议，

---
* 原载《地方制度改进专刊》（民权政治集刊第一辑），中华书局 1943 年版。

使各部门可以联系,工作反不能合拍,对于行政效率更有妨碍。中央的部是独任制的,而部务会议,由各司处的主官参加,已成为一种定制。市县政府也都是独任制的,但亦有市政会议及县政会议定期举行。故从实际上言之,合议制与独任制初无若何根本的差异,独断独行未必定有效率,此可于几个独裁国家的行政见之,恢复省长制似乎是无需要的,改与不改均似无关宏旨,除非省制有根本的改变,如缩小省区。

  按照省政府组织法的规定,省设民政,财政,教育,建设四厅,必要时可以加增实业厅,此外则有一个秘书处。论省行政制度者有认为这种组织不甚合理,因为我国的省区大小悬殊,人口多寡,经济贫富,文化高低,均相去霄壤。绳之以一种组织,是不高明的办法,此种主张有充足的理论根据,因为政治学上一个根本的原则是政治的组织必须与其所统治的对象相称,事实上现在每一省均设有四厅,实业厅则无一省设立者。但是除了四厅之外,省政府内还有许多别的机构,或直属省政府,或隶属各厅,各省并不一致,造成一种极端纷繁复杂的局面。此为省行政机构的中心问题之一,有待于详说。

二

  省政府四厅与秘书处以外的直属机构最普通的一种是会计处,此为近年来实行超然主计制度的结果。会计处的职权是办理省政府的会计与岁计事务,已成为省政府中一个重要的单位,无论如何简化省行政机构,没有人主张将会计处取消的,除非超然主计制度有所变动。有的省份设有统计处,亦直隶省府,大多数省份则以统计事务并入秘书处设统计室办理。这是省政府内关于主计部分的机构。

  近年以来,省政府的单位增加的速度甚高,其职掌人都是自四厅当中划分出一部分职权出来,另设一种机构办理。但各省的情形极不一致,因为中央政府在准许设立或命令设立直隶省政府的机构时并不一定强迫每一省均须设立,有时省要设立而中央政府可以不准。

  举例言之,比较大的省份现在均设有卫生处,直隶省府;未设处的地方,卫生事务由民政厅办理。若干省份设有地政局,办理土地行政,未设地政局的地方,土地行政仍由民政厅办理,行政院地政署设立后(表示积极办理土地行政),省地政局断有增加的趋势。许多省份设有社会处,办理人民团体组织训练及社会福利行政事务,人民团体组织训练原是由省党部办理的,后来改归省政府办理;社会福利事务则原为民政厅的职权，中央推行合作运动日趋积极，若干省份便添设了合作事业管理厅；合作行政原为建设厅的职权，省的振济事务系由省振济会办理，亦直隶省政府，现在各省设有此会者颇多，未设者则仍由民政厅主管。抗战发生后，粮食管理日趋重要，中央的全国粮食管理局及粮食部成立后，较大各省均有粮政局之设。行政院设立了图书杂志审查委员会之后，各省里也多有图书杂志审查处之设。

以上所述的是比较上普通的情形，各省特设的机构还有许多。关于农林方面的机构，各省设有不少，有的是隶属建设厅的，有的则直隶省政府，或称农林局，或农业改进所，或农业改良院，农林部的希望是将其统一起来，一律称省农林处，直隶省政府。关于经济行政方面的名目尤繁多，如手工业指导所，工商业管理处，矿业处等，不一而足。此外有交通局，公路局，驿运管理处，水利局，贸易局，查禁敌货委员会，肃清敌货委员会等，不一而是。这种种机构的名称，也许相同，而隶属关系不同：有的是纯粹的行政机关，有的则兼办业务，省政府组织法本来对于省政府各厅的职权有相当详细的规定，但是因为各省所设的机构无两省是完全相同的，而四厅以外的机构之职掌大都是自四厅分划出来的，所以每一省政府四厅的职权与其他省政府四厅的职权也不一样。例如四川省政府有卫生处，地政局，社会处，振济会等，而绥远省政府则无，四川省民政厅的职权范围自远较绥远省为狭小，因为这四种职权原都是从民政厅的职权中分割出来的。

此外，还有三种机关是设在各省的。第一种是中央设在各省而地位在省政府之上的机关，最显著的实例是军事委员会委员长的行营或行辕，或是军事委员会驻在地方的办事处，或战区司令长官部，或绥靖公署，民国三十二年以前，还有战地党政分会。这些机关大都不以省区为辖境，包括数省或数省之一部分于其支配范围之内，但均能对于各省政府指挥监督，至少在其职权范围以内对省政府下命令。这种制度在过去曾发生很大的作用，如当年的南昌行营，时至今日，则除战区司令长官部在抗战期间是必须设立者外，其他机关是否有继续保留之必要实颇成疑问。现在战地党政分会已于民国三十二年年初一律裁撤了，其他机构亦在调整之中。

第二类机构是省政府以外而与省政府平行的中央直属机构，其首脑大都由省政府主席兼任，这种组织最普通的是全省保安司令及其幕僚机关。现在各省的主席，除东北四省外，一律兼任全省保安司令，他的幕僚机关在过去最通常的是省保安处，保安处虽然构成一个独立的系统，却一般的被认为是省政府中的一个部门，与其他省府行政单位合署办公，有极少数省份不设保安处而设全省保安司令部，亦为全省保安司令（省主席）的幕僚机关，更有一二省保安处与保安司令部同时存在。三十二年中央调整省行政机构的一端是规定除设有绥靖公署的省份而外,各省的保安处一律裁撤,而改设全省保安司令部,指挥全省的保安团队,将来裁团改警之计划实现以后,保安机构或将取消,而易之以警务处一类的机构(各省依法本可设警务处,但设者甚少)。另外一种是全省防空司令部,为省主席兼全省防空司令的幕僚机关,三十二年的调整案将此一机构一律归并于全省保安司令部之内。此外,尚有办理兵役的军管区司令部,为省主席兼军管区司令的幕僚机关,抗战期间当然保存。这些机关的一个最大的特色是它们是与省府平行的中央直属机构,而其首长则是由省政府主席兼任的。

第三类机构是中央机关设在各省的机关,例如交通部的邮政局,各种铁路管理局,公路工程局,经济部的各种厂矿,教育部的各种国立学校,水利委员会的各种水利工程局等等,这些都是中央政府自己办的事业,自然得在地方上设立机构来办理。自三十一年以来,中央决定田赋改征实物,并收归中央管理,征收实物因此而成了中央政府的职权,财政部在初的办法是在各省内设立田赋管理处,直隶财政部,而田赋管理处处长则多以省财政厅厅长兼任。三十二年间,各省的粮政局(本为省政府中的一个机构)决定与各省的田赋管理处合并,同受财政部与粮食部的指挥监督,其他中央机关在地方上也有许多直属的机构,如内政部的警官训练班;外交部的特派员办事处;财政部的海关,盐务,税务,专卖,贸易等机关;经济部资源委员会办事处,工矿调整处办事处,平价购销处办事处,燃料管理处办事处,以及许多杂务机关,社会部的社会服务处,合作物品供销处;农林部的垦区管理局,林区管理处,合作农场办事处,以及国营林场,各种试验区,及业务机关;粮食部的民食供应处,粮食储运处;侨务委员会的侨务处;振济委员会的救济区;蒙藏委员会的调查组等。据最近的统计,中央设在各省的机关有四千七百余单位之多,对于这种机构,目前的调整原则共有二端:(一)是认定这些机关应分别性质将其业务尽量归并于省的现有机构之中,中央政府机关不应办理省政府职权范围以内的事情;(二)现有而不能归并于省政府的中央直属机构,应由驻在地的省政府就近考查监督,因为中央机关的考查监督鞭长莫及,不如省政府来得利便,此一原则在甘肃省推行较为彻底,因该省的主席曾由行政院院长授予比较大的权力监督省内的中央机关。

抗战期间,省行政机构还有些小的变迁值得叙述。因为战争有时使得一省的地方被割裂,彼此不易交通,故在二十八年间中央有设立省政府行署的办法,等于省政府的一个分支,行署的主任大都由省政府委员兼任,内设秘书,政务,警保三处,统辖省的一部分。这个办法完全为适应战时的事实需要,不是一种经常的建制。在初时,有人认定这个办法也许可以缩小省区的一个过渡，近数年来各行署时设时撤，一视战事的变化，此种希望似已不能成立。战时另外一种省机构的变化是准许战区省政府增加省政府委员的名额，这也是为适应战时的需要而为的变制，因为在战地许多省政府委员是领兵抗敌的，或各厅散居各地，人数太少，省政府委员会议也许不能开会，另外一种作用是政治的，借此可以网罗人才，集思广益。

三

县的行政机构也是极尽复杂之能事的，二十八年九月的《县各级组织纲要》规定县政府可以最多设民政，财政，教育，建设，军事，社会，地政七科，《纲要》并且明定县政府组织规程（各省自拟由中央核定）所无的机关不得设置，其作用显在限制县行政机构之庞杂纷繁，因为在《纲要》颁布以前，县行政机构之繁杂已为一般所诟病，但是实行新制三年之后这个问题仍不能完全解决，县的行政机构仍有待于彻底的调整。

我国之县大小极不一致，其差度较各省尤烈是人所共知的。《纲要》规定县分三等至六等，各等县的机构不必一致，现在就县政府的本身而论，实行新制之县有只设两科的，有设至八科七室的，只设两科之县均为极端贫瘠的地方，地方的财力不能担负一个庞大的县政府，富庶的县分其行政机构自然应当较大，现在最大的县政府有八科，即除了《纲要》所规定的七科以外，还有一个粮政科，至于七室则为秘书室，会计室，统计室，警佐室，合作指导室，督导室，及军法室。此十五个部分组成现在的县政府本身，上文说过，因为各县的大小不同，故县政府的机构也大有差别，此不过略论其两端而已。

县机构的问题不在县政府本身的组织而在县政府以外县级的机构，现在附丽于县政府的机构为数极多，因为各县均不完全相同，故亦无法统计。许多机关要推动某一件事情，往往在县里设立一种机构，为进行便利起见，往往由县长兼任此一机构的首长，而另设一个幕僚机关负办事之责。举例言之，大多数后方的县分均有国民兵团，以县长兼任团长，此外有一个副团长及一个团部，团部与县政府的军事科职掌如何划分，成了很困难的问题，至今没有好的解决办法。此外可举之例甚多，如县防护团团长，动员委员会主任委员，优待出征抗敌军人家属委员会主任委员，县航空建设支会会长，军运代办所所长，船舶总队大队队长，县振济会主任委员，盐务协助专员，盐所协进委员会委员长，县义务教育委员会首席委员，县社会教育推行委员会主席，强迫儿童入学委员会联合会主席委员，县免费及公费学额审查委员会当然委员，县新生活运动促进会主任干事等等。这些职务都是规定由县长兼任的，每一种职务都有一个幕僚机关，其中的人员也由县政府的职员兼任的。

在各县中，还有许多机关是不一定由县长兼任其首长的。举例言之，如县抗敌后援会，义勇壮丁总队部，国民自卫队总队部，社会军事训练总队部，民训总队部，县防空支会，县振济院，县救济院，县卫生院，禁烟委员会，国民经济建设委员会县支会，县各级行政人员训练所，林务专员办事处等，不一而足。当然这许多机关不是每县都有的，行政院于民国二十九年间并曾一度令各省裁撤其中的一部分，但各县保留者仍属甚多。

其次，在各县中，为了沟通县政府与士绅的关系，或为表示公允起见，还有许多委员会。例如县财政委员会（此机关在若干地方，如过去的四川相当重要，办理一部分财务行政事务），县教育基金保管委员会，县禁烟经费保管委员会，县文献征集及保管委员会等等。

最后，在县里还有许多中央设立的机构，而附丽于县政府的，最明显的例子是县田赋管理处，县土地陈报办事处，县地籍整理办事处，但名目并不甚繁多，有的且是临时性质的。总而言之，今日我国的县行政机构，若就其本身而论，本不甚繁杂，但若就全体观之，则其纷繁复杂的程度实足惊人，通常注意县政机构的人往往将注意力集中于县政府本身的机构，但是真正应当彻底调整的，还是那些附丽于县政府的机构，行政院在二十九年调整时确立了四个原则：

（一）凡地方特设之机关，含有监督地方政务性质或为沟通政府与人民间意见而设者，俟县参议会成立后一律裁撤。

（二）依事务性质无庸特设机关，可划归县政府各科办理者，原设机关，应即裁撤。

（三）依事务性质虽应特设机关，但不必由县长自理者可改由县政府高级职员兼任。

（四）依事务性质有特设机关必要且涉及县政府应兴革者仍由县长兼任。

这四个原则颁发到各省去后，各省政府本已做到相当的地步，但目前县行政机构仍然纷繁，则为有目共睹的事实。

四

无论从行政的理论或从实际行政的经验着眼，关于行政机关的组织与运用，至少有两个相互矛盾而同时又都有充足理由的原则存在，而最奇特的是这两个原则的名称都是"机能一致",其目的又都是"增加行政效率"。

为了增加行政效率起见,一件行政之事务最好是交给一个机关办理,"以专责成"在行政的理论上说这是"机能一致",这种理论在原则上似乎是无可怀疑的,一件事情分开了几个机关来办理,以致"事权分散",是一定不能有效率,亦不会有效能的。"分权制衡"的道理无论如何不能用之于行政机关的内部,基于这种理论,讨论行政机关的人时常主张将性质相同的事务集中于一个机关来办理。二十七年中央行政机构的大调整,即本此原则,那时将实业部,以及建设委员会,全国经济委员会等机关归并而成经济部,交通,铁道两部归并而成交通部,"机能一致"的原则在此有一度大发挥。

同时,讨论行政机构的人又说一件事情交给一个机关来办理是最有效率的,最易收效的,所以凡是政府或人民认定某一件事情重要时,他们必定主张设一个专管机关,"以专责成"。例如经济部成立后,它的职权本包括农林行政在内,因为农林业是人民经济生活的一部分,当然应在经济部职掌范围之内。但是后来政府注意农林事业,故又决定将经济部关于农林行政部分划出而成农林部。嗣后又将水利部分划出而成水利委员会。土地法上规定有一个中央地政机关,职掌一切土地行政事宜,上年行政院遂将内政部所主管的土地行政划出而成立地政署。如此分划现有的机关原有的职权以成立专管机关也是本"机能一致"原则而行的,其用意也在"增加行政效率",这两个原则目的是相同的,方法则是相左的。

中央如此,地方亦然,省政府和县政府的职掌范围虽然比较中央为小,但大部分仍是相同的。从一方面来说,省府民财建教四厅和县府民财建教四科原可包括所有的职掌在内,但在这种情形下,民政与建设两个部门的职掌便确嫌其庞杂,中央机关因为特别重视其本身一部分的职掌,而深虑地方机关不能充分执行其意志,故往往请求在地方政府中特设单位来主办它所主管这一个部门的事情。近年以来,一个显明的趋势是行政院添设一个部会或署,省政府便随之而添设一个处局或会,县政府亦往往随之而添设一个科或室,或指定一位职员专办这件事情。例如行政院添设了社会部,省政府也添设一个社会处,社会部或社会处更积极要求各县赶速成立社会科;行政院添设了粮食部,省内便多设有粮食局,县内也添设了粮政科。农林部成立后,一个主要的要求是在各省设立农林处。此外如卫生署有省卫生处,县卫生院;振济委员会有省振济会,县振济会;地政署有省地政局,县有地政科及具有临时性质的县地籍整理办事处。这种事例近年来不一而足,使得原有的机关尤其是民政及建设两厅科的职权,日趋稀薄。

各部会署这种办法是为其本身工作推行的利便,行政院的部分署如此可以直接命令省政府内的厅处局会,办事敏捷而有效,但是从另外一个观点来研究,则这种办法显然有其流弊。如此办法省县的行政机构必定大为增加,上面所述地方行政机构庞杂的情形正是这种办法所产生的结果。同时,行政机关的组织与运用,分工固然十分重要,而综合的作用亦是必须充分顾到的,行政机关所推行的是全部的行政,其中可以分为若干的部门,但部门与部门之间,必须能够相互配合,完成一个整体。我国古代的政治哲学说,"物有本末,事有终始,知所先后,则近道矣",正是今人所热烈要求的"计划政治",时人批评当今的行政,常说政府"头痛医头,脚痛医脚",办事没有"整个的计划",也正是因为在行政上缺乏上文所述行政上的"综合的作用",而各机关单独就其本身的立场施政,彼此之间缺乏配合。

蒋委员长有见于这种行政制度上的缺点,故在近年来提倡几种行政制度上的改革。在南昌行营时代,倡导"省府合署办公"和"县府裁局改科"办法,这两种改革的根本精神在废除省县政府各单位并立,不相为谋的弊病,而使省府与县府各成一级政府,构成一个整体以便可以发挥其综合的作用,县政府分科而废局(《县各级组织纲要》便沿袭这种精神,不准设局)。省政府的各厅处便不得如以前一样直接命令县政府的各局,省府合署办公,一切政令均以省政府主席名义行文,各厅处也便不能直接对县政府下令。同时,公文程式条例规定只有行政院可以向省政府下命令,行政院的各部会署不能对于各省政府下命令,凡此制度,其主要的作用均在使行政院,省政府,县政府各成为行政组织中的一个层级,每一层级之中虽分门别类设若干机构,但合拢起来仍是一个整体。

三年以前,蒋委员长倡导行政三联制,切实注意计划政治的实施,旋即提议成立中央设计局,负有综合各政府单位行政的计划责任,此次对于政府行政部门行政计划的极端重视正是所以矫正以往行政割裂支离局面的办法。在行政三联制之考核方面,除设立党政工作考核委员会负考核责任外,并指出"分级考核"的重要,其用意在使考核工作成绩时,不是枝节的考核而是综合的考核,以行政组织的三个层级为考核的对象,而非以其内部的单位为考核的对象。这种办法显然的也是以充分发挥行政上综合的作用为其主要目标。

五

在我们研究当前我国省县行政机构的组织与运用时,我们所得的印象是,无论在中央，省，或县，行政机构在分工方面虽有许多问题仍待解决，而最大的困难则在各机关分门别类设立了许多主要的部门之后，如何可以使各部门仍能合拢起来构成一个行政整个的层级，亦即是如何可以发生综合的作用，使得各部门的工作可以互相配合，构成整个的计划，为求中国政治的平均发展，为使本末终始，缓急先后各得其宜。综合的作用，必须充分发挥，近年来行政制度上的许多重要的制度改革，均是向这个方面走的，如果各主管机关能够充分了解综合作用在行政上的必要，不囿于本身的立场，则这些改革必可使我国行政走上计划政治的大道，而行政的效率与效能，亦必能大为增加。

至于省县行政机构调整的具体办法，此处亦可为原则上的讨论。

省机构的调整，最近十中全会有一个明确的原则，即省政府的机构，应依照省政府组织法设四厅与秘书处，并依照超然主计制度设会计处。四厅二处为省政府的基本组织。除东北四省外，各省必设。此外的机构，各省可以分别情形设立，这个原则是最正确的，关于其它的机构，一种办法是厘定一个省政府组织法的补充法律，或修改省政府组织法，硬性规定省政府所应设的机构，这种办法，固可使各省一律，但在理论与事实上均是不可行的，因为各省的差异太大，它们的行政机构是不应亦不能相同的。此外一个办法是除四厅二处外准许各省另立机构，省政府可以拟议，由中央政府分别一一予以核准，同时中央规定几个原则，以便各省遵照拟议。省的行政机构，除非事务特别繁重或重要，应当分别归各厅办理，不应设立直属省府的机构，至于业务机构，则一律应隶属各厅，不应直隶省府。中央在核定各省所设的机构时，当注意到各省的大小，不可使较小的省份其机构反较大省为大，这种办法在理论上是说得通的，在事实上恐怕也行得通。不过现在省的行政机构已病其纷繁复杂，故采用这个办法时，在实行时不是添设机构而是裁并机构，中央政府在推行时，似乎应当极力尊重省政府负责当局，即省政府主席的意见，因为他最能明了省的实际需要，不过对于过分铺张的机构仍然要命令其裁并。同时，在进程当中，行政院所属的各部会署一定主张保留关于其本身一部门职掌的省级机构。这些主张自然也须详加考虑，但不可因此而妨碍了裁并机构最初的目的，这种办法本是现在中央已经决定采用的办法，经相当时间，自可收简化省行政机构的效果。

其次一个办法是以省来仿效县分等的办法，将我国二十八个省区，按人口，面积，生产，交通等情形分为三等或四等，然后对于每一等省区决定一种省行政机构组织的编制，如是办法，中国的省便只有三等或四等编制，比较上整齐。这种办法自然是比上述办法较彻底的，但是我国的省区各有其特殊的需要，例如西北的省份注重水利，不妨有一个较大的水利机构，其他各省则可不必。故省份等的办法仍嫌其不够弹性。其实我们的县制本来是采此原则的，而其结果则除县府本身外，骈枝机关仍然林立，省虽分等，其行政机构是否可以免除此种弊端，也是有疑问的，在县级未能做到的事情是否在省级便可以做到当然没有多少把握。

至于县行政机构，其最大的弊病不在《县各级组织纲要》中所规定的那几个科，而在科以外的那些零碎的机构，一个县政府门首有三四十块招牌，一位县长兼任了二三十个头衔，二三十个不同的幕僚机关，在理论与事实上均不成一个制度。我们若要调整县行政机构自须从此处着手，将其彻底澄清。县政府是一切行政事务的执行机关，它的组织不健全一切均不易生效，因此调整地方行政机构最先一步，亦是最重要的一步，是要使县政府本身先臻健全。二十八年的《县各级组织纲要》实行了三年多，没有将此一点做到，的确是最大的缺憾。

我们研究此中的症结，可见县政府本身一般而论不喜欢这许多骈枝机关，县长亦不想兼这许多头衔，这些机关，这些头衔，都是依照各种法令规章成立的。这些法令规章都是中央政府制定或经中央核准的，一种调整的办法是由中央政府切实检查一切的法令规章，将其在县政府内添设机构或指定县长兼差的条文一律删除，这些骈枝机关所要办的事情一律交县政府本身来办，分配到各科去负责办理。《县各级组织纲要》本来规定"县政府组织规程"由省政府拟定呈报中央备案，而又说，《规程》中所无之机关不得设置，据现在所有的二十省的《规程》而言，并无骈枝机关在内，但事实上则骈枝机关甚多。恐怕最好的办法仍是由中央政府来厘定一等至六等县各等的行政机构（每等中也许可略具弹性），并硬性的规定，此外不得再有其他机构存在，但是最大的关键仍在中央与省能够以最大的决心将现有的各种骈枝机关废除，此后不再命令添设。《县各级组织纲要》试办期满，中央有根本修正县组织法之拟议，这个原则也许可以乘此时机予以实现，县行政机构能够依照抗战建国纲领的规定，"简单化"，"合理化"，自然可以增加行政效率与效能，这是地方行政机构组织与运用中一个最重要的项目。

总之，省县行政机构之组织与运用最根本的问题是如何使中央，省与县可以成为层次井然的三个行政组织的层级，在每层级中的机构"简单化"，"合理化"，充分发挥综合的作用。如此，我们可以期望行政效率与行政效能的加增，而走上了计划政治的大路。

中国行政改革的新方向 *

我国讨论行政改革的人，包括政府机关和专家学者，对于改革行政大都有几个习常引用的公式。我们不谈改革行政则已，一谈起来，则洋洋洒洒的大文章必定被人反覆引用，做来做去还是那篇陈腐不堪的老文章。这几个公式好像已经成了真理，只要政府有决心与毅力，依照着这些公式雷厉风行，中国的行政便有起死回生的奇效。

这几个公式已经用了几十年了，中国的行政今天仍待改革，甚而更需要改革。这好像是一个病人服了这几剂药已经二十年了，他的病反而显得更沉重起来，而我们所知的只是叫他继续服下去。在这个开始行宪的前夕，我想我们应探讨我们所开了二十年的几剂药，究竟是否对症；我们所叫熟了几个公式究竟能否达成提高行政效率与效能的目的。

在我们探讨这个问题的时候，不妨与外国的情形之相类似者作个比较，虽则我们研究的对象仍为中国本身实际行政的情形，因为政治根本组织的方式固不能全学人家，东抄西袭，行政制度也得顺应本国的环境人情，不可专凭外国的学理与成规。

一

讨论行政改革最常用的一个公式是裁并骈枝机关。但是这个公式引用了二十年，中国的行政机构似乎越来越多，其间的关系也似乎越来越复杂。

所谓裁并骈枝机关，关系中央，省，县三级的行政机构，每一级都有骈枝机关，故每一级都有骈枝机关可供裁并。

---

* 原载《观察》第三卷第十三期，1947 年 11 月。

我们可以先自中央政府说起。一般认为现在行政院的组织太庞大，其所属的机关应当予以裁并。行政院现在所设的部会比以前多，大家认为这是一个不健全的现象，故主张调整归并使其合理化。在抗战初起的时候，中央曾经对于行政机构作过一次很大的调整，那时一般认为这个改革颇为合理。但不久中央的部会署又逐渐增加起来。二十七年一月的调整成立了经济部，主管全部经济行政，其下设有经办全部国营工矿事业的资源委员会。不久农林行政事务由经济部划分出来，另成立了农林部。抗战结束后，资源委员会又自经济部提升为直隶行政院的机关。在抗战期间，水利也由经济部划出而成水利委员会，最近则又成立了水利部。抗战以前原有卫生部，后来改为卫生署，二十六年改隶内政部，数年后改为直隶行政院，最近又改为卫生部。抗战以前，行政院里没有社会部，粮食部，地政部，这些都是新增的，司法行政部也从司法院又改归行政院。以上所举的不过几个例子，说明在这不断的调整中，这些机构都曾经多次的改变。但是部会署少的时候，我国行政效率与效能也未见特高，多的时候也未见得便特低。这个公式用了许多年之后，我们现在也许已有充足的材料来探讨这个公式本身究竟有多少价值。

二

据作者的观察，中国行政效率与效能之善，症结似乎不在行政所直隶的部会署局之多少，也不在如部会署局所直属的机构之多少，或其所分的署司处科的多少。例如近来报载有人主张裁撤粮食部，认为它是一个战时的机构，现在已无用处。我们姑且不去辩论在此时期政府还应否向农民征购粮食，或去研究粮食部过去办理它的主管业务有无成绩。但我们不能不承认，中国的粮食问题不但是当前的一个大问题，抑且是国际间第一等重要的问题。我们政府曾用最可宝贵的外汇到暹罗，缅甸，安南，甚至于美国买米，到美国，加拿大买小麦及面粉，并到其它各地去买肥料。这是因为我们的粮食不足，不能不买来接济。我们粮食不足，一部分原因是若干地带近来（原文为"去"——编者注）水旱为灾，一部分原因是国内交通工具被战争破坏而不能互通有无。但中国是现在缺粮国家中唯一没有实行计口授粮制度的国家，这不但贻笑外邦，联总运华的粮食也因为我们没有合理的分配制度而流入黑市，造成粮食的投机，及予不肖官吏以许多贪污的机会。再退一步说，即使我们粮食不但无缺，而且有剩余可以出口，在这个世界粮食大恐慌的时期，我们更可由政府大量收购，输出国外，不但可以换取外汇，并且可以造福人类，增进国际间的友谊。所以无论我们有没有粮荒，在一个以农立国的国家中，政府绝对不能没有一个主管粮食行政的机构，依照科学的统计，估计民食的供应情形，调节盈虚，并尽我们参加国际粮食组织的任务。一个有效能的粮食主管机关，可以统筹全面，不要等到灾患临头时才图救济。这种措施可以挽救多少千万人民的生命，减少多少国家财富的损失。比较起来，区区几百个职员的薪俸是微乎其微的代价。

在抗战期间，中央全会决定将内政部的地政司改为地政署，近来又扩充为地政部。那时便有人认为这个决定也是增添无聊的骈枝机关，浪费国币。但是土地问题是中国经济社会上最重要的问题，不但民生主义里有"平均地权"和"耕者有其田"的原则，应当彻底实行，中国全部经济的荣枯以及全国财富的分配，都与土地问题有最密切的关系。但是我们在讨论中国土地问题的时候，诸如土地兼并的程度，自耕农，佃农和地主的比例，租佃的关系，我们政府以及专家学者似乎最多只有概括的认识，而无翔实可靠的事实可以作为依据。讨论的时候，只有引用金陵大学伯克教授及其它几位外国学者的部分调查估计，其它似乎一无所知。甚至于我们对于几个重要都市的土地分配也没有详确的材料。现在中共注意土地问题，外国人也注意中国的土地问题，但他们也是所知有限，不过用这些极端概括的观念，或限于一隅的所见，而大声呐喊。事实是立法的根据，我们的土地法在制定时便没有多少事实的根据，因为至今我们还不知事实究竟如何，我们如何可以希望有贤明有效的改革，来完成民生主义的理想？如果我们的地政机关，能够利用它的组织，对于中国全部的土地问题，有详尽确实的调查，然后根据调查所得，制定妥当完善的方案，则事实胜于雄辩，地主土劣也不敢明目张胆反对或阻碍这种有科学根据的设施，至少也不敢利用我们智识的贫乏而信口雌黄，企图保障他们既得的利益。我们设一个地政专管机关，只要能在三五年之内完成了这部调查研究的工作，全国的土地改革便有了稳固的基础，充分的证明了设置这个机关并不是国币的浪费，而是基本国策实现必需的投资。

三

我们不能相信中国的行政机关太多，因为现代国家的政府的确是业务繁多，所负的任务委实重大，实不能不有相当专门的机关来完成政府的职责。我们可以说，中国政府的组织，比起其它国家来，即不以人口多寡，土地面积大小为比例，也是比较上最小的一个。在这一点上我们并未曾有什么浪费。裁并骈枝机关因此并不是救治今日行政弊端最适宜的方案，这个公式似乎可以不必再用了。

中央政府行政效率与效能低落的一个重要原因似乎在它本身层级太多。这一点是我们中国所特有的弊端，如果能在此加以改革，尚有良好的效果。

平常论中国政制的人大都认为中国政治组织分中央及地方两级，地方又分省，县两级，合起来一共三级。这是一种只看表面，不看内容，而且是与事实根本不符的说法。

在外国人说来，中央政府就是中国政府，中央政府本身就是各部合起来所组成的内阁。中国的中央政府却与此完全不同，因为国民政府本身便分了许多级，各级间的关系与中央与省的关系简直没有多少区别。所以在中央政府作一种决定的时候，稍重要的事情便须有许多公文的旅行，浪费了许多人力物力财力及时间。

且以当年隶属内政部的卫生署为例。卫生署要办一件事情，即使完全属于它的主管范围，也必须请示内政部，故须向内政部上呈文。内政部对于卫生署的呈文，也许加具意见，也许照转行政院，又将上一次呈文。行政院收到之后，予以审查，然后提出行政院会议讨论。行政院讨论通过，照正常的手续，即须送至国民政府，又是一次呈文。那时国府是不负实际政治责任的，所以又要送到中央政治委员会去核定。中政会于交付审查之后，将提出常会讨论，通过之后，此案如果是法律条例，更须立法院审议，立法院又得审查，然后才提出院会讨论，三读通过，这件事情才算作了最后决定。决定之后，立法院不能直接通知卫生署，而只能呈送国民政府，由国府令知行政院，行政院令知内政部，最后由内政部令知卫生署。这样这件公文才在中央政府的内部作完了它的环球旅行，在每一站停下来，少则三五日，多则两三个月，每办一次呈文时必须把前因后果详细说明，附件再三抄录；每办一次指令时也得如此。这件事情如果是国家大计，所有的精力也许值得，但也许这件事情根本是卫生署主管范围内极小的事情，也许只是卫生署长想添用一位秘书。而最奇怪的是这次环球旅行，完全在中央政府范围之内，并不涉及中央与地方的关系。据我们的观察，全世界各国的政府办公程序没有比这种程序更笨重迟钝运用不灵的。这才是行政效率致命之伤，这才是绝大的浪费。所以改革行政的第一步是在简化每一级政府中的阶层。

蒋主席数年前曾提倡行政三联制以为改革中国行政的方案。这三联制的演辞中，蒋主席曾提到所谓分级负责的原则。分级负责的意思是减少公文旅行时所要上下的层级，亦即是说卫生署有许多事情可以不必请示内政部，有的事情内政部可以作主，不必请示行政院等等。我们认为就目前的政府组织而言，分级负责是一个良好的补救方法，可惜过去讨论行政的人没有充分注意到这个方法，而致力于骈枝机关的裁并等等。但是根本治理这个弊端的方法仍在废除中央政府本身的层级。依照法理而言，各部本是行政院的组成分子，行政院是国民政府的组成分子，其间原不必有上下级机关之分。有关国家大计的事情应提出国务会议讨论，如属行政事务即由行政院院长提出。有关行政方针的事情应当提出行政院会议讨论，即由主管部长提出。纯属一部主管的事情应即由部长决定办法，即予执行。部，院与国府三者之间不必有上下之分，更不必事事上呈文下命令，因为部，院与国府都是中央政府机关，中央政府本身应当是整个的，其中不应有宝塔式的层级。多少年来中国的行政制度受这个上下级机关区别的流弊而失却了效率，平空改制恐怕是积重难返。新宪法的实行我们希望是一个良好的机会。这是行政现代化的起码条件。

四

提议改革地方行政制度的人过去多少年来也有一套固定的公式，其中之一，也是设法限制省级的机构及县级的机构：省级机构限于民，财，教，建四厅，和秘书，会计两处。但是这数年来，受中央各部会不断的压迫，省县两级的机构也不断的增加，在省为处，在县为科或室，现在加的有地政，社会，保安，田粮，卫生，人事，统计等等的机构，农林部想在省县内部增加的农林机构似乎尚没有成功。提议改革省县机构的人一律主张裁撤这些新添的机构，中央的部会则认为没有这些机构他们的工作没法推行。

据我们的观察，省县行政改革的重心也不在斤斤计较这些机构的多寡，或其分设与归并。省县两级政府中也多少有本身分层级的弊病，但不如中央严重，故也不是问题的重心，虽则从前省府合署办公，县政府裁局改科的两个原则是应当严格实行的。

我们认为地方行政机构的问题在中央委办事项及地方自治事项究应如何划分的一点。这个问题我们认为是目前症结之所在，必须有相当彻底的改革。我们认为地方自治是民主政治的根本，上述的一点是地方自治所以迄无所成的根本原因，如果目前的制度不改，地方自治是没有希望的，民主政治也始终无前途。现当行宪开始之时，这一改革应当以最大的勇气予以贯彻。

在地方自治没有实行的时候，地方的官吏，包括县市长，都是由上级政府任命的，内政部及铨叙部并且希望县市长由中央考选分发任用。在他们看来，县市长也是公务员，故应适用所有的公务员任用的法规。在地方官吏未曾民选以前，这个观念也许尚可说得过去，但它是根本违反地方自治根本精神的，至少它只能是地方官吏民选以前一种过渡性的改革，用意在防杜省主席及民政厅长任用甥舅马弁等弊端，绝不是所说的百年大计。民选的县市长不应当是普通简任的公务员，而应当是今日法规上所称的"选任官"，其地位之隆应与国民政府主席及委员相等。他们不能运用文官制度下的任用法规。

二十九年中央开始实行《县各级组织纲要》。这是蒋主席提倡地方自治最着重的一项措施。那时一般人对于地方自治并没有一种正确的观念。中央政府的各部会都认为这是注重基层政治的表现，而所谓注重基层政治便是由中央部会，用他们上级政府的威力，以监督自治为名，强迫地方政府担任许多行政任务。中央政府机关从前没有能力办的事情，现在都可实行新县制为托辞，命令地方政府去办。中央部会对于地方政府显然没有信心，绝对不放心让地方政府有一丝一毫的自由。他们更不愿见地方人民表露他们自由的意志。每一种行政，中央部会都订有详密精细的法规，由中央而省而县市而乡镇而保甲，层层地命令下来。所以在地方上一个县市长以及乡镇保甲长天天所奉到的是中央的命令，执行的也是中央的命令。他们可以拿着中央命令的招牌，在地方上作威作福，敲诈威胁善良的百姓，造成空前的纷乱与贪污。换言之，他们是中央的公务员，他们与地方的人民没有丝毫干系，没有遵循地方人民意志的义务，地方人民也没有监督他们的权利。这种情形不是地方自治而是地方官治，是中央集权而非地方分权。这是与新体制的精神恰相反对的，而一切则以实行新县制为托辞。这是无知，这是狂妄。

往者可以不必追究，来者则必要改弦更张。现在我们的新宪法对于地方制度有了划时代的决定。县市长将要民选，县市的自治事项上经宪法划定。目前正是我们策划将来大事的关键。

任职上级政府的官员，包括中央及省政府，在观念上此时应有一番新认识。民选的县市长将来不复是同他们部里科长一样的低级部下；他们是人民选举出来的公仆。对于他们，院长，部长，及省主席，厅长并不能凭藉着官高而滥发命令指挥调遣。民选的县市长的"上司"是县市里的人民，他们只能按照人民的意志行事，大官不应亦不能再号令他们。在官阶上县市长是同部长们的顶头上司——总统——同等的，虽则他们的范围限于那个县市。

宪法上所规定的地方（县市）自治事项是县市长职权的范围。在这个范围内的事情，应由地方自治，即由地方自行治理，不容上级政府干涉。在法理上如果地方政府超越了自治的范围，经解释宪法机关规定，地方政府应得其措施撤销。反之，如果中央政府侵越了地方自治范围，经解释宪法机关判定，中央政府的措施亦将因违宪而失效，县市政府当然可抗不执行。这是地方自治的根本精神，中央政府今后自不能如以前一样作威作福。

宪法上所规定的地方自治事项不多，亦即是说自治的范围并不太广。我们对于这种规定完全赞成。地方自治原是练习民主政府的一种方法，我们并不曾希望用地方自治来建设一个现代国家。现代国家有全国一致性质的事务当然比有因地制宜性质的事务为多，且前者亦显较重要，故中央政府保管许多大权是应当的，特别因为中央政府也是民选的，且对民选的立法机关负责。

照我们过去的办法，属于中央政府的事务也由中央政府委托县市政府办理，称为"委办事项"。在地方政府本是由中央任命的时期，这个办法初无可非议，虽则中央委办原与中央令办全无分别，皇皇命令忙得地方政府喘不过气来，根本无力再办自治事务（这是新县制实行不良最大的原因）。我们对于这个问题，系然我国过去的经验，及欧美各国的成规。深深感觉到"委办"制度有极大的缺点。"委办"和"令办"本没有分别的可能，既然"令办"则执行命令的县市长便多少失去了他们民选公仆的隆重身份，逐渐的变成低级的公务员，如同今日的县市长一样。他们疲于奔命的执行中央委办事务，对于地方自治事务自不免荒疏，地方自治当蒙不利的影响。

我们经再三的思虑，认为在宪法实行之后，"委办"的制度应当根本废除，而代之以中央自办的原则。

这个制度的改革似乎是革命性的，好像我们从没有过中央自办的经验。但这也不尽然。例如征收所得税一项中央职权，财政部自始便没有委托地方政府代办。然而这种事例不多，此处所要提倡的是所有一切中央政府职权范围内的事情，一律由中央政府设置直属统一的机构散布在全国各地自行办理。这些中央在地方上所设的机构既然有其固定的职权，受中央主管机关的指挥监督，它们不应与地方政府的职权冲突，它们不相统属也不致引起机关间的摩擦。

对于这一项改革可能引起两点反对的理由：

第一，有人必定以为过去中央直接办理的几件事情并不见成效特著，有的反可弊窦丛生。上说的征收所得税便是一例。我们绝对不否认中国的所得税没有办好，但是我们也不肯承认如果这件事情委托地方政府去办便会有更好的成绩。试举一例。行政院善后救济总署也是中央自办的事业，行总在各地设立了分署，直接发放联总供给的物资。行总在过去受了中外的批评，也有几件惊人的贪污案件。但是我们也很难想象，这五亿三千五百元美金的物资，如果分别配给各省市去自行发放，有多少可以真正送到应该受惠的人民，有多少会流到地方军阀富豪的手里，有多少会被地方官吏偷窃变卖。我们并不否认行总的成绩不佳；但是我们有充足的经验及事实使我们怀疑交给地方去办便较为进步。我想这个论断不失持平。因此而认为中央自办不见得便完全不妥。中国的邮政也是中央自办的事情，中国的电信事业亦然。我们的邮政，较之充满了政治分赃气氛的美国邮政显无逊色。我们的电信事业在各种不利的条件下也挣扎出很好的成绩来。如果中央所直接办理的每一件事情都有它们的效果，中国行政便可无愧。

这些具体的事例使我们相信"中央自办"的制度是应当立即采行的。我们相信此一改革可以增加我们的行政效率与效能。我们更认为如果提倡民主政治，推行地方自治，这是必循的途径。因为必须如此才能使民选的地方政府有力量来办理地方人民所委他们办的事情。地方政府的权责分明，随时受地方人民的监督。他们不能以中央委办之事多而逃避责任，尤不复能假借中央命令来鱼肉人民。

至于中央机关有了自己的事业可办，便不致于再以为下命令便是办行政，天天关起门来出新花样，朝令夕改，治丝益棼。现在监察院和参政会可以质问交通部和行总，这两个机关没有一点方法可以逃避责任。但是参政会不能质问内政部，因为内政部并没有自办的事业，它的施政报告的内容只是某日订定某种条例规程，办法细则，于某月某日以某字第几号训令通饬各省市政府转饬各县市切实施行。如果省市县政府不办，内政部唯一的办法只有再下训令，叫他们办理具报。参政会不能课内政部以鲜明的责任，因为内政部本无事业可言。我们不容一个责任政府有这样为的逃避方法。

第二，必定有人认为中央自办的制度势得添设许多机关，增加许多人员，是行政上的浪费。我们一方面不承认中国政府的机关太多，人员太众；一方面则认为实行了这个制度之后，现在的省市县级机构人员必可大量裁减，总数未必剧增，而效率则可能有极大的改进。

谈行政改革的人最常用的口头禅，除了前面所讨论过的裁并骈枝机关一项外，便是裁汰冗员。据我们的观察，中国的公务员人数并不多，而是冗员大多。美国国会近来也在裁减政费，国务院的职员问起我们外交部有多少人，听到之后就说此一数目万不可让国会知悉。美国的联邦政府有二百多万公务员，中国的中央政府只有二十九万。美国国务院有五百多人专办有关国际经济外交事务；中国的外交部没有一位职员专办此类事务。比起现代国家来，中国政府的人员是世界上最少的一个，然而中国广土众民，在土地面积上是世界第三大国，在人口上居世界第一，在联合国内是五强之一。以如此少数的人员治理这样的大国家是事实上不可能的。

然而中国政府又的确嫌人员太多。我们政府机关里尽有全无所事的人员，在那里抽烟看报。同时，机关里的所设人员，他们所办的也多是上文所说的那些承转的呈文与命令，并非与国计民生有密切关系的事情，真正同人民发生干系的反而是那些不领国家报酬的保甲长。这才是中国政治上绝大的浪费。

造成这个现象的原因是中央及省政府并没有多少直接由他们办理的事情。他们所办的只是纸片的"公事"，而不是具体的事业。如果我们废除了中央政府里的层级，如上文所说，我们可以减少几千的秘书，科长，科员，录事。如果我们废除了中央委办的制度，省县政府当然可省去几万专办承转上峰命令的职员。这些人员中不乏受过高等教育有志的青年，国家也费了许多金钱来养活他们，而他们所办的是绝对不有实用的纸片公事，天天"磨桌子"，斫伤了他们青年的志气。

我们应当利用这班有志有用的人才，将他们转移到事业机关去为国家办理具体的事务。在事业机关里，他们有发挥智能的机会，有求上进的刺激。邮政局打邮戳的职员是不可少的：他的工作对国家有贡献。国民政府签字盖章的简任秘书少几个是无妨的，他的工作是未必需要的，他对国家的贡献微乎其微，即使他每天所盖的图章与邮局的职员所打的邮戳同样的多。

现代政府所应办的是事业而不是公文，不幸我们的制度只许上级机关办公文而很少许他们去办事业。一个政府内自然得有些纯粹的行政机关，但多数的机关是可以办具体事业的。

至于那些纯粹的行政机关，他们的工作也不应当只办公文。政府的施政系以事实为根据的：政策方针以及法律命令都不应是玄想的结果。我们以为在例行公文减少了之后，行政机关的职员可以调派去做调查考察的工作。每一个主管部门应当具有其主管事项最权威的事实，以为施政的参考。内政部的礼俗司应当知道中国现在还有多少女人缠足，然后才能知道礼俗司所拟的禁止缠足法律会否生效。卫生部应当知道中国有多少人有肺病，然后才能拟订防痨的计划。这些材料不是一朝一夕所能办的，但多一点材料即加增了人类一点智识。办理这件事的人对于国家的贡献当较承转一百件公文为大。这才是现代行政的精神。

五

中国的行政有几千年的传统,不幸这个传统已不能适合现代的要求。我们的行政机关是一架笨重不灵的机器,它的动力多半耗费于没有实益的工作,费力多而成功少,费时多而效率低。今后我们的政府将为责任制的政府,它的一举一动将受人民代表机关严密的监督。政府每办一件事情,订一种规章,主持者要能向人民,代表机关陈述充足的理由,这些理由要有丰富的事实根据。政府办一件事情后,要充分明了施政具体的效果,既不能盲目的发号施令,更不能不问号令的成效如何。睿智的人民是不容许这种行政的。所以对人民说,"本部奉令后业经通令施行在案"一类的"报告",或"本部前经拟订五年发展计划分令逐步实施"一类的"计划"是不能满足人民的要求的。如果我们的行政能在此行宪的时机照上述的新途径发展起来,我想中国的人民一定甘愿纳税来拥护这个政府,只要政府能多办事业,多采现代行政的科学技术为人民服务,多设有用的机关,多用有事可做的人员,人民是不会要求政府将其裁汰的。

卅六年十月廿四日,美京。

编 后 小 记

如孟子所说的,"颂其诗,读其书,不知其人,可乎?是以论其世也",所以我们在文集结尾处做一点"知人论世"的工作,以更好地理解作者及其学术思想。

但关于陈之迈,时人没有留下记录和描述,导致我们对他的认识缺乏立体感和画面感。从他留下的大量著述可以看出,陈之迈是一位高产的学者,从学术论文到时事评论,从学术专著到教科书,此外还撰写有他人传记,可谓治学领域广泛,学术产出大观。

陈之迈文集,由刘猛编选,张小劲、谈火生审定。在编选过程中,广为搜罗,选目编排,以期较为全面地展示陈之迈一生学思。所选篇目,皆依照最初刊行版本校对,以保持原貌为基本原则,但原文有印刷错误则径直改正。作者所论所述,基于其所处时代之社会环境和学术蕴涵,以当下标准回视,当然有其局限性,后世读之当加甄鉴。政治学系博士研究生李熠、余霄、刘江锐、姬生翔协助校对,谨致谢忱!

2018 年 3 月于清华园